东北亚与东北振兴前沿问题论丛

Regional Economic Cooperation and Development in Northeast Asia

The Ways of Revitalizing Northeast China

东北亚区域经济合作发展

东北振兴之路

东北财经大学东北亚经济研究院 著

东北财经大学出版社 Dongbei University of Finance & Economics Press | 大连

图书在版编目（CIP）数据

东北亚区域经济合作发展：东北振兴之路 / 东北财经大学东北亚经济研究院著．—大连：东北财经大学出版社，2019.9
（东北亚与东北振兴前沿问题论丛）
ISBN 978-7-5654-3679-6

Ⅰ．东…　Ⅱ．东…　Ⅲ．东北亚经济圈-区域经济合作-研究　Ⅳ．F114.46

中国版本图书馆CIP数据核字（2019）第194524号

东北财经大学出版社出版发行
大连市黑石礁尖山街217号　邮政编码　116025
网　址：http：//www. dufep. cn
读者信箱：dufep @ dufe. edu. cn
大连图腾彩色印刷有限公司印刷

幅面尺寸：170mm×240mm　字数：330千字　印张：27.75　插页：1
2019年9月第1版　2019年9月第1次印刷
责任编辑：李　季　刘　佳　吉　扬　郭海雷　张晓鹏　王芃南　责任校对：海　鹏
封面设计：冀贵收　版式设计：钟福建
定价：98.00元

教学支持　售后服务　联系电话：（0411）84710309

如有印装质量问题，请联系营销部：（0411）84710711

前　言

为深入贯彻落实习近平总书记在东北考察时和在深入推进东北振兴座谈会上的重要讲话精神，坚持新发展理念，解放思想、锐意进取，瞄准方向、保持定力，深化改革、破解矛盾，扬长避短、发挥优势，东北财经大学东北亚经济研究院以东北亚经济问题为研究对象，以推动东北老工业基地振兴为目标，以契合国家重大战略为导向，坚持以习近平新时代中国特色社会主义思想为指引，坚定不移地打造适应新时代、新要求的高水平智库。

东北亚区域包括中国、日本、韩国、朝鲜、俄罗斯和蒙古国六国，具有良好的经济合作基础和发展潜力。全球前15大经济体中有4个（中、日、韩、俄）集聚于此区域，此区域的国内生产总值（GDP）在世界经济总量中的占比在20%左右，陆地面积约占全球陆地总面积的20%，人口数量占世界总人口的比例在20%左右，进出口贸易额在全球贸易总额中的占比也在20%左右。中国具有巨大的市场和完整的工业生产体系，日、韩拥有先进的技术和雄厚的对外投资资本，朝、俄、蒙拥有丰富的矿产和能源资源以及劳动力资源。因此，东北亚区域是可以媲美北美自贸区和欧盟的世界级区域经济体。

近年来，随着朝鲜半岛局势的和平稳定，中朝、中日、中韩、朝韩和美朝五大双边关系也随之发生不同程度的改善；韩国态度积极，释放出将经济发展规划与中国“一带一路”倡议对接的积极信号；日本转变态度，表达出对“一带一路”倡议的积极评价；中日韩自由贸易协定谈判加速；等等。诸多经济环境因素的变化都为东北亚区域经济合作带来了良好的双边和多边合作机遇。2018年9月，习近平总书记在俄罗斯符拉迪沃斯托克举办的第四届东方经济论坛的致辞中，提出了构建“东北亚经济圈”的倡议；同月，在沈阳召开的深入推进东北振兴座谈会上，习近平总书记就东北全面振兴、全方位振兴也提出了“深度融入共建‘一带一路’，建设开放合作高地”的工作要求。因此，在新时代中国进一步深化改革开放的背景下，东北亚区域经济合作将成为优先发展的方向，而东北地区地处东北亚核心区域，具有建设面向东北亚开放合作高地的天然责任。

东北财经大学东北亚经济研究院以服务东北经济发展为己任，组织专家学者展开全面系统的东北亚区域经济合作问题研究，遂成本书，以期为东北振兴发展贡献力量。按照“东北亚—中国—辽宁—大连”逐步聚焦的顺序，本书内容可以分为以下几个部分：

首先是通过对历史与现状的梳理，厘清东北亚区域经济合作的基础。在范围界定上，从地理、国际政治关系、区域经济关系等不同角度，对东北亚区域的范围可以有不同的理解。但是，从区域经济合作模式上，自20世纪80年代以来，东北亚区域实际一直沿用的是由日本所主导的生产要素优势互补的“雁行模式”。所不同的是，在20世纪90年代亚洲金融危机以前，东北亚区域经济合作是由跨国企业所主导的无制度的区域经济合作，而之后则是由政府所主导的具有制度保证的区域经济合作。从区域经济实际合作的现状来看，在贸易、能源、劳务、投资、旅游等领域，不管是从中国整体层面，还是从东北地区层面，都保持了与其他东北亚区域国家的良好合作基础，同时新的经济基础的变化又为未来的区域经济合作带来了新的挑战与机遇。

其次是从宏观整体角度探讨了中国与东北亚区域经济合作的问题。贸易是区域经济合作必不可少的组成部分，而新时代伴随着中国经济转型升级向高质量发展的迈进，贸易高质量发展也自然成为题中之义。通过从出口结构、价格、产品质量、技术含量、增加值等五方面对中国与东北亚区域贸易发展质量的量化分析可以发现，此五方面在高质量发展上均存在不同程度的不足，因此需要从主动扩大进口和吸引外资，全面对接国际标准和规则，健全东北亚区域合作机制等多方面推动中国与东北亚区域贸易的高质量发展。中日韩自由贸易协定谈判加速，但劳工标准方面的内容还未曾涉及，而从长远来看，劳工标准纳入自贸协定是大势所趋并会在贸易流量、贸易结构调整、防范贸易制裁等方面产生积极影响，因此需要全面梳理已有经验，提前研究应对措施。通过对携程等旅游网站上的大数据进行采集与分析可以发现，东北亚区域旅游资源丰富、集中度高，但国别差异较小，应破除合作障碍，实现旅游协同发展。

再次是从省级视角探讨了辽宁与东北亚区域经济合作的现状、问题与推进路径。辽宁具有矿产资源丰富、装备制造业基础雄厚、海域辽阔、港口众多、区域经济合作基础良好等多方面的相对优势，因此应当成为引领东北亚区域经济合作的“排头兵”。新时期，在全国进一步深化改革开放和东北全面振兴的总要求下，辽宁应积极加大在装备制造中心、国际物流中心、国际贸易中心、国际航运中心、国际金融中心等方面的建设力度，充分发挥区域经济合作潜力和辐射能力，构建贸易、投资、通道和平台统筹发展的新格局；应充分发挥日本对辽宁直接投资和辽宁制造业对日本出口的空间集聚效应，提高日本直接投资的利用效率，统筹投资与贸易的协调发展，更好助力辽宁经济振兴；应充分利用海水资源丰富的优势，推动海水淡化产业化发展，既能为工业生产和社会生活用水提供水源保障，又能助力辽宁的经济结构转型。

最后是对大连建设东北亚航运中心问题的探讨。大连是我国改革开放初期就被确立的对外开放港口城市，港口自然条件优越，是我国北方环渤海地区和东北亚地区货物转运最便捷的深水港，具有得天独厚的航运中心发展优势，在党中央、国务院下发的东北振兴相关文件中都强调要研究加快大连东北亚国际航运中心建设的政策，大连市政府也提出相应的建设规划。但是，从实际情况来看，东北亚航运中心的竞争并没有结束，临近的青岛、天津和韩国的釜山都具有较强的竞争优势。大连应当充分利用自贸区的优惠政策，以软环境建设为重点，着力推进省内港口资源整合，在深入参与“一带一路”建设中，加快大连东北亚航运中心的建设步伐。

本书是东北财经大学东北亚经济研究院东北亚区域经济合作系列问题研究的阶段性成果，也是东北财经大学东北亚经济研究院助力东北全面振兴智库成果的第一本书。未来，在编委会领导的规划和各位委员的协作下，东北财经大学东北亚经济研究院将不忘初心，不断深入、完善，努力向政府、社会和学界提交更多优质研究成果，助力东北经济发展。

本书的出版要特别感谢东北财经大学出版社的大力支持和责任编辑李季、刘佳的勤勉工作。

由于编者水平有限，书中难免存在不足和不当之处，恳请各位读者不吝赐教。

东北财经大学

东北亚经济研究院执行院长（大连）

施锦芳

2019年8月6日

目　录

第1章

东北亚区域经济合作的历史与现状

我们要重点提升跨境基础设施互联互通、贸易和投资自由化便利化水平，促进各国市场、资本、技术流动，优化资源配置和产业结构，共同建设开放型区域经济，努力构建东北亚经济圈。

——2018年9月12日中国国家主席习近平在第四届东方经济论坛全会上的致辞《共享远东发展新机遇 开创东北亚美好新未来》

东北地区是我国的重要战略地区，具有维护国防、粮食、生态、能源、产业安全的重要战略地位，始终是国家重点发展和关注的地区。党的十八大以来，习近平总书记多次到东北考察，亲自指导东北振兴工作。2018年9月28日，在沈阳召开的深入推进东北振兴座谈会上，习近平总书记更是指出，新时代东北振兴，是全面振兴、全方位振兴，并从“以优化营商环境为基础，全面深化改革”“以培育壮大新动能为重点，激发创新驱动内生动力”“科学统筹精准施策，构建协调发展新格局”“更好支持生态建设和粮食生产，巩固提升绿色发展优势”“深度融入共建‘一带一路’，建设开放合作高地”“更加关注补齐民生领域短板、让人民群众共享东北振兴成果”6个方面提出了深入推进东北振兴的工作要求。

可以看出，习近平总书记的东北振兴讲话精神统筹了国际和国内的两个发展大局。具体来说，就是要一手狠抓对内体制机制深化改革，一手狠抓对外开发开放力度。就对外开放而言，习近平总书记实际也为东北地区的发展指明了方向，即习近平总书记2018年9月在俄罗斯符拉迪沃斯托克举办的第四届东方经济论坛致辞中所提出的构建“东北亚经济圈”倡议。东北地区地处东北亚核心区域，具有建设面向东北亚开放合作高地的天然责任。而近期以来，朝鲜半岛局势的和平稳定以及区域内国家间双边、多边关系的积极变化也为东北亚区域经济合作创造了良好环境和新的发展机遇。

因此，从东北亚区域经济合作发展的角度深入探讨东北振兴的基本现状、存在问题和实施路径，既是对党中央、国务院关于东北振兴决策部署的贯彻响应，也是对东北振兴工作的实际支持。然而，切实可行的政策研究必须尊重规律，以可靠的理论做支撑，也必须尊重现实，以准确的实际情况为依据。基于此，本章将着重梳理和分析东北亚区域经济合作的历史发展进程和当前所处的现实状况。

1.1 东北亚区域经济合作的历史

1.1.1 东北亚区域的概念界定

国际上普遍认为，广义的东北亚主要包括中国、俄罗斯的西伯利亚和远东、蒙古国、日本、韩国以及朝鲜在内的广阔区域，其土地面积约3 400万平方公里，人口总量近17亿人，约占世界人口的1/4，是全球范围内覆盖面积最大和人口最多的地区之一。东北亚地区有着独特的区位优势和要素禀赋优势，经济发展较为活跃，既涵盖了日本、韩国等经济发达的经济体，又包括中国、俄罗斯、蒙古国等具有较大经济发展潜力的发展中经济体，发展前景不容小觑。

东北亚是亚洲经济与文化最发达的区域，与欧盟、北美并列为当今世界最发达的三大区域。其人口高度集中，经济活跃，发展迅猛，对全球格局有着非常重要的影响。围绕东北亚的概念及内涵，学者们主要从以下几个视角考察：

（1）地理视角

周涛（2006）、祝滨滨（2009）等指出，东北亚是指亚洲东北部的国家和地区，但从广义与狭义角度来看又有一定差异。广义的东北亚包括中国及俄罗斯远东联邦管区与西伯利亚地区、日本、韩国、朝鲜和蒙古国，其面积约为3 400万平方公里，约占世界土地总面积的26%；狭义的东北亚仅指中国东北、俄罗斯远东地区、日本、韩国、朝鲜和蒙古国，其面积为998.8万平方公里。与此同时，周涛（2006）亦认为，东北亚各经济体在地理上毗邻、在经济上存在着紧密联系、在传统文化和对外战略趋向上具有较多共同的自然、人文基础，而从以上层面来看，东北亚地缘经济体更接近狭义的东北亚区域的界定。实际上目前无论是理论界还是实务部门，在论及东北亚地缘经济体时，主要是指狭义的东北亚。

（2）国际政治关系视角

从20世纪70年代开始，东北亚被确立为一个相对独立的政治区域，但是目前对于该区域的界定依然不明确。崔丕（1989）认为，该区域的范围应包括：朝鲜半岛、中国东北地区（含内蒙古东部）和华北地区、东西伯利亚、阿留申群岛、堪察加半岛和千岛群岛，即整个环北太平洋地区，并指出东北亚作为地缘政治区域，应仅是模糊的泛指。梁云祥和郭雨南（2016）则认为，如果从近代历史和地缘政治层面来看，东北亚则不仅包含地理意义上的全部东北亚国家，而且还应包括在地理上完全不属于东北亚区域的美国。由此，东北亚地区应涵盖中国、日本、韩国、朝鲜、蒙古国、俄罗斯和美国。

（3）区域经济关系视角

金振吉（1992）在《东北亚经济圈与中国的选择》中提到东北亚经济圈包括中国、日本、蒙古国、韩国、朝鲜和俄罗斯远东地区，并且长吉图开发开放先导区是东北亚经济圈的核心组成部分。21世纪以来，部分学者在以往研究的基础上，从东北亚区域合作发展的角度出发，提出广义的东北亚区域应涵盖亚洲东北部的以下国家和地区：中国大陆、中国香港、中国澳门、中国台湾、日本、韩国、朝鲜、蒙古国和俄罗斯；狭义的东北亚区域应包括中国东北地区和环渤海地区，具体包括中国的辽宁、吉林、黑龙江、内蒙古、河北、山东、北京、天津，以及日本、韩国、朝鲜、蒙古国、俄罗斯西伯利亚地区和远东地区。

1.1.2 东北亚区域经济一体化的发展历程

区域经济一体化是指相邻相近的或者特定的地理范围内的两个或两个以上的国家，为了维护既有的、实现未来的共同的经济和政治利益，通过签订某种政府间条约或协定，制定和规范共同的行动准则，协调一致的政策，乃至建立各国政府一定授权的共同机构，进行长期和稳定的超国家的经济调节，达成和实现经济的甚至是政治的联盟。区域经济一体化是促成区域经济合作的重要机制与形式。区域经济一体化理论的研究专注于各国的自身发展和参与合作动机状况，进而出现关税同盟理论，使得区域内各国家基于关税同盟的机制达成区域经济合作，该理论对区域经济一体化起着重要的影响作用（Viner，1950）。此外，1959年，美国经济学家波斯纳提出技术差距理论，该理论以国家或地区间存在的技术差异为背景，阐明通过技术模仿、转移、创新带来国家间的贸易往来。

东北亚区域的各国家的经济体制特征差异性非常显著，市场经济的发展程度各不相同。长期以来，东北亚区域经济一体化合作机制尚未形成。但是，20世纪80年代以来，东北亚区域各国促进一体化形成的动力一直存在。东北亚区域经济合作的动力机制与发展模式独具特色，有别于世界其他区域经济合作模式。在东北亚区域经济技术合作模式的发展历程中，“东亚模式”较为典型。东亚模式是20世纪60—90年代在东亚出现的一种带有区域性的社会经济现象。该模式主要是指包括中国、日本、韩国、中国香港、中国台湾以及东盟10个国家（泰国、越南、文莱、柬埔寨、印度尼西亚、老挝、马来西亚、缅甸、菲律宾和新加坡）在内的，以经济、历史、文化为背景的，采取政府主导，实施外向型经济，通过高储蓄、高投入获取高增长的经济发展模式，该模式具有显著的互补性、梯度性经济效应，整个发展过程展现出极强的经济关联性，在向更高级产业升级的过程中，低级别的产业会转移到经济水平较低的国家，使得整个区域得到整体的提升与发展。这种模式产生的效应与“雁群”飞行的形式相似，因此“东亚模式”也被称为“雁行模式”。“雁行模式”是依据日本经济学家赤松要提出的“雁行产业发展形态论”而推演出来的。

东北亚区域经济一体化合作模式具有内在的阶段性特征。其可划分为两个阶段：一是无制度的区域经济一体化阶段（也称为无协议的区域经济一体化阶段）；二是制度化的区域经济一体化阶段。区域经济一体化阶段划分的依据是以影响深远的经济事件发生的时间节点为主要标准的。1997年发生的金融危机对整个亚洲各个国家的社会经济发展带来了巨大的影响，各个国家的经济发展均受到重创。这样，亚洲金融危机是将区域经济一体化分为两阶段的依据事件。区域经济一体化的两个阶段各有特征。首先，无制度的区域经济一体化阶段是发生在20世纪70年代到90年代末期，带有明显的民间性，其非官方性具体表现为规模较大的跨国公司在市场机制的条件下将各个国家的经济体串联而形成区域性的经济合作体系。历史发展过程中具有代表性的是“环日本海经济圈模式”的构想。其次，制度性的区域技术一体化阶段划定从20世纪末期延续至今，带有明显的官方性，这个阶段形成的主要诱因是亚洲金融危机的爆发。金融危机给亚洲各国带来巨大的负面影响，使各国深刻地意识到经济发展与稳定的发展环境有着密切的关系，各国政府采取制度化合作的方式是发展经济的必然趋势。正如学者吴金平的观点：仅仅依靠原先来自于内生诱致产生的制度变迁模式已经不能很好地适应东北亚区域经济一体化进程的要求，迫切需要各国政府从宏观角度通过协商方式提供强制性的制度安排，走上制度化的合作道路。这一阶段具有代表性的典型经济合作事件是“东盟10+3”区域经济合作和中、日、韩三国经济峰会。“东盟10+3”区域经济合作是东盟与中、日、韩三国的经济技术合作模式，是东北亚区域多边经济技术合作成功的案例，有利于东北亚区域经济一体化的发展进程。中、日、韩三国经济峰会则是自2008年以来每年举办中、日、韩三国政府高层经济发展会晤，是东北亚区域经济合作有效的互通交流平台。

1.2　东北亚区域经济合作的现状

1.2.1　贸易合作现状

随着中国经济的高速度发展，中国高新技术进出口贸易的规模逐步扩大。中国高端技术产品的国际贸易地位越来越重要，在亚洲，已经逐步成为高端技术产品的生产基地，各国对中国经济贸易与金融等的依赖程度越来越高。例如，中国与亚洲各国的贸易模式逐步向出口高端价值链产品的方向发展，具体体现在进口高技术含量的产品，经过富有创新的再加工，最后形成高端价值链的产品，再出口给需求较大的欧美发达国家。建立东北亚自由贸易区是东北亚区域经济合作的重要体现，东北亚区域各国之间关系与利益的平衡是影响自由贸易区建立的关键因素，这主要与各国历史遗留的领土等国家主权问题有着直接的关系。有关建立东北亚自由贸易区的一个不容忽视的历史问题就是美国和日本的同盟缔约关系，在一定程度上影响着日本与其他国家的合作，使得东北亚自由贸易区的建立面临一定的挑战。同时，中国在建立东北亚自由贸易区过程中发挥着重要的作用，能够使东北亚自由贸易区朝着安全的方向发展。以中国为例，随着区域一体化的发展，中国的有关产业发展得到了大幅度的提升；但是，面对相邻的日、韩的市场竞争，有些产业遇到前所未有的市场危机，比如汽车产业。

国家（地区）之间自由贸易区的发展不但可以推动国家区域经济合作的进程，而且可以促进国家（地区）之间取长补短、互惠互利。中国与其他国家形成自由贸易区，一般是通过自由贸易协定（FTA）的签订而实现的。中国与巴基斯坦自由贸易区就是按照这种方式完成的，也可以作为中国与其他国家自由贸易区建设的成功案例。同时，通过海峡两岸经济合作框架协议（ECFA）、关于建立更紧密经贸关系的安排的签订（CEPA），完成了港澳台自由贸易区的建设，推动了中国与境外自由贸易区的建设进程。国家或地区之间的自由贸易区发展战略对于中国经济的发展带来了国际市场的竞争与风险，2009年美国加入跨太平洋伙伴关系协定（TPP），这对中国经济贸易的发展带来巨大的挑战。基于此，中国在巩固与东盟国家（马来西亚、印度尼西亚、泰国、菲律宾、新加坡、文莱、越南、老挝、缅甸和柬埔寨）自由贸易区建设的基础上，加强了与发达经济贸易体建立自由贸易区。

中国境内自由贸易区具有贸易自由化、便利化的特征，是体现了优惠税收和海关特殊监管政策等特色的多功能经济特区。2013年9月29日上海自由贸易试验区正式成立后，陆续又成立了11个自由贸易试验区，分别是：广东自由贸易试验区、天津自由贸易试验区、福建自由贸易试验区、辽宁自由贸易试验区、浙江自由贸易试验区、河南自由贸易试验区、湖北自由贸易试验区、重庆自由贸易试验区、四川自由贸易试验区、陕西自由贸易试验区、海南自由贸易试验区。这些自由贸易试验区的成立顺应了全球区域一体化的发展趋势，促进了中国与世界各国互动发展改革开放战略的实施。值得思考的是，自由贸易试验区的建立与东北亚区域经贸合作是相互关联的。例如，当辽宁自由贸易试验区建立时，东北亚区域的境外双边、多边经济合作的经济背景效应是非常显著的，将与境外经济体的合作融入到辽宁自由贸易试验区的建立，充分体现出辽宁自由贸易试验区有别于国内其他自由贸易试验区的独特属性。

东北三省是中国参与东北亚区域经济合作的主体。中国自由贸易试验区在东北三省具有重要的战略意义。东北三省所筹备建立的自由贸易试验区被称为自由贸易先导区，东北地区自由贸易先导区作为平台和增长极，发挥着东北地区参与东北亚区域经济合作的重要集聚与扩散作用。在开发开放机制的作用下，要进一步打造地区经济带，发挥比较优势，积极建设经济合作先导区，深入参与东北亚区域经济合作。例如，长吉图自由贸易先导区、长兴岛自由贸易先导区、大连保税港区自由贸易先导区、丹东产业园区自由贸易先导区、鸭绿江经济合作先行区等已经成为中国东北三省参与东北亚区域经济合作的重要平台。

1.2.2 能源合作现状

长期以来，东北亚各国的能源合作始终保持着积极发展态势。在东北亚能源合作问题上，俄罗斯所采取的能源态度和政策是影响东北亚能源合作的关键，尤其是俄罗斯新能源政策的实施影响着东北亚能源安全与合作的进程。相反，东北亚区域能源合作对于俄罗斯的发展具有积极的促进作用。中国、日本、韩国是东北亚的主要能源（主要包括石油和天然气资源）消费国家，分别是位居世界第2、3、6位的石油消费大国。中国、日本、韩国能源安全与合作机制是社会与安全互信的处理机制，是在充分考虑三国之间的经济与政治基础上的能源安排模式。俄罗斯是世界油气储备富有国家之一，中、日、韩为了解决各自国家油气的需求，存在能源竞争的矛盾。但是，东北亚各国之间长期形成的协作发展的经济关系，使得彼此之间在能源合作的问题上“求同存异”，使得各国之间的能源合作关系趋于常态化。东北亚区域的能源合作主要涉及中国、日本、韩国三国与俄罗斯的对话合作，俄罗斯领土部分属于欧洲，在能源输出去向上，欧洲各国成为俄罗斯石油出口的主要消费国。对比东北亚区域和欧洲，俄罗斯与东北亚的能源合作更为复杂。导致问题出现的原因有以下两个方面：一是俄罗斯为了保留能源输出国的重要地位，设置过高的合作“门槛”；二是东北亚各国彼此利益高度一致，共同抵制和反对不平等合作的要求与做法。由此，导致俄罗斯与东北亚各国能源合作的进程放缓。

能源安全对于东北亚区域能源合作具有重要的作用。随着东北亚区域能源合作日益密切，能源安全问题凸显出来，能源安全的内涵与外延得到不断的修正与拓展，其产生的效应直接影响着东北亚区域能源合作的发展，这种效应从正面与负面两个层面影响着东北亚区域能源合作的进程。与此同时，能源安全的要求与内容越来越受到东北亚区域能源市场价格以及相邻行业产品价格的影响，这种影响严重地威胁到东北亚各国对于能源安全战略的部署与实施，使得东北亚各国不断地制定与出台能源及其相关资源安全的战略政策与措施方案，以应对由于市场价格所带来的威胁。

1.2.3 劳务与旅游合作现状

劳务合作是东北亚区域经济合作的重要组成部分。20世纪80年代以来，随着东北亚区域经济技术合作的不断发展，东北亚区域各国之间的劳务合作较为广泛。中国、日本、韩国、蒙古国、俄罗斯等国家在人口密度、人口老龄化状况、人口增长、劳动力就业状况等方面具有很大差异性，各国间人口和劳动力资源的互补性是东北亚区域劳务合作的重要前提条件。20世纪90

年代，由于中国面临着就业难和收入低的经济发展压力，东北亚区域劳务合作主要呈现出中国与日本、韩国以及俄罗斯的劳务合作。劳务合作的模式包括研修生制度、工程承包、企业内部派遣、私人劳务等，缓解了韩国、日本劳动力短缺，释放了中国社会的就业压力，提高了劳动者素质，加强了民族文化交流，对东北亚区域经济合作发挥着重要的推动作用。

区域旅游合作不仅是国际旅游业发展的必然趋势，而且顺应了东北亚区域经济合作的客观要求。东北亚区域各国具有地理距离近、彼此联系紧密、旅游资源丰富、政府支持坚强有力等特征，这些特征条件为东北亚区域旅游合作奠定了重要的基础。东北亚区域各国都把发展旅游业作为促进经济发展的主要方式。此外，中国在全方位提升国内旅游的同时，强调发展出入境旅游。日本则是通过2003年《观光立国宣言》的提出，进一步实施“赴日旅游推进计划”，逐步树立了日本国家旅游品牌，促进日本向文化大国迈进。通过提高外汇收入、促进相关产业发展、提高目的国就业率、加强文化交流与传播、加强民间外交、促进国际一体化等，区域旅游合作对东北亚区域经济技术合作发挥着重要的影响作用。

1.3 中国东北地区与东北亚区域经济合作现状

中国东北地区包含三省一区——辽宁省、吉林省、黑龙江省和内蒙古自治区，是东北亚区域经济技术合作的重要地带。从地理位置来看，东北三省一区是东北亚经济圈的中心区域；从跨境经贸关系来看，东北三省一区沿海、沿江、沿边与日本、韩国、朝鲜、蒙古国及俄罗斯都保持着世代的经贸往来，经贸基础深厚。

1.3.1 对外贸易现状

随着中国改革开放的不断深入，特别是全面振兴东北老工业基地的国家经济战略的实施，东北三省一区的经济发展水平有了大幅度的提升。2018年2月28日国家发展和改革委员会发布的数据显示：2017年东北三省进出口贸易稳定增长，辽宁、吉林、黑龙江进出口总额分别达到6 739亿元、1 255亿元和1 272亿元，分别增长18%、3%和16.3%，与2016年相比分别增加22.1、-0.8和32.4个百分点。伴随着经济总体水平的提升，东北三省一区的经济活力逐渐被激发出来，各个省区的经济优势逐渐显现出来，各个省区的跨境经贸关系不断延伸，表现出了较好的发展势头。

(1) 东北三省一区与日本的对外贸易状况

日本是东北三省一区重要的对外贸易国。中国东北地区与日本之间的经贸情况可以分为两个阶段。如表1-1所示，东北三省一区对日本的进出口总额由2009年的160.01亿美元增加到2018年的188.60亿美元，年均增长率为18.43%。2009—2011年期间，东北三省一区对日本的进出口总额呈上升趋势，年均增长率为19.48%；2012—2018年期间，东北三省一区对日本的进出口总额呈下降趋势，年均增长率为-0.97%。东北三省一区中，辽宁对日本的进出口总额明显高于黑龙江、吉林、内蒙古，2009—2018年期间，年增长率为23.56%；黑龙江、吉林、内蒙古对日本的进出口总额则呈下降趋势，年增长率为-3.89%。

表1-1 2009—2018年东北三省一区对日本进出口总额状况 单位：亿美元

年份	辽宁	吉林	黑龙江	内蒙古	东北三省一区
2009	124.13	22.48	5.60	7.80	160.01
2010	159.09	29.92	6.14	8.09	203.24
2011	177.17	33.92	7.13	10.24	228.42
2012	161.37	27.00	5.30	6.32	199.99
2013	163.37	28.86	4.60	9.54	206.38
2014	154.55	29.51	3.94	5.75	193.74
2015	129.56	17.09	3.45	3.65	153.75
2016	129.91	16.48	3.91	7.85	158.14
2017	145.53	17.76	4.33	2.54	170.17
2018	163.47	18.20	3.68	3.26	188.60

资料来源：作者根据中国海关的相关数据整理。

（2）东北三省一区与韩国的对外贸易状况

韩国是中国东北三省一区重要的对外贸易国，而中国东北三省一区也是韩国海外的主要投资区域。从表1-2可以看出，东北三省一区与韩国的进出口总额由2009年的79.41亿美元增加到2018年的112.57亿美元，呈现出上升趋势，年均增长率为3.95%。这说明，东北三省一区与韩国的经济发展具有很强的互补性，经贸关系非常密切。在东北三省一区中，辽宁对韩国的进出口总额较黑龙江、吉林、内蒙古来说，明显表现出较高的水平，年均增长率为5.21%，黑龙江、吉林、内蒙古则为-1.57%。

表1-2　2009—2018年东北三省一区对韩国进出口总额状况表　单位：亿美元

年份	辽宁	吉林	黑龙江	内蒙古	东北三省一区
2009	61.41	6.10	5.29	6.61	79.41
2010	73.71	7.11	6.03	4.59	91.44
2011	90.61	7.95	7.94	6.16	112.67
2012	96.96	7.31	6.32	3.92	114.51
2013	105.48	7.69	4.86	8.20	126.23
2014	108.17	8.38	5.04	7.00	128.59
2015	99.20	7.61	4.27	5.08	116.16
2016	92.28	8.19	2.72	8.10	111.29
2017	100.34	8.05	1.94	5.05	115.38
2018	96.97	7.67	2.38	5.55	112.57

资料来源：作者根据中国海关的相关数据整理。

（3）东北三省一区与俄罗斯的对外贸易状况

俄罗斯是石油、天然气资源丰富，森林资源覆盖面积大的国家，与中国东北三省一区相比具有很强的优势，且在经济结构上，彼此之间存在明显的互补性，俄罗斯远东地区作为与中国东北三省一区经贸合作的增长极，对于东北亚区域经济技术合作起到积极的推动作用。

从表1-3可以看出，东北三省一区与俄罗斯的进出口总额从2009年的111.91亿美元增长到2018年的265.09亿美元，年均增长率为10.06%。在东北三省一区中，2009—2018年，黑龙江对俄罗斯进出口总额的数值水平明显高于辽宁、吉林、内蒙古，黑龙江与俄罗斯的进出口总额占东北三省一区与俄罗斯的进出口总额的比例为68.54%，可见，黑龙江是东北三省一区中与俄罗斯经贸合作最主要的省份；相比黑龙江、吉林、内蒙古，辽宁与俄罗斯的进出口总额从2009年的14.13亿美元增长到2018年的41.09亿美元，年均增长率为12.59%，表现出上升的趋势；黑龙江、吉林、内蒙古与俄罗斯的进出口总额则表现出平稳的上升，年均增长率为9.65%，可见，辽宁是东北三省一区中与俄罗斯进出口总额年均增长率最高的省份。

表1-3　2009—2018年东北三省一区对俄罗斯进出口总额状况　单位：亿美元

年份	辽宁	吉林	黑龙江	内蒙古	东北三省一区
2009	14.13	4.60	69.98	24.19	112.91
2010	21.98	5.94	108.91	26.56	163.39
2011	22.41	7.92	175.45	28.90	234.68
2012	26.21	9.45	195.33	26.28	257.28
2013	27.35	6.51	183.10	25.73	242.68
2014	31.35	6.86	211.87	24.03	274.11
2015	55.24	6.77	101.71	21.64	185.36
2016	45.22	4.70	87.57	23.11	160.61
2017	41.50	5.70	109.43	30.32	186.95
2018	41.09	9.41	184.61	29.98	265.09

资料来源：作者根据中国海关的相关数据整理。

（4）东北三省一区与朝鲜的对外贸易状况

中国与朝鲜保持着重要的贸易伙伴关系。随着朝鲜出台改革策略以来，中国东北三省一区与朝鲜的经贸合作日益加深，尤其是辽宁省的丹东市，借助地理位置优势已发展成为对朝鲜经贸合作的重要地区。朝鲜的政治局势是影响中国东北三省一区与朝鲜经贸合作的重要风向标。2018年12月26日，韩国和朝鲜在位于朝鲜开城市的板门店举行京义线和东海线铁路及公路连接工程动工仪式。这次动工仪式显示出韩朝为铁路和公路连接及现代化升级事业积极合作的意愿，为朝鲜参与东北亚经济合作创造了有利条件。

从表1-4可以看出，东北三省一区与朝鲜进出口总额从2009年的19.40亿美元下降到2018年的10.83亿美元，年均增长率为-6.27%。在东北三省一区中，辽宁对朝鲜进出口总额的数值水平明显高于黑龙江、吉林、内蒙古，辽宁与朝鲜的进出口总额在东北三省一区中的比例为65.5%，可见，辽宁是东北三省一区中与朝鲜经贸合作最主要的省份；相比黑龙江、吉林、辽宁，内蒙古与朝鲜的进出口总额从2009年的0.03亿美元增长到2018年的0.21亿美元，年均增长率为24.14%，表现出较强的上升趋势；黑龙江、吉林、辽宁与朝鲜的进出口总额则表现出下降的趋势，年均增长率为-6.46%，可见，内蒙古是东北三省一区中与朝鲜进出口总额年均增长率最高的地区。

表1-4　2009—2018年东北三省一区对朝鲜进出口总额状况　单位：亿美元

年份	辽宁	吉林	黑龙江	内蒙古	东北三省一区
2009	11.11	5.36	2.89	0.03	19.40
2010	14.55	4.23	3.76	0.14	22.68
2011	21.04	6.68	5.78	0.06	33.56
2012	22.96	7.25	6.37	0.02	36.60
2013	25.28	8.64	6.30	0.16	40.37
2014	27.36	11.88	0.23	0.08	39.56
2015	25.17	10.79	0.12	0.07	36.16
2016	23.33	11.03	0.23	0.07	34.66
2017	17.00	7.38	0.20	0.17	24.75
2018	7.76	2.85	0.003	0.21	10.83

资料来源：作者根据中国海关的相关数据整理。

（5）东北三省一区与蒙古国的对外贸易状况

中国与蒙古国拥有很长的边境线，是蒙古国重要的资源出口国和投资国。蒙古国盛产矿产和能源，畜牧业也相当发达。中国东北三省一区与蒙古国长期以来保持着密切的经贸合作关系。国家主席习近平2014年8月21日在乌兰巴托同蒙古国总统额勒贝格道尔吉举行会谈。两国元首共同总结中蒙关系发展，规划各领域交流合作，达成一系列重要共识，一致决定将中蒙关系提升为全面战略伙伴关系，坚持睦邻友好，守望相助，增进互信，深化合作，共谱中蒙关系新篇章。两国元首共同签署并发表了《中华人民共和国和蒙古国关于建立和发展全面战略伙伴关系的联合宣言》，并共同见证了两国多项合作文件的签署，涉及外交、经贸、过境运输、矿产、基础设施建设、金融、文化等多个领域。中蒙两国将全面扩大经贸务实合作，争取到2020年实现双边贸易额100亿美元的目标。

从表1-5可以看出，东北三省一区对蒙古国进出口总额从2009年的15.55亿美元上升到2018年的52.09亿美元，年均增长率为14.38%。在东北三省一区中，相比黑龙江、吉林、辽宁，内蒙古对蒙古国进出口总额从2009年的14.01亿美元猛增到2018年的49.64亿美元，年均增长率为15.09%；黑龙江、吉林、辽宁对蒙古国的进出口总额则呈现逐年稳步上升的情况，年均增长率为5.29%。可见，内蒙古是东北三省一区中与蒙古国经贸合作最主要的地区。

表1-5　2009—2018年东北三省一区对蒙古国进出口总额状况　单位：亿美元

年份	辽宁	吉林	黑龙江	内蒙古	东北三省一区
2009	0.76	0.02	0.76	14.01	15.55
2010	0.47	0.04	1.52	23.51	25.53
2011	0.61	0.07	1.65	38.38	40.72
2012	0.83	0.11	4.91	36.92	42.78
2013	0.96	0.07	3.53	36.80	41.36
2014	0.81	0.04	7.42	42.56	50.83
2015	0.41	0.40	4.43	34.40	39.64
2016	0.41	0.77	3.13	31.02	35.33
2017	0.85	0.84	0.93	38.96	41.59
2018	0.68	0.29	1.48	49.64	52.09

资料来源：作者根据中国海关的相关数据整理。

1.3.2 区域投资现状

外商投资方面，从表1-6可以看出，外商向东北三省一区的投资总额从2008年的1 805.70亿美元增加到2017年的4 343.72亿美元，年均增长率为10.24%。外商向东北三省一区投资额呈现出逐年上升趋势，尤其是2017年增长的幅度特别明显，由3 182.45亿美元猛增到4 343.72亿美元；在东北三省一区中，外商对辽宁的投资额与黑龙江、吉林、内蒙古相比表现出更高的水平，年均增长率为10.87%；而黑龙江、吉林、内蒙古的外商投资额的年均增长率为8.73%。

表1-6　2008—2017年外商对中国东北三省一区投资总额　单位：亿美元

年份	辽宁	吉林	黑龙江	内蒙古	东北三省一区
2008	1 247.56	174.89	161.70	221.55	1 805.70
2009	1 317.83	192.69	180.51	239.94	1 930.97
2010	1 476.15	222.59	196.17	232.43	2 127.34
2011	1 659.69	232.53	209.41	255.19	2 356.82
2012	1 855.64	238.90	222.47	258.02	2 575.02
2013	1 832.07	317.79	227.94	229.11	2 606.91
2014	1 986.41	333.28	239.83	264.49	2 824.02
2015	2 066.39	352.30	223.02	351.42	2 993.14
2016	2 132.78	356.06	282.80	410.80	3 182.45
2017	3 158.50	388.74	336.69	459.79	4 343.72

资料来源：作者根据中国国家统计局、商务部的相关数据整理。

在非金融类对外投资方面，通过表1-7可以看出，东北三省一区对外投资额从2008年的5.03亿美元增加到2017年的24.61亿美元，年增长率为19.31%，呈现出上升趋势。但2017年开始出现下滑的情况，由2016年的50.03亿美元降到2017年的24.61亿美元。对于东北三省一区来说，辽宁对外投资的情况明显强于黑龙江、吉林、内蒙古。从2008年到2017年，东北三省一区对外投资均表现为上升的趋势，但各自的年均增长率却各不相同，分别为：辽宁30.60%、内蒙古27.44%、黑龙江9.45%、吉林8.75%。可见，辽宁对外投资年均增长率最高。

表1-7　2008—2017年中国东北三省一区非金融类对外直接投资流量情况

单位：亿美元

年份	辽宁	吉林	黑龙江	内蒙古	东北三省一区
2008	1.06	1.07	2.28	0.62	5.03
2009	7.58	2.98	1.21	1.55	1.33
2010	19.36	2.13	2.38	0.80	24.67
2011	11.44	2.05	2.38	1.28	17.15
2012	27.63	2.96	7.24	5.18	43.02
2013	12.95	7.52	7.73	4.09	32.30
2014	14.79	3.33	6.55	11.10	35.77
2015	21.22	6.58	4.24	4.04	36.09
2016	18.63	2.05	11.83	17.52	50.03
2017	11.72	2.27	5.14	5.49	24.61

资料来源：作者根据中国国家统计局、商务部的相关数据整理。

1.3.3　旅游合作现状

东北三省一区接待东北亚区域国家（日本、韩国、俄罗斯）过夜游客人数的状况在一定程度上反映了中国东北三省一区与东北亚区域旅游合作的情况。从表1-8可以看出，2007—2016年，除了东北三省一区接待日本过夜游客人数略微下降之外，接待韩国、俄罗斯过夜游客人数均呈上升趋势。3个国家赴中国东北三省一区旅游过夜人数的年均增长率分别是：日本-1.85%、韩国9.27%和俄罗斯63.56%。比较来看，俄罗斯的年均增长率最高。同时，经计算得出，10年间俄罗斯赴中国东北三省一区旅游的过夜人数高达

2 340.529万人次，排在日本、韩国之前。可见，俄罗斯是东北亚国家中与中国进行旅游合作效果最好的国家。

表1-8 东北三省一区接待东北亚国家旅游的人次（过夜游客） 单位：万人次

年份	日本	韩国	俄罗斯
2007	76.63	83.80	2.21
2008	86.34	104.22	263.84
2009	102.75	123.02	181.96
2010	119.63	153.41	229.30
2011	130.60	183.69	252.18
2012	116.47	220.06	268.08
2013	40.038	111.82	221.78
2014	45.65	168.18	581.52
2015	565.88	192.31	154.48
2016	64.79	186.18	185.17

资料来源：国泰安CSMAR数据库。

第2章 中国与东北亚区域贸易高质量发展问题研究

我国经济由高速增长转向高质量发展，这是必须迈过的坎，每个产业、每个企业都要朝着这个方向坚定往前走。

——2017年12月12日至13日习近平总书记在江苏徐州考察时的讲话

经济全球化和区域经济一体化是当今世界经济发展并存的两大趋势，尤其在当下WTO多哈回合贸易谈判几近停滞、全球价值链不断向纵深扩展的背景下，越来越多的国家开始在WTO多边贸易体制之外寻求更紧密的双边和区域经济合作。在当前中美经贸关系前景不定，多边贸易体制改革艰难，国际市场环境复杂变幻的“危”“机”并存背景下，如何依托“一带一路”倡议和中日韩自贸区谈判、中俄蒙经济走廊建设等举措，转“危”为“机”，开创中国对外贸易高质量发展新局面，成为亟需研究的重要课题。东北亚区域国家与中国山水相连，经济联系紧密、互补性强，具有广阔的深化合作空间，同时随着近期东北亚政治局势的缓和，区域经贸合作的意愿也在增强。因此，响应国家经济发展大局要求，积极探索中国与东北亚区域贸易合作高质量发展的可行性路径将具有十分重要的现实意义。

2.1 中国与东北亚区域贸易发展质量现状测评

关于贸易发展质量的定义和测评，目前尚未形成统一的界定和统计标准。从已有研究来看，贸易的高质量发展应当体现在较高的贸易规模增速、较好的贸易制度环境、较低的出口贸易成本、较新的贸易发展业态、较优的出口贸易结构、较高的出口产品质量、较高的出口产业价值链地位等诸多方面，但是围绕产业、企业、产品对贸易高质量发展进行界定是重中之重，具体则是侧重于从外国消费者对产品的评价视角界定贸易发展质量，即产品质量是指产品能够满足特定要求的有形及无形特征的总和，比如产品的容量、尺寸、耐用性以及兼容性、灵活性及关联服务等各项性能，强调产品内的垂直差异。在经济学范畴，Aiginger（2001）认为产品质量是产品的耐用性、兼容性、灵活性及关联服务等一系列产品性能，然而直接而又全面地将这些产品性能量化是一件比较困难的事情，因此，基于可观察的与质量密切相关的产品信息来衡量产品质量成为必然选择。如Schott（2004）等首先用产品价格衡量质量，随后的研究，如Khandelwal（2010）、Hallak & Schott，（2011）、Henn et al.（2013），为了克服这一方法的缺陷，将产品价格和数量、市场份额等市场绩效信息结合起来反推质量，进而获得更真实可信的测算结果，但同时这些方法也都各自存在一定的不足。同时，另一部分国际经济学研究侧重于从供给视角测评一国的贸易发展质量，如Lall（2000）的出口产品分类法、Hausmann et al.（2007）的出口技术含量法以及Koopman et al.（2014）的出口增加值核算法等。有鉴于此，接下来我们将采用多种方法测评中国与东北亚区域各国的贸易发展质量，以期得到较为全面和综合的分析结果。

2.1.1　测评指标选取

（1）出口结构

Lall（2000）将一国出口产品按照其生产技术特征划分成初级产品（Primary Product，PP）、资源型产品（Resource Based Manufactures，RB）、低技术产品（Low Technology Manufactures，LT）、中技术产品（Medium Technology Manufactures，MT）和高技术产品（High Technology Manufactures，HT）五类，可以认为在一国的出口贸易中中高技术产品占比越大，出口结构越高级，贸易发展质量越好。

（2）出口价格

借鉴Schott（2004）的理论，他认为：一方面，产品质量与产品价格之间的联系最为紧密，价格高的产品一般会被认定具有较高的质量，因此可以用出口价格衡量一国的贸易发展质量。另一方面，出口价格直接影响到国内出口企业的利润和就业人员的收入，较高的出口价格往往代表着企业在国际市场上的定价能力和销售加成率较高，是具有国际贸易竞争力的象征。如果出口价格持续地在低水平徘徊，则不利于一国贸易利得和国民福利的提高，也不利于出口带动国民收入增长进而刺激内需、转变经济发展模式。而且，出口持续性低价很大程度上是缘于国内出口企业在传统比较优势行业内的长期过度集中，这种低价竞销意味着出口增长“以量取胜”而非“以质取胜”，贸易发展质量不高。

（3）出口产品质量

立足细分产品层面剖析一国的贸易发展质量，首先需要对国际贸易往来中类别繁多的产品的质量水平进行测算，产品质量是产品的耐用性、兼容性、灵活性及关联服务等一系列产品性能，直接将这些产品特性量化是比较困难的。从需求角度来讲，这些产品属性能够给消费者带来一定的满意度，产品质量越高，带给消费者的满意度越高，消费者愿意为其支付的价格就越高。从供给角度来讲，产品质量升级需要更先进的设备和更高技能水平的劳动力，这将增加生产成本从而提高产品价格。也就是说，高质量意味着高价格，但直接使用价格测评质量还存在着一定的缺陷：一方面，由于缺乏权威且公开的国际贸易价格统计数据，一般使用出口价值除以出口数量来估算出口产品的单位价值，然而出口产品数量的计量单位有多种，如千克、吨、平方米、桶等，度量单位的不统一将带来贸易数据样本选择上的局限性，同时也不利于进行比较分析；另一方面，产品价格不仅是产品质量的反映，同时也包含了生产成本和企业定价策略等信息，那么出口产品较低的单价可能是缘于国内生产要素价格负向扭曲、汇率低估、企业定价歧视或政府出口补贴等，并不一定意味着出口产品质量较低。

有鉴于此，参考Fontagne（2007）对这一方法进行改进，首先计算出每一种出口产品的单位价值，然后以该出口产品的世界平均出口单位价值作为参照标准，对出口产品单价进行标准化处理，最终使用无量纲的出口产品相对单位价值信息测评出口产品质量，该指标能够在一定程度上克服直接使用绝对价格衡量产品质量存在的偏差，而且便于从细分到总体、从微观到宏观，计算得到一国整体上以及行业层面的平均出口质量水平，进而开展跨时、跨国比较分析。具体来说，某一时期中国出口的每一种产品在每一个目标市场上的质量水平 R_{cijt} 计算公式如2.1式所示：

$$R_{cijt} = \frac{uv_{cijt}}{uv_{wiwt}} \tag{2.1}$$

其中，c代表中国，i代表某种出口产品，j代表出口目标市场，w代表出口世界市场，t代表时期；uv_{cijt} 为t时期中国出口到j国的i种类产品的单位价值，计算公式如2.2式所示：

$$uv_{cijt} = \frac{tv_{cijt}}{tq_{cijt}} \tag{2.2}$$

其中，tv_{cijt} 表示t时期中国出口到j国的i种类产品的贸易总价值，tq_{cijt} 表示出口总数量，两者相除便得到出口单位价值。uv_{wiwt} 为同一时期全球所有出口i产品的来源地将i种类产品出口到世界市场上的单位价值，它等于各个出口来源地g所出口的i产品在世界市场上的单位价值以出口份额为权重的加权平均，具体如2.3式所示：

$$uv_{wiwt} = \sum_{g \in G} \frac{tv_{giwt}}{\sum_{g \in G} tv_{giwt}} * uv_{giwt} \tag{2.3}$$

其中，G表示全球出口i种类产品的出口来源地集合，uv_{giwt} 是i产品的某一个出口来源地g出口该种类产品的单位价值，按照与2.3式相类似的逻辑，可以用该出口来源地对它所有出口目标市场上i种类产品的单位价值进行加权平均，具体如2.4式所示：

$$uv_{wiwt}=\sum_{g\in J}\frac{tv_{gijt}}{\sum_{j\in J}tv_{gijt}}*uv_{gijt} \tag{2.4}$$

其中，权重$\frac{tv_{gijt}}{\sum_{j\in J}tv_{gijt}}$是各个出口来源地出口至各目标市场的i种类产品的出口份额，J表示来源地g出口i种类产品的目标市场集合，采用加权平均而不是简单平均能够充分考虑到各出口目标市场对于一国发展出口贸易重要程度的差别。

构造行业层面出口质量水平的计算公式如2.5式所示：

$$R_{csjt}=\sum_{i\in S}\frac{tv_{cijt}}{\sum_{i\in S}tv_{cijt}}*R_{cijt} \tag{2.5}$$

其中，s代表某个行业，c、i、j、t的定义如前。R_{csjt}表示t时期中国s行业对j国出口的质量水平，它是该行业内所有出口产品质量的加权平均值，权重为出口产品在该行业中的出口份额。与此类似，国家整体上的出口质量计算方法如2.6式所示：

$$R_{cjt}=\sum_{i\in S}\frac{tv_{cijt}}{\sum_{i}tv_{cijt}}*R_{cijt} \tag{2.6}$$

其中，R_{cjt}表示t时期中国对j国的平均出口质量水平，它等于同一时期中国出口至j国的所有产品的出口质量的加权平均值。按照同样的逻辑，我们还可以加总计算其他层面的出口质量，如不同技术密集度分组产品等。使用出口产品相对单位价值法来测算出口产品质量是目前较为成熟且广泛使用的方法，尽管可能仍存在一定的缺陷，但它是从细分产品层面剖析中国对东北亚区域贸易发展质量最合理可行的方法，前面提到的Hallak和Schott（2011）需要贸易收支数据而不能测算细分产品的出口质量，Khandelwal（2010）及Henn et al.，（2013）更适合测算出口产品在世界或某一个市场上的质量，因而无法对中国出口产品在多个目标市场之间的质量分布特征进行分析。

（4）出口技术含量

出口技术含量指标也被称为出口技术复杂度指标，李嘉图的比较优势理论以及赫克歇尔-俄林理论认为，一国应当专业化生产并出口其具有比较优势的产品，这种比较优势来自于生产技术的差异或要素禀赋的差异；Hausmann et al.（2007）根据这一思路构建了测算一国出口技术复杂度（EXPY）的方法，我们将Hausmann et al.（2007）的计算方法扩展至双边经贸关系层面，具体如2.7式所示：

$$EXPY_{kj} = \sum_{i}\left(\frac{tv_{ij}}{tv_{kj}}\right)PRODY_{i} \tag{2.7}$$

其中，k代表出口国，j代表出口目标市场，i代表出口产品，tv_{ij}和tv_{kj}分别表示k国i产品对j国的出口规模和k国整体上对j国的出口规模，$PRIDY_i$是产品i的出口技术含量，计算公式如2.8式所示：

$$PRIDY_{i}=\sum_{k}\frac{\left(\frac{tv_{i}}{tv_{k}}\right)}{\left(\sum_{k}\frac{tv_{i}}{tv_{k}}\right)}Y_{k} \tag{2.8}$$

其中，Y_k表示k国的人均收入水平，Hausmann et al.（2007）认为经济发展水平高的经济体对高技术含量和质量的产品需求较大，其研究开发高级产品的能力也较强，那么如果国际贸易中的某种商品主要是由经济发展水平较高的经济体生产的，这种产品可以被认定具有较高的技术含量。因此，i

产品的出口技术含量可以使用世界上该产品所有出口国的人均GDP进行加权平均得到，2.8式中的权重系数类似于显示性比较优势（RCA）指数，分子是i产品出口在k国总出口中所占的比重，分母是对全世界所有出口i产品的国家该占比的加总。

利用出口产品质量指标测评一国的贸易发展质量，主要考察的是同一类型产品之间的垂直差异；而利用出口技术含量指标测评一国的贸易发展质量，则是对不同类别产品的生产技术和复杂程度进行比较，一国的出口技术含量较高意味着该国具有较强的研发创新能力，同时出口结构也更倾向于技术含量高的产品，进而有利于对外贸易可持续发展。

（5）出口国内增加值

依托产品内分工形成的全球价值链是当今经济全球化的一个显著特点，各国通过将国内经济活动嵌入全球价值链上的不同生产环节来融入世界经济发展的浪潮中，促进本国经济增长。那么在国际生产分割日益普遍的背景下，一国出口产品的总价值中往往会包含来自全球价值链上游其他国家的中间投入品的价值，因此在对一国贸易发展质量乃至产业国际竞争力进行分析时应当考虑到这一特点而使用增加值指标。Koopman et al.（2014）构建了一国总出口的分解框架，它将一国总出口分解为国外增加值、返回并被本国吸收的国内增加值、被国外吸收的国内增加值和重复计算的部分，Wang et al.（2013）和王直等（2015）在此基础上进一步将总出口分解框架拓展至包含4个大部分和16个小部分，具体如图2-1所示，使得对一国总出口的分解能够从国家整体层面深入到双边关系层面以及行业层面，一国的出口国内增加值可以由图2-1中第（1）项至第（5）项相加计算得到。在上述分解框架中的计算需要使用跨国投入产出表，中国商务部考虑到现阶段中国加工贸易的发展特点，构建了多国非竞争型投入产出模型来对中国与贸易伙伴的出口增加值进行核算，并在此基础上进一步构建了反映加工贸易的非竞争型投入产出模型（DPN模型），将中国国内的全部生产活动分为满足内需生产（D）、加工贸易出口生产（P）、一般贸易出口生产及其他（N）三个部分，然后再根据投入产出情况计算可以得到出口产生的国内增加值，并且能得到中国对不同贸易伙伴在各个部门的出口增加值。

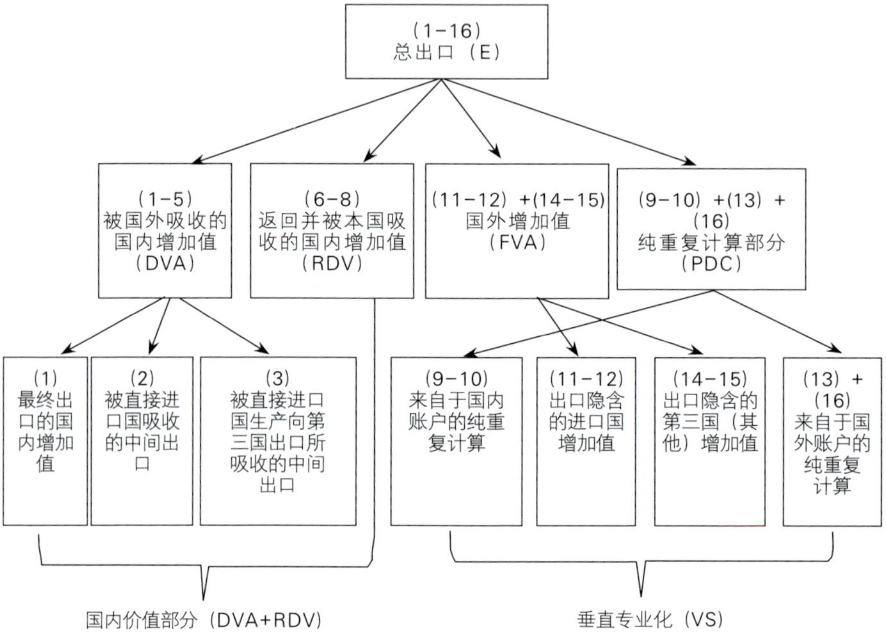

图2−1　一国总出口分解框架

资料来源：王直，魏尚进，祝坤福．总贸易核算法：官方贸易统计与全球价值链的度量［J］．中国社会科学，2015（9）：108−127.

2.1.2　数据来源与处理

测评中国对东北亚区域贸易发展质量所使用的出口结构、出口价格、出口产品质量和出口技术含量这四个指标，需要依托细分产品国际贸易数据库，而且需要较多的贸易伙伴信息和较长的时间跨度，据此我们选用法国国际经济研究所CEPII的BACI国际贸易数据库，该数据库包含了1995年至2017年全球200多个国家（和地区）在HS6分位编码的产品层面上超过5 000种产品的出口贸易总价值和总数量信息，能够为使用上述四个指标测评和分析中国对东北亚区域的贸易发展质量提供较好的数据支持。CEPII-BACI数据库的原始数据是来自于联合国的Comtrade贸易统计数据库，但Comtrade数据库中关于产品贸易数量的计量单位不统一，不便于对出口产品的单位价值进行计算与比较，而且进出口方报送的贸易数据之间存在差异；CEPII-BACI数据库对此进行了调整，它将产品的进出口贸易数量单位都统一成了“吨”，并在对每个国家数据报告可信度进行评估的基础上，对所有HS6分位产品的双边进出口数据进行了重新估算，得到经调整后的进出口贸易价值，最终CEPII-BACI数据库包含了以下变量：年份、HS6分位产品编码、出口方、进口方、以千美元计价的贸易价值和以吨计量的贸易数量。

以2017年为例，CEPII-BACI数据库提供了全球221个国家或地区在4 914种HS6分位细分产品上的双边贸易价值和数量信息，观测样本数多达7 147 116条。为了得到更可信的关于贸易发展质量的测评结果，需要对原始数据进行一定的处理，由于该数据库同时提供了贸易价值和贸易数量信息，我们主要依据前者除以后者的结果即产品的出口单位价值uv_{gijt}来整理原始数据，剔除各个出口来源地的各类HS6分位产品在其全部出口目标市场上的单位价值的极端值，一方面，极大的出口单位价值可能是由极小的出口数量所导致的，“小交易量”会带来严重的非线性偏差；另一方面，极小的出口单位价值也许是由极小的出口价值所导致的，这可能缘于海关错误的记录或者是受到了出口目的地非市场因素的干扰。因此，我们将uv_{gijt}关于出口目标市场j的分布的左右两端各2.5%的极端值剔除，仍以2017年的数据为例，经过上述处理，最后保留处理后的数据样本为6 259 330条，占原始样本的87.58%，出口方217个，进口方221个，HS6分位产品为4 744种，能够保证处理后的数据样本仍具有较强的代表性，而且尽可能减小了贸易统计误差对最终测算结果的不利影响。另外需要说明的是，在使用Lall（2000）对出口技术结构分析时，需要将HS96版本的6分位产品编码与SITC2.0版本的3分位产品编码对齐，转换标准是来自联合国统计划分标准（UNSD）提供的相应代码转化表。

使用出口国内增加值指标测评中国对东北亚区域的贸易发展质量，现有国际经济学文献选取的数据基本是来自于世界投入产出（WIOD）数据库提供的世界投入产出表，该数据库提供了43个国家56个部门的跨国投入产出情况，但该数据库自2016年至今尚未更新，时间跨度仅为2000—2014年；有鉴于此，我们选取中国商务部提供的全球价值链和中国贸易增加值核算数据对中国出口国内增加值进行分析，该数据库在计算中国出口国内增加值时依托的是中国国家统计局根据中国对外经济发展特点编制的反映加工贸易的非竞争型投入产出模型，首先将中国国内的全部生产活动分为满足内需生产、加工贸易出口生产、一般贸易出口生产及其他三个部分，然后再根据投入产出情况计算可以得到出口产生的国内增加值。截至2019年5月10日，全球价值链和中国贸易增加值核算数据库提供2010—2017年中国对美国、欧盟、日本、韩国、印度、东盟、澳大利亚、新西兰这8个主要的贸易伙伴在HS2分位编码上共98类商品的出口增加值数据，是目前公开可获取的从增加值视角分析中国双边贸易发展质量的时效性最强的官方数据来源。

2.1.3 出口结构分析

东北亚区域是中国不可或缺的出口目标市场，2017年中国对东北亚区域的出口总额为2 872.7亿美元，占中国整体出口总额的12.7%。按照出口产品技术结构层次划分，初级产品（PP）、资源型产品（RB）、低技术产品（LT）、中技术产品（MT）和高技术产品（HT）5类产品在中国对东北亚区域各国出口中的占比情况如表2-1所示。可以看出，近年来中国对日本出口的初级产品、资源型产品和中技术产品的份额几乎维持不变，但低技术产品的出口占比明显降低，在8年时间内下降了近4个百分点；中国对日本出口的高技术产品份额持续提高，在8年时间内上升了近5个百分点，表明中国对日本的出口结构正在向高技术产品倾斜，贸易发展质量向好；与之相似的变化趋势也存在于中国对蒙古国和韩国的出口中，观察期间中国对蒙古国和韩国出口的初级产品和资源型产品占比基本维持不变，低技术产品和中技术产品的出口份额有所下降，高技术产品的出口占比明显提升；中国对朝鲜出口的初级产品份额明显下降，2017年较2010年减少了14.1%，其他4种技术分类产品在中国对朝鲜总出口中的占比均有所提升，但高技术产品的出口份额一直较低，维持在10%左右；2010—2017年中国对俄罗斯的出口结构相对最稳定，初级产品和资源型产品的出口份额基本维持不变，低技术产品的出口占比在波动中有所下降，中技术产品和高技术产品的出口占比在波动中有所提升，但这三种技术分类产品的出口份额变化幅度均不大。整体上来看，中国对东北亚区域的出口结构基本呈现出初级产品和资源型产品占比较小、中低技术产品份额占据主流、高技术产品占比逐步提高的局面。

表2-1　2010—2017年中国对东北亚区域国家出口产品技术结构情况表　单位：%

国家	年份	初级产品	资源型产品	低技术产品	中技术产品	高技术产品
日本	2010	4.9	10.0	32.2	23.9	29.0
	2011	4.8	10.6	32.2	23.6	28.8
	2012	4.4	9.6	32.4	22.5	31.1
	2013	4.1	9.2	31.9	21.8	33.0
	2014	4.3	9.2	30.0	22.3	34.3
	2015	4.2	9.3	30.3	22.9	33.3
	2016	4.5	9.0	29.7	22.9	34.0
	2017	4.6	9.3	28.9	23.0	34.1
朝鲜	2010	22.5	17.3	19.5	30.8	9.8
	2011	25.2	17.7	17.8	32.1	7.1
	2012	26.0	16.9	19.5	30.1	7.5
	2013	24.6	15.9	23.7	28.7	7.2
	2014	8.4	19.6	28.5	31.6	11.7
	2015	8.4	20.5	28.8	29.9	12.2
	2016	8.5	17.8	29.6	33.2	10.8
	2017	8.4	19.2	30.8	31.2	10.4
韩国	2010	6.8	10.6	23.7	26.0	32.9
	2011	6.9	11.3	24.4	26.7	30.7
	2012	6.1	10.6	24.2	28.7	30.4
	2013	5.9	10.7	23.8	28.9	30.7
	2014	5.5	10.4	23.8	25.1	35.1
	2015	4.8	10.1	22.8	24.6	37.7
	2016	4.6	10.9	23.3	24.8	36.3
	2017	4.4	11.8	21.3	24.6	37.9
蒙古国	2010	1.5	7.4	42.4	23.3	25.3
	2011	1.1	6.7	39.1	28.7	24.4
	2012	0.7	5.1	35.7	37.9	20.6
	2013	0.9	6.0	36.8	30.5	25.7
	2014	0.8	5.6	31.4	35.6	26.6
	2015	0.7	7.1	31.2	29.8	31.2
	2016	0.8	5.2	41.8	24.9	27.3
	2017	1.2	4.8	33.3	19.3	41.4
俄罗斯	2010	2.9	6.9	36.3	26.8	27.1
	2011	3.0	7.7	33.1	31.6	24.7
	2012	2.5	7.4	31.9	32.1	26.0
	2013	2.8	7.7	33.6	31.5	24.4
	2014	3.0	7.5	32.8	30.7	26.0
	2015	3.8	7.5	31.6	27.8	29.3
	2016	3.7	7.2	28.8	32.7	27.6
	2017	3.5	7.1	28.6	30.8	30.1

2017年中国对东北亚区域各国出口的各技术分类产品中出口规模最大的以HS96版本6分位编码表示的具体商品名称，如表2-2所示，可以看出，中国对东北亚区域各国出口的具体产品种类差异较大，但在高技术产品这一分类中，中国对东北亚区域各国出口的具体产品主要集中于HS6分位编码为852520的“包含接收设备的传输设备”（transmission apparatus incorporating reception apparatus），该产品也是2017年中国对东北亚区域各国出口的各技术分类产品中总占比最大的产品。

表2-2　2017年中国对东北亚区域各国出口的各技术分类产品中规模最大的商品

国家	初级产品	资源型产品	低技术产品	中技术产品	高技术产品
日本	石油原油及从沥青矿物中提取的原油	制作或保藏的家禽产品	其他游艺场、桌上或室内游戏用品	印刷、复印机及传真机的零件和附件	包含接收设备的传输设备
朝鲜	鲜苹果	精制的豆油及其分离品	人造纤维针织或钩织（除绒头织物和经编织物）	其他聚酯长丝机织物	包含接收设备的传输设备
韩国	铝合金制品	花岗岩及制品	其他钢铁结构体及部件	飞机或轮船用的点火线束和车辆中使用的其他线束	金属氧化物半导体（MOS技术）
蒙古国	鲜或干的去壳核桃	客或货车用新充气橡胶轮胎	玩具	独立式空气调节器（窗式、壁式、置于天花板或地板上的）	包含接收设备的传输设备
俄罗斯	鲜或冷藏的番茄	锰及其制品（包括废物和废料）	玩具	气缸容量超过1 000cc车辆的往复式活塞引擎	包含接收设备的传输设备

2.1.4　出口价格分析

首先依据CEPII-BACI数据库提供的出口产品价值和数量信息，计算得到出口产品的单位价值来衡量中国产品的出口价格，其次分别选取2017年中国对东北亚区域各国出口规模排名前10位的产品进行重点分析。由于给出的出口产品价格具有度量单位，无法进行产品之间出口价格绝对值的比较，因此以中国出口各产品到规模最大市场上的价格为参照标准，对比分析中国出口相同产品到东北亚区域五国的价格，具体情况如下。

如表2-3所示，2017年中国对日本出口规模排名前10位的产品主要集中在HS2分位的85章（电机、电气设备及其零件；录音机及放声机、电视图像、声音的录制和重放设备及其零件、附件）和84章（核反应堆、锅炉、机器、机械器具及其零件），但其中便携式自动数据处理设备（847130）、除计算机以外的处理器（847150）、计算机的输入或输出部件（847160）、金属氧化物半导体（MOS技术）（854213）、品目8471所列其他机器零附件（847330）这5种产品的价格均低于中国出口相同产品到规模最大市场上的价格。

表2-3　2017年中国对日本出口规模前10位产品的价格　单位：千美元/吨

排名	产品名称	HS编码	出口价格	最大市场的出口价格
1	包含接收设备的传输设备	852520	453.5	428.5
2	便携式自动数据处理设备	847130	212.0	216.3
3	除计算机以外的处理器	847150	196.3	201.9
4	光敏半导体器件	854140	6.3	5.7
5	其他游艺场、桌上或室内游戏用品	950490	76.3	39.1
6	品目8517所列其他通信设备零件	851790	391.9	388.1
7	计算机的输入或输出部件	847160	27.8	31.3
8	运动衫、套头衫、开襟羊毛衫、背心及类似的化纤制针织或钩编服装	611030	20.6	20.6
9	金属氧化物半导体（MOS技术）	854213	970.7	1 029.9
10	品目8471所列其他机器零附件	847330	73.1	74.1

如表2-4所示，2017年中国对朝鲜出口规模排名前10位的产品构成明显与对日本出口不同，在HS2分位的85章、15章（动、植物油、脂及其分解产品，精制的食用油脂，动、植物蜡）、54章（化学纤维长丝）等均有所分布；与此同时，中国对朝鲜出口规模排序在第四位至第九位的六种HS6分位细分产品的价格均低于中国出口相同产品到规模最大市场上的价格。

表2-4　2017年中国对朝鲜出口规模前10位产品的价格　单位：千美元/吨

排名	产品名称	HS编码	出口价格	最大市场出口价格
1	精制的豆油及其分离品	150790	1.1	1.1
2	其他聚酯长丝机织物	540769	6.4	6.4
3	包含接收设备的传输设备	852520	728.6	428.5
4	电视接收装置	852812	34.5	35.3
5	人造纤维针织或钩编织物	600293	5.3	9.0
6	染色的聚酯变形长丝机织物	540752	5.9	6.4
7	石油及从沥青矿物提取的油类	271000	0.5	0.7
8	未上釉的大陶瓷砖瓦块及类似品	690790	0.3	0.4
9	鲜苹果	080810	0.5	1.6
10	装有其他辅助发动机的摩托车（包括脚踏车）	871190	53.8	20.2

如表2-5所示，2017年中国对韩国出口规模排名前10位的产品主要集中于HS2分位的85章和84章，这与对日本出口类似，而且仅有品目8517所列其他通信设备零件（851790），光学装置、仪器及器具（包括液晶显示板）（901380），计算机的输入或输出部件（847160），品目8471所列其他机器零附件（847330）这4类产品的出口价格低于中国出口相同产品到规模最大市场上的价格。从这一点来说，中国对韩国的出口价格表现相对较好。

表2-5　2017年中国对韩国出口规模前10位产品的价格　单位：千美元/吨

排名	产品名称	HS编码	出口价格	最大市场出口价格
1	金属氧化物半导体（MOS技术）	854213	4 307.2	1 029.9
2	包含接收设备的传输设备	852520	439.1	428.5
3	品目8517所列其他通信设备零件	851790	222.0	388.1
4	便携式自动数据处理设备	847130	290.7	216.3
5	光学装置，仪器及器具（包括液晶显示板）	901380	42.2	51.5
6	飞机或轮船用的点火线束和车辆中使用的其他线束	854430	17.8	17.8
7	自动数据处理设备的软盘驱动器	847170	690.8	251.9
8	光敏半导体器件	854140	22.5	5.7
9	计算机的输入或输出部件	847160	23.7	31.3
10	品目8471所列其他机器零附件	847330	69.3	74.1

如表2-6所示，虽然中国对蒙古国出口规模排名前10位的产品也主要集中于HS2分位的85章和84章，与对日本和韩国出口类似，但出口价格表现较差，2017年中国对蒙古国出口规模排名前10位的HS6分位细分产品中共有7种产品的定价均低于在出口规模最大市场上同类产品的定价。

表2-6　2017年中国对蒙古国出口规模前10位产品的价格　单位：千美元/吨

排名	产品名称	HS编码	出口价格	最大市场出口价格
1	包含接收设备的传输设备	852520	113.0	428.5
2	额定容量≥10 000 KVA液体变压器	850423	8.6	8.6
3	额定容量>500 KVA的变压器	850434	7.5	7.9
4	电视接收装置	852812	28.3	35.3
5	独立式空气调节器	841510	5.7	10.7
6	便携式自动数据处理设备	847130	158.5	216.3
7	玩具	950390	7.7	13.2
8	静止式变流器及电感器零件	850490	13.1	11.9
9	其他钢铁结构体及部件	730890	2.0	1.6
10	计算机的输入或输出部件	847160	27.8	31.3

如表 2-7 所示，2017 年中国对俄罗斯出口规模排名前 10 位的产品也主要集中于 HS2 分位的 85 章和 84 章，与对日本、韩国和蒙古国出口类似，但出口价格表现相对最差，没有任何一类产品的出口价格高于同类产品在出口规模最大市场上的价格。

表 2-7　2017 年中国对俄罗斯出口规模前 10 位产品的价格　单位：千美元/吨

排名	产品名称	HS 编码	出口价格	最大市场出口价格
1	包含接收设备的传输设备	852520	219.3	428.5
2	便携式自动数据处理设备	847130	154.3	216.3
3	玩具	950390	6.7	13.2
4	其他塑料制鞋面的鞋靴	640299	15.3	19.1
5	设备的收发装置	852990	22.7	75.2
6	品目 8471 所列其他机器零附件	847330	38.5	74.1
7	计算机的输入或输出部件	847160	16.4	31.3
8	气缸容量超过 1 000cc 车辆的往复式活塞引擎	840734	13.9	13.9
9	除计算机以外的处理器	847150	140.1	201.9
10	龙头、旋塞及类似装置	848180	5.1	25.6

从整体来看，以中国同类产品在出口规模最大市场上的价格为参照系，2017 年中国对东北亚区域各国出口的重点产品的价格均普遍偏低。借鉴阙澄宇和马斌（2017）的方法，我们进一步采用费氏指数法在整体层面上计算中国对东北亚区域各国的定基出口价格指数 $F_t^p = \sqrt{L_t^p P_t^p}$，$L_t^p$ 和 P_t^p 分别为 t 时期的拉氏出口价格指数和帕氏出口价格指数。$L_t^p = \sum_i P_t^i Q_0^i / \sum_i P_0^i Q_0^i$，$P_t^p \sum_i P_t^i Q_0^i / \sum_i P_0^i Q_0^i$，$Q_0^i$ 和 Q_t^i 分别表示基期和 t 期 i 种类产品的出口数量，P_0^i 和 P_t^i 分别表示基期和 t 期 i 种类产品的出口单位价值。$P_0^i = X_0^i / Q_0^i$，$P_t^i = X_t^i / Q_t^i$，

X_0^i和X_t^i分别表示基期和t期i种类产品的出口总价值。以2010年为基期，在HS6分位细分产品层面上，分别选取在2010—2017年中国对东北亚区域各国均有出口记录的产品进行加总计算，最终得到2010—2017年中国对东北亚区域各国的出口价格指数，其变化趋势具体如图2-2所示。可以看出，与基期2010年相比，整体上2017年中国对日本、韩国和俄罗斯的平均出口价格均有所提升，增幅分别为7.3%、0.1%和25.4%。其中，中国对韩国的出口价格在观察期的8年内持续提升，对日本的出口价格除了在2011年有小幅下滑之外，在2012—2017年均在上升，中国对俄罗斯的出口价格在观察期间内波动较大，在2012年、2015年和2016年有所下降；2017年中国对朝鲜和蒙古国的平均出口价格较2010年分别出现了4%和8%的下跌，但在2011—2016年期间均在上升。

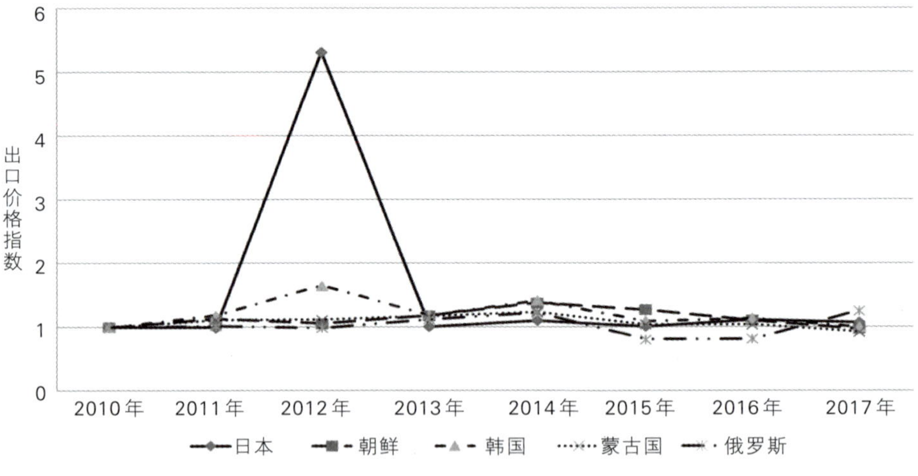

图2-2 2010—2017年中国对东北亚区域各国的出口价格指数图

2.1.5 出口产品质量分析

采用出口产品质量指标测评中国对东北亚区域的贸易发展质量，计算过程仍然是以HS6分位细分产品层面为基础，以2017年中国对日本的出口为例，中国对日本出口了3 719种HS6分位细分产品，其中质量最高的产品是其他含油果仁（120890），质量最低的产品是其他贵重金属（711319）。图2-3中为2017年中国对日本、朝鲜、韩国、蒙古国和俄罗斯出口的所有HS6分位细分产品的质量水平的核密度估计曲线，反映了中国对东北亚区域各国出口产品质量水平的分布特点。可以看出，这五条关于出口产品质量的核密度估计曲线在峰值和延展性上的表现不尽相同，中国对日本出口产品的质量水平分布最为集中，在韩国市场上的出口产品质量水平集中程度次之，对朝鲜、蒙古国和俄罗斯三国出口产品的质量水平分布情况颇为相似，较对日本和韩国出口产品的质量分布表现得更为离散。从整体上来看，中国对东北亚区域各国出口产品质量的核密度曲线的峰值均出现在x=0的左侧，这意味着中国对东北亚区域各国出口的大部分产品的质量水平均低于世界同类产品的出口质量水平。

进一步对中国出口到东北亚区域各国的每一种产品进行高质量产品、中质量产品和低质量产品三种类型的归类，出口质量水平位于（min，0.75）区间内的产品被定义为低质量产品，意味着中国出口至某地的产品质量水平低于该产品世界平均出口质量水平75%，出口质量在（1.25，max）区间内的产品被定义为高质量产品，即中国出口至某地的产品质量水平高于该产品世界平均出口质量水平125%，出口质量在（0.75，1.25）区间内的视作中质量产品。2017年中国出口到东北亚区域各国的所有产品中，高质量产品、中质量产品和低质量产品的种类构成和出口份额如表2-8所示。首先从产品

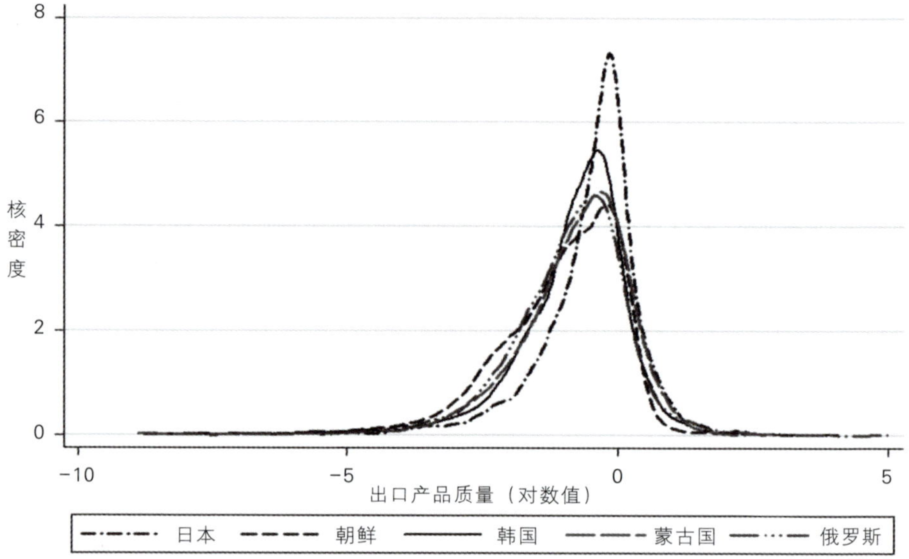

图 2-3　2017年中国对东北亚区域各国出口产品质量的核密度曲线图

种类构成来看，2017年中国对东北亚区域各国出口的所有产品中，属于低质量产品的产品类别均占据了一半以上的比重，中质量产品种类占比位居其次，高质量产品种类占比最小；其次从出口份额来看，中国对朝鲜、韩国、蒙古国和俄罗斯的出口中，低质量产品都占据着最大的份额，中质量产品出口份额位居第二，高质量产品出口份额最小，中国对日本出口产品中的中质量产品份额最大，低质量产品出口份额次之，高质量产品出口份额最小，仅为中国对日本总出口的4%。因此，从整体上来说，中国对东北亚区域的出口贸易质量存在很大的提升空间。

表2-8 2017年中国出口到东北亚区域各国高、中、低质量产品的分布情况

国家	产品种类构成（%）			出口份额分布（%）		
	高质量产品	中质量产品	低质量产品	高质量产品	中质量产品	低质量产品
日本	15.1	32.8	52.1	4.0	51.0	45.0
朝鲜	6.2	22.5	71.3	4.3	31.3	64.4
韩国	9.4	21.0	69.6	17.3	22.5	60.2
蒙古国	12.4	22.1	65.5	3.5	26.9	69.6
俄罗斯	9.9	18.8	71.3	2.3	15.0	82.7

按照2.5式将中国对东北业区域各国的出口产品质量加总集结到行业层面，这里定义SITC2.0版本2分位为一个行业。2017年中国的出口贸易共涉及66个SITC2分位行业，其中出口规模排名前10位的SITC2分位行业分别是电信、录音及音响设备（76），电气机械仪器（77），办公设备（75），杂项制品（89），服装及其配件行业（84），一般工业机械行业（74），纺织纱线行业（65），金属制品行业（69），道路车辆（78）及家具和床上用品行业（82）。表2-9列出了2017年上述10大中国典型出口行业在东北亚区域各国市场上的出口质量水平，同时为了方便对比，还列出了同年中国各行业出口质量的最高值和相对应的出口目标国。可以看出，2017年中国只有电气机械仪器行业和办公设备行业对韩国的出口质量水平较高，其他行业对东北亚区域的出口质量均较低。平均来看中国10大出口行业对日本的出口质量最好，对韩国的出口质量其次，对俄罗斯的出口质量最低。另外值得关注的是，2017年中国一般工业机械行业的出口质量最高水平出现在阿塞拜疆市场上，但仍然低于该行业的世界平均质量水平。总的来说，从行业层面剖析

中国对东北亚区域的出口贸易质量，重点行业的出口贸易发展尚未实现“以质取胜”。

表2-9　2017年中国10大出口行业对东北亚区域各国的出口质量

行业＼国家	日本	朝鲜	韩国	蒙古国	俄罗斯	出口质量最高值（目标国）
电信、录音及音响设备	0.929	0.958	0.747	0.343	0.431	1.302（科威特）
电气机械仪器	0.630	0.657	1.157	0.721	0.472	9.542（阿塞拜疆）
办公设备	0.819	0.981	1.126	0.642	0.551	1.728（东帝汶）
杂项制品	0.755	0.460	0.649	0.587	0.481	1.269（阿塞拜疆）
服装及其配件行业	0.741	0.426	0.574	0.782	0.697	1.235（瑞士）
一般工业机械行业	0.634	0.317	0.422	0.542	0.408	0.924（阿塞拜疆）
纺织纱线行业	0.840	0.602	0.645	0.687	0.566	2.394（图瓦卢）
金属制品行业	0.540	0.281	0.410	0.493	0.337	2.368（图瓦卢）
道路车辆	0.796	0.938	0.699	0.880	0.469	1.468（瑙鲁）
家具和床上用品行业	0.736	0.416	0.623	0.762	0.635	1.313（圣基茨和尼维斯）

将HS6分位细分产品层面的出口质量测算结果，按照2.6式加总到国家整体层面上，分析中国对东北亚区域各国的出口质量在所有出口目标市场中的排序情况。将2017年中国对所有目标市场的出口质量水平由高

到低进行排序，形成中国在目标国总体层面上的出口质量阶梯，如图2-4所示，反映了中国对东北亚区域各国的出口质量在全部出口目标市场中的相对位置。

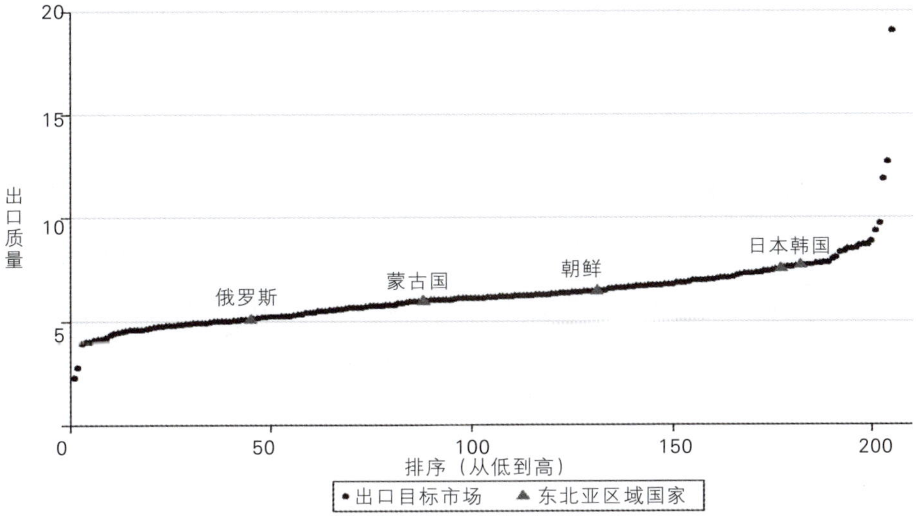

图2-4 2017年中国出口质量在目标市场上的出口质量阶梯图

根据图2-4可以发现，2017年中国共实现了对205个目标市场的出口，整体上来看中国在所有目标市场上的平均出口产品质量水平并不高，这意味着中国出口规模的高速增长很可能是低价格、低品质使然，尚未由“以量取胜”转变为“以质取胜”，长此以往将造成中国贸易条件的恶化并导致贸易摩擦的增加，不利于出口贸易发展的可持续性。对于东北亚区域各国来说，日本和韩国属于中国出口贸易发展质量相对较高的目标市场，但距离出口质量阶梯的前沿仍然存在一定的距离，蒙古国和朝鲜位于中国目标市场出口质量阶梯的中段，俄罗斯在该出口质量阶梯上的位置最靠后。从整体上来说，

2017年中国对东北亚区域各国的出口贸易质量基本呈现出对高收入国家的出口质量较高而对低收入国家的出口质量较低的格局，那么加强在高收入国家目标市场上的战略布局和市场深化、充分利用高收入进口国对高质量产品的消费偏好，将有利于提升出口产品质量，实现中国出口贸易的高质量发展。

为了考察中国对东北亚区域各国出口贸易质量的动态变化特征，我们进一步计算了2010—2017年中国对东北亚区域各国出口的每一种HS6分位细分产品的出口质量水平，并据此绘制了各年中国对东北亚区域各国出口产品质量的核密度估计曲线，分别如图2-5、图2-6、图2-7、图2-8和图2-9所示，为了保证清晰度和直观性，我们选取2010年、2014年和2017年为特征时点进行分析。

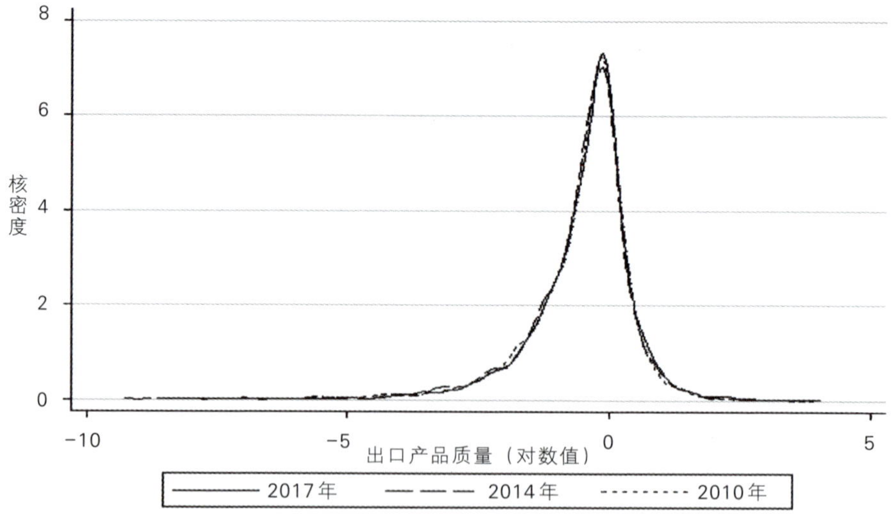

图2-5　中国对日本出口产品质量的核密度估计曲线图

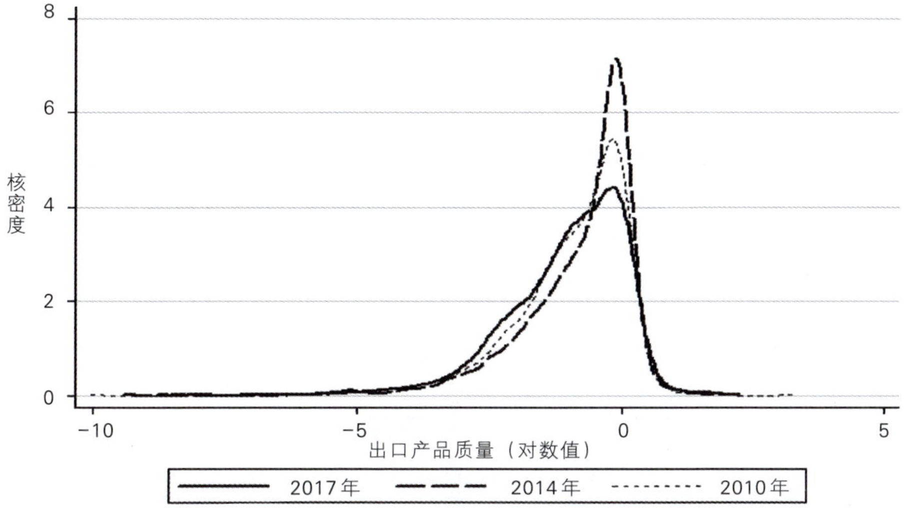

图2-6　中国对朝鲜出口产品质量的核密度估计曲线图

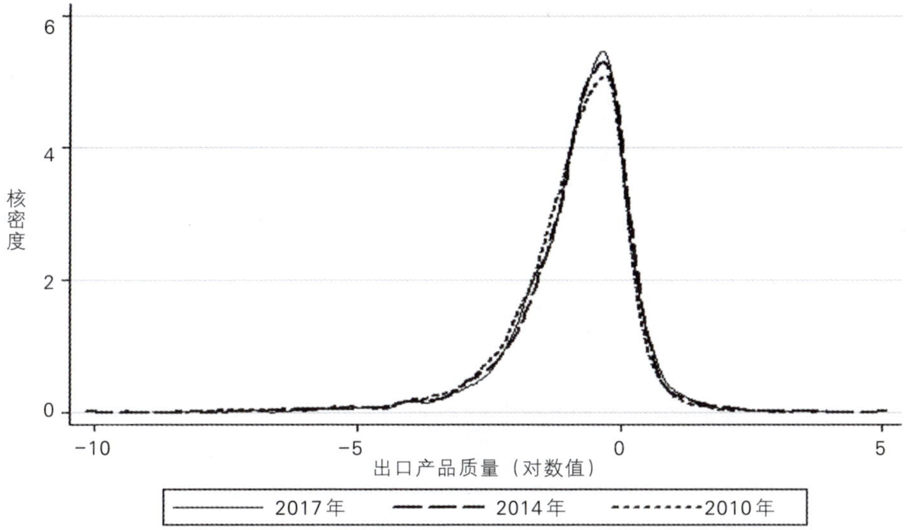

图2-7　中国对韩国出口产品质量的核密度估计曲线图

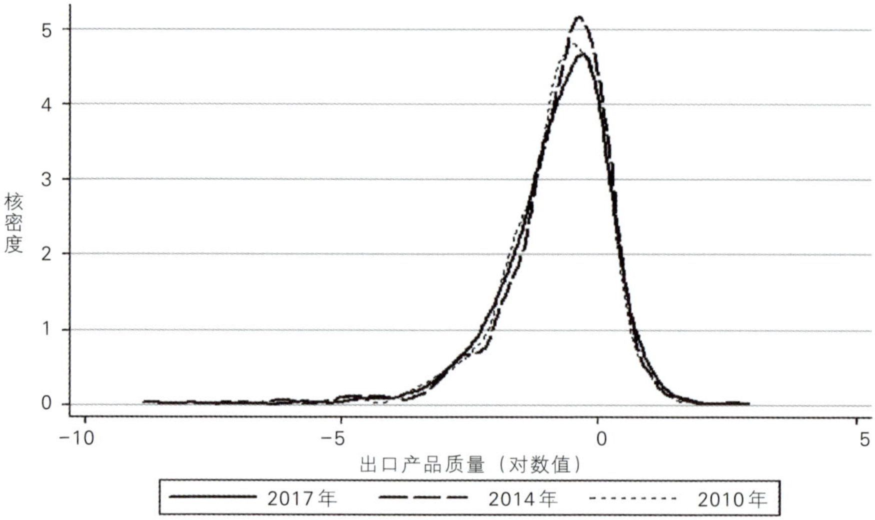

图2-8　中国对蒙古国出口产品质量的核密度估计曲线图

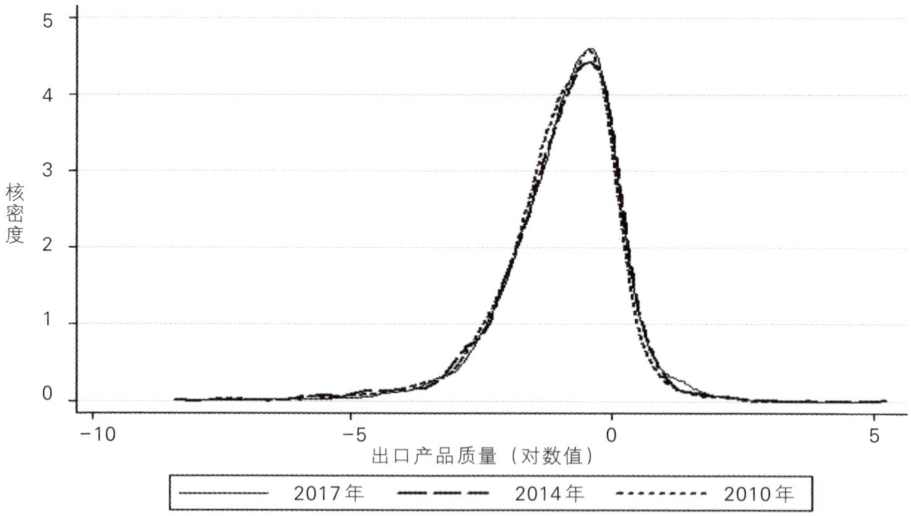

图2-9　中国对俄罗斯出口产品质量的核密度估计曲线图

通过这几个图的对比可以看出，中国对日本、韩国、蒙古国和俄罗斯出口产品质量的核密度估计曲线具有一个极其相似的特点，即在观察期间内核密度曲线的延展性几乎没有变化，波峰值上下变化幅度很小，这意味着中国对这四个东北亚目标市场的出口产品质量的分布情况基本维持稳定，未出现显著的提升或降低趋势。

根据图2-6可以看出，中国对朝鲜出口产品质量的核密度曲线所呈现的特征与其他四个东北亚区域国家有所不同，由2014年的“高而瘦”演变为2017年的“矮而胖”，核密度曲线的波峰值出现了较为明显的先上升后下降的变化特点，这表明中国对朝鲜出口产品的质量水平差异化程度的先缩小后扩大趋势；与此同时，核密度曲线的波峰值没有发生显著的左右移动，可能代表着中国对朝鲜出口产品的平均质量水平没有出现明显提升或降低。

从动态角度来看，2010—2017年期间，中国对东北亚区域各国出口中的高质量产品、中质量产品与低质量产品的分布情况也有所不同。图2-10反映了中国对东北亚区域各国在2010年、2014年和2017年这三个特征时点上出口产品中的高、中、低质量产品所占的出口份额情况。可以看到，中国对日本的出口贸易中的低质量产品占比相对最小，出口份额均在45%以下，而对其他四个国家的出口贸易中的低质量产品占比均在60%以上；对日本出口贸易中属于中质量产品的份额达到50%以上，但对朝鲜和蒙古国的出口贸易中的中质量产品的占比较小，而且2017年较2010年有所下降，对韩国和俄罗斯出口贸易中的中质量产品份额相对最少，仅仅为20%左右；中国对东北亚区域各国出口的高质量产品份额均较少，只有在2017年对韩国出口的高质量产品占比达到了17.3%，其余年份在各个东北亚市场上高质量产品的占比均在10%以下。

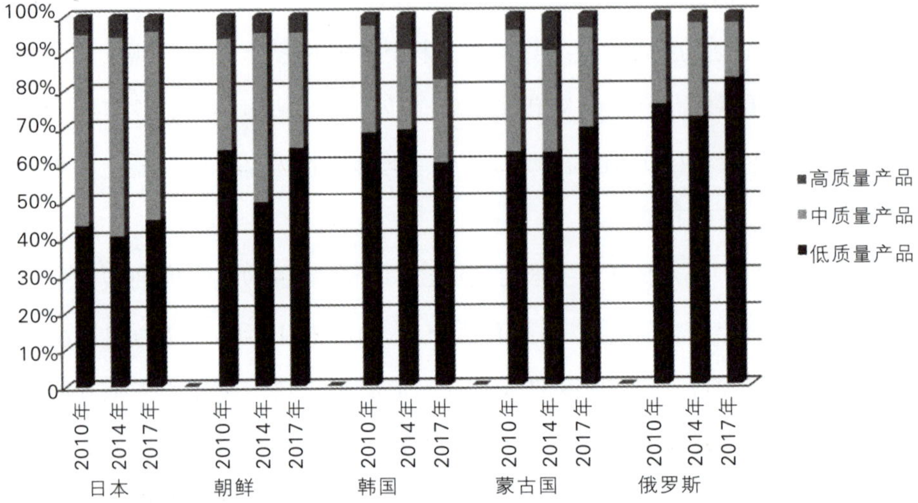

图2-10　中国对东北亚区域各国出口产品中的高、中、低质量产品份额的动态变化图

立足行业层面分析中国对东北亚区域各国的出口贸易质量动态变化过程，以2017年中国出口规模最大的电信、录音及音响设备行业对东北亚区域各国的出口质量水平变化为例，如表2-10所示，可以发现中国对日本、韩国和朝鲜的出口产品质量相对较高，对蒙古国和俄罗斯的出口产品质量相对较低。与此同时，在8年的观察期间内，中国的电信、录音及音响设备行业对各个东北亚目标市场的出口质量水平并没有形成持续的提升趋势，而是表现为上下波动的演化特征。这就意味着中国在东北亚区域出口贸易规模的扩张并没有伴随着出口质量的同步提升，企业在进行出口决策时还存在着“以量取胜”的发展路径依赖，没有彻底转变为通过提升产品质量来维持出口贸易的国际竞争力，不利于实现对外贸易的高质量发展。

表2-10　2010—2017年中国的电信、录音及音响设备行业对东北亚区域各国出口质量变动情况

国家 年份	日本	朝鲜	韩国	蒙古国	俄罗斯
2010	0.879	2.109	0.862	0.537	0.481
2011	0.694	0.933	0.590	0.490	0.443
2012	0.622	0.571	0.785	0.542	0.402
2013	0.816	0.987	0.866	0.590	0.512
2014	0.921	1.002	1.314	0.523	0.433
2015	0.857	1.093	0.557	0.509	0.308
2016	0.847	1.236	0.903	0.466	0.405
2017	0.929	0.958	0.747	0.343	0.431

最后，从动态角度将HS6分位细分产品的出口质量按照2.6式进行加总，得到2010—2017年中国对东北亚区域各国在整体上的平均水平，如表2-11所示。可以看出，中国对朝鲜和蒙古国的出口产品质量水平在观察期间内的波动幅度较大，在2015—2017年连续三年出现下降；对日本和韩国的出口产品质量变化幅度相对较小，其中对韩国的出口产品质量在2015—2017年连续三年出现小幅度提升，而对日本的出口产品质量在最近三年连续出现小幅度下降。从整体上来看，中国对日本的出口产品质量水平较高，对俄罗斯的出口产品质量水平最低，但中国对东北亚区域各国的出口产品质量均未形成持续性提升趋势。此外，表2-11还给出了2010—2017年中国对世界市场出口的平均质量水平，可以发现它在波动中有所提升，中国对日本的出口产品质量在观察期间内的各年均高于中国总体的出口产品质量，但对俄罗斯的出口产品质量则一直低于中国总体的出口产品质量。

表 2-11　2010—2017 年中国对东北亚区域各国出口质量变化情况

年份＼国家	日本	朝鲜	韩国	蒙古国	俄罗斯	世界
2010	0.760	0.671	0.587	0.628	0.534	0.685
2011	0.764	0.625	0.618	0.649	0.529	0.669
2012	0.731	0.897	0.585	0.686	0.486	0.639
2013	0.744	0.693	0.598	0.643	0.553	0.690
2014	0.778	0.751	0.655	0.984	0.549	0.717
2015	0.777	0.827	0.582	0.668	0.544	0.727
2016	0.762	0.782	0.594	0.640	0.580	0.693
2017	0.754	0.645	0.771	0.596	0.508	0.701

2.1.6　出口技术含量分析

根据2.8式和2.7式，需要使用2010—2017年所有HS6分位细分产品的出口国的人均收入数据计算中国对东北亚区域各国的出口技术含量。我们从世界银行的世界发展指数（WDI）数据库中获取采用现价美元计价的人均GDP，最终选取了192个经济体。值得注意的是，根据此方法得到的出口技术含量指标存在度量单位，同时各国人均收入水平会随时间发生变化，但是产品的生产技术特性只有在中长期才会发生较大变化，因此为了便于开展跨产品、跨年份的比较分析，我们将出口技术含量指标进行标准化处理，得到无量纲的出口技术含量指标 $PRODY_i^* = 100*(PRODY_i - PRODY_{min})/(PRODY_{max} - PRODY_{min})$，那么中国对某一目标市场出口技术含量的计算方法由2.7式更新为 $EXPY_{kj} = \sum_i \left(\frac{tv_{ij}}{tv_{kj}}\right) PRODY_i^*$，其中 $PRODY_{max}$ 和 $PRODY_{min}$ 分别为所有产品中出口技术含量的最大值和最小值。

图2-11为2017年中国对东北亚区域各国出口产品的技术含量分布情况

的核密度估计曲线，可以看到这5条核密度曲线的形态较为相似，呈现双峰特征，而且向右延伸较为明显，这意味着2017年中国对东北亚区域各国出口产品的技术含量在向中低水平大量集中，只有少量的出口产品技术含量水平较高的出口记录。

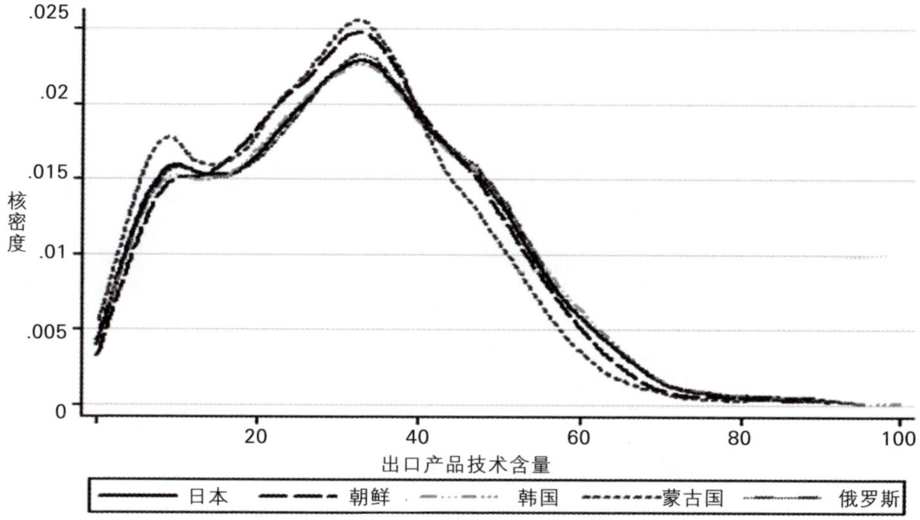

图2-11　2017年中国对东北亚区域各国出口产品技术含量的核密度估计曲线图

表2-12为2017年中国出口规模排名前10位的SITC2分位行业对东北亚区域各国的出口技术含量以及与2010年相比的变化情况。从整体上来看，经标准化处理后的出口产品技术含量取值范围为0到100之间，2017年中国10大出口行业对东北亚区域各国的出口技术含量不高，除服装及其配件行业（84）之外的其他九大行业在东北亚区域各国的出口技术含量与中国在世界市场上的表现差距不大；2017年出口规模最大的电信、录音及音响设备行业（76）在东北亚区域各国的出口技术含量较2010年有所下降，这与中

国该行业出口技术含量在世界市场上的变化趋势较为一致，一般工业机械行业（74）、纺织纱线行业（65）、金属制品行业（69）、家具和床上用品行业（82）则出现了一致的上升趋势，其他行业的出口技术含量在东北亚区域各国和在世界市场上的变化趋势则较为分化，有增有降。

表2-12　2017中国10大出口行业对东北亚区域各国及世界出口技术含量及变化情况

SITC2分位行业	年份	日本	朝鲜	韩国	蒙古国	俄罗斯	世界
电信、录音及音响设备	2017	19.976	21.344	20.071	18.643	20.202	19.900
	变化值	-7.444	-8.676	-8.862	-10.196	-10.012	-10.143
电气机械仪器	2017	27.121	26.105	30.821	30.438	30.127	30.304
	变化值	-0.215	-0.811	3.739	2.846	0.034	1.415
办公设备	2017	33.245	34.400	30.693	32.901	33.506	32.848
	变化值	-0.515	0.188	-0.331	-2.199	-2.090	-0.334
杂项制品	2017	25.347	27.946	27.433	26.613	28.428	28.213
	变化值	-2.260	-0.041	-1.203	-0.084	0.628	-1.680
服装及其配件行业	2017	6.898	9.278	7.639	7.243	8.948	24.898
	变化值	-0.607	-2.658	-0.606	-0.971	-0.320	2.827
一般工业机械行业	2017	33.821	40.539	36.571	31.058	37.364	37.318
	变化值	0.844	1.997	0.078	1.532	1.038	1.193
纺织纱线行业	2017	16.169	21.638	21.916	18.110	19.799	18.880
	变化值	2.091	2.188	5.348	1.993	2.194	0.659
金属制品行业	2017	30.351	28.229	30.551	30.099	32.965	30.035
	变化值	2.364	2.876	3.607	1.984	3.249	2.418
道路车辆	2017	26.692	31.837	26.868	32.355	27.963	28.650
	变化值	-1.251	5.430	-2.302	7.515	-1.829	-0.771
家具和床上用品行业	2017	23.405	25.213	23.251	25.564	26.603	24.898
	变化值	2.716	4.235	2.956	1.506	3.212	2.827

中国对东北亚区域各国的出口技术含量以及中国总体上对世界市场的出口技术含量在2010—2017年的发展变化趋势如图2-12所示，图2-13为使用经标准化处理的出口产品技术含量进行加权平均计算得到的出口技术含量。

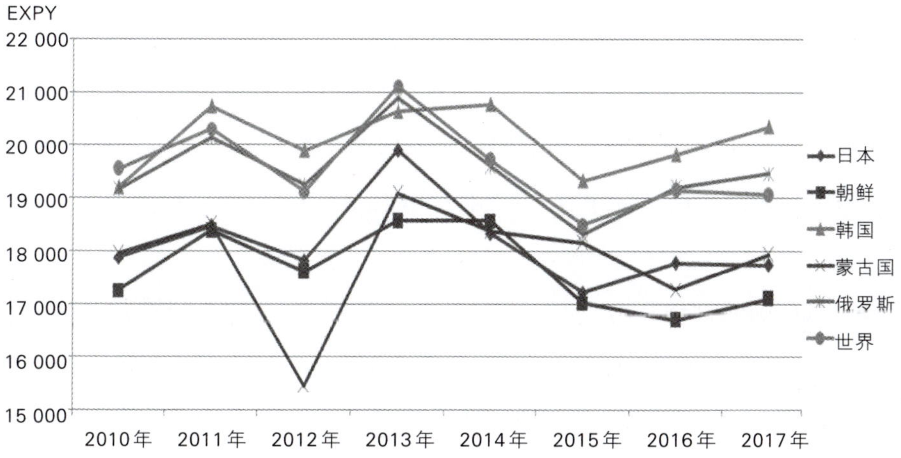

图2-12 2010—2017年中国对东北亚区域各国出口技术含量变化图

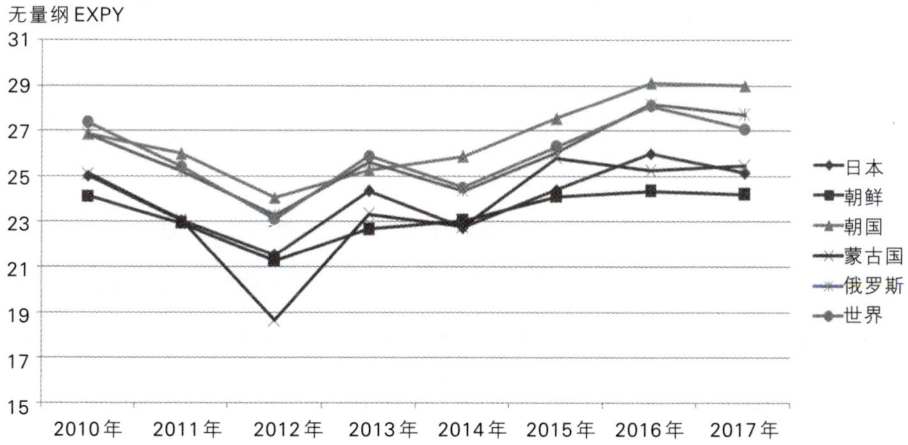

图2-13 2010—2017年中国对东北亚区域各国标准化出口技术含量变化图

从图2-12和图2-13中可以看出，2010—2017年中国对韩国的出口技术含量较高，除2010年和2013年外其水平均高于中国对世界的总体出口技术含量，而且保持着稳定的提高趋势；中国对俄罗斯的出口技术含量也较高，而且在观察期间内各年基本与中国对世界的总体出口技术含量持平；中国对日本的出口技术含量处于东北亚区域各国的中间位置，存在一定的提升空间；中国对蒙古国和朝鲜的出口技术含量相对最低。从整体上来说，2010—2017年中国对东北亚区域各国的出口技术含量的变化趋势大体一致，在经历了2010—2012年的下降过程之后出现波动上升态势。

2.1.7 出口国增加值分析

前面从出口结构、出口价格、出口产品质量和出口技术含量的视角展开中国对东北亚区域各国贸易的发展质量的分析，依据的均是中国出口总值信息，然而在产品生产分割导致全球价值链纵深发展的背景下，单纯利用出口总值早不足以全面反映一国的贸易竞争力，因此必须将一国总出口中的国外贡献的部分剔除，然后再分析只由出口国决定的出口价值是否能够维持本国对外贸易的可持续健康发展。图2-1所示的关于一国出口总值的分解方法是目前在国际经济学研究中较为成熟和广泛使用的方法，但由于其在计算中需要使用世界投入产出（WIOD）数据，只能得到2000—2014年中国对东北亚区域的日本、韩国和俄罗斯56个行业上的出口国增加值；为了保证时效性和权威性，我们利用中国商务部的全球价值链和中国贸易增加值核算数据整理得到2010—2017年中国对日本和韩国在HS2分位编码上共98类商品的出口国增加值。

表2-13给出了2017年中国对日本和韩国出口规模排名前10位的HS2分位的章别产品的出口增加值，可以看出，无论是对日本还是韩国的出口，总

量排名并不与增加值排名一致，在对日本出口中出口增加值排名前10位的HS章别分别为85、84、61、62、94、87、39、29、73和90章，其中较为明显的现象是90章光学等精密仪器设备的出口总量排名第6位，但出口增加值却跌至第10位；在对韩国出口中出口增加值排名前10位的HS章别分别为85、84、72、62、29、61、94、28、90和70章，其中61章和94章的出口规模虽然没有进入前10位，但出口增加值却相对较高，而出口规模排名在前10位中的90章、28章、73章、27两章和39章产品的出口增加值排名均相对下滑。

表2-13还给出了2017年中国对日本和韩国出口HS章别产品的单位增加值信息，它衡量的是中国出口1 000美元的产品所产生的出口增加值。以85类产品为例，尽管在2017年中国对日本和韩国出口的该类商品总量都很庞大，但1 000美元单位增加值却未达到500美元，单位增加值在HS2分位共98章产品中的排名分别为94位和95位，由此可以说明，2017年中国85类产品对日本和韩国的出口增加值排名在所有HS章别产品中排名较高主要是由庞大的出口总量决定的，单位增加值较低。

2017年中国对日本出口单位增加值排名前10位的HS章别产品分别是谷物（10），咖啡、茶、马黛茶及调味香料（9），肉及食用杂碎（2），活动物（1），活树及其他活植物、插花及装饰用簇叶（6），乳品、蛋品、天然蜂蜜、其他食用动物产品（4），编结用植物材料、其他植物产品（14），饮料、酒及醋（22），食用蔬菜、根及块茎（7）和生皮（毛皮除外）及皮革（41）；对韩国出口单位增加值排名前10位的HS章别产品分别是谷物（10），咖啡、茶、马黛茶及调味香料（9），乳品、蛋品、天然蜂蜜、其他食用动物产品（4），食用蔬菜、根及块茎（7），活动物（1），编结用植物材料、其他植物产品（14），活树及其他活植物、插花及装饰用簇叶（6），饮料、酒及醋（22），烟草、烟草及烟草代用品的制品（24）和食品工业的残渣及废料（23）。

表2-13 2017年中国对日本和韩国出口规模排名前10位的HS章类产品的出口增加值及单位增加值

中国对日本出口				中国对韩国出口			
HS章别（按规模从大到小排序）	商品	增加值（亿美元）	单位增加值（美元/千美元）	HS章别	商品	增加值（亿美元）	单位增加值（美元/千美元）
85	电机、电气设备及其零件；录音机及放声机、电视图像、声音的录制和重放设备及其零件附件	168.0	493.0	85	电机、电气设备及其零件；录音机及放声机、电视图像、声音的录制和重放设备及其零件附件	174.1	488.3
84	核反应堆、锅炉、机械器具及零件	124.9	560.1	84	核反应堆、锅炉、机械器具及零件	71.8	624.2
61	针织或钩编的服装及衣着附件	66.4	832.0	72	钢铁	50.0	740.3
62	非针织或非钩编的服装及衣着附件	53.9	740.5	90	光学、照相、电影、计量、检验、医疗或外科用仪器及设备、精密仪器设备	20.5	522.0
94	家具；寝具、褥垫、弹簧床垫、软坐垫及类似填充制品；未列名灯具及照明装置；发光标志、发光名牌及类似品	38.2	815.3	29	有机化学品	19.9	792.3
90	光学、照相、电影、计量、检验、医疗或外科用仪器及设备、精密仪器设备	22.9	503.0	28	无机化学品；贵金属、稀土金属、放射性元素及其同位素的有机及无机化合物	23.0	713.1
39	塑料及其制品	27.3	634.7	62	非针织或非钩编的服装及衣着附件	19.7	834.7
87	车辆及其零件、附件，但铁道及电车道车辆除外	31.3	747.5	73	钢铁制品	22.3	729.5
95	玩具、游戏品、运动用品及其零件、附件	20.5	605.6	27	矿物燃料、矿物油及其蒸馏产品；沥青物质；矿物蜡	18.9	571.4
73	钢铁制品	24.2	775.9	39	塑料及其制品	19.9	724.5

将各年中国HS2分位共98章产品对日本和韩国的出口增加值加总，据此可以得到2010—2017年中国对日本和韩国出口增加值的总体变化情况，如图2-14所示，同时为了方便对比，图中还列出了各年中国对美国和欧盟的出口增加值。可以看到，中国对日本的出口增加值虽然在观察期间内的各年均高于韩国，但还远远低于中国对美国和欧盟的出口增加值，中国对韩国的出口增加值相对最低；从动态角度来看，中国对美国的出口增加值在2010—2017年基本保持上升态势，除了在2016年出现了下降现象之外，2017年美国成为中国出口增加值相对最大的贸易国，中国对欧盟的出口增加值则呈现出波动中小幅提升的变化趋势，中国对日本和韩国的出口增加值在8年里提升幅度均不大，在2016年还出现了小幅下滑。

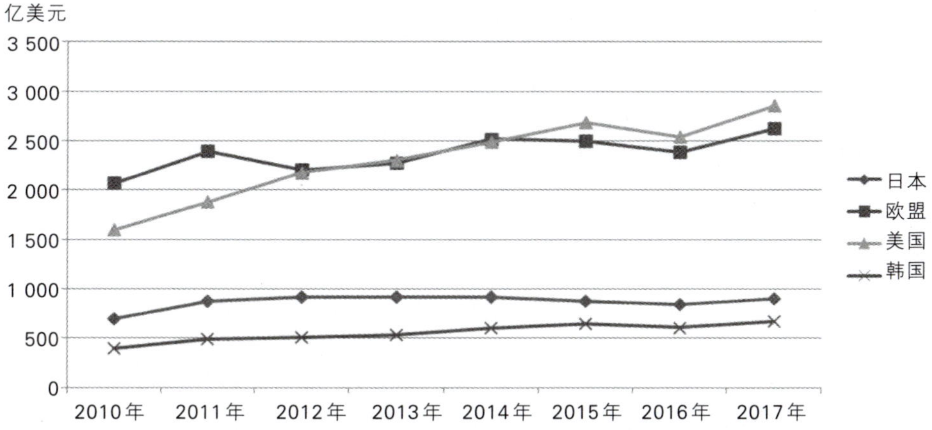

图2-14　2010—2017年中国对主要贸易伙伴的出口增加值变化情况

综上，从出口结构、出口价格、出口产品质量、出口技术含量和出口增加值五个视角对中国与东北亚区域各国贸易发展质量特征的剖析可以发现，无论是从哪个视角出发，都可以得出当前中国与东北亚区域各国贸易发展质量不高的结论。因此，我们需要深挖当前中国与东北亚区域各国贸易高质量发展过程中存在的主要问题并分析其原因，进而才能为进一步优化发展的路径探讨提供依据。

2.2 中国与东北亚区域各国贸易高质量发展面临的主要问题及成因

2.2.1 出口结构不优

目前中国对东北亚区域各国出口的高技术产品在总出口中的占比仅为1/3左右，中低技术产品一直占据出口结构的半数左右，资源型产品在对日本、韩国和朝鲜的出口中占比相对略高。而且，中国对东北亚区域各国的这一出口贸易结构特征，在2010—2017年期间基本未发生变化。与此同时，高技术产品出口中的产品类别较为单一，主要集中于电子元器件、接收设备等，加工贸易特征突出，航空航天、生命科学、新材料等高新技术产品类别较少。

中国对东北亚区域各国的出口结构不够优化的主要原因：一方面是依托于传统比较优势以劳动密集型产品为主的中低技术产品出口发展模式存在一定程度的路径依赖，导致目前其在总出口中的占比仍然较高；另一方面，中国高技术产品的出口竞争新优势尚未完全培育形成，日本和韩国在高新技术产业领域的领先优势还较为明显。

2.2.2 出口价格不高

中国对东北亚区域各国出口的重点产品的价格普遍不高，在这五国市场上分别存在着多种重点产品的出口价格低于同类产品在最大规模市场上出口价格的情况，贸易企业获利空间有限。从动态视角来看，自2010年以来中国对东北亚区域各国的出口价格均没有出现持续上涨的变化趋势，只是在上下波动中有小幅提升，到2017年平均仅上涨了4.3%左右。

中国对东北亚区域各国的出口价格不高的原因，一部分是由于外贸企业在进行决策时通常都倾向于在距离近的国外市场上销售低附加值、低质量、低价格的产品，而将高附加值、高质量、高价格的产品销售到距离远的国外市场（Hummels & Skiba，2014），即“华盛顿苹果效应”，而东北亚区域各国正是与中国距离较近的出口目标市场；更重要的原因是整体上中国出口产品的质量优势还较弱，可替代性较强，企业缺乏足够的定价能力和话语权。

2.2.3 出口产品质量不佳

目前中国对东北亚区域各国的出口中，高质量产品、中质量产品的种类和规模占比均较低，低质量产品的种类和规模占比则均较高，在东北亚五国市场上基本都达到50%以上。电信、录音及音响设备和电气机械仪器等行业“大而不强”，其出口规模位列前茅但出口质量排名却不靠前。日本和韩国在中国所有出口目标市场中的质量排名相对靠前，俄罗斯的排名最靠后。平均来看，在2010—2017年这8年期间，中国对日本和韩国的出口质量水平变化幅度较小，对朝鲜和蒙古国的出口质量水平变化幅度较大，但均不是持续提升的变化态势。

从需求方面来讲，中国对朝鲜、蒙古国和俄罗斯的出口产品质量不高主要是因为由收入水平决定的质量需求不高，相比之下日本和韩国对中国出口产品的质量需求较高。与此同时，日本、韩国对进口产品的质量标准要求严格甚至有时会由此形成技术性贸易壁垒。例如，日本在纺织服装、机械制造、汽车制造、化学工业、农产品等多个行业针对进口产品均设置有强制性技术标准和严格的质量合格评定程序，这就对中国企业输出到日本的产品质量提出了硬性要求；从供给方面来讲，中国对东北亚区域各国的出口产品质量并没有显著地异于中国对世界总体出口的平均质量水平，企业质量意识仍然薄弱，通过研发创新提升产品质量的主动性和积极性不够，国内质量标准与国际标准相比还存在一定的差距，导致从整体上来看中国的出口产品质量不高。

2.2.4 出口技术含量不足

从动态视角来看，2010—2017年期间中国对东北亚区域各国的出口产品技术含量均出现了在波动中有所提升的变化走势；而且中国对日本和韩国的出口产品技术含量与中国对世界总体的出口产品技术含量相比基本持平或更高，但是对朝鲜、蒙古国和俄罗斯的出口产品技术含量却远远落后，没有将中国的相对技术优势转化成出口竞争优势。从绝对水平来看，中国对东北亚区域各国以及世界总体的出口产品技术含量均偏低，如果将全世界所有经济体的出口产品技术含量最高值标准化设置为100，中国对东北亚区域各国的出口技术含量仅处于24～30之间。

造成中国对东北亚区域各国出口产品技术含量不足的主要原因是以由世界上高收入发达国家生产为标识的高技术产品的出口份额偏低，而以由世界上低收入国家生产为标识的低技术产品的出口份额偏高，与很多发展中国家一样，中国制造企业核心技术缺失，被在全球价值链分工体系中处于主导地位的发达国家“锁定”在低技术、低附加值的加工制造环节，而且在参与全球产业价值链后学习吸收先进技术的主动性不够，导致中国的出口技术含量与发达国家相比明显不足。

2.2.5 出口增加值偏低

中国对日本和韩国的出口增加值远远落后于对美国和欧盟的出口增加值，而且近年来的增长幅度不大，2010—2017年期间平均增长率仅分别为3.7%和7.7%，而对美国的出口增加值同期增幅达到8.7%。从行业层面来看，中国对日本和韩国出口总额较大的产品一般其出口增加值也较大，但单位出口增加值较小，例如中国对日本和韩国出口规模均为最大的电机、电气设备及其零件，录音机及放声机、电视图像、声音的录制和重放设备及其零件、附件，1 000美元单位该产品的出口增加值均未达到500美元，其出口单位增加值排名在共98章的HS产品中分别为94位和95位。在中国对日本和韩国的出口中，国内增加值比较高的产品主要集中于谷物、调味香料、活动物及食用蔬菜等初级产品，但出口份额均不大。

中国对东北亚区域各国出口的国内增加值偏低意味着中国出口中隐含着大量的国外增加值，可以对比中国和日本双边出口的电气和光学设备产品的增加值构成情况，2011年日本对中国出口该产品的增加值占比达到81.7%，中国对日本出口该产品的增加值仅为68.2%，而且日本出口的增加值中被进口吸收的中间出口比例较大，而中国出口的增加值中最终出口的比例较大。与此同时，中国出口增加值中隐含的第三国增加值占比为22.5%，远大于日本的9.1%，这充分说明日本出口主要依靠自身增加值，从事研发设计和零部件生产而处于全球价值链的上游；中国出口增加值中第三国增加值的贡献不可忽视，通过从发达国家进口中间产品从事加工装配生产而处于全球价值链的下游，导致中国出口的国内增加值偏低。中国与日本和韩国在全球价值链上的位置差异决定了在双边贸易中，中国由出口增加值衡量的竞争优势并不如由出口总值衡量的竞争优势那么显著。

2.3 推进中国与东北亚区域贸易高质量发展的路径

2.3.1 主动扩大进口和吸引外资

对外开放一直是中国坚持的基本经济发展战略，2018年日本是中国的第二大进口来源国和第二大出口目标国，韩国成为中国的第一大进口来源国和第三大出口目标国，中俄双边进出口贸易27.1%的增速使俄罗斯在中国主要贸易伙伴国中位列第一；2018年中国实际利用来自日本和韩国的外商直接投资金额同比分别增长13.6%和24.1%，高于美国的7.7%。毋庸置疑，东北亚地区是中国构建开放型经济体不可或缺的重要区域。

中国在高质量发展阶段的“主动扩大进口”不同于以往的“为出口而进口”，过去鼓励将国外进口原材料、中间投入零部件等与国内劳动、自然资源等优势要素相结合的加工贸易带动了中国出口“量”的迅速扩张，但也确实造成了中国被发达国家囿于全球价值链低端环节的困境，出口“质”的飞跃不明显。主动扩大进口应当是“为推进高质量发展而进口”，重点是增加先进技术、设备和中间投入品的进口以及满足国内高质量需求的最终品进口。同时，吸引利用外资也应当倾向于搭载了高端技术、先进知识和管理经验等的外资，特别是在美国对中国实施技术封锁的形势下，中国更要重视主动扩大来自日本和韩国的进口和投资。此外，需要进一步完善泛黄海中日韩经济技术交流会议机制，充分宣传利用国内自由贸易试验区优惠政策以吸引日本和韩国的高端制造、生物医疗、新能源、现代服务等高附加值产业进入中国，降低汽车等货物关税和服务贸易壁垒，通过主动“引进来”促进竞争，为国内同类行业建立危机意识、学习吸收先进技术、自主再创新提供契机，不断推动产业转型升级向价值链上游攀升，而这正是实现中国对东北亚区域各国出口贸易高质量发展的内核动力。

2.3.2 全面对接国际标准和规则

从微观层面来讲，中国相关部门、行业协会应当对日本和韩国以及欧美等国在纺织服装、机械制造、汽车制造、化学品等行业中较为严格的产品生产标准、质量标准和评定程序等进行认真的研究和分析，明确中国制造产品与世界质量领先产品的差距，加大国际高标准在国内转化应用的力度，强化监督惩罚机制，切实推动中国制造的“品质革命”，才能从根本上实现中国与东北亚区域出口贸易的高质量发展。

在宏观意义上，国际规则是世界大国之间进行博弈、谈判和协调后达成的，第二次世界大战后国际经济规则的主导权完全由欧美发达国家掌握，随着发达国家与发展中国家的力量对比不断发生变化，国际经贸新规则和新平台不断被催生，其中以美国前总统奥巴马大力倡导的“跨太平洋伙伴关系协议”（TPP）、“跨大西洋贸易与投资伙伴协定”（TTIP）和“服务贸易协定”（TISA）为典型代表，尽管美国现任总统特朗普已退出TPP，但随后的“美加墨贸易协定”（USMCA）仍然继承了TPP的大部分内容。当前以“准入前国民待遇+负面清单管理模式”为核心的国际投资规则和旨在进一步促进服务贸易自由化的国际贸易规则，客观上能够更好地为全球生产分割下全球价值链的纵深发展服务。因此，中国必须更加全面地研究、追踪高标准的国际经贸新规则，利用国内自由贸易试验区对接国际新规则，并且在建立健全东北亚区域合作机制的过程中适时加入新规则的谈判，更要在推行“一带一路”倡议和东北亚地区众多的次区域、双边合作机制的过程中尝试突出能够解决发展中国家对出口技术限制、产业补贴等问题诉求的国际经贸新规则。通过对接通用的国际规则和标准及主导国际新规则和标准的制定，倒逼提升中国制造的质量标准和国际竞争力，实现高质量发展。

2.3.3 健全东北亚区域合作机制

依托大图们江次区域合作框架、中蒙俄经济走廊、中日韩投资协定、中韩自由贸易区等多个次区域和双边合作机制以及东方经济论坛等高层会晤对话机制，中国与东北亚各国已经在进出口贸易、跨境物流、能源和旅游等诸多领域的合作方面取得了一定的成绩，但仍然需要在合作的覆盖面和务实性上进一步拓展。同时，受到历史问题、政治分歧、利益冲突、美国干涉等诸多不利因素的长期影响，涵盖东北亚六国的统一的区域全面合作机制尚未形成。

良好的区域合作机制是拓展东北亚经贸往来、推进贸易高质量发展的制度基石，中国要继续以“和平合作、开放包容、互学互鉴、互利共赢”的理念为指导，在东北亚区域合作早期收获的基础上，积极推进中日韩自由贸易区谈判和区域全面经济伙伴关系（RCEP）谈判，扎实扩大中国与俄罗斯和蒙古国在农业、能源、制造业等产业上的实质性交流合作，进一步发挥在与朝鲜开展经贸合作方面具有的特定优势，率先在东北亚全区域合作中建立健全中日韩、中日俄、中蒙俄、中俄韩、中俄朝、中韩朝等多个次区域合作支撑点，最终适时地向东北亚区域全面合作机制转变。继续健全东北亚区域民间合作交流机制，利用好展览会、华人商会、行业协会、友好城市以及民间机构搭建的交流平台，加强中国与东北亚各国的彼此了解和信息联通，为拓展东北亚区域国际经贸往来、实现高质量发展提供有力支持。

2.3.4 充分发挥东北地区优势

中国东北地区位于东北亚核心区域内，首先，中国东北是“一带一路”倡议下连接东北亚与欧洲大陆经贸往来的重要物流枢纽，得天独厚的地理区位优势是东北地区打造高质量东北亚区域贸易合作平台的自然条件；其次，黑龙江省盛产玉米、大豆、小麦等粮食商品，内蒙古的稀土、煤、铅等资源储量全国领先，吉林省的汽车制造、石油化工和辽宁省的工程机械、成套设备等领域在全国牢牢占据重要位置，黑龙江的黑河和内蒙古的二连浩特等口岸可连接起俄罗斯和蒙古国，两国的原油、煤炭、金、森林等资源是任何一国经济发展都必需的重要原料，多元有力的腹地支撑优势是东北地区打造高质量东北亚区域贸易合作平台的资源条件；最后，以大连为代表的东北地区沿海开放城市与日、韩、俄在对外贸易和直接投资方面往来已久，老工业基地实力雄厚，工人技能水平较高，具备承接日、韩产业转移的要素条件，大连港是全国第八大综合性外贸港口，周水子国际机场是东北地区最大的货物空运基地，多条高标准高速公路以及铁路线网直达黑河、鹤岗、珲春、二连浩特、满洲里、霍尔果斯等口岸，进而连通广阔的中亚、西亚地区和欧洲市场，如此完备的海陆空铁运输系统是东北地区打造高质量东北亚区域贸易合作平台的运力条件。在中国（辽宁）自由贸易试验区、中国（大连）跨境电子商务综合试验区、全面振兴东北老工业基地战略以及“中国制造2025”等多重政策叠加的优势下，东北地区应当充分发挥区位优势、资源优势和物流优势，当好内地与东北亚、中国与世界的一个“焊点”，在推进中国与东北亚区域贸易高质量发展中当好“试水者”“探路者”。

第一，着力完善边境口岸信息共享机制，在加强口岸信息化基础设施建设的基础上，探索推动东北亚海关区域通关一体化，加快实现不同关区数据互通共享，打破地域局限，提高海关通关效率，推进贸易便利化。

第二，充分挖掘东北地区腹地货源优势，连通日、韩、朝经东北各口岸直达俄罗斯、蒙古国的欧亚贸易长廊，加快通道内油品、天然气、粮食、木材、机械设备等大宗商品以及服装、鞋帽、小商品等制成品的跨国流动，建立中转货物原产地签证制度，发展转口贸易，吸引日韩俄大型跨国公司进驻自贸区内开展仓储、再加工等。

第三，推进中国（大连）跨境电子商务综合试验区建设，利用自贸区、跨境电商综试区双重政策叠加红利，积极搭建对日韩俄跨境电商交易平台，以农产品、水海产品、服装的跨境电商B2C出口为突破口，逐渐转向以成套装备制造、医疗器械、成品油、木材、粮食等大宗跨境电商B2B出口为重点，发展跨境电商直购进口，吸引更多优秀的日韩企业进驻，在此进行保税展示、仓储物流、提供售后服务等，实现保税区仓库与自贸区店铺的前店后库联动。

第四，建立大宗商品、机械设备交易平台。建立粮食、矿石、油品、工程设备、电子信息、工程机械、医疗器械等生产资料的国际交易平台，开发海参、海带、鱿鱼等新型交易标的，开展线上线下的大宗商品现货交易，接轨国际“净价”报价方式，推行资金托管、货物保管、交易平台、资金清算“四分开原则”，数据共享，管控风险。整合大连商品交易所的期货交易功能与保税区的保税仓储功能，对接俄蒙资源供给优势与日韩能源需求，打造“互联网+金融+产业+港口”的大数据运营平台，创新发展运输、仓储、加工、融资、交割、结算等配套环节，建设集交易、结算、金融服务等功能于一体的交易中心，提升大宗商品在东北亚乃至全球的配置能力，争夺定价权。探索建成东北亚石油天然气联合交易所大连交易中心，发布东北亚LNG（液化天然气）出厂价格指数、中国东北LNG指数和中国汽、柴油批发价格指数等多项反映中国和东北亚油气市场运行情况的指数，为行业提供价格参考。

第五，开展高技术、高附加值机械设备检测维修业务。允许符合条件的自贸区内企业开展高技术、高附加值、无污染的境内外机电产品、船舶、飞机等维修业务，海关参照保税加工监管模式，检验检疫部门实行“统一受理、统一审核、快速评估”，在对企业资质和产品风险评估的基础上创新维修业务监管方案；推行进口CCC产品认证便利化措施，对诚信示范企业采取“一次审批、多次放行，一次确认、三年有效，直通放行、诚信监管”，加快企业报检放行速度，吸引大型跨国公司建立维修中心、零部件分拨中心、科研测试中心等，推动加工制造向研发及检测、维修等生产链高附加值的前后两端延伸，促进加工贸易转型升级。

第六，吸引跨国公司设立区域性贸易功能总部。利用东北地区建立东北亚区域贸易交易平台、港口物流中心、中转集散中心的优势，吸引日韩俄大型企业、金融机构在区内设立面向东北亚的区域总部，形成总部经济产业集群，发展总部经济，扩宽政府职能部门与企业的沟通渠道，了解跨国公司贸易总部对投资环境和有关政策法规的意见建议，完善基础设施建设和商务人员往来管理制度，探索跨境双向人民币资金池和外汇资金集中运营管理试点，最终实现贸易总部向全业务总部、资金运营总部转化。

2.3.5 大力支持企业研发创新

中国与东北亚区域贸易的高质量发展本质上是中国实现产业发展转型升级、迈向全球价值链中高端、建成现代化经济体系在东北亚区域经贸合作中的体现，无论是通过健全东北亚区域合作机制、扩大进口和吸引外资、对接国际标准和规则还是发挥东北地区既有优势，获取先进技术、培育以质量为核心的国际竞争新优势、推进对外贸易高质量发展的主体最终一定是微观企业。因此，中国应当大力支持企业进行先进技术的研究开发和创新，增加科研经费投入，强化知识产权保护，加快高端制造技术攻关，抢占人工智能等信息技术发展高地，最终推进产业和对外贸易的高质量发展。

第3章

东北亚区域旅游协同发展问题研究

要贯彻绿水青山就是金山银山、冰天雪地也是金山银山的理念，落实和深化国有自然资源资产管理、生态环境监管、国家公园、生态补偿等生态文明改革举措，加快统筹山水林田湖草治理，使东北地区天更蓝、山更绿、水更清。要充分利用东北地区的独特资源和优势，推进寒地冰雪经济加快发展。

——2018年9月28日习近平总书记在深入推进东北振兴座谈会上的讲话

在经济全球化趋势的驱动下，各国在不断的挑战和机遇中碰撞、协调，以此达到互利共赢的局面。东北亚区域经济合作发展进程一直为各界人士所重视，旅游发展是其合作发展不可或缺的部分。近几年，东北亚各国在旅游产业合作发展方面有所提升，但是较之于欧洲、美洲、东南亚等地区相对滞后，存在较大的发展空间。据WTO预测，2020年世界旅游人口大约为16 102亿，其中东北亚地区为2 167亿，占东亚太平洋地区的61%。东北亚旅游业将会是该区域的新型支柱性产业，并有可能媲美东南亚、欧洲、北美等国际热点旅游区域。

习近平总书记的东北座谈会讲话，其精神要求全面扩大开放，加快构建东北对外开放的大通道、大平台、大布局。同时，要贯彻绿水青山就是金山银山、冰天雪地也是金山银山的理念，落实和深化生态环境监管、国家公园等改革举措。中国的东北地区处在东北亚地区的核心区域，与该区域的其他五个国家位置毗邻，经济往来密切，与我国东北地区的独特资源和优势相结合，有助于推动整个东北经济的快速发展。因此，充分调研东北亚地区的旅游资源，研判发展中存在的合作、协调等问题，既能顺应世界旅游业发展的客观要求，也能顺应东北亚区域经济的发展需要，为区域旅游经济发展提供重要决策支撑和政策依据。

3.1 东北亚区域旅游资源的空间分布特征

3.1.1 相关概念界定

（1）东北亚区域界定

依据东北亚区域旅游研究院的相关研究和界定，以及旅游区域的相关划定，我们所研究的东北亚地区主要涉及亚洲东北部，包括日本、韩国、朝鲜、蒙古国、中国的东北和内蒙古自治区以及俄罗斯远东地区，该区域是亚洲经济与文化最发达的地区。其中，日本、韩国和朝鲜包含其境内的所有省份；中国包括黑龙江省、吉林省、辽宁省和内蒙古自治区的呼伦贝尔市、兴安盟、锡林郭勒盟、通辽市、赤峰市、乌兰察布市、呼和浩特市；蒙古国的研究区域包括色楞格省、东方省、肯特省、中央省、乌兰巴托市、苏赫巴托尔省、前杭爱省、东戈壁省、中戈壁省、南戈壁省、达尔汗乌拉省；俄罗斯包括伊尔库茨克州、赤塔州、布里亚特共和国、阿穆尔州、哈巴罗夫斯克边疆区、乌斯季奥尔登斯基布里亚特自治区、犹太自治州、滨海边疆区、萨哈林州、阿加布里亚特自治区。

（2）旅游资源分类

旅游资源的界定和分类是旅游开发和旅游市场匹配的基础，通过世界旅游组织、国家旅游研究院、各大高校旅游学院以及学者对于旅游资源管理的相关文献和实践研究，对于旅游资源特征研究多以旅游资源单体作为研究对象，虽然各国对于旅游资源单体的分类不尽相同，但是旅游单体的评定大致相近。由于并无国际统一的旅游资源单体识别标准且研究对象为以中国东北地区为中心的东北亚区域旅游资源，因此区域旅游资源单体统计分析是依据中国旅游资源分类标准完成的。相关术语定义如下：

旅游资源（tourism resources）：自然界和人类社会凡能对旅游者产生吸引力，可以为旅游业开发利用，并可产生经济效益、社会效益和环境效益的各种事物和现象。

旅游资源基本类型（fundamental type of tourism resources）：按照旅游资源分类标准所划分出的基本单位。

旅游资源单体（object of tourism resources）：可作为观赏或利用的旅游

资源基本类型的单独个体，包括“独立型旅游资源单体”和由同一类型的独立单体结合在一起的“集合型旅游资源单体”。

基于以上基本定义，依据《中华人民共和国国家标准——旅游资源分类、调查与评价》（GB/T 18972-2017）（见附录一），通过旅游资源的性状（即现存状况、形态、特性、特征等）对其进行了类型划分，以此研究东北亚区域旅游资源的特征（空间分布、资源丰富度以及资源可替代性等）。

3.1.2 数据收集和处理

在网络发达的现今社会，人们对于旅游地的选择和对于资源的评价和筛选多来源于网络信息，旅游资源的网络评定在一定程度上可以反映客源市场旅游者在准备阶段所能掌握的旅游资源情况。因此，为了深入了解东北亚区域各国家之间的旅游资源特征，进而为后续研究提供可靠依据，我们分别以携程网、马蜂窝等旅游网站的景点排行榜为数据源，以有评分并入榜单的旅游资源为研究主体，采用人工与python软件相结合的方式进行基础数据的采集和核验，依据旅游资源基本类型的主类为分类标准，最终获取的旅游资源汇总数据如表3-1所示。

表3-1 东北亚区域旅游资源汇总表

国家 \ 类型	A（地文景观）	B（水域景观）	C（生物景观）	D（天象或气候景观）	E（建筑与设施）	F（历史遗迹）	总计
俄罗斯	2	5	0	0	90	0	97
蒙古国	0	1	2	0	12	1	16
中国	257	286	262	7	1 758	143	2 713
朝鲜	5	2	1	0	31	3	42
韩国	39	65	28	0	772	27	931
日本	189	264	205	0	3 591	175	4 424
总计	492	623	498	7	6 254	349	8 223

应用ArcGIS软件，将表3-1中的资源点与其空间位置对应可以得到旅游资源的地理分布，可以看出东北亚的旅游资源主要分布在中国东三省一区、日本和韩国，而俄罗斯远东地区、朝鲜和蒙古国的旅游资源数量较少且分布地区主要集中俄罗斯远东地区的西部、朝鲜首都平壤地区和蒙古国首都乌兰巴托市。

为了详细刻画不同地区、不同类型旅游资源的空间分布形态，我们将分别从以下两方面进行深入分析：

第一，以省级为单位的旅游资源数量为基础，利用ArcGIS软件描述东北亚区域旅游资源的空间分布形态。具体来说，是采用分位数方法（Quantile）对各省级单位对应的旅游资源数量进行描述，颜色由浅绿色到红色，其中浅绿色表示旅游资源数量为零，绿色表示有少量的旅游资源，黄色表示资源数量处于整个资源分布范围的中位数附近，红色表示在省域范围内的资源数量分布最多。

第二，利用核密度估计法（Kernel Density，KDE）分析旅游资源空间分布的热点地区。核密度估计法是一种利用旅游资源的空间点数据重建概率密度函数的方法，利用一个合适带宽，即可得出一个旅游资源的概率密度估计值，从而体现旅游资源的空间分布热点。核密度方法可以摆脱省界与国界的范围束缚，完全按照旅游资源的空间分布形态来进行分析。将旅游资源按照其地理坐标进行核密度分析之后，能够得到旅游资源核密度分布图。该图将分布密度按照分位数方法从绿色到红色进行描述，其中浅绿色表示资源密度为零的地区，绿色表示资源密度稍小的地区，红色表示资源分布密度最大的地区，其他地区为密度较为适中的地区，橙色地区的密度稍大于黄色地区。

3.1.3 空间分布特征分析

（1）东北亚区域旅游资源的总体分布特征

通过数据处理，可获得以省级为单位的旅游资源总体分布。可以发现，旅游资源最多的省级单位为日本的关东地区，资源数为1 181个，其他资源数量较多的区域有日本的近畿地区（1 040个）、中部地区（619个）、北海道（471个），中国的辽宁省（969个）、黑龙江省（756个）、吉林省（487个）、内蒙古自治区（455个）以及韩国的首尔（397个），其他国家的旅游资源数量较少，朝鲜的旅游资源主要分布在平壤（32个），蒙古国的旅游资源最多是首都乌兰巴托（14个），俄罗斯的旅游资源在伊尔库茨克州（43个）和滨海边疆区（28个）分布较多。

从东北亚区域总体旅游资源的核密度分布情况来看，核密度值从0至550.28，依据分位数法，将核密度值分为五个等级，红色为热点地区主要分布在日本、韩国以及中国的辽宁省、吉林省和黑龙江省的部分地区，资源密集度较高且较为聚集；朝鲜和蒙古国的旅游资源主要分布在首都区域；俄罗斯的旅游资源数量较少，只在部分区域有少量分布。

从以上内容可以看出，在东北亚区域可获取的旅游资源信息较多的地区主要是以中国、日本和韩国为主，这些区域经济发展水平较为发达，旅游产业发展较为稳定，并且国内外的旅游资源输出渠道较为丰富。因此，就此三个国家来讲，彼此之间的旅游产业链条较为完整且旅游资源的开发和宣传更加完善，同时旅游资源核密度较高的区域大多集中于各国经济发展水平较高的地区，由此也能看出旅游资源的开发程度以及市场可视情况与经济发展水平密不可分，外交政策、旅游宣传和政府重视程度也不可忽视。

（2）A类旅游资源的分布特征

A类旅游资源为地文景观资源，此类资源包含了自然景观、地质景观、地表形态等景观类型，多以地质保护区、自然保护区、山川、石林等形式为游客和市场所熟知。

将东北亚区域的A类旅游资源点与其空间位置对应，可以得到旅游资源分布，可以发现，东北亚区域的A类旅游资源主要分布在日本、韩国和中国，朝鲜、俄罗斯的旅游资源数量较少，蒙古国没有A类资源的分布。

从东北亚区域省级范围的A类旅游资源数量空间分布情况来看，A类资源数量最多的省份为中国的辽宁省（112个）、黑龙江省（54个）、内蒙古自治区（46个）、吉林省（43）；其次为日本的中部地区（38个）、北海道地区（29个）和近畿地区（24个）；而韩国A类旅游资源数量较多的省份为江原道（8个）；朝鲜的A类资源较少，分别为两江道（1个）、平壤（2个）、江原道（1个）和平安北道（1个）；俄罗斯的A类数量更为稀少。

从东北亚区域A类旅游资源核密度分布情况来看，红色热点区域主要分布在中国的辽宁省、吉林省和黑龙江省的南部，以及日本的中部地区和韩国的东部地区，A类旅游资源较为聚集，而朝鲜和俄罗斯远东地区只有少量的A类旅游资源分布。

通过A类旅游资源的空间分布特征可以看出，中国、日本、韩国的地文景观的开发和宣传力度较大，并且被众人周知的程度较高，尤其是中国长白山景区、日本富士山景区，都是闻名世界的旅游胜地，其周围的配套景观建设也较为完善，打造了东北亚地文景观的地标型目的地；而蒙古国、俄罗斯和朝鲜，由于其地理位置和旅游发展的滞后，其地文景观类景观并未得到市场认知和挖掘，造成了这些国家此类型景观在中国市场的空白。

（3）B类旅游资源的分布特征

B类旅游资源为水域景观，包括海、湖、河、泉以及冰雪等景观类型。而东北亚区域不仅拥有丰富的海洋资源，其湖泊、河流资源也很丰富。

将东北亚区域的B类旅游资源与其空间位置对应，可以得到旅游资源分布，东北亚的B类旅游资源主要分布在日本、韩国和中国，朝鲜、俄罗斯和蒙古国的B类旅游资源数量较少。

从东北亚区域省级范围的B类旅游资源数量空间分布情况来看，B类资源数量最多的省份为中国的辽宁省（85个），其他分布较多的省份为黑龙江省（79个）、内蒙古自治区（55个）、吉林省（47个）；日本分布较多的省份为中部地区（51个）、北海道地区（44个）、关东地区（40个）；而韩国分布较多的省份为江原道（13个），釜山（11个）和仁川（9个）；朝鲜B类资源分布较少，只在慈江道（1个）和平壤（1个）有分布；俄罗斯的B类旅游资源数量较少，只在伊尔库茨克州（4个）和滨海边疆区（2个）有分布；蒙古国只在乌兰巴托市有1个B类资源分布。

从东北亚区域B类旅游资源的核密度分布情况来看，红色热点区域主要分布在中国的辽宁省、吉林省和黑龙江省的南部地区，以及日本的中部地区和韩国的东部地区，这些地区资源密度较为聚集，而朝鲜、蒙古国和俄罗斯只有少量B类资源分布。

海岸线是B类旅游资源聚集的地区，此类资源的观赏、娱乐性较强，其吸引力来自于景观自身的特征。水域景观和地文景观相似，皆是依附于景观本身的特色。在水域景观方面，虽然中国的资源数量不亚于日本和韩国，但是日本和韩国的水域景观在特色性和知名度上高于中国，如日本的北海道、韩国的济州岛均是以海岛著称，均依托海洋资源形成了岛屿的全域化发展。

（4）C类旅游资源分布特征

C类旅游资源为生物景观，即森林、花草、动物等景观类型，此类景观多以综合型自然保护区、野生动物保护区等形式为游客熟知。

将东北亚区域的C类资源与其空间位置所匹配，可以得到旅游资源分布，东北亚区域的C类旅游资源主要分布在日本、韩国和中国，朝鲜和蒙古国的C类旅游资源数量较少，俄罗斯没有C类旅游资源分布。

从东北亚区域省级范围的C类旅游资源空间分布情况来看，C类旅游资源数量分布最多的国家是中国，包括内蒙古自治区（78个）、黑龙江省（76个）、辽宁省（70个）、吉林省（37个）；日本分布较多的省份为中部地区（31个）、北海道地区（46个）、关东地区（38个）、近畿地区（21个）；韩国分布较多的省份为江原道（5个），釜山广域市（4个）和济州岛（4个）；朝鲜C类资源分布较少，只在平壤（1个）有分布；蒙古国在乌兰巴托市和中央省分别有1个C类资源分布。

从东北亚区域C类旅游资源的核密度分布情况来看，红色热点区域主要分布在中国的辽宁省、吉林省和黑龙江省的中部区域，以及日本和韩国的中部地区，且资源密度高、区域较为聚集。朝鲜和蒙古国的C类资源分布密度较小，只在首都区域有少量分布。

C类旅游资源的开发主要是基于对自然的保护，由于中国对自然、野生动物保护力度的加大，尤其是在东北地区，大兴安岭自然保护区、东北虎自然保护区都是国内C类著名的旅游资源，而日本则是多以人与自然和谐相处的方式大力发展公园、森林公园等。因此，旅游亦是通过利用来保护自然的一种途径。在中国和日本，C类旅游资源较为丰富和完善，而其他地区由于生物丰富度和地理位置的差异性，C类旅游资源较之弱些。

（5）D类旅游资源分布特征

D类旅游资源为天象和气候景观，包括太空景象、地表光景观、云雾景观等。此类景观的发生具有随机性，并且概率较低。对于出入境旅游者来说，遇见这类景观是幸运的，因此此类景观所获取的数据量较为稀少。

从东北亚区域D类旅游资源的空间分布情况来看，东北亚区域的D类旅游资源主要分布在中国，其他国家没有D类资源分布。从省级范围的D类旅游资源空间分布情况来看，中国的D类旅游资源主要分布在黑龙江省（4个）和吉林省（3个）。从核密度分布情况来看，红色热点区域主要分布在吉林省、黑龙江省及其与俄罗斯的交界处。

通过收集的数据显示，D类旅游资源最被旅游者所熟知的是黑龙江漠河的极光景观和雪乡的云雾景观，但是此类景观的可遇性较差，因此在其他国家的认知度较低，同时也很难形成固定的旅游行程中的景观，可操作性较差，但是可替代性较低。

（6）E类旅游资源的分布特征

E类旅游资源为建筑与设施，包括人文类景观、实用型建筑景观以及一些景观小品。此类景观多以文化和建筑的特色性来吸引游客，属于人造景观，因而其数量较之自然存在型景观多很多。人类对于文化和美的需求是不断提升的，E类景观跟随需求脚步的供给，是可以变化和操控的，也是最易被替代的景观类型。

将东北亚区域的E类资源点与其空间位置对应，可以得到旅游资源分布，东北亚区域的E类旅游资源主要分布在日本、韩国和中国，俄罗斯、朝鲜和蒙古国的E类资源数量较少。

从东北亚区域省级范围的E类旅游资源空间分布情况来看，省级E类旅游资源数量最多的国家为日本，包括关东地区（1 054个）、近畿地区（931

个）、中部地区（460个）和北海道（342个）。中国辽宁省的E类旅游资源数量最多（640个），其次为黑龙江省（523个）、吉林省（319个）、内蒙古自治区（253个）。韩国分布较多的省份为首尔（377个），釜山（68个）和江原道（64个）。朝鲜E类旅游资源分布较少，主要分布在平壤（27个）。蒙古国12个E类资源全部分布在乌兰巴托。俄罗斯的E类旅游资源主要分布在伊尔库茨克州（38个）和滨海边疆区（25个）。

从东北亚区域E类旅游资源的核密度分布情况来看，红色热点区域主要分布在日本的中部，中国的辽宁省、吉林省和黑龙江省的省政府区域，且资源密度较为聚集。蒙古国、朝鲜和韩国的E类旅游资源分布密度较小，主要集中在首都区域，而俄罗斯的E类旅游资源主要集中在滨海边疆区，伊尔库茨克州有少量分布。

综上可以看出，日本的E类旅游资源分布最为广泛，也最为世界所认可，它的文化几乎遍布于日本的每一个角度，也就造成了密集型的E类景观，由于其可替代性较强，相同类型的景观分布较广，增强其文化特性的同时，也打造了日本的文化品牌，从而为世界所推崇。中国的此类资源也较为丰富，但是分布较为零散，涵盖面较广，文化独特性较弱，比之日本的品牌性，中国E类旅游学资源缺少标签和独特性。而韩国则属于中国和日本的中间地带。

（7）F类旅游资源的分布特征

F类旅游资源为历史遗迹类资源，包括物质类文化遗存和非物质类文化遗存。此类旅游资源是历史遗存的资源，是保护和传承的旅游资源。

将东北亚区域的F类旅游资源点与其空间位置对应，可以得到旅游资源分布图，东北亚区域的F类旅游资源主要分布在日本、韩国和中国，朝鲜和蒙古国的F类旅游资源数量较少，俄罗斯没有F类资源分布。

从东北亚区域省级范围F类旅游资源的空间分布情况来看，F类旅游资源数量最多的国家为中国，其中辽宁省（62个）、吉林省（38个）、内蒙古自治区（23个）、黑龙江省（20个）。日本分布较多的省级单位为近畿地区（41个）、中部地区（39个）、关东地区（27个）和东北地区（22个）。韩国分布较多的省级单位为首尔（9个）和庆尚北道（8个）。朝鲜F类旅游资源分布较少，主要分布在平壤和开城。蒙古国的F类资源主要分布在前杭爱省。

从东北亚区域F类旅游资源的核密度分布情况来看，红色热点区域主要分布在中国的辽宁省、吉林省和黑龙江省的中部区域，以及日本和韩国的中部区域，资源密度较为聚集。朝鲜F类资源分布在平壤区域且资源密度较小，蒙古国则在前杭爱省有少量分布。

F类旅游资源是对历史的一种敬畏，中国、日本、韩国都是比较注重历史遗迹保护的国家，而此类旅游资源的利用和宣传，对于国家形象、民族认知和友好相处具有重要意义，并且不具备可替代性。合理保护、传承以及发扬是F类旅游资源的发展路径，同时也是带动国际交流的纽带。

3.1.4 分布特征结论

通过上述分析，可以得到以下结论：

（1）东北亚区域旅游资源主要分布于中国东北三省和内蒙古自治区以及韩国和日本等外交条件便利、旅游开放性高、旅游资源丰富的地区。蒙古国、俄罗斯和朝鲜由于地理区位、外交政策、国内出境旅游者的探访率等问题数据资料较为稀少，因此游客对其信息获取的渠道也较为狭窄，同时宣传力度较小，旅游发展较为滞后。

（2）东北亚区域旅游资源的丰富度较强、集中度也较高，但国别旅游资源的差异性较小。除了蒙古国、俄罗斯和朝鲜的独特性外，中日韩三国旅游资源的特征，不论从空间分布、资源类型和密集程度等方面都具有很强的相似性。东北亚区域旅游资源较为丰富的地区主要位于中国、日本和韩国，旅游资源的类型较为齐全，并且在一定程度上为市场所认可，但是由于地理区位的相近，一些自然景观的可替代性相对较强。

（3）虽然文化具有差异性，但是人文类景观的可模仿性较强，由此造成了国别间小范围旅游资源同质化现象的产生。蒙古国、俄罗斯和朝鲜三国由于可进入性较差，其旅游资源的神秘性高于其他国家，入境客流量较低，互通性较弱，但从相反的角度看也是发展潜力巨大的市场。

（4）东北亚区域的人文类旅游资源占比率较高，文化活动类和康体游乐休闲度假旅游资源分布较为密集，并且受欢迎度较高。冰雪类旅游资源是东北亚区域在亚洲旅游市场的特色，基于此而形成的滑雪场、冰雪世界以及雪乡等都是东北亚区域在整个亚洲地区不可替代的独特性旅游资源。温泉类旅游资源是东北亚区域最为丰富的旅游资源之一，尤其以日本的天然温泉为主，被世界所认知。而其他地区虽然也有分布，但是不管从品质还是数量上都弱于日本。文化类旅游产品，东北亚地区虽然丰富，但是对日本文化的关注度较高，中国东北次之，而朝鲜由于国家的独特性，对于其文化旅游的关注度也较高，但是进入率较低。

3.2 东北亚区域旅游合作的障碍分析

3.2.1 合作现状

（1）中俄朝旅游合作

中俄两国政治关系良好，旅游交流合作密切，跨境合作具有一定优势。

旅游合作是中俄两国合作的重要组成部分，据国家旅游局统计，2018年中国游客首站出境赴俄人数达184.74万人次，同比增长21.1%。2018年俄游客赴华人数197.75万人次，同比增长1.4%。

俄罗斯联邦国家统计局报告称，中国是俄罗斯游客最喜欢的十大入境旅游国家之一，2018年中国也是赴俄外国游客中人数最多的国家。中俄两国政府的积极推进促进了中俄双边跨境旅游的发展，红色旅游合作在中俄两国旅游发展中也发挥了重要作用，促进了中俄人文和经贸合作的总体发展。

1991年朝鲜政府基于图们江区域开发规划，建立了朝鲜唯一无须办理过境手续的地方，即罗津-先锋自由经济贸易区。近年来，中国游客赴朝旅游的积极热情也推动了朝鲜旅游的快速发展，促进了当地的创收。虽然由于意识形态的特殊性，朝鲜旅游业存在一定的进入瓶颈，但是目前以中国为出发地的中朝旅游合作较为紧密，很多中国游客会选择中朝的一日游或两日游来感受朝鲜的独特文化魅力。俄朝两国的旅游合作形式也相对单一，缺乏整体规划，基础设施也相对落后，发展速度相对较慢，但发展潜力巨大。

（2）中日韩旅游合作

中日韩是东北亚区域合作最为密切的三个国家，也是东北亚区域旅游业相对较发达的地区，中日韩旅游合作的发展很大程度上带动了东北亚区域的整体旅游合作发展。中日韩地理位置相近，但旅游资源却具有一定的互补性，三国旅游互为旅游目的地及客源地，整体发展态势良好。中日韩三国形成了许多规模化旅游合作发展会议，如中日韩旅游部长级会议等，在三国的共同努力下，建立了一系列中日韩旅游合作机制。

中日韩三国对于东北亚旅游经济发展的推动作用巨大，一定程度上缓解了东北亚旅游经济低迷的状态，三国也积极出台相应政策，以推进本国及东北亚区域旅游整体发展。日本近年来出台了很多针对外国游客的优惠及放宽签证政策，并增加免税店数量，自2015年起，日本延长中国游客多次往返的签证有效期，2016年日本实施了减低及减免消费税政策。2018年，我国赴日本游客达到838万人次，同比增长13.9%，成为访问日本人数最多的国家。

据国家旅游局统计，在“萨德入韩”事件的影响下，2017年上半年赴韩国的中国游客人数为225.3万人次，减少了156万人次，降幅40.97%，中国从2016年韩客源国的第二名跌至第四名。韩国文化体育观光部为降低萨德入韩的影响，通过开发新产品吸引散客、扩大旅游宣传等措施应对突发事件对于韩国旅游市场的影响。

中日韩旅游合作虽取得了一系列进展，且在东北亚旅游合作中具有一定优势，但目前中日韩三国旅游合作仍处在初级阶段，协调及联动合作机制还不够健全。

（3）中蒙俄旅游合作

中蒙俄三国互为重要的客源及旅游目的地，每年跨境旅游规模较大，超过500万人次。中蒙俄三国地缘相近，交流密切，具有一定的旅游合作潜力。中蒙俄三国在“一带一路”倡议和欧亚经济联盟等契机的推动下，三方在人文交流、贸易推进、旅游合作等方面取得了突出的进展。

2016年中蒙俄共同签署的《建设中蒙俄经济走廊规划纲要》也提出了丰富三国跨境旅游线路，丰富旅游产品类型，建立相关保障制度，完善旅游环境等提议，对中蒙俄旅游合作的可持续发展提供了制度保障；同年7月，在呼和浩特召开了首届中蒙俄旅游部长会议，成立了中蒙俄万里茶道国际旅游联盟，促进了三国旅游合作发展的进程；2017年6月，中蒙俄旅游部长会议在俄罗斯乌兰乌德市召开，三国就旅游合作深入发展，打造特色旅游品牌等问题进行了探讨，继续深化了三方旅游合作的进展；2018年8月，中蒙俄开展旅游合作论坛，将“智慧旅游”“互联网+旅游”等旅游热点问题考虑到三国旅游合作发展进程之中，并签订了相关旅游合作协议。

通过中蒙俄特色旅游品牌的建设，基础设施的完善，旅游市场的成熟化发展，三国旅游合作发展态势稳健，也很大程度上促进了东北亚区域的整体合作发展。

（4）中蒙俄韩旅游合作

随着各国跨境多边旅游意愿的增强，区域旅游合作的进程也持续加速，东北亚各国家及地区越来越关注旅游合作对于本国旅游发展的重要作用。多边旅游合作不仅可以形成旅游合作发展圈，解决本国旅游基础设施不完备、旅游信息沟通不顺畅等问题，还可以借鉴他国旅游发展的优势，加速本国旅游发展。

2016年8月，以中、蒙、俄、韩为代表的国家参加了在联合国召开的“大图们江倡议”（GTI）第九届旅游委员会会议，并在加强各国旅游部门合作，丰富旅游项目，便捷化各国之间旅游交通等方面都达成了共识。基于“大图们江倡议”的带动作用，中蒙俄韩四国旅游合作进程进一步加速，并很大程度推动了东北亚区域旅游合作的整体可持续发展。

3.2.2 合作面临的障碍

基于ArcGIS的分析结果，东北亚区域旅游的硬性合作障碍主要有自然资源的集中度较高，国别旅游资源差异性较弱，自然景观的可替代性相对较强，人文类景观的可模仿性较强等。接下来，我们将从主体障碍和联动障碍两方面对东北亚区域旅游合作的软性障碍进行综合分析。

（1）东北亚区域旅游合作的主体障碍

①旅游发展成熟度不同

东北亚区域各国的旅游发展成熟度不同，日本旅游发展历史悠久，基础设施相对完备，旅游市场相对成熟；朝鲜和蒙古国的旅游业发展时间较短，基础设施及旅游市场都不够成熟，旅游业发展还处于起步状态。近年来，东北亚区域各国加大了对旅游业的重视，制定了相关政策以促进旅游业发展，但由于发展起点不同，目前东北亚区域各国家及地区旅游发展成熟度仍存在较大差异。

如图3-1所示，2018年，日本接待外国游客3 119.19万人次，同比增长8.7%；俄罗斯接待外国游客4 200万人次，同比增长10.3%，但大多集中在莫斯科等旅游知名度高的目的地；中国入境游客有1.4亿人次，除港澳台同胞外，外国游客占30%，约4 200万人次；韩国接待外国游客约1 534.7万人次；蒙古国接待外国游客人数仅为50万人次。各国之间相比差距甚远。

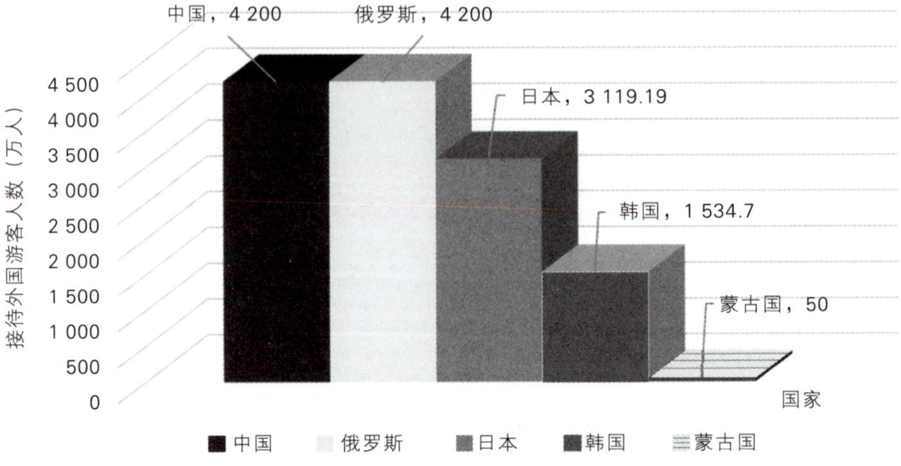

图3-1　2018年东北亚区域各国接待国外游客人数

②基础设施建设不完善

由于东北亚区域各国家及地区经济发展的差距，各国及地区的旅游基础设施建设差异较大，一些地区存在基础设施不够健全完善，接待能力不足，旅游产品价格较高且不够丰富等问题。一些地区的旅游企业规模较小，缺乏宣传。旅游市场形成缺乏有代表性产品，没有细分目标客户群体，旅游市场不成熟，缺乏旅游竞争力的局面。以吉林省珲春口岸出发的中、俄、朝三国跨国环形旅游线路为例，正是由于东北亚区域一些地区的道路、交通等旅游基础设施比较落后，导致游客的旅游舒适感大幅降低。

③缺乏统一的旅游服务标准

东北亚区域内各个国家及地区的起步时间不同，一些国家及地区的旅游经济比较落后，旅游相关管理制度及服务标准也未达到国际标准，与旅游业发达的国家相比存在差距。而且东北亚区域内各个国家及地区之间也缺乏统一的旅游规章制度及旅游标准，未形成东北亚地区统一综合的旅游管理制度。由于缺乏东北亚地区统一的旅游服务标准，各国及地区的服务质量参差不齐，旅行社缺乏奖惩制度，旅游产品价格波动较大，旅游者的旅游体验感受较差，导致旅游者对于东北亚区域旅游的整体印象大打折扣，东北亚区域旅游国际竞争力不足。

中国于2013年4月25日发布《中华人民共和国旅游法》（以下简称《旅游法》），并自2013年10月1日起施行。《旅游法》的实施为中国形成一个秩序化、规范化的旅游市场奠定了基础，也为区域合作可持续发展提供了保障；但对于朝鲜，现今没有全国统一的旅游服务标准，旅游者只能跟团旅游，只能被动接受其安排的景区和服务，在旅游活动进行过程中，游客的体验可能会大打折扣。

④社会制度和意识形态不同

朝鲜虽然拥有着独特的自然风光与人文遗产，但由于其社会制度和意识形态的不同，短期内很难融入东北亚旅游发展一体化进程。朝鲜的外汇渠道相对单一，旅游业是除了海外劳工、侨汇、军火出口、手工艺及海外餐厅等外汇来源外的重要外汇渠道。因此朝鲜的经济发展很大程度依赖于旅游业，但是由于其独特的社会制度与意识形态，朝鲜旅游市场开放程度有限，在东北亚地区的旅游合作中也存在较大的阻碍。

（2）东北亚区域旅游合作的联动障碍

东北亚区域是一个相互作用、相互依赖的整体，其内部各要素也并非孤立存在，相互之间关联制约，彼此不可分割。各国之间的联动作用很大程度影响了区域旅游合作。具体来说，联动障碍主要出现在两个层面：一是环境层面，包括政治环境和资源环境；二是机制层面，包括互信和对话机制和跨境旅游合作机制。

①政治环境复杂

东北亚区域各国之间地缘政治关系复杂。由于历史遗留问题及领土争端问题，东北亚区域各国家的政治环境虽处于相对稳定状态，但一些双边及多边政治关系仍存在摩擦，直接影响了东北亚区域旅游合作发展进程。

近年来，领土争端及损害战略安全问题一直是东北亚区域政治环境不稳定的重要原因，如钓鱼岛问题成为了中日关系恶化的重要导火索，引发了中国游客对日本的巨大负面情绪，很多游客甚至取消了已有的赴日旅游行程，拒绝购买日本产品，严重阻碍了中日旅游合作的进展。2016年，由于萨德入韩问题，损害了很多国家及地区的战略安全利益，严重影响了中国及其他地区赴韩旅游的意愿，尤其以中国为例，很多跟团旅游直接取消了韩国旅游线路，中国出发的邮轮旅游航线也取消了韩国港口的停靠，民众对韩国旅游目的地产生持续的抵触情绪，由此给韩国旅游业造成了巨大打击。

②资源环境互补性弱

东北亚区域自然资源集中度较高，旅游资源较为丰富的地区主要位于中国、日本和韩国，旅游资源的类型较为齐全，并且在一定程度上为市场所认可，但是由于地理区位相近，一些自然景观的可替代性也相对较强。人文资源除了蒙古国、俄罗斯和朝鲜的独特性外，国别的旅游资源的差异性较弱，人文类景观的可模仿性较强，国别间的小范围旅游资源同质化现象严重。蒙古国、俄罗斯和朝鲜三国由于可进入性较差，其旅游资源的神秘性虽高于其他国家，但入境客流量较低，基础设施的互通性较弱。这些因素都为区域国家间的旅游合作带来了不少客观障碍。

③合作机制不完备

第一，东北亚区域各国家缺乏互信和对话机制是阻碍东北亚旅游合作的重要机制障碍之一。东北亚区域各国在经济、政治及文化发展水平都不尽相同，国别之间的矛盾及历史遗留问题很大程度上影响了各国间的信任，使得区域合作存在一定的困难。朝鲜半岛的南北双方的长期处于对立局面，日俄由于领土及经贸合作等问题的缺乏信任状态限制了双方旅游合作的意愿。多国的政治互信关系错综复杂，任何双方政治互信关系的变化都可能引起第三方态度的变化。因此，东北亚区域各国在形成集中地缘优势上存在困难，也使得区域合作进一步受限。历史遗留问题及民族主义情结也导致了东北亚区域各国缺乏互信和对话机制，破坏了区域合作的社会及心理基础，直接影响了区域合作进程。

第二，东北亚区域经济合作形式大多为“非正式性和最小限度的组织性”的，合作机制仍停留在一种松散的合作框架，而非一种制度安排，一定程度上阻碍了区域合作的发展。近年来，中、日、韩、朝学者多次探讨东北亚区域经济合作及组织制度的安排问题，尽管取得一定进展，但仍存在“民间热，政府冷”“理念强，制度弱”“共识多，成果少”等问题。

第三，东北亚区域跨境旅游合作机制的不健全也阻碍了东北亚区域旅游合作。首先，东北亚区域边境旅游发展缺乏统一规划，且部分资源开发不完全，没有形成综合联动发展。其次，东北亚区域缺少统一的跨境旅游管理协调机构，各国旅游合作缺乏联动性和综合的管理协调。最后，东北亚区域跨境旅游合作机制落地不够实际，缺乏保障，实际效益欠佳。

第四，东北亚不同国家间旅游合作紧密程度不同。总体上，中日韩三国间的合作关系较为紧密。2006年起，中日韩建立了三国旅游部长会议机制，三国旅游政府部门及产业层面都展开了各领域密切的旅游合作，拓宽了旅游合作领域，深化了旅游合作关系，丰富了旅游合作的内涵。但是，东北亚区域旅游合作的重点仅限于中日韩三个国家，在一定程度上对东北亚多边合作形成了屏障，限制了东北亚整体合作的发展。以东北亚区域整体来看，目前仍缺少区域性整体合作机制，合作机制的建立十分不平衡。虽然在金刚山旅游开发等项目上合作取得了积极的成果，但这种合作的政治意义大于经济意义，缺乏相关制度层面的保障，实际的经济效益欠佳。

3.3 东北亚区域旅游协同机制分析与构建

3.3.1 协同机制的相关概念

协同这一概念起源于协同学。协同学是由赫尔曼·哈肯于20世纪70年代创建的，这一交叉学科的研究对象是由不同性质的多个子系统构成的复杂系统。协同是指各子系统经过相互作用达到平衡的过程。如果子系统无法进行良好的系统化发展，这个系统就无法形成合力，导致失去稳定的结构，表现为一种无序的发展状态。所谓协同发展，与浅易的行为主体间的合作不同，通常是指两个或两个以上的不同主体为完成同一个既定目标，按照一定的原则和发展路径相互作用、形成合力，通过构建稳定的结构以产生较大的整体效益，最终达成价值共赢效果的复杂过程。

通过协同发展实现互利共赢是一个理想化的战略目标，但仅仅依靠凝聚系统共识、各主体积极配合是远远不够的，因为在协同实践中，经常会出现协同主体的个体利益与系统整体利益相冲突的情况，而往往这种情况都是随机且高频率发生的。因此，如何协调各主体之间以及各主体与系统整体之间的关系，就成为协同发展能否稳步推进的关键性问题。协同机制是引导和制约各协同主体发展的基本准则与相应制度，以及各主体之间相互关联、相互制约的系统运行规律与方式的总称。协同机制主要关注两个问题：首先是确定协同机制作用的对象，即协同发展都涉及哪些主体，系统由哪些部分组成，为什么由这些部分组成；其次是如何协调各部分之间的关系，以及各部分与总体之间的关系，即系统怎样工作以及为什么这样工作的问题。

旅游协同发展是指与旅游息息相关的各个行业经过协调和相互合作，完成共同的发展目标，实现旅游产业健康、持续发展的过程。由此，东北亚区域旅游协同发展是指在区域内各政府的宏观调控下，相关企业、组织、人员等利益相关者在自愿、平等的前提下，参与、实现区域内旅游产业规模化和科学化发展的过程。而东北亚区域旅游协同机制是指东北亚区域旅游协同发展的内在机能及运行方式，是引导和制约区域内旅游发展利益相关者决策及与人、财、物相关的各项活动的基本准则及相应制度，是决定东北亚区域旅游协同发展的内外因素及相互关系的总称。

3.3.2 相关协同理论基础

（1）自组织理论

按照进化形式的不同，组织可分为两类：自组织和他组织。自组织理论主要是对复杂系统的形成、演进、突变或灭亡等特征规律进行研究的科学理论。在20世纪70年代一经出现就得到广泛关注，自组织理论主要为研究企业管理模式的协调发展机制、探索企业管理系统的运行规律等提供方法论基础。其在旅游方面的应用不过十余年，主要集中于对旅游产业集群演化的研究。

具体而言，自组织理论主要研究复杂自组织系统的形成和发展机制问题，而东北亚旅游协同发展系统就是典型的复杂自组织系统，因此，自组织理论有助于解释东北亚区域旅游协同自组织系统由无序向有序、由低级有序向高级有序发展的过程。在东北亚区域整体旅游规划的实施和调控指导下，随着旅游行业的不断发展，区域内客源市场随之扩大，区域旅游收入增加态势逐步稳定。而被旅游业带动发展起来的各个行业又可以反过来支持和促进旅游业的建设，达到区域整体经济行业的协同发展。

（2）协同理论

协同理论是20世纪70年代出现的研究各种科学领域中系统自组织的理论。协同的本质就是系统从无序走向有序，经各子系统彼此作用从而趋于平衡的过程。协同理论有两个最基本的观点：协同效应，即协同导致有序和自组织。已有研究表明旅游协同发展模式可以分为三个层次：核心产业链的企业协同、产业集群协同、产业集群与环境协同。

与自组织理论相似，协同理论也致力于发现自组织系统的一般原理，通过揭示影响系统变化的控制因素，探讨系统的演变规律。协同理论认为，在一个自组织系统内，各子系统间一方面相互配合与协作，另一方面相互干扰与制约。协同理论通过获取不同系统协同发展的共同特征，大大加深了学界对于系统演化内部机制的认识。东北亚区域旅游协同自组织系统是由大量子系统组成的，系统的整体行为取决于各子系统间的相互作用。

（3）利益相关者理论

利益相关者理论是20世纪60年代在西方国家逐步发展起来的，进入20世纪80年代后其影响迅速扩大，主要应用于美英等国家公司治理模式的选择，以及企业管理方式的转变等。美国经济学家弗里德曼对利益相关者的定义为，能够影响组织目标的实现或者受组织实现目标过程影响的群体或个人。旅游业发展实践中遇到的诸多问题都可以从利益相关者视角出发进行解释，常见的利益相关者包括政府、企业、社区居民、旅游者等。

从利益相关者理论视角出发，东北亚区域旅游发展可以看作一个由众多利益相关者组成的整体，也存在利益纠纷问题，同样需要关注和调和任何一方的任意退出或实行机会主义而使另外一方的利益受损，甚至危及旅游地发展的问题。因此，可以应用利益相关者理论来解决旅游协同发展问题，尤其是探讨各相关者在东北亚区域旅游协同发展过程中的定位与作用。

3.3.3 协同机制构建

自组织理论能够解释东北亚区域旅游协同自组织系统的形成，而该系统的演变规律与内部运行机制则有赖于协同理论的支持，利益相关者理论具体揭示了东北亚区域旅游协同发展的参与主体。由此可以构建由政府主导机制、平等协商机制、利益平衡机制、资源整合机制、创新学习机制和可持续发展机制协调驱动，政府、企业、旅游者、从业者、居民五大主体共同参与，以资源要素整合与优化配置为核心要务的东北亚区域旅游协同发展机制。

如图3-2所示，区域内资源要素的整合与优化配置是实现东北亚区域旅游协同发展的关键，因此确保政府主导下东北亚旅游资源要素整合工作的顺利开展是首要前提。作为东北亚区域旅游协同发展的利益相关者之一，各国政府在平等协商机制的作用下统一战略、明确目标，并制定发展政策。资源要素优化配置工作在政府的宏观调控下进行，利益平衡机制保障了各个协同主体的最大化合理需求。整合的资源对象包括旅游核心要素：区域内的旅游资源、旅游产品和客源市场以及外部保障要素，如接待、交通、网络等基础设施，资本市场和技术保障等。对上述资源要素的合理优化配置是实现旅游协同发展的基础，但由于旅游业发展涉及的利益相关者较多，东北亚区域旅游协同发展机制的完善还需要相关企业、旅游者、从业者和居民的积极参与。旅游企业应增强灵活性，大力创新旅游产品，增强企业间合作；其他支持企业应在政府主导下完善基础设施建设，保障旅游活动的顺利开展；旅游者在旅游过程中享有监督目的地企业如旅行社、餐饮及住宿业的权利；从业者应积极配合旅游协同发展进程，培训服务技能、学习先进知识、提升个人素质；目的地居民应维护当地旅游形象，为因地制宜的协同发展献计献策。

（1）政府主导机制

东北亚区域旅游协同发展需要统筹多元化的复杂协同主体，各国政府对东北亚区域旅游协同发展负有主要责任。各国政府需从全局观出发进行统一的战略统筹安排，发挥统揽全局、协调各方的作用。基于平等、协商原则形成统一的战略目标是协同发展的前提，良好的政策法律环境和制度安排能够促进多元主体的协同共进，而这些都有赖于政府主导下协同发展机制的构建。

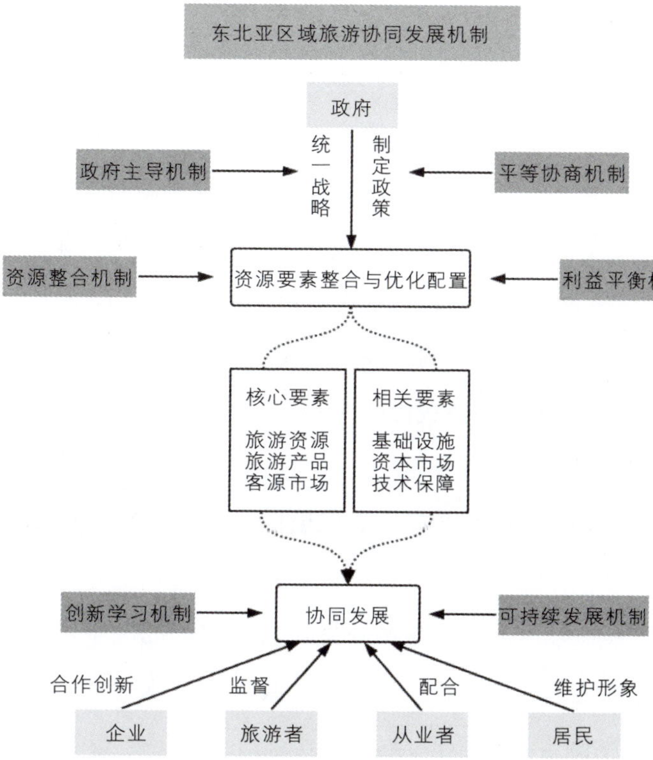

图3-2 东北亚区域旅游协同发展机制图

（2）平等协商机制

东北亚区域旅游协同发展需要建立完善的平等协商机制。协同主体明确各自角色定位，按照指定的职责实施战略安排。同时，各协同主体之间也可以通过平等协商机制相互沟通和协调，实现资源的合理配置，并最优化解决出现的各种问题。平等协商机制驱动的东北亚区域旅游协同发展能够为东北亚区域的平等发展进程提供助力，通过加强地区国家间的协调沟通和共同行动，东北亚区域旅游协同发展对维护多边主义，打造一个和睦、互信、团结、稳定的东北亚区域环境也具有重要意义。

（3）利益平衡机制

建立利益平衡机制，对东北亚区域旅游合作发展过程中可能出现的各方利益冲突进行化解。通过法律的权威协调各方面的冲突因素，使各方利益在共存和相容的基础上达到合理的优化状态，包括对利益的先后顺序、上下位阶予以安排，提供一系列的利益评价规范等。在利益的平衡配置过程中，各利益主体都应以整体利益最大化为目标，但不能以无限制地牺牲其他部分主体的利益为代价。只有各方在利益关系中处于平衡状态，才能确保东北亚区域旅游协同发展的稳定性与持久性。

（4）资源整合机制

东北亚区域旅游协同发展应广泛借助区域内一切可以借助的力量，整合一切可以整合的资源，实现资源的合理配置。这也正是协同发展得以构想和实施的基本原因。例如，旅游业发展较为薄弱的国家可以借助具有发展优势的国家的优质资源要素，如人才、技术和资本要素。一体化设施的建设、具有连带关系的旅游产品的跨国设计，都需要资源整合机制的推动。作为一个整体，东北亚区域旅游协同发展需要加速创新资源的流动，提升跨区域、跨领域的资源整合能力，以节省成本消耗，实现优质旅游品牌的打造。

（5）创新学习机制

区域内旅游发展薄弱地区需要创新学习机制驱动其跨越式发展，此外，作为一个整体，东北亚区域旅游要尽快缩小与世界其他区域旅游业发展的差距，也需要创新学习机制的驱动。通过创新驱动包含技术、人员、管理和运营模式在内的全面变革，在资源开发程度、智慧景区一体化建设、基础设施的选址、旅游安全等方面都可以快速达到世界最新标准，不用走优势地区走过的一步步改进的老路。大数据时代则为这一机制提供了可能与便利。

（6）可持续发展机制

东北亚区域旅游协同发展必须坚持因地制宜的原则，根据各国各地的发展基础和实际需求，确保设施及标准一体化的同时保证差异化的合理存在，避免过度超前发展导致对自然环境的损害或地方性的消逝，造成更大的实践错误。可持续发展机制驱动的东北亚区域旅游协同发展能够促进各国旅游业相关资源的优化配置，提升区域旅游产品的多样性和质量，有利于打造优质的跨国旅游品牌，塑造东北亚区域旅游新形象。

3.3.4 协同发展策略

（1）成立协同管理机构

东北亚区域旅游协同发展的首要任务是各方在相互信任的基础上统一认识，协商出区域旅游协同发展的明确战略或指导思想。这一过程需要在各方政府的主导与协作下进行，而制定统一战略的有效手段之一便是在东北亚建立一个专门负责区域旅游协同发展事务的权威管理机构，如各国政府经过平等协商讨论成立东北亚区域旅游战略发展委员会。该委员会的作用包括：制定整体战略规划，树立区域旅游新形象；协调各方利益，推动互利互惠和区域整体利益的实现；引导相关发展政策的制定与落地实施，包括完善区域旅游相关法律法规的设立，制定统一的服务标准等；解决协同发展过程中出现的各类问题。

（2）设计资源共享体系

当前东北亚区域旅游资源共享严重不足，尚未形成景区联动。为实现东北亚区域旅游协同发展，打造具有世界级竞争力的优质区域旅游品牌，应在各国间联合开展旅游资源共享活动，开发一体化精品旅游线路产品。坚持因地制宜原则，根据各地的社会经济特征，确定具体的发展目标，协调资源合理配置。根据地区的相对比较优势形成产业特色，设计具有互动性的旅游产品，打造精品线路，串联区域内旅游市场。运用空间结构理论探索东北亚区域旅游产业合作模式，促进东北亚区域旅游资源共享。此外，在协同管理机构的推进下，各地旅游部门可以共同开展旅游资源信息互推工作，深入推广东北亚区域旅游资源、产品、线路等信息，实现客源在东北亚区域内联动。东北亚区域旅游资源与客源的联动共享，有助于区域统一旅游品牌体系的建立，从而塑造东北亚区域旅游新形象。

（3）优化利益分配模式

在利益平衡机制的驱动下实现利益分配模式的优化。首先，在协同管理机构的主导下开展利益分配法规颁布的各项准备工作，包括识别、确认和衡量东北亚区域旅游协同发展中可能存在的冲突利益。其次，确定利益分配的原则、范围、数量和质量，进而在各利益主体之间分配利益，并确认每一项利益主体所享有的权利和应当承担的义务。再次，法规应对弱势主体的利益进行倾向性保护，在分配利益时给予特殊考虑，以实现强势群体与弱势群体之间的利益平衡。最后，对权利义务进行配置时，在以利益大小为衡量标准的同时，要兼顾各项利益背后的内容，充分剖析各项利益的特殊性和复杂性，根据互赢或多赢原则在各利益主体之间分配利益，使多个主体的整体利益达到最大。在利益的平衡配置过程中，各利益主体都以利益最大化为目标，但利益最大化不能以无限制地牺牲其他部分主体的利益为代价。因此，需要法规根据公平、正义等基本原则，在牺牲最少的情况下使东北亚区域旅游发展的整体利益达到最大化。

（4）完善基础设施建设

旅游吸引力一方面源自目的地的独特旅游资源，良好的基础设施也是旅游发展的重要保障。因此要大力加强基础设施建设，特别是旅游产业欠发达地区，包括尽快建成区域一体化交通网络系统、开发旅游信息服务平台等，为游客出行提供便利的交通条件。同时，加强城市治安环境的建设工作，改善居民对游客的态度，为游客营造良好的消费环境也是必要的。只有基础设施建设达到了标准，才不会使因目的地旅游资源而来的旅游者失望而归，因此，完善基础设施建设是旅游发展各个阶段都不能忽视的课题。

①尽快建成一体化交通网络系统

无障碍的交通网络建设是旅游发展的必要基础，通常而言，这项工程是每一个意在发展旅游业的目的地应着手考虑与推进的首要任务。要想实现东北亚区域旅游的协同发展，加快交通建设是重要任务。增开旅游专列能极大地方便游客在东北亚区域进行跨国旅游，因此，应在现有旅游专列的基础上，将列车重点延伸到重要旅游景区所在城市。东北亚区域应尽快实现区域内交通网络系统的互联互通，便利旅游者在区域内各国目的地间往返，推动旅游协同发展的进程。通过促进地区互信合作，东北亚区域旅游协同发展也能推动开放型世界经济的建设。

②开发信息服务平台

信息畅通有利于区域整体旅游形象的树立，能最大限度降低因信息封锁造成的合作风险。同时可以突破景区的传统营销体系，扩展销售渠道，对市场的反应更快速，从而吸引更多的游客。旅游信息服务平台是集食、住、行、游、购、娱六大产品开发与管理为一体的综合电商平台，不仅提供全面的旅游信息，而且发挥着产品订购服务的功能。在未来，该平台的构建还应逐步具体化，旅游业各方都可以从这一平台获取实时信息、进行手续化操作、同步跟进突发事件与舆情。通过加强地区国家间的协调沟通和共同行动，东北亚区域旅游协同发展对维护多边主义，打造一个和睦、互信、团结、稳定的东北亚区域环境具有重要意义。此外，通过促进地区互信合作，东北亚区域旅游协同发展也能推动开放型世界经济的建设。

（5）实施可持续发展道路

旅游发展与环境资源相辅相成。旅游发展建立在环境资源稳定存在的基础之上，环境资源包括自然和人文两类资源，环境资源的脆弱性决定了旅游发展应时刻注意对各类资源的保护。政府应通过宣传和教育推动旅游行业对环境资源的保护性开发；通过相关法律法规的制定与实施强化对景区的监督与管理。东北亚区域内旅游目的地社区具有保护本地环境资源不可推卸的责任和义务，目的不仅在于营造具有吸引力的全球性旅游目的地，更为关键的是，这一举动关系着目的地社区的长远福祉。

（6）构建一体化的旅游服务标准

当前东北亚区域缺乏统一的旅游行业标准，容易引发一系列问题，如由于客源地与接待地的星级饭店标准不同，导致游客以客源地标准预订客房，但到达饭店后发现客房质量较差引发的抱怨甚至投诉的现象；由于客源地、接待地的导游服务规范标准不同导致旅游管理部门不能采取实际行动控制导游的违法行为等。东北亚区域内各地在旅游服务标准方面的差异是阻碍一体化市场建立的主要矛盾，为实现协同发展，进一步促进旅游便利化，东北亚区域应设立统一的行业标准，明确饭店等级评定制度、导游员服务规范标准等，推进区域旅游服务的标准化建设。首先，标准的制定应充分尊重市场发展与需求，在实践中要科学定位政府的作用，避免出现市场失灵。其次，一体化旅游服务标准的制定应在协同管理机构的有效运行下展开。最后，区域标准的制定并非一蹴而就，应以各地已有的标准为基础，在协同管理机构的引导下协调制定统一标准。

（7）出台协同发展保障措施

东北亚区域旅游协同发展需要坚实的制度保障，因此应加大出台相关政策的力度，如出入境便利措施、金融财税政策等。

①出入境便利措施

在东北亚区域各国，中、日、韩三国间的游客流动规模较大。不过，大部分旅游目的地还是不能够吸引境外游客的日常到访，因为东北亚区域内存在诸多签证和入境手续方面的限制。为吸引国际旅游者到访，接待地应尽快简化出入境手续，大力开发区域内外客源市场，也可以考虑区域内旅游消费货币结算一体化政策的制定与实施。通过免签、免税、资本准入等便利化措施的推进，实现出游障碍的逐步消解。

②金融财税政策

实现区域内旅游消费一体化结算、吸引投资、推动区域旅游经济一体化发展，均需要大力创新金融和财税制度。为吸引市场投资，协同管理机构应出台相关优惠政策降低跨国金融交易成本，并建立相关融资保障机制，如对基础设施行业所得税进行减免，促进区域基础设施完善。为实现区域内旅游消费一体化结算，可以建立与区域旅游协同发展相适应的新型金融机制，逐步实现旅游支付清算业务统一化。统一的金融体系也是适应区域旅游经济一体化的当务之急。各国金融机构应从东北亚区域旅游协同发展全局出发，建立旅游相关业务的统一协调机制。

附录一　旅游资源基本类型释义

主类	亚类	基本类型	简要说明
A 地文景观	AA 自然景观综合体	AAA 山丘型景观	山地丘陵内可供观光游览的整体景观或个别景观
		AAB 台地型景观	山地边缘或山间台状可供观光游览的整体景观或个别景观
		AAC 沟谷型景观	沟谷内可供观光游览的整体景观或个体景观
		AAD 滩地型景观	缓平滩地内可供观光游览的整体景观或个别景观
	AB 地质与构造形迹	ABA 断裂景观	地层断裂在地表面形成的景观
		ABB 褶曲景观	地层在各种内力作用下形成的扭曲变形
		ABC 地层剖面	地层中具有科学意义的典型剖面
		ABD 生物化石点	保存在地层中的地质时期的生物遗体、遗骸及活动遗迹的发掘地点
	AC 地表形态	ACA 台丘状地景	台地和丘陵性状的地貌景观
		ACB 峰柱状地景	在山地、丘陵或平地上突起的峰状石体
		ACC 垄岗状地景	构造形迹的控制下长期受溶蚀作用形成的岩溶地貌
		ACD 沟壑与洞穴	由内营力塑造或外营力侵蚀形成的沟谷、劣地，以及位于基岩内和岩石表面的天然洞穴
		ACE 奇特与象形山石	形状奇异、拟人状物的山体或石体
		ACF 岩土圈灾变遗迹	岩石圈自然灾害变动所留下的表面痕迹
	AD 自然标记与自然现象	ADA 奇异自然现象	发生在地表一般还没有合理解释的自然界奇特现象
		ADB 自然标志地	标志特殊地理、自然区域的地点
		ADC 垂直自然带	山地自然景观及其自然要素（主要是地貌、气候、植被、土壤）随海拔呈递变规律的现象
B 水域景观	BA 河系	BAA 游憩河段	可供观光游览的河流段落
		BAB 瀑布	河水在流经断层、凹陷等区域时垂直从高空跌落的跌水
		BAC 古河道段落	已经消失的历史河道现存段落
	BB 湖沼	BBA 游憩湖区	湖泊水体的观光游览区与段落
		BBB 潭池	四周有岸的小片水域
		BBC 湿地	天然或人工形成的沼泽地等带有静止或流动水体的成片浅水区
	BC 地下水	BCA 泉	地下水的天然露头
		BCB 埋藏水体	埋藏于地下的温度适宜、具有矿物元素的地下热水、热气
	BD 冰雪地	BDA 积雪地	长时间不融化的降雪堆积面
		BDB 现代冰川	现代冰川存留区域
	BE 海面	BEA 游憩海域	可供观光游憩的海上区域
		BEB 涌潮与击浪现象	海水大潮时潮水涌进景象，以及海浪推进时的击岸现象
		BEC 小型岛礁	出现在江海中的小型明礁或暗礁

续表

主类	亚类	基本类型	简要说明
C 生物景观	CA 植被景观	CAA 林地	生长在一起的大片树木组成的植物群体
		CAB 独树与丛树	单株或生长在一起的小片树林组成的植物群体
		CAC 草地	以多年生草本植物或小半灌木组成的植物群落构成的区域
		CAD 花卉地	一种或多种花卉组成的群体
	CB 野生动物栖息地	CBA 水生动物栖息地	一种或多种水生动物常年或季节性栖息的地方
		CBB 陆地动物栖息地	一种或多种陆地野生哺乳动物、两栖动物、爬行动物等常年或季节性栖息的地方
		CBC 鸟类栖息地	一种或多种鸟类常年或季节性栖息的地方
		CBD 蝶类栖息地	一种或多种蝶类常年或季节性栖息的地方
D 天象或气候景观	DA 天象景观	DAA 太空景象观赏地	观察各种日、月、星辰、极光等太空现象的地方
		DAB 地表光现象	发生在地面上的天然或人工现象
	DB 天气与气候现象	DBA 云雾多发区	云雾及雾凇、雨凇出现频率较高的地方
		DBB 极端与特殊气候显示地	易出现极端与特殊气候的区域或地点，如风区、雨区、热区、寒区、旱区等典型地点
		DBC 物候景象	各种植物的发芽、展叶、开花、结实、叶变色、落叶等季变现象
E 建筑与设施	EA 人文景观综合体	EAA 社会与商贸活动场所	进行社会交往活动、商业贸易活动的场所
		EAB 军事遗址与古战场	古时用于战争的场所、建筑物和设施遗存
		EAC 教学科研实验场所	各类学校和教育单位、开展科学研究的机构和从事工程技术试验场所的观光、研究、实习的地方
		EAD 建设工程与生产地	经济开发工程和实体单位，如工厂、矿区、农田、牧场、林场、茶园、养殖场、加工企业以及各类生产部门的生产区域和生产线
		EAE 文化活动场所	进行文化活动、展览、科学技术普及的场所
		EAF 康体游乐休闲度假地	具有康乐、健身、休闲、疗养、度假条件的地方
		EAG 宗教与祭祀活动场所	进行宗教、祭祀、礼仪活动场所的地方
		EAH 交通运输场站	用于运输通行的地面场站等
		EAI 纪念地与纪念活动场所	为纪念故人或开展各种宗教祭祀、礼仪活动的馆室或场地
	EB 实用建筑与核心设施	EBA 特色街区	反映某一时代建筑风貌，或经营专门特色商品和商业服务的街道
		EBB 特性屋舍	具有观赏游览功能的房屋
		EBC 独立厅、室、馆	具有观赏游览功能的景观建筑
		EBD 独立场、所	具有观赏游览功能的文化、体育场馆等空间场所
		EBE 桥梁	跨越河流、山谷、障碍物或其他交通线而修建的架空通道
		EBF 渠道、运河段落	正在运行的人工开凿的水道段落
		EBG 堤坝段落	防水、挡水的构筑物段落

续表

主类	亚类	基本类型	简要说明
E 建筑与设施	EB 实用建筑与核心设施	EBH 港口、渡口与码头	位于江、河、湖、海沿岸进行航运、过渡、商贸、渔业活动的地方
		EBI 洞窟	由水的溶蚀、侵蚀和风蚀作用形成的可进入的地下空洞
		EBJ 陵墓	帝王、诸侯陵寝及领袖先烈的坟墓
		EBK 景观农田	具有一定游览功能的农田
		EBL 景观牧场	具有一定游览功能的牧场
		EBM 景观林场	具有一定游览功能的林场
		EBN 景观养殖场	具有一定观赏、游览功能的养殖场
		EBO 特色店铺	具有一定游览功能的店铺
		EBP 特色市场	具有一定游览功能的市场
	EC 景观与小品建筑	ECA 形象标志物	能反映某处旅游形象的标志物
		ECB 观景点	用于景观观赏的场所
		ECC 亭、台、楼、阁	供游客休息、乘凉或观景用的建筑
		ECD 书画作	具有一定知名度的书画作品
		ECE 雕塑	用于美化或纪念而雕刻塑造、具有一定寓意、象征或象形的观赏物和纪念物
		ECF 碑碣、碑林、经幢	雕刻记录文字、经文的群体刻石或多角形石柱
		ECG 牌坊牌楼、影壁	为表彰功勋、科第、德政以及忠孝节义所立的建筑物，以及中国传统建筑中用于遮挡视线的墙壁
		ECH 门廓、廊道	门头廓形装饰物，不同于两侧基质的狭长地带
		ECI 塔形建筑	具有纪念、镇物、表明风水和某些实用目的的直立建筑物
		ECJ 景观步道、甬路	用于观光游览行走而砌成的小路
		ECK 花草坪	天然或人造的种满花草的地面
		ECL 水井	用于生活、灌溉用的取水设施
		ECM 喷泉	人造的由地下喷射水至地面的喷水设备
		ECN 堆石	由石头堆砌或填筑形成的景观
F 历史遗迹	FA 物质类文化遗产	FAA 建筑遗迹	具有地方风格和历史色彩的历史建筑遗存
		FAB 可移动文物	历史上各时代重要实物、艺术品、文献、手稿、图书资料、代表性实物等，分为珍贵文物和一般文物
	FB 非物质类文化遗产	FBA 民间文学艺术	民间对社会生活进行形象的概括而创作的文学艺术作品
		FBB 地方习俗	社会文化中长期形成的风尚、礼节、习惯及禁忌等
		FBC 传统服饰装饰	具有地方和民族特色的衣饰
		FBD 传统演艺	民间各种传统表演方式
		FBE 传统医药	当地传统留存的医药制品和治疗方式
		FBF 传统体育赛事	当地定期举行的体育比赛活动
G 旅游购品	GA 农业产品	GAA 种植业产品及制品	具有跨区域声望的当地生产的种植业产品及制品
		GAB 林业产品与制品	具有跨区域声望的当地生产的林业产品及制品
		GAC 畜牧业产品与制品	具有跨区域声望的当地生产的畜牧产品及制品
		GAD 水产品及制品	具有跨区域声望的当地生产的水产品及制品
		GAE 养殖业产品与制品	具有跨区域声望的养殖业产品及制品

续表

主类	亚类	基本类型	简要说明
G 旅游购品	GB 工业产品	GBA 日用工业品	具有跨区域声望的当地生产的日用工业品
		GBB 旅游装备产品	具有跨区域声望的当地生产的户外旅游装备和物品
	GC 手工工艺品	GCA 文房用品	文房书斋的主要文具
		GCB 织品、染织	纺织及用染色印花织物
		GCC 家具	生活、工作或社会实践中供人们坐、卧或支撑与贮存物品的器具
		GCD 陶瓷	由瓷石、高岭土、石英石、莫来石等烧制而成，外表施有玻璃质釉或彩绘的物器
		GCE 金石雕刻、雕塑制品	用金属、石料或木头等材料雕刻的工艺品
		GCF 金石器	用金属、石料或木头等材料雕刻的器物
		GCG 纸艺与灯艺	以纸材质和灯饰材料为主要材料制成的平面或立体的艺术品
		GCH 画作	具有一定观赏价值的手工画成作品
H 人文活动	HA 人事活动记录	HAA 地方人物	当地历史和现代名人
		HAB 地方事件	当地发生过的历史和现代事件
	HB 岁时节令	HBA 宗教活动与庙会	宗教信徒举办的礼仪活动，以及节日或规定日子里在寺庙附近或既定地点举行的聚会
		HBB 农时节日	当地与农业生产息息相关的传统节日
		HBC 现代节庆	当地定期或不定期的文化、商贸、体育活动等

注：如果发现本分类没有包括的基本类型时，使用者可自行增加。增加的基本类型可归入相应亚类，置于最后，最多可增加2个。编号方式为：增加第1个基本类型时，该亚类2位汉语拼音字母+Z、增加第2个基本类型时，该亚类2位汉语拼音字母+Y。

资料来源：中华人民共和国国家质量监督检验检疫总局，中国国家标准化管理委员会．中华人民共和国国家标准：旅游资源分类、调查与评价［S］．北京：中国标准出版社，2017．

第4章

“美国优先”贸易战背景下中日韩FTA的劳工标准条款研究

中国经济是一片大海，而不是一个小池塘。大海有风平浪静之时，也有风狂雨骤之时。没有风狂雨骤，那就不是大海了。狂风骤雨可以掀翻小池塘，但不能掀翻大海。经历了无数次狂风骤雨，大海依旧在那儿！

——2018年11月5日中国国家主席习近平在首届中国国际进口博览会开幕式上的主旨演讲《共建创新包容的开放型世界经济》

4.1 研究背景

4.1.1 “美国优先”贸易战现状

美国现任总统特朗普的治国理念具有强烈的民族主义色彩，2017年1月22日一就任，随即签署行政命令，正式退出跨太平洋伙伴关系协定（TPP）并提出“美国优先”原则，运用单边主义对本国产业实施强制保护，具体来说则是通过对贸易逆差国征收惩罚性关税来谋求单边优势下的贸易保护主义，中日韩三国分别遭受其制裁，由此使得“贸易保护主义”在全球范围内愈演愈烈。

（1）中美贸易战

2017年4月，美国商务部部长罗斯宣布，对从中国和其他国家进口的10亿美元铝和其他金属展开反倾销反补贴调查（“337调查”和“232调查”）；2017年8月18日，由特朗普授权美国贸易代表莱特希泽对中国正式发起“301调查”；2018年1月，美国政府宣布对进口大型洗衣机采取为期4年的全球保障措施，最高税率达30%的关税将被征收；对光伏产品则会采取为期3年的全球保障措施，并征收50%的最高税率关税；同年2月，对从中国进口的铸铁污水管道配件征收高达109.95%的反倾销关税；同年2月27日，根据美国商务部的规定，对中国的铝箔产品征收的反倾销税由48.64%上涨到106.09%，反补贴税则由17.14%上涨到80.97%；同年3月8日，新的关税法令被签署，根据该法令，对将从中国进口的钢铁征收25%的关税，对从中国进口的铝则征收10%的关税；同年7月6日，依据美国的“301”

条款，总价值为340亿美元、818个类别的“加征关税商品第一批清单上的中国商品（尤其是‘中国制造2025’相关商品）”将会被加征25%的进口关税；同年8月8日，第二批征收进口附加税的中国进口商品的清单被美国贸易代表办公室（USTR）公布，这批商品的价值为160亿美元，该条款将在8月23日生效，最终清单包含了279个关税项目，这些关税项目来源于2018年6月15日公布的名单（摩托车等产品也被包含在内），将被征收25%的关税；同年9月24日，对中国出口到美国的2 000亿美元商品征收10%的关税。此外，美国还通过限制中国企业在美投资、设置技术壁垒、产品禁售等贸易保护手段遏制中国高新技术产业发展。

（2）美韩贸易战

2018年1月，美国采取了对韩国的太阳能电池板、洗衣机等产品征税等一系列限制措施；同年3月，美国为了使韩国在美韩双边贸易协定修订中让步，将关税作为筹码，一举让美国汽车对韩国的出口配额翻了一倍，同时其对韩国皮卡的征税期限也将延长至20年。对于韩国方面，其对美国出口的钢铁在成功得到了关税豁免的同时，也受到了来自美国的配额限制，导致其出口量只有往常3年年均出口量的70%。同年5月，韩国的钢铁线材商品被美国征收了高达41.1%的反倾销税，在这样的情形下，韩国得到的豁免权失去了其实际所预想的收益。同年9月，美国与韩国方面签订了新的贸易协议，协议为期6年，消除了对美国汽车制造商出口汽车的部分监管，并取消了安全标准限制，即美国向韩国出口的汽车不需要达到韩国的安全标准，对进口韩国卡车征收25%的美国关税；协议允许两国向对方出售超过600亿美元的汽车、机械和其他商品。在美国贸易保护主义的影响下，韩国经济发展受到冲击，2017年第四季度，自2008年次贷危机以来韩国经济首次出现环比负增长，GDP环比下降了0.2%。2018年上半年，相比于上一年的同一时期，韩国的出口增速下降了9.2%，进出口顺差规模更是同比下降了28.6%，韩国KOSPI上市股票市值累计下滑了3.2个百分点，指数累计下跌了5.7个百分点，超过了日经指数跌幅3.6个百分点、新加坡海峡指数跌幅1.9个百分点；2018年上半年韩元对美元、欧元、日元和人民币分别贬值4.5%、1.4%、6.5%和3.4%。

（3）美日贸易战

美日两国在经贸方面目前存在贸易赤字、牛肉进口、汽车进口等问题。继将日本列入对钢铁与铝征收关税名单后，美国可能将对日本汽车征收的关税从2.5%提升至25%，利用高额汽车关税来逼迫日本扩大汽车进口和开放牛肉市场，降低农业关税。2018年12月21日，美国贸易代表办公室发布了对日贸易谈判的“22条方针”，涵盖了货物贸易、服务贸易和汇率三大部分。“22条方针”要求：日本将农业全部放开；美国要对包括日本在内的海外市场实施药品高价政策，对美国国内实行廉价政策；附加条款规定，假如日本与非市场经济国家（美国认为的）签订了自由贸易协定，美国则有权收回其提供给日本在贸易方面的优惠；威胁要对日本的汽车加征关税。受美国贸易政策的影响，2018年7月，日本整体出口同比增长3.9%，低于6月的增速6.7%，也低于接受路透社问卷调查的经济学家预期的6.3%，日本对美国的出口下跌了5.2%，连续两个月下跌，汽车发货量下跌12.1%。

特朗普实施的贸易保护主义给中日韩三国带来了许多不确定因素，除了反倾销、反补贴、“301条款”等诸多工具之外，我们还应该警惕美国动用“社会壁垒”——劳工标准来遏制中国产品以及日、韩商品的出口。目前，美国基于北美自由贸易协定，在其附属协议中与缔约国签订了《北美劳工合作协议》。该协议中有较为完善的国际劳工标准范式，内容涵盖保护范围、执行机制、惩罚措施等几个方面，并且规定对违反协议的缔约国将采取贸易惩罚措施。从当前“中美贸易战”的形式来看，美国方面主要是遏制我国高科技产业的发展，以及针对“2025制造”产品加收关税，还未针对我国的劳工环境、最低收入等劳工标准方面的理由进行贸易惩罚。美国已制定在北美区域内具有辐射性的区域劳工标准，且某些标准的适用范围在国际劳工标准与我国国内劳动法之上。纵观其劳工标准的制定进程，我们认为，在当前中日韩FTA谈判中，应结合三国国内劳工标准逐步在区域内形成更适合我国国情与发展现状的国际劳工标准，以备在将来与美国范式的劳工标准相抗衡。

4.1.2 中日韩FTA推进现状

建设中日韩自由贸易区（FTA）的设想在2002年的中日韩三国领导人峰会上首次被提出。2007年3月，中日韩三国为了探讨“建立中日韩自由贸易区的可行性”而成立了联合研究委员会，中日韩三边投资协定的谈判也从此展开。2012年11月20日，中日韩三国的经贸部长进行了会晤，这次会晤确定了中日韩自贸区谈判的正式启动。2013年3月，中日韩三国在韩国首尔举行了第一轮谈判；同年7月，在中国上海举行了第二轮谈判。此后近5年里，中日韩三国又就与自由贸易协定相关的货物贸易、服务贸易、投资、协定范围领域等议题展开了10余轮谈判。

截止到2018年12月6日，中韩两国达成协议的章节包括竞争和电子商务、卫生和检疫、投资领域多数条款、最终规则章节的部分内容。与此同时，双方还在通关、技术壁垒、环境和纠纷解决等方面缩小了意见分歧。此外，双方协议在文案中另设章节阐明金融与通信以及自然人流动等问题，并就协定文案中相关规则部分取得了重大进展。在自由贸易所需的规则领域，双方也就多数详细事项达成了协议。

在许多方面三国仍分歧过大，如在第11轮谈判中，韩国方面将农产品划定为敏感品目甚至是超敏感品目，中国方面则将工业品划定为敏感品目甚至是超敏感品目，这一举措使得这次谈判原地踏步；在第13轮谈判中，韩国对中方提出了早日取消工业品关税的要求，中国则以希望韩方开放农产品市场作为回击，双方分歧较大。中日韩三国在谈判过程中分歧过大，使得中日韩FTA未能取得重大进展，而且劳工标准方面的谈判也一直未曾涉及。

4.1.3 中日韩FTA协定纳入劳工条款的意义

（1）劳工标准纳入FTA协定是大势所趋

所谓国际劳工标准，又称国际劳动标准，是在国际劳工组织每年召开的国际劳工大会中形成的，是关于处理劳工关系和与其相关的社会关系的原则和规则。早在1993年年底，美国、法国就提出将“社会条款”纳入WTO规则，后虽因诸多发展中国家的反对而终结，但劳工条款在双边、多边协定中的引入已有不少成功案例。

①国际角度

随着经济全球化的不断深入，国与国之间的关系因贸易往来、投资、跨国生产等国际生产活动更加密切。全球化使各国经济快速增长的同时，也面临着一些劳工和人权方面的挑战，如贫富差距大、收入分配不公、工作岗位流失、劳动权益受到侵犯等问题。早在建立《关税及贸易总协定》（GATT）和世界贸易组织（WTO）这两个全球多边贸易体制的进程中，欧盟和美国就力推把劳工标准纳入全球多边贸易体制内，但因诸多发展中国家的反对以及当时WTO谈判机制的缺陷而以失败告终。然而，自由贸易协定的自由性、双边性使得美国和欧盟成功地将劳工条款纳入FTA协定中。截止到2015年，在欧盟所签订的28个自由贸易协定中至少有6个自由贸易协定，即《欧盟与南非贸易协定》、《欧盟与智利联系协定》、《欧盟与非洲、加勒比和太平洋地区国家集团贸易协定》、《欧盟与加勒比论坛国经济伙伴关系协定》、《欧盟与韩国自由贸易协定》以及《欧盟与秘鲁/哥伦比亚综合贸易协定》纳入了劳工条款，且每个协定中劳工标准所保护的内容各不相同，解决办法也有所区别，但均明确表示拒绝采用贸易制裁的方式解决劳工争端，这便形成了当下解决国际劳工问题独具特色的“欧盟模式”。但在争端解决和执行方面，“美国模式”与其有诸多不同。自北美自由贸易协定（NAFTA）开始，美国便逐渐将劳工标准纳入FTA中，其目的在于通过确保劳动工人在美国与缔约国享有相同劳工条件，来维持本国产品在国际市场上的竞争力。发展中国家因其当下所处的经济发展阶段享有低廉的劳动力成本，使得其在生产成本方面拥有比较优势，进而在一些劳动密集型消费品领域，发展中国家的产品占据了大部分国际市场。NAFTA中涉及劳工标准问题的具体内容主要体现在附加的北美劳工合作协议（North American Agreement on Labor Cooperation，NAALC）中。在劳工权利方面，协议中列举了各缔约方承诺执行国际劳工组织（International Labor Organization，ILO）的各项原则，其中，保护童工、职业安全和健康标准以及最低雇佣工资标准通过制裁强制执行。在争端解决机制方面，通过建立每个缔约国的贸易和劳工事务办公室（OTLA）来监督贸易区内的劳工权益情况，但该机制仅应用于政府间谈判。除了现存的“美国模式”与“欧盟模式”外，国际劳工组织也在世界范围内推进核心劳工标准并积极参与解决不同国家的劳工标准问题。综上，劳工标准纳入自由贸易协定是大势所趋。

②国内角度

当前，我国经济已从高速增长阶段过渡到中高速增长阶段，社会及民众对生活水平和生活质量高度重视。然而，国内劳工保护水平低、执法弱以及劳工方面的负面事件频频发生，使得劳工问题在国内及国际上饱受诟病。劳工保护水平低使得贫富差距加大，造成资源分配不公，进而影响生产效率。最低工资水平较低使得工资在国民财富中的占比较小，导致财富分配高度不规范，从而加剧了社会不平等。同时，收入的缓慢增长也会抑制购买力，从而影响经济的可持续增长。目前，我国人口红利已经渐渐丧失，早已不像初期参与国际贸易活动时那样以低廉的劳动力成本占据国际市场的一席之地。但相较于发达国家，在同等劳动效率的条件下，我国的劳动力成本仍具有相对优势，这使得我国逐渐成为贸易与投资的集中地。然而，发达国家为遏制发展中国家的经济发展，会利用相关政策工具进行打压。在已形成的“美国模式”和“欧盟模式”面前，为避免美国将来以劳工问题为由对我国进行贸易制裁，我们应“先发制人”，借鉴美国和欧盟将劳工条款纳入自由贸易协定的模式，形成适合我国国情、有利于提升我国劳动力保护水平的区域性规范。截止到2018年12月，已取得积极进展的中日韩FTA谈判便是一个最好的契机。中日关系近一年出现回暖迹象；中韩关系虽因“萨德”出现倒退，但双方已签订自由贸易协定，这使得双方的经济结构更加稳固。中日韩三国作为东北亚区域经济合作的核心，在自由贸易协定中制定有关劳工标准的条款，可以形成区域内有效的劳工标准范式，在未来的对美谈判中增加筹码。

（2）将劳工标准纳入FTA协定可对贸易的流量和结构产生正向影响

通常，劳工标准是通过作用于生产成本和国内与劳工相关的社会条件对国际贸易流量产生影响的，影响多为双重性。国内外学者对此进行了定量研究，通过把核心劳工标准与一国的中学入学率、工会结社率、民主指数、女性入学比例和就业比例相联系，运用引力模型、回归分析，得出了相关结论。在以发达国家为对象的研究中，Aggarwal（1995）发现美国对墨西哥等10个发展中国家的进口和FDI并没有流向劳工标准相对较低的国家。Samy

（2011）对欧盟13个国家的劳工标准和双边贸易流量进行研究后发现，无论进出口国哪一方提高劳工标准，其相应的贸易流量均有增加。OECD（1996）在研究自由结社和集体谈判权标准与贸易流量的关系时发现，经济发展与自由结社权存在弱的正相关关系。在以我国为对象的研究中，王晓荣（2006）分析了核心劳工标准对FDI的影响，结论显示高标准有利于我国吸引外国投资。杜晓郁（2010）等研究了大连市吸引对外直接投资的数量与劳工标准的关系，结论显示劳工标准的提高并不会影响外商投资的规模。唐锋等（2014）基于包含“多边阻力项”的引力模型，在对15个样本国家制造业贸易流量与核心劳工标准关系的研究中发现，执行和提高劳工标准不仅不会对两国劳动密集型制造业贸易流量产生不良影响，反而还存在着一定的正的影响。

在贸易协定中纳入劳工标准将给一国的贸易结构带来影响，因为劳工标准将直接影响以劳动力禀赋优势为主要竞争力的外贸行业。一方面，劳工标准的纳入将增加生产成本；另一方面，将阻碍相关产品的出口。虽然劳动力禀赋优势曾帮助很多国家实现了经济快速发展，但在纳入劳工标准的框架下，以劳动力价格优势为主要竞争力的贸易方式往往是不可持续的。因此，劳工标准的纳入会迫使贸易结构进行转换，低效率、低附加值的贸易部门将向高效率、高附加值的贸易部门转型，从而推动劳动密集型传统出口产业向资本密集型出口产业转型。

（3）形成区域性标准，防范发达国家的贸易制裁

如今，发达国家在劳工标准问题上占据了先机和道德制高点，其强制要求履行的劳工义务以大多数发展中国家的现状还无法实现，但这已经成为一种主流趋势，即使我们不主动要求在自由贸易协定中纳入劳工标准，也会在发达国家的强制要求下被动加入劳工标准。以TPP为例，作为一个提供高标

准劳工保护的贸易协定，TPP提出的劳工标准以美国的价值观和立法观念为基础，美国将其作为实现经济战略布局的主要措施。所有这些规定都是缔约国必须完全执行的，并以贸易制裁或经济制裁为后盾，给包括中国在内的发展中国家带来了巨大挑战和极其不公平的发展限制。因此，在我国进一步扩大自由贸易协定的规划中，应与贸易伙伴国就双方之间的劳工标准问题开展实质性谈判。如果我们不积极发声，就会陷入被动局面。因此，在中日韩FTA自由贸易协定中纳入劳工条款是非常必要的，而且应该由中国主导关于纳入劳工标准的谈判，因为中国对劳工标准产生的影响有切实的体会，可以提出既符合三国利益也适用于与其他国家进行谈判的劳工标准；不仅可以作为东亚区域内FTA的劳工标准，也可以防止欧美发达国家以此为借口对中日韩FTA进行制裁，限制中日韩FTA的发展。

（4）保护流动性劳动力的权益

在中日韩自由贸易协定中纳入劳工标准，可以有效解决中日韩三国流动工人的就业问题，以及雇佣与就业中的歧视与不平等问题，从而提高三国对劳工权益的保护水平。现今，对发展中国家而言，发达国家主张纳入劳工条款的自由贸易协定是不公平的，尤其是对发展中国家的劳动力。发达国家以自身为基准针对劳工工资和工作环境所制定的高标准条款，其实在发展中国家是很难实现的，同意这些条款的发展中国家又因此面临着许多限制，如在雇用本国工人或其他国家工人时会受到劳工条款的限制。签署自由贸易协定的发展中成员国在雇用其他成员国的劳工时，会面临两方面问题：一是区域内发达国家的劳工成本高于本国，二是区域内发达国家的劳动生产率也高于本国，这将对发展中国家的经济发展产生直接影响，至少在短期内会呈现出负效应。

在中日韩三国中，韩国与日本的经济起步较早，现已迈入发达国家行列，具备了实施高劳工标准的基础条件，并且劳动权益保护状况较好。相比之下，中国的经济自20世纪80年代才开始迈入正轨，虽稍有落后，但已有强劲的赶超势头，而且在不断完善劳工标准，加强对劳工权益的保护。因此，在中日韩自由贸易协定中纳入劳工条款，将有利于减少东北亚地区的劳动力流动阻碍，也会为中日韩三国的跨国企业雇用来自其他国家的劳工提供便利条件。我国是一个拥有近14亿人口的发展中大国，对外贸易的持续增长一部分就得益于我国劳动力所表现出来的比较优势。但是在国际市场上，很多发达国家都不承认我国劳动力上的比较优势，而将问题归咎于我国劳动法律的不健全，因此，发达国家不考虑实际情况，一再要求我国提高劳工保护水平。随着我国综合国力的不断提高，我国在国际社会中已经取得了越来越多的话语权，同时也具有了一定的地位。因此，在中日韩FTA谈判中，我国应主动提出劳工标准的纳入，以体现出我国对人权问题的态度，及对劳工权益保护的决心；要有担当、有表率，带动东北亚乃至整个亚洲地区重视劳工保护问题。

除此之外，劳工标准设立的初衷是提高劳动者的生活水平，扩大工人的劳动权益，消除贫困，让劳动者参与分享发展的成果。但是各国的标准存在很大的差异，这主要体现在各国国内的劳动法或劳动基准法中，劳动标准的不同则反映出各国对劳动者权益保护程度的差异。因此在自由贸易协定中纳入统一的劳工标准，无疑有助于劳工权益的保护，是经济发展的必然趋势。

（5）有利于产业结构升级

在自由贸易协定中纳入劳工标准，虽然直接增加了企业的生产成本，但是在促进一国产业结构升级方面却有着积极作用。劳工标准的纳入提高了工人的最低工资、保险与福利水平，在企业生产经营中表现为生产成本的提高。但企业的经营具有一定的灵活性，在生产成本上升、利润空间受到压缩时，企业会以主动或被动的形式做出调整，如进行产品升级、技术改造等，以适应经营环境的改变。当这种个别企业的调整变成全行业的调整时，意味着实现了产业升级。此外，在自由贸易协定中纳入劳工标准也具有一定的资源配置作用，即利用市场机制淘汰那些资源利用低下的企业行业，使被释放出来的资源流向那些效率高的企业行业，以推动经济发展。长期来看，在自由贸易协定中纳入劳工标准将会是一种趋势，有助于推动企业参与创新、提高效率，进而推动产业升级。

（6）促进三国贸易往来

我国对外贸易的优势主要体现在密集低成本的劳动力和劳动密集型产品上，日本和韩国则在资本密集型产业和技术密集型产业上存在明显的竞争优势，中日韩三国在产业优势上的不同是自由贸易区成立的基础。从三国之间贸易结构的角度来分析，中日两国的贸易结构和中韩两国的贸易结构呈现出逐步趋同的趋势。中日两国之间的贸易以加工贸易为主，中国出口到日本的大部分产品是日本在中国开设的工厂生产的产品，以机械设备和电子产品为主。中韩两国之间的产业内贸易也逐渐占据较高比例，从初级产品升级为工业半成品或制成品。中日韩三国的GDP总量已达到15万亿美元，占全球GDP总量的20%，但是三国之间的贸易量在三国对外贸易总量中只有不到20%的比例。随着成立自贸区的趋势愈演愈热，利用好中日韩三国贸易结构的升级带来的优势，在此基础上成立中日韩自贸区，不仅可以实现三国货物、人员和资本的自由来往，同时有利于三国各自国内产业结构的调整和经济发展。因此，我国可以根据现阶段的经济发展水平，结合日韩两国的国内立法、经济等方面的具体情况，在中日韩FTA的谈判中占据谈判先机，提出既符合我国利益同时也符合日韩两国要求的劳工标准，坚持采用合作与磋商的方法解决可能存在的劳工争端问题，反对将劳工标准与贸易制裁相挂钩，这样才能有效促进中日韩三国间的贸易向着互惠友好的方向继续发展。从自贸协定的谈判趋势方面来看，在自贸协定中引入国际劳工标准是一种趋势，由于我国目前还没有建立完善的劳工标准法律，因此短期内引入劳工标准必然会形成一定的贸易壁垒，但是从长远来看，引入劳工标准对我国对外贸易的发展是利大于弊的，更有利于三国间的贸易往来，以及三国间进出口贸易结构的调整和产业结构的升级。

随着“工业革命”这一观念的流行，全球经济已经进入到知识经济和技术经济时代，传统的劳动力比较优势如今已失去其竞争优势，这不仅使劳动密集型产业的生产成本加剧，劳动密集型产品的出口额大量萎缩；同时也推动了资本和劳动力等生产要素逐步转向高新产业。对于与美国签订自贸协定的其他发展中国家，劳工标准在其国内的推广，大大促进了其产业和贸易结构的转型升级。因此，在中日韩FTA中纳入劳工标准，可以提高三国劳动者的待遇，吸引技能熟练的劳动者，推动三国产业结构的升级和贸易结构的转型。

4.2 中日韩美四国劳工标准现状

4.2.1 中日韩参与国际劳工标准情况

国际劳工标准由国际劳工组织经过几十年的努力制定出的一系列公约和建议书构成，是工人在工作场所日常工作的基本要素保障。基本劳工标准包括核心标准、行为准则，以及社会宣传和消费者了解贸易条件的权利。核心标准被认为是对人权的保障，包括结社自由和承认集体谈判权、消除各种形式的强迫劳动、有效废除童工、消除雇佣和就业歧视。工资、工作时间或休假等内容不算作核心标准。据国际劳工组织的官方数据，目前该组织已批准通过的公约共计189项，建议共计205条，并拥有187个成员，大多数发达国家已经批准了国际劳工组织的基本原则和大部分工作权利。例如，截至2019年3月，法国已批准127项公约和2项议定书，其中有79项已生效，8项核心劳工标准全部通过，4项治理劳工公约（Governance Conventions，又称优先劳工公约）全部通过，177项技术劳工公约（Technical Conventions，又称一般劳工公约）全部通过；英国已批准88项公约和2项议定书，其中52项已生效，8项核心劳工标准全部通过，4项治理劳工公约全部通过，177项技术劳工公约通过77项；德国已批准85项公约和2项议定书，其中59项已生效，8项核心劳工标准全部通过，4项治理劳工公约全部通过，177项技术劳工公约全部通过；澳大利亚已批准58项公约和1项议定书，其中41项已生效，8项核心劳工标准通过7项，4项治理劳工公约全部通过，177项技术劳工公约全部通过；日本已批准49项公约，其中32项已生效，8项核心劳工标准全部通过，4项治理劳工公约全部通过，177项技术劳工公约通过40项；中国已批准26项公约，8项核心劳工标准已通过4项，4项治理劳工公约通过2项，177项技术劳工公约仅通过20项。

由于公约和建议书对成员方起到的约束力有所不同，公约对已批准的成员方具有法律约束力，而建议书不具备法律约束力，仅起到向成员方提供政策建议的作用，所以我们仅讨论中日韩三国公约的批准情况。

在国际劳工组织已通过的189项公约中，有8项被视为核心公约，即《1948年结社自由和保护组织权利公约》（第87号）、《1949年组织和集体谈判权利的原则应用公约》（第98号）、《1930年强迫劳动公约》（第29号）、《1957年废除强迫劳动公约》（第105号）、《1937年最低年龄公约》（第138

号)、《1999年禁止和立即行动消除最恶劣形式的童工劳动公约》(第182号)、《1951年同酬公约》(第100号)和《1958年消除就业和职业歧视公约》(第111号)。8项核心公约既规定了劳工应具有的基本权利，也反映了国际劳工组织的价值观。

截至2019年3月，中国已批准26项公约，日本批准49项公约，韩国批准29项公约。从核心公约的批准情况来看，日本参与情况较好，批准了8项核心公约，中国与韩国的情况一致，目前批准了第138号、第182号、第100号和第111号公约。

中日韩三国参与核心公约的情况，其实与三国的经济发展水平有直接关联。纵观中日韩三国的经济发展史，日本是第二次世界大战后最先发展起来的国家，1968年日本的经济规模就已经跃居世界第二位；韩国经济的快速发展，则源于20世纪60年代其实施的“出口主导型”开发经济战略，在短短的20年里，其经济飞速发展，由贫困落后国家一跃成为新兴工业化国家，后来被称为“亚洲四小龙”之一；而中国经济的快速崛起，始于1978年改革开放，经过40余年的发展，中国的经济规模现已超过日本，跃升世界第二位。结合经济发展情况来看，中日韩三国核心公约的参与度与其自身的经济发展水平有着紧密联系。

4.2.2 中日韩国内劳动立法情况

国际劳工标准由一系列的公约与建议书构成，目前已经批准189项公约和205条建议书，所涉及的内容十分全面，并且在不断地补充、完善。由于国际劳工标准的内容过于庞杂，为了方便研究中日韩三国国内相关立法的落实情况，我们仅围绕8项核心公约以及1998年《国际劳工组织关于工作中基本原则和权利宣言》中提出的4项核心劳工标准，包括结社自由和承认集体谈判权、消除各种形式的强迫劳动、有效废除童工、消除雇佣和就业歧视四个方面，来梳理中日韩国内立法情况。

（1）结社自由和承认集体谈判权

结社自由和承认集体谈判权在核心公约中体现为《1948年结社自由和保护组织权利公约》（第87号）、《1949年组织和集体谈判权利的原则应用公约》（第98号）这两项公约。

我国政府暂时没有批准通过这两项公约。但从国内的法律规定来看，《中华人民共和国宪法》（以下简称《宪法》）第35条规定公民具有结社自由权；同时，在1992年通过的《中华人民共和国工会法》（以下简称《工会法》）中也有明确规定，重申了劳动者具有结社自由的权利。对于集体谈判权，虽然《中华人民共和国劳动法》（以下简称《劳动法》）没有做出明确规定，但在企业违反集体合同、侵犯职工劳动权益的情况下，工会可以依法要求企业承担责任。因此，中国具有批准此两项公约的良好基础。

日本对结社自由和集体谈判权比较重视：一是政府已经批准了第87号与第98号公约；二是在国内立法方面也做出了相应的规定。日本的劳动法体系由工会法、劳动关系调整法和《劳动基本法》共同组成。对于结社自由，日本宪法第28条明确规定要切实保障劳动者的团结权，即结社自由权；工会法则规定日本工会具有自主地位，在组织成立、运营和活动中享有极大的自由权。集体谈判权在日本国内法中也有体现，宪法规定要保障劳动者的集体谈判权及其他集体行动的权利；工会法第6条也明确规定，工会有权为了维护工人的合法利益与雇主就签订集体合同以及其他有关事项展开集体谈判。但是，日本的工会制度与西方国家存在一些差异，即日本的工会多数是企业工会，并且更倾向于维护企业的利益。

韩国同中国的情况相似，暂未批准第87号与第98号公约。但从韩国国内的立法方面来看，其又与中国存在一定的差异：首先，在结社自由方面，韩国现行的宪法第二章第21条第1款规定，所有公民都享有言论自由和新闻自由，享有集会和结社自由，但集会的召集与协会的设立需报请有关部门批准；同时，现行的工会法也规定，两人以上就可以组成工会。在韩国，工会分为企业、地区和全国三个层面，但是工会所具备的功能多数体现在企业层面上，其他两个层面则明显被弱化。其次，在集体谈判权方面，现行宪法第32条明确规定，为了改善工作条件，工人有权进行独立协商、集体谈判和集体行动，即法律赋予工人集体谈判权。

（2）消除各种形式的强迫劳动

消除各种形式的强迫劳动在核心公约中体现为《1930年强迫劳动公约》（第29号）、《1957年废除强迫劳动公约》（第105号）这两项公约。

我国政府虽暂未批准这两项公约，但是正在积极考虑中。1998年，我国即成为联合国《公民权利和政治权利国际公约》的签约国，2013年废止了劳动教养制度。随着法律体系的不断完善，我国批准这两项公约应该只是时间上的问题。

（3）有效废除童工

有效废除童工在核心公约中体现为《1937年最低年龄公约》（第138号）、《1999年禁止和立即行动消除最恶劣形式的童工劳动公约》（第182号）这两项公约。

我国政府已经批准了第138号与第182号公约，并且在《宪法》、《劳动法》、《中华人民共和国未成年人保护法》与《禁止使用童工的规定》中对禁止使用童工做出了相应的规定。中国现有法律规定最低就业年龄为16周岁，高于核心公约规定的标准。

日本政府也已经批准了这两项公约，并在国内法律中对废除童工制度进行了落实。日本《劳动基本法》的第六个章节就对未成年工做出了相关规定，其中第56条明确规定不得雇用未满15岁的儿童，但某些职业除外，如电影和戏剧表演事业等。日本虽已是公约的签订国，但是并未完全履行公约规定的义务，在某些行业仍存在例外。

韩国同样批准了第138号与第182号公约，也在国内立法中体现了禁止雇用童工的相关规定。韩国《劳动基准法》第五章第64条规定不准使用未满15岁的儿童，但符合总统令并经就业和劳工部批准的除外，并且第67条进一步规定，父母无权代表未成年被监护人签订劳动合同。

（4）消除雇佣和就业歧视

消除雇佣和就业歧视在核心公约中体现为《1951年同酬公约》（第100号）和《1958年消除就业和职业歧视公约》（第111号）这两项公约。

我国政府已经批准了第100号和第111号公约，同时在《宪法》中规定公民在法律面前一律平等；《劳动法》则进一步明确规定劳动者具有平等就业的权利，并对歧视的范围做出了解释。

日本政府也已经批准了这两项公约，并且在国内的法律中也有相应的体现。日本《劳动基本法》第3条规定，雇主不得以工人的国籍、信仰和社会地位为由而在工资、工作时间和其他劳动条件方面规定不同的待遇。这条规定是对歧视范围做出的解释，同时第4条规定，雇主不得以受雇者是女工为由而在工资方面规定与男工不同的待遇，即男女同工同酬，从而消除了雇佣和就业中的性别歧视。

韩国也已经批准了这两项公约，并且在宪法和《劳动基准法》中对消除雇佣和就业歧视加以体现。首先，韩国宪法第11条做出了原则性约束，规定所有公民在法律面前一律平等，不得在政治、经济、社会或文化生活中因性别、宗教或社会地位而受到歧视。其次，《劳动基准法》第一章第6条规定，雇主不得以雇员的性别、国籍、信仰或社会地位为由进行歧视。此外，宪法第32条对妇女就业给予了特别保护，规定不得在就业、工资和工作条件等方面让妇女受到不公正的对待。

通过对中日韩三国劳动立法的细致梳理，可以看出三国之间的差异主要体现在以下三个方面：首先，三国的劳动法体系有所不同，中国的劳动法体系以《宪法》为基本准则，辅以《劳动法》《工会法》共同构成；日本的劳动法体系以宪法为基本准则，辅以工会法、劳动关系调整法和《劳动基本法》共同组成；韩国的劳动法体系以宪法为基本原则，辅以工会法和《劳动基准法》共同组成。其次，核心劳工标准的落实情况不同，日本批准了4项核心劳工标准，而中韩情况相似，只批准了2项核心劳工标准，但国内都有一定的法律基础作为保障。最后，在具体落实标准方面存在差异。例如，对于有效废除童工，中国以16周岁为最低就业年龄，日韩则以15周岁为最低就业年龄；最低就业年龄的不同体现了三国在劳工标准的具体落实上的差异。

4.2.3 美国FTA中劳工条款的引入现状

美国的劳工规则一直在更新，随着社会的发展，美国不断改变其劳工标准，使其更符合实际情况，而且针对不同国家、不同的发展状态，其劳工规则也不尽相同。也就是说，美国是有目的和有针对性地在制定劳工条款。美国的劳工标准体系是一个非常复杂的有机整体，体系框架具有多角度、深层次的特点。分析美国的劳工体系框架，有利于我们理解美国制定劳工标准的目的、政策延伸以及战略方向。在劳工问题上，以美国为首的发达国家所设定的高标准的劳工规则，对我国和其他发展中国家来说，要做到符合要求存在一定的难度，如果不能把握住在劳工问题上的谈判主动权，制定出能够应对美国要求的劳工规则，就会非常被动。因此，在研究如何制定中日韩FTA

劳工条款的问题前，必须先对美国劳工规则进行分析，总结其中可以被我国借鉴的部分，从而为中日韩FTA劳工条款的顺利推进奠定基础。同时，美国劳工规则在法律体系、法规内容上的可取之处，可以促进我国劳动法律的进一步细化，完善我国的劳动法律体系。美国在制定劳动法、劳工条款时，采取了非常严格的立法程序，这对增强我国劳动法立法程序的规范性具有重要的借鉴意义。美国在立法过程中，不仅考虑到了立法的专业和执行等方面的问题，还考虑到了劳动者本身的情况、劳动者的需求。因此，我国在劳动法立法的过程中，也应对劳动者进行深入的调研分析，发现、总结我国在劳动法立法方面的切实问题，根据我国劳动力市场的具体情况，制定符合我国国情的劳动法律和劳工标准。此外，对美国确定劳工标准的方式进行研究，有利于探究如何在中日韩FTA中建立一个能够覆盖三国需求的完善的劳工标准体系，制定出符合三国实际需求的劳工标准，从而有效制止可能会出现的违法现象，保护三国劳动者的合法权益，推动中日韩FTA劳工条款进一步完善，使之能够更快地落地生根，发挥其维护三国劳动力市场秩序的作用，为中日韩FTA在推动三国经济和贸易领域的合作奠定良好的基础。

（1）美国多边贸易谈判中的劳工规则分析

①北美自由贸易协定（NAFTA）中的劳工规则

NAFTA是美国、加拿大、墨西哥三国于1992年8月签订的自由贸易协定，自1994年1月开始生效。NAFTA的签订，使得当时的北美自由贸易区成了世界上最大的区域经济一体化组织，但是在它签订的过程中却存在诸多阻碍。NAFTA一经提出，就遭到了多个团体的反对，主要包括劳工团体、环保团体以及人权团体等。他们担心自由贸易协定的签订会对他们的利益产生影响，其中反对声音最为强烈的劳工团体认为，一旦签订北美自由贸易协定，墨西哥的低廉劳动力将会对他们的就业产生影响，使他们失去就业机会，甚至会使行业面临消失的困境。各种反对声音的出现，毫无疑问给NAFTA的签订带来了阻碍。为了尽快签订NAFTA，布什政府通过救济受影响的劳工以及在协定中加入有关劳工的规范等一系列措施成功化解了矛盾，1991年5月国会最终授权准许政府当局签订NAFTA。

NAFTA的签订产生了诸多影响，由于篇幅所限，本书主要探讨其在劳工保护方面的影响。其序言中便提到了有关劳工保护的内容，如“要在各自的领土内，创造新的就业机会，改善工作条件和提高生活水平”“保护、加强和执行基本的劳工权利”等。NAFTA在劳工保护领域方面做出的努力，使得其日后成为美国自由贸易政策中有关劳工规则方面的法律基石。

②北美劳工合作协议中的劳工规则

NAFTA中的劳工标准以附属协议的形式引入。由于NAFTA是第一份引入劳工标准的自由贸易协定，所以其附件NAALC被誉为劳工标准在国际贸易领域的开创之举。从规则制定方面来看，NAALC主要围绕权利的保护范围、执行机制、惩罚措施等几个方面做出了规定。

NAALC建立了一套完整的争端解决机制，以此为法律基础，北美自由贸易协定成了第一个将贸易与劳工标准挂钩的自贸协定。但是，NAALC也存在一定的缺陷，缺乏统一的最低劳工标准、依靠政府采取行动等问题使得NAALC被批评者认为缺乏可执行性。

第一，NAALC的具体内容

国际劳工组织把劳工标准分为核心劳工标准与非核心劳工标准，核心劳工标准是对劳工权利的基本体现，也是各国都应该接受与遵守的标准。NAALC对劳工权利的保护，不仅仅局限于国际劳工组织所倡导的4项核心劳工标准，还增加了几项劳工权利，包括保护罢工的权利；最低工资、工作时间和其他劳动标准；职业安全与卫生；工人的各种补偿；保护流动工人等。

第二，NAALC的职能部门

NAALC专门设立了相关机构来处理可能出现的劳工问题，主要的部门是劳工合作委员会。该委员会作为NAALC的主要管理部门，下面有部长理事会和秘书处两个部门。部长理事会是实际管理部门，主要负责决策管理工作，以及对协议的实施情况、存在的问题和分歧进行监督和解释，按照各成员国可能同意的方式执行其职责；秘书处是执行部门，协助理事会完成相关工作，并为其提供需要的帮助。

第三，NAALC的争端解决程序

NAALC中建立的争端解决程序主要包括三个步骤：合作与磋商是必不可少的先置程序；磋商无果后可提请专家小组进行评估；若自磋商开始之日起6天内仍未能达成协议，可要求召开理事会特别会议，如果还是不能解决问题，还可以成立仲裁小组，出具仲裁报告，形成行动方案。

（2）美国双边贸易谈判中的劳工规则分析

2002年颁布的“贸易促进授权法案”和2007年颁布的“两党贸易政策协定”标志着美国开始在双边贸易谈判中关注劳工问题，完善劳工标准。下文分析了在这两项法案下通过的具有代表性的自贸协定中的劳工规则，并进一步分析了美国双边贸易协定中劳工规则的优缺点。

①“贸易促进授权法案”中的劳工规则

贸易促进权（Trade Promotion Authority，TPA），即国会授予总统与其他贸易伙伴谈判并签署新贸易协定的权力。国会虽然不能修改这些贸易协定的内容，但是国会可以批准或否决这些协定。国会曾于1974年授予总统这项权力，但在1994年授权期满后没再授予过总统这一权力。随后在2001年12月6日，美国众议院以215对214票的微弱多数通过了授予总统“贸易促进权”的法案。

针对TPA进行自贸协定谈判的国家一共有9个，但是其中有2个国家没能得到国会的批准。在TPA中最具代表性的自由贸易协定一共有4个，分别是美国与智利、澳大利亚、新加坡和中美洲等国家签订的自由贸易协定，这4个自由贸易协定中的劳工规则各有其优点与不足。

以美国-智利FTA为例，由于智利的国内法中缺乏对被侵害劳动者的有效保护机制，因此美国-智利FTA中没能规定出明确具体的实现这些公约的途径，这是美国-智利FTA中的劳工标准的最大不足。但是，该项FTA还是规定了3项有关劳工标准的条款，具体内容为：在各国国内积极创造就业机会，改善劳动者的工作环境和生活标准；建立两国各自的劳工委员会，加强两国在劳工问题上的合作；着重强调保护劳工的基本权利。

美国-澳大利亚FTA在争端解决机制上有明显进步，该项协定中明确要求两国实行的劳工标准必须与国际劳工标准一致；两国应有效执行各自的国内劳动法律，不应减弱其国内劳工法的效力；协议中也保留了两国适用调查、起诉、监管和执法方面的权利；当发生劳工争议问题时，可以提交争端解决机制，可以启动磋商程序或者提请劳工小组委员会仲裁；两国还明确了罚款事宜，确定最高罚款金额为1 500万美元；两国要以提升经济效益和社会效益、积极创造就业机会为主要目标，改善劳工生活标准，从而推进两国协议满足更高的劳工标准要求。另外，两国在环境保护和可持续发展方面达成了一致，这是劳工标准的又一大进步。

美国-新加坡FTA存在一定的局限性，这是因为新加坡目前仍然没有批准核心劳工标准公约中的4项要求，即消除各种形式的强迫劳动、结社自由和承认集体谈判权、有效废除童工、消除雇佣和就业歧视。现在达成一致的劳工权利主要包括以下几项：结社权；集体谈判权；禁止任何形式的强迫劳动；保护童工和青工；最低工资、工作时间、工作安全与卫生等工作条件的要求。不过，美新两国在其自贸协议中明确表明，不能故意采取某些行为来削弱对方国执行其国内劳工法，进而影响两国之间的贸易。两国也表明应保留酌情使用调查、起诉、监管权等。最后，美新两国也同意通过削弱国内劳工法律中的劳工规则来促进贸易和投资这一行为是不适当的，双方均同意通过建立劳工合作机制来推行核心劳工标准的实施。

美国-中美洲FTA在劳工标准方面和上文分析的3个自由贸易协定非常相似，但是在法律执行力度方面存在很大的不足。此项FTA中包含的成员国主要有：尼加拉瓜、危地马拉、萨尔瓦多、哥斯达黎加、洪都拉斯、多米尼加等。这些中美洲国家的法律欠缺问题非常严重，其国内的各项法律，尤其是劳动法缺乏应具备的执行能力，对劳工权利的侵害问题普遍存在，主要包括使用童工、就业中存在性别歧视等问题。在劳工执行标准方面，与智利、新加坡的改进相比，中美洲国家还存在很大的差距，十分落后。中美洲国家现有的大部分劳工规则都缺乏强制执行力，也缺乏相应的有效应对劳工争端问题的解决机制。

②“两党贸易政策协定”中的劳工规则

2007年，TPA到期，民主党和共和党就是否延长TPA授权这一问题召开了第110次国会会议，会议上通过了“两党贸易政策协定”，对后续开展双边自贸协定的劳工规则进行了大幅的改变。根据此项协议签订的FTA主要涉及韩国和秘鲁这两个国家。

美国与韩国的FTA关于劳工标准的基本要求为：缔约双方应采用与ILO规定的基本原则相适应的国内劳动法规；在争端解决方面，双方同意设立国家劳工顾问委员会，该委员会主要负责提供解决方案执行方面的建议，还同意建立劳工合作机制，该机制可以增强缔约双方在劳工规则执行上的合作关系。但是，美韩FTA还是存在其固有的缺陷，具体体现在以下几个方面：第一，没有明确要求劳工标准不应与贸易和投资挂钩，缔约双方不能通过降低劳工标准执行准则来鼓励贸易和投资；第二，对协定中规定的相关义务没有有效的保护机制，以保证各项义务的可执行性，其设立的争端解决机制无法有效解决存在的争端问题；第三，没有明确规定必须严格遵照国际核心劳工标准，如韩国目前仍存在严重的就业歧视，其国内反就业歧视法缺乏有效的执行力度；第四，在违反劳工标准的处罚问题上，现行标准为最高不超过1 500万美元，该项标准惩罚力度较低。

美国与秘鲁的FTA中关于劳工规则的要求着重强调了其作为ILO成员的义务及承诺，要求两国必须有效执行各自的国内劳动法，如果不能有效执行各自国内关于劳工规则的相关条款，将申请启动争端解决机制，仲裁机构会对违反协定的一方进行罚款处罚，如果存在无法支付罚款的情况，另一缔约国可以提出终止该自贸协定中给予违反国的贸易优惠政策。此项FTA特别鼓励以合作磋商和贸易促进的方式解决争议，允许各方修改各自国内的劳动法，但同时要求必须确保其进行的修改不会削弱对国际核心劳工标准劳工权利的遵守和执行力度。

根据对上述两个自贸协定的分析，相较之前的FTA模式中的劳工规则，可以看出“两党贸易政策协定”对劳工标准规则的改进主要表现在以下几个方面：第一，各缔约国应在其法律、法规和实施协定中明确要求至少维持核心劳工标准中的五项劳工核心准则；第二，劳工标准不应与贸易或投资挂钩，各缔约国不能以贸易或投资为由降低劳工标准执行准则；第三，各缔约国必须切实执行其协议中规定的劳工规则，但可以存在保留权利，在不违反原则的情况下，允许自由裁量如何合理地实现确定的目标；第四，各缔约国应采用统一的争端解决机制，力求有效解决劳工争议。

③“两党贸易政策协定”在劳工规则上的改进之处

“两党贸易政策协定”开始执行后，美国在双边自由贸易协定谈判中关于劳工标准的执行能力大幅提升，无论是在争端解决机制还是劳工保护、合作机制等方面均有较大进步。

这些改善主要体现在以下两个方面：第一，“两党贸易政策协定”颁布后签订的自贸协议中关于劳工争端的解决机制不再要求与贸易或投资挂钩，而之前签订的自贸协议主要以罚款处罚来解决争端问题，这对解决争端问题会产生消极效果；避免劳工标准和贸易相关，可以有效保护发展中国家的利益，推进自由贸易公平开展。第二，“两党贸易政策协定”规定的新政策可以避免缔约国制定弱法，或者修改其国内法律，以此降低劳工执行标准，或者包庇国内存在的违反国际核心劳工标准的行为。

尽管“两党贸易政策协定”有很大的改进，但是仍然存在不足之处。这主要是因为它在劳工标准的可执行范围方面存在较大的局限性。前述分析的几个FTA虽然在争端解决机制方面都进行了更新与升级，但是大部分争端解决机制并不针对全部的劳工标准义务，而是只有在发生违反国内劳动法律的情况下，才可以启动争端解决机制和处罚机制。因此，虽然“两党贸易政策协定”颁布后签订的FTA协议取得了较大的进展，但是在执行力度和争端解决机制方面还应继续改善，以寻求更有效的措施与标准。

4.3 中日韩FTA加入劳工条款面临的主要问题

4.3.1 纳入劳工标准过程中面临的问题

劳工标准的设立是为了提高劳动者的生活水平，保障工人的劳动权益，消除贫困，让劳动者分享发展的成果。但是，在FTA中引入劳工标准的过程却存在诸多阻碍。

首先，从借鉴历史的角度来看，当初NAFTA的提出便遭到了来自美国公众的强烈反对，因美国公众担心墨西哥的低廉劳动力会对美国经济造成冲击，导致就业岗位消失，遂在自由贸易协定中引入劳工标准，前后经历了14个月的谈判才成功签署。其次，从公平的角度来看，劳工标准是经济社会发展到一定阶段的产物，其严格程度主要依赖于经济发展水平。对中日韩三国而言，其经济发展水平呈现出明显的差异性，因此三国对劳工标准的要求也存在差异性。在自由贸易协定中纳入劳工标准是一个关乎公平利益的问题，同时也是一个极易产生分歧的问题。最后，从外部环境来看，在自由贸易协定中纳入劳工标准是一个必然趋势，是对劳工权益保护的体现，所以在中日韩自由贸易协定中引入劳工标准是题中应有之义，但是也会面临外界的质疑，特别是以美国为首的西方发达国家，可能会利用自身的高标准来引导社会舆论对中日韩自贸协定中的劳工标准提出质疑，从而达到阻碍中日韩自由贸易协定签署的目的。

因此，在FTA中纳入劳工标准将面临着诸多阻碍，包括：来自社会公众的质疑、来自参与方政府的质疑、来自外界的质疑等。这意味着劳工标准的纳入将会经历一个长期的谈判过程，甚至会产生重大谈判分歧。劳工标准的纳入需要多方共同努力，找到最优的解决方案。

4.3.2 纳入劳工标准后面临的问题

不可否认的是，在FTA中纳入劳工标准将提高劳工权益保护水平，与此同时，也将增加企业的生产成本。在纳入劳工标准的FTA下从事生产经营活动的企业，为了满足劳工标准的要求，将会对现有劳工条件做出调整，如提高最低工资水平、增加员工福利、加大对劳动安全保护设施及防护用品的投入等，这些调整都将直接增加企业的生产成本。根据经济学理论可知，在短期内，企业来不及调整所有的生产要素，这就意味着当劳动要素发生改变时，其他生产要素可能无法进行相应的调整，从而对企业的利润产生影响。因此，在自由贸易协定中纳入劳工标准会缩小企业的利润空间。

除了增加生产成本、影响企业利润外，劳工标准的纳入在短期内还会产生一种现象——“贸易不公平”。对中日韩三国来说，目前三国对劳工标准的要求存在一些差异，如果按照标准的高低排序，日本的劳工标准最高，其次是韩国与中国。因此，在劳工标准纳入的初期，日本由于长期在高标准下从事生产经营活动，相比于韩国与中国具有一定的“比较优势”，在贸易中将表现为在同质产品的出口中，来自日本的产品可能更具有竞争力，这就会出现短期内“贸易不公平”的现象。

4.4 中日韩FTA加入劳工条款的推进路径

全球化发展至今，世界各国之间的关系随着市场全球化与生产全球化的深入变得越发紧密。全球化对劳工权益的影响有利有弊，一方面，促进了各国劳工标准的提高，增加了绝大多数劳动者的收入和就业岗位；另一方面，诸多社会问题凸显，跨国公司在追求降低生产成本的同时，对东道国劳工环境造成了诸多负面影响。为保障人权，在追求经济增长的同时实现人民生活幸福，越来越多的发达国家在签署自由贸易协定时加入劳工条款。但是，由于各签约国的发展程度、国内劳动法情况和对国际核心劳工标准条款认可程度的不同，在尽量不伤及谈判结果的情况下，劳工标准如何引入自由贸易协定中、引入后如何执行成为主要难题。以成功将劳工标准纳入自由贸易协定中的发达国家和发展中国家为例，且至少与中日韩三国中至少一国签订自由贸易协定的推进路径作经验参考，并根据中日韩三国劳工标准现状以及我国劳工标准的发展情况，对中日韩如何在FTA中纳入劳工标准提出以下建议：

4.4.1 FTA中纳入劳工标准的国际经验

（1）欧盟劳工条款引入范式

欧盟自由贸易协定中劳工条款的引入主要针对劳工保护和环境保护两个方面，未设置统一标准，而是根据不同贸易伙伴国的发展情况引入不同条款。

在内容方面，针对劳工保护的内容主要体现在人权保护、单独的劳工条款以及联合环境保护制定可持续发展条款等方面。人权条款早在1995年便被纳入《洛美协定》，与劳工条款相关的贸易问题在2000年的《科托努协定》第五章中已单独列明。可持续发展原则是欧盟政策的重要组成部分，其涵盖经济发展、社会发展和环境保护等内容。始于1971年的基于普惠制的单独劳工条款的引入，主要以“GSP+安排”为基础，即实行可持续发展和治理的特殊激励安排，适用于已签署和有效实施了核心国际人权、劳工权利以及良好治理的27个条约国家。在劳工条款的实体内容方面，采取具体劳工标准加弹性劳工标准的方式，根据伙伴国的不同经济发展程度实行不同的政策。

在约束机制方面，欧盟自由贸易协定的履行一般不具有强制性，力图在提升劳工标准的同时不削弱发展中国家现阶段所具备的“比较优势”。其通常做法是在签约国中建立咨询委员会，负责向各方提供劳动条款的相关报告，监督各方对条款的履行情况。

在争端解决方面，欧盟采取的形式主要有：以建立专家组的形式进行报告提交和审查；进行政府间磋商；向国际劳工组织寻求帮助；必要时可进行仲裁。

除此之外，企业社会责任认证体系的引入也与贸易协定中的劳工标准有着密切的联系。欧盟早已推行的SA 8000认证，便是一个典型的范例。随着经济全球化的发展，越来越多的跨国公司在发展中国家设厂生产，以利用其廉价的劳动力和丰富的资源降低生产成本。但是低工资、反工会、过长的工作时间、环境污染和废水肆意排放这类牺牲东道国工人利益的行为，遭到了全世界的批评。消费者开始抵制这类违反道德准则的产品，跨国公司随即开始制定企业社会责任制（CSR），但由于企业的异质性和国家差异，建立全球通用的社会责任体系和独立的认证体系的计划被提上日程。1997年8月，由美国经济优先认可委员会（Council on Economic Priorities Accreditation Agency，CEPAA）和来自11个国家的20个大型商业机构、非政府组织、工会、人权及儿童组织、学术团体、会计师事务所认证机构组成的社会责任国际（Social Accountability International，SAI）制定了SA 8000。它的标准是直接基于国际劳工组织相关公约、联合国《儿童权利公约》制定的，认证制度是其核心，约束着跨国公司的商业组织行为，主要体现为：如果有关企业未通过认证，其产品将被限制进口。而限制进口行为的产生是公司和消费者自愿选择的结果，企业所属国政府对此无法干预。在国际贸易中，SA 8000的制定确实会影响发展中国家的出口竞争力，它要求出口企业只有通过此项认证才具备出口资格，认证过程需要1年的时间，证书有效期为3年，每6个月复查一次，这无疑造成了生产成本的大幅度增加。虽然该体系属于民间劳工标准，对各国公司并不直接产生法律上的强制约束，但它本身的独立性、统一性、公开性为贸易自由化创造了有利条件。

在执行方面，欧盟主要采取贸易激励措施。2002年1月，欧盟针对发展中国家改进了普惠制（GSP）：在协定所规定的产品范围内，包括纺织品和农产品，只要尊重核心劳工标准，关税就减少1/4。该计划规定，申请者如果符合国际劳工标准，在WTO规定的基础上，其大量产品的关税将减少7%，否则只减少3.5%；同时，该规定还指出，“严重而系统”损害核心劳工标准的国家将被排除在所有GSP关税优惠之外。这一措施为发展中国家提供了进入欧盟市场的途径，关税的大幅度减少激励着各国去申请这种待遇。在劳工标准的推进方面，欧盟成员方达成一项协议：通过未来的双边及地区谈判，寻找推动劳工标准的办法。这一问题在欧盟与非洲、加勒比海及太平洋沿岸国家集团（ACP）之间进行的谈判议程中均有涉及，并且在2000年6月签署《ACP-EU伙伴协议》时，谈判框架就已囊括对尊重核心劳工标准的承诺，即如果ACP国家承诺更加关注工人的权利，他们就能获取更多有利的条件；同时，他们能够通过改善劳工权利，寻求欧盟进一步的技术和金融援助。

由以上分析我们可以看出，欧盟自由贸易协定中劳工条款的特点主要有以下两点：首先，欧盟自由贸易协定中劳工条款的实体内容包括人权保护、社会条款和可持续发展条款，范围较美国或其他贸易协定中的劳工条款更为宽广，是基于国际核心劳工标准按照签约国不同经济发展情况所提出的。其次，劳工条款的引入主要以形成范式为主，即框架大体固定，但内容各有不同，主要包括四个组成部分：一是阐明引入劳工条款的背景和目标；二是在国际核心劳工标准的基础上，以不降低本国现有标准为原则制定实质性劳工条款；三是建立委员会和民间机构，对标准的执行进行监督和推广；四是规定争端的处理方式，以拒绝进行贸易制裁为前提，多为政府间磋商和独立机构审查。

（2）南方共同市场的劳工条款引入范式

1991年3月，阿根廷、巴西、巴拉圭和乌拉圭4国总统在巴拉圭首都签署了《亚松森条约》，宣布建立南方共同市场。该条约于当年11月29日正式生效。1995年1月1日，南方共同市场正式运行。截至目前，正式成员国为阿根廷、巴西、巴拉圭、乌拉圭、玻利维亚、委内瑞拉（因国内局势动荡，自2017年8月起被无限期终止成员国资格）。作为南美地区最大的经济一体化组织，南方共同市场在推行一体化的进程中也逐渐重视劳工标准的提高。20世纪90年代初，劳工条款的纳入已被提上日程，1998年正式通过《南方共同市场社会与劳工宣言》。其涵盖两个方面，即个人权利保护和集体权利保护，主要内容包括：废除童工原则、禁止歧视原则、废除强迫劳动原则、促进平等原则、工会自由、结社自由、工作健康与安全、罢工权、社会对话权等。宣言中明确规定了政府在集体与个人冲突方面的预防性程序和解决机制，同时表明国家需对保障健康工作进行监督。该宣言在转化为成员国国内法前没有约束力，但允许部分特殊权利适用仲裁。其特点在于通过积极敦促成员国劳工立法的执行，以成员国之间相互帮助、在区域内提高劳工标准的方式逐渐形成一个保护劳工的框架，使得国际和地区层面的规范进入国家层面。在与劳工标准相关的贸易关系处理上，南方共同市场采取通过众多民间团体的参与来弥补社会政策的不足，从政府和民间组织的宏微观两个层面进行劳工标准的改善的方法。同样，南方共同市场将劳工条款引入的做法不具备强制性，在考虑到各成员国自身制度不完善的同时，也尊重各成员国的发展现状和立法主权，以推广和交流的形式促进区域内各国劳工标准的提高。

（3）东盟劳工条款引入范式

东南亚国家联盟（Association of Southeast Asian Nations，ASEAN），简称东盟，由马来西亚、印度尼西亚、泰国、菲律宾、新加坡、文莱、越南、老挝、缅甸和柬埔寨共计10个成员国组成，于1967年发布《曼谷宣言》后正式成立。

在内部，东盟并未设置统一的劳动法、劳工合作协议或是专门处理劳工纠纷的司法机构，其劳务合作由东盟劳工部长级会议（ALMM）领导，该会议每两年举行一次。自1975年4月于印度尼西亚雅加达举办历史上第一次ALMM以来，东盟劳务合作的深度和广度不断提升。在10个东盟成员国共同利益和优先事项的基础上，2016年5月15日，在老挝万象举行的第24届ALMM通过了2016—2020年新的东盟劳工部长（ALM）工作计划。2016—2020年ALM工作计划的目标是“在生产性就业活动中打造和谐进步的工作场所，在充分的社会保障机制作用下，让员工从事安全体面的工作，以此来提高劳动力素质，更好地保障东盟人民的生活质量”。ALM工作计划涵盖了4个关键成果领域：熟练和适应性强的劳动力，生产性就业，和谐、安全、进步的工作场所，以及更大范围的社会保护。这些已被划分成东盟劳务合作结构（SLOM）及其3个附属机构正在处理的23个主题领域。SLOM成立了3个附属机构：一是渐进式劳工实践工作组（SLOM-WG），致力于劳动力市场的信息系统建设，技能开发、技能认可，促进包容性就业，劳动监察，工人社会保护，非正规工人生产力，劳动争议和劳工正义，定期召开东盟劳动监察会议以共享信息，知识和经验，促进专业化以及在东盟劳动监察机构和劳动监察员之间建立网络。二是《东盟保护和促进移徙工人权利宣言》委员会（ACMW），该委员会的两个目标是确保有效执行根据“宣言”做出的承诺，制定东盟关于保护和促进移徙工人权利的文书。2008年以来，ACMW每年都会举办东盟移民劳工论坛（AFML）。该论坛汇集了来自10个东盟成员国工人组织、雇主组织和民间社会组织的相关人员，以及东盟秘书处和相关国际组织（如国际移民组织和联合国妇女署）的官员，他们在国家和地区层面就与东盟内部移徙工人权利有关的各种问题进行讨论和交换意见。此外，ACMW还出版了“东盟成员国移民工人立法和政策知识库”，并在东盟网站上公布了相关立法和政策。三是东盟职业安全与卫生网络（ASEAN-OSHNET），该组织旨在促进合作，改善东盟地区工作场所的职业安全与卫生现状，为在职业安全与卫生标准、培训、研究、职业安全与卫生检查和国家框架领域交流经验和信息建立平台，致力于促进商业部门在工作场所促进职业安全与卫生的各个方面。

在外部，东盟采取了与国际组织及周边国家进行良好合作的方式，建立了东盟+中日韩（10+3）劳工部长会议及高官会议机制，以期通过东南亚地区合作交流的方式促进劳工部长及高官会议机制的推进，给东南亚地区的工人带来更多的就业和经济机会。与日韩等国家合作建立帮扶机制，比如在日本的技术支持下建立职业安全与卫生网络（ASEAN-OSHNET）；由韩国协助执行人力资源开发计划，通过进行联合审查，确保未来的人力资源开发计划更加突出重点，并将解决东盟的人力资源开发问题列为优先事项，在技术和人力等层面给东盟以支持。在内部，通过举办论坛、技能大赛等多种方式使劳工技能及劳工工作条件有所改善，这对增强劳工权利意识、提高劳工个人技能与改善劳工工作条件等具有重要影响。

总之，东盟模式把劳工和就业作为优先事项，乐于同周边国家分享并向其学习在劳工优先事项方面的专业知识和经验，强调实施全面的人力资源开发计划，以改善基础教育为重点，推进技能培训和能力建设，解决区域内的劳工环境问题。

（4）澳大利亚FTA劳工条款引入范式

目前，澳大利亚仅在与美国签署的FTA中纳入了劳工条款，在与欧盟有关FTA的谈判过程中涉及了劳工问题，而在同其他国家签订的自由贸易协定中纳入劳工条款并不作为优先事项。

澳大利亚-美国FTA（AUSFTA）是以NAFTA为蓝本的澳大利亚与美国之间的优惠贸易协定。AUSFTA于2004年5月18日签署，并于2005年1月1日生效。AUSFTA第18章涉及劳工问题，其内容主要局限于一般性原则声明。双方重申了作为ILO成员的义务及在"ILO关于工作中基本原则和权利宣言及其后续措施"（1998年）（国际劳工组织宣言）下的承诺。该协定明确各方有权制定自己的劳工标准，并声明各方应努力确保其法律规定符合国际公认的劳工标准，包括：结社权；组织和集体谈判的权利；禁止任何形式的强迫或强制劳动；为儿童和青少年提供劳动保护，包括最低工作年龄限制、禁止儿童就业、消除最坏情况的童工形式（澳大利亚主要通过法律和法规为儿童和青少年提供劳动保护，规定义务教育的年龄水平）；最低工资、工作时间、可接受的工作条件和职业安全与卫生。

2019年3月25日至29日，澳大利亚与欧盟在堪培拉展开FTA有关内容的第三轮谈判。其中，澳大利亚就欧盟拟议的贸易与可持续发展章节进行了初步评论，双方在劳工问题上，讨论了劳工标准、体面劳动、国际劳工组织的基本公约以及潜在的合作领域。

在澳大利亚同发达国家签署的自由贸易协定中纳入劳工标准，有利于缔约国在劳动法、国际劳工组织宣言以及各方同意的其他事项上进行合作，促进尊重工人的机会，以国际劳工组织核心劳工标准为工具，对本国劳动力人口、不具备劳动能力的儿童和青少年进行劳动保护。缔约各方在共同关心的劳工问题上合作，以协商机制探索进一步推进双边、区域和多边劳工标准的制定。

2012年5月22日，澳大利亚与马来西亚签署自由贸易协定（MAFTA）；2015年6月17日，澳大利亚与中国正式签署自由贸易协定（ChAFTA）；

2019年3月4日，澳大利亚与印度尼西亚签订了《印澳全面经济伙伴关系协定》(IA-CEPA)。澳大利亚在同发展中国家签署的协定中没有表明各缔约国政府必须按联合国协定中规定的基本劳工权利和环境标准进行实施，但没有通过减少这些权利和标准来阻止发展中国家寻求贸易优势，其以一种相互交流、友好合作的形式来促进发展中国家在不影响现阶段具备的贸易优势的情况下提升国内的劳工标准。

（5）加拿大FTA劳工条款引入范式

加拿大经常被描述为贸易国，因为其贸易总额超过其GDP的2/3。截止到2018年12月30日，加拿大已同美国、墨西哥、以色列、智利、哥斯达黎加、欧洲自由贸易协会、秘鲁、哥伦比亚、约旦、巴拿马、洪都拉斯、韩国、乌克兰、欧盟、跨太平洋伙伴关系共计15个国家或组织签署了自由贸易协定，其中13个贸易协定中都纳入了劳工条款。加拿大在劳工条款的引入中制定与贸易有关的劳务合作协议，实施自由贸易协定中劳工章节的相关规定，该规定旨在处理经济一体化下各缔约国劳动层面的差异，促进对基本劳工原则和权利的尊重。

在加拿大13个纳入劳工标准的FTA中，有8个是以“劳务合作协定”模式即附属协定模式纳入劳工标准的，包括：北美劳务合作协定（1994年1月）、加拿大-智利劳务合作协定（1997年7月）、加拿大-哥斯达黎加劳务合作协定（2002年11月）、加拿大-秘鲁劳务合作协定（2009年8月）、加拿大-哥伦比亚劳务合作协定（2011年8月）、加拿大-约旦劳务合作协定（2012年10月）、加拿大-巴拿马劳务合作协定（2013年4月）、加拿大-洪都拉斯劳务合作协定（2014年10月）；有5个以自由贸易协定劳工章节的方式纳入劳工标准，包括：加拿大-韩国自由贸易协定、加拿大-欧盟全面的经济和贸易协定、加拿大-乌克兰自由贸易协定、跨太平洋伙伴关系劳工章节全面和渐进的协议、加拿大-以色列自由贸易协定。

此外，加拿大在劳工计划的谈判中还加入了谅解备忘录（MOU），旨在促进与不是劳工领域自由贸易伙伴的主要伙伴国家的合作，包括加拿大-巴西劳务合作谅解备忘录、加拿大-阿根廷关于劳务合作的谅解备忘录、加拿大-中国劳工领域的谅解备忘录——劳资关系和劳工标准、加拿大-中国劳工领域的谅解备忘录——职业安全与卫生。

加拿大早期劳工协议的重点是执法，其同北美、智利签订的FTA中规定了11项劳工标准：结社自由和保护组织权、集体谈判权、罢工权、禁止强迫劳动、对儿童和青少年的劳动保护、最低工资标准、消除就业歧视、男女同工同酬、预防职业伤害和疾病、职业伤害和疾病的赔偿、保护移徙工人。2002年，加拿大同哥斯达黎加签订的FTA中删除了对移徙工人的保护条款。此外，在劳工协议中还把劳工标准分为“工作中的基本原则和权利”和“其他劳工原则和权利”两部分。自2009年以来，加拿大签订的劳工协定包括了更广泛的义务，与秘鲁（2009年）、哥伦比亚（2011年）、约旦（2012年）、巴拿马（2013年）、洪都拉斯（2014年）签订的协定对基本劳工原则提供了保护，特别是对在国际劳工组织1998年宣言中体现的原则提供了保护。

总的来说，加拿大在FTA中引入劳工条款主要基于如下几个目的：支持善政和法治；在国际上提高加拿大的竞争地位，确保加拿大工人和雇主不在国际贸易中处于不利地位；巩固加拿大对基础的人权的承诺，特别是国际劳工组织1998年宣言中的基本原则和权利。

4.4.2 对中日韩FTA纳入劳工条款的路径启发

（1）纳入劳工条款的方式

根据以上对中日韩三国劳动立法情况的分析，我们认为应先在中韩FTA

中达成双边劳工标准协定，对于与经济发展相关的劳动环境和技术方面的不足之处，与日本进行技术交流合作，最终形成中日韩三国区域内协定。其原因如下：

首先，从上文对中日韩三国劳动立法情况的比较分析中可以看出，就国际劳工组织制定的189项公约的签署情况而言，中国与韩国的情况最为相似，分别批准26项公约和29项公约，而日本批准的公约最多，达到49项。从核心公约的批准情况来看，日本批准了8项核心公约，而中国与韩国情况一致，目前批准了第138号、第182号、第100号和第111号公约。

其次，在三国的经济发展模式中，中韩两国最为相似，而劳动立法与经济环境和发展模式是密切相关的。从20世纪60年代开始，韩国经济飞速发展，从农业国逐渐转向新兴工业化国家，1962—1996年的短短30余年就创造了“汉江奇迹”。其发展模式的主要特点如下：一是政府主导的经济体制全面介入社会经济发展的各方面，实现国民经济持续稳定发展；二是采用出口导向型发展战略，引进国外先进技术、进口设备和原材料，以出口贸易的形式拉动经济发展；三是不断调整产业结构，从发展劳动密集型产业逐步向发展资本密集型产业转型，并大力发展技术密集型产业，提出了“科技立国”的政策；四是重视外资和技术的引进，形成资本累积，促进国内经济增长。而中国自改革开放以来的经济发展模式与韩国相似。初期，同样发挥国家的主导作用，政府干预经济的范围较广，实行宏观经济调控政策以推动经济发展；中期，积极参与全球分工，由于当时具备劳动力成本比较优势，因此主要以出口方式参与全球生产；后期，大力提倡“走出去”与“引进来”，吸引外国资本和先进的科学技术来加快本国产业进程和国际化步伐，并进行基础设施建设模式的对外投资，逐步改变本国在国际分工中的角色，提升本国的国际地位。

最后，中韩两国国内劳动法也有许多相似之处。在基本权利方面，两国对劳动权利和义务规定的内容大致相同，均主张实行国家政策、创造就业机会并保障劳动者就业。在结社和言论自由方面，虽然两国均未签署国际核心劳工标准的相关条约，但两国国内法均明确表明，劳动者具有结社自由和言论自由的权利。在物质帮助权方面，两国都有着健全的社会保障制度，劳动者依法享有社会保险、社会救济和相关医疗、卫生服务。中韩两国分别作为国际劳工组织的创始国之一和加入国之一，在国内劳动立法方面均借鉴了国际劳工公约的有关规定。在我国的《劳动法》中，有些是对已批准公约的实施，如实行男女同工同酬、最低工资办法等；而对于未批准的公约，同样在我国的《劳动法》中有成文规定，如改进社会保险制度、实行劳动监督检查制度等。因此，中国具有批准更多国际劳工公约的条件。韩国也是如此。

综上可以看出，中韩两国经济发展模式、国内劳动立法和对国际核心劳工标准批准条数的相似性，有助于推动中韩两国先在中韩FTA中纳入劳工标准条款，取得阶段性成果和话语权，进而为延伸至中日韩三国FTA协定中奠定良好的基础。

（2）纳入的劳工标准的相关内容和执行方式

①建立认证体系

为了更好地推进中日韩FTA纳入劳工标准，争夺规则制定的话语权，有必要建立一个为中日韩FTA服务的认证体系，这不仅有利于营造公平的竞争环境，惠及三国企业和人民，也有利于促进劳工标准的落实。因此，我们建议通过“S.O.T.”模式建立起服务于中日韩自由贸易协定的认证体系。首先，应该制定出一个适用于中日韩自由贸易协定的认证标准，即S.O.T.中的S（Standard），该认证标准将会对有关企业的生产经营活动进行评估，查看其是否符合FTA中劳工标准的要求，主要起到营造公平竞争环境的作用。其次，应该建立起专门从事认证工作的组织机构，即S.O.T.中的O（Organization），以保证认证工作能够正常运转，重要的是该组织机构的宗旨应是为促进协定内贸易公平而努力。最后，S.O.T.中的T指的是Technology，技术的进步促进了世界的发展，因此恰当地使用一些科学技术可以提升认证工作的效率与质量，结合认证工作的特点，区块链技术可能更具有适用性。比如，其去中心化的特性能够有效地确保数据的真实性，区块链的数据结构不仅可以防止篡改，还可以追根溯源。

②形成适中的中日韩区域标准

中日韩自贸区建成后将成为仅次于北美自贸区和欧盟的世界第三大自由贸易区。为推进中日韩自贸区的建立，同时保障自贸区内劳工的权利和就业环境，在区域内建立一个适中的区域标准值得深入探讨。

区域性劳工标准的建立，首先应该立足于三国的基本国情。在核心劳工标准公约的批准方面，截至2019年3月，中国已批准了4项，日本批准了8项，韩国批准了4项；在国内立法方面，3/4的核心劳工标准在中国的《宪法》、《工会法》与《劳动法》中得到了体现，日本在宪法、工会法、劳动关系调整法和《劳动基本法》中体现出了全部核心劳工标准，而韩国也基本上使4项核心劳工标准在宪法、工会法和《劳动基准法》中得到了体现；在已加入的FTA中，目前中国参与的FTA中已有5项纳入了劳工标准，日本参与的FTA中有8项纳入了劳工标准，韩国则有3项FTA对劳工标准做出了要求。从基本情况来看，无论是对核心劳工标准公约的批准，还是对国内立法的落实，中日韩三国都在努力加强对劳工权益的保护，但是三国对劳工标准的设立存在一些差异，中韩两国对国际核心劳工标准的接受程度基本一致，而日本对国际核心劳工标准的接受程度最高；中韩两国国内劳动法的成熟程度与日本国内劳动法的成熟程度相比仍相差较多，三国国内劳工标准高低不

一、严松有别。因此，为了建立了一个适中的区域标准，首先要做到立足于基本国情，避免因过于抬高区域标准而对本国贸易与投资造成损害。

其次，中日韩三国劳工标准存在着差异，因此区域性标准的选择应尽量考虑到各国的具体情况，做到求同存异。这里提出的“求同”，指的是三国要在核心劳工标准上达成一致，要做到结社自由和承认集体谈判权、消除各种形式的强迫劳动、有效废除童工、消除雇佣和就业歧视，这是劳工基本权利的集中体现。实际上，中日韩三国在核心劳工标准方面，只有日本一国的执行情况最好，这就要求韩国与中国做出适度的让步，尤其是在核心劳工标准的批准与国内法律的落实上。核心劳工标准的纳入并不会对政治体制、经济发展及社会稳定产生冲击，反而会成为社会发展的润滑剂，有利于社会经济的发展，促进社会的稳定。“存异”指的是根据各国经济发展的实际情况制定核心劳工标准之外的一些标准，如休假工资、员工福利、加班费等的标准。三国可结合本国实际情况，如经济发展水平、文化背景等做出原则性规定，但务必要遵循区域标准的要求。

③建立监督与执行管理机构

在区域自贸协定中，为了保障劳工权利，各国都会通过协商设立专门的组织机构，这不仅可以加强缔约国之间在劳工保护方面的合作以及对劳工标准的监督，还能在发生劳工争议时及时有效地解决问题。因此，在建立中日韩FTA区域层面的劳工标准后，应该设置劳工合作委员会与区域理事会。劳工合作委员会与区域理事会的主要职能是：第一，监督劳工权利条款的有效执行；第二，促进缔约国各方加强在劳工领域的合作；第三，表决组成专家组与仲裁委员会。在各个成员国国内，提倡设置劳工合作委员会的派出机构，监督各成员国国内劳工权利条款的执行情况，促进各成员国在劳工领域的合作，并接受争议方的争端解决申请。派出机构的设置既可以加强成员国国内的劳工权利保护，又可以为区域层面劳工权利保护的合作提供信息和资源。分层合理、分工明确的组织机构能够为劳工争端的有效解决奠定基础。

在执行方面，为了更好地促进中日韩三国间的贸易往来，维持良好的贸易伙伴关系，我国应成立由体现我国贸易协定执行能力及成果的代表组成的委员会。这样一方面有利于提高劳工工作技能、增加就业、改善劳工工作环境；另一方面也有利于我国针对三国劳工问题的争议与其他两国磋商，在最大限度维护本国劳工利益的同时，实现自贸区内对日韩国家劳工权利的保障。

（3）建立附属协议式的劳动争端解决机制

从全球自由贸易区的发展趋势来看，劳工问题一直与国际贸易存在着很大的关联。例如，美国在1984年将尊重劳动者权利纳入普惠制；欧盟在1994年将劳工标准纳入普惠制；20世纪70年代，跨国公司开始对供应商和合约工厂是否遵守劳工标准进行监督。这样做的目的是削弱贸易伙伴国的竞争力和劳动力比较优势，从而保护本国的劳动力，抢占贸易市场的主要地位。随着各国纷纷建立自贸区，自由贸易协定成为国际贸易与劳工问题相关联的主要途径。目前，美国、欧盟和加拿大已经发展出三种不同的劳工标准模式。美国模式以增强自由贸易协定中劳工条款的执行力为主要特点，允许可能发生的劳工问题适用贸易争端解决机制，可以采取贸易制裁的方法来解决劳工争议问题。欧盟模式的主要特征是：认为自由贸易协定中的劳工条款不具有可执行力，劳动争端解决应采取政府磋商和审查程序，明确拒绝采用贸易制裁的方法解决劳工问题。在加拿大目前已签署并实施的15个自由贸易协定中，有13个纳入了劳工标准。加拿大在国内法和国家政策上都未对自由贸易协定中纳入的劳工标准做出明确的规定，而是通过实践形成了两种主要模式，即附属协议模式和嵌入条款模式。附属协议模式允许建立单独的劳动争端解决机制，以设置罚款限额的方式避免劳工问题与贸易制裁手段相关联，从而影响劳工标准的执行力度。

综上对比三种模式的特点，结合我国目前的具体情况，我们认为，由于我国国内法尚未对自由贸易协定中的劳工标准做出明确规定，同时也没有制定国家层面的相关政策，且与加拿大具有很大的相似性，因此，在进行中日韩自由贸易协定劳工标准纳入模式谈判时，应考虑选择附属协议这一模式，从而避免劳工问题与贸易制裁手段产生关联。这种模式可以有效保护劳动者的权利，也不会影响国际贸易的正常开展。在附属协议模式中，如果存在侵害劳动者权利的行为，可以通过附属协议中规定数额的罚款进行补救，而不是采取与贸易额相关的罚款或其他贸易制裁手段，从而能够避免阻碍贸易正常化发展的情况出现。

第5章

新时期辽宁与东北亚区域经济合作的路径与对策

中方愿继续同地区国家一道，抓住历史机遇，顺应时代潮流，加强在俄罗斯远东及东北亚地区合作，推动实现本地区多元化、可持续发展，不断做大共同利益蛋糕，使本地区人民共享合作机遇和发展成果，携手开创远东和东北亚更加美好的明天！

——2018年9月12日中国国家主席习近平在第四届东方经济论坛全会上的致辞《共享远东发展新机遇 开创东北亚美好新未来》

辽宁地处辽东半岛，是中国东北三省中唯一既沿海又沿边的省份，是“一带一路”倡议构建亚欧大陆桥出海口的重点区域。中华人民共和国成立初期，辽宁的经济体量与经济增速均处于全国前列，为全国的经济发展做出了巨大的贡献。然而，当计划经济转变为市场经济之后，辽宁逐渐被东部沿海省份赶超。改革开放以来，特别是2003年中央提出振兴东北老工业基地战略至今，辽宁经济发展取得了巨大的成果，经济总量达到了新高度，人民生活也有了显著改善，但在经济新常态下，辽宁经济所面临的挑战和困难依旧不容乐观，结构性矛盾十分突出，体制机制亟待改善。

党的十九大报告指出，要以“一带一路”建设为重点，坚持引进来和走出去并重，遵循共商共建共享原则，加强创新能力开放合作，形成陆海内外联动、东西双向互济的开放格局。在2018年9月召开的第四届东方经济论坛上，习近平主席提出加强东北亚地区合作的四点主张，强调中方将与有关国家一道，“加强在俄罗斯远东及东北亚地区合作，推动实现本地区多元化、可持续发展，不断做大共同利益蛋糕，携手开创远东和东北亚更加美好的明天”。习近平主席的主张不仅为东北亚区域经济合作指明了方向，也有利于深化中国同东北亚其他各国的关系，有利于加强区域交流与合作，拓展东北亚互利共赢的空间。2018年9月28日，习近平主席在沈阳主持召开的深入推进东北振兴座谈会上的重要讲话中指出，东北地区对外开放进展不快，步伐慢，融入共建“一带一路”的大格局尚未形成，面对全国开放大格局与国际局势变化大环境，要以战略眼光谋划对外开放，深度融入共建“一带一路”，建设开放合作高地。这是习近平主席对东北地区经济发展的准确“把脉”和给出的“良方”，也是辽宁深度开展对东北亚区域开放合作的重要战略引领，标志着辽宁与东北亚区域经济合作进入了新时期和新的发展阶段。在此背景下，如何充分利用辽宁先天的区域禀赋，积极主动参与东北亚区域经济合作，提升辽宁在该区域合作中的层次，巩固在东北亚区域一体化中的核心地位，是当前亟待研究的重要问题。

5.1 辽宁与东北亚区域经济合作的现状与特点

5.1.1 合作现状

目前，辽宁与东北亚区域的经济合作主要集中在贸易、投资、旅游、物流和港口等方面，双边的贸易往来、投资规模、旅游规模都在持续扩大，相互依赖性不断加强。

（1）对外贸易

①对外贸易规模

表5-1展示了近年来辽宁的整体经济发展情况和对外贸易发展情况。从表5-1中可以看出，2008—2014年，辽宁生产总值处于上升趋势，2014年的生产总值为4 660.18亿美元，2015年出现小幅下跌，到2016年出现大幅下跌，2016年的生产总值为3 349.28亿美元，基本与2011年持平，2017年止跌回升。生产总值出现大幅下跌是由于我国经济进入新常态，辽宁处于经济转型阵痛期，面临着去产能、去库存的压力，加之世界工业大环境不景气，第二产业无法拉动生产总值的增长，这对以工业为主导产业的辽宁来说，是一个很严峻的形势。

表5-1 2008—2017年辽宁经济发展和对外贸易总体情况表 金额单位：亿美元

年份	生产总值	进出口总额	进口总额	出口总额	进出口总额占生产总值的比重	净出口
2008	1 968.09	724.34	303.64	420.69	36.80%	117.05
2009	2 226.98	629.34	295.19	334.15	28.26%	38.95
2010	2 726.53	807.12	376.13	430.99	29.60%	54.85
2011	3 441.30	960.36	449.93	510.42	27.91%	60.49
2012	3 936.07	1 040.90	461.31	579.59	26.45%	118.28
2013	4 394.05	1 144.78	499.56	645.22	26.05%	145.66
2014	4 660.18	1 139.98	552.53	587.45	24.46%	34.92
2015	4 602.95	959.47	452.36	507.11	20.84%	54.75
2016	3 349.28	865.57	434.94	430.63	25.84%	-4.31
2017	3 467.11	995.95	547.29	448.66	28.73%	-98.63

资料来源：辽宁省统计局，国家统计局辽宁省调查总队．辽宁统计年鉴2017 [M]．北京：中国统计出版社，2018.

注：地区生产总值按照当年平均汇率计算。

从进出口方面来看，辽宁的进出口总额占地区生产总值的20%～37%，这说明对外贸易在辽宁经济发展中占有重要地位。辽宁省的进出口总额自2009年的629.34亿美元升至2014年的1 139.98亿美元，一直处于上升趋势。其中，2012年的进出口总额为1 040.90亿美元，打破1 000亿美元关口。2014年，辽宁的进出口总额开始出现下降趋势，2015年的进出口总额为959.47亿美元，同2014年相比，下降了180.51亿美元，下跌幅度为15.83%。2016年，进出口总额继续下跌，为865.57亿美元，比2015年减少了93.90亿美元，下跌幅度为9.79%，下跌幅度收窄；2017年的进出口总额为995.95亿美元，相比于2016年有所增加，进出口贸易开始回暖。在净出口方面，2008—2015年，辽宁净出口一直为正数，虽然净出口一直有较大波动，但出口总额始终大于进口总额。但自2016年起，辽宁进出口贸易出现了逆差，净出口为-4.31亿美元；2017年辽宁净出口为-98.63亿美元，贸易逆差值在增大。贸易逆差的出现主要是因为近年来世界经济复苏疲软，缺乏动力，全球经济收缩，国际市场需求减少，再加上辽宁对外开放程度不高，没有进行适当的开放政策调整。

②对外贸易结构

从表5-2可以看出，辽宁的出口商品主要有汽车和汽车底盘、船舶、电动机及发电机、轴承、金属加工机床、钢材、石蜡、合成短纤与棉混纺机织物等；进口商品主要有食糖、天然橡胶、纸浆、纸及纸板、铁矿砂、钢坯及粗锻件、钢材、印刷电路等。辽宁的出口商品中初级产品的比重大于工业制成品；在工业制成品中，大多数是加工程度较浅、产品附加值较低、技术含量不高的劳动密集型产品，高新技术含量产品出口占比低。辽宁主要进口我国国内急需的资源性产品、原材料和中间产品，通过进口这些产品服务于辽宁当地产品的生产并用于出口贸易。

表5-2　2016年辽宁主要进出口商品

主要出口商品	主要进口商品
汽车和汽车底盘	食糖
船舶	天然橡胶
电动机及发电机	纸浆
轴承	纸及纸板
金属加工机床	铁矿砂
钢材	钢坯及粗锻件
石蜡	钢材
合成短纤与棉混纺机织物	印刷电路
滑石	汽车和汽车底盘
大豆	
水海产品	
食用植物油	

资料来源：辽宁省统计局，国家统计局辽宁省调查总队．辽宁统计年鉴2017［M］．北京：中国统计出版社，2018.

从辽宁对外贸易结构来看，工业产品在对外贸易中占有较大的比重，这和辽宁自身的产业发展有关系。自中华人民共和国成立以来，辽宁就是我国重工业和装备制造业的重要基地，重工业和装备制造业发展较早，再加上国家政策的扶持，第二产业一直是辽宁的支柱型产业，也推动了辽宁生产总值的增长。从表5-3可以看出，2008—2014年，辽宁的第二产业生产总值占到了辽宁全省生产总值的50%以上。尽管第二产业带动了辽宁的经济发展，但是这样的产业结构是不合理的。在我国经济发展新常态下，辽宁不断进行经济结构的转型与调整，第三产业总值在2015年首次超过第二产业，达到了46.1%，这说明辽宁的经济转型是有成效的。

表5-3　辽宁三大产业生产总值　金额单位：亿元

年份	生产总值	第一产业		第二产业		第三产业	
		产值	占比	产值	占比	产值	占比
2008	13 787.8	1 302.0	9.4%	7 246.0	52.6%	5 239.7	38.0%
2009	15 357.3	1 414.9	9.2%	8 012.6	52.2%	5 929.8	38.6%
2010	18 633.2	1 631.1	8.8%	10 107.8	54.2%	6 894.3	37.0%
2011	22 453.8	1 915.6	8.5%	12 326.8	54.9%	8 211.4	36.6%
2012	25 086.6	2 155.8	8.6%	13 411.5	53.5%	9 519.3	38.0%
2013	27 500.5	2 216.2	8.0%	14 179.3	51.6%	11 105.0	40.4%
2014	28 910.7	2 285.8	7.9%	14 597.2	50.5%	12 027.8	41.6%
2015	28 902.7	2 384.0	8.2%	13 198.2	45.7%	13 320.5	46.1%
2016	22 246.9	2 173.1	9.8%	8 606.5	38.7%	11 467.3	51.5%

资料来源：辽宁省统计局，国家统计局辽宁省调查总队．辽宁统计年鉴2017［M］．北京：中国统计出版社，2018．

③对外贸易国家

表5-4为2014—2016年辽宁对外贸易主要国家前五名的情况。从表5-4中我们可以看出，辽宁对外贸易的主要国家有日本、美国、韩国、德国、澳大利亚、新加坡。日本、美国和韩国是与辽宁进出口总额最高的三个国家，日本排在主要国家的首位，辽宁与日本的进出口总额一直保持在120亿美元以上；韩国和美国紧跟日本，排在第二、三位，辽宁与韩国和美国的进出口总额平均在80亿美元以上。2016年，辽宁与日本、韩国、美国的进出口总额约占辽宁进出口总额的33%。除此之外，辽宁与俄罗斯的贸易额也在逐年增长，虽然俄罗斯在辽宁对外贸易主要国家中排第7位，但是辽宁与俄罗斯的进出口总额一直稳步提升，2015年进出口总额已经超过30亿美元。从图5-1中可以看出，辽宁对外贸易的主要方向聚集在欧美和东北亚国家。2016年，辽宁与美国和德国两个国家的进出口额占辽宁进出口总额的15%，其中美国的占比为9%，德国的占比为6%；与东北亚区域国家的进出口额占辽宁进出口总额的28%，其中日本的占比为15%，韩国的占比为9%，俄罗斯的占比为4%。

表5-4 辽宁对外贸易总额排名前五的国家 单位：万美元

2014年		2015年		2016年	
国家	贸易总额	国家	贸易总额	国家	贸易总额
日本	1 487 737	日本	1 265 312	日本	1 273 230
美国	1 022 220	美国	892 816	韩国	801 895
韩国	956 558	韩国	872 153	美国	788 118
德国	867 786	德国	700 179	德国	562 039
澳大利亚	464 675	新加坡	397 823	澳大利亚	346 786

资料来源：辽宁省统计局，国家统计局辽宁省调查总队．辽宁统计年鉴2017［M］．北京：中国统计出版社，2018.

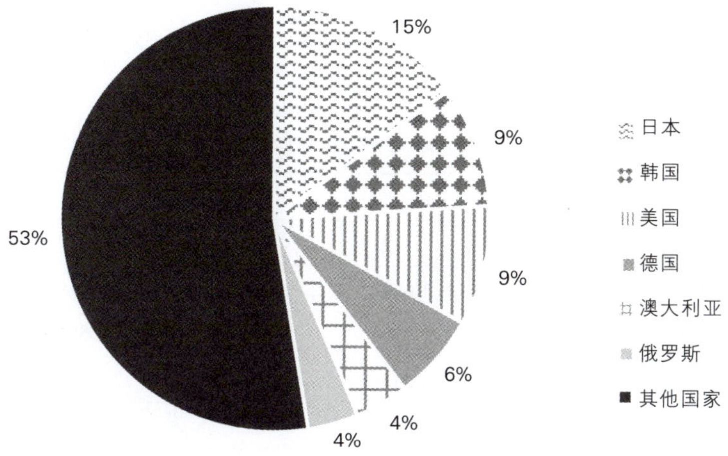

图5-1　2016年辽宁对外贸易主要国家贸易额结构

（2）投资

表5-5展示了2008—2016年辽宁利用外资情况。整体上看，2008年辽宁利用外资项目数为1 319个，利用外资金额为202.97亿美元；到2016年，利用外资项目数为424个，利用外资金额为92.20亿美元，利用外资项目数减少211%，利用外资金额缩水120%。除2012年外商投资金额上涨之外，其余年份的外商投资金额始终处于下跌趋势。

从外商投资来源国家或地区来看，亚洲的国家或地区对辽宁的投资最多（见表5-6）。2014—2016年间，中国香港对辽宁的投资最多，连续三年居于首位，其次是日本和新加坡。从外商投资占比来看，2014—2016年，辽宁主要外商投资来源的投资占比基本上都在下降，如日本，2014年的投资占比为16.05%，2015年的投资占比仅为3.50%，2016年的投资占比虽有所上升，但也仅为8.22%。从外商投资的绝对量来看，2014—2016年，辽宁主要外商投资来源国（地区）的投资额基本上都在大幅下降，如韩国，2014年的投资额为91 633万美元，而2016年的投资额为6 528万美元，仅为2014年7%。

表5-5　2008—2016年辽宁利用外资情况

年份	项目（个）	金额（万美元）
2008	1 319	2 029 661
2009	1 629	2 818 381
2010	1 480	2 563 510
2011	1 050	1 963 942
2012	745	2 476 813
2013	565	2 163 235
2014	478	1 879 752
2015	475	684 414
2016	424	922 046

资料来源：辽宁省统计局，国家统计局辽宁省调查总队．辽宁统计年鉴2017［M］．北京：中国统计出版社，2018.

表5-6　2014—2016年辽宁利用外资前五名的国家（地区）　金额单位：万美元

2014年			2015年			2016年		
国家（地区）	FDI	占比	国家（地区）	FDI	占比	国家（地区）	FDI	占比
中国香港	1 207 781	64.25%	中国香港	412 732	60.30%	中国香港	132 389	44.14%
日本	301 666	16.05%	新加坡	24 557	3.59%	日本	24 643	8.22%
美国	137 945	7.34%	日本	23 971	3.50%	瑞士	14 968	5.00%
新加坡	109 643	5.83%	韩国	7 992	1.17%	新加坡	12 272	4.10%
韩国	91 633	4.87%	比利时	3 520	0.51%	韩国	6 528	2.20%

资料来源：辽宁省统计局，国家统计局辽宁省调查总队．辽宁统计年鉴2017［M］．北京：中国统计出版社，2018.

从外商投资产业来看，外商对辽宁投资的产业主要集中于制造业，交通运输、仓储及邮政业，房地产业，批发和零售业，信息传输、计算机服务和软件业，租赁和商务服务业（见表5-7）。由此可以看出，外商投资主要集中在第二产业，这虽然与辽宁的产业结构特点相符合，但长此以往，会影响第一产业和第三产业的发展。此外，辽宁现代化农业的发展受到制约，由于服务业发展的欠缺，无法与制造业相互促进，从而导致制造业大而不强。

表5-7　2014—2016年辽宁实际利用外资排名前五的行业

排名	年份		
	2014	2015	2016
1	制造业	房地产业	制造业
2	房地产业	制造业	交通运输、仓储及邮政业
3	交通运输、仓储及邮政业	交通运输、仓储及邮政业	房地产业
4	信息传输、计算机服务和软件业	金融业	批发和零售业
5	租赁和商务服务业	租赁和商务服务业	信息传输、计算机服务和软件业

资料来源：辽宁省统计局，国家统计局辽宁省调查总队．辽宁统计年鉴2017［M］．北京：中国统计出版社，2018.

从引进外商投资的地区来看，外商投资主要集中在沈阳和大连。2014—2016年间，辽宁各地区实际利用外商投资中，大连市始终排在第一位，沈阳市排在第二位（见表5-8）。虽然外商投资主要集中在辽宁的省会城市和沿海城市，但是通过表5-8中的数据也可以发现，吸引外商投资的城市在向中小城市、内陆城市扩展，如辽阳市和盘锦市的实际利用外商投资额排名在不断上升。

表5-8　2014—2016年辽宁各地区实际利用外商投资额　单位：万美元

地区	2014年	排名	2015年	排名	2016年	排名
沈阳	452 062	2	106 116	2	81 604	2
大连	1 400 453	1	270 302	1	169 877	1
鞍山	159 010	3	9 575	8	2 634	7
抚顺	35 731	12	2 606	11	16	14
本溪	60 084	8	9 887	7	6 076	5
丹东	72 670	7	25 077	4	575	12
锦州	125 457	5	8 781	9	2 142	9
营口	140 134	4	5 096	10	2 414	8
阜新	25 106	13	1 669	13	677	11
辽阳	60 003	9	36 477	3	8 390	4
盘锦	74 895	6	23 246	5	18 501	3
铁岭	55 894	10	16 617	6	5 337	6
朝阳	25 032	14	1 387	14	1 337	10
葫芦岛	55 804	11	1 680	12	322	13

资料来源：辽宁省统计局，国家统计局辽宁省调查总队．辽宁统计年鉴2017［M］．北京：中国统计出版社，2018.

（3）旅游

在中国各个省份构成的旅游市场中，辽宁是为数不多的旅游资源门类非常齐全的省份。辽宁旅游资源十分丰富且优质，乡村风物民俗、现代都市文化、人文历史景观与自然风貌都是辽宁旅游资源的组成部分。

从旅游收入来看，辽宁的旅游收入虽有波动，但是上升势头明显（见表5-9）。2008—2013年，辽宁国内旅游收入由1 635.5亿元增长到4 432.6亿元，国际旅游收入由15.26亿美元增长到34.77亿美元，实现了国内旅游收入和国际旅游收入双增长。2014年国际旅游收入、2015年国内旅游收入出现下跌之后，2016年国内和国际旅游收入都有稳步回升。

表5-9　2008—2016年辽宁旅游收入情况

年份	2008	2009	2010	2011	2012	2013	2014	2015	2016
国际旅游收入（亿美元）	15.26	18.56	22.59	27.13	31.83	34.77	16.18	16.83	17.41
国内旅游收入（亿元）	1 635.5	2 098.8	2 533.4	3 159.3	3 742.0	4 432.6	5 190.2	3 620.1	4 122.2

资料来源：辽宁省统计局，国家统计局辽宁省调查总队．辽宁统计年鉴2017［M］．北京：中国统计出版社，2018.

从入境旅游人数来看，辽宁除了吸引国内游客之外，对国外游客也十分具有吸引力。2008—2016年辽宁入境旅游人数见表5-10，从表5-10中的数据可以看出，2008—2013年辽宁入境旅游人数一直稳步上升，从241.87万人次增长到503.13万人次；2014年出现大幅下降之后，2015年和2016年入境旅游人数开始上升，呈复苏趋势。其中，外国人占辽宁入境旅游总人数的77%～86%，可见辽宁对国外旅游者来说有较大的吸引力。

表5-10　2008—2016年辽宁入境旅游人数概况　人口单位：万人次

年份	2008	2009	2010	2011	2012	2013	2014	2015	2016
入境旅游人数	241.87	293.20	361.80	410.33	473.13	503.13	260.70	264.01	273.67
外国人	207.27	250.74	307.01	344.41	388.59	401.70	200.62	204.64	212.21
港澳台同胞	34.60	42.46	54.79	65.92	84.55	101.43	60.08	59.37	61.45
外国人占比	85.7%	85.5%	84.9%	83.9%	82.1%	79.8%	77.0%	77.5%	77.5%

资料来源：辽宁省统计局，国家统计局辽宁省调查总队．辽宁统计年鉴2017［M］．北京：中国统计出版社，2018.

从入境游客的国别来看，辽宁主要吸引周边邻国、东南亚国家和欧美国家的游客。表5-11展示了2014—2016年辽宁入境旅游人数排名前五位的国家（分别为日本、俄罗斯、新加坡、美国、德国）情况。其中，来自日本的游客由2014年的36.24万人次增加到2016年的55.09万人次，增长幅度最大，日本也连续3年居辽宁入境旅游人数的首位；来自俄罗斯的游客由2014年的17.04万人次增加到2016年的22.46万人次，增长幅度仅次于日本；美国和德国的入境旅游人数一直在稳步增长，客源较为稳定。总体来看，东北亚地区的游客是辽宁入境旅游的主要客源。

表5-11　2014—2016年辽宁入境旅游人数排名前五位的国家　单位：万人次

2014年		2015年		2016年	
国家	人数	国家	人数	国家	人数
日本	36.24	日本	53.15	日本	55.09
俄罗斯	17.04	俄罗斯	20.22	俄罗斯	22.46
新加坡	6.97	美国	6.43	美国	6.79
美国	5.59	德国	4.90	德国	5.29
德国	4.90	新加坡	3.74	新加坡	4.61

资料来源：辽宁省统计局，国家统计局辽宁省调查总队．辽宁统计年鉴2017［M］．北京：中国统计出版社，2018．

从辽宁各地区接待入境旅游人数的情况来看，大连市和沈阳市是辽宁接待入境游客的主要地区，接待国外游客排名前四位的城市分别为大连、沈阳、鞍山和抚顺。2014—2016年，大连市接待入境旅游人数逐年增加，2016年大连市接待入境旅游人数已经超过100万人次。近年来，丹东市吸引国外游客的效果显著，2016年取代了锦州和本溪，接待入境旅游人数排名全省第五位。总体来看，大连市和沈阳市将会继续领跑辽宁的旅游业，辽宁的其他地区也应着重开发旅游业，这有利于辽宁经济结构的调整。

（4）物流

物流行业的发展离不开交通运输基础设施的配套建设，完善的交通运输网可以加速物流行业的发展。

从交通运输基础设施建设情况来看，辽宁一直在完善运输网络（见表5-12）。2014—2016年，辽宁的铁路营运里程由4 899千米增长到5 340千米，增长了441千米；公路通车里程由114 504千米增长到119 688千米，增长了5 184千米；国际航线由32 166千米增长到34 896千米，增长了2 730千米。除了运输网络之外，辽宁还加快了物流园区和货运站场的建设速度。截止到2016年，辽宁已建成109个货运站场，形成了深国际·沈阳现代综合物流园区、锦州渤海物流园区、抚顺市华山物流园区、辽阳第地嘉仓储物流园区等10个物流园区。

表5-12　2014—2016年辽宁交通运输基础设施建设情况表　单位：千米

年份	2014	2015	2016
铁路营运里程	4 899	5 328	5 340
公路通车里程	114 504	119 362	119 688
国际航线	32 166	32 259	34 896

资料来源：辽宁省统计局，国家统计局辽宁省调查总队．辽宁统计年鉴2017［M］．北京：中国统计出版社，2018.

从货运量来看，2014—2016年辽宁货运量有所波动，但呈平稳上升的趋势（见表5-13）。辽宁2014年货运量总计为231 743万吨；2015年货运量总计为208 562万吨，比2014年下降了23 181万吨，下降幅度为11.11%；2016年货运量总计为215 989万吨，比2015年增长7 427万吨，增长幅度为

3.44%。在辽宁货运总量中，公路货运量所占比例最高，远高于铁路、水运和民用航空货运量的总和，这与辽宁公路营运里程的增加密不可分。

表5-13　2014—2016年辽宁货运量概况　单位：万吨

年份	2014	2015	2016
铁路	19 103	14 541	16 222
公路	189 174	172 140	177 371
水运	13 810	13 439	13 464
民用航空	12	14	14
货运量总计	231 743	208 562	215 989

资料来源：辽宁省统计局，国家统计局辽宁省调查总队．辽宁统计年鉴2017［M］．北京：中国统计出版社，2018.

随着交通运输基础设施的完善，辽宁物流行业发展迅速，物流企业的实力也在不断增强，各类物流企业的数量逐年增长，国内外优秀的物流公司纷纷落户辽宁。截止到2016年，辽宁交通运输、仓储及邮政业利用外资额已经跃升至全国第二位，实力增强的物流企业也给辽宁带来了物流新技术，提升了辽宁物流信息化的水平。辽宁物流行业的发展也带动了制造业、租赁和商务服务业、金融业等其他行业的快速发展，提升了辽宁的区域竞争力，也有助于辽宁形成面向东北亚地区的重要开放门户。

（5）港口

辽宁是东北三省中唯一沿海的省份，港口在辽宁的对外经济合作中占有重要地位，东北亚国家中的日本和韩国与辽宁的经贸往来大都是通过水运完成的。辽宁有5个主要港口，分别是大连港、营口港、丹东港、锦州港、盘锦港，这些港口为辽宁的对外开放提供了助力。

从沿海港口码头长度和泊位数来看，大连港和营口港的规模最大（见表5-14）。2014—2016年，只有大连港和营口港还在不断扩大规模。截止到2016年，大连港的码头长度为44 642米，占辽宁港口码头总长度的52.26%；营口港的码头长度为19 709米，占辽宁港口码头总长度的23.07%。从港口码头的泊位数来看，大连港远超其他4个港口，截止到2016年，大连港的泊位数为247个，占辽宁港口码头总泊位数的55.63%。

表5-14　2014—2016年辽宁沿海港口码头长度和泊位数概况

年份	2014	2015	2016
港口码头长度（米）	74 807	82 113	85 430
大连港	39 449	43 956	44 642
营口港	17 432	18 966	19 709
丹东港	7 723	7 626	7 626
锦州港	6 119	6 274	6 274
港口码头泊位（个）	397	443	444
大连港	217	217	247
营口港	76	80	90
丹东港	45	47	42
锦州港	23	23	24

资料来源：辽宁省统计局，国家统计局辽宁省调查总队．辽宁统计年鉴2017［M］．北京：中国统计出版社，2018.

从货运吞吐量来看，大连港和营口港远超辽宁其他港口（见表5-15）。2014—2016年，营口港的货运吞吐量一直在稳步提高，由2014年的33 073万吨增长到2016年的35 217万吨，增长了6.48%；大连港2015年的货运吞吐量虽然与2014年相比有所下降，但是2016年货运吞吐量再次回升，达到了43 660万吨，与2014年的42 337万吨相比，增长了3.12%。2016年，大连港的货运吞吐量约占辽宁货运吞吐总量的40.03%，营口港的货运吞吐量约占辽宁货运吞吐总量的32.29%。可以说，大连港和营口港是辽宁海运的两大支柱港口。

表5-15　2014—2016年大连港和营口港货物吞吐量　单位：万吨

年份	2014	2015	2016
大连港	42 337	41 482	43 660
营口港	33 073	33 849	35 217
辽宁省各港口货物吞吐总量	103 675	164 859	109 081

资料来源：辽宁省统计局，国家统计局辽宁省调查总队. 辽宁统计年鉴2017［M］. 北京：中国统计出版社，2018.

5.1.2　合作特点

（1）合作领域广泛

东北亚国家之间的运输方式很多，并且运输路线十分通畅，天然的地缘优势使得东北亚成为世界上最具经济活力的区域之一。除此之外，东北亚国家之间互补性很强，在能源资源、劳动力、技术、制造业、市场等方面都有互补优势。由于拥有这些互补优势，东北亚区域具有广泛的合作领域。

辽宁在农产品、劳动力、轻工业产品、钢铁、食品加工等方面有优势，但是在高精尖设备、先进管理经验、石油、天然气、精密仪器方面存在劣势。日本是亚洲第一个完成工业化的国家，韩国是曾经的“亚洲四小龙”之一，两个国家都具有先进的管理经验，在高精尖设备、精密仪器、海洋产品、资金等方面具有优势，但在自然资源、能源资源、农产品方面存在劣势。俄罗斯是一个能源出口大国，拥有储量丰富的石油和天然气资源，重工业较为发达，但在农产品、先进管理经验、资金方面存在劣势。蒙古国和朝鲜的金属矿和能源资源储量丰富，但是缺少先进管理经验和高精尖设备。辽宁农产品丰富，可以向日韩俄三国出口农产品；韩国和日本拥有资金、先进管理经验和高精尖设备，可以将其输出（或出口）给中俄蒙朝四个国家；朝俄蒙三国拥有的金属矿和能源资源可以出口给中日韩，以缓解这些国家能源和原材料紧缺造成的压力。此外，日本和韩国可以将自己的劳动密集型产业转向蒙古国和朝鲜，只把技术密集型产业留在国内，这样可缓解因劳动力紧缺带来的用工荒问题，也可以完成自身产业结构转型，且蒙古国和朝鲜也能得到发展。总的来说，东北亚各国由于资源禀赋不同，国家间可以合作的领域较多。

（2）以日韩为主要合作对象

辽宁位于中国东北地区的南部，作为东北三省唯一临海的省份，南临渤海和黄海，与日本和韩国隔海相望。由于地理位置相近、产品和资源具有互补优势，所以在辽宁与东北亚各国或各地区的合作中，日本和韩国是辽宁主要的合作对象。

辽宁凭借与日韩两国的地理优势，与两国进行了广泛的经济合作。近年来，辽宁对外贸易排在前两名的国家一直是日本和韩国，同时日韩两国也是辽宁主要的投资国。2000—2012年，辽宁对日本的进出口总额由72.50亿美元增长到155.90亿美元，增长了1.20倍；2017年，辽宁对日本的进出口总额为145.40亿美元，占辽宁对外贸易总额的14.62%。辽宁向日本出口的主要是服装、船舶、成品油等。2000—2012年，辽宁对韩国的进出口总额由24.80亿美元增长到90.20亿美元，增长了2.64倍；2017年，辽宁对韩国的进出口总额为100亿美元，占辽宁对外贸易总额的10.06%。辽宁向韩国出口的主要是服装、钢材、船舶等。此外，辽宁国际旅游收入也主要来自日本和韩国这两个国家。

中国和韩国于2015年正式签署了中韩自贸协定。从开放水平角度来看，两国货物贸易的自由化占比都超过了税目的90%、贸易额的85%。中韩自贸协定涵盖了货物贸易、服务贸易、投资和规则等17个领域。中韩自贸协定签署后，中国和韩国之间零关税产品占贸易额的50%。此外，中日韩自贸协定也在积极谈判中，未来日韩仍将是辽宁乃至中国最重要的贸易伙伴。

（3）合作地区分布不均

辽宁沿海经济带主要包括大连、营口、锦州、丹东、盘锦、葫芦岛6市，其中大连市居辽宁沿海经济带首位。由于沿海经济带具有优良的港口、优越的地理位置、便捷的交通基础设施等优势，因此与日韩两国进行经济合作较为便利。

在辽宁各市的进出口总额中，大连市和沈阳市分别排在第一、二位。表5-16列出了2014—2016年沈阳市和辽宁沿海经济带6市的进出口总额。从表5-16中可以看出，2014—2016年，沈阳市和辽宁沿海经济带6市的进出口总额分别约占辽宁进出口总额的86.63%、88.19%、90.12%，7市的进出口总额加起来约占辽宁进出口总额的4/5以上。辽宁各市实际利用外商投资额中，大连市和沈阳市分列前两名。由于辽宁的经济合作主要集中在省会和辽宁沿海经济带，因此辽宁的经济合作区域分布不均，沿海经济带城市的发展并没有辐射到辽宁腹地，地处辽宁腹地的城市经济发展落后，缺乏经济发展所需的资金、技术等，只能依靠资源型经济支撑其发展，这对辽宁的经济发展造成了一定程度的制约。

表5-16 2014—2016年沈阳市和辽宁沿海经济带6市进出口总额概况 单位：万美元

项目 \ 年份	2014	2015	2016
沈阳	1 575 898	1 404 573	1 133 141
大连	6 451 196	5 506 001	5 236 462
营口	686 533	658 193	540 714
锦州	422 646	242 850	200 601
丹东	458 870	412 439	397 789
盘锦	91 680	89 022	215 199
葫芦岛	185 618	160 001	73 547
总计	9 872 441	8 473 079	7 797 453
辽宁进出口总额	11 395 548	9 608 185	8 652 126
占辽宁进出口总额的比例	86.63%	88.19%	90.12%

资料来源：辽宁省统计局，国家统计局辽宁省调查总队．辽宁统计年鉴2017［M］．北京：中国统计出版社，2018.

5.2 辽宁与东北亚区域经济合作面临的机遇与挑战

5.2.1 面临的机遇

辽宁地处环黄渤海经济区，是东北亚地区经济合作的中心地带，具有地缘、资源、产业、交通运输、自贸区政策、陆海联运、港口等方面的优势，这些比较优势促使辽宁成为东北亚区域经济合作不可或缺的一部分。当前，辽宁与东北亚区域经济合作面临着许多机遇，其中最为重要的是中国所提出的“一带一路”倡议，而东北亚各国及各地区的积极响应为辽宁同东北亚各国各地区开展全方位、多层次、宽领域合作提供了良好的基础与外部环境。

(1)“一带一路”倡议助推东北亚区域经济合作

东北亚地区是“一带一路”倡议的重要组成部分，由于经济制度的不同、经济发展水平的差距、地缘政治的不稳定，这一地区的区域经济合作发展得比较缓慢。“一带一路”倡议所秉承的“共商共建共享”原则正好为东北亚区域经济合作提供了一个新的解决方案。东北亚地区应抓住这一契机，利用亚洲基础设施投资银行完善区域内各个国家（地区）的交通运输网，推进基础设施建设，使东北亚地区实现互联互通，进一步提高国家（地区）之间的开放程度，扩大东北亚地区的市场，并在“一带一路”倡议的框架下大力发展自由贸易区，以区域合作带动整体合作，这对促进东北亚地区的和平发展与繁荣振兴具有重要意义。辽宁也可借助“一带一路”倡议扩大开放、完善基础设施建设、调整经济结构、振兴东北老工业基地。

(2)欧亚经济联盟和蒙古国与“一带一路”倡议对接渐入佳境

“一带一路”倡议从提出开始就不是中国或者其他某个国家的“独角戏”，而是需要沿线各国（各地区）求同存异、共同合作的“大合唱”。中国提出“一带一路”倡议不是为了将自身过剩的产品强制倾销给其他国家，而是为了促进国家（地区）之间生产要素的合理流动和合理配置，带动沿线各国（各地区）共同发展、共同繁荣。“一带一路”倡议如果想在沿线各国（各地区）发挥作用，就必须与沿线各国（各地区）的政策或者发展战略进行对接。东北亚地区各国（各地区）为了自身的发展都提出了一些政策或战略，这些政策或战略可以与“一带一路”倡议对接，利用“一带一路”倡议推动这些政策和战略的实施。

①欧亚经济联盟

欧亚经济联盟由俄罗斯、白俄罗斯和哈萨克斯坦共同组建，于2015年正式启动。欧亚经济联盟现有成员国5个，除俄罗斯、白俄罗斯和哈萨克斯坦之外，还有吉尔吉斯斯坦和亚美尼亚。欧亚经济联盟旨在形成一个类似欧洲联盟的国际性经济组织，5国根据条约商定将在2025年前实现商品、资本、劳动力和服务的自由流动。

2015年5月，中俄两国签署了《中俄关于丝绸之路经济带建设和欧亚经济联盟建设对接合作的联合声明》。2018年，商务部在哈萨克斯坦阿斯塔纳经济论坛期间与欧亚经济联盟签署了《中华人民共和国与欧亚经济联盟经贸合作协定》，标志着中国与欧亚经济联盟成员国的合作进入了一个更高层次的、崭新的阶段，对"一带一路"倡议与欧亚经济联盟的对接合作来说具有里程碑式的意义。

②蒙古国的"发展之路"

蒙古国的"发展之路"计划是"草原之路"计划在中国和蒙古国之间达成共识的新说法，雏形是蒙古国于2000年提出的"千年路"计划。

蒙古国"发展之路"计划的内容是修建连接中国和俄罗斯的过境铁路、公路、石油管道、天然气管道、电力能源网等基础设施建设工程。蒙古国计划对原有铁路进行电气化改造，并铺设一条莫斯科至北京的过境高速铁路作为其复线；铺设南线铁路连接其各个矿山，实现矿山到边境口岸的铁路运输；建设东线公路，将蒙古国东部地区、俄罗斯西伯利亚地区、中国内蒙古自治区和辽宁省连接在一起。过境的石油管道和天然气管道是蒙古国最看重的项目。

不难看出，蒙古国"发展之路"计划的目的是构造连接亚欧大陆的经济通道，其基本内容主要围绕着基础设施建设，这与中国"一带一路"倡议的内容相契合，"一带一路"倡议的主要内容是实现"一带一路"沿线国家基础设施的互联互通。除此之外，蒙古国的"发展之路"计划还与"一带一路"倡议的利益相重合，蒙古国完善自身基础设施建设后可以与中国扩大双边合作，加强能源、矿产资源方面的贸易，将矿产资源出口到我国，以缓解我国资源紧缺的状况；进口我国的农产品等商品，以满足本国民众的日常需要。蒙古国和中国都多次表示要加快推动“一带一路”倡议同蒙古国“发展之路”计划的对接，对接后两国经贸往来将会迈上新台阶。

（3）韩国和日本对“一带一路”倡议表现出日益浓厚的兴趣

①韩国“新北方政策”

韩国“新北方政策”源于韩国总统文在寅提出的“朝鲜半岛新经济地图”设想，其主要内容有四点：第一，打破原有中国、日本、韩国等框架的制约，将朝鲜纳入东北亚区域合作中，促进东北亚区域多边合作向着制度化方向迈进；第二，重点推进与俄罗斯、中国的合作；第三，建设北极航线；第四，与俄罗斯合作开发海洋资源。韩国希望“新北方政策”能够连接俄罗斯远东地区，进而辐射整个东北亚区域。

“新北方政策”虽然主要面向俄罗斯，但是与中国的合作也是一项重点任务。韩国政府已多次表示，要将“新北方政策”与“一带一路”倡议相对接，并提出了对接方案：一是增强韩中两国之间的互联互通，实现亚洲和欧洲之间的陆海空交通运输路线畅通；二是支持中国和韩国企业一起开拓新市场；三是加强与中国地方政府的经贸合作；四是完善中韩自贸协定并落实中韩自贸协定的合作内容。

②日本转变对“一带一路”倡议的态度

“一带一路”倡议刚提出时，日本政府的态度消极，也没有要加入“一带一路”倡议的计划。随着“一带一路”倡议得到众多国家的积极响应，带动沿线各国（各地区）在基础设施建设方面取得了巨大的成果，日本政府对“一带一路”倡议的态度开始转为积极、客观。日本政府也在公开场合多次表示，期待“一带一路”倡议为东北亚地区以及世界的繁荣和稳定做出积极贡献。除日本政府之外，日本学界也建立了“一带一路”日本研究中心，研究在“一带一路”倡议的框架下，中国和日本如何开展更深层次的合作。日本在基础设施建设领域一直处于领先地位，日本看到了“一带一路”倡议在沿线各国（各地区）基础设施投资方面的商机，因此具有参与“一带一路”倡议的意向。

（4）俄罗斯为开发远东地区吸引外资入驻

近几年，西方国家对俄罗斯的重点企业一直实施制裁，再加上国际石油价格一路走低，极大地影响了俄罗斯的经济发展。为了解决俄罗斯严峻的经济问题，应对西方国家的制裁，俄罗斯将战略眼光投向了远东地区；发展远东地区可以解决俄罗斯地区经济发展不平衡的问题，也可以增强俄罗斯与亚太地区的经贸往来，打破美国等西方国家对俄罗斯的经济封锁。因此，俄罗斯在远东地区设立了远东跨越式发展区与符拉迪沃斯托克自由港。

远东跨越式发展区和我国的自由贸易区类似，进驻跨越式发展区的企业可以享受政府提供的各项优惠政策，既能吸引本国企业入驻，也能吸引国外优秀企业入驻。俄罗斯远东地区距离中国、日本、韩国、朝鲜非常近，在远东地区设立跨越式发展区具有良好的区位优势，有利于彼此间开展合作。

符拉迪沃斯托克是俄罗斯远东地区最大的城市，位于俄罗斯、中国和朝鲜三国的交界处，三面环海。优越的地理位置使得符拉迪沃斯托克成为俄罗斯远东地区最大的港口，也成为俄罗斯远东地区最大的贸易港。符拉迪沃斯托克自由港在税收、海关和检疫方面继续为入驻企业提供优惠。除此之外，还提供快速通关、电子签证等商贸便捷服务。建立符拉迪沃斯托克自由港是俄罗斯大力开发远东地区的新举措，符拉迪沃斯托克的区位优势可以大大缩短中国东北三省与俄罗斯海上运输货物的时间，还可以降低运输成本，未来符拉迪沃斯托克自由港将会成为东北亚地区的物流枢纽，对中国东北地区的经济发展也有带动作用。

（5）跨境基础设施正在加快建设

为了加强彼此之间的经贸合作，中国同俄罗斯共同投资修建了同江铁路大桥和黑河公路桥，两座大桥的建成能够将我国东北地区的铁路网和公路网与俄罗斯相连接，建立起连接东北三省、辐射全中国的铁路和公路货运大通道，可以有效节省来往于中国和俄罗斯的商品物流成本。

同江铁路大桥和黑河公路桥的建成还将促进我国东北地区同俄罗斯远东地区的相互合作，增进中国和俄罗斯双方的经济贸易合作和友好交流，对振兴东北老工业基地、合理优化配置资源、提高对俄罗斯的开放水平、提升中俄全面战略协作伙伴关系，以及两国文化交流与旅游业的发展也有着重要意义。

5.2.2 面临的挑战

（1）产业结构不合理、市场化程度低

由于历史遗留问题和受体制因素的影响，辽宁的产业结构存在一些系统性问题需要解决，这些问题影响了辽宁的经济增长，甚至造成了辽宁经济下滑。辽宁第三产业发展速度较慢，2008—2015年，第三产业占比一直小于50%，低于全国平均水平；2016年，辽宁第三产业占比为51.5%，首次超过50%。虽然第三产业的规模在不断扩大，但是仍存在一些问题：首先，第三产业主要集中在沈阳和大连两个城市，地区分布不均；其次，在第三产业中，房地产业占比较高，互联网服务以及其他科技研究服务业占比较小。此外，尽管装备制造业的规模较大，但是实力仍有待进一步加强，产业结构不合理的问题比较严重，当产能过剩的情况出现时，第二产业没有优势，则无法拉动经济上涨，从而导致辽宁经济下行。

受中华人民共和国成立初期计划经济体制的影响，改革开放之后，辽宁的经济发展因陷入体制依赖，导致产业结构难以调整，再加上发展观念没有及时从计划经济转向市场经济，因此在市场经济体制下发展落后于东部沿海省份。其具体表现为，市场化程度较低，许多行业或者部门的准入门槛较高。许多部门为了维护当地企业的利益，人为设置许多行政壁垒，实行地方性保护措施，限制甚至阻止外省具有竞争力的商品进入本地市场。民营企业和小微企业因缺少资金和政府扶持而发展得十分缓慢，由于缺少竞争，整个商品市场没有活力，而且由于国有经济占主要地位，市场主体结构也很单一，营商环境急需改善。

（2）东北亚区域政治形势复杂

①政治制度不同

在东北亚区域中，中国和朝鲜是社会主义国家，俄罗斯、日本、韩国、蒙古国是资本主义国家。两种政治制度和意识形态难免会相互对立与触碰，尽管东北亚区域合作是在经济领域的合作，但是政治方面的分歧也不可避免地会影响到经济合作。

②朝鲜核问题与朝韩关系

从20世纪末开始，朝鲜核问题一直影响着东北亚区域经济合作，同时也对周边国家产生了不利影响。朝鲜不顾联合国的反对多次进行核试验，韩国和美国布置萨德反导系统，并多次进行韩美联合军演作为武力威慑，东北亚局势一度剑拔弩张。

除了朝鲜核问题之外，朝韩关系也是左右东北亚区域局势至关重要的一环，除了朝韩两国之间的复杂关系外，大国在该地区的博弈也是影响朝韩关系走向的一个重要因素。

③东北亚多国存在领土、领海争端

东北亚各国存在很多领土争端，如中国和日本钓鱼岛之争、韩国和日本独岛之争、日本与俄罗斯北方四岛（俄罗斯称其为南千岛群岛）之争。除了领土争端之外，东北亚地区的领海之争也由来已久，中国、日本和韩国对东海和黄海的划分一直没有达成共识，三国在东海都划定了各自的防空识别区。这些由于历史遗留问题造成的领土、领海争端在一定程度上影响了各国之间的关系，影响了国家间的正常化交流，进而影响了东北亚地区的经济合作。

④日本对待第二次世界大战的历史不客观

第二次世界大战时，日本的侵略给中国和韩国两国人民造成了极大的伤害。二战后，日本作为战败国并未反思自己的侵略行为，并且拒不承认南京大屠杀、“731部队”细菌战、慰安妇等历史事实。除此之外，日本多任首相还定期参拜供奉二战战犯的靖国神社，对日本曾经犯下的侵略暴行毫无道歉、悔改之意。这严重影响了日本同中国和韩国的关系，也影响了日本同中韩两国的民间交流。日本近几年一直计划修改“和平宪法”，解禁其自卫队，这也引起了周边国家的强烈不满。

（3）日韩企业竞争力强

日本是亚洲第一个实现工业化的国家，韩国是新兴工业化国家，两国经济十分发达，并且在国家竞争力项目上的排名一直领先。蒙古国、朝鲜与日本和韩国相比，经济规模等方面的差距悬殊。日本和韩国拥有很多具有雄厚实力的企业，如丰田公司、索尼公司、三星集团等，这些企业拥有众多高精尖的设备和产品，东北亚其他国家如果盲目开放本国市场，本国市场就会迅速被这些企业的产品所占据，本国的一些企业有可能会被淘汰甚至破产；这些实力雄厚的企业还有可能垄断东北亚其他国家重要行业的市场，对其产业发展造成不利影响。

（4）东北亚各国对外经济重心不同

东北亚各国由于自身实际情况不同，对外经济合作的重心也不相同，这也是影响东北亚区域经济合作的主要原因之一。由于日本和韩国都是能源紧缺型国家，因而在能源方面对外经济合作的重心主要是俄罗斯远东地区。韩国除了与俄罗斯进行经济合作之外，还将对外经济的重心放在朝鲜，与朝鲜共同发展经济，用经济发展缓和双方之间的关系。

随着中国经济规模的不断扩大，中国在某些领域与日本和韩国也存在着竞争，因而日本和韩国也把对外经济贸易合作的目光投向东南亚地区，在东南亚地区进行基础设施建设投资，与中国抢占基础设施投资领域的市场份额。由于东北亚各国对外经济重心不同，缺少主导性国家，中国、日本和韩国都无法独立主导整个东北亚区域经济发展的进程，同时三国又无法进行良好的协调，所以东北亚经济合作规模小而松散，严重阻碍了东北亚地区的发展。

（5）全球贸易保护主义抬头

金融危机席卷全球后，逆全球化的势力开始抬头。逆全球化给政治方面带来的影响是民粹主义竞选人收获较高的支持率，在经济上则表现为贸易保护主义，抛弃原有的贸易自由化协定，退出促进贸易自由化的组织，并在对外经济贸易中采取限制国外产品的进口、对进口产品收取很高的关税、形成关税壁垒等反对贸易自由化的行为。

全球贸易保护主义的抬头影响了全球经济的复苏，也阻碍了全球正常的国际分工，使得真正具有比较优势的国家不能发挥出其比较优势，而实施贸易保护措施的国家却因此发展了本国不具备优势的行业，造成资源浪费。除此之外，一个国家的贸易保护措施往往会引起其他国家的反击和效仿，进一步扩大国家间的贸易争端，从更大范围、更高层次影响双边乃至多边整体发展大局，造成“两败俱伤”的后果。

5.3 辽宁与东北亚区域经济合作的战略定位

5.3.1 装备制造业中心

辽宁既是中国最主要的老工业基地，又是中国最主要的装备制造业基地。作为辽宁的支柱产业，装备制造业应改变原来大而不强的局面，全力实现自主创新，大力投资和开发有创新力、有竞争力的产品。在创新过程中，要充分利用产学研一体化优势，推动装备制造业整合升级，淘汰落后产品、扶植新技术产品；建设配套的产业链和基础设施，建立产业园区。利用互联网资源，及时掌握装备制造业最前沿的科研成果和商业动态；加快推进“互联网+装备制造业”，探索新的生产模式和产业生态，全方面提升辽宁装备制造业的竞争力。

利用辽宁的区位优势和国家“一带一路”倡议，让辽宁省的装备制造业走出国门，可以与东北亚其他国家和地区加深产业合作。除了让装备制造业“走出去”之外，还要从发达国家引进新技术或者新生产线，实现优势互补，提升自身的整体质量；发挥辽宁的工业基础优势和劳动力成本较低的优势，抓住日韩将制造业向外转移的机遇，将辽宁省打造成东北亚区域的装备制造业中心。

5.3.2 国际物流中心

第一，辽宁具有发达的交通基础设施。要建设国际物流中心，必须要有发达的交通基础设施作为支撑。辽宁近几年一直在完善交通基础设施建设。在公路方面，辽宁境内有8条国道连通周边省份，以沈阳市为中心，建成了京沈、沈大、沈本、沈哈、沈抚5条高速公路和过境沈阳的高速公路。在铁路方面，辽宁的铁路线路繁密，以沈阳市为中心向周围延伸，铁路支线众多，干线主要有京哈线、沈大线、沈吉线、沈丹线等；沈阳是东北地区最大的铁路枢纽，京哈、沈大、沈吉、沈丹和沈抚等多条铁路干线交会于此；辽宁铁路线也是连通东北三省、关内及内蒙古的重要通道。在航空方面，辽宁有6座民用机场，其中2座机场是国际机场（沈阳桃仙国际机场、大连周水子国际机场），沈阳机场是东北地区最大的机场，每天都有很多航班飞往国内主要城市，还有飞往日本、韩国、德国、法国等的国际航线；大连机场开通了多条航线，与15个国家、89个国内外城市通航，是东北地区四大机场之一。在港口方面，大连港是东北地区第一大港口、国内第八大港口。辽宁的港口除大连港之外，还有营口港、丹东港、锦州港、盘锦港。

第二，辽宁具有联运优势。辽宁交通基础设施完备，运输种类齐全。根据2016年的数据，辽宁总货运量为215 989万吨，公路运输货运量所占比重为82.12%，铁路运输货运量所占比重为7.51%，水路运输货运量所占比重为6.23%。由此可以看出，辽宁发展联运空间巨大，应利用本省铁路网密集又拥有天然海港等优势，大力开发海陆联运、海铁联运等方式，扩大运输量，降低运输成本，缩短运输时间，建设便捷、高效、经济的物流大通道，进而将辽宁打造成东北亚地区的国际物流中心。

5.3.3 国际贸易中心

在区域物流体系建设的基础上，辽宁还应将自身打造成东北亚地区的国际贸易中心。

第一，辽宁具有优越的地理位置和区位优势。辽宁地处东北亚区域的中心地带，是我国东北地区唯一沿边沿海的省份，具有完备的交通基础设施，有海上通道可直达日本、韩国、俄罗斯，有陆上通道可以连接俄罗斯、蒙古国。辽宁与东北亚国家具有紧密的贸易合作关系，对外贸易总额也在逐年回升。

第二，辽宁具有雄厚的产业基础。辽宁省是东北老工业基地的重要组成部分，工业发展起步早，再加上中华人民共和国成立初期国家的大力扶持，工业体系发展得十分成熟。辽宁工业支柱主要是装备制造业和重工业，这两个部门的国有企业数量多，规模庞大，工业基础雄厚。

第三，辽宁有相关的贸易平台助力。近几年，辽宁服务业发展迅猛，第三产业占比已经超过50%，有望成为经济发展的支柱性力量。辽宁成立了多个大宗商品交易平台，如大连再生资源交易所、东北亚现货商品交易所、东北亚煤炭交易中心等。此外，辽宁还设立了很多全国性商业服务专业平台，如中国外贸网、锦程物流网、泰德煤网等。辽宁还在大连金普新区推进国际贸易一体化平台建设，助力辽宁打造东北亚地区的贸易中心。

第四，辽宁拥有繁荣的商品期货。大连商品交易所是东北地区唯一的商品期货交易所，也是我国主要的期货交易中心之一。成立大连商品交易所是辽宁省打造东北亚贸易中心的关键一步，有助于发挥大宗商品交易对实体经济的拉动作用，提升大宗商品对辽宁经济发展的影响力。

5.3.4 国际航运中心

大连位于辽东半岛南端，是东北地区重要的经济、贸易和港口城市，也是辽宁对外开放的门户城市。大连港在辽东半岛南部的大连湾内，也是辽宁对外贸易合作的重要港口，年吞吐量稳居国内第八位。将大连打造成东北亚地区的国际航运中心具有以下三个有利因素：

第一，地理位置优势。大连港地处渤海湾口的位置，也处于东北亚区域的中心位置，离日本、韩国、朝鲜较近，进入太平洋国际主要航线的距离短。大连港自身是一个天然深水港，平均水深18米，水域面积广阔，海岸线也非常长，具备建设国际航运中心的基本条件。

第二，港口周边具有完善的基础设施。截止到2016年，大连港共有444个码头泊位，码头长度44 642米。大连港现有80多个现代化专业泊位、30多万平方米的仓库、180万平方米的货物堆场、150多千米的港内铁路专用线，大连港周边还有物流产业园区，具备建设国际航运中心的配套要求。

第三，辽宁自贸区大连片区建设有利于推动大连东北亚地区国际航运中心的建设。在国务院公布的《中国（辽宁）自由贸易试验区总体方案》中，辽宁自贸区大连片区建设的重心是港航物流与航运服务等产业，这将有力推动大连国际航运中心的建设。

5.3.5 国际金融中心

大连作为我国东北地区对外开放的门户，凭借其区位优势吸引了许多外资企业和跨国公司入驻，其中不乏一些金融机构，如花旗银行、汇丰银行等知名外资银行。随着外资的不断投入以及大连对外贸易的不断发展，外资企业与辽宁本土企业之间的合作日益频繁，带动了大连乃至辽宁金融业的发展，大连基本建成了以银行机构、保险机构、证券机构、期货机构、信托机构等金融机构为主体、多类投资融资机构共同发展、中资和外资金融机构竞争发展的现代金融服务体系。保税跨境合作区和金普新区的建立使得辽宁的离岸金融市场也具备了一定规模，有力提升了金融领域的对外开放水平。而中韩自贸协定的签署，也将吸引大量企业在大连投资，能够进一步促进大连金融业的发展。随着国家加大对东北老工业基地振兴的支持力度以及辽宁经济结构转型升级，东北地区的经济将会日益活跃，大连建设区域性国际金融中心的步伐也将不断加快。

5.4 新时期加快辽宁与东北亚区域经济合作的对策建议

5.4.1 树立共同发展、合作共赢的区域合作理念

发展是解决我国一切问题的基础和关键，发展必须是科学发展，必须坚定不移地贯彻创新、协调、绿色、开放、共享的发展理念。五大发展理念是党和国家做好一切工作的行动指南，新时期加快辽宁与东北亚区域经济合作，也要遵循五大发展理念。在新时期加快辽宁与东北亚区域经济合作，要坚持创新发展，优化要素配置，深入推行创新发展战略；要坚持协调发展，促进辽宁各地区经济平衡发展；要坚持绿色发展，建设清洁低碳、安全高效的现代能源体系；要坚持开放发展，将辽宁与东北亚区域经济合作推向新高度；要坚持共享发展，使辽宁与东北亚区域经济合作的成果惠及辽宁与东北亚各国人民。

此外，辽宁要把与东北亚的区域经济合作主动融入东北振兴战略与“一带一路”倡议，当好中国东北地区对外开放的“排头兵”，立足中蒙俄经济走廊，推进“一带一路”倡议与东北亚各国进行对接，深化与日本和韩国的经济合作，实现东北老工业基地的振兴。

5.4.2 积极实施“引进来”与“走出去”并举的战略

新时期辽宁在与东北亚区域经济合作的过程中要实施积极的对外开放政策，坚持引进高水平的项目、技术或设备；辽宁应瞄准高端装备制造业和新一代信息技术、生物、新材料、新能源等战略性新兴产业。“引进来”不只是单纯地引进技术促进生产，而是通过对新技术的消化学习，努力钻研创新，形成自己的核心竞争力，实现高端产业向自主创新的方向发展。在装备制造业方面，外商对辽宁装备制造业的投资极大地提升了辽宁在该领域的核心竞争力。因此，辽宁应引导外商投资装备制造业，对投资装备制造业的外商可以提供简化审批流程的服务、减免税收方面的优惠，尤其是外商对辽宁西北部城市装备制造业的投资，在减免税收的基础上，还可以在土地使用方面给予一定的优惠，鼓励外商投资辽宁西北部地区。

除了积极实施高水平“引进来”策略之外，辽宁还应该支持本地企业“走出去”，积极开拓国外市场，提升企业的全球竞争力。当前，“一带一路”沿线各国都在建设经济自贸区，辽宁应该抓住机会，鼓励一批装备制造业企业、国际工程承包企业走出国门，与国外自贸区进行对接合作，打通辽宁的出口市场。当前，辽宁企业“走出去”受到两方面的制约：一是缺少资金；二是对国外法律、法规不熟悉导致了一些不必要的纠纷。对于缺少资金的问题，辽宁应积极协调金融机构为“走出去”的企业提供低息贷款等资金方面的支持，政府还可以成立辽宁“走出去”企业基金，以鼓励辽宁企业到国外开拓市场。对于不熟悉国外法律、法规的问题，辽宁政府可以建立一个咨询平台，聘请高等院校或研究所的相关专业研究人员组建一支咨询团队，为“走出去”的企业提供法律、法规方面的咨询服务，从根本上解决企业的后顾之忧。

5.4.3 继续扩大贸易合作

东北亚区域具有巨大的合作潜力和发展空间，虽然政治关系复杂，历史遗留问题很多，但应具有命运共同体的意识，彼此包容、求同存异，充分发挥区域经济合作的优势，避免冲突，共同维护和平稳定的外部环境。基于此，新时期辽宁应立足于东北亚区域优越的地理位置，凭借完善的海陆空交通运输体系，依托“一带一路”倡议与沿线各国的政策对接，加强与东北亚各国的经贸往来与合作，促进东北亚区域的经济发展。东北亚区域各个国家存在产业互补的优势，加强辽宁与东北亚区域各国的经贸往来与合作对各个国家来说都有非常重要的经济利益，辽宁与日本和韩国合作可以引进新技术，促进本省产业结构的升级，提升装备制造业的竞争力；与俄罗斯合作可以弥补能源供需缺口，保障能源安全；与蒙古国和朝鲜合作可以化解本地区的多余产能，促进落后国家的经济发展。

中韩自贸协定的签署为两国的经济增添了新的增长点，全面惠及两国企业和人民。中韩自贸协定实现了两国货物、资本的自由来往，加强了两国间的经贸合作，促进了两国的产业调整和经济发展。在中韩自贸协定签署的基础上，加快中日韩三国自贸协定的谈判至关重要。中日韩自贸协定若能正式签署，不仅能促进中日韩三国的经贸合作，还能以点带面，应用到整个东北亚区域，提升区域的经济效益，推动东北亚区域经济一体化发展进程。

同时，辽宁应继续扩大与东北亚各国的贸易合作，实现互利共赢，积极推进中蒙俄经济走廊建设。中蒙俄经济走廊是“一带一路”倡议的重要一环，也是辽宁继续扩大贸易合作的重要依托。海铁联运是中蒙俄经济走廊的一大优势，可以缩短货物运输时间、降低运输成本、提升运力。而辽宁铁路网发达，沿海地区有多个港口，非常适合发展海铁联运。因此，可围绕中蒙俄经济走廊的建设，以海铁联运为抓手，推动辽宁与东北亚各国的贸易合作。具体来说，辽宁推进中蒙俄经济走廊的建设需要打通三个重要经济大通道，分别是“辽满欧”通道、“辽蒙欧”通道和“辽海欧”通道。

（1）“辽满欧”通道

“辽满欧”通道从大连或营口出发，经过内蒙古自治区的满洲里口岸到俄罗斯，再从俄罗斯出发去往欧洲各国，即来自中国东部沿海省份的商品以及来自日韩的商品先经海运到达营口港和大连港，再通过中欧班列进行铁路运输，经过满洲里后出境前往俄罗斯和欧洲各国。

（2）“辽蒙欧”通道

“辽蒙欧”通道的起点在丹东港、锦州港和盘锦港，货物从内蒙古自治区的二连浩特口岸出境，经过蒙古国到达俄罗斯，再通过俄罗斯运往欧洲各国。“辽蒙欧”通道可将中国的生活用品或生产用品运输到沿线国家，并从沿线国家运回铁矿石等工业原材料。

（3）“辽海欧”通道

“辽海欧”通道也被称为北极—东北航道，该通道从大连港出发，经过白令海峡后向西通行，一直到达挪威，再前往欧洲各大港口。“辽海欧”通道是目前为止连接亚欧地区的最短航道，它使中国与亚欧地区的航程缩短了约 5 000 海里，运输成本降低了 30% 左右，能够促进中国与欧洲的贸易往来。

可见，辽宁可以凭借地理位置、产业技术、交通运输等方面的优势实现对外开放新格局，与蒙古国、俄罗斯、日本、韩国甚至其他欧洲国家继续扩大贸易合作，助力东北老工业基地的全面振兴。

5.4.4 继续深化投资合作

外资对辽宁的经济具有带动作用，辽宁依托东北老工业基地以及中国装备制造业基地的优势，吸引了许多外资项目，外资金额也在不断上升。今后，辽宁应继续深化与东北亚各国的投资合作。

一方面，要实现引进外资的多元化，优化外商投资结构。辽宁在引进外商投资的过程中应注重外商投资的多元化，重点引导外商对本省短板行业的投资。辽宁第三产业急需发展，所以应加大对第三产业的外商投资引进力度，适当对第三产业的外商投资给予优惠。在第三产业中，应重点吸引信息传输、计算机服务与软件业、高新技术产业、金融业的外商投资，这些产业可以与辽宁的传统产业进行融合创新，提升传统产业的生产技术水平与管理水平，让辽宁的传统产业焕发新的生机。此外，第三产业中的房地产业在中国发展过热，已经产生了房地产泡沫，不利于地区经济发展，所以辽宁在引进外资的过程中要注意减少房地产业的外商投资，避免本地区经济受到房地产泡沫的影响。

同时，要平衡外商投资地区。辽宁外商投资的项目虽然在逐年递增，规模在逐年扩大，但是外商投资的地区分布却不平均。外商投资地区主要集中在辽宁沿海城市和省会沈阳，其他城市的外商投资项目和金额远少于沿海城市，这导致辽宁经济发展的总体竞争力较弱，不利于辽宁整体的经济发展。今后，应对各地区引进外商投资做出统一规划，以沈阳为中心，辐射腹地。辽宁经济发展水平不发达的腹地应引进劳动密集型的外资企业或者与辽宁腹地农副产品有关的外资企业，对在辽宁腹地投资入驻的外资企业应提供优惠政策。

另一方面，投资环境对辽宁与东北亚区域经济合作十分重要，良好的投资环境会吸引更多的外商来辽宁投资，也可以提升辽宁的竞争力，因此辽宁应从以下三个方面加强并改善投资环境：

一是加强辽宁西北部地区基础设施建设。辽宁外商直接投资主要集中于基础设施较为完善的沿海经济带城市，辽宁西北部地区由于基础设施落后，没有好的投资环境，难以吸引外商前来投资。因此，应该完善西北部地区的道路、通信、交通等基础设施建设，进一步发掘西北部地区的城市优势，改善投资环境，吸引外商投资。

二是建立健全法规制度，规范政府行为。政府不规范的行为是影响辽宁投资环境的一大原因。辽宁一些部门的工作效率与服务水平较低，如服务态度较差、办事步骤烦琐等，严重影响了投资环境，制约了辽宁对外经济合作的发展。要改善投资环境，必须要规范政府行为，建立健全法规制度，使政府工作依规进行。政府部门还应建立综合政务大厅，简化审批步骤，在一个地点就可以办理所有的审批事务，缩短企业申报审批的时间，不要让政府审批影响到企业正常的生产经营活动。

三是探索辽宁市场准入负面清单制度。市场准入负面清单制度是国际上流行的外资准入管理制度，简单来说指的是政府列出其管辖范围内禁止投资或限制投资的行业，这些行业严禁或限制外资进入，未列在清单上的行业，所有市场主体都可以依法进入。在市场准入负面清单制度中，政府审批企业进入市场的权力移交给市场准入负面清单，政府不再负责企业进入某一行业市场的审批，政府的工作重点转移到完善市场法律法规、监管市场行为、维护市场公平等方面，在一定程度上避免了政府部门为了自身的利益对外来企业或者外资企业设置较高的市场壁垒，或者对企业实行“吃、拿、卡、要”等违法违规行为。市场准入负面清单制度可以减轻政府负担，推进政府向服务型政府的方向转变。此外，还要加快构建市场开放公平、规范有序，企业自主决策、平等竞争，政府权责清晰、监管有力的市场准入管理新体制。

5.4.5 继续推进科技合作

东北亚区域科技实力很强，俄罗斯在苏联的基础上大力建设国家级的科学技术创新系统；日本在第二次世界大战后大力引进欧美发达国家先进的科学技术，通过吸收再开发和创新，使其成为亚洲科技实力最强的国家；中国的科技发展虽然起步较晚，但是国家对科学技术的支持力度很大，在一些科技领域也达到了世界领先水平。辽宁的经济发展与产业结构转型离不开科学技术的发展，辽宁在继续推进科技合作的过程中要注重发挥大学与科研院所的作用，并让企业成为科技合作的主体。

（1）发挥大学与科研院所的作用

在推进东北亚区域的科学技术合作过程中，大学与科研院所的合作交流至关重要，东北亚区域有许多大学与科研院所：日本有著名的东京大学、早稻田大学、京都大学等；韩国有首尔大学、成均馆大学等；辽宁有大连理工大学、东北大学、辽宁大学等。推动东北亚各国大学与科研院所的交流要以国际科学技术前沿理论为目标，找到科学技术发展的瓶颈，建立东北亚科学研究成果共享平台，联合培养科研人才，发挥每个大学自身在师资力量、实验设备等方面的优势，着力攻克一批重点项目。

（2）企业成为科技合作的主体

在推进东北亚区域科学技术合作的过程中，企业应成为科技合作的主体。新的科学技术成果不应只停留在实验室，而应该与企业生产相结合。企业除了自己建设技术开发机构之外，还应该促进产学研的结合，与国内外高校及科研院所建立更紧密的合作关系，建设企业的科技开发中心，研发拥有自主产权的核心技术，推动企业创新发展。此外，辽宁还应大力引进东北亚国家的优秀人才，将辽宁打造成东北亚高科技人才基地，培养和扶持东北亚地区跨国科技合作人才队伍，提升东北亚地区产业发展的人才储备水平。

5.4.6 继续加快能源合作

中国是一个能源较为稀缺的大国，也是能源进口大国，与日本和韩国一样，对能源进口有较高的依赖度。在东北亚区域中，俄罗斯是能源大国，石油和天然气储量丰富，蒙古国也蕴藏着丰富的能源资源，但是受限于自身技术的发展，未能像俄罗斯一样实现超大规模的现代化开采。继续加快东北亚区域的能源合作，不仅可以解决制约中国、日本和韩国发展的能源问题，而且可以解决因能源进口国对某一区域的原油过度依赖而导致的国家能源安全问题，同时有利于能源出口国的经济发展。

辽宁工业基础雄厚，对能源资源的需求量较大。加快与东北亚各国的能源资源合作，可以有效缓解辽宁能源资源紧缺的局面。通过陆上输油管道从俄罗斯向辽宁运送石油，与远洋运输相比，不仅可以增加运油量，而且能够降低风险。此外，辽宁作为装备制造业的强省，利用本省产业优势，可以与蒙古国进行石油勘探、开采方面的合作，辽宁提供设备帮助蒙古国开采石油，开采出来的石油可以通过辽宁出口至日本和韩国。这种多边能源合作机制既可以发展蒙古国本国的经济，又可以降低东北亚能源安全风险，更重要的是能够增进东北亚地区的经济合作。

5.4.7 加强港口对接合作

港口的货物吞吐量一直是衡量港口竞争力的重要指标，近年来，大连港的货物吞吐量一直在稳步提升。在货物吞吐量不断提升的过程中，随着港口基础设施的不断完善，其竞争力也在不断提高。目前，大连港已经基本形成了以海运为主体、铁路运输和公路运输为两翼、航空运输与管道运输为辅助的全方位立体化综合物流格局。大连港辐射东北三省及中国内地，与山东半岛和东部沿海城市相连接，是面向东北亚地区的重要物流枢纽。

大连港与韩国釜山港在地理位置上相近，从海上区位条件来看，两个港口没有太大差异；从区位优势来看，大连港相比釜山港优势明显，韩国和日本要发展与俄罗斯及其他东欧国家之间的贸易，釜山港与大连港的合作优势巨大，大连港可依托海铁联运的优势，通过跨境铁路联通蒙古国、俄罗斯及其他欧洲国家，成为日本、韩国发展与俄罗斯以及其他东欧国家陆上贸易的必经之地。

俄罗斯的滨海边疆区与中国接壤，是俄罗斯面向亚太地区国家的桥头堡。滨海边疆区不仅是俄远东地区的重要工业基地，而且拥有符拉迪沃斯托克港和纳霍德卡港等重要港口。符拉迪沃斯托克港既是俄远东地区、太平洋沿岸的重要港口，也是东北亚地区的主要港口之一。俄远东地区符拉迪沃斯托克自由港法案正式生效后，俄远东地区迎来了前所未有的发展机遇。大连港和符拉迪沃斯托克港这两个港口及港口所在城市占据了东北亚地区的优越地理位置，有海路和陆路两条通道相连接。在辽宁加强与俄远东地区开放合作的条件下，推进港口合作应作为合作的龙头和可以首先抓住的“牛鼻子”。辽宁应继续支持大连港集团与俄远东运输集团的战略合作，推动大连港集团对位于符拉迪沃斯托克自由港内的俄远东运输集团纳霍德卡港的码头堆场、港口设备、冷库等基础设施进行改造，着力实施集装箱中转站建设，支持对俄远东运输集团纳霍德卡港码头和港口吞吐能力提升项目的改造，推动俄远东运输集团的业务向俄远东地区和中国东北地区延伸。

5.4.8 推进物流合作

辽宁位于东北亚中心地带，拥有完备的航空、铁路、公路、海运综合交通运输体系，适合现代化物流产业的发展。新时期加快辽宁与东北亚各国的经济合作，建设和发展物流产业，需要从以下三方面入手：

第一，合理规划和建设物流产业园区。物流产业园区是推动物流产业发展的基础，它可以整合物流资源，发挥规模效应。物流产业园区的规划和建设要有明确的战略定位，根据地区实际情况、产业优势、地理位置进行合理规划。政府应制定物流产业园区的基本规划标准，对园区的规模、数量、周边交通情况、周围基础设施建设、物流基础设施建设等方面进行评估，符合标准之后再建设，避免出现一些地区盲目跟风建设物流产业园区、竣工之后即陷入困境的现象。

第二，将省级优秀物流园区升级为国家级示范物流园区。《全国物流园区发展规划（2013—2020 年）》指出：政府相关部门对国家级示范物流园区应给予土地、资金等政策扶持。辽宁应结合本省实际情况，根据产业优势、区位优势、发展情况、示范效应等因素选出一批省级优秀物流园区，对这些物流园区加大建设力度，全力支持其升级为国家级示范物流园区，提升辽宁物流产业的发展。

第三，大力发展现代化物流产业。发展现代化物流产业不能只有物流园区和相关配套设施等，还需要物流技术与互联网技术等软件设施。国内和国外物流产业发达的地区都是以完善的硬件设施为基础，以互联网技术、大数据分析技术为支撑，推进物流产业向信息化方向发展。辽宁也应该借鉴这一发展模式，利用本省运输方面的优势、结合本省各地区形势，采用先进的信息化方式，规划和建设本省的物流园区、物流中心、配送中心，构建完整的现代化物流体系，加速物流产业的布局，打造东北亚国际物流中心。

值得一提的是，在物流合作方面，大连和俄罗斯远东符拉迪沃斯托克的功能定位有大致相同或相似之处，两者都提出面向东北亚地区实行全方位开放，发展港航物流和航运服务业；都将建设东北亚国际航运中心作为发展目标。俄罗斯欲将符拉迪沃斯托克自由港建设成为东北亚地区的物流枢纽，中国提出将辽宁自贸试验区大连片区建成东北亚地区乃至全球的国际物流中心。可见，两者的这一功能定位和发展目标相似。这种功能定位能够自南向北对辽宁乃至中国东北地区，以及俄远东地区的物流产业起到辐射带动作用。因此，大连港可与符拉迪沃斯托克自由港在物流领域开展对接合作，南北呼应，共同打造东北亚地区的物流中心（枢纽），辐射带动中国东北地区和俄罗斯远东地区的发展。

5.4.9 推动旅游合作

东北亚区域各个国家都有着丰富的旅游资源：俄罗斯有广袤的国土，以自然旅游资源为主，从远东地区到西部，每个地域都有鲜明的地域特色；韩国虽然国土面积小，但韩国政府凭借电视剧、综艺节目等向外推行自己的文化，每年也吸引了很多游客到韩国观光旅游；日本国土面积不大，但具有传统文化和现代都市的多样性，人文旅游资源丰富；辽宁人文旅游资源和自然旅游资源都很丰富，冬天的冰雪旅游吸引了大批游客。东北亚区域可以整合优势旅游资源，推动旅游经济合作。一方面，要促进东北亚区域旅游便利化，消除各个国家之间的旅游屏障，逐渐放宽签证制度甚至实行免签制度，为东北亚各国的游客提供便利的通关服务。另一方面，要大力宣传东北亚区域旅游，打造东北亚旅游新线路。如东北亚各国共同举办“东北亚旅游年”系列活动，定期举行带有国家特色的文艺演出，加强各国之间的文化交流，以此促进旅游业的发展。此外，可以选择互联网宣传模式，将旅游宣传片推送到互联网视频平台和社交网络平台上，让旅游者了解各个国家特色的旅游资源。

辽宁参与东北亚地区旅游合作，要在原有的基础上，不断开发新的旅游线路，发挥自己的比较优势，使历史人文景观和自然风景等传统旅游项目成为主打品牌，将具有本土特色的会展、城市文化节、民族服装节、美食节、纪念品展销会、摄影节、他国风景街等项目打造成旅游业的亮点。

随着生活水平的不断提高，人们的旅游方式和旅游品位也在悄然发生变化，传统的旅游方式已难以满足需要，人们对旅游体验产生了新的追求，尤其是对邮轮旅游体验的需求日益增加。因此，辽宁应把握新形势下旅游产业的发展趋势，加快大连国际邮轮中心的建设步伐，打造国际邮轮旅游的新品牌，并在该领域与东北亚其他地区开展合作。目前，可考虑开辟以下具有发展前景的两条新航线：一条是大连—韩国济州岛—日本福冈—俄罗斯符拉迪沃斯托克。该航线可“跨越三海”（渤海、黄海、日本海）、“途经三国三城”，并“领略三种风光”（韩国济州岛风光、日本福冈风光、俄罗斯符拉迪沃斯托克风光）；另一条是大连—韩国釜山—俄罗斯符拉迪沃斯托克。该航线同样跨越渤海、黄海和日本海。这两条航线都途经韩国和日本，延伸到俄罗斯远东的符拉迪沃斯托克，能够成为邮轮旅游的新亮点。

第6章

辽宁参与东北亚区域经济合作的潜力测度、辐射引领与路径优化研究

继续解放思想、积极探索，加强统筹谋划和改革创新，不断提高自由贸易试验区发展水平，形成更多可复制可推广的制度创新成果，把自由贸易试验区建设成为新时代改革开放的新高地。

——2018年10月24日新华社《习近平对自由贸易试验区建设作出重要指示》

6.1 研究背景

辽宁地处东北亚经济圈的中心，是中国向东北亚国家开放的重要门户。辽宁自由贸易试验区是东北地区唯一的自由贸易试验区，“加强东北亚区域开放合作”是其两项特色重要战略任务之一。从中央赋予辽宁自由贸易试验区的使命和东北振兴亟待找寻的抓手来看，率先打开面向东北亚开放合作新局面，不仅是辽宁贯彻落实党的十九大报告中新时代中国特色社会主义新发展理念、建设现代化经济体系的重要内容，也是辽宁“推动形成全面开放新格局”的重要实践指向和破解当前各种矛盾问题、实现高质量发展的必由之路与根本遵循，是事关辽宁兴省之要，决定着辽宁乃至东北振兴进展。因此，针对辽宁如何更好地参与东北亚区域经济合作相关问题的研究，既契合党的十八大以来的相关文件精神及辽宁全面振兴方略，也符合时代主题，具有十分重要的现实意义与价值。

对东北亚区域经济合作的研究，国内外学者的关注点主要集中在以下三个方面：

一是对东北亚区域经济合作动因的研究。国内学者对东北亚区域经济合作动因的研究主要体现在外在动因与内在动因两个方面。首先，在外在动因方面，经济全球化的迅速发展促进了东北亚各国经济迅速发展，为东北亚区域经济合作带来了新的动力与机遇，同时也使东北亚区域合作面临新的挑战（陈志恒等，2006）。比如1997年亚洲金融危机和2008年全球金融危机的外部冲击使东北亚国家的经济主权遭受严重侵蚀，暴露了该区域经济发展的脆弱性，让东北亚国家充分认识到只有加强区域经济合作，才能应对全球化给国家经济带来的风险（庞德良，2002；陈菁泉，2011）。区域经济一体化是当今世界发展不可阻挡的历史潮流，东北亚各国都对实现东北亚经济一体化有着较强的紧迫感并抱有极高期待（王厚双等，2012）。在内在动因方面，东北亚地区作为一个整体，有着地缘、经济、社会、文化和安全上的紧密联系，因此从整体上规划与推动东北亚地区合作具有十分重要的意义（张蕴岭，2013）。冷战结束以后，除朝鲜继续保持一种较为封闭的政治经济体制外，东北亚地区其他国家都已建立了正常的外交关系。中、日、韩三国之间的经济发展高度相互依赖并强烈互补（江瑞平，2012；文学，2013）。文化在东北亚区域经济合作中也起到了重要作用。东北亚国家长期以来受儒家思想和道家思想熏陶（胡联国，2006），区域经济合作可以降低因政治制度不同与关税、通关检查及其他各种程序而增加的额外交易成本（王皓等，2016）。

二是对东北亚区域经济合作现状的研究。目前国内外相关研究主要体现在合作领域、合作层次和合作机制三个方面。在合作领域方面，东北亚区域内贸易的突出特点在于该区域总体经济实力较强、对外贸易总量很高，但区域内贸易比重较低，区域内大国对区域内贸易依赖性偏弱、出口结构中最终产品比重较低，贸易的质与量均处于最浅的层次（富景筠，2011）。在东北亚地区，日本和韩国有着先进的技术和丰富的对外投资资本，中国具有较高素质的廉价劳动力和广阔的需求市场，朝鲜、蒙古国和俄罗斯远东地区自然资源丰富，各国应大力发扬自身的优势，相互合作（付云鹏，2016）。农业是一个特殊的“社会和政治行业”，中日韩在该领域的开放难度均较大，但日本对农业等弱势产业的态度已从坚决保护转化为逐步松动（张蕴岭，2005；崔健，2014）。东北亚各国在扩大传统合作领域的同时，也不断拓展在科技领域的交流与合作（宋魁，2006）。在合作层次方面，东北亚区域合作主要分为三个层面：其一是由民间或地方政府主导的以市场为导向，以贸易和投资为主要形式，以谋求经济利益为目的的功能性合作；其二是建立在一个共同的区域协定基础上，由中央政府主导的、合作范围可以延伸的、多个领域的制度性合作；其三是介于上述两种形态之间的过渡性的区域合作（陆建人，2005）。在合作机制方面，次区域开发合作一直是东北亚区域合作的重要组成部分（吴昊，2014），“图们江经济开发区”“环黄渤海经济区”的建设扩大了区域内各国间双边经贸规模（方华，2008）。在“10+3”框架下，东北亚合作进程也取得了长足的进展（李向阳，2005），而中日韩自贸区建设则是东北亚区域经济一体化的核心。目前中韩FTA已正式生效，中韩FTA所取得的突破将推动中日韩三边自由贸易区进程，为完善中日韩自由贸易区的外部环境创造了良好条件（王皓等，2016）。但东北亚地区经济合作协调机制仍然不健全，一定程度上影响了区域合作的顺利展开，制约着区域合作的进程（周伟萍等，2014）。

三是对东北亚区域经济合作推进路径的研究。首先，区域化经济合作的实质在于经济交换范围、交换链条和参与者数目的扩展，区域经济合作是需要制度保证的，但东北亚区域目前的制度化进程非常有限（徐坡岭等，2004；Pempel TJ，2007）。其次，要推动合作制度安排由区域化向区域主义迈进。目前学界普遍认同的三种推进模式主要为一步到位的多边模式、中日韩三边模式和双边合作模式（潘宏，2014）。以地方政府或民间组织推进合作遇到的阻力会比从国家层面推进遇到的阻力少很多，因而可以在地方层面上探索双边甚至多边合作机制创新路径（潘志，2015）。同时，要建立东北亚区域范围内各国地方政府的“友好城市”联系，加深国家和地区间的信任和理解，扩大彼此的交流领域、提高各国人员交流的频率（王胜今等，1998；Bong-Kil S，2012）。双边汇率被认为是影响东北亚经济合作的主要因素，可以通过建立稳定双边汇率和集体汇率的机制来推动东北亚区域经济一体化（Nathalie Aminian等，2010）。此外，与政治、经济合作相比，东北亚各国在保护区域环境问题上存在共同利益，故可以在环境合作的基础上改善合作各方的关系，进而进行区域经济合作（于砚，2018）。

从辽宁参与东北亚区域经济合作研究来看，潘志、冯辉等学者认为大连是“新一轮东北振兴”的排头兵，能够在更高水平和更深层面上实现东北亚地区间的合作；高薇、张蕴岭、方华等提出，通过沈阳、长春、哈尔滨等东北主要城市之间的协调持续发展，有利于促进东北地区发展战略合作，提高东北地区整体竞争力。总之，研究辽宁参与东北亚区域经济合作的课题较少，且研究深度有待加强。

6.2 辽宁参与东北亚区域经济合作的优势与现状

6.2.1 辽宁参与东北亚区域经济合作的主要优势

（1）资源优势

辽宁自然资源丰富。在农业资源方面，2017年辽宁耕地面积共497.16万公顷，耕地质量中等，占全省土地总面积的33.46%；2018年辽宁粮食作物播种面积348.4万公顷，粮食总产量2 192.4万吨，其中主要农作物玉米全年播种面积271.3万公顷，产量1 662.8万吨，水稻播种面积48.84万公顷，产量418万吨；辽宁拥有超过1 300种具有经济价值的植物，其中药用类植物高达830余种。辽宁农产品产量相对较高，可以在自给自足的基础上出口到东北亚其他国家。在矿产资源方面，辽宁成矿条件较好，矿产资源丰富，拥有36种620处对国民经济有重大影响的主要矿产，具有优势的主要有菱镁、硼、铁、金刚石、滑石、玉石、石油等。其中，辽宁的菱镁矿保有资源量矿石量约25.6亿吨，分别占全国和世界的85.6%和25%左右，在世界上极具优势；其他保有资源量分别占全国的56.4%（硼矿）、24.0%（铁矿）、51.4%（金刚石）、20.1%（滑石）、7.9%（石油），在全国范围内排名较为靠前。在森林资源方面，辽宁现有林业用地面积634.4万公顷，其中有林地面积464.1万公顷，占林业用地的73.16%，森林覆盖率已达31.84%；人工林已成林面积267.6万公顷，占全省林地面积的57.66%。在海洋资源方面，辽宁海域广阔，大陆架面积15万平方公里，沿海滩涂2 070平方公里；大陆岸线全长2 292.4公里，占全国海岸线总长的12%，居全国第5位；海洋岛屿266个，面积共191.5平方公里，占全国海洋岛屿总面积的0.24%。辽宁拥有大连港、营口港、丹东港、锦州港、盘锦港、葫芦岛等港口群，是打造“一带一路”重要节点的关键依托。在水产资源方面，辽宁近海资源丰富，水产种类繁多，2018年全年水产品产量（不含远洋捕捞）452.6万吨。其中，淡水捕捞4.9万吨，淡水养殖83.8万吨；海洋捕捞54.7万吨，海水养殖309.2万吨。总之，丰富的农业、矿产、森林和海洋资源为辽宁进出口贸易发展以及招商引资打下了坚实的基础。

（2）交通优势

辽宁具有较为完善的交通运输网络。[①]在铁路运输方面，以沈阳市为中心建立了四通八达的铁路网。京哈铁路、沈大铁路、哈大高速铁路等主要铁路满足了辽宁大量的人员流通需求，铁路营业里程连年增加。截至2017年，铁路营业里程达5 543公里，客运量14 266万人次，客车数4 437辆，货运量17 734万吨，铁路密度高居全国第四位，基本可以直达全国其他所有省、自治区和直辖市。优越的区位优势使辽宁在水路运输上也具有较大优势，全省

① 辽宁省统计局，国家统计局辽宁省调查总队．辽宁统计年鉴2018[M]．北京：中国统计出版社，2019.

拥有辽河、鸭绿江等多条河流，内河航道813公里，流域总面积可达14.55万平方公里，海岸线绵长曲折，大连港、营口港、丹东港、锦州港、盘锦港和葫芦岛港6个港口群的码头长81 896米，码头泊位415个，货物吞吐量112 558万吨，全年进出港587.2万人次，承担着整个东北地区的海上运输，同国内沿海诸港口以及世界多个港口通航。其中，大连港是东北地区最大的集装箱枢纽港，拥有国际国内集装箱航线100多条，外贸集装箱吞吐量占东北口岸的97%；营口港是东北地区最大的货物运输港，已开通经过满洲里口岸过境的中欧班列11条，开通海运集装箱航线53条；“辽满欧”“辽蒙欧”“辽海欧”三条运输通道建设取得突破性进展。2016年，“辽满欧”交通运输大通道中欧班列完成3.22万标箱，占满洲里口岸出境货物的50%以上。在陆路交通运输方面，辽宁公路里程达121 722公里，其中高速公路里程4 212公里，已经形成了以沈阳为中心向四周辐射的公路网，其中沈哈和沈大高速贯穿整个辽宁。在航空运输方面，辽宁拥有大连周水子国际机场、沈阳桃仙国际机场及朝阳机场等多个民用机场，全年客运总量达1 559.18万人次，其中国际航线客运量96.86万人次，国内航线客运量1 462.31万人次。此外，正在建设的大连金州湾国际机场将成为东北亚地区大型综合性机场，为辽宁打造东北亚交通枢纽地位奠定了坚实基础。

（3）产业优势

作为全国重要的老工业基地，辽宁工业基础良好、工业化水平较高，省内从事制造业及石油化工行业的国有企业众多。例如，中车大连机车有限公司是我国唯一具有同时自主研发并批量生产多种车型的国家重点大型企业；大连船舶重工集团有限公司是国内规模最大、具备国际竞争力的船舶总装厂之一，也是国内最大的造船综合企业；丰富的石油和天然气资源吸引了辽阳石油化纤、大连石油化工、锦西石油化工、锦州石油化工等大型央企落户辽宁，使石化产业成为辽宁的重要支柱产业。近年来，随着低碳经济受到越来越多国家的关注和重视，辽宁省委省政府在可持续发展理念的指引下抓住发展机遇，扶持了大批科技含量较高的新兴产业，使软件和信息服务业从无到有且发展迅猛，金融业增加值连续10年稳步提升（从2008年的455.1亿元增长至2017年的1 964.6亿元）并保持了较高的增长速度。特别是在2015年国家实施供给侧改革以后，辽宁经济结构不断优化，“三去一降一补”颇见成效，目前第三产业已成为全省的支柱产业，见表6-1。

表6-1　2001—2018年辽宁三次产业产值表　单位：亿元

年份	生产总值	第一产业	第二产业	第三产业	人均生产总值（元）
2001	5 033.1	544.4	2 440.6	2 048.1	12 015
2002	5 458.2	590.2	2 609.9	2 258.2	13 000
2003	6 002.5	615.8	2 898.9	2 487.9	14 270
2004	6 736.1	798.4	3 109.4	2 828.3	15 987
2005	8 123.1	882.4	3 926.2	3 314.5	19 254
2006	9 388.9	939.4	4 628.5	3 820.9	22 112
2007	11 249.0	1 114.8	5 620.5	4 513.7	26 255
2008	13 745.3	1 259.6	7 246.0	5 239.7	31 918
2009	15 288.7	1 346.3	8 012.6	5 929.8	35 325
2010	18 528.6	1 526.5	10 107.8	6 894.3	42 518
2011	22 301.5	1 763.3	12 326.8	8 211.4	50 930
2012	24 882.6	1 951.8	13 411.5	9 519.3	56 731
2013	27 246.2	1 973.4	14 179.3	11 093.5	62 068
2014	28 612.3	2 002.0	14 597.2	12 013.2	65 164
2015	28 555.6	2 053.7	13 198.2	13 303.7	65 092
2016	21 896.2	1 841.2	8 606.5	11 448.4	49 990
2017	23 409.2	1 902.3	9 199.8	12 307.2	53 527
2018	25 315.4	2 033.3	10 025.1	13 257.0	58 008

资料来源：辽宁省统计局，国家统计局辽宁省调查总队．辽宁统计年鉴2018［M］．北京：中国统计出版社，2019;辽宁省统计局，国家统计局辽宁省调查总队．辽宁省2018年国民经济和社会发展统计公报［EB/OL］．［2019-06-25］．http：//www.tjcn.org/tjgb/06ln/35764.html.

（4）人才优势

辽宁具有丰富的劳动力资源，劳动者素质较高。截至2018年年底，辽宁常住人口4 359.3万人，其中城镇人口2 968.7万人，占常住人口的比重为68.1%；乡村人口1 390.6万人，占比31.9%；16～59岁（含不满60周岁）人口2 837.0万人，占常住人口总数的65.08%。[①]截至2017年年底，辽宁省内共有各类学校16 274所，专任教师447 756人，各类学校在校生占全省人口的14%，义务教育巩固率为97.2%；其中普通高校115所，研究生培养机构45所，共培育本科、专科生261 115人，硕博士研究生39 439人。[②]2017年年末，有获得资质认定的检验检测机构1 477个，其中国家检测中心37个；有管理体系认证机构9个，产品认证机构5个，全年管理体系认证证书30 569种。[③]此外，辽宁积极引进人才，开启人才落户“绿色通道”制度，根据2018年辽宁省人民政府办公厅发布的《关于推进人才集聚的若干政策》，对于新引进或培养的高级及以上人才，省政府一次性给予每人最高100万元的奖励。丰富的劳动力资源和较高的劳动者素质，再加上劳动力价格相对便宜，有利于弥补日本和韩国劳动力价格较高的缺陷，有利于承接日本和韩国劳动力密集型产业转移。

（5）科技优势

辽宁十分重视科研的作用和价值。2018年全省科学研究与试验发展（R&D）经费支出438.2亿元，拥有从事科技活动的人员14.7万人，专利申

① 辽宁省统计局，国家统计局辽宁省调查总队. 辽宁省2018年国民经济和社会发展统计公报[EB/OL]. [2019-05-25]. http://www.tjcn.org/tjgb/06ln/35764.html.

② 辽宁省统计局，国家统计局辽宁省调查总队. 辽宁统计年鉴2018[M]. 北京：中国统计出版社，2019.

③ 辽宁省统计局，国家统计局辽宁省调查总队. 辽宁省2018年国民经济和社会发展统计公报[EB/OL]. [2019-05-25]. http://www.tjcn.org/tjgb/06ln/35764.html.

请65 686件，获国家科技奖的成果17项，技术市场各类技术合同成交1.8万项，技术合同成交额达499.9亿元。[①]此外，辽宁积极推进科技创新平台建设，调动各类资金对科研工作进行支持，出资成立了大连理工大学科学技术研究院等多个重点实验室和研究院，以加快创新发展步伐。同时，由国务院批准建立的大连高新技术产业园区作为国家首批高新技术产业园区之一，以互联网软件开发和信息技术服务外包为主导，发展电子商务、科技金融和动漫游戏及文化创意等特色现代服务业，经过20多年的开发建设，已经取得了可喜的成绩。目前，大连高新技术产业园区注册企业已超过5 000家，其中包括高新技术企业900余家、出口型企业380余家，以及IBM等100余家世界500强企业。[②]

6.2.2 辽宁参与东北亚区域经济合作的现状

（1）贸易领域

①贸易规模与结构

从贸易规模上看，伴随经济的快速发展，辽宁对外贸易额由2001年的199.1亿美元猛增至2018年的1 144.29亿美元（见表6-2）。值得注意的是，在2007年以前，辽宁对外贸易依存度超过40%，说明该时期总体经济以贸易为导向；但是在2008年金融危机过后，伴随世界经济低迷、外需动力不足，辽宁对外贸易依存度迅速下降至30%以下，这与危机后辽宁省委省政府意识到仅仅依靠贸易拉动经济发展极易受到外部因素的影响、风险较大有

① 辽宁省统计局，国家统计局辽宁省调查总队．辽宁省2018年国民经济和社会发展统计公报[EB/OL].[2019-05-25]. http://www.tjcn.org/tjgb/06ln/35764.html.

② 大连高新技术产业园区管理委员会．园区概况[EB/OL].[2019-05-23]. https://www.dlhitech.gov.cn/yqgk/gk/content.html.

很大关系，尤其是党的十八大以后辽宁贯彻落实国家政策、积极进行供给侧改革，2015年对外贸易依存度一度降至21%，缓解了对国际市场的高度依赖。近年来，辽宁出口额有所下降，进口额连年增加，进出口净额由顺差转为逆差，贸易平衡在不断调整中。

表6-2　2001—2018年辽宁进出口总额与对外贸易依存度情况表　金额单位：亿美元

年份	进出口总额	出口额	进口额	差额	对外贸易依存度
2001	199.1	111.1	88.0	23.1	33%
2002	217.4	123.7	93.7	30.0	33%
2003	265.6	146.3	119.3	27.0	37%
2004	344.4	189.2	155.2	34.0	42%
2005	410.1	234.4	175.7	58.7	41%
2006	483.9	283.2	200.7	82.5	41%
2007	594.7	353.3	241.5	111.8	40%
2008	724.4	420.5	303.8	116.7	37%
2009	629.2	334.4	294.8	39.6	28%
2010	806.7	431.2	375.5	55.7	29&
2011	959.6	510.4	449.2	61.2	28%
2012	1 039.9	579.5	460.4	119.1	26%
2013	1 142.8	645.4	497.4	148.0	26%
2014	1 139.6	587.6	552.0	35.6	25%
2015	960.9	508.4	452.5	55.9	21%
2016	865.2	430.7	434.6	-3.9	26%
2017	994.2	448.8	545.5	-96.7	29%
2018	1 144.29	487.97	656.31	-168.34	30%

资料来源：辽宁省统计局，国家统计局辽宁省调查总队．辽宁统计年鉴2018［M］．北京：中国统计出版社，2019；辽宁省统计局，国家统计局辽宁省调查总队．辽宁省2018年国民经济和社会发展统计公报［EB/OL］．［2019-05-23］．http：//www.tjcn.org/tjgb/06ln/35764.html.

从贸易结构上看，在2018年辽宁主要出口产品中，机电产品出口所占比重最高，2018年机电产品出口额217.38亿美元，占总出口额的44.34%；位居第二位的是高新技术产品、钢材和农产品，其中高新技术产品出口总额72.01亿美元，占出口总额的14.69%；钢材出口总额58.67亿美元，占出口总额的11.97%；农产品出口总额51.35亿美元，占出口总额的10.47%（见表6-3）。此外，服装及衣着附件和集成电路的出口额均超过33亿美元。

表6-3　2018年辽宁主要出口商品及比例

商品	出口额（亿美元）	同比增长	出口额占总出口额比例
机电产品	217.38	21.34%	44.34%
高新技术产品	72.01	29.65%	14.69%
钢材	58.67	4.37%	11.97%
农产品	51.35	4.77%	10.47%
服装及衣着附件	33.73	2.24%	6.88%
集成电路	33.20	110.35%	6.77%
粘土及其他耐火矿物	7.95	58.95%	4.88%
萤石（氟石）	0.01	57.12%	
天然硫酸钡（重晶石）	0.01	-16.09%	
滑石	1.00	-0.28%	
钼矿砂及其精矿	0.01	-56.49%	
煤及褐煤	0.00	-100%	
焦炭及半焦炭	0.09	59.99%	
原油	6.79	-19.74%	
成品油	5.13	-80.24%	
石蜡	2.89	-1.12%	
稀土及其制品	0.05	-21.97%	

资料来源：中华人民共和国沈阳海关．2018年1—12月辽宁省出口主要商品USD［EB/OL］.［2019-05-23］. http：//shenyang.customs.gov.cn/shenyang_customs/462357/462359/462360/2319544/index.html.

进口方面，在2018年辽宁主要进口商品中，机电产品进口比重依然最高，2018年进口额为177.82亿美元，占总进口额的27.82%；其次是能源进口，2018年原油进口170.60亿美元，占进口额的26.70%，天然气的进口额为45.72亿美元，占总进口额的7.15%；高新技术产品进口额为81.48亿美元，占总进口额的12.75%，但进口的主要是计算机集成制造技术；农产品进口额为52.30亿美元，占进口额的8.18%（见表6-4）。此外，对铁矿砂及其精矿的进口额也较多，2018年进口额高达37.38亿美元。

表6-4　2018年辽宁进口主要商品及比例

<table>
<tr><th>商品</th><th>进口额（亿美元）</th><th>同比增长</th><th>进口额占总进口额比例</th></tr>
<tr><td>机电产品</td><td>177.82</td><td>28.05%</td><td>27.82%</td></tr>
<tr><td>原油</td><td>170.60</td><td>24.80%</td><td>26.70%</td></tr>
<tr><td>天然气</td><td>45.72</td><td>90.62%</td><td>7.15%</td></tr>
<tr><td>成品油</td><td>6.48</td><td>252.86%</td><td>1.01%</td></tr>
<tr><td>高新技术产品</td><td>81.48</td><td>48.88%</td><td>12.75%</td></tr>
<tr><td>汽车零配件</td><td>44.86</td><td>26.26%</td><td>7.02%</td></tr>
<tr><td>农产品</td><td>52.30</td><td>-4.24%</td><td>8.18%</td></tr>
<tr><td>煤及褐煤</td><td>13.73</td><td>-24.78%</td><td>2.15%</td></tr>
<tr><td>铁矿砂及其精矿</td><td>37.38</td><td>17.82%</td><td rowspan="7">7.21%</td></tr>
<tr><td>锰矿砂及其精矿</td><td>1.15</td><td>-7.15%</td></tr>
<tr><td>铜矿砂及其精矿</td><td>6.19</td><td>26.35%</td></tr>
<tr><td>铬矿砂及其精矿</td><td>1.18</td><td>2.20%</td></tr>
<tr><td>铅矿砂及其精矿</td><td>0.05</td><td>-94.08%</td></tr>
<tr><td>氧化铝</td><td>0.04</td><td>-96.62%</td></tr>
<tr><td>电力</td><td>0.09</td><td>8.71%</td></tr>
</table>

资料来源：中华人民共和国沈阳海关．2018年1-12月辽宁省进口主要商品USD［EB/OL］．［2019-05-23］．http：//shenyang.customs.gov.cn/shenyang_customs/462357/462359/462360/2319678/index.html.

总之，在出口方面，辽宁出口主要依靠机电和高新技术产品，初级产品对出口虽然也有拉动作用，但不起主导作用；在进口方面，辽宁对原料和资源类的产品进口量较大，在计算机制造方面仍有技术欠缺。

从进出口企业性质来看，辽宁对外贸易主要依靠外商投资企业，其次是民营企业，最后是国有企业，2018年的进出口总额分别为496.86亿美元、352.95亿美元和294.09亿美元（如图6-1所示）。辽宁省内国有企业众多，大部分从事制造业及能源开采和开发工作，但上述数据表明，辽宁国有企业并没有充分发挥作用，缺乏国际竞争力。总体来说，辽宁以劳动密集型和技术密集型产品为主要进出口产品，农产品、水产品等初级产品也占有一定比重，对资源的进口依赖仍然比较严重；拥有数量较多的从事制造业的国有企业，但由于受国际能源价格影响较大，国有企业产品生产成本较高，对进出口的拉动能力较弱，因此目前对外贸易主要依靠外商投资企业和民营企业。

②国别贸易现状

从贸易合作对象角度看，辽宁在东北亚区域的主要贸易伙伴是日本、韩国及俄罗斯（见表6-5）。其中，辽宁的第一大贸易伙伴是日本，进出口贸易总额常年超过100亿美元，出口额大于进口额，呈贸易顺差。2015年以后，由于政治原因，中日双方贸易处于冷淡期，主要体现在辽宁对日进口、出口数额都大幅降低。2018年以来，受中日双方政治关系缓和影响，辽宁与日本进出口贸易全面恢复并创历史新高。多年来，辽宁与韩国进出口贸易额维持在90亿美元上下，其中2016年受“萨德”事件影响，辽宁对韩贸易额明显下降；之后随着半岛局势缓和，2018年辽宁与韩国贸易总额提升至辽宁与东北亚区域贸易往来的31.27%。另外，在我国与日、韩两国因政治原因导致贸易降温的同时，辽宁积极开展与俄罗斯、蒙古国及朝鲜的贸易

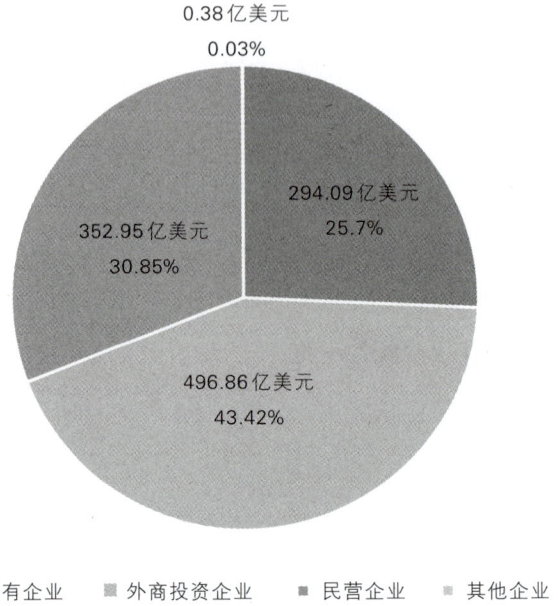

图6-1　2018年辽宁按企业性质分进出口总额及比例

资料来源：中华人民共和国沈阳海关．2018年1—12月辽宁省进出口企业性质USD［EB/OL］．［2019-05-25］．http：//shenyang.customs.gov.cn/shenyang_customs/462357/462359/462360/2319648/index.html．据此作图。

合作。2012年以来，辽宁与俄罗斯贸易总额连年增加。辽宁与俄罗斯的贸易以能源进口为主，极大地缓解了本省能源短缺现状。辽宁与朝鲜、蒙古国的贸易往来占辽宁与东北亚区域贸易往来的比重不高，仅为2.72%。2018年辽宁与朝鲜的贸易总额达到7.76亿美元，其中对朝鲜出口额达7.02亿美元，几乎是我国与朝鲜贸易总额的全部。[①]下一步，辽宁应抢抓半岛局势缓和、朝鲜大力发展经济的历史机遇，加大与朝鲜各领域合作力度，率先建成国内连接朝鲜合作的枢纽。

① 数据来源于《2018年辽宁省国民经济和社会发展统计公报》。

表6-5　辽宁与日本、韩国、俄罗斯贸易情况表　单位：亿美元

年份	日本			韩国			俄罗斯		
	总额	出口	进口	总额	出口	进口	总额	出口	进口
2012	155.9	101.26	54.64	90.16	55.76	34.42	24.55	10.98	13.56
2013	156.33	101.19	55.14	94.48	54.05	40.44	24.19	11.36	12.84
2014	148.77	95.85	52.92	95.66	53.86	41.8	24.31	11.79	12.52
2015	126.53	84.51	42.02	87.22	45.36	41.86	30.18	9.32	20.86
2016	127.32	78.25	49.08	80.19	40.39	39.8	32.54	7.96	24.59
2017	145.4	88.6	56.8	99.99	50.54	49.46	41.21	9.24	31.97
2018	163.46	98.12	65.34	96.92	47.81	49.1	41.09	10.99	30.1

资料来源：辽宁省统计局，国家统计局辽宁省调查总队．辽宁统计年鉴2018［M］．北京：中国统计出版社，2019．

辽宁省统计局，国家统计局辽宁省调查总队．辽宁省2018年国民经济和社会发展统计公报［EB/OL］．［2019-05-25］．http：//www.tjcn.org/tjgb/06ln/35764.html．

（2）投资领域

近10年来，辽宁利用外商投资规模经历了先升后降的发展态势。如图6-2所示，2014年以前，辽宁吸引外商投资额呈持续上升趋势，由2009年的154.44亿美元一度上升至2013年的290.4亿美元，但是2014年后开始下降，2015年出现了断崖式下跌，仅为51.85亿美元，2016年跌至29.99亿美元，2017年开始缓慢上升，近两年维持在50亿美元上下。辽宁吸引东北亚区域的外商投资主要来自日本和韩国，并且日、韩两国在辽宁的投资额变动趋势与辽宁的外商投资总额变动趋势基本相同。

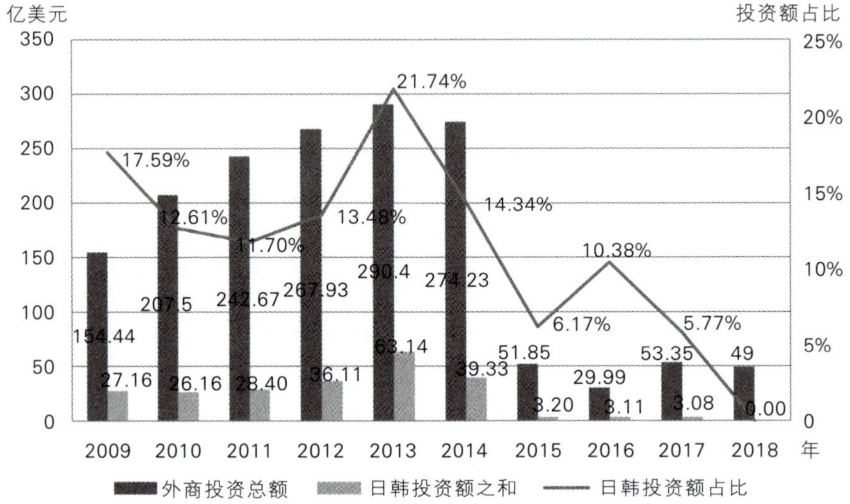

图6-2　2009—2018年辽宁吸引外商投资总额、日韩在辽投资额及其投资比例变动图

资料来源：辽宁省统计局，国家统计局辽宁省调查总队．辽宁统计年鉴2018［M］．北京：中国统计出版社，2019.

辽宁省统计局，国家统计局辽宁省调查总队．辽宁省2018年国民经济和社会发展统计公报［EB/OL］．［2019-05-23］．http：//www.tjcn.org/tjgb/06ln/35764.html.

具体来说，日本是辽宁在东北亚地区的第一大投资来源国，投资额在2013年高达43.01亿美元，占辽宁吸引外商投资总额的14.8%，之后开始下降，在2017年降到2.88亿美元；韩国对辽宁也有较为可观的投资额，在2011年前韩国的投资额曾超过日本，2011年后，虽然韩国对辽宁的投资额逐年增加，但增加幅度较小，并于2014年开始大幅度下降，2017年降至0.62亿美元（如图6-3所示）。总体来说，日本、韩国是辽宁在东北亚地区的主要投资来源国，但近几年来其投资情况均不容乐观。

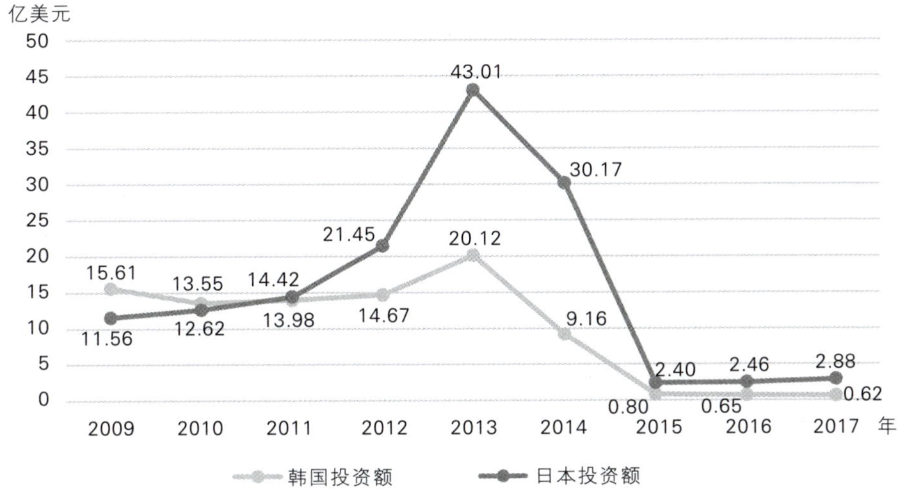

图6-3　2009—2017年日本和韩国对辽宁投资额变动图

资料来源：辽宁省统计局，国家统计局辽宁省调查总队．辽宁统计年鉴2018［M］．北京：中国统计出版社，2019．

辽宁省统计局，国家统计局辽宁省调查总队．辽宁省2018年国民经济和社会发展统计公报［EB/OL］．［2019-05-23］．http：//www.tjcn.org/tjgb/06ln/35764.html．

（3）入境旅游

辽宁地处东北亚自然地理的中心带上，属于温带大陆性季风气候区，光照充足、港口众多、交通便利。截至2017年年末，辽宁省内有星级以上宾馆671家，其中五星级及以上宾馆24家；旅行社1 489家；国家A级旅游景区454个，其中5A级旅游景区5个。[①]相对于东北亚其他地区，辽宁具有较强的旅游吸引力。在2017年入辽游客中，日本和俄罗斯游客所占比重较大，远超欧美及东南亚国家的入辽旅游人数。具体来说，2017年辽宁接待外国

① 辽宁省统计局，国家统计局辽宁省调查总队．辽宁统计年鉴2018［M］．北京：中国统计出版社，2019．

入境游客2 788 464人次，其中仅日本一国就达572 741人次，占总数的20.54%；俄罗斯为239 821人次，占总数的8.6%（见表6-7）。入境游客数量与国际关系息息相关，如2014年由于中日政治关系僵化，民众对彼此国家的好感度降低，旅游人数也因此降低，但近两年随着两国关系的缓和，日本来辽旅游的人数已基本恢复稳定。辽宁接待入境游客排名前五位的城市分别是大连、沈阳、鞍山、抚顺和丹东，这几个城市在辽宁的经济发展水平较高，基础设施普遍较为完善，旅游资源较为丰富。此外，辽宁各市已与东北亚多国地市建立友好城市关系，也有利于辽宁与东北亚国家进一步加深旅游合作关系。

表6-7　2012—2017年日本、俄罗斯入辽旅游人数情况　单位：人次

国别	2012年	2013年	2014年	2015年	2016年	2017年
日本	1 035 389	742 632	362 419	531 530	550 926	572 741
俄罗斯	276 869	323 372	170 418	202 173	224 550	239 821
⋮	⋮	⋮	⋮	⋮	⋮	⋮
总计	4 731 340	5 031 286	2 607 019	2 640 052	2 736 658	2 788 464

资料来源：辽宁省统计局，国家统计局辽宁省调查总队．辽宁统计年鉴2018［M］．北京：中国统计出版社，2019.

6.3　辽宁参与东北亚区域经济合作的潜力与效率分析

我们将采用随机前沿引力模型对辽宁参与东北亚区域经济合作的潜力进行分析和测定。限于数据可获性等原因，仅对贸易潜力及其影响因素进行

评估。

6.3.1 理论模型

随机前沿模型最初应用于生产函数随机前沿并预测企业效率方面，与国际贸易在最小成本下期望最大贸易流量在本质上是一致的，因此可以将随机前沿思想应用到国际贸易领域，用来分析贸易双方的最优贸易流量，即贸易潜力。

根据随机前沿模型，辽宁双边层面的国际贸易潜力评估可以表示为：

$$T_{ijt} = f(x_{ijt}\theta)e^{(e_{it} - \mu_{it})} \tag{6.1}$$

$$T_{jit}^{*} = f(x_{ijt}\theta)e^{(\sigma_{it})} \tag{6.2}$$

$$TE_{ijt} = T_{ijt}/T_{jit}^{*} = e^{-\mu_{it}} \tag{6.3}$$

$$\ln T_{ijt} = \ln f(x_{ijt}\theta) + \sigma_{it} - \mu_{it} \tag{6.4}$$

其中，T_{ijt}和T_{jit}^{*}分别表示辽宁（用i表示）对东北亚国家j的双边贸易量，x_{ij}是$1\times k$阶向量，表示影响贸易量的自然因素，如GDP、人均GDP、地理距离等，为待估参数。随机前沿分析将传统残差项分为随机误差项和贸易非效率项，所有不可观察变量均计入贸易非效率项μ。TE_{ijt}为贸易效率值，是实际贸易量占贸易前沿量的比值，可以根据TE值大小来判断样本是否具有贸易效率：如果TE=0，表示不存在贸易非效率情况，为无摩擦贸易，此时使用传统引力模型估计也将是无偏的；如果TE=1，表示贸易摩擦达到最大值。当TE∈（0,1）时，表示存在贸易非效率。由公式（6.3）可以看出，贸易非效率由非效率因素μ_{it}决定。

6.3.2 模型设定与数据来源

根据贸易引力模型和随机前沿思想，构建双边贸易层面的随机前沿引力模型为：

$$\ln T_{ijt} = \beta_0 + \beta_1 \ln PGDP_{it} + \beta_2 \ln PGDP_{jt} + \beta_3 \ln GDP_{it} + \beta_4 \ln GDP_{jt} + \beta_5 \ln Dist_{ij} + V_{ijt} - U_{ijt}$$

贸易非效率模型为：

$$U_{ijt} = \alpha_0 + \alpha_1 Lang_{ij} + \alpha_2 Border_{ij} + W_{ijt}$$

因此，包含贸易非效率项的随机前沿引力模型为：

$$\ln T_{ijt} = (\beta_0 - \alpha_0) + \beta_1 \ln PGDP_{it} + \beta_2 \ln PGDP_{jt} - (\alpha_1 Lang_{ij} + \alpha_2 Border_{ij}) + V_{ijt} - W_{ijt}$$

式中，β_0、α_0为常数项，β_1、β_2、β_3、β_4、β_5、α_1、α_2为待估参数；T_{ijt}为t时期辽宁与东北亚国家j的贸易量，数据来源为历年《辽宁省统计年鉴》；GDP_{it}为t时期辽宁的生产总值，GDP_{jt}为t时期东北亚国家j的GDP，$PGDP_{it}$为t时期辽宁的人均生产总值，$PGDP_{jt}$为t时期东北亚国家j的人均GDP，以上数据来源均为Wind资讯金融终端；$Dist_{ij}$为辽宁与东北亚各国地理距离，具体选取的是沈阳到东北亚各国首都间的直线距离，其中俄罗斯腹地辽阔且辽宁与俄罗斯合作主要集中在俄罗斯远东地区，因此使用沈阳到俄罗斯远东地区海参崴的直线距离，数据来源为谷歌地图；$Lang_{ij}$表示辽宁与东北亚国家j是否具有共同语言的虚拟变量，有相同民族且使用同种语言，赋值为1，否则为0；$Border_{ij}$为辽宁与东北亚国家j是否临近，包括陆地临近和海上临近，是则赋值为1，否则为0。V_{ijt}为t时期随机误差项，U_{ijt}为t时期贸易非效率项。囿于数据可获性原因，我们选取了1998—2017年辽宁与东北亚国家日本、韩国和俄罗斯作为研究样本。

6.3.3 假设检验

（1）多重共线性检验

在应用Frontier4.1软件进行随机前沿模型估计前，为避免无效率项影响因素对数据造成较大影响，在对包含非效率影响因素的随机前沿引力模型进行最大似然估计前，首先检验了无效率项中的因素是否存在共线性，以保证估计结果的准确性。使用Stata14软件进行多重共线性检验，结果见表6-8，估计得到最大的VIF值为1.33，远小于10，故无效率项的数据不存在多重共线性。

表6-8 多重共线性检验结果

变量	VIF	1/VIF
$Lang_{ij}$	1.33	0.75
$Border_{ij}$	1.33	0.75
平均VIF	1.33	

（2）贸易非效率项存在性及随机模型适用性的检验

检验随机前沿模型的适用性，即检验无效率项（贸易非效率项）U_{ijt}是否存在。这需要计算LR统计量并与相应自由度下的混合卡方分布临界值进行比较，即关键看是否接受原假设H_0：γ=0。估计得出有约束的对数似然值lnL（H_0）=-65.91，无约束的对数似然值lnL（H_1）=-10.46。似然比检验统计量LR=-2×［lnL（H_0））-lnL（H_1）］=-2×［（-65.91）-（-10.46）］=110.90。而5%显著性水平下的混合卡方分布临界值$\chi^2_{1-0.05}$（4）=8.76。显然LR统计量大于混合卡方分布临界值，应拒绝原假设，即模型存在贸易非效率项，采用随机前沿生产模型进行参数估计是合理的。此外，从随机前沿估计结果也可以看出γ=1.00且通过t检验，这也说明贸易非效率项的存在以及模型具有适用性。也就是说，辽宁与东北亚国家的双边贸易量存在非效率因素，具有进一步提升的潜力。

（3）是否包含收入变量的检验

检验模型是否包含收入变量，原假设H_0为“不包含收入变量”，即β_1 =

$\beta_2=0$，备择假设 H_1：$\beta_1\neq0$ 且 $\beta_2\neq0$。不含约束条件模型的备择假设下MLE估计得到对数似然函数值LLF=−10.46，含有约束条件模型的原假设对数似然函数值LLF=−50.49，则广义似然比的统计量 LR=−2×［lnL（H_0））−lnL（H_1）］=−2×［（−50.49）−（−10.46）］=−80.06，LR统计量大于5%显著性水平下的混合卡方分布临界值 $\chi^2_{1-0.05}$（4）=8.76，拒绝原假设，即随机前沿模型包含收入变量。

（4）是否包含经济规模变量的检验

检验模型是否包含经济规模变量，原假设 H_0 为“不包含经济规模变量”，即 H_0：$\beta_3=\beta_4=0$，备择假设 H_1：$\beta_3\neq0$ 且 $\beta_4\neq0$。不含约束条件模型的备择假设下MLE估计得到对数似然函数值LLF=−10.46，含有约束条件模型的原假设对数似然函数值LLF=−11.03，则广义似然比的统计量LR=−2×［lnL（H_0））−lnL（H_1）］=−2×［（−11.03）−（−10.46）］=1.14。而5%显著性水平下的混合卡方分布临界值 $\chi^2_{1-0.05}$（4）=8.76，接受原假设，模型不包含GDP项。产生这一现象的原因可能是辽宁仅是中国的一个省份，而日、韩、俄是国家，从供给角度衡量贸易流量大小，难免造成模型衡量偏差。因此，随机前沿引力模型修改为：

$$\ln T_{ijt}=\beta_0+\beta_1\ln PGDP_{it}+\beta_2\ln PGDP_{jt}+V_{ijt}-U_{ijt}$$

$$U_{ijt}=\alpha_0+\alpha_1 Lang_{ij}+\alpha_2 Border_{ij}+W_{ijt}$$

（5）是否包含距离变量的检验

检验模型是否包含距离变量，即原假设 H_0：$\beta_5=0$，备择假设 H_1：$\beta_5\neq0$。不含约束条件模型的备择假设下MLE估计得到对数似然函数值LLF=−11.03，含有约束条件模型的原假设对数似然函数值LLF=−11.81，则广义似然比的统计量LR=−2×［lnL（H_0））−lnL（H_1）］=−2×［（−11.81）−（−11.03）］=1.56，LR统计量小于5%显著性水平下的混合卡方分

布临界值 $\chi^2_{1-0.05}$（4）=8.76，接受原假设，故模型中不包含距离变量。

经检验，包含贸易非效率项的随机前沿引力模型最终修改为：

$$\ln T_{ijt}=(\beta_0-\alpha_0)+\beta_1\ln PGDP_{it}+\beta_2\ln PGDP_{jt}-(\alpha_1 Lang_{ij}+\alpha_2 Border_{ij})+V_{ijt}-W_{ijt}$$

6.3.4 估计结果与分析

应用Frontier4.1软件对随机前沿引力模型进行估计的结果见表6-9。从T值上看，所有估计结果均通过了5%的显著性检验。其中东北亚国家人均GDP对双边贸易弹性的估计系数为1.02，表示东北亚国家人均GDP平均每增加1%将使辽宁与东北亚各国双边贸易流量提高1.02%；辽宁人均GDP对双边贸易弹性的估计系数为0.31，表示辽宁人均GDP每提高1%将使双边贸易流量提高0.31%；辽宁与东北亚国家是否有相同民族且使用同种语言的影响系数为5.51，表明同族同言对双边贸易流量具有较强的正向影响，因此辽宁应充分利用省内朝鲜族优势，积极开展对韩贸易；是否临近对双边贸易流量的影响系数为负，与一般预期相反，这一方面印证了模型中不包含距离变量的检验，另一方面也表明辽宁加强东北亚区域经济合作不应拘泥于距离因素影响，实证研究结果表明了辽宁在俄罗斯市场具有较强的开拓潜力，而且该结论也与后文论证的与环渤海其他城市相比，大连和俄罗斯的经济联系具有较强的比较优势的结论相一致。

从辽宁与东北亚国家贸易潜力和贸易效率的实证分析结果来看，总体上，1998—2017年辽宁与日本、韩国、俄罗斯的贸易非效率项平均值为0.27，说明辽宁与以日本、韩国、俄罗斯为代表的东北亚国家贸易存在着非效率因素，双边贸易流量具有进一步改善和提高潜力。从贸易效率上看，考察期内日本和俄罗斯的贸易效率从1998年的0.64和0.45分别提高到2017年的0.92和0.92，该结论印证了近年来辽宁与俄罗斯贸易规模提升较快的客观

表6-9　随机前沿引力模型估计结果

变量	系数	标准差	T值
β_0	0.10	0.55	0.18
ln（PGDP)$_{it}$	1.02	0.04	23.61
ln（PGDP)$_{jt}$	0.31	0.04	7.77
α_0	-0.72	0.62	-1.16
Lang	5.51	2.77	1.99
Border	-11.34	4.26	-2.67
σ^2	2.16	0.57	3.79
γ	1.00	0.00	786.73
LLF	-11.81		
LR值	114.02		
自由度	4		

事实。但值得注意的是，20年来辽宁对韩国的贸易效率变化不大，基本维持在0.83左右。该结论一方面表明了辽宁在对韩贸易方面挖掘不够；另一方面，结合语言非效率影响因素系数，下一步辽宁充分利用境内朝鲜语优势，将是打破多年来对韩贸易效率停滞不前的有效路径。

6.4　将大连打造成东北亚经济联系枢纽的可行性分析

党的十九大做出以“一带一路”建设为重点、推动形成全面开放新格局、探索建设自由贸易港的重大决策部署。自贸试验区作为对接“一带一路”开放合作的关键改革平台与重要开放媒介，其根本宗旨在于以开放式制度平台建设倒逼国内深层次改革和推动新一轮高水平对外开放。辽宁是东北地区首个自贸试验区，其主要片区城市大连是对外开放的“龙头”，地处东北亚经济圈的中心地带，亦是“一带一路”东线的起点。作为国家首批对外开放的沿海城市和东北地区唯一纳入“一带一路”倡议总体规划的港口，大连在构建国内与东北亚经济联系枢纽、打造东北亚对外开放高地中，具有独特的区位优势、良好的开放条件以及先行开放的政策优势。后面将选取天津、青岛、烟台、连云港和大连环渤海五个主要城市，对其经济基础、开放程度等要素禀赋及与东北亚各国经济联系强度等方面的比较分析，科学判定大连打造东北亚对外开放新高地的可行性与必要性，为最大化辽宁自贸试验区大连片区政策先行优势效应、促进辽宁高效参与东北亚区域经济合作和加快融入“一带一路”建设、探索构建国内连接东北亚各国的经济枢纽，提供精准发力的思路指引与方案供给奠定基础。

6.4.1 基于对外贸易的比较分析

（1）外贸规模

从外贸规模上看，大连进出口总额高于连云港和烟台，落后于天津和青岛，在环渤海5个港口城市中处于中间位置。如图6-4所示，相对于青岛和烟台，2013年以后，大连与青岛的差距逐年拉大，与烟台的优势地位呈弱化趋势，其中2015年大连外贸总额仅高出烟台57亿美元，为近10年来的最小。产生这一现象的原因主要是近年来山东经济总量持续提升，已经跻身全国前三，仅次于广东和江苏。自2011年1月4日国务院批复《山东半岛蓝色经济区发展规划》以来，山东省委省政府抓住发展机遇，先后出台了《山东省“十三五”海洋经济发展规划》《关于推进长岛海洋生态保护和持续发展的若干意见》等措施文件，在践行“创新、协调、绿色、开放、共享”发展理念和“绿水青山就是金山银山”科学论断方面不断取得突破，目前蓝色经济区的青岛、烟台、威海3市已获批国家海洋经济创新发展示范市。2017年《中国海关》杂志公布的“中国外贸百强城市”名单中，山东有10市入围，其中青岛排名全国第15，青岛、烟台进入城市外贸效益竞争力与城市外贸发展竞争力榜单前30强。从一定意义上说，近年来山东经济的快速发展与认清国家发展形势、深入落实国家政策密切相关。

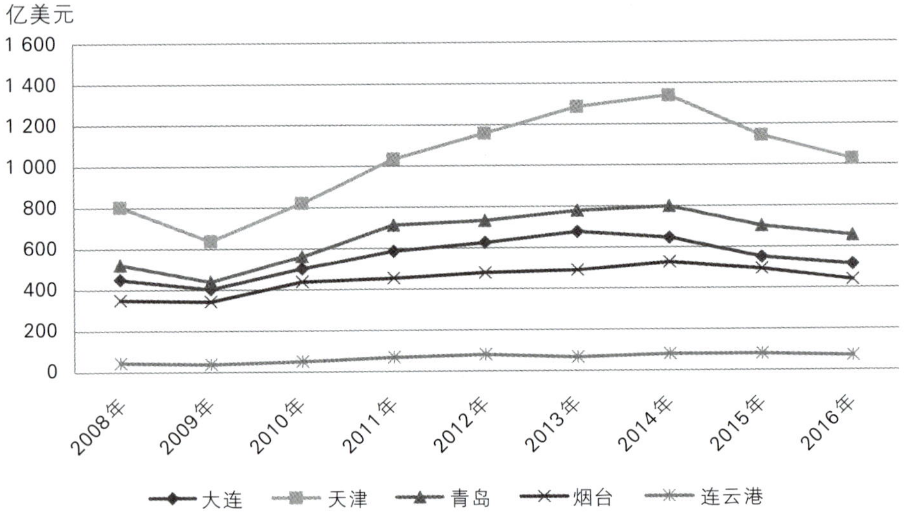

图6-4　2008—2016年环渤海5个港口城市进出口总额变化图

资料来源：作者根据大连、天津、青岛、烟台、连云港历年《统计年鉴》相关数据整理。

（2）外贸结构

从外贸结构上看，2017年大连一般贸易进口额占当年外贸总额的比重为28.4%，高于天津、青岛和烟台，其他指标均处于中下等水平，尤其是机电产品和高新技术产品出口比重，在环渤海4市的比较中居于最末位，显著落后于其他城市；从进口比重上看，这两类指标值也较低，分别为12.64%和6.95%（如图6-5所示）。这表明在机电产品和高新技术产品方面，大连进出口总额在贸易总额中所占的比重偏低，而加工贸易的进口和出口比重都相对较高，分别为27.3%和14.7%，在环渤海4市中排名靠前。因此，大连外贸结构较不合理，资本和技术密集型产业落后，主要是以劳动密集型产业为主，处于价值链高端的机电行业和高新技术行业亟待发展。

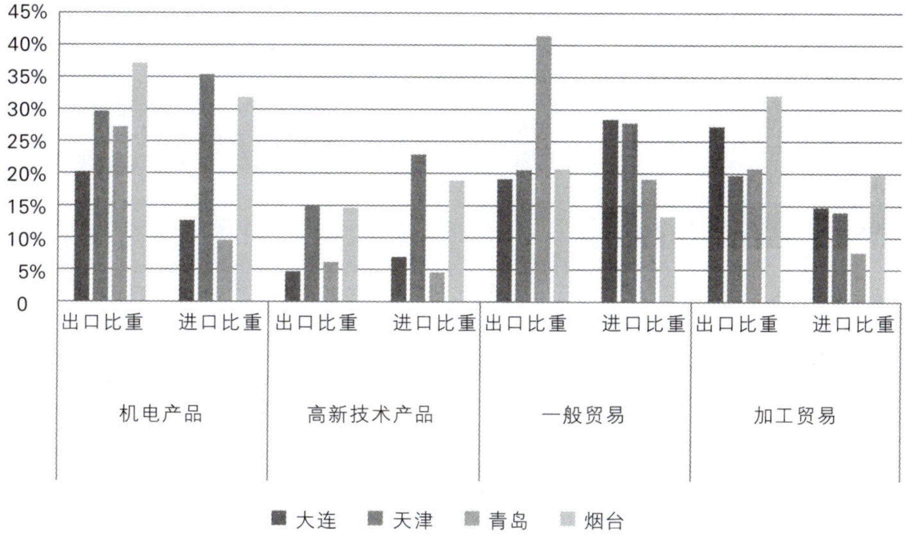

图6-5　2017年大连、天津、青岛、烟台对外贸易比重对比图

资料来源：作者根据大连、天津、青岛、烟台2017年《统计年鉴》相关数据整理。

（3）与东北亚各国的贸易规模

从与东北亚国家外贸规模看，日本和韩国是大连、天津、青岛、烟台环渤海四城市的主要贸易对象国（如图6-6和图6-7所示）[①]。从近三年对日、对韩出口额来看，大连对日出口较其他3市具有显著优势，总排名第一，其次是青岛、烟台和天津；但值得注意的是，近三年来大连出口额呈逐年下降趋势。大连对韩国出口总额在环渤海4市中排名最末位，且也呈现出逐年下降趋势。环渤海4市对韩出口排名依次为青岛、天津、烟台、大连，其中青岛近三年对韩出口总额为130.44亿美元，大连对韩出口总额不及青岛的一半。

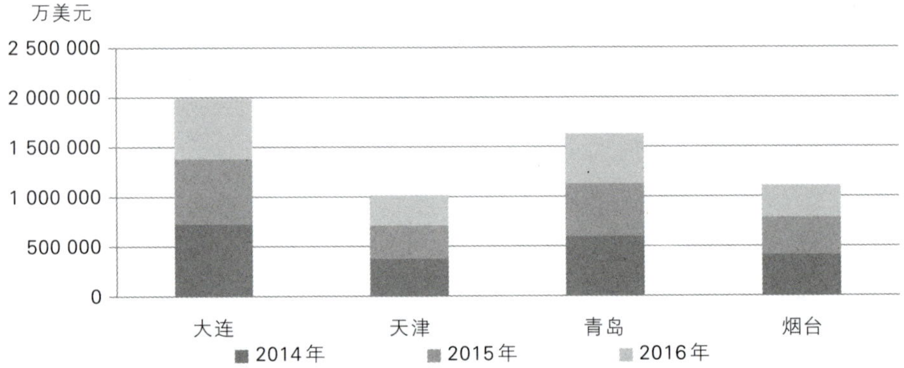

图6-6　2014—2016年大连、天津、青岛、烟台对日本出口总额

资料来源：作者根据大连、天津、青岛、烟台2017年《统计年鉴》相关数据整理。

青岛、烟台在对韩贸易方面的出色表现主要源于韩国已经成为山东继美国之后的第二大贸易伙伴。自2015年6月1日《中韩自贸协定》正式签署以来，山东积极抢占对韩贸易发展先机，一方面根据山东对韩贸易特

① 就所及数据而言，大连对日本、韩国、俄罗斯、蒙古国、朝鲜的进出口数据较为全面，天津只有对日本、韩国、俄罗斯的进出口数据，青岛主要为对日本、韩国出口数据，烟台仅为近三年的对日本、韩国、俄罗斯外贸数据，连云港相关数据暂未取得，这也可以从一定程度上说明，连云港与东北亚经济联系强度较弱，该判断与后文分析恰好吻合。

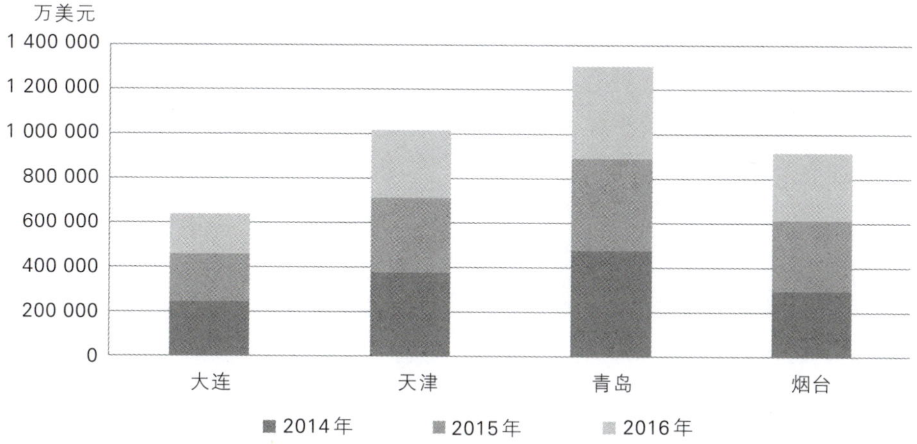

图6-7　2014—2016年大连、天津、青岛、烟台对韩国出口总额

资料来源：作者根据大连、天津、青岛、烟台2017年《统计年鉴》相关数据整理。

点，制定了一系列有针对性的贸易便利化措施；另一方面，扎实推进（烟台）对韩产业园建设。2017年12月15日，在韩国总统文在寅访华期间，国务院发布了《国务院关于同意设立中韩产业园的批复》（国函〔2017〕142号），同意在烟台等三地设立中韩产业园。中韩（烟台）产业园成功获批，与烟台前期持续、扎实地推进工作密切相关，2017年烟台先后组织32批次赴韩经贸招商和合作交流活动，全市新批韩资项目57个，实际使用韩资10.4亿元，对韩进出口总额536.3亿元，成为山东17个地市中对韩贸易额最大的城市。2018年11月19日，山东省人民政府印发《中韩（烟台）产业园建设实施方案》，该方案以全方位深化对韩合作为基本出发点，在推进区域合作、产业发展、体制改革、科技创新等方面做了具体要求。可以预见，今后一段时期内山东将以中韩（烟台）产业园为平台、载体，加大资源要素倾斜力度，在创新灵活体制机制、加大金融和税收政策支持、强化国际贸易功能集成等方面率先对韩开展先行先试。综上可知，烟台乃至山东善于抓住机遇和快速行动的精神，值得大连深入反思与学习。

6.4.2 基于港口发展的比较分析

（1）泊位数

港口泊位数是指港口可以提供的同时停靠船舶的数量。泊位数的多少，直接影响一个港口货物吞吐量和装卸货物的效率，是影响港口城市发展的重要因素，合理的泊位数既不会造成港口资源的浪费，也不会出现港口泊位供应不足、船舶难以停靠的情况。如图6-8所示，目前大连港口总泊位数为248个，在环渤海5个港口城市中处于领先地位，高于烟台、天津、青岛和连云港，但万吨级及以上泊位数目少于天津（大连104个、天津122个）。这说明大连硬件基础设施建设较好，但在大吨位运输服务方面仍有改善的余地。

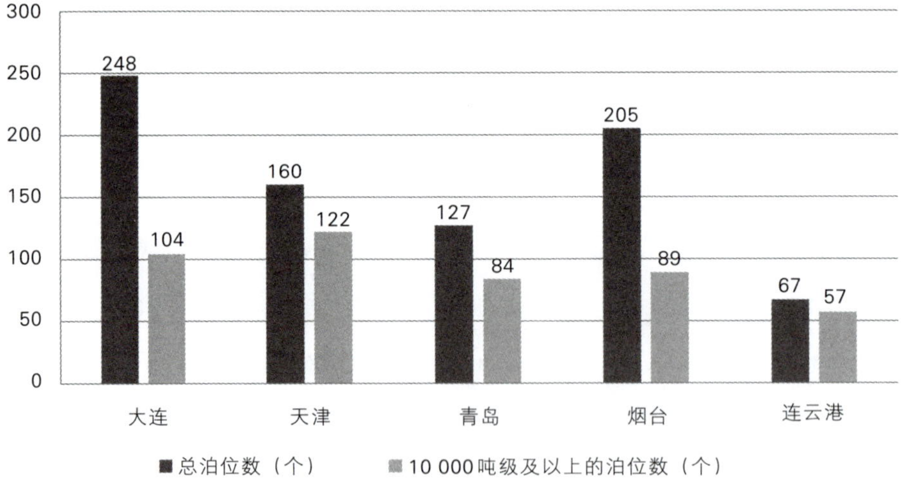

图6-8　大连、天津、青岛、烟台、连云港泊位数比较图

资料来源：Wind资讯金融终端。

（2）吞吐量

港口吞吐量是衡量港口规模大小的重要指标，是指在一定时间内港口装卸货物的数量，主要包括港口货物吞吐量和旅客吞吐量。吞吐量受港口泊位数、港口经济腹地的影响较大。

①港口货物吞吐量

从港口货物吞吐量来看，近10年来大连港口货物吞吐量在环渤海5个港口城市中一直处于中间位置（落后于天津港和青岛港）。2008—2013年以较为平稳的速度增长，年增长率基本保持在10%左右，但2013年以后增长速度呈逐年下降趋势。尤其是2015年大连港口货物吞吐量大幅度下滑，一度呈现负增长（增速约为-2%）状态，与位居第二位的青岛港差距进一步拉大。2016年后情况有所扭转，货物吞吐量略有增加，2016年和2017年增速分别提高至5%和4%。港口货物吞吐量在一定程度上反映了经济发展水平，大连港口货物吞吐量的波动与同时期大连经济发展变化相一致。从大连港口货物吞吐量占全省港口货物吞吐量的比重来看，近5年一直在33%上下徘徊，仍有下降的趋势，说明大连港口的核心优势地位未得到充分体现，这与辽宁6个主要港口面向腹地高度重合、经营货种大部分相同、港口重复建设严重、经营同质化问题突出有很大关系。

②港口集装箱吞吐量

集装箱吞吐量是一种伴随产业结构转型升级、反映港口运输规模化和规范化以及港口效率和技术水平的重要指标；集装箱吞吐量占货运总量比重越大，表明港口的资源整合能力越好。从港口集装箱吞吐量来看，近10年来大连港口集装箱吞吐量排名在青岛、天津之后，在连云港之前。其中，2008—2013年大连港口集装箱吞吐量呈现出显著的上升趋势，2014年达到峰值1 013.2万标箱，此后呈现出微弱下降且徘徊不前的态势，同比增长率亦出现大幅下滑。2015年增长率为-6.7%；2016年增长率由负转正，为1.4%。在世界主要港口的集装箱吞吐量排名中，2016年大连港排名第16位，国内排名第9位，远低于世界集装箱吞吐量排名第8位的青岛港和排名第10位的天津港。

（3）货物周转量

货物周转量是运输企业所运货物吨数与其运送距离的乘积，以复合指标吨公里或吨海里为单位表示，其计算公式为：货物周转量=实际运送货物吨数×货物平均运距。货物周转量指标不仅包括运输对象的数量，还包括运输距离的因素，是能够全面地反映运输生产成果的指标。计算货物周转量通常按发出站与到达站之间的最短距离，也就是计费距离计算。

从货物周转量来看，近10年来大连货物周转量呈上升趋势，特别是2012年以后，反超天津港，成为环渤海5个港口城市中的货物周转量最大的城市，而天津、青岛在2011年货物周转量呈断崖式下降，尤其是天津从2011年的10 121亿吨公里，跌至2016年的2 117亿吨公里，增长率为-79.1%；青岛2011年至2016年增长率为-65%。大连货物周转量2016年为8 137.2亿吨公里，远高于同期天津的2 117亿吨公里、青岛的1 366.9亿吨公里、烟台的567.2亿吨公里和连云港的292.6亿吨公里。结合前述货物吞吐量指标，大连港货物吞吐量在环渤海5个港口城市中只是处于中等水平，落后于天津和青岛，但是货物周转量却高于其他港口城市，从中可以推断出，大连港以长距离货物运输为主，辐射范围要大于其他港口城市。

（4）成长能力与盈利能力①

①成长能力

成长能力可用营业收入的增长率来表示，反映港口未来发展的潜力和发展速度。从成长能力来看，近5年来大连港成长能力波动较大，总体呈下降趋势，虽然2013—2016年大连港营业收入增长率一直为正，但2017年剧烈下滑至-29.52%；与之相对应，青岛港营业收入增长率5年来一直处于正增长状态，营业收入逐年增加，2017年营业收入增长率接近20%。另外，除大连港外，环渤海其他3个港口（青岛港、天津港和连云港）近3年成长能力都是不断提升的，说明大连港近年来面临着严峻的竞争压力，未来不容乐观。

②盈利能力

盈利能力=净利润÷营业总收入，是衡量企业利润的重要指标，研究港口的盈利能力对分析港口竞争力具有很强的现实意义。从图6-9可以看出，大连港盈利能力总体呈逐年下降趋势，盈利指标值从2012年的12%降至2016年最低点5%，2017年微弱上升至6%；青岛港的盈利能力在环渤海4市中排名最高，盈利指标值从2012年的22%上升到2017年的32%，远高于其他3个港口城市，且呈逐年上升的趋势；天津港的盈利能力于2015年反超大连港，2016年天津港盈利能力指标值最高为14%，领先大连9个百分点；连云港的港口盈利能力亦呈逐年下降趋势，2016年和2017年连续两年盈利能力为零。

---

① 由于烟台港至今没有上市，受数据获得限制，成长能力与盈利能力仅对大连、天津、青岛、连云港环渤海4市进行比较分析。

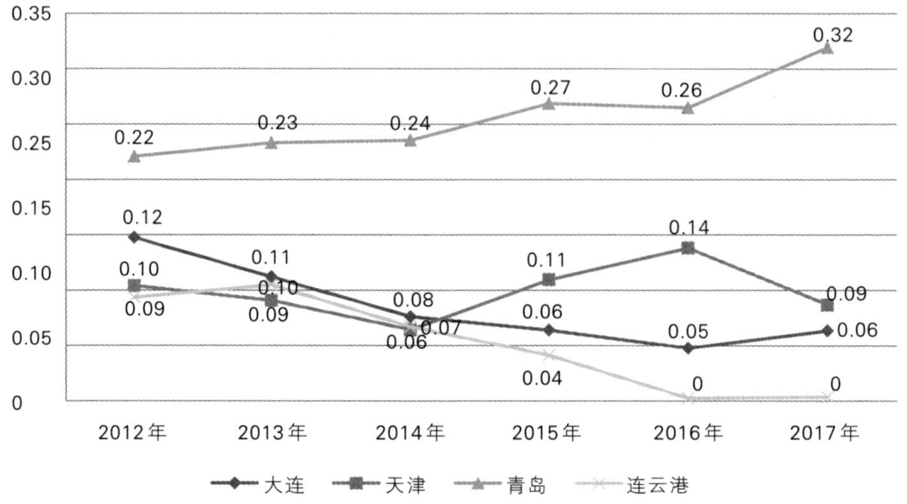

图6-9　大连、天津、青岛、连云港港口盈利能力比较图

资料来源：Wind资讯金融终端。

6.4.3　基于对外开放度的比较分析

（1）贸易开放度

贸易开放度即对外贸易依存度，是衡量一国或地区经济对对外贸易依赖程度的指标，其定量表现为一国或地区进出口贸易总额与国内生产总值（GDP）之比，主要受一国或地区对外贸易政策和经济规模影响。如图6-10所示，近10年来环渤海5个港口城市中除连云港外，其他城市贸易开放度都处于下降趋势，从2008年的80%左右下降到2016年的不足50%。其中，2016年环渤海5个港口城市贸易开放度大连最高，为50.18%，其次是青岛、烟台、天津、连云港。这表明大连的对外贸易活动对经济发展的影响较大，经济外向程度较高，大连拥有外向型经济发展的良好基础，能够为港口发展带来更多的贸易量。但同时也应当看到，较高的对外贸易依存度也隐藏着一

定的风险，即本地区的经济容易受世界经济大环境的影响，因此对外贸易依存度应该保持在一个合适的水平上，较高或较低都不利于经济的发展。

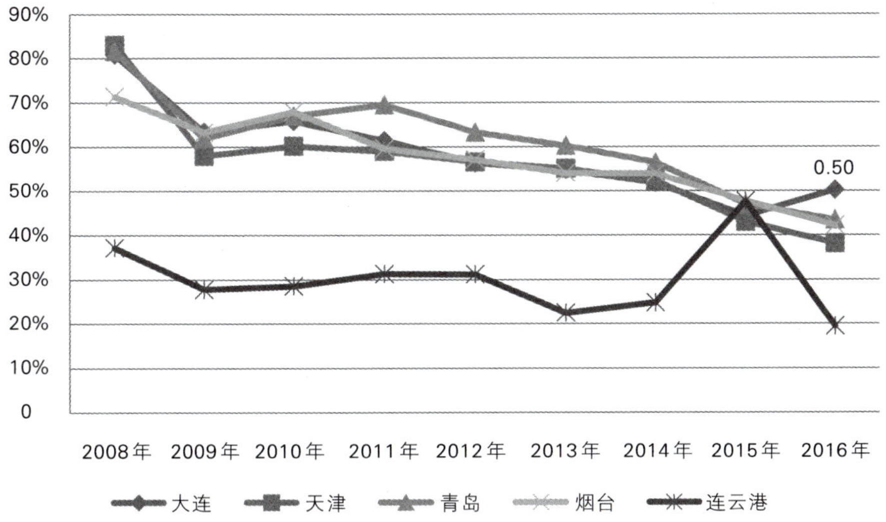

图6-10　大连、天津、青岛、烟台、连云港贸易开放度比较图

资料来源：作者根据大连、天津、青岛、烟台、连云港历年《统计年鉴》相关数据整理。

（2）经济开放度

经济开放度是对外开放度的重要组成部分，是衡量一个国家或地区融入国际市场、参与国际分工的程度。焦欢和单宁（2018）认为经济开放度应既能反映城市对国际市场要素的吸收与引进能力，又体现城市在国际市场中的参与水平和影响程度。他们选取贸易开放度、金融和投资开放度以及劳务开放度为城市经济开放度测算的二级指标，对全国19个副省级及以上城市经济开放度进行测评，结果显示平均值为68.56，排名位于平均线以上的城市有上海（84.59）、北京（83.58）、深圳（81.93）、厦门（74.31）、大连

（69.68）、天津（69.43）、青岛（68.58）。其中，大连的经济开放度高于同处于环渤海经济圈的天津和青岛，与前述贸易开放度的测算结果基本吻合。此外，值得注意的是，除北京外，经济开放度高于平均值的城市均为沿海城市，它们的共同点是具有天然的港口优势、对外贸易繁荣且金融投资开放度较高。例如，排名第一的上海是我国最大的外贸港口，口岸贸易额近年来占全球和全国的比重稳步上升；良好的营商环境也是上海吸引外商投资最重要的因素之一。这些都是大连提高经济开放度可借鉴的因素。

6.4.4 基于辐射能力的比较分析

“腹地”一词源于对港口城市的研究。腹地是港口赖以生存的基础和保障，是港口运输功能得以发挥的前提。腹地经济的发展为港口及港口城市的发展提供强有力的动力支持；反过来，港口的发展对港口城市及腹地经济发展起到了辐射带动作用。港口发展与腹地经济发展，二者是相互促进、密切关联的。腹地范围的确定一般用经济辐射力大小表示。经济辐射力是指中心城市对周边地区的发展带动力和综合影响力，是区域之间保持相互联系、相互作用的基本方式。城市经济辐射力的大小一般随距离的增加而衰减，且主要和该城市规模成正比、和相邻城市的距离成反比，即港口对腹地的吸引力存在“规模效应”和“递远递减”现象。当两座城市的吸引力相同时，就形成了断裂点，一系列的断裂点的连线就为该城市的腹地边界。根据断裂点理论，断裂点计算公式为：

$$d_A = \frac{d_{AB}}{1 + \sqrt{P_B/P_A}}$$

其中，d_A为从断裂点到A城市的距离，d_{AB}为两城市之间的距离（实际研究取直线距离），P_A、P_B为城市A、B的城市规模（$P = \sqrt[3]{x_1x_2x_3}$，x_1、x_2、x_3分别为经济总量、年末总人口、建成区面积），并且$d_A + d_B = d_{AB}$成立。

经计算，环渤海5个港口城市对东北地区的辐射能力如图6-11所示，大连与内蒙古呼和浩特的断裂点距离占两市直线距离比重超过了50%，表明大连对内蒙古的辐射能力较强，而大连与辽宁、吉林、黑龙江3个省会城市的断裂点距离占直线距离比重未能超过50%，表明大连对辽宁、吉林、黑龙江的经济辐射能力较弱；与之相对应，天津是环渤海5个港口城市中对东北地区经济辐射能力最强的城市，对东北地区4个省会城市的经济辐射能力都超过了50%；青岛位居第二，对东北地区4个省会城市的经济辐射能力也都超过了50%；连云港的经济辐射能力最弱。该结论扭转了一般意义上认为东北地区隶属大连腹地范围的结论，从经济意义上讲，东北地区已经不再是大连的经济腹地范围，大连对东北地区的经济辐射能力并不强，而且面临着来自天津、青岛的腹地挣脱威胁。

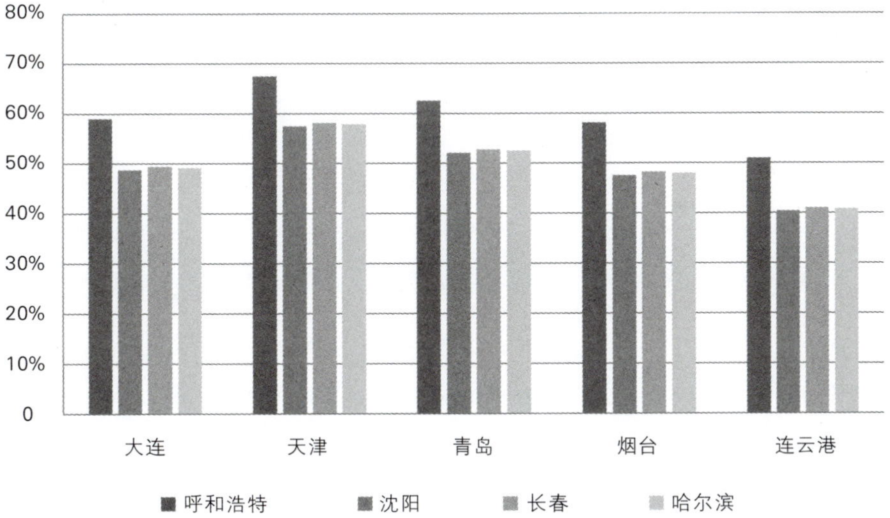

图6-11　大连、天津、青岛、烟台、连云港对东北地区辐射能力比较

资料来源：作者根据国家统计局、中华人民共和国住房和城乡建设部网站数据和大连、天津、青岛、烟台、连云港《统计年鉴》及谷歌地图数据整理计算。

6.4.5 基于与东北亚各国经济联系能力的比较分析

经济联系值是衡量某一地区城市间经济联系强弱的指标，反映了中心城市与周边城市联系的紧密程度。我们使用该指标，以东北亚国家作为空间范围，采用引力模型分别测算大连、天津、青岛、烟台、连云港与东北亚国家之间的经济联系强度。引力模型是一种计算空间相互作用强度、空间结构、经济联系方向的计量方法，能够定量描述城市之间经济联系大小，其计算公式为：

$$F_{ij} = k_{ij}\frac{\sqrt{P_iG_i}\sqrt{P_jG_j}}{D_{ij}^2}, \quad k_{ij} = \frac{G_i}{G_i + G_j}$$

其中，F_{ij}表示i城市对j城市的经济联系，P_i和P_j为两城市的人口数量，k_{ij}为j经济引力系数，表示城市i对F_{ij}的贡献率，G_i和G_j为两城市的经济总量，D_{ij}为两城市间的最短交通距离。

考虑相关数据的可获得性，采用2015年经济总量、户籍人口以及大连、天津、青岛、烟台、连云港到东北亚国家首都城市的直线距离进行分析。经计算，环渤海5个港口城市与东北亚国家经济联系强度如图6-12所示。可以看出，大连与朝鲜的经济联系能力较强，经济联系强度指标值超过20%，这可能与大连距离朝鲜较近有关；大连与发达国家日本和韩国的经济联系强度明显低于天津和青岛，且大连与俄罗斯的经济联系强度也弱于天津，但与青岛旗鼓相当；环渤海5个港口城市与蒙古国的经济联系普遍较弱；连云港与东北亚国家的经济联系强度在环渤海5个港口城市中最弱。总之，通过环渤海5个港口城市经济联系强度的比较可以看出，大连与东北亚国家的经济联系强度处于中等水平，竞争优势不明显。

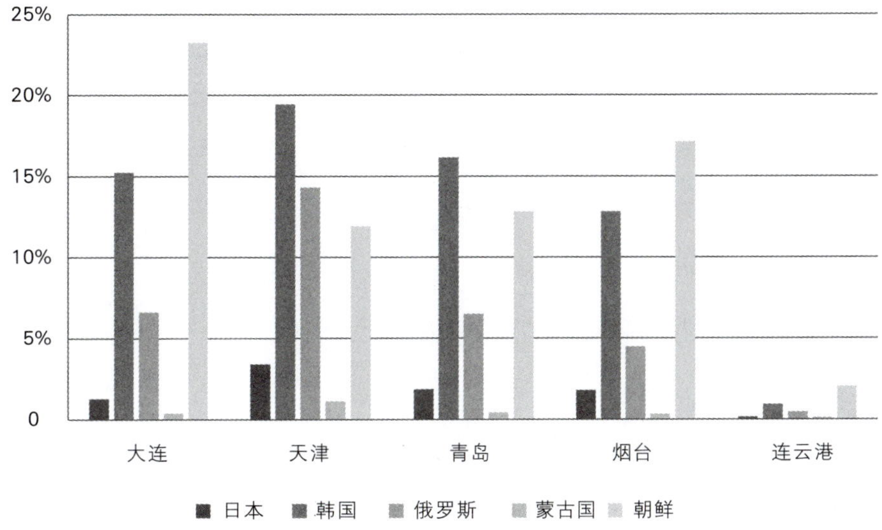

图6-12　大连、天津、青岛、烟台、连云港与东北亚国家经济联系强度比较

资料来源：作者根据国家统计局和大连、天津、青岛、烟台、连云港《统计年鉴》及谷歌地图数据整理计算。

通过与环渤海5个港口城市的经济基础、开放程度等要素禀赋及与东北亚各国经济联系强度等方面的比较分析可知，大连在构建国内与东北亚经济联系枢纽，打造东北亚开放高地方面的优势有：①具有较好的开放基础，经济开放程度较高；②港口泊位数较多，基础设施相对完善，但万吨级及以上泊位数有待增加；③货物周转以长距离货物运输为主，在大宗商品的聚散方面具有比较优势；④对内蒙古的经济辐射力较强，腹地范围较大；⑤与朝鲜和俄罗斯的经济联系强度具有比较优势；⑥是我国对日本出口的重要地区，但与韩国的贸易合作尚需加强。

6.5 辽宁参与东北亚区域经济合作面临的主要问题及原因分析

6.5.1 主要问题

（1）合作规模较小，区位等优势没有充分发挥

辽宁位于东北亚区域的中心位置，距离东北亚各国具有得天独厚的区位优势，但参与东北亚区域经济合作的规模与其优越的区位优势并不匹配。实际上，与辽宁在区位、资源、语言、习俗等具有一定相似性的山东，参与东北亚区域经济合作的规模远超过辽宁。2017年，辽宁全年进出口贸易总额仅为994.2亿美元，相比之下，山东的进出口贸易总额为2 630.6亿美元，是辽宁的2.7倍。其中，2017年山东与日本的进出口贸易总额为213.67亿美元，远高于辽宁的145.4亿美元；山东与韩国的进出口贸易总额为287.69亿美元，大大高于辽宁的99.99亿美元；山东与俄罗斯的进出口贸易总额为106.86亿美元，大大高于辽宁的41.21亿美元。此外，山东的外商投资规模也远高于辽宁，2017年山东外商投资额为178.57亿美元，远高于辽宁的49亿美元。但在接待外国旅游人次方面，2017年辽宁接待俄罗斯及日本的旅游人次超过山东。综上可以看出，山东与东北亚国家经济合作的规模高于辽宁，辽宁优越的区位、资源及语言优势没有充分发挥出来。尽管辽宁有大量朝鲜语居民，但对朝鲜语的重视程度不够，没有开设朝鲜语课程，语言优势没有在与韩国的经济合作中起到实质性作用。而且，辽宁良好的工业基础和较低的劳动力成本优势，也没有吸引到足量的外商投资额。反观山东，在山东省委省政府的高度重视下，不断优化基础设施和投融资环境，提供了大量

如签证办理、产业园区建设方面的优惠政策，并抓住了韩国产业转移的机会，充分利用中韩FTA签订契机，使威海成为中韩地方经济合作示范区，为山东参与东北亚区域经济合作起到了很好的引导和示范作用。这种对机遇的把握能力和高效的执行能力，值得辽宁深入学习与反思。

（2）合作结构欠佳，合作层次较低

辽宁参与东北亚区域经济合作的领域主要体现在贸易和投资两方面，其中对外贸易依存度曾一度高达42%。近年来，随着辽宁产业结构不断调整，对外贸易依存度有所降低，但仍为30%左右。过高的对外贸易依存度使辽宁极易受到外部市场的影响，丧失合作的主动权和话语权，加剧了参与东北亚区域经济合作的不稳定性。从整体上看，辽宁的外商投资主要集中于制造业领域，高新技术产业和现代服务业的外资引入量并不多，外商投资在辽宁产业结构优化升级中没有发挥实质性作用。从与东北亚国家合作领域来看，辽宁与东北亚各国在金融、高新技术、港口、装备制造、能源等行业的合作也相当有限，且整体结构不合理，其原因主要在于辽宁自身的产业结构不尽合理。辽宁是我国重要的老工业基地，但传统产业产能过剩严重、战略性新兴产业占比较低，产业结构重型化问题较为突出。虽然近年来辽宁第三产业发展较快，但基础不牢，新兴产业发展也比较有限，竞争力不如山东等第三产业基础较好的、经济更为发达的省份，因此在承接日韩产业转移和开展服务业合作方面，进展较为缓慢。

（3）贸易伙伴主要是日韩两国，易受外部因素影响

辽宁与东北亚国家进行经济合作的主要对象为日本和韩国，其次是俄罗斯，与朝鲜贸易往来金额较少（但几乎是我国与朝鲜的贸易总额），与蒙古国的经济合作尚未完全展开。具体来说，日本是辽宁的第一大贸易伙伴，2018年辽宁与日本贸易额占辽宁与东北亚各国贸易总额的52.74%；韩国是

辽宁的第二大贸易伙伴，2018年辽宁与韩国贸易额占辽宁与东北亚各国贸易总额的31.27%。辽宁与朝鲜和蒙古国的贸易额占辽宁与东北亚各国贸易总额的比重之和仅为2.72%，几乎是辽宁与日、韩贸易额比重之和的1/30，差距非常悬殊。近年来，辽宁与俄罗斯贸易往来日益密切，其中对俄进口额呈逐年递增态势，这主要源于对俄进口原油量大幅增加。总之，辽宁在东北亚区域经济合作中的伙伴过于集中，容易受到他国政治、经济波动等因素影响。

（4）合作区域发展不平衡，区域合作重视程度有待提高

辽宁在东北亚区域经济合作中存在着较为严重的合作区域不均衡的问题。大连对外贸易额“一家独大”，远超过辽宁其他地区，2017年大连对外贸易额为356.30亿美元；其次是沈阳，2017年对外贸易额为81.54亿美元；排名第三位的营口同期贸易额仅为23.28亿美元。①贸易发展不平衡造成合作区域的不均衡性，对于辽宁深度参与东北亚区域经济合作是非常不利的。相对而言，山东在参与东北亚区域经济合作中的内部分布较为均衡。2017年，青岛在全省进出口贸易额中位列第一，贸易额为295.21亿美元；烟台紧随其后，贸易额为197.44亿美元；排名第三位的是东营，贸易总额为144.35亿美元；日照、威海、潍坊和滨州的贸易额也都超过了50亿美元。②分析山东对外贸易区域发展较为均衡的原因，除了山东各地经济基础较好以外，也离不开各地市对区域合作的重视。而辽宁省内区域经济发展不平衡，城市化进程和贸易往来地区差距较大，是制约参与东北亚区域深度经济合作的重要

---

① 辽宁省统计局，国家统计局辽宁省调查总队．辽宁统计年鉴2018[M]．北京：中国统计出版社，2019.

② 山东省统计局，国家统计局山东省调查总队．山东统计年鉴2018[M]．北京：中国统计出版社，2019.

原因。

（5）制度性合作机制缺乏，功能性合作机制亟待加强

从国家层面看，目前我国参与东北亚区域经济合作以功能性合作为主，缺乏制度性合作框架。中央政府出面主导的制度性合作主要是中、日、韩三国正在努力推进的自贸区建设和“10+3框架下的中、日、韩合作”及该框架下的各种合作机制，功能性合作的主要平台有图们江区域经济合作平台、环渤海经济区合作平台、正在建设的“冰上丝绸之路”以及中国–东北亚博览会和东北亚和平与发展论坛等国际议事平台。我国参与东北亚区域经济合作的最大问题就是缺乏同时包含东北亚6国在内的东北亚区域合作机制或平台。东北亚各国缺少合作渠道，也没有任何针对东北亚区域各国合作的制度保障或机构，蒙古国、朝鲜和俄罗斯想要参与东北亚区域的经济合作，没有合适的合作渠道，只能依赖双边贸易。这也是造成当前东北亚区域经济一体化进程十分缓慢的重要原因之一。从省级层面看，辽宁仅是中国东北地区最南部的一个省份，在目前国家间制度性合作较少的情形下，辽宁在东北亚区域的经济合作主要依靠地方政府或民间组织主导的功能性合作，但是由于近年来辽宁经济发展水平呈下滑态势，缺乏合作的配套设施，在环渤海经济区内竞争力不强，合作规模不如山东等经济发展水平较好的地区。相比较而言，在东北地区，辽宁与东北亚各国地方政府和领导人的交流和互动水平不如吉林。但是2017年辽宁自贸试验区的批准设立，为辽宁参与东北亚区域经济合作提供了良好的契机与平台，应充分利用好自贸试验区先行先试的政策优势，深度参与东北亚区域经济合作。

6.5.2 原因分析

（1）政治因素是导致辽宁区位优势未能充分发挥的主要原因

东北亚地区拥有超过2 000年的历史，中国在东北亚地区长期扮演着重要角色，但是自第二次世界大战以后，东北亚地区的局势发生了翻天覆地的变化，日本的侵略为东北亚国家带来了很大创伤，冷战期间意识形态的对立和社会制度的差异加剧了东北亚地区的紧张局势。目前，东北亚区域仍然是世界上国际关系最复杂、矛盾最尖锐的地区之一，一些历史遗留问题尚未解决，岛屿纠纷、海域争端、朝核问题层出不穷。中国在钓鱼岛主权和东海海域划界以及台湾问题上与日本有较大分歧；日本和韩国存在独岛（日本称为竹岛）争端；日本与朝鲜因历史及朝核问题至今没有建交；日本与俄罗斯因北方四岛（俄罗斯称南千岛群岛）的归属问题也尚未签署和平协议。从根本上说，东北亚国家之间的矛盾就是政治矛盾，各国对东北亚区域的政治敏感度较高，也因此缺乏互信。此外，美国也为东北亚局势增加了不确定性，如美国在韩国部署萨德导弹防御系统、退出TPP协议，都使东北亚局势更为复杂。辽宁在东北亚区域的经济合作长期受制于东北亚地区的政治关系，如果没有国家层面的制度性合作，辽宁优越的区位优势很难充分发挥出来。但近年来，随着美国在东北亚区域的战略重心有所转移，中、日、韩合作重回快车道，加之朝鲜正在大力发展经济，俄罗斯也已将远东地区的发展提上议程，以及朝鲜半岛局势的缓和，辽宁必将伴随我国“一带一路”建设的不断推进和辽宁自贸试验区的深化发展，迎来东北亚区域经济合作的高潮期。

（2）制度因素是影响辽宁能否长期在东北亚区域经济合作中站稳脚跟的重要原因

由于历史原因，东北亚各国在发展中选择了不同的社会制度和经济体制，既有社会主义国家也有资本主义国家，市场经济体制与计划经济体制并存。其中，中国是目前世界上最大的社会主义国家和发展中国家，实行市场经济体制；朝鲜同样是社会主义国家，实行计划经济体制；日本、韩国、俄罗斯和蒙古国虽然都是资本主义国家，也实行市场经济体制，但体制的成熟程度却各不相同，经济体制背后的法律、行政、税收等各种体制机制也不相同，而且存在制度缺失问题，这其实也是东北亚各国普遍存在的问题。此外，各国对外开放程度、对外开放政策以及依赖国际市场程度也不尽相同，因此在东北亚区域经济合作中的力度也是不同的。如日本、韩国、朝鲜和蒙古国是以整个国家的形式参与到区域合作当中，而中国主要是东北和华北的部分地区，俄罗斯也仅仅是远东地区。并且，东北亚各国参与合作的基础和目的也不相同。总之，东北亚各国在制度上的较大差别，具有不同的社会制度与体制机制，使东北亚各国在经济合作中的关注点和侧重点并不相同，加之又缺乏相对坚实的民众和社会基础，这些都为辽宁能否长期在东北亚区域经济合作中站稳脚跟画上了问号。

（3）经济差距是制约辽宁参与东北亚区域经济合作层次提升的直接原因

东北亚区域既有发达国家又有发展中国家，各国经济发展水平差距很大，地区经济发展十分不均衡。从表6-10和表6-11可以看到，日本作为发达国家，GDP总额较高，且2000年以来GDP变化总体不大，2017年GDP为4.87万亿美元，人均GDP为38 323.29美元；韩国和俄罗斯的GDP无论在数量上还是在增长速度上都比较相近，韩国2017年的GDP为1.53万亿美元，人均GDP为30 025.20美元，俄罗斯2017年度GDP为1.58万亿美元，人均GDP为10 955.81美元；中国是东北亚地区最大的发展中国家，21世纪以来中国经历了由经济高速发展向经济高质量发展的转变，GDP从1.21万亿美元迅速增长至2017年的12.24万亿美元，但人均GDP仍然较低，2017年人均GDP仅为8 682.25美元；蒙古国近年来GDP增长也十分迅速，由2000年的13.18亿美元增长至2017年的111.35亿美元，但总量仍然较低，人均GDP为3 620.39美元；朝鲜的GDP总额也较低且多年来数额比较平稳，2017年GDP为173.65亿美元，人均GDP非常低，仅为684.60美元。由此可以看出，东北亚地区各国经济实力相差悬殊，中国的生产总值是蒙古国和朝鲜的100倍左右，日本和韩国的人均GDP也远超中国。彼此不相匹配的经济发展水平，不利于东北亚地区进行经济合作。各国的经济结构不同，在战略部署、产业布局和税收制度安排方面的差异也很大。根据学者方华①的研究，高层次的区域经济合作应该建立在人均GDP相近的基础上。但是，东北亚地区的人均GDP差别很大。经济发展水平的差距是导致东北亚区域经济一体化进程至今十分缓慢的重要原因，当然也是辽宁参与东北亚区域经济合作规模较小、程度较低的重要的直接原因。

表6-10　东北亚各国GDP情况　单位：亿美元

年份	中国	朝鲜	日本	蒙古国	韩国	俄罗斯
2000	12 113.31	106.08	48 875.20	13.18	5 616.34	2 615.67
2005	22 859.60	130.31	47 554.10	29.26	8 981.37	7 714.95
2010	61 006.48	139.45	57 000.98	71.89	10 944.99	15 398.45
2011	75 726.00	156.89	61 574.60	104.10	12 024.64	20 516.59
2012	85 605.02	159.07	62 032.13	122.93	12 228.07	22 102.55
2013	96 072.90	165.65	51 557.17	125.82	13 056.05	22 971.25
2014	104 823.16	173.96	48 504.14	122.27	14 113.34	20 636.63
2015	110 646.87	162.83	43 949.78	117.50	13 827.64	13 684.02
2016	111 910.30	167.89	49 492.73	111.87	14 148.04	12 847.27
2017	122 377.82	173.65	48 724.15	111.35	15 307.51	15 775.24

资料来源：联合国统计数据库（http：//data.un.org/Search.aspx?q=GDP）。

① 方华．东北亚区域经济合作的现状及前景[J]．现代国际关系，2008(11):57-62.

表6-11　东北亚各国人均GDP　单位：美元

年份	中国	朝鲜	日本	蒙古国	韩国	俄罗斯
2000	943.99	461.96	38 219.68	549.85	11 852.25	1 786.70
2005	1 729.66	547.86	38 742.32	1 158.13	18 439.03	5 371.85
2010	4 486.58	569.89	34 342.48	2 650.35	22 087.51	10 756.57
2011	5 537.63	637.78	37 845.70	3 769.61	24 172.72	14 320.83
2012	6 224.92	643.22	40 180.81	4 368.08	24 479.53	15 411.00
2013	6 947.74	666.27	48 301.70	4 385.37	26 024.01	15 997.00
2014	7 540.64	696.06	47 915.96	4 181.59	28 010.68	14 354.78
2015	7 920.16	648.22	44 340.84	3 946.96	27 330.78	9 510.19
2016	7 973.66	665.08	37 054.44	3 695.16	27 854.91	8 923.92
2017	8 682.25	684.60	38 323.29	3 620.39	30 025.20	10 955.81

资料来源：联合国统计数据库（http：//data.un.org/Data.aspx?q=GDP&d=SNAAMA&f=grID%3a101%3bcurrID%3aUSD%3bpcFlag%3a1）。

6.6　加强辽宁参与东北亚区域经济合作的推进路径

结合前述分析结果，我们认为辽宁参与东北亚区域经济合作应积极借鉴山东善于抓住国家政策发展机遇、快速行动的经验，充分体现大连“龙头”作用，并采取先易后难原则，在巩固对日本出口市场优势的同时，积极开拓朝鲜、俄罗斯、韩国市场，并在朝鲜族聚居地区加强对朝鲜语的重视程度，在高校和中小学开设朝鲜语课程，最大化语言文化同源在对朝、对韩经济合作中的重要作用，率先搭建成国内连接朝鲜合作的枢纽。具体推进路径如下：

6.6.1 将大连打造成为东北亚对外开放高地

由前文分析可知，大连具有建设国内连接东北亚各国经济联系枢纽、打造东北亚对外开放高地的可行性与必要性。结合2013年习近平总书记在辽宁考察和2018年9月25—28日在东北三省考察时对大连寄予的殷切希望和提出的具体要求，在突出大连龙头带动作用、打造成为东北亚对外开放高地过程中，应着重加强以下几个方面以充分体现大连的作用：

一是加快“两先区”和“三个中心”建设。通过加强同日、韩、俄、朝等东北亚及“一带一路”国家的经贸和科教合作，鼓励和引导外资更多投向战略性新兴产业、先进装备制造业和现代服务业等领域，促进加工贸易转型升级，加快建成“产业结构优化的先导区、经济社会发展的先行区（两先区）”。深入落实相关文件精神，全力以赴加强大连东北亚国际航运中心发展与建设。加速完善供应链物流体系，尽快建成集商品、技术、资本、信息于一体的国际物流中心。以辽宁自贸试验区大连片区为依托，快速提升大连国际航运中心的综合服务能力，率先在东北地区实现物流便利化、贸易便利化、投资便利化和综合服务便利化，强化大连对东北老工业基地的辐射带动效应。紧紧围绕大连区域性金融中心战略目标和金融服务实体经济的本质要求，进一步扩大金融开放，尽早实现人民币与日元、韩元互换，为加快大连“两先区”和自贸试验区建设提供有力的金融支撑。

二是强化大连港在辽宁港口资源整合中的“龙头”地位。充分利用大连港开港100多年的优势以及接近国际海上运输主航道、深水资源条件优越、地处东北亚中心等自然地理优势，建设以大连港为“龙头”、以世界级海陆港口集群为支撑的辽宁“港口经济圈”。大连港在辽宁港口资源整合中要突出“龙头”地位，主要承担集装箱等高附加值货物运输，剩余港口则充分发挥支线港口的辅助作用。同时，坚持大连港口建设与城市功能提升相结合原则，进一步加大港口基础设施建设投入，重点提高金融、贸易、信息、咨询、中介等行业社会化服务水平，为航运中心建设创造良好的外部环境。大力发展临港产业和海洋经济，将发达的临港经济作为建设高水平自贸试验区和探索建设自由港的重要支撑，提升海洋向内陆的辐射带动作用。

三是进一步增强大连对腹地经济的开放引领作用。以加快推进大连“两先区”和“三个中心”建设及大连金普新区、辽宁自贸试验区大连片区建设为核心载体和纽带，带动整个东北亚地区和相关腹地经济协同发展，促进相关产业合理布局，实现相关资源的最佳配置。加快落实中央各项政策措施，积极对接既有战略，充分发挥“政策叠加”效应，提升大连对东北地区的综合服务能力，强化大连对东北经济的辐射带动效应和在东北老工业基地振兴中的引领作用，将大连打造成为新时代东北地区外向型经济的“龙头”，彻底改变近些年来辽宁沿海经济带中“黄海一线基本沉寂”“渤海一线进展缓慢”的发展现状。

四是不断提高辽宁自贸试验区大连片区发展水平，积极推进“大连准自由贸易港”建设。首先，围绕辽宁自贸试验区总体方案中“加快老工业基地调整”和“加强东北亚区域开放合作”两大特色重点任务，率先面向东北亚进一步放宽外资市场准入范围和条件，在医疗、旅游等服务业领域争取更大先行先试权；不断完善市场准入负面清单，且负面清单的完善制定要注重效率提升作用、注意目的和手段的协调，不以追求“短”为目的；立足老工业基地产业优势，在创新对外投资方式、促进国际产能合作方面取得新突破；加强自贸试验区风险管控，开展精准监测监管和有效处置，探索实施信用分级管理，形成信用约束和守法便利；运用好自贸试验区平台，围绕供应链进行产业布局，推动科技研发、数字贸易、文化医疗等新兴产业发展壮大，促进装备制造等传统产业优化升级，加快培育符合大连实际的具有国际竞争力的开放型产业体系。其次，积极对接国际先进贸易投资规则，结合自身特色贸易产品，主动探索并参与相关贸易领域的国际新规则制定。最后，抢抓半岛地缘政治缓和的关键机遇期，充分利用大连港口资源优势和自贸试验区先行先试的政策优势，借鉴韩国釜山、新加坡、迪拜、中国香港等自由港的先进经验，先行推进口岸监管、国际中转、管理体制、政策引领等重点领域改革创新，探索建设具有“境内关外”特征的中国特色大连自由贸易港区。

6.6.2 全面深化与东北亚各国的经贸合作

在新一轮对外开放中，辽宁要继续巩固对日本出口市场优势，同时注重促进贸易双向平衡。充分发挥“自贸试验区贸易便利化+大连跨境电子商务综合试验区+大连港海运”三大平台优势，积极发展贸易新业态，吸引更多销售日本、韩国商品的电商平台落户自贸试验区。充分利用大连跨境电子商务综合实验区暨中韩贸易合作区平台及自贸试验区政策优势，加强对朝鲜语言的重视程度，使之成为打破多年来对韩贸易停滞不前僵局的重要手段。针对目前辽宁已与俄罗斯展开能源合作但与蒙古国的经济合作尚在起步阶段的合作现状，下一步应加大拓展与俄罗斯和蒙古国能源合作力度，充分发挥辽西北区位优势，加强与蒙古国在煤炭和矿产资源方面的合作，尤其是可以借助辽宁优质的工业基础设施和辽西北地区低成本的劳动力优势，进行矿产资源开发和加工的劳务合作。与此同时，牢牢把握住国家将东北地区打造成为中俄合作桥头堡的历史契机，在中俄天然气管道、中俄滨海国际交通走廊等重大跨境基础设施项目合作建设中，充分利用产业、技术等优势，加强制造业合作，并以辽宁自贸试验区大连片区为平台、载体，积极吸引研发中心、区域总部等入驻自贸试验区。抢抓半岛地缘政治缓和关键机遇期，在国家政策允许范围内，积极开展多方式、多层次的对朝经贸合作。

此外，辽宁可充分利用自身资源，考虑以旅游行业带动第三产业发展。目前辽宁年接待东北亚国家旅游人次较多的主要集中在大连和沈阳，下一步辽宁应在继续完善大连和沈阳旅游配套设施的基础上，大力开发包括边境在内的其他地区的旅游资源，推进乡村旅游、滨海旅游、温泉旅游等优势项目，并通过与东北亚各国城市建立“友好城市”关系，建立贸易、旅游、投资、人才等多方面合作关系，简化商务人员通关手续，提高入关效率，提高辽宁整体的旅游竞争力。

6.6.3 拓宽和提高合作领域与合作层次

日本是农产品的进口大国，农业成本较高且长期持农业保护态度；韩国对农产品的进口量也非常大。而辽宁农业基础较好，农产品产量颇丰，是中国重要粮仓，可利用与日韩农业的互补性，率先开展特色农产品合作。利用国家近年来在农业方面发布的多项优惠政策，进一步大力发展农业，调整农业产业结构，学习日本等发达国家的生态农业建设经验，加快农业现代化进程，打造辽宁农产品品牌，以农产品作为切入点加强辽宁与东北亚各国的经济合作。

金融作为现代经济的核心，在东北亚区域经济合作中具有重要作用，目前辽宁在东北亚区域经济合作中主要依托“10+3”合作机制，通过“10+3”财长会议签订的《清迈倡议》保障中、日、韩三国的金融市场稳定。依托辽宁在环渤海经济带和东北亚经济带中心的区位优势，以自贸试验区为平台，探索适合辽宁的金融产品和金融服务模式，将大商所建成东北亚区域重要的大宗商品定价平台，不断提高辽宁金融发展质量，提高辽宁在东北亚区域的金融话语权，同时以区域力量共同抵御金融风险，努力构建区域性的金融市场，实现东北亚区域金融一体化。

第7章
辽宁面向东北亚构建贸易、投资、通道和平台统筹发展新格局研究

深度融入共建“一带一路”，建设开放合作高地。要加快落实辽宁自由贸易试验区重点任务，完善重点边境口岸基础设施，发展优势产业群，实现多边合作、多方共赢。

——2018年9月28日习近平总书记在深入推进东北振兴座谈会上的讲话

党的十九大就深化改革、扩大开放提出了一系列新的重要理念、重大战略、重大举措，明确了推动形成全面开放新格局的新要求。党中央、国务院对辽宁振兴发展出台了一系列政策措施，特别是习近平总书记提出的“四个着力”“三个推进”要求，与新发展理念相互衔接、一脉相承，是辽宁振兴发展和深化全面从严治党的根本遵循，是辽宁决胜全面建成小康社会、再创辉煌的治本之策，是辽宁破解矛盾问题、推动各项工作的“金钥匙”。2018年9月末，习近平总书记在辽宁考察时和在深入推进东北振兴座谈会上发表重要讲话，明确指出东北地区存在“四个短板”，对外开放即是其一；强调推进东北振兴要做好“六项重点工作”，其中，在开放经济领域，强调东北地区要“深度融入共建‘一带一路’，建设开放合作高地”，这对辽宁经济发展提供了明确指引。2018年5月，《中共辽宁省委 辽宁省人民政府关于加快构建开放新格局 以全面开放引领全面振兴的意见》出台，提出到2020年，全省开放型经济水平显著提升，到2022年，全省开放型经济新体制基本形成，整体对外开放水平走在全国前列。新形势下，辽宁必将以深入贯彻落实习近平总书记关于东北振兴重要讲话精神为主线，在现有开放基础上，着眼于找出辽宁对外开放与先进省份的差距，突破对外开放的瓶颈与补齐短板，化解重大风险与挑战，加快培育新动能和新增长点，以更高的站位、更宽的视野、更大的力度谋划和推进对外开放，实现新时期以全面开放引领全面振兴。

如何补齐对外开放短板，构建新时代辽宁面向东北亚的贸易、投资、通道和平台统筹发展新格局，是推进东北全面振兴的关键环节。当前，朝鲜半岛和东北亚区域局势趋缓、中日韩重启高级别经济对话等国际经济环境和东北亚地缘政治环境变化，给辽宁面向东北亚扩大开放合作提供了重要窗口机遇。尤其是日本、韩国对我国“一带一路”倡议态度发生明显变化，中日韩三国有望在“一带一路”框架内广泛、深入合作，从而为辽宁改革发展和东北亚区域新一轮开放合作带来重大契机，辽宁应抢抓机遇、积极推进，开创面向东北亚开放新局面。

7.1 辽宁面向东北亚开放的现状及特征

7.1.1 对外贸易

（1）与东北亚国家贸易规模较大，但增速较为缓慢

自2000年以来，辽宁对日韩俄三国进出口规模呈波动上升势头，如图7-1所示。2000—2008年，辽宁对日韩俄三国进出口总额加速上涨；2009年由于受到金融危机等因素影响，这一指标明显下降；2010—2018年，辽宁对日韩俄三国进出口总额呈螺旋式上升，尤其是2016年以后进出口总额加速上升。辽宁对日韩俄三国的出口额、进口额具有相似的发展轨迹，总体而言，辽宁对日韩俄三国的出口额一直大于进口额，即辽宁对该三国存在贸易顺差。从贸易顺差的变化情况来看，2000—2008年，辽宁对日韩俄三国的出口额增速大于进口额，即贸易顺差呈逐步扩大态势；2009—2013年，辽宁与日韩俄三国的贸易顺差规模相对平稳；2014—2018年，辽宁对日韩俄三国进口增速加大，贸易顺差呈现明显的缩小态势。这表明扩大进口与推进“一带一路”建设、加快实施自贸试验区战略紧密结合，推动了辽宁来自日韩俄的进口规模。

就出口规模而言，如图7-2所示，东北亚国家是辽宁最为重要的出口对象国，其次是欧洲、北美洲、拉丁美洲、非洲和大洋洲。2018年辽宁对东北

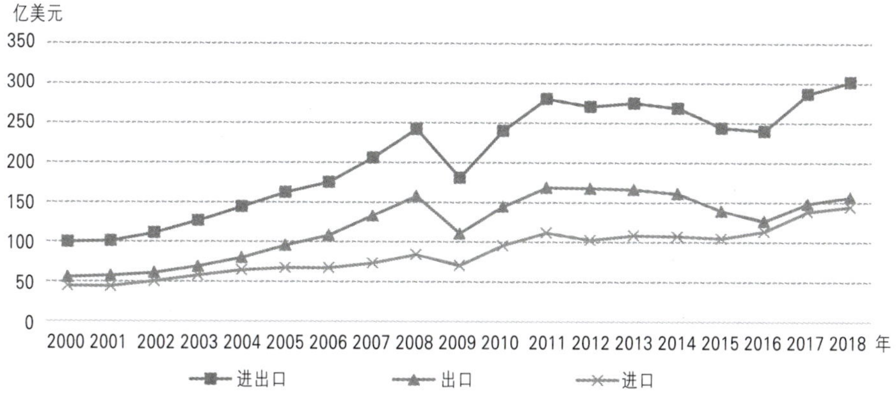

图7-1　2000—2018年辽宁对日韩俄三国进出口情况

资料来源：作者根据沈阳海关和历年辽宁统计年鉴相关数据整理。

亚国家出口额为1 083.37亿元，约为辽宁对欧洲国家、北美洲国家出口额的2倍，约为辽宁对拉丁美洲国家出口额的5倍，更是远高于辽宁对非洲和大洋洲国家出口数据。就出口规模增速而言，2018年辽宁对东北亚国家的出口增速低于其他对象国家和地区，增速仅为0.11%，出口规模基本与2017年保持一致；而辽宁对拉丁美洲、大洋洲和欧洲国家出口额则呈现高速增长，分别为31.4%、18.9%和12.6%。

（2）与东北亚国家贸易存在内部差异

2018年辽宁进出口总额为1 144.29亿美元，同比增长14.89%，面向东北亚国家进出口总额总体呈下降势头（见表7-1）。从国别角度来看，辽宁对日本进出口总额为163.46亿美元，同比增长12.32%，占辽宁进出口总额的14.28%；对韩国进出口总额为96.92亿美元，同比下降3.41%，占比为8.47%；对俄罗斯进出口总额为41.09亿美元，同比下降0.99%，占比为3.59%；对蒙古国进出口总额为0.68亿美元，同比下降19.87%，占比为0.06%；对朝鲜进出口总额为7.76亿美元，同比下降54.36%，占比为0.68%。

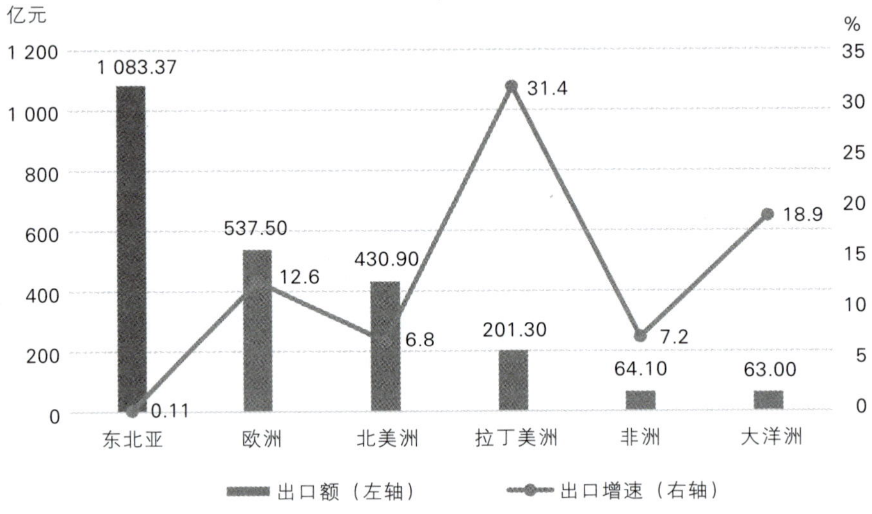

图7-2　2018年辽宁出口对象国分布图

资料来源：作者根据沈阳海关相关数据整理。

表7-1　2018年辽宁与东北亚国家进出口贸易情况表　单位：亿美元、%

	进出口总额			出口额			进口额		
	规模	增速	占比	规模	增速	占比	规模	增速	占比
日本	163.46	12.32	14.28	98.12	10.75	20.11	65.34	14.77	9.96
韩国	96.92	-3.41	8.47	47.81	-5.39	9.80	49.10	-1.39	7.48
俄罗斯	41.09	-0.99	3.59	10.99	15.77	2.25	30.10	-5.97	4.59
蒙古国	0.68	-19.87	0.06	0.39	-2.42	0.08	0.29	-35.63	0.04
朝鲜	7.76	-54.36	0.68	7.02	-34.34	1.44	0.74	-88.23	0.11
⋮	⋮	⋮	⋮	⋮	⋮	⋮	⋮	⋮	⋮
全球	1 144.29	14.89	100	487.97	8.76	100	656.31	19.92	100

资料来源：作者根据沈阳海关相关数据整理。

辽宁对东北亚国家进出口总额由高到低依次是日本、韩国、俄罗斯、朝鲜和蒙古国。日本、韩国、俄罗斯是辽宁的主要进出口对象国，辽宁对这三国的进出口总额占辽宁进出口总额的比重为26.34%。但辽宁面向东北亚国家进出口总额低于2017年同期水平，且除日本外，辽宁对其他四国进出口总额均呈现不同程度的下降。辽宁对朝鲜进出口总额下降主要是由于中国严格执行联合国安理会对朝鲜采取的制裁措施，但对韩国、俄罗斯、蒙古国三国进出口总额下降则需要深度剖析其影响因素。

从出口额来看，辽宁对日本出口额为98.12亿美元，同比增长10.75%，占辽宁出口总额的20.11%；对韩国出口额为47.81亿美元，同比下降5.39%，占比为9.80%；对俄罗斯出口额为10.99亿美元，同比增长15.77%，占比为2.25%；对蒙古国出口额为0.39亿美元，同比下降2.42%，占比为0.08%；对朝鲜出口额为7.02亿美元，同比下降34.34%，占比为1.44%。辽宁对东北亚国家出口额由高到低依次是日本、韩国、俄罗斯、朝鲜和蒙古国。从规模来看，日本、韩国是辽宁重要的出口对象国，合计占辽宁出口总额的比重为29.91%，远高于其他三国；从增速来看，辽宁对日本、俄罗斯出口增速高于同期辽宁平均出口增速，对韩国、蒙古国出口增速均为负值。

从进口额来看，辽宁从日本进口额为65.34亿美元，同比增长14.77%，占辽宁进口总额的9.96%；从韩国进口额为49.1亿美元，同比下降1.39%，占比为7.48%；从俄罗斯进口额为30.10亿美元，同比下降5.97%，占比为4.59%；从蒙古国进口额为0.29亿美元，同比下降35.63%，占比为0.04%；从朝鲜进口额为0.74亿美元，同比下降88.23%，占比为0.11%。辽宁从日本、韩国和俄罗斯三国进口额规模较大，合计占辽宁进口额比重为22.03%，从蒙古国和朝鲜进口额占比则极小。从东北亚国家进口额增速均低于辽宁进口总额增速，表明辽宁从该五国进口的规模仍有较大的上涨空间。

从发展趋势上看，如图7-3所示，2000—2017年，辽宁对日韩俄三国的进出口总额占辽宁进出口总额的比重以2013年为转折点，先大幅下降后小幅上升。2000年辽宁对日韩俄三国进出口总额占辽宁进出口总额的比重为52.39%，超过1/2。随着辽宁融入经济全球化程度的不断加深，进出口对象国越来越多元化，对日韩俄三国进出口总额占辽宁进出口总额的比重不断下降。2014年以来，在“一带一路”倡议的实施、中欧班列的开通等因素驱动下，辽宁对日韩俄三国进出口总额占辽宁进出口总额的比重重拾升势，2018年辽宁对日韩俄三国进出口总额占辽宁进出口总额的比重为26.34%。比较辽宁对日韩俄三国出口额占比和进口额占比，可以看出，自2004年以来，辽宁对日韩俄三国出口额占比始终高于进口额占比，表明辽宁对日韩俄三国出口不仅在绝对水平上高于进口，在相对水平上也高于进口，辽宁从日韩俄三国进口规模占比有待提高。

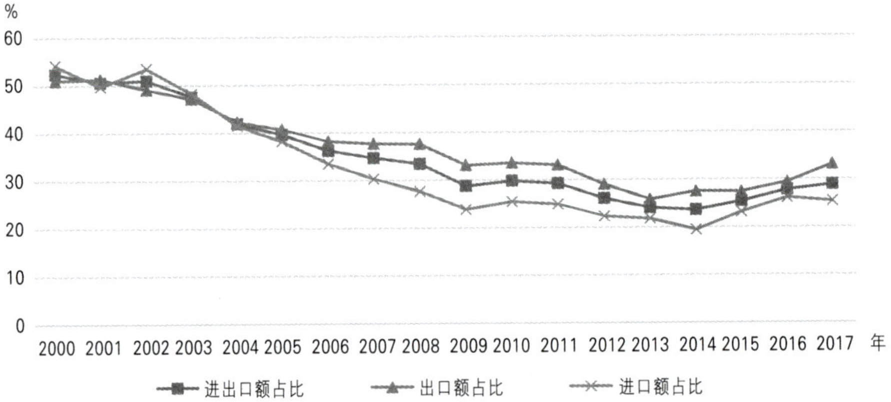

图7-3　2000—2017年辽宁对日韩俄三国进出口总额占辽宁进出口总额比重变化图

资料来源：作者根据历年《辽宁统计年鉴》相关数据整理。

为了准确判断辽宁对日韩俄三国进出口贸易水平，我们搜集了广东、江苏、山东、浙江、吉林、黑龙江6个省份2017年的进出口总额数据，如图

7-4所示。从进出口总额来看，广东和江苏最高，分别为9 295.30亿元和8 502.50亿元，其次是山东和浙江，分别为4 120.70亿元和3 154.70亿元；辽宁对日韩俄三国的进出口总额为1 986.27亿元，尽管领先于黑龙江和吉林，但与东部沿海先进省份仍存在极大的差距，辽宁对日韩俄三国的进出口总额仅为广东、江苏的1/5，不及山东的1/2，这表明辽宁尚未将地理区位优势充分转化为对外贸易优势。

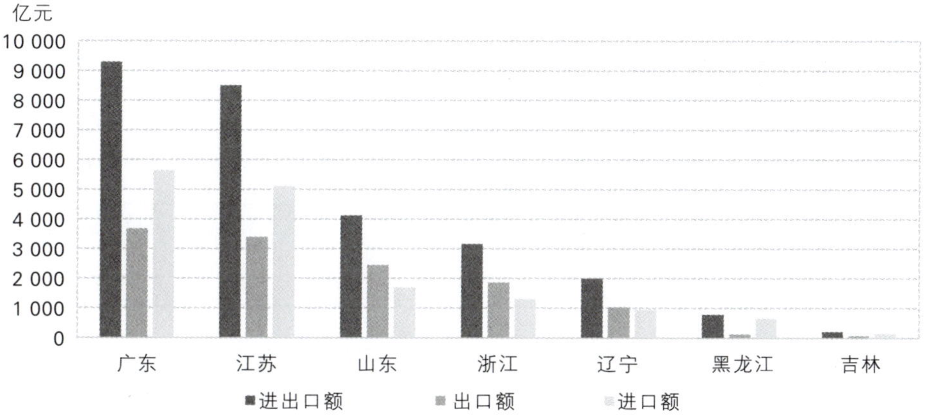

图7-4 2017年辽宁与其他省份对日韩俄进出口规模比较图

资料来源：作者根据广东、江苏、山东、浙江、辽宁、黑龙江和吉林的2017年统计数据整理。

（3）贸易主体结构有待优化

受数据可获得性的限制，我们仅能比较研究辽宁贸易主体结构，无法细分到面向东北亚国家。从按贸易主体划分的进出口情况来看，如图7-5所示，2017年，辽宁国有企业进出口总额为1 918.70亿元，同比增长37.90%，占所有贸易主体进出口总额的比重为28.49%，远高于苏浙鲁粤四省；而民营企业进出口总额为1 938.70亿元，同比增长10.10%，占所有贸易主体进出口总额的比重为28.78%，明显低于浙鲁粤。另从东北地区对“一带一路”沿线国家进出口情况来看，国有企业出口总额占所有贸易主体出口总额的比重由2013年的22.20%上升至2017年的40.30%。这说明，无论是面向全球，还是面向“一带一路”沿线国家，辽宁的国有企业仍是进出口贸易的主角，而民营企业在对外贸易上的作用和地位仍不高。民营企业的竞争力是地区贸易竞争力的重要来源，从这个角度来说，辽宁贸易主体结构有待进一步优化，民营企业的贸易竞争力亟待有效释放。

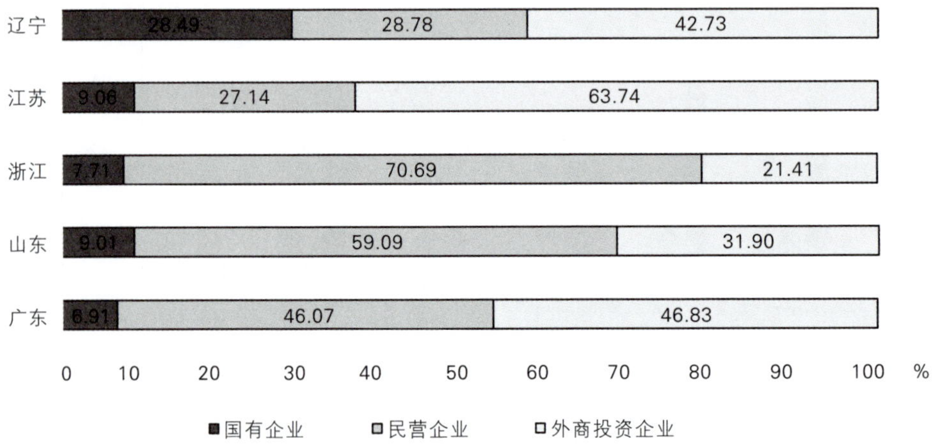

图7-5　2017年按贸易主体划分的样本省份进出口占比情况

资料来源：作者根据辽宁、江苏、浙江、山东、广东的2017年统计数据整理。

（4）高新技术产品贸易竞争力有待提高

从按产品类型划分的进出口情况来看，如图7-6所示，2013—2017年，广东和江苏高新技术产品进出口贸易发展水平较高，辽宁高新技术产品进出口总额占全省比重总体呈上升势头，2017年与山东省相近。但是，从规模占比的横向比较来看，2017年辽宁高新技术产品进口额和出口额分别占全国的比重均未超过1%，不仅与广东、江苏存在较大差距，更落后于四川、重庆、陕西等中西部省市，如图7-7所示。出口额的全国占比小，说明与其他多数地区相比，辽宁高新技术产品国际竞争力仍较弱；进口额的全国占比小，说明辽宁没有充分对接国际先进技术，整合国际创新资源的能力不足。

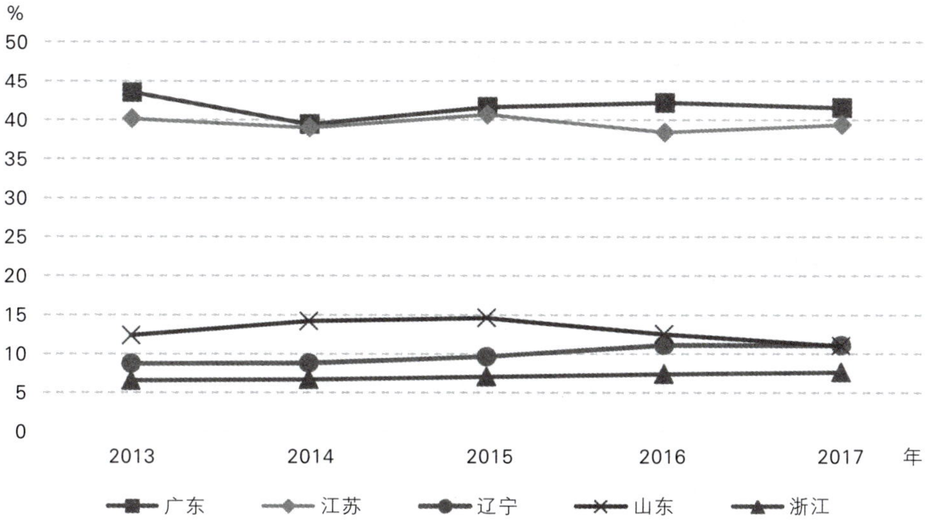

图7-6　2013—2017年部分省份高新技术产品进出口总额占比情况图

资料来源：作者根据广东、辽宁、山东、浙江、江苏的历年统计数据整理。

7.1.2　投资合作

（1）引自日韩的FDI流入规模较小

基于数据的可获得性，仅获得辽宁引自东北亚区域日本和韩国的直接投资数据。如图7-8所示，从FDI流入量来看，2017年辽宁引自中国香港的FDI流入量最高，为225 046万美元，远高于其他来源地；引自日本的FDI流入量为28 762万美元，在全部FDI来源地中位居第二位；引自韩国的FDI流入量为

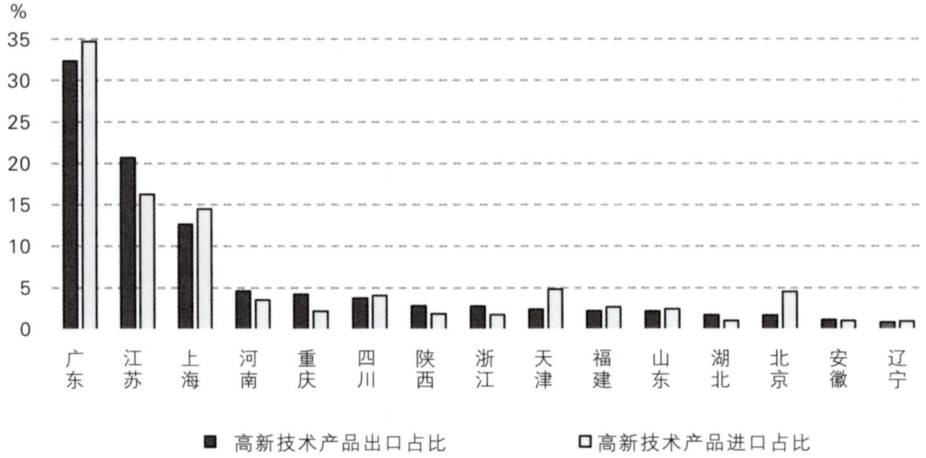

图7-7　2017年部分省、直辖市高新技术产品出口额/进口额占全国比重

资料来源：作者根据各省2017年统计数据整理。

6 222万美元，在全部FDI来源地中位居第六。从FDI流入量占比来看，2017年辽宁引自中国香港的FDI流入量占比最高，为42.18%，引自日本的FDI流入量占比为5.39%，引自韩国的FDI流入量占比为1.17%。综上所述，从引进FDI流入量来看，辽宁引进FDI主要来自于中国香港，约占2/5；其余FDI来源地所占比重较小，来自日本、韩国的FDI流入量之和占比也未超过7%。

在东北亚国家内部，辽宁引进FDI流入量的规模和变化趋势存在明显的异质性，如图7-9所示。2015—2017年，辽宁引进来自日本的FDI流入量呈上升势头，年均增速为9.54%；辽宁引进来自韩国的FDI流入量呈下降趋势，年均降幅为11.77%。与韩国相比，辽宁引进来自日本的FDI流入量规模较大，且保持较快增速。

2017年辽宁引进来自日韩FDI流入量合计为34 984万美元，与苏浙鲁粤四省存在着极大的差距，如图7-10所示。山东引自日韩FDI流入量为243 155万

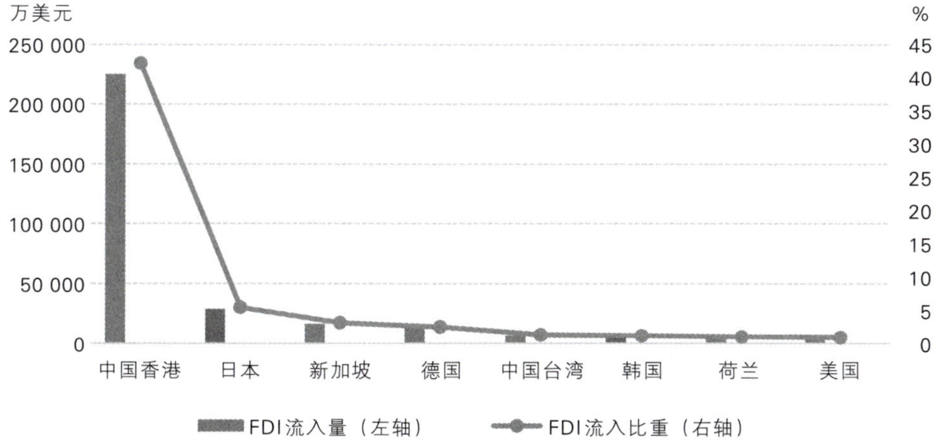

图7-8　2017年辽宁引进FDI主要来源地分布：流入量

资料来源：Wind数据库。

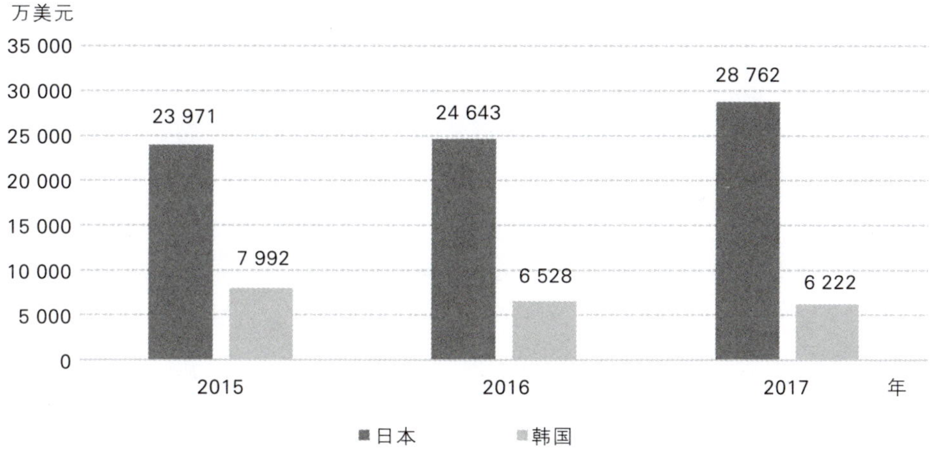

图7-9　2015—2017年辽宁引自日本、韩国FDI流入量

资料来源：Wind数据库。

美元，约为辽宁的7倍；江苏引自日韩FDI流入量为173 303万美元，约为辽宁的5倍；广东和浙江引自日韩FDI流入量为80 796万美元和75 168万美

元，约为辽宁的2倍。山东和辽宁均拥有引进日韩FDI流入的区位优势，但辽宁引进来自日韩FDI的规模与山东存在极大的差距，表明辽宁的区位优势并没有充分转化为FDI流入规模，需要剖析其背后深层次的原因。

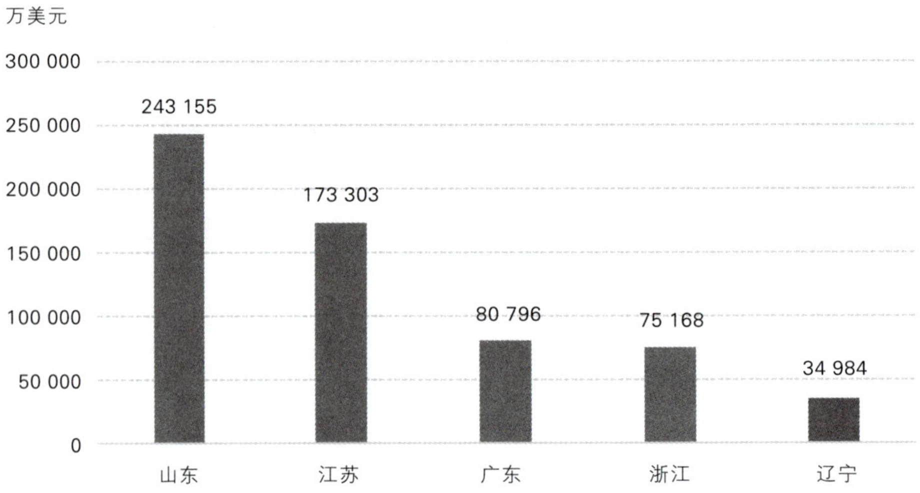

图7-10　2017年辽宁与苏浙鲁粤四省引自日韩FDI流入量比较

资料来源：Wind数据库。

（2）OFDI规模与东部先进省份相比存在极大的差距

由于未能获取按照投资目的国划分的省际OFDI数据，无法对辽宁对东北亚国家OFDI展开深入的比较研究，我们仅能够比较辽宁与苏浙鲁粤吉黑六省OFDI的发展情况。如图7-11所示，2017年辽宁OFDI流量为117 182万美元，与吉林、黑龙江相比具有一定的优势，辽宁OFDI流量为黑龙江OFDI流量的2倍，为吉林OFDI流量的5倍；但与苏浙鲁粤四省相比，辽宁OFDI流量规模极小，仅为广东OFDI流量的1/10，浙江的1/9，山东的1/7，江苏的1/4。

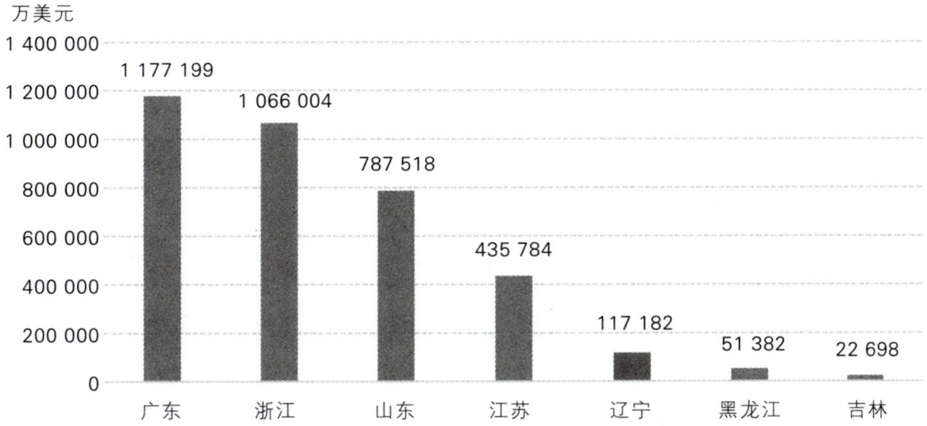

图7-11　2017年辽宁与苏浙鲁粤吉黑六省OFDI流量比较

资料来源：Wind数据库。

从OFDI存量来看，如图7-12所示，2017年辽宁OFDI存量为1 325 072万美元，为黑龙江、吉林OFDI存量的3倍；但与苏浙鲁粤相比，仍然存在很大的差距，2017年广东OFDI存量为18 971 365万美元，辽宁OFDI存量仅为广东的1/14，不及浙江OFDI存量的1/5，约为山东、江苏OFDI存量的1/3。

（3）对外承包工程潜力有待释放，劳务输出数量小

辽宁对外承包工程规模相对较低，除吉林外，2016年其他样本省份对外承包工程合同额、营业额均领先于辽宁，如图7-13所示。2016年辽宁对外承包工程合同额和营业额分别为17.81亿美元、23.52亿美元，仅为广东对外承包工程合同额和营业额的1/10，是山东对外承包工程合同额和营业额的1/5，甚至与黑龙江对外承包工程合同额和营业额相比也存在一定的差距。

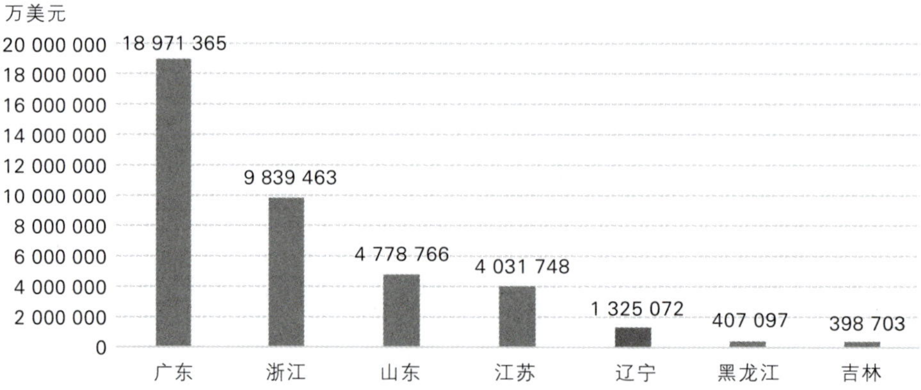

图7-12　2017年辽宁与苏浙鲁粤吉黑六省OFDI存量比较

资料来源：Wind数据库。

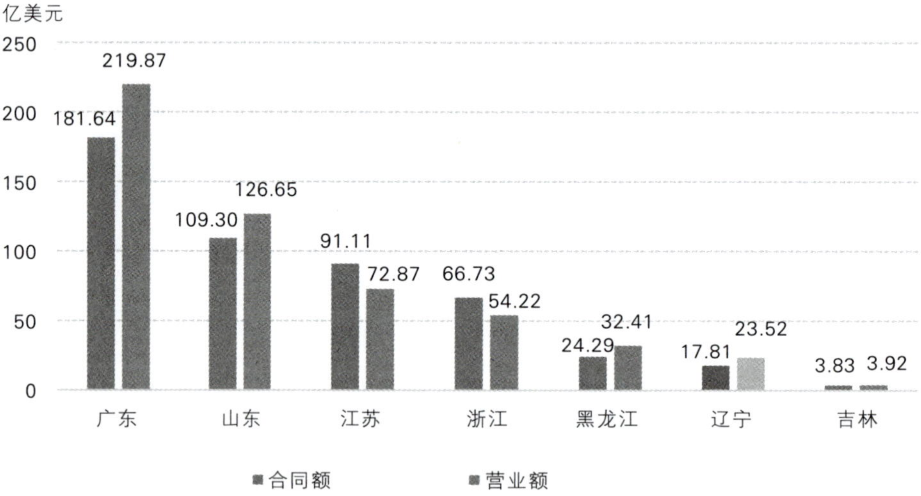

图7-13　2016年样本省份对外承包工程合同额和营业额比较图

资料来源：Wind数据库。

2016年辽宁对外承包工程单个项目合同额为1 425.72万美元，在样本省份中处于中游水平，尽管与山东、黑龙江尚存在较大差距，但与吉林、广东的单个项目合同额水平相近，领先于江苏与浙江，如图7-14所示。从合同数量来看，2016年辽宁对外承包工程合同数量为165个，领先于黑龙江、吉林，但是与苏浙鲁粤四省存在极大的差距，辽宁对外承包工程合同数量仅为浙江的1/20，约为广东、江苏的1/10，为山东的1/2。表明作为东北老工业基地，辽宁对外承包工程的单个项目合同额较大，但是对外承包工程合同额的总体规模仍然较小。

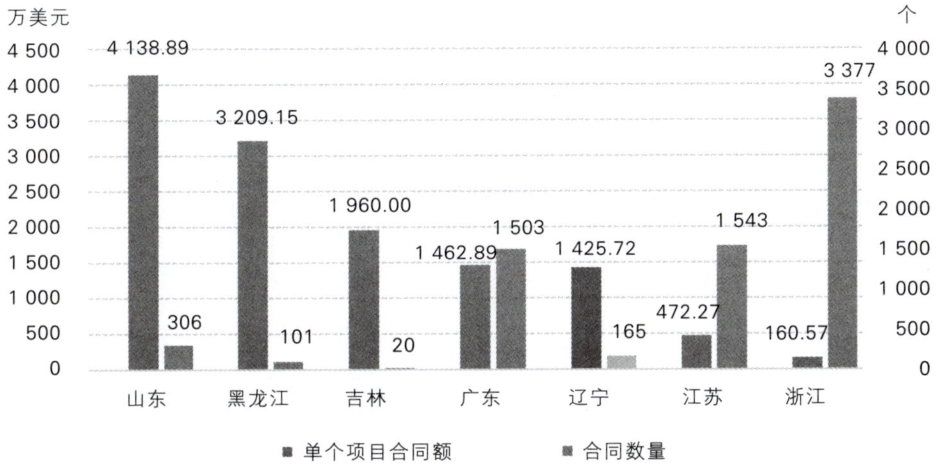

图7-14　2016年样本省份对外承包工程单个项目合同额和合同数量比较

资料来源：Wind数据库。

7.1.3　通道建设

（1）中欧班列境外线路重叠、回程班列占比小、班列运营平台发展滞后

从中欧班列发展情况来看，辽宁存在以下不足：一是线路重叠，运输价格高。以营满欧为例，从途经地来看，营口港始发的12条至俄罗斯、白俄罗斯、波兰、斯洛伐克等国的班列线路，多途经满洲里、贝加尔、赤塔、新西伯利亚、莫斯科等地，这与国内其他城市始发的中欧班列线路重叠；从开

行数量来看，个别班列线路开行数量为4～6列/月，这对满足货物运输量需求是极大的考验；从主要运输货物种类来看，从营口港始发的班列多以运输电子产品、装饰材料、日用品、汽车配件为主，进而导致营满欧货源竞争激烈，较难获得国际段的运费优惠和通关便利。二是回程班列占比小。从2017年中欧班列运行情况来看，如图7-15所示，开行数量靠前的蓉欧、渝新欧、郑欧和汉欧班列，回程班列占比均超过35.0%，但营满欧回程班列占比仅为14.9%，回程货物和班列开行数量少，不利于班列稳定发展和持续运营。三是班列运营平台发展滞后。辽宁中欧班列运营平台公司的业务模式较为传统，主要集中在为客户提供保税仓储、铁路运输、报关通关服务方面；平台大多没有官方网站，也缺少微博和微信公众号等新媒体宣传途径，仅依靠邮件、电话和QQ等渠道联系，为客户提供信息的时效性较差。

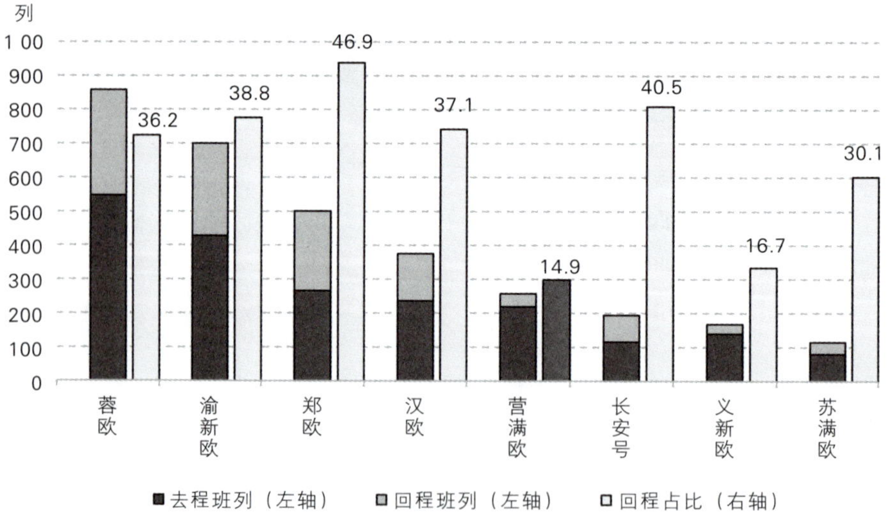

图7-15　2017年主要中欧班列开行数量及回程班列占比

资料来源：相关地区政府部门网站、各中欧班列运营平台公司网站。

（2）辽宁港口外贸货物吞吐量占比小，港口优势未能转化为通道优势

从港口建设情况来看，如图7-16所示，辽宁港口整合以后，2017年大连港和营口港的货物吞吐量位居全国第二位，仅次于宁波-舟山港。但是，大连港+营口港的外贸货物吞吐量占货物吞吐量比重为28.1%，远落后于深圳港（78.2%）、青岛港（72.3%）和日照港（68.6%）等。大连港+营口港外贸货物吞吐量占比小，这主要是由于辽宁腹地产业与其他东部沿海地区相比仍不够发达，产业支撑不足，使得辽宁的港口资源没有很好地转化为促进对外贸易发展的通道优势。

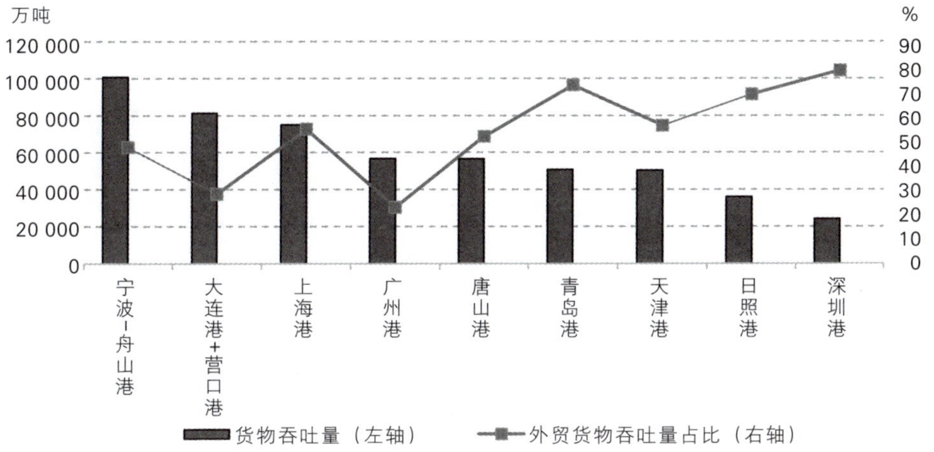

图7-16　2017年我国主要港口货物吞吐量、外贸货物吞吐量占比

资料来源：中国港口网（http：//www.chinaports.com）。

7.1.4　平台建设

（1）大连大窑湾保税区进出口总额较小，要素集聚和辐射带动能力有限

从保税区进出口总额来看，2017年，大连大窑湾保税区进出口总额为16.2亿美元（如图7-17所示），排名相对靠后，不及上海外高桥保税区的

2%，不及深圳保税区的4%，甚至与青岛保税区、宁波北仑港保税区和厦门象屿保税区也存在较大的差距。

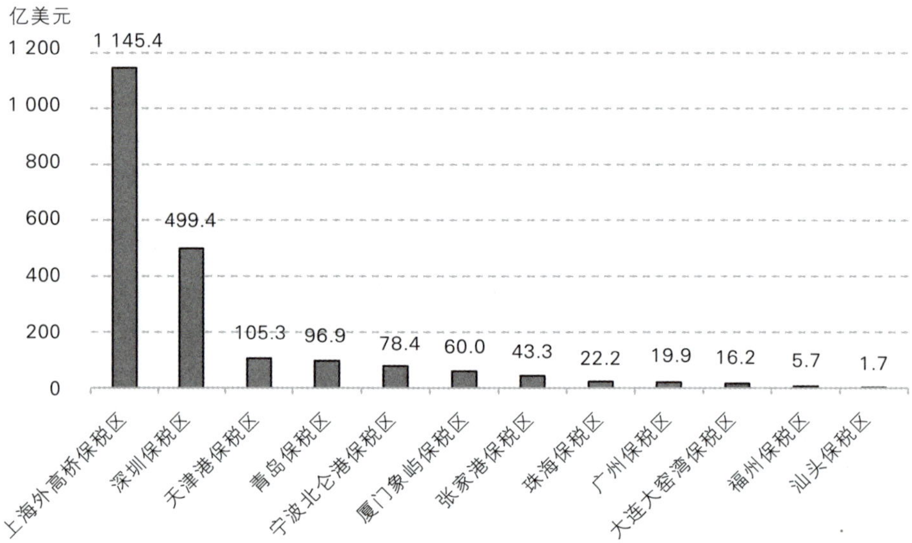

图7-17　2017年部分保税区进出口总额

资料来源：Wind数据库。

（2）沈阳制博会和大连数交会（“软交会”自2019年起更名为“数交会”）的成交额和参展商数量有待提升

从展览会数量和展出面积来看，辽宁和浙江的发展水平相近，略逊于江苏、广东和山东（如图7-18所示）。但是，从代表性展会的成交金额和参展厂商数量来看，沈阳制博会、大连数交会的表现有待提升，不仅与华东进出口商品交易会存在较大差距，甚至落后于吉林·东北亚投资贸易博览会，这表明展览会对辽宁对外开放的平台服务作用需要提升，亟待打造标志性展览会品牌（如图7-19所示）。

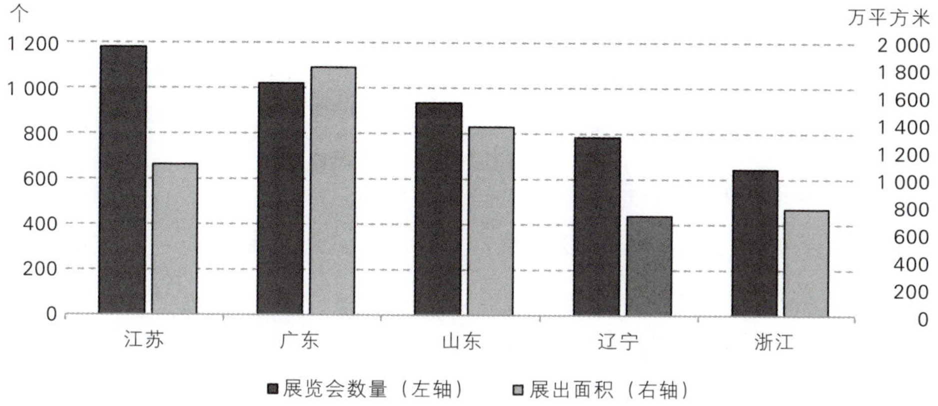

图7-18　2017年部分省份展览会数量与展出面积

资料来源：Wind数据库。

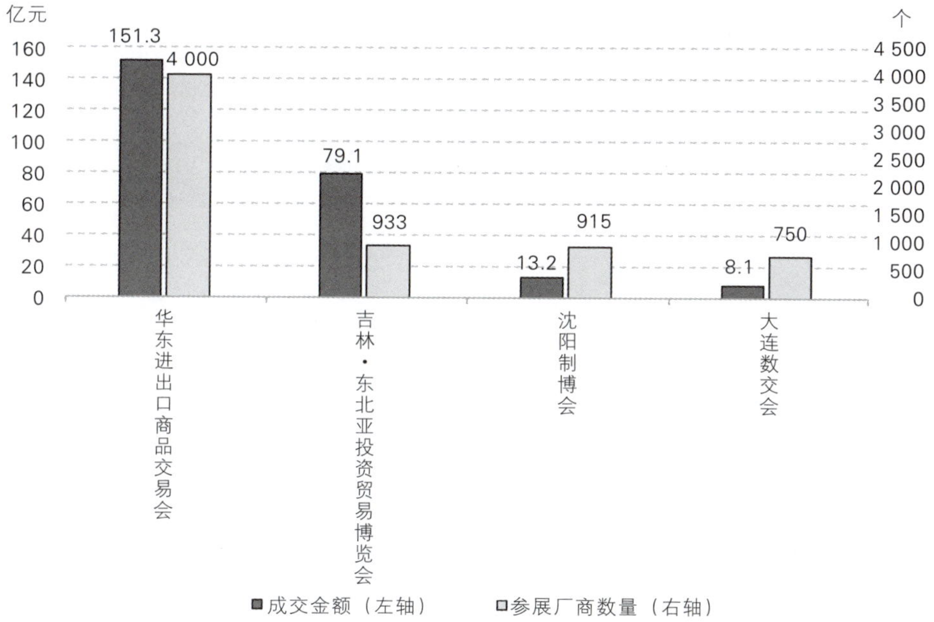

图7-19　2018年部分展览会成交金额和参展厂商数量图

资料来源：各展览会官网。

（3）辽宁自贸试验区贸易投资制度与国际接轨程度仍较低

①辽宁自贸试验区负面清单与国际高标准规则相比仍有欠缺

近年来，中国在对接高标准国际贸易投资规则领域进行了积极的探索，尤其是自中国（上海）自由贸易试验区成立以来，率先建立与国际贸易投资通行规则相衔接的制度体系，并持续形成可复制可推广的改革试点经验。在外商投资管理体制方面，上海自贸试验区逐步推进“准入前国民待遇+负面清单”管理模式。根据已发布的《自由贸易试验区外商投资准入特别管理措施（负面清单）（2019年版）》的规定，上海自贸试验区对外商投资的限制进一步放松，全国外资准入负面清单条目由48条措施减至40条，自贸试验区外资准入负面清单条目由45条减至37条。外资进入船舶代理、城市燃气、电影院、演出经纪机构、增值电信、油气勘探开发等限制将进一步放宽或取消。

自2019年6月30日起，辽宁自贸试验区启用《自由贸易试验区外商投资准入特别管理措施（负面清单）（2019年版）》，如图7-20所示，清单条目数量已经接近国际一流水平自贸区的清单条目数量。

②营商环境与对标国家相比仍有明显差距

自2016年以来，辽宁把加强营商环境建设作为推进振兴发展的重要抓手，在实施“多规合一”改革、推进简政放权、深化行政审批制度改革等方面实现新突破。大连提出，要实现用3～5年的时间，使得营商环境达到世界营商环境前30名水平的目标，需要准确把握国际化营商环境的内涵，坚持不懈地推动营商环境改革。根据世界银行《2019年全球营商环境报告》，中国的排名从2018年报告中的第78位跃升至第46位，营商环境便利度得分从65分提高到73.64分。从分项得分来看，当前中国营商环境的短板主要体现在办理施工许可（121位）和纳税（114位）方面。

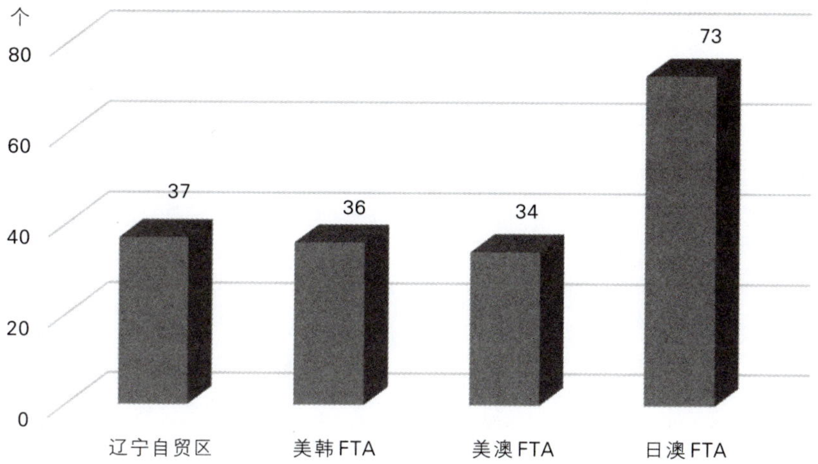

图7-20　辽宁自贸试验区与其他国家自贸区负面清单条款数量对比

资料来源：作者根据《自由贸易试验区外商投资准入特别管理措施（负面清单）（2019年版）》和各自贸区协定整理。

大连需要对标的营商环境排名第30位的国家目前是西班牙，其营商环境便利度得分为77.68分。根据中西两国营商环境情况对比，可以看出，中国与西班牙在办理施工许可、保护少数投资者、纳税、跨境贸易、办理破产等方面还存在一定的差距（如图7-21所示）。当前，沈阳正在全力打造国际化营商环境，提出用3年时间，力争使营商环境达到世界银行营商环境排名前50名经济体的水平。根据2016年沈阳营商环境评估情况，其排名相当于第92位，距离达到前50名经济体水平目标还差42名，在获得电力、跨境贸易等方面存在较大不足。大连若要实现达到营商环境前30名水平的目标，需要按照《2019年全球营商环境报告》确定的评价营商环境便利度核心指标，围绕开办企业、办理施工许可、获取电力、登记财产、获取信贷、保护少数投资者、纳税、跨境贸易、执行合同和办理破产等方面对当前大连营商环境做出整体评估，明确认识当前存在的短板和不足，为下一步精准推进

“放管服”改革、优化营商环境找准发力点。

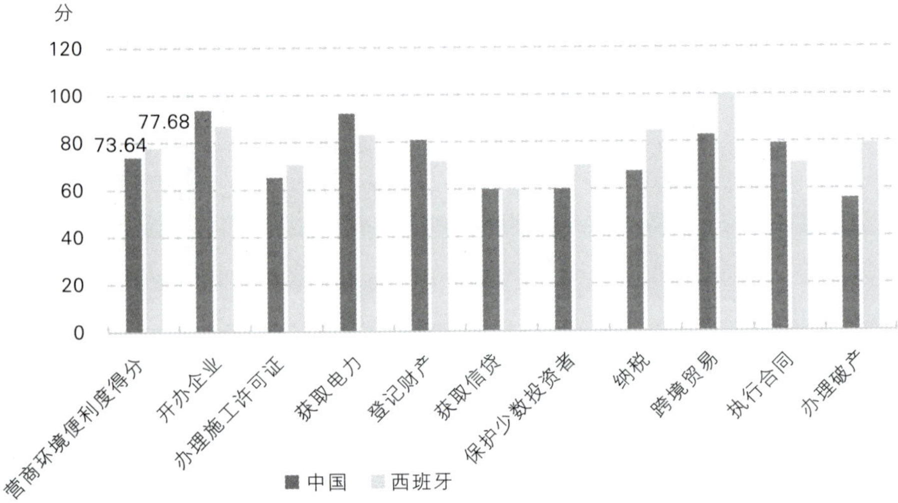

图 7-21　中国和西班牙营商环境情况对比

资料来源：作者根据世界银行《2019年全球营商环境报告》相关数据整理。

③ 自贸试验区跨境电商发展水平与先进地区存在较大差距

基于互联网和国际贸易发展的跨境电子商务正逐步发展成为一种新型贸易方式，不论是主动发展还是被动接受，每个国家都将成为跨境电子商务这辆高速列车上的一员。发展中国家可以通过开展跨境电商，实现本国对外贸易的跨越式发展。2016年1月，大连正式获批成为东北首个跨境电商综合试验区。2018年，大连进一步加强跨境电商产业发展的协调力度，整合产业发展资源，优化跨境电商产业规划布局，出台了《关于加快推进跨境电商产业发展的意见》，推动跨境电商产业在较短时间内实现突破。2018年，跨境电商保税区、出口加工区、保税港区3个线下园区正式运营，19家平台企业入驻跨境商品展示交易中心，新注册跨境电商企业500多家，开放合作取得新进展。

7.2 辽宁面向东北亚开放面临的主要问题及原因分析

7.2.1 存在问题分析

（1）贸易和投资规模有待提高、贸易和投资结构不够合理

①贸易和投资规模未能达到与辽宁经济发展相称的水平

如前文所述，辽宁与东北亚国家在贸易和投资合作规模上均有所增长，但是与辽宁经济发展相称的水平尚存在一定距离。通过比较辽宁与山东面向东北亚开发开放的情况可以看出，二者在区位因素、资源禀赋和开放时间等方面都较为相似，且辽宁在产业基础和语言文化等方面比山东更具优势，但在进出口、引进外资、对外投资合作等方面，辽宁均落后于山东。

②贸易和投资结构不够合理

从进出口结构来看，辽宁与东北亚国家进出口结构不够均衡。对于日韩这两个出口对象国而言，辽宁向日本和韩国出口的大多是初级产品和具有较低附加值的制成品，占到出口产品的一半以上；而辽宁从日本、韩国进口的大多是具有较高附加值的制成品和服务，占到进口产品的一半以上。这种产品结构落后的根源就在于辽宁产业结构和技术水平的落后。[①]

---

① 潘志. 辽宁参与东北亚区域经济合作研究[J]. 党政干部学刊,2015(04):56-60.

③产业和区域分布不够均衡

从日本和韩国对辽宁直接投资的产业分布来看，制造业所占比重极高，占两国在辽宁直接投资金额的70%～80%，且由于辽宁的金融、产业配套基础设施不够完善，很多外资企业倾向于投向投资周期短、见效快的低附加值产业。辽宁与日韩在金融、港口、信息等领域的合作层次较低，尚处于起步阶段。从经贸合作的省内区位分布来看，受到营商环境、经济基础和政策优惠等因素影响，沈阳和大连吸引了来自东北亚国家的绝大部分投资，甚至软件服务外包行业全部集中在大连和沈阳。

④合作对象以日韩为主，与俄罗斯、蒙古国和朝鲜的合作尚未充分展开

从进出口规模来看，辽宁对俄罗斯、蒙古国和朝鲜的进出口总额与对日本、韩国的进出口总额存在很大的差距。例如，辽宁与俄罗斯经贸合作的潜力没有能够充分挖掘，突出表现在能源合作方面，辽宁的油气资源进口依赖度极高，但这些油气资源中来自中东国家的比重较大，不利于分散能源和经济安全风险，与俄罗斯在油气资源领域的合作有待深化。在技术合作领域，中科院曾经牵头的通过省院合作等平台，以构建辽宁省中俄科技园的计划并未得到充分落实，导致辽宁与俄罗斯及东欧国家开展技术合作规模和质量远不如吉林。①

（2）对外开放大通道和大平台的支撑作用较为有限

《中共辽宁省委 辽宁省人民政府关于加快构建开放新格局　以全面开放引领全面振兴的意见》提出，辽宁全面开放要以辽宁沿海经济带开发开放为支撑，以大连东北亚国际航运中心和沈阳东北亚创新中心建设为龙头，将辽宁打造成为面向东北亚开放的大门户。到2020年，全省开放型经济水平显

① 潘志．辽宁参与东北亚区域经济合作研究[J]．党政干部学刊，2015(04)：56-60.

著提升，对外贸易依存度提高3个百分点；货物贸易进出口总额在全国的位次进入前8位。到2022年，全省开放型经济新体制基本形成。为此，辽宁全面开放要加快建设服务辽宁、辐射东北、影响东北亚的“港口经济圈”。辽宁将通过建设对外开放大枢纽、构建对外开放大平台、畅通对外开放大通道、打造对外开放新高地等举措，优化提升全面开放载体支撑。加快建设大连东北亚国际航运中心，建成服务辽宁、辐射东北、影响东北亚地区的国际性航运枢纽。创建辽宁“一带一路”综合试验区和“中国–中东欧16+1”经贸合作示范区，打造高能级对外开放新平台，使其成为辽宁全面开放的标志性品牌。到2020年，基本建成以“一带一路”综合试验区和“中国–中东欧16+1”经贸合作示范区为引领、以2个创新示范新区为先导、以3个国际性展会和8个海关特殊监管区域为支撑、以100个省级以上重点产业园区为载体的“2+2+3+8+100”的对外开放平台体系。

如前文所述，由于辽宁面向东北亚开发开放的渠道不够畅通，平台支撑作用较为有限，无法将辽宁的产业基础、区位优势、与东北亚国家的合作基础转化为贸易和投资优势。

一是现有的顶层设计与辽宁港口整合后的新局面不适应。为打造面向东北亚国家的航运中心，辽宁已出台《大连东北亚国际航运中心发展规划》等文件，用以指导辽宁港口发展。在新形势下，这些政策意见可能滞后于辽宁港口整合的发展，不能对辽宁港口整合以后的新动向提供指导意见。因此，如何根据国内外经济形势及辽宁现阶段经济社会发展动态，加强政策引导，重新优化布局东北亚航运中心的功能和定位，提升大连在整个东北亚航运领域的国际竞争力，需要重点研究。港口资源整合有利于提升行业集中度，提高资源配置使用效率，化解重复建设和同质化过度竞争。2015年，浙江的宁波港集团和舟山港集团实质性并购重组，整合组建为宁波舟山港集团。此后，浙江以宁波舟山港一体化为主导，以沿海“五港合一”为代表，先后完成了全省海洋港口的一体化整合，形成了以宁波舟山港为主体和枢纽，嘉兴港、温州港、台州港、义乌陆港以及内河港口联动发展的新格局。浙江港口的成功并购重组，对辽宁大连港、营口港和锦州港的并购重组具有积极的示范效应。通过重组港口集团，高效整合人力、物力和财力等各类资源，统筹区域港口发展，可以更好地打造东北亚国际航运中心和国际物流中心，助力辽宁自贸试验区与日韩经贸合作。

二是辽宁省虽然拥有的中欧班列线路多，尤其是以辽满欧为代表的中欧班列一直处于市场化运营状态，但是回程货物比重过低、运营平台发展较差一直是辽宁中欧班列发展的制约与瓶颈。中欧班列回程货物比重过低，是辽宁与俄罗斯、蒙古国之间贸易往来和投资合作水平低的外在表现，需要以中欧班列发展为突破口，深入推进辽宁与俄罗斯、蒙古国之间的经贸合作。

三是现有展览会、保税区、产业园区等平台对辽宁面向东北亚开放的支撑作用有限。虽然辽宁对东北亚国家具有贸易顺差，但这也表明辽宁来自东北亚国家的进口规模有待提高。习近平总书记在出席第二届“一带一路”国际合作高峰论坛开幕式并发表主旨演讲时指出，要更大规模增加商品和服务进口。东北亚国家中，日本、韩国和俄罗斯在部分领域的科技水平较高，俄罗斯油气资源丰富，而辽宁与这些国家在高技术产品、油气产品等方面贸易规模较小，应进一步贯彻落实《关于扩大进口促进对外贸易平衡发展的意见》，扩大辽宁来自东北亚国家的进口规模。当前，辽宁缺乏高能级、有特色的地方展会，以及与东北亚国家深度对接的高质量产业园区，这些均制约了辽宁面向东北亚国家的开发开放。

（3）贸易、投资、通道和平台统筹发展的格局尚未建立

2018年，习近平总书记在辽宁考察时和在深入推进东北振兴座谈会上提出“六项重点工作”，其中之一就是要深度融入共建“一带一路”，建设开放合作高地。为深入贯彻落实党的十九大精神，进一步扩大对外开放，辽宁出台了《中共辽宁省委 辽宁省人民政府关于加快构建开放新格局 以全面开放引领全面振兴的意见》。2019年《辽宁省政府工作报告》提出，推动全方位对外开放，培育国际经济合作和竞争新优势。在此背景下，为将辽宁进一步打造成为面向东北亚开发开放的战略高地和门户枢纽，急需加快构建辽宁面向东北亚开放新格局。当前，辽宁面向东北亚开发开放的贸易、投资规模有待提高，贸易和投资规模未能达到与辽宁优势相称的水平；贸易、投资结构不够合理，进出口产品类别、贸易对象国和投资区位等分布有待完善；对外开放大通道和大平台的支撑作用较为有限，无法将辽宁的产业基础、区位优势、对外开放发展基础转化为贸易和投资优势。如何加强体制机制创新，以扩大贸易和投资规模、优化贸易和投资结构为引领，以加强通道和平台建设为支撑，加快实现贸易、投资、通道、平台相辅相成、相互促进是新时期工作的重要方向。

7.2.2 成因分析

（1）外部环境方面的原因

近年来，受全球经济增长乏力、个别发达经济体政策不确定性增强、地缘政治格局发生快速变化等因素影响，辽宁对外开放发展步伐缓慢。2008年美国次贷危机引发的全球金融危机的消极影响还没有完全消退，世界经济仍然处于经济周期的复苏阶段，且缺乏新的经济增长点来支持复苏。2018年7月国际货币基金组织发布的《世界经济展望》指出，2018年和2019年

全球经济增长率约为3.9%，世界银行2018年6月发布的《全球经济展望》则认为2018全球经济增速约为3.1%。由于受到贸易保护主义、单边主义、民粹主义政策蔓延导致的逆全球化潮流，金融市场无序波动的可能性上升，新兴经济体资本市场动荡风险、政策不确定性，地缘政治风险等因素影响，2018年经济增长未达到预期水平，世界银行将2019年全球经济增长率预期下调为3.0%。从2018年世界主要经济体复苏势头来看，除美国外其他发达经济体的经济复苏不容乐观，新兴经济体经济增长向好但风险加大。

从东北亚国家来看，各国之间存在一定差异。

①日本

2018年第1季度，日本GDP增长率环比下降0.2%，2016年第1季度至2017年第4季度持续8个季度的经济增长势头被改变，出现了技术性衰退迹象。2018年第3季度，日本GDP增长同比下降2.5%，远远低于预期，GDP增长创出5年以来最大跌幅。IMF预测，2018年日本的实际GDP增速为1.1%，2019年或降到1%以下。2019年2月14日，日本内阁发布的初步数据显示：2018年全年日本GDP实际增速0.7%，GDP名义增速0.6%，低于IMF和世界银行预测增速。2018年日本GDP为4.968万亿美元，人均GDP为39 369美元。导致日本GDP倒退的因素有很多，诸如老龄化和少子化导致的国内需求下降、日元汇率贬值、日本政府债务规模较大等。

②韩国

根据韩国央行发布的数据，2018年韩国第4季度GDP同比增速为3.1%，环比增速为1%；2018年韩国GDP增速为2.7%，为6年来最低。2019年第1季度韩国GDP环比下降0.3%，为2008年第4季度以来的最差表现。韩国央行表示，GDP环比下降主要由于出口和投资下降。出口方面，受电子设备出口锐减拖累，第1季度出口环比减少2.6%。出口形势严峻是韩国经济目前面临的主要难题之一，韩国月出口额自2018年12月以来已经“四连跌”。投资方面，机械和运输设备投资不振，导致第1季度设备投资额环比减少10.8%，创下1998年以来最大跌幅。此前，韩国央行已将2019年经济增长预期下调0.1个百分点至2.5%。[①]

③俄罗斯

近年来俄罗斯经济保持稳步增长态势，2018年经济增速为2%，预计2019年俄罗斯经济增速将放缓至1.3%。自2019年1月起，俄罗斯增值税税率从18%上调至20%。受此影响，2019年第1季度俄罗斯经济形势出现疲软，但目前俄罗斯金融市场呈现出稳定态势，通货膨胀加速高峰期已经过去，下半年经济增速将有所加快。[②]世界银行《全球经济展望报告》中指出，2018年俄罗斯经济在低通货膨胀的条件下稳步发展。尽管面对来自美国的经济制裁，俄罗斯通货膨胀率仍保持在相对稳定的低水平。2018年10月，IMF调高2019年俄罗斯经济增速预期至1.8%，并因其适度收紧的货币政策预测俄罗斯通胀水平为2.8%。[③]

④蒙古国

按照蒙古国统计发布的信息，2018年蒙古国GDP同比实际增长6.9%（名义增速为15.3%），GDP总量约为32.17万亿图格里克，按照全年与美元的平均汇率折算约为130亿美元，折合人民币约为860.3亿元。分季度来看，

---

① 华尔街见闻．韩国2018年GDP增长2.7% 创6年新低[EB/OL]．[2019-05-23]．http://www.oushinet.com/international/guojinews/20190122/311857.html.

② 王晨笛．俄罗斯2018年经济增速为2%[EB/OL]．[2019-05-23]．http://www.xinhuanet.com/2019-01/26/c_1124046810.htm.

③ 驻俄罗斯联邦经商参处．世界银行称2018年俄罗斯经济在低通胀水平下增长[EB/OL]．[2019-05-23]．http://www.mofcom.gov.cn/article/tongjiziliao/fuwzn/oymytj/201901/20190102826292.shtml.

2018年第1季度经济增速为6.2%，第2季度经济增速为6.5%，第3季度经济增速为6.6%，第4季度经济增速为8.1%，呈现逐季加快趋势。2018年，蒙古国年中人口数量为3 24.1万人，以年中人口数量为基数，人均GDP为992万图格里克，同比增长13.1%；扣除物价因素后，实际增长4.9%，较上年增加1.5个百分点。由于大宗商品价格上涨和国内需求改善，矿产品出口收入增加，助推蒙古国经济表现好于预期。2018年，蒙古国工业产值较2017年增长21%，达到15.7万亿图格里克（约合59亿美元）。其中，矿业和采掘业主要产品产量增长了19.6%，成为整体增长的关键驱动因素。①

⑤朝鲜

2018年，朝鲜在对外交往和经济建设两个层面上实现了突破。从对外交往来看，朝鲜领导人通过一系列积极主动外交打开了新局面。一是中朝关系出现新气象，2018年3—6月，朝鲜最高领导人金正恩三度访问中国，与中方就双边关系和朝核问题达成重要共识；2018年9月，中共中央政治局常委、全国人大常委会委员长栗战书作为习近平总书记、国家主席的特别代表率中国党政代表团访问朝鲜，并出席朝鲜建国70周年庆祝活动，进一步巩固发展了中朝传统友好。2019年6月20日，中共中央总书记、国家主席习近平对朝鲜进行国事访问，中朝双方愿不忘初心、携手前进，共同开创两党两国关系美好未来。二是朝韩关系回暖，半岛局势呈现新现象；朝美关系取得历史性突破，金正恩与特朗普举行会晤，双方就朝核问题、朝美关系等议题达成重要共识，极大缓解了朝美间一度剑拔弩张的紧张状态。朝俄关系也有新发展，双方政府代表团多次互访，签署了一系列经贸、能源等领域的合

---

① 佚名．2018年蒙古国GDP增长6.9%，总量130亿美元[EB/OL]．[2019-05-23]．https://www.sohu.com/a/295218643_100110525.

作协议。朝鲜在外交方面的积极进取为朝鲜经济社会发展创造了良好的外部环境。从经济建设来看，朝鲜各行业掀起了经济建设新高潮，经济社会等很多方面取得长足进展。①

（2）体制机制方面的原因

2018年，习近平总书记在沈阳主持召开深入推进东北振兴座谈会时强调，东北地区遇到的困难和问题，归根结底仍然是体制机制问题，是产业结构、经济结构问题，解决这些困难和问题要靠深化改革。如前文所述，辽宁面向东北亚开发开放存在诸多亟待解决的问题，体制机制短板是引发对外开放的重要因素之一。

一是政府职能没有转变到位，放管服职责仍需加强，辽宁受计划经济影响比较深，国有企业改革步伐相对缓慢，导致政府对国企的管理存在错位、缺位、越位等现象。政府职能没有转变到位，办事效率低下、营商环境不佳等现象仍然存在，在一定程度上制约了辽宁面向东北亚开发开放。

二是国企市场化管理机制不够完善，民营企业自主创新动力不足。辽宁国有企业由于体制惯性对政府和政策存在较多的依赖，市场化发展水平不高，缺乏一个与市场完全对接、充满活力的体制机制；由于政府对民营企业发展干预较多，支持不够，尚未形成支持民营企业面向东北亚开发开放的体制机制。由于国有资本和民营资本存在信息不对称等一系列问题，民营企业融资渠道不够畅通，投资意愿不够强烈，创新驱动力不足。国有企业改革取得一定进展，但仍面临诸多难题。中国东北振兴研究院调查显示，辽宁国有企业资产占规模以上工业企业总资产比重为45%（黑龙江为64%、吉林为

---

① 江亚平. 朝鲜 见证新气象[EB/OL].[2019-05-23]. http://www.xinhuanet.com//mrdx/2018-12/26/c_137699979.htm.

54%），大大高于全国30%左右的平均水平，这与地方政府汇报的地方国有企业数据存在较大差异。从地方国有企业来看，辽宁地方国有企业数量已不算多，2014年为1 475家，仅占全国1.3%，排全国第20位；辽宁地方国有企业资产占全国0.96%，排全国第22位。中央企业在辽宁配置了相当多的国有资产，但中央企业改革是比较滞后的，这是辽宁国有企业改革的一大难点。辽宁市场化不足、国有股一股独大导致国有企业治理能力欠缺、活力不足，许多企业亏损严重。2015年本钢、抚矿、沈煤、铁法能源等处于亏损状态，全省21家地方国有企业上市公司中有7家亏损。

三是民营经济发展水平有待提高。辽宁民营经济“小、散、弱”，集约化、集群化发展程度不高。2014—2018年，全国500强民营企业中辽宁的企业数量总体呈下降趋势，2018年，辽宁仅有6家，在全国排名第17位，如图7-22、图7-23所示。其中，有4家全国500强民营企业来自大连，另外2家分别来自沈阳和盘锦（大商集团排名第10，大连万达集团排名第17，盘锦北方沥青燃料排名第162，环嘉集团排名第187，辽宁禾丰牧业排名第267，大连金玛商城企业集团排名第438），远不及苏浙鲁粤等省份。民营经济“融资难”问题仍然突出。相关调查显示，2015年，沈阳65%的企业面临融资难题，锦州中小企业资金需求满足度仅为0.91%，盘锦有64.15%的中小民营企业存在融资困难，营口79.6%的中小企业认为“融资有难度”。

四是营商环境等方面的问题突出。这与党政机构设置和职能配置密切相关，比如党政机构职责定位不准、职能划分不清，一些领域机构设置过细、职能交叉重叠、一件事由多个部门管理，直接影响到党委、政府职能作用的发挥，影响投资环境、人才环境、法治环境和诚信环境的改善。营商环境的差异是导致辽宁和山东面向东北亚开放存在巨大差距的重要因素之一。山东各级地方政府对参与东北亚区域经济合作高度重视，例如青岛在制定城市规

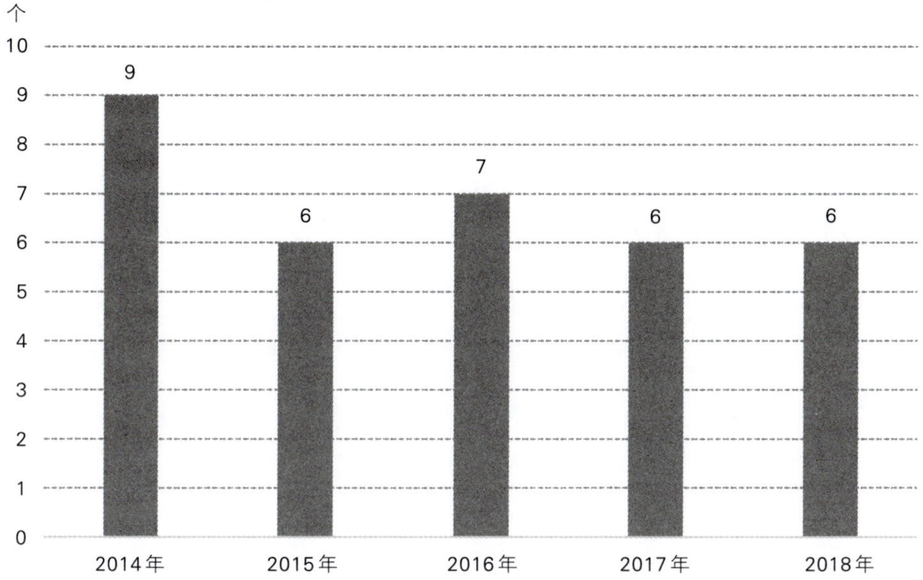

图7-22　2014—2018年辽宁民营企业上榜500强数量

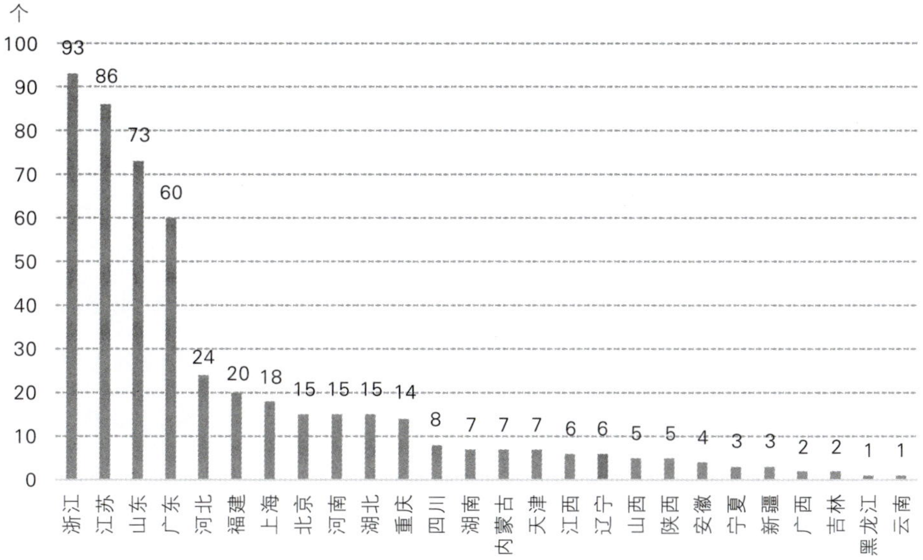

图7-23　2018年全国部分省（自治区、直辖市）500强民营企业上榜数量排行

划的时候专门将参与东北亚区域经济合作考虑进来，威海甚至提出“以韩兴威”的口号。正是因为高度重视，山东才能认认真真地在改善投资环境上下功夫：完善各项基础设施和服务机制、简化审批程序，抓住韩国产业转移以中小企业为主要载体的特征与韩国合作设立韩国中小企业服务中心、韩国企业专用工业区，乃至把韩国对企业的管理服务模式移植并延伸到青岛，使得韩国企业（尤其是中小企业）在青岛投资像在本土一样方便和习惯。这更是大大促进了韩国在山东的投资增长。由于韩资企业大多从事出口加工贸易——进口货源地和出口市场主要集中在日本和韩国，而且呈现出“两头在外，大进出”的态势，所以又大大促进了山东与日本、韩国之间的进出口贸易增长。

（3）产业结构方面的原因

辽宁产业结构素以煤、油、装备等重工业为支撑，在经济景气时期，特别是2008年底“4万亿”刺激政策以后，重工业过剩产能不仅没有及时调整，反而进行新一轮扩张，导致在本轮下行调整中，出现产能利用率低、债务费用高企、营运资金紧张等困难局面。一是计划经济强化了辽宁重化工业为主的产业结构。二是改革开放以后，虽然几经艰难调整，但目前重化工业比例仍然较高。我国实行改革开放政策后，国家开始了以“加强轻工业”为重点的第一次重要的产业结构调整，采取了一系列措施，重点扶持轻工业发展。辽宁也在改革开放初期开始调整偏重的产业结构，加快轻工业发展的步伐，扶持轻工业发展的政策措施逐步见效。三是第一轮振兴有成效但强化了投资依赖，导致工业“重化”变“老化”。为了稳住东北经济，加快东北地区改革，2003年国家推出了东北振兴战略。至今，第一轮东北振兴战略在一定程度上解决了国有企业的历史包袱、优化了企业制度和治理结构，但体制机制不够完善、市场活力不足的顽疾仍未根除。国家对东北地区的“挽救”战略基调，也使辽宁形成了对发展红利的“等靠要”风气，经济发展主动性和市场活力一直严重不足。同时，辽宁经济增长的投资驱动模式被进一步强化了（辽宁投资贡献率长期处在70%以上），这使得辽宁经济形成了更严重的投资驱动依赖。2018年，辽宁三次产业比例为8.03∶39.6∶52.37，与主要发达国家30∶70或20∶80的二三产业比例水平差距甚远，第三产业比重落后于全国平均水平，更低于北京、上海、天津、浙江、广东、江苏等较发达地区。

7.3 辽宁面向东北亚开发开放的推进路径

7.3.1 明确构建统筹发展新格局的指导思想和重点任务

（1）贸易、投资、通道、平台统筹发展新格局的指导思想

为加快构建辽宁面向东北亚开放的新格局，加快贸易、投资、通道和平台建设，应全面贯彻党的十九大和十九届二中、三中全会精神，以习近平新时代中国特色社会主义思想为指导，坚持稳中求进工作总基调，坚持以人民为中心的发展思想，统筹推进“五位一体”总体布局和协调推进“四个全面”战略布局，以落实新发展理念和“四个着力”“三个推进”，深度参与“一带一路”建设为重点，以建设高水平自由贸易试验区和探索建设自由贸易港为引领，以辽宁的产业优势、区位优势为依托，将辽宁打造成为面向东北亚开发开放的门户枢纽。

（2）贸易、投资、通道、平台统筹发展新格局的重点任务

构建面向东北亚开放的发展新格局，实现贸易、投资、通道、平台协同

发展，一是要着力推进体制机制改革，加快政府职能转变，促进民营企业发展。二是要打造对外开放新高地，以辽宁自贸试验区为重要着力点，深入推进与东北亚国家的经贸合作，形成有代表性的制度创新成果，打造面向东北亚开放的战略新高地。三是要优化全面开放的载体支撑，加快建设对外开放大通道，推动“辽满欧”“辽蒙欧”“辽海欧”交通运输国际大通道建设，提高辽宁中欧班列的国际竞争力和影响力，提高中欧班列的回程货物量，以中欧班列为引擎推动辽宁对东北亚国家的贸易和投资发展；构建对外开放大平台，加快建设辽宁“中国–中东欧16+1”经贸合作示范区，做大做强大连夏季达沃斯、大连软件会、沈阳制博会等国际性展会，提升大连综合保税区等要素集聚和辐射带动作用，扩大各平台对东北亚国家贸易和投资的促进作用。四是要优化对外贸易结构，加快对外贸易转型升级步伐。五是要提升对外投资水平，实现对外投资规模、质量和效益显著提高。

7.3.2 着力推进体制机制改革

（1）加快政府职能转变，推进行政审批制度和商事制度改革

辽宁应进一步加快转变政府职能，加大简政放权力度，推进行政审批制度改革，全面深化商事制度改革，创造有利于激发市场活力的营商环境。

①创新商事登记模式。一是主动向国家申请，争取获得支持，在辽宁探索试点商事登记确认制。以商事登记实名认证、全程电子化办理、要件式智能化审理、申请人承诺制为支撑，进一步简化登记事项、申请材料和办理流程。二是逐步推开全程电子化商事登记，做到全程电子化商事登记区域、业务、市场主体全覆盖，实现企业办照零跑动、申请材料无纸化；拓展电子营业执照在政务、商务、金融领域的应用，使电子营业执照成为“互联网+”环境下市场主体的唯一网络身份认证和管理标识。

②完善市场监管制度。一是建立统一的市场监管平台。加快实现各市场职能部门、涉企行政审批部门、行业主管部门之间的信息实时传递、无障碍交换、统一归集公示；建成全省统一的市场监管信息平台，连通省直部门及各地级以上市现有综合监管平台，为证照衔接、监管联动、执法协同提供支撑。二是建立健全信用监管机制。构建以信用信息监管为核心的新型监管模式，加快推广信用信息在行政管理领域的应用，全面落实失信联合惩戒机制。三是提升市场监管执法水平。贯彻落实行政执法公示制度，执法部门要在事前、事中、事后三个环节向社会公开职责权限、执法流程、执法结果等；推动落实重大行政执法决定法制审核制度。

③大力提高政府服务水平和质量。一是深化政务信息公开制度。提高行政透明度，将“负面清单”“权力清单”“责任清单”在政府网站上公开；对于制定的地方政府规章和规范性文件，主动公开草案内容，接受企业和社会公众反馈意见；优化服务，公开政务信息，建立网上政务办理通道，搭建意见投诉网上受理平台，公布处理流程和结果。二是加强政府权力运行监督。完善行政权力依法、规范、公开运行电子监察平台，强化对除行政审批外的行政职权事项运行情况的监督和动态管理，定期进行统计分析和考核评估，建立预警和纠错机制，提高行政服务水平。对行政审批事项和服务事项办理实施全程电子监察、远程监控和动态管理。三是大力提倡政府购买公共服务。辽宁应通过购买公共服务，提高服务质量。建立政府购买公共服务机制，健全公共服务需求调查、购买筛选、招投标、项目实施、项目绩效评价等机制。对政府购买的不合格公共服务应启动调查程序，追究政府相应购买责任。

（2）深化国有企业改革，做强做优做大国有企业

辽宁要积极向国家申请设立“国企改革综合试验区”，围绕混合所有制改革、完善现代企业制度、债转股、“三去一降一补”等重点改革任务，深

入推进国有企业改革，甩掉历史包袱，做强做优做大国有企业。

①推进国有企业混合所有制改革，破除体制机制障碍。推进混合所有制改革，对国有股进行“市场化改造”，鼓励非国有资本投资主体参与国有企业改制重组、国有控股上市公司增资扩股，同时鼓励国有资本以多种方式入股非国有企业，探索实行混合所有制企业员工持股。

②完善现代企业制度，提高国有资本配置效率。继续完善产权清晰、权责明确、政企分开、管理科学的现代企业制度，推进公司制股份制改革，积极引入其他国有资本或各类非国有资本实现股权多元化。

③加快推进国有企业“三去一降一补”，尽快甩掉发展包袱。针对债务负担过重的企业，要加快实施债转股等去杠杆任务。针对集中在钢铁、煤炭等行业的国有企业，要有效控制新增产能。针对涉及房地产的国有企业，要加快去库存力度。支持国有企业增加创新投入力度，提升自主创新能力。加快剥离企业办社会职能和解决历史遗留问题，降低企业经营成本。完善相关政策，建立政府和国有企业合理分担成本的机制，多渠道筹措资金，采取分离移交、重组改制、关闭撤销等方式，剥离国有企业职工家属区“三供一业”和所办医院、学校、社区等公共服务机构，继续推进厂办大集体改革，对国有企业退休人员实施社会化管理，妥善解决国有企业历史遗留问题，为国有企业公平参与市场竞争创造条件。

（3）促进民营经济发展，优化民营经济发展环境

①着力解决民营企业融资难题，创新金融发展环境。一要着力解决银行对民营企业“惜贷”问题，安排专项资金建立中小企业信用担保基金，为中小企业的创立和发展提供融资担保、贴息。二要着力解决民营企业存在的直接融资渠道狭窄问题，建立多种资金来源、多种组织形式参与、多层次结构的担保体系，支持企业互保互联、多渠道筹集资金，建立中小企业风险担保基金。

②改革创新民营经济发展体制机制，引导民营企业做优做强。要加快完善民营企业发展环境，培育引导大型民营企业做优做强。进一步放宽民间资本进入的行业和领域，降低准入门槛，支持引导民营经济公开公平公正参与市场竞争。重点培育一批特色优势明显、技术水平先进、主营业务突出、具有较强竞争力的现代民营企业集团和以民营企业为龙头的产业集群。

③完善人才培养和引进机制，培育高素质企业家队伍。大力培育企业家精神，加强民营企业家队伍建设，培育壮大职业经理人队伍。大力培养和引进工程技术人才，加大对创新创业的扶持力度，培育壮大创业者群体。

7.3.3 打造面向东北亚开放新高地

辽宁自贸试验区自成立以来，坚持以体制机制改革和制度创新为核心，突出辽宁特色为重点，扎实推进各项工作，为辽宁振兴发展提供新动能。新形势下，应进一步深化加快落实自贸试验区关于加强东北亚区域开放合作的重点任务，形成更多具有辽宁特色、率先面向东北亚全方位开放的可复制、可推广的“辽宁经验”。通过探索深化与开放型经济相匹配的制度创新，进一步提高自贸试验区外商投资负面清单开放度和透明度，完善以贸易便利化为重点的贸易监管制度创新，加快建立符合国际惯例的税收制度。重视自由贸易试验区与重大国家战略协同发展，以“一带一路”倡议的支点作用为角色定位，着力建设中国北方地区对外开放的大门户。

（1）辽宁自贸试验区应加快对接日韩高标准国际贸易投资通行规则

辽宁自贸试验区面向东北亚乃至全球开放，最关键的是要加快对接日韩高标准国际贸易投资通行规则。一是将中日韩自贸区谈判中难以短期内在全国范围推行的贸易投资规则，尽早在大连片区先行先试。二是稳步推进市场准入负面清单制度改革，主动尝试制定面向日韩的负面清单，以创造更高层次的贸易投资自由化与便利化条件。三是着力在大连片区推行各项创新举措，优化营商环境。支持大连片区在制度创新方面先行先试，突破地方政策制约，争取国家政策支持，形成一批有大连特色的、可复制推广的引领性制度成果。四是进一步深化金融开放创新，打造大连片区与区域性金融中心建设的联动机制。加快构建面向日韩的金融市场体系，逐步建立金融监管协调机制，提升金融监管能力，防范金融风险。

（2）辽宁自贸试验区应加快围绕跨境电商构建产业体系

近些年来，以互联网为代表的新经济蓬勃兴起，跨境电子商务强劲发展，已经逐步成为拉动经贸合作的新引擎。辽宁自贸试验区应以跨境电子商务综合试验区建设为依托，通过“复制+创新”模式，有助于发挥后发优势推动跨境电商发展，扭转对日韩经贸合作潜力没有得到充分挖掘的局面，进一步释放区域经贸合作潜力。

具体来说，应抓住跨境电商综合试验区的建设契机，加快构建跨境电子商务产业生态体系。一是依托毗邻日韩的区位优势，口岸发达、港航便捷的物流优势，培育软件服务外包出口的独特优势、本土知名品牌的竞争优势，全力推动跨境电商发展驶入快车道。二是鼓励跨境电子商务企业吸纳人才，培训机构大力培养人才，给予适当的人才补贴和培训补贴。三是充分发挥政府的引领作用，通过政府购买服务，邀请专业机构或者高等院校提供智力支持，系统研究日本、韩国跨境电商政策的发展变化，根据目标市场的政策动向调整企业发展步伐，实行“跨境电商+”战略，以“跨境电商+机电产品”“跨境电商+农产品”“跨境电商+高新技术产品”等行动，培育一批以日韩为主要目标市场的高水平跨境电子商务B2B、B2C进出口经营主体。四是立足于实际，充分利用后发优势，有针对性地对杭州模式进行“复制+创新”。

（3）全力推进转型升级，实现辽宁自贸试验区与港航业协同发展

辽宁自贸试验区的设立，对于大连港、营口港的港口保税业务和国际中转业务，以及临港产业发展具有巨大的推动作用。同时，全力推进辽宁港口转型升级，可以助力辽宁自贸试验区向东北亚开放合作更深层次迈进。大连港、营口港是东北亚国际航运中心和东北亚国际物流中心的核心载体，更是深化与日韩经贸合作层次的重要平台。现阶段，大连港作为东北亚国际航运中心的地位受到青岛港、营口港等临近港口的挑战。全力推进港口转型升级，整合省内港口资源，是实现辽宁自贸试验区与港航业协同发展、深化自贸试验区面向东北亚开放合作的重要改革举措之一。

首先，辽宁自贸试验区应利用大连港、营口港在运输、港口和保税仓等方面的优势条件，将其打造成为一个以中韩经贸合作、中日经贸合作为主的集运输、交易、加工仓储、保税、金融及信息服务等多种功能为一体的综合性港口。其次，辽宁自贸试验区应依托大连港的混矿业务优势，推动混矿产品面向日、韩等东北亚地区销售与运输，打造港口转型新突破口。再次，辽宁自贸试验区通过“复制+创新”，稳步推进汽车平行进口、集装箱多式联运监管中心等自贸试验区新制度落地。最后，辽宁自贸试验区要加强金融创新，以日韩为重点探索实施国际金融结算业务，发展离岸金融。

（4）先行建设大连“准自由贸易港”，为大连自由贸易港建设获批创造条件

为提高大连自由贸易港方案最终获批可行性，应基于国际先进自由贸易港建设思路，先期探索建设大连“准自由贸易港”。充分利用大连港口资源优势和自贸试验区先行先试的政策优势，先行在能够突破的体制机制框架内，为加快自由贸易港建设积累前期经验。抢抓半岛地缘政治缓和的关键机遇期，充分借鉴韩国釜山、新加坡、迪拜、中国香港等自由港的先进经验，先行推进口岸监管、国际中转、管理体制、政策引领等重点领域改革创新。

（5）加强金融和税收制度创新

加强金融和税收制度创新可以从如下几个方面着手：一是加快金融制度创新，深化金融领域对外开放。具体包括探索面向东北亚国家的外汇管理改革试点，逐步实现跨境融资自由化；建立自贸试验区金融改革创新与区域性金融中心建设联动机制。推动金融服务业对符合条件的民营资本和外资金融机构全面开放；依托自贸试验区的政策优势，加快推动大连商品交易所对外开放步伐，逐步允许境外企业参与商品期货交易。二是提供低成本、便利的融资和保险服务。具体包括加快商业性金融机构“走出去”步伐，简化银行机构设立海外分支机构的审批，鼓励金融机构加快海外布局、实行业务创新，为企业提供低成本、便利的融资和保险等服务；加快建立和完善对外投资基金，为企业境外投资拓宽融资渠道；探索对中小企业境外投资的政策性支持，简化手续，创新服务方式。三是优化投资税收政策，完善税收制度环境。具体包括将融资租赁企业或金融租赁公司在自贸试验区内设立的项目子公司纳入融资租赁出口退税试点范围，在符合税制改革方向和国际惯例，不导致利润转移和税基侵蚀的前提下，研究完善适应境外股权投资和离岸业务发展的税收政策。

7.3.4 加快建设对外开放大通道和大平台

通过比较可以看出，现有通道和平台对辽宁对外开放的支撑力度有限，未来必须加快通道和平台建设，构建辽宁贸易、投资、通道和平台统筹发展新格局。

一是加快构建对外开放大通道。要将“辽满欧”打造成为中欧班列北路旗舰，提高国际认可度和影响力。促进营口综合保税区与辽宁自贸试验区营口片区、营口港联动发展，加快中欧班列回程货源集散中心建设，提升往返班列的满载率。依托“辽满欧”等综合交通运输大通道建设，探索完善国际陆路运输与贸易规则。同时，要借鉴浙江推进区域港口一体化改革的经验，加快辽宁港口转型升级，促进港口资源深度融合，完善港口运营机制，在提升价格竞争力、服务标准和质量上进一步发挥市场作用，加快形成辽宁港口品牌效应。

二是全力打造对外开放大平台。要用足用好全面开放专项资金等扶持政策，更好地发挥大连夏季达沃斯论坛、沈阳制博会、大连数交会等重点展会作用。积极培育壮大具有国际竞争力的会展市场主体，完善会展基础设施建设，吸引具有全球影响力的重大会展活动落户辽宁。要进一步完善保税区功能规划和基础设施配套，高标准推进大连大窑湾保税区、沈阳综合保税区、营口综合保税区运营。要切实抓好辽宁“中国–中东欧16+1”经贸合作示范区建设。借鉴宁波市推广中国–中东欧博览会及相关合作平台建设的先进经验，持续提升中国（辽宁）中东欧16国国家馆的服务能级。以交通、电力、通信基础设施建设和装备制造业产能合作，推进辽宁与中东欧国家之间展开深层次、多领域的经贸合作。中东欧国家普遍具有较好的科学教育水平和专业技术人才资源，辽宁应积极开展人才智力合作交流，吸引更多中东欧国家高端人才集聚辽宁。

7.3.5 加快对外贸易转型升级步伐

（1）抢抓东北亚区域局势缓和机遇，积极布局对日韩经贸合作

当前，朝韩关系解冻、中日关系回暖、中日韩重启高级别经济对话、俄罗斯加快远东开发开放等地缘政治经济的新变化、新趋势，给辽宁面向东北亚扩大开放合作提供了重要机遇。辽宁应抢抓机遇，积极推进和布局面向日韩俄开放，深度挖掘辽宁与日本、韩国、俄罗斯的经贸合作潜力。

一是瞄准中日经贸关系发展的新趋势，在“一带一路”合作框架下加快推进对日开放合作。抓住当下中日关系改善的良好契机，加大对日招商引资和产业合作力度，吸引日本高端制造业和服务业到辽宁自贸试验区投资；加快建设“中日养老产业合作园区”，发展“旅游+医疗+养老”新模式；立足于辽宁的产业优势和区位优势，与日本企业加强合作，共同发展对“一带一路”沿线国家的贸易和投资合作，实现共赢。

二是加速与韩国的“路通、物通、心通”，实现“一带一路”倡议下辽韩经贸合作。以“一带一路”倡议带动韩国“欧亚倡议”合作，以“大众创业、万众创新”与韩国“创造型经济”对接、“中国制造2025”与韩国“制造业革新3.0”对接，深度挖掘辽宁与韩国的贸易投资合作潜力；充分发挥中韩自贸区的平台优势，以辽宁自贸试验区为突破口，开拓与韩国在服务业领域的合作空间，着力在金融、旅游、教育、文化等领域建立经贸合作关系。

三是积极参与和布局中日韩自贸区合作。在东北亚局势回暖和美国在全球施压的背景下，中日韩自贸区的谈判正在积极推进，料将形成较好的结果。如果中日韩自贸区成功建立，将极大地提升东北亚乃至东亚区域经济一体化水平。辽宁应抢抓中日韩自贸区谈判、筹建契机，从地缘优势及要素互补视角，积极参与和布局与日韩的合作，深化相关合作领域，夺取中日韩自贸区的先动优势与红利。

（2）提升高新技术产品进出口比重，释放民营企业贸易竞争力

一是逐步提高高新技术产品进出口比重。在新形势下，辽宁须加快产业转型升级步伐。针对产业发展的“瓶颈”和“短板”，加大科技投入，推动技术攻关，着力突破“卡脖子”关键核心技术，培育拥有自主知识产权与核心竞争力的企业品牌；落实和完善《辽宁省建设具有国际竞争力的先进装备

制造业基地工程实施方案》等扶持政策，促进科技成果转化，培育具有国际竞争力的高新技术产品，促进实现高新技术产品的进口替代；探索制定知识产权保护制度，建立健全涉外知识产权保护机制，建立海外知识产权维权援助机制。加快融入全球科技创新体系，加强与日韩俄高新技术战略合作机制，努力突破中美贸易摩擦对我国高新技术产品出口的限制。

二是释放民营企业贸易竞争力。为了助推辽宁民营外贸企业发展，需要提供更稳定的政策预期。当前，东北亚国家贸易形势复杂多变，保护主义、单边主义等逆全球化思潮不断涌现，对国际贸易秩序产生了负面的冲击。在此背景下，需要为辽宁民营外贸企业提供稳定的政策预期。例如，为企业提供稳定的出口退税政策。当前，我国出口退税政策似乎成为一种政府宏观调控工具，以实现产业结构调整和贸易促进，但其中的不确定性不利于辽宁民营外贸企业开展合理的经营决策，也提高了依法纳税的成本。同时，为了助推辽宁民营外贸企业做大做强，需要提供充分的政府服务，需要在财政、商务、税务、海关、进出口银行、出口信用保险等环节形成协同联动机制，在提升贸易便利化问题上形成管用有效的“组合拳”；加快外贸公共服务平台建设，打造智慧外贸平台，加快国际贸易“单一窗口”建设，最大限度降低企业进出口环节的费用和制度成本，支持并鼓励更多民营外贸企业借助跨境电商、市场采购贸易等方式，政府在提供相关服务方面发挥重要作用。总之，一方面要出台有利于辽宁民营外贸企业发展的政策，切实有效地解决民营外贸企业遇到的贸易环节制度性障碍，最大限度地降低民营外贸企业的制度性交易成本，使之在提升产品竞争力方面获得更多的资本和更大的动力；另一方面要用好用足国家一系列促进民营经济高质量发展的政策措施，主动开拓多元市场，推动对外贸易优化升级。

7.3.6 加快提高对外投资水平

（1）规范和引导辽宁企业海外合规经营，加强企业合规管理能力建设

近年来，在“一带一路”倡议下中国对外投资合作稳步推进，中国企业在海外投资合作过程中，坚持遵循市场导向、对接国际规则，通过开展对外投资合作，既有助于本土跨国公司成长，也促进了我国与东道国互利共赢、共同发展。中国企业“走出去”虽然起步较晚，但是发展非常迅速，做好企业合规经营，对于参与东北亚开发开放，打造具有全球竞争力的国际一流企业具有极强的意义。合规经营的能力不仅来自于企业自身，也会受制于东道国的监管形势。不合规经营的企业会遭受东道国法律制裁、监管处罚、重大财产损失或声誉损失以及其他负面影响。

一是应贯彻落实《企业境外经营合规管理指引》，尽快出台省级层面更具针对性的管理办法，使得企业在对外投资合作过程中，一方面严格遵循国内法律法规和监管要求，另一方面也严格遵守东道国关于市场准入、国家安全审查、行业监管和反垄断申报等方面的法律法规和监管要求，合法依规开展境外投资经营活动，以有效防范和应对境外投资合作风险。

二是加强省商务厅对企业海外合规经营的规范和引导，推动企业持续提升合规管理水平。加强省省商务厅、智库和企业之间的合作，切实提高本省对东北亚开展经贸合作的前景预判和应对能力。优化政企沟通渠道，结合产业特征和企业诉求，基于面向东北亚开发开放调整本省的产业政策和对外开放政策；对于涉及国际贸易投资纠纷的本省企业，主动向国家有关部门寻求支持，积极应对并提出可行的措施；设立政府、高校和企业联合工作组，探索建立对东北亚国家投资风险防范的长效机制，为本省企业海外投资提供全方位支撑服务。

三是加快培育本省企业对外投资合作的合规文化。企业文化是推动企业发展的内在动力和重要支撑。作为市场经济中的微观主体，企业需要加快培育自身的合规文化。一方面，政府部门、行业协会、媒体舆论需要为本省企业培育合规文化营造一个良好的外部环境和导向，引导本省企业承担合规管理责任，使得合规经营成为企业经营文化的重要组成部分。有关政府部门应加强依法行政，建立新型政商关系；行业协会可以根据行业属性与实际，组织会员单位开展合规管理技能培训，提升会员单位培育合规文化的能力；媒体舆论应宣传合规文化，并对不合规经营的企业和行为进行曝光。另一方面，本省企业应从内部做起，积极树立培育合规经营的意识。合规经营体系建设在知识产权保护、东道国环境保护、履行商业责任、预防腐败和贿赂发生等方面意义重大，是推动本省企业“走出去”，实现可持续发展的重要保障。

（2）“引进来”与“走出去”并举，推动标准、技术和服务“走出去”

一是要大力优化营商环境，提高引进外资综合质量，鼓励来自日本、韩国和俄罗斯的资金投向先进制造、高新技术、节能环保、现代服务业和现代农业等领域，支持跨国公司在辽宁设立研发中心，吸引高质量的外资参与传统产业技术升级与改造；进一步吸引日本、韩国跨国公司在辽宁设立亚洲区、亚太区总部，支持外资研发中心参与辽宁科技创新建设，以创新要素跨境流动和全球配置助推辽宁经济转型升级；以健全产业链为导向，鼓励日韩俄企业加大对辽宁现代服务业、新兴产业和高新技术产业投资，为外资参与辽宁相关产业园区建设提供更有利条件。

二是要支持本省企业“走出去”，深度对接“一带一路”倡议，推动中国标准“走出去”。中国标准体系建设存在一些不足，部分领域中国标准的国际认可度较低，实质性参与国际标准活动的力度较小。因此，在中国战略性新兴产业国际竞争力不断增强的同时，有必要加快推动中国标准“走出去”。一是加快建立与国际接轨的标准体系。中国在高铁、光伏和核电等战略性新兴产业领域已经形成了较为完整的、可与发达经济体比肩的标准体系。应充分发挥先发优势产生的示范和引领作用，加强技术标准研制工作，提升标准的先进性和系统性，注重实现国家、行业、团体等标准之间的有效衔接，做好战略性新兴产业标准国际化的基础性工作。二是积极参与国际标准制定。鼓励和支持战略性新兴产业的优势企业、行业协会、科研机构和高等院校等，选派优秀人才进入国际标准化组织，参与国际标准制定。同时，鼓励专家学者开展国际标准的应用性研究工作，并提出切实可行的对策建议。

第8章

辽宁吸引日资与制造业对日出口的空间效应研究

双方要始终恪守中日四个政治文件确立的各项原则，践行中日“互为合作伙伴、互不构成威胁”的政治共识，增进互信，推动中日关系始终沿着和平、友好、合作的正确轨道持续向前发展。要深化经贸、投资、第三方市场、科技创新等广泛领域合作，打造新的合作增长点，积极引领区域经济一体化。

——2019年6月27日中国国家主席习近平在大阪会见日本首相安倍晋三时强调

8.1 研究背景

近年来，东北三省的发展虽有所好转，但仍未走出经济低迷的阴影。辽宁作为其中经济规模最大的省份，其GDP自2016年出现大幅下滑后，2017年及2018年出现逐步企稳回暖的迹象，2018年辽宁生产总值增速为5.7%。虽较2017年的4.2%有明显改善，但仍远低于6.5%的全国平均水平。其产业结构中，原材料产业仍占较大比重，传统制造业及重工业所占比重相对较高，与习近平总书记提出的“积极扶持新兴产业加快发展，尽快形成多点支撑、多业并举、多元发展的产业发展格局”要求存在一定差距。实现东北振兴的目标对于辽宁经济依然任重道远。

传统国际贸易理论认为，扩大出口和利用国际投资是促进经济增长的两个重要途径。辽宁作为东三省唯一的沿海省份，与日本的地理距离相近，经贸历史源远流长。日本一直是辽宁重要的外资来源地和第一出口目的地。中国—日本商务理事会联络办公室（大连）发布的《2017年中日贸易投资合作报告》显示：辽宁与日本的区域贸易合作指数在全国排名第六，在东北三省中位居第一。从辽宁利用日本直接投资情况看，2017年，辽宁利用日资扭转了前两年的下降趋势，出现大幅增长。然而2018年，日本FDI出现较大回落，目前基本与2014年的水平持平。从辽宁对日出口表现看，辽宁对日本出口总额始终居高位。自2017年起，连续两年以较大幅度增长，其中2017年增长13%、2018年增长11%。同时，辽宁对日出口占辽宁总出口比重也自2013年开始稳步回升，2018年辽宁对日出口占比为20.1%，处于2012年以来最高水平。

从当前国际环境来看，全球经济复苏乏力，单边主义与贸易保护主义盛行，东亚地区成为全球经济增长的重要引擎。从2017年开始，中日政治经济形式转好。2018年是中日和平友好条约缔结40周年，中日重启高级别经济对话，并将经济合作与交流作为中日下一步合作的重要专题。2018年10月，日本首相安倍晋三率领约500名日本商界领袖访华，同中国国家主席习近平达成深化互利合作的共识，这为辽宁与日本进一步深化投资贸易关系提供了契机。2018年11月，上海举办的第一届国际进口博览会上，有超过400家日本参展商进驻，数量是第二名韩国的两倍之多。其中，医疗器械、智能制造和高端装备是日本参展商开拓中国市场的重点。目前，中日韩重启高级别经济对话，朝鲜半岛和东北亚区域局势相对缓和。以上一系列国际经济环境和地缘政治环境的变化，为辽宁参与东北亚经济圈的开放合作带来重大契机，同时也为辽宁加强与日本的投资与经贸关系提供了良好的基础。在中日政治经贸交往加深背景下，加强辽宁与日本之间的贸易和投资合作将成为构建辽宁对外开放新格局的重要组成部分。

在辽宁的经济产业结构中，制造业一直是辽宁传统优势行业。从辽宁利用日本直接投资的角度看，制造业也是日本对辽宁直接投资的传统行业。尤其在2012年以前，日本对辽宁的制造业投资较为活跃，涉及汽车、半导体、机电等多个领域。然而在2013年以后，随着日本对辽宁投资力度缩小，制造业投资也随之减少。2016年和2017年日本对辽宁的制造业投资流量分别为112.8万美元和239.5万美元，分别仅占日本对辽宁总投资额的12.1%和1.2%。但是，日本对辽宁的制造业投资下滑的局面在2018年得到了很大的改观。2018年日本对辽宁的总直接投资额为7 630万美元，其中制造业投资额为2 340万美元，为2017年日本对辽宁制造业直接投资的9.8倍。此外，2018年日本对辽宁制造业直接投资的占比也增加到了30.7%。虽然2018年日本对辽宁的服务业直接投资占比仍相对较高，但是2018年日本对辽宁服务业直接投资的流量出现大幅下降，相比2017年跌幅达72.9%。与服务业的情况相反，2018年日本对辽宁制造业直接投资的大幅度增加是一个值得关注的现象。辽宁的制造业与日本的产业发展具有较强的互补性，吸引日本对辽宁的制造业投资不仅有利于引进先进的高新技术，也有利于促进辽宁的制造业结构升级，从而在结构升级的基础上进一步促进辽宁制造业对日本的出口。

从辽宁对日出口的产业结构看，制造业一直是辽宁对日本出口的传统优势产业。2010年到2017年，辽宁对日本的总出口额较为稳定，平均每年为94.6亿美元，其中辽宁的制造业对日本的出口额平均每年为82.4亿美元，占其对日本总出口额的比重平均高达87.1%，对比制造业，辽宁农业在此期间对日本的出口额平均每年仅为12.2亿美元，只占其对日本总出口额的12.9%。但在2018年，在辽宁对日出口总额提升的背景下，辽宁制造业对日出口却出现加大幅度的下滑，仅为64.4亿美元，制造业出口额占辽宁对日本总出口额的比重为65.7%。不仅出口金额较2017年下滑达17%，出口占比也远低于2010年到2017年的平均水平。虽然辽宁制造业依然是辽宁出口日本的第一大产业，但其2018年相对比较低迷的表现依然值得重视。综合以上制造业在辽宁利用日资和对日出口的表现，随着辽宁进一步推进东北振兴计划和构建对外开放新格局，制造业必然在辽宁与日本之间的贸易和投资合作的各产业中继续占有重要地位。

单纯从投资和贸易各自的角度看，两者可能都具有其各自的空间效应。以投资为例，既可能出现一个地区吸引投资会带动周边地区吸引投资的正向集聚效应，同时也可能出现一个地区吸引投资所带来的竞争性，从而降低周边地区吸引投资的负向替代效应。在辽宁吸引日资的情况中，日本对大连和沈阳的投资可能因集聚作用而有利于周边地区吸引日资，也可能因替代作用而使得周边地区对日资的吸引力减小。同理，贸易也可能出现同样的两种效应，即贸易的空间集聚效应和贸易的互补效应。大连、营口和沈阳的制造业对日出口可能使周边地区的配套工业得以发展，从而促进周边地区的对日出口，也可能使制造业更向这些地区集中而降低周边地区的对日出口。因此，在分析投资和贸易各自带来的空间效应中，正向的集聚效应和负向的替代效应，这二者中到底哪种效应起主导作用是一个值得研究的问题。

从投资和贸易二者联系的角度看，辽宁吸引日资与制造业对日出口在地域分布上出现了较高的重叠性，主要都集中于沈阳、大连及部分沿海城市，这也与日本贸易振兴机构调查所得的辽宁日资企业出口额占销售总额的比重远高于全国比重的结论相符。日本对重点城市的制造业投资，以及相关服务的投资，不仅会影响当地的制造业出口，同时也可能因为空间集聚效应或空间替代效应，对周边地区的制造业出口产生促进或抑制作用。因此，吸引日资与对日出口的空间效应中，集聚与替代的影响同样值得研究。

综上所述，为了充分发挥辽宁制造业优势和提高日本FDI的利用效率，我们就需要首先理清日本FDI与辽宁制造业对日出口的实际空间效应，由此才能有的放矢，更好统筹投资与贸易的协调发展，助力辽宁经济整体振兴。

8.2 日本FDI及辽宁制造业对日出口的现状及特征

8.2.1 日本对辽宁FDI的现状及特征

（1）日本对辽宁FDI的规模及结构

日本对辽宁FDI可以分为两大类，制造业FDI和服务业FDI[①]，且基本以服务类FDI为主。由图8-1可以看出，从2013年开始，受金融危机后日本国内经济收缩调整和中日钓鱼岛争端等因素影响，日本对辽宁直接投资显著收缩，其中制造业FDI投资下滑尤为明显。2014年日本对辽宁制造业直接投资较2013年下滑87.6%。2016年，制造业投资流量达到最低点，仅为112.8万美元。此后，制造业FDI开始逐步回升，其中2018年投资流量为2 340万美元，是2017年日本对辽宁制造业直接投资的9.8倍。相对制造业，日本对辽宁服务业的FDI在经历2016年低谷后，上涨幅度更大，2017年投资流量接近2亿美元，2018年的投资流量相对回落，为5 944万美元，占2018年日本投资总流量的69.3%。

根据《中国统计年鉴》对制造业的分类方法，我们将制造业分为5类，分别为采掘采伐业、原材料及化工工业、加工工业、以农产品为原料的轻工业、以非农产品为原料的轻工业。其中，加工工业一直是辽宁的传统优势行业，涵盖了机械、电子、车辆制造等行业，同时也是日本对辽宁制造业投资的重点行业。图8-2为2010—2018年日本对辽宁制造业直接投资结构图。

---

① 日本对辽宁农业投资自2010年至2018年只出现一次，其余与农业相关的投资均为食品加工类投资，在《中国统计年鉴》中被归入以农产品为原料的轻工业。

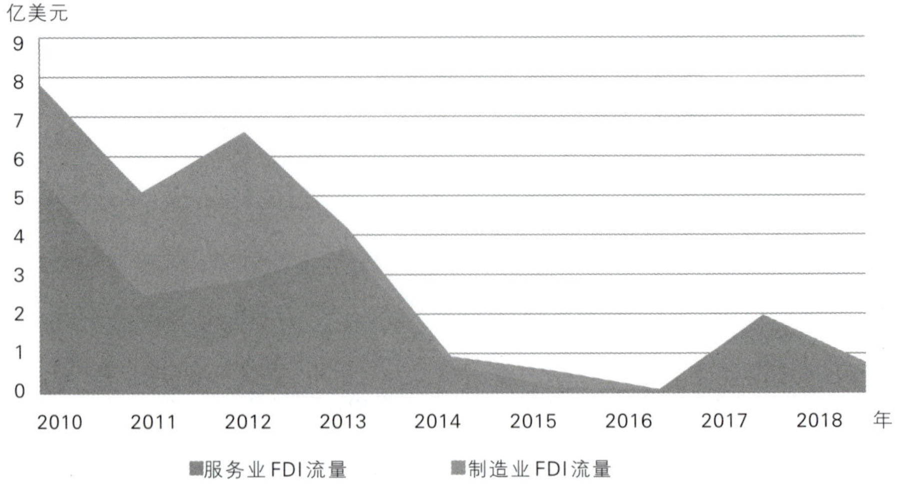

图8-1　2010—2018年日本对辽宁直接投资规模图

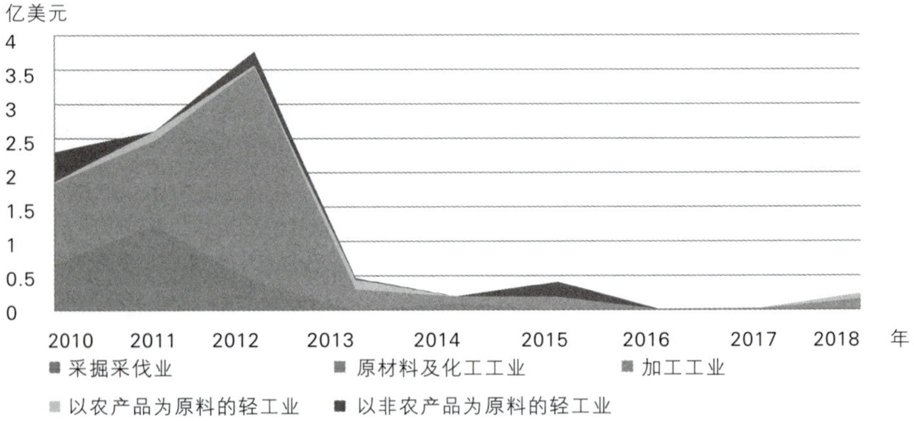

图8-2　2010—2018年日本对辽宁制造业直接投资结构图

从图8-2可以看出，日本对辽宁加工工业FDI占制造业FDI比重一直较高，除2016年为10.9%，其他年份占比均在45%以上。自2017年起，制造业FDI开始增长，加工工业FDI流量在2018年也达到1 400万美元，占当年制造业FDI流量的59.8%。与之形成对比，对于以非农产品为原料的轻工业，日本在2015年达到4 100万美元投资的高点后，迅速回落。在2017—2018年期间，日本已经连续两年在该行业对辽宁FDI流量为0。对于以农产品为原料的轻工业，日方投资在经历2014年19万美元的低点后，呈现逐年回升的趋势，且在2018年再次突破百万美元关口，达到763万美元。对于原材料及化工工业，在经历2016—2017年两年的投资0流量后，2018年日本FDI流量达177万美元。由于投资政策及规定限制等因素，日本在采掘采伐业中对辽宁始终没有投资。图8-3为2010—2018年日本对辽宁制造业累计直接投资结构图。

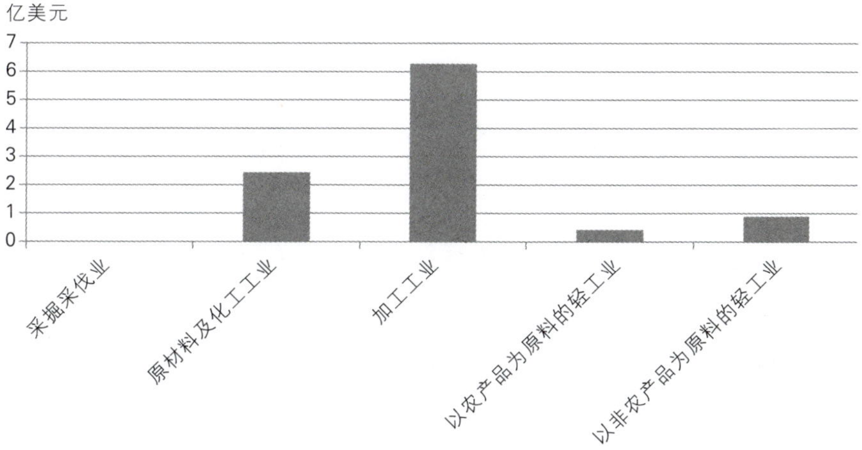

图8-3　2010—2018年日本对辽宁制造业累计直接投资结构图

从图8-3可以看出，2010—2018年，日本对辽宁制造业累计直接投资中，加工工业占最大比重，累计投资额为6.27亿美元，投资占比为63%。其余依次为原材料及化工工业，以非农产品为原料的轻工业和以农产品为原料的轻工业，占比依次为24%、9%、4%。

根据国家统计局《关于建立第三产业统计的报告》，我们将服务业分为

3类，分别为生产型服务业、消费型服务业和公共服务业。图8-4为2010—2018年日本对辽宁服务业直接投资结构图。

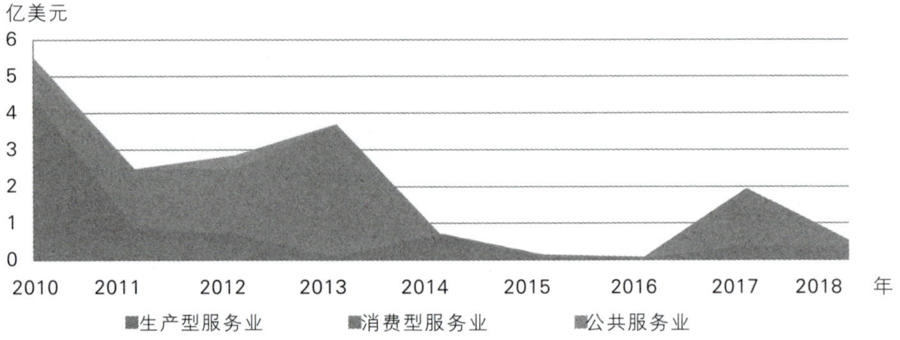

图8-4　2010—2018年日本对辽宁服务业直接投资结构图

从图8-4可以看出，2015和2016两年日本对辽宁服务业直接投资相对较小，2017年出现大幅增长。其中，消费型服务业投资流量在2017年增长较快，为1.6亿美元，接近2011年与2012年水平；2018年该行业投资流量出现下滑，为1 566万美元，占当年日本服务业FDI的29.6%。对于生产型服务业，除了2015、2016年两年外，其余年份日方对辽宁投资均在千万美元以上。2017年和2018年，投资流量基本持平，均在3 700万美元左右，其中2018年生产型服务业FDI占当年服务业FDI比重为68.5%。对于公共服务业，近6年来投资流量均非常少，2014—2017年的投资额均为0。图8-5为2010—2018年日本对辽宁服务业累计直接投资结构图。

从图8-5可以看出，2010—2018年在日本对辽宁服务业累计直接投资中，消费型服务业占比最大，累计投资额为9.63亿美元，投资占比为54%。生产型服务业累计投资额为7.72亿美元，占比为43%。公共服务业累计投资占比为3%。

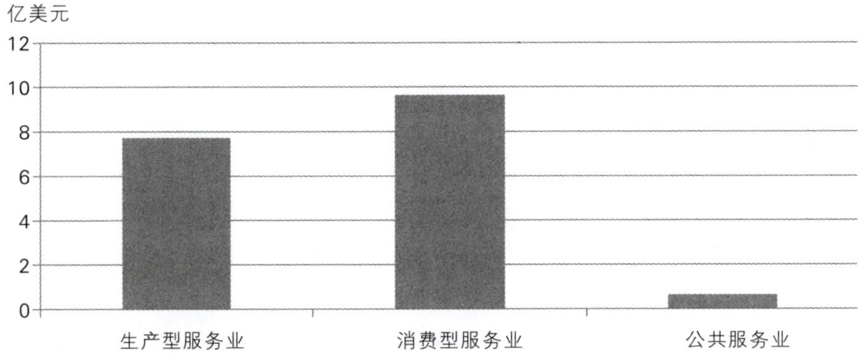

图8-5 2010—2018年日本对辽宁服务业累计直接投资结构图

（2）日本对辽宁FDI的空间分布

由于数据获得性等因素，区域的划分按照海关统计经济区划分，而非传统行政区划分，因此存在对部分行政区合并或细分的情况，主要细分情况如下：大连地区分为五部分，分别为大连高新技术产业园区、大连大窑湾保税港区、大连瓦房店市、大连经济技术开发区和大连其他地区，其中大连经济技术开发区包括其自身和辽宁大连出口加工区两个区，其余大连地区均属于大连其他地区。鞍山地区中，鞍山高新技术产业开发区属于鞍山市区。营口地区中，营口港保税物流中心属于营口市区。沈阳地区分为两部分，辽宁沈阳张士出口加工区、沈阳综合保税区、沈阳经济技术开发区、沈阳南湖科技开发区属于沈阳市区，其余部分属于沈阳其他地区。

2018年日本对辽宁制造业投资集中在大连、沈阳和锦州三地。其中，对大连经济技术开发区的制造业投资为577万美元，对大连大窑湾保税港区的制造业投资为765万美元，对沈阳市的制造业投资为724万美元，以上三个区的投资占日本对辽宁制造业总投资的88%。从投资结构上分析，日本对大连的制造业投资主要为加工工业，占日本对大连制造业总投资的97%，其余为以农产品为原料的轻工业。日本对沈阳的制造业投资均为以农产品为原料的轻工业。

2010—2018年，日本对辽宁制造业累计直接投资主要分布在大连、沈阳、葫芦岛和营口，累计投资金额分别为4.27亿美元、2.21亿美元、1.91亿美元和7 430万美元。四个地区的累计投资占日本对辽宁累计投资总额比重分别为43%、22%、19%和7%。大连和沈阳两个制造业日资集中地周边也存在一定的日方投资。总体而言，投资地较为集中，仅大连就集中了日方制造业投资的近半数。

辽宁制造业中，各行业2010—2018年吸引日本直接投资的累计分布情况如下：日本对辽宁原材料及化工工业累计直接投资主要分布在沈阳、葫芦岛、大连和营口，累计投资金额分别为1.01亿美元、4 787万美元、4 775万美元和4 113万美元。四个地区的累计投资占日本对辽宁该行业累计投资总额比重分别为41%、19%、19%和17%。日本对辽宁加工工业累计直接投资主要分布在大连、沈阳和葫芦岛三个地区，累计投资金额分别为3.44亿美元、1.21亿美元和9 023万美元。三个地区的累计投资占日本对辽宁该行业累计投资总额比重分别为55%、19%和14%。日本对辽宁以农产品为原料的轻工业累计直接投资主要分布在大连、丹东、沈阳和营口，累计投资金额分别为1 045万美元、1 003万美元、970万美元和963万美元，累计投资占日本对辽宁该行业累计投资总额比重分别为25%、24%、23%和23%。日本对辽宁以非农产品为原料的轻工业累计直接投资主要分布在大连、抚顺和沈阳，累计投资金额分别为2 421万美元、2 221万美元和2 022万美元，累计投资占日本对辽宁该行业累计投资总额比重分别为27%、25%和24%。

2018年日本对辽宁服务业投资集中在大连。大连服务业吸引日资额为

4 566万美元，占对辽宁2018年服务业总投资流量的86%。其中，对大连经济技术开发区的投资为1 124万美元，对大连高新技术产业园区的投资为386万美元，对大连大窑湾保税港区的投资为875万美元，对大连其他地区投资为2 181万美元。从投资结构上分析，日本对大连的服务业投资主要为生产型服务业投资，占日本对大连服务业总投资的76%。

2010—2018年，日本对辽宁服务业累计直接投资主要分布在大连、沈阳两地，累计投资金额分别为8.68亿美元和7.44亿美元。两个地区的累计投资占日本对辽宁累计投资总额比重分别为48%和41%。对于大连，日本服务业投资主要集中在大连高新技术产业园区。对于沈阳，服务业投资主要集中在沈阳张士出口加工区和沈阳市区。

生产型服务业和消费型服务业2010—2018年吸引日本累计直接投资的地区分布情况如下：日本对辽宁生产型服务业累计直接投资非常集中，基本分布在大连和沈阳。其中，对大连累计投资3.94亿美元，对沈阳累计投资3.54亿美元。两地的累计投资占日本对辽宁生产型服务业累计投资总额的比重分别为51%和46%。对于消费型服务业，日本对辽宁投资主要分布在大连、沈阳和锦州，累计投资金额分别为4.35亿美元、3.64亿美元和1.5亿美元，三个地区的累计投资占日本对辽宁消费型服务业累计投资总额的比重分别为45%、38%和16%。对于公共服务业，日本在辽宁直接投资额相对较小，且仅出现在大连、沈阳两地。

（3）日本对辽宁FDI的特征

通过2010—2018年日本对辽宁FDI行业层面数据的汇总，可以看出，目前辽宁吸引日资处于逐步回复但振荡的状态。2010—2012年，辽宁利用日资处于较高水平的状态，但自2013年开始，由于日本经济处于低迷状态，日本对辽宁投资大幅下滑，2016年辽宁吸引日资降到最低点，2017年开始从低点大幅回升，但2018年再次下滑。其中，服务业FDI流量波动最大，也是日本对辽宁FDI的最主要组成部分。2018年的投资下滑主要是由服务业FDI下滑造成的。对比服务业，制造业FDI已经连续两年增长，虽然目前投资流量较2013年以前仍然处于较低水平，但增幅较为明显。

从投资结构的角度来看，制造业中的加工工业一直是日本对辽宁FDI的重要组成部分，随着2017—2018年连续两年制造业FDI的回暖，加工工业的FDI也随之上涨，虽然总额较历史水平仍处于相对低位，但增速较快。在连续两年处于低位后，2018年以农产品为原料的轻工业吸引日资也出现大幅提升，原材料及化工工业在连续两年无日方投资的情况下，2018年再次出现日方FDI。总体而言，辽宁以优势加工工业吸引日资，轻工业相对薄弱的格局与以前一致。对于服务业，日本对辽宁FDI在近年呈现出消费型服务业FDI波动大、生产型服务业FDI相对稳定的态势，且2018年投资结构较2017年发生改变，生产型服务业FDI成为服务业FDI主要组成部分。

从投资地域分布来看，无论制造业还是服务业的日本FDI均呈现出相对集中的格局。大连与沈阳是辽宁吸引日资的两大中心。对于制造业，除了大连、沈阳两大中心外，葫芦岛和营口也是制造业日资投资目的地，呈现出两大中心加环渤海城市带的格局。就行业结构而言，制造业中除采掘采伐业，其他各行业均对大连与沈阳有相对较多的投资，对葫芦岛的投资侧重于原材料及化工工业和加工工业，对营口的投资侧重于原材料及化工工业和以农产品为原料的轻工业。对比制造业，日本对服务业的FDI投资更加集中，对大连与沈阳的服务业FDI占日本对辽宁服务业FDI投资总额的近九成，而生产型服务业的投资比消费型服务业的投资更向两地聚集，两地合计占比近97%。因此，对比制造业，服务业呈现出两大中心的格局，环渤海城市带对日本服务业投资相对缺乏吸引力。对于大连，从空间分布上看，大连高新技术产业园区、大连大窑湾保税港区及大连经济技术开发区吸引日资流量总额相对较小，但考虑到这些区域的面积较小，单位面积吸引日方资金依然非常可观。同样，沈阳张士出口加工区和沈阳综合保税区单位面积吸引日方投资的金额相比其他地区高出很多。

8.2.2 辽宁对日本制造业出口的现状及特征

（1）辽宁对日本制造业出口的规模及结构

从图8-6可以看出，辽宁对日本制造业出口一直是辽宁对日出口的最大组成部分。从规模上看，对日出口总额变化趋势与FDI趋势类似，2013年后从100亿美元的高位逐步下滑，在2016年降至最低点，仅为78.26亿美元。随后连续两年出现上涨，2018年对日出口总额已达98.16亿美元，接近2013年水平。对日制造业出口变化趋势基本与出口总额类似，但2018年辽宁制造业对日出口没有维持2017年上涨的趋势，出现较大下滑，出口额仅为64.43亿美元，为2010年以来最低值。2010—2017年，辽宁对日制造业出口一直占出口总额的85%以上，而2018年对日制造业出口占比仅为66%，与往年相比下滑近20个百分点。

从图8-7中可以看出，辽宁加工工业对日出口占对日制造业出口比重一直较高。除2018年为39%，其他年份占比均在40%以上。自2017年起，加工工业对日出口在制造业出口中占比已经持续两年下滑，2018年辽宁加工工业对日出口25.13亿美元，相对2017年下滑20%。对于占比第二的以农产品为原料的轻工业，2018年对日出口未能维持2017年上升势头，对日出口额为19.03亿美元，较2017年下滑24%。以非农产品为原料的轻工业，2018年对日出口额为5.34亿美元，较2017年下滑20%。加工工业、以农产品为原料的轻工业和以非农产品为原料的轻工业这三大行业的2018年对日出口额

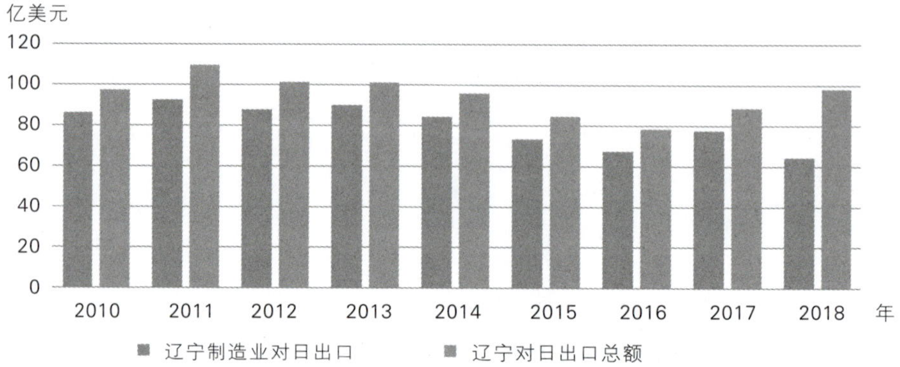

图 8-6　辽宁对日本制造业出口规模图

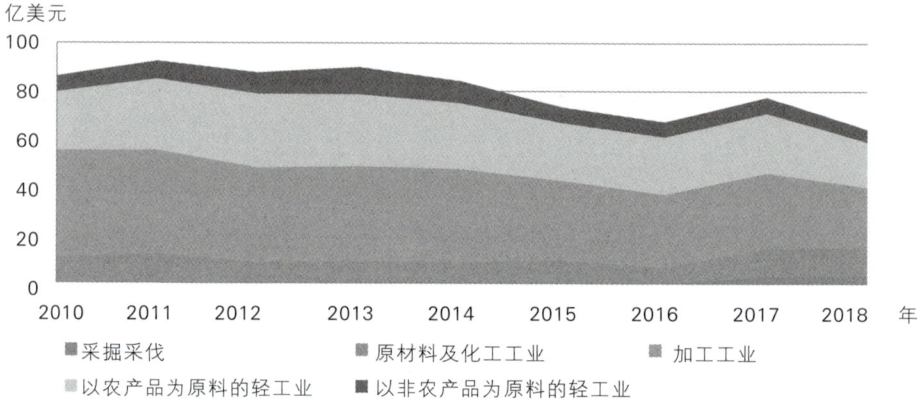

图 8-7　辽宁对日本制造业出口行业结构图

均处于2010年以来的最低水平。与之对应，采掘采伐业2018年维持了2017年高速增长的态势，2018年对日出口为3.43亿美元，较2017年上涨15%，原材料及化工工业2018年对日出口11.51亿美元，与2017年的11.63亿美元基本持平。

（2）辽宁对日本制造业出口的空间分布

鉴于统计数据可获取性，贸易地域划分方式与投资地域划分方式保持一致[①]。出现细分和合并的地区依然是大连、鞍山、营口和沈阳这四个地区。

2018年辽宁制造业对日本出口主要集中在大连、营口、沈阳、丹东和锦州。虽然出口地整体分布范围较广，但是出口量聚集程度很高，绝大部分集中在大连。2018年大连制造业对日出口50.61亿美元，占辽宁对日制造业出口的78%，营口出口额为3.77亿美元，占比为6%，沈阳出口额为3.12亿美元，占比为5%，丹东出口额为1.89亿美元，占比为3%，锦州出口额为1.57亿美元，占比2%。2018年仅大连一地对日制造业出口额就达到全省的3/4。

2018年，辽宁制造业中各行业对日出口均以大连为重心，其余城市的分布情况依行业不同而不同。其中，采掘采伐业对日出口主要集中在大连，对日出口额为3.42亿美元，占辽宁采掘采伐业对日出口的99%。大连出口的货物基本经由大连大窑湾保税港区销往日本。沈阳与营口也有少量对日出口，但出口额均在10万美元左右。原材料及化工工业、加工工业、以农产品为原料的轻工业和以非农产品为原料的轻工业的出口分布较广，各城市均有所出口，但主要出口地依然为大连。其中，原材料及化工工业对日出口基本分布于大连、营口、鞍山、锦州与沈阳，出口额分别为7.63亿美元、1.64亿美元、7 573万美元、4 546万美元和4 314万美元，出口占比分别为66%、14%、7%、4%和4%。加工工业对日出口基本分布在大连、沈阳和营口，出口额分别为19.38亿美元、2.18亿美元和1.04亿美元，出口占比分别为77%、9%和4%。以农产品为原料的轻工业对日出口主要集中在大连、丹东和营口，出口额分别为16.17亿美元、1.35亿美元和4 960万美元，出口占比

① 详见2.1.2部分的地域划分。

为85%、7%和3%。以非农产品为原料的轻工业对日出口主要分布在大连、营口和沈阳，出口额分别为4.01亿美元、5 914万美元和3 739亿美元，占比分别为75%、11%和7%。

（3）辽宁制造业对日出口的特征

通过2010—2018年辽宁制造业对日出口的数据可以看出，虽然对日出口总额较2017年有所增长，但出口结构变差，农业出口占比增加而制造业占比下降。2013年开始，辽宁对日出口总额下滑，2016年达到最低点。其间，制造业对日出口变化趋势与辽宁对日出口总额变化趋势保持一致。2017—2018年，辽宁对日出口总额开始上涨，2017年制造业对日出口也随之上涨，但是2018年并未维持上涨趋势，而是出现较大幅度下滑。总体而言，制造业对日出口从降转升，到2018年再次下滑的趋势与日本对辽宁投资的变化趋势基本保持一致，但出口变动幅度比日本投资流量的变动幅度小。

从对日制造业出口结构角度看，2018年，虽然加工工业和以农产品为原料的轻工业仍然维持制造业对日出口的前两位，但较2017年均有所下滑，且所占比重也有所降低。与2017年相比，加工工业、以农产品为原料的轻工业和以非农产品为原料的轻工业对日出口均下滑超过20个百分点，原材料及化工工业与前一年持平，仅采掘采伐业有所上涨。因此，就制造业对日出口本身而言，结构依然变差，加工程度相对较高的加工工业，以农产品为原料的轻工业和以非农产品为原料的轻工业对日出口额下滑，加工程度相对较低的采掘采伐业和原材料及化工工业的对日出口相对上涨。

从出口地区分布来看，2018年出口分布与之前相比变化不大，依然是大连为中心，营口、丹东和锦州等沿海城市以及沈阳作为重要城市的分布格局。就行业结构的分布而言，采掘采伐业分布最为集中，2018年对日出口基本都经由大连大窑湾保税港区。对于其他行业，各市均对日本有所出口，但依然以大连为出口中心。其中，原材料及化工工业对日出口相对分散，大连出口额占该行业对日出口总额的2/3，其余行业，大连出口占比均超过75%。其他各地对日制造业出口也各有侧重，营口以原材料及化工工业、加工工业、以农产品为原料的轻工业和以非农产品为原料的轻工业为主，沈阳以加工工业和以非农产品为原料的轻工业为主，丹东以农产品为原料的轻工业为主，鞍山和锦州以原材料及化工工业为主。与投资情况类似，大连高新技术产业园区、大连大窑湾保税港区、大连经济技术开发区、沈阳张士出口加工区和沈阳综合保税区单位面积制造业对日出口非常高，尤其是大连大窑湾保税港区和大连经济技术开发区，对日出口较其他地区更为集中。大连对日制造业出口中，原材料及化工工业中的14%、加工工业中的53%、以农产品为原料的轻工业中的23%以及以非农产品为原料的轻工业中的57%均由以上两区出口。

从日本对辽宁FDI与辽宁对日制造业出口的对比来看，首先，辽宁制造业对日出口变动趋势与日本对辽宁FDI变动趋势一致，但出口变动幅度相对较小。其次，辽宁制造业对日出口分布范围比日本对辽宁FDI分布范围更广，但从金额集中度而言，辽宁制造业对日出口更集中。再次，总体而言，日本对辽宁FDI与辽宁制造业对日出口依然有较高的地域重合性，尤其以大连、沈阳和营口为主。最后，大连在出口中的区位重要程度比吸引日资中的区位重要程度更高。日本对辽宁投资形成了大连、沈阳双中心，加环渤海城市带的格局，而辽宁对日制造业出口基本上以大连为中心，其他城市重要性相对较低。

8.3 日资FDI与辽宁对日制造业出口的空间效应分析

8.3.1 日资FDI的空间自相关分析

（1）空间权重矩阵的构建

为了处理各地吸引日资与各地对日制造业出口的空间关系，需要构建空间权重矩阵并引入回归分析，构建的空间权重矩阵包括三类：邻接矩阵、距离矩阵与经济距离矩阵。其中，邻接矩阵的元素表示两地是否接壤，当两地接壤时，取值为1，当两地不接壤时，取值为0。该矩阵反映不同地区之间的相关性由是否相邻来定义。距离矩阵的元素为两地距离的倒数。当两地距离越近时，矩阵元素的值越大。距离取两地中心点之间的直线距离，该距离通过谷歌地图获取。该矩阵反映不同地区之间的相关性随着距离加大而衰减。经济距离为两个地区人均GDP差额绝对值的倒数，当两地贫富差异越小时，矩阵的元素值越大。该矩阵反映不同地区之间的相关性随着贫富差异加大而衰减。以后的分析中将统一使用以上三种空间权重矩阵。

（2）日资FDI的空间效应检验

首先对日本对辽宁投资是否存在空间效应进行检验，表8-1为日本对辽宁各类FDI的总体莫兰检验。

从表8-1中可以看出，制造业FDI和生产型服务业FDI莫兰检验均在1%以下显著，消费型服务业FDI在10%以下显著，公共服务业FDI不显著。说明日本对辽宁各地区制造业与生产型服务业的投资存在较强的空间自相关性，对消费型服务业的投资存在一定的空间自相关性，对公共服务业投资无

表8-1　日资FDI的总体莫兰检验

FDI类型	I	std	Z	P
制造业	0.102	0.013	7.621	0.000
生产型服务业	0.038	0.014	2.651	0.008
消费型服务业	-0.026	0.014	-1.714	0.086
公共服务业	-0.013	0.014	-0.842	0.400

显著空间自相关性。这与日本对辽宁公共服务业的投资额较小，且投资仅位于大连、沈阳两地的现状相符。

表8-2至表8-4是除公共服务业日资FDI以外其他投资的各年莫兰检验。

表8-2　日本制造业FDI的各年莫兰检验结果表

年份	I	std	Z	P
2010	0.050	0.040	1.438	0.075
2011	-0.014	0.032	-0.194	0.423
2012	0.120	0.033	3.829	0.000
2013	0.007	0.037	0.402	0.344
2014	-0.008	0.032	-0.003	0.499
2015	-0.013	0.029	-0.188	0.426
2016	-0.022	0.031	-0.468	0.320
2017	-0.004	0.017	0.248	0.402
2018	0.334	0.036	9.355	0.000

表 8-3　日本生产型服务业 FDI 的各年莫兰检验结果表

年份	I	std	Z	P
2010	-0.138	0.042	-3.071	0.001
2011	-0.033	0.041	-0.607	0.272
2012	-0.073	0.043	-1.513	0.065
2013	0.055	0.042	1.497	0.067
2014	0.013	0.040	0.518	0.302
2015	0.030	0.043	0.893	0.186
2016	0.223	0.043	5.314	0.000
2017	0.315	0.043	7.563	0.000
2018	0.162	0.042	4.098	0.000

表 8-4　日本消费型服务业 FDI 的各年莫兰检验结果表

年份	I	std	Z	P
2010	-0.123	0.041	-2.834	0.002
2011	-0.118	0.040	-2.754	0.003
2012	-0.102	0.040	-2.349	0.009
2013	-0.034	0.040	-0.649	0.258
2014	0.003	0.041	0.257	0.399
2015	0.095	0.041	2.522	0.006
2016	0.165	0.041	4.244	0.000
2017	-0.021	0.040	-0.325	0.373
2018	0.026	0.042	0.798	0.212

从表 8-2 可以看出，日本对辽宁各区制造业投资在 2018 年存在显著的空间自相关性，从表 8-3 可以看出，日本对辽宁各区生产型服务业投资的空

间自相关性呈逐年变强的趋势。与之形成对比，表8-4显示日本对辽宁各区消费型服务业投资近两年的空间自相关性不显著。这与近两年日本对辽宁消费型服务业投资基本集中在大连、沈阳和葫芦岛，较往年更为集中的现状相符。

通过以上检验可以看出，总的来说，日本对辽宁的制造业FDI、生产型服务业FDI与消费型服务业FDI均存在空间自相关性，对一个地区的投资会影响日本对其周边地区的投资。但是日本对辽宁公共服务业FDI无空间自相关性，虽然日本对大连和沈阳两地的公共服务业进行投资，但对于辽宁其他地区来说，无论这些地区距离大连、沈阳远近与否，是否与两地接壤，与两地经济发展水平差距大或小，其公共服务业对日资始终缺乏吸引力。基于此，对日资FDI的空间效应研究将主要针对制造业、生产型服务业和消费型服务业。

（3）日资FDI的空间自相关分析

基于以上检验，对日资的制造业FDI、生产型服务业FDI与消费型服务业FDI建立空间自相关模型（Spatial Auto-Regressive Model，SAR），以此分析各类FDI是否对辽宁其他地区，尤其是空间自相关性高的周边地区的FDI产生影响。如果产生影响，则进一步分析集聚效应和替代效应中哪种占主导地位。

建立回归模型如下：

$$\ln(FDI_{ikt}) = \propto + \rho \sum_{j=1}^{n} W_{ij} \ln(FDI_{jkt}) + \beta_1 X_{it} + \beta_1 I + \varepsilon_i \quad (8.1)$$

其中，ikt、jkt代表i地区和j地区k行业在时间t的FDI值。ρ为空间效应系数，反映一个地区吸引日资对周边地区吸引日资的影响。W_{ij}为空间权重矩阵。X_{it}为其他控制变量，反映其他因素对投资及贸易的影响，具体选取了地区内是否存在港口、地区的人均生产总值、地区的人均公共支出、地区内是否存在自贸区。I为固定效应，包括时间固定效应、行业固定效应和地区行业固定效应，其中时间固定效应可以吸收随时间统一变化的因素，包括日方的经济因素、日元汇率、国家对外商投资及贸易政策的年度变动、中日国家关系等；行业固定效应可以吸收各行业不随时间变化的行业特征因素；地区行业固定效应可以吸收三方面因素：地区因素，如各地区资源禀赋，是否沿海等，行业因素，如各行业对资金或其他要素的需求等，以及各地区对不同行业各自侧重程度不同的因素。由于地区内是否存在港口在2010—2018年没有变动，属于不随时间变化的地区因素，因此为了避免完全共线，当回归中包含地区行业固定效应时不包括港口变量；ε_i为误差项。各变量对应的含义如表8-5所示。

表8-5　变量含义对应表

变量	含义
lnexp	制造业各行业出口日本金额的对数
lnfdi	日本对制造业的FDI的对数
Lnsfdi1	日本对生产型服务业的FDI的对数
Lnsfdi2	日本对消费型服务业的FDI的对数
Lnsfdi3	日本对公共服务业的FDI的对数
ftz	地区是否有自贸区
lngdpper	人均生产总值的对数
Lnpubper	人均公共支出的对数
port	地区内是否有港口
Ii	行业固定效应
It	时间固定效应
Iil	地区行业固定效应

表8-6至表8-8是日本对辽宁各行业FDI的空间自相关回归（SAR）结果。

表8-6 日本对辽宁制造业FDI的空间自回归结果表

因变量 lnfdi									
自变量	以边界为空间矩阵b			以距离为空间矩阵d			以经济距离为空间矩阵e		
ftz	-0.428 (0.593)	-0.452 (0.628)	1.992* (1.095)	0.196 (0.701)	0.387 (0.647)	2.228** (0.929)	0.443 (0.815)	0.503 (0.676)	2.262** (0.931)
lngdpper	0.016 (0.609)	0.772 (0.627)	-3.670** (1.418)	1.958*** (0.527)	0.859* (0.520)	-2.874** (1.306)	2.526*** (0.573)	0.895* (0.525)	-2.928** (1.305)
Lnpubper	0.243 (1.029)	-1.399 (1.201)	-2.488** (1.101)	-2.443*** (0.797)	0.107 (0.837)	-0.302 (0.777)	-3.241*** (0.830)	0.205 (0.841)	-0.259 (0.772)
port	1.134*** (0.402)	1.233*** (1.233)		0.824** (0.404)	0.717* (0.381)		0.941** (0.449)	0.739* (0.389)	
空间效应	0.276*** (0.002)	0.277*** (0.001)	0.277*** (0.001)	1.099*** (0.198)	0.486** (0.205)	0.203 (0.168)	0.580 (0.612)	-1.970*** (0.752)	-0.880 (0.784)
Iil	no	no	yes	no	no	yes	no	no	yes
It	no	yes	yes	no	yes	yes	no	yes	yes
Ii	no	yes	no	no	yes	no	no	yes	no
constant	-2.587 (3.646)	2.748 (5.091)	50.339*** (11.474)	0.714 (3.101)	-8.590** (3.778)	27.871*** (8.417)	1.690 (3.097)	-9.622*** (3.906)	28.042*** (8.454)
obs	1170	1170	1170	1170	1170	1170	1170	1170	1170
R^2	0.002	0.026	0.025	0.024	0.064	0.075	0.019	0.063	0.075

表8-6为日本对辽宁制造业下5个行业FDI的地区空间面板SAR模型估计结果，第1列至第3列为使用邻接矩阵时的结果。从第1列可以看出，辽宁制造业吸引日资的空间自相关效应为正，当第2列控制行业固定效应和时间固定效应后，结果依然显著为正。第3列控制地区行业固定效应和时间固定效应后，结果依然稳健。第4至第6列为使用距离矩阵时的结果，空间效应与使用邻接矩阵时的结果基本保持一致。第7列至第9列为使用经济距离

矩阵时的结果，其中第8列为负，与之前结果不一致，但加强固定效应控制后，结果变得不显著。总体而言，对于各地区制造业吸引日资，其空间自相关效应为正。

对于其他控制变量，其中自贸区变量的系数为正，说明设立自贸区可以显著吸引日方对该地区的制造业投资。对于控制最为严格的第3、第6和第9列，人均生产总值为负。由于人均生产总值高的地区相对用人成本也会高，因而当保持其他变量恒定时，较高的用人成本会相对抑制日方对制造业的投资。当一个地区拥有港口时，对日本制造业FDI的吸引力有显著提升作用，说明日方制造业FDI十分看重交通的便利性。

表8-7为日本对辽宁生产型服务业FDI的SAR模型结果，第1、第2列为使用邻接矩阵时的结果，可以看出，辽宁生产型服务业吸引日资的空间自相关效应在控制固定效应前后保持一致。当空间权重矩阵换为距离矩阵后，第3、第4列的结果与邻接矩阵的结果基本保持一致。当使用经济距离矩阵时，第5、第6列的结果与前两个矩阵的结果对比也保持稳健。因此，各地区生产型服务业吸引日资的空间自相关效应为正。

其他控制变量对应的自贸区变量同样显著为负，说明自贸区对日方生产型服务业投资不具备吸引力，对于控制最严格的第2、第4和第6列，人均生产总值的系数不显著，说明与制造业FDI相比，生产型服务业FDI对用人成本相对不敏感。人均公共支出的系数同样不显著，该结果与制造业FDI的结果一致。与制造业FDI不同的是，港口的效应相对不显著。因此生产型服务业对交通便利性相对不敏感。

表8-8为日本对辽宁消费型服务业FDI的SAR模型结果，当使用邻接矩阵时，其空间自相关效应为正，当空间权重矩阵换为距离矩阵后，结果显著为负，与之前结果相比不稳健。当使用经济距离矩阵时，空间自相关效应依

表8-7 日本对辽宁生产型服务业FDI的空间自回归结果表

因变量 lnsfdi1						
自变量	以边界为空间矩阵		以距离为空间矩阵		以经济距离为空间矩阵	
Ftz	0.771 (2.367)	-13.424*** (0.881)	2.933 (2.478)	-12.874*** (0.691)	4.215 (2.783)	-12.423*** (0.647)
Lngdpper	-0.571 (1.794)	-3.148 (3.281)	3.441* (1.953)	1.089 (2.586)	4.055* (2.177)	0.698 (2.539)
Lnpubper	2.716 (2.474)	1.221 (1.701)	-3.135 (2.127)	-1.542 (1.318)	-4.408* (2.308)	-1.491 (1.271)
port	4.241** (1.870)		2.065 (1.857)		2.108 (2.134)	
空间效应	0.294*** (0.002)	0.294*** (0.001)	1.038** (0.453)	0.612*** (0.211)	1.194*** (0.633)	2.480*** (0.778)
Iil	no	yes	no	yes	no	yes
It	no	yes	no	yes	no	yes
Constant	-16.816 (10.293)	29.794 (28.090)	-6.643 (7.566)	15.912 (19.486)	-1.943 (7.491)	18.377 (18.719)
obs	234	234	234	234	234	234
R^2	0.000	0.003	0.014	0.088	0.0149	0.096

然为负。总体而言，各地区消费型服务业吸引日资的空间自相关效应结果并不稳健，其他控制变量对自贸区的变量同样显著为负，说明自贸区对日方消费型服务业投资也不具备吸引力，对于第2、第4和第6列，人均GDP的系数不显著，消费型服务业FDI对用人成本相对不敏感。人均公共支出的系数也不显著，与制造业FDI、生产型服务业FDI的结果一致。港口的效应同样也不显著，这也与生产型服务业FDI的结果一致。

表8-8　日本对辽宁消费型服务业FDI的空间自回归结果表

因变量 lnsfdi2						
自变量	以边界为空间矩阵		以距离为空间矩阵		以经济距离为空间矩阵	
ftz	−1.236 (2.578)	-13.751^{***} (0.714)	1.075 (2.649)	-11.431^{***} (0.613)	1.193 (2.589)	-11.236^{***} (0.548)
lngdpper	1.054 (2.016)	−0.176 (2.584)	3.632^{**} (1.627)	3.341 (2.311)	3.762^{**} (1.513)	2.122 (2.114)
Lnpubper	0.180 (2.820)	−2.816 (1.903)	−3.457 (2.282)	−0.896 (1.727)	−3.524* (2.129)	−1.653 (1.511)
port	3.712^{**} (1.840)		2.746 (1.981)		2.701 (2.023)	
空间效应	0.295^{***} (0.001)	0.295^{***} (0.001)	−0.047 (0.648)	-1.686^{**} (0.698)	-5.346^{***} (1.682)	-5.117^{***} (1.624)
Iil	no	yes	no	yes	no	yes
It	no	yes	no	yes	no	yes
Ii	no	no	no	no	no	no
constant	−12.435 (10.895)	33.009 (24.495)	−5.2315 (10.257)	−9.291 (19.859)	−6.198 (9.940)	5.279 (17.340)
obs	234	234	234	234	234	234
R^2	0.001	0.007	0.006	0.054	0.003	0.047

综上所述，日本对辽宁制造业FDI和生产型服务业FDI的空间自相关效应为正，说明这两个行业FDI的集聚效应占主导作用。当日本对辽宁一个地区的制造业和生产型服务业进行投资时，也会促进对该地区周边地区的投资。但是对于消费型服务业，结果相对不稳定，邻接矩阵的结果显示，消费型服务业的日资FDI以集聚效应为主，而距离矩阵和经济距离矩阵的结果显示消费型服务业的日资FDI以替代效应为主。此处应以距离矩阵和经济距离

矩阵的结果为准。在使用邻接矩阵分析国家与国家间关系时，边界不仅反映了国家间的地理关系，更包含了两个不同国家之间不同制度、不同政策、不同文化、不同语言等种种信息。而当使用邻接矩阵分析地区与地区之间关系时，尤其这些地区都在辽宁省内时，制度、政策、文化语言等各种因素均相同或近似，邻接矩阵只是单纯地反映两个地区之间的地理关系。而辽宁省内很多地区的地理关系呈现出互相交错，甚至嵌套的状态，在此情况下，邻接矩阵结果的准确性不如距离矩阵与经济距离矩阵。因此，消费型服务业FDI以替代效应为主。由于公共服务业FDI不具备空间效应，因此我们不对公共服务业FDI进行空间分析。

对于其他变量，自贸区建立对制造业吸引日资有促进作用，对于服务业日资缺乏吸引力。制造业FDI对人均生产总值及其相关的用人成本比较敏感，而服务业FDI对此不敏感。不论是制造业还是服务业，人均公共支出对日方投资的影响均不显著。制造业FDI相对偏好沿海有港口、交通便利，尤其有利于贸易的地区，但港口因素对服务业FDI的影响相对不显著。

8.3.2 辽宁对日制造业出口的空间分析

（1）辽宁对日制造业出口的空间效应检验

从表8-9可以看出，辽宁对日制造业出口的总体莫兰检验均在1%以下显著，且对于所有年份，莫兰检验也均显著，说明辽宁各地区制造业对日出口存在较强的空间自相关性，且每一年的空间自相关性都很显著。因此，一个地区的制造业对日出口将对周边地区制造业的对日出口产生影响。

（2）辽宁对日制造业出口的空间自相关分析

建立辽宁对日制造业出口的SAR回归模型如下

表8-9 辽宁各地对日制造业出口的莫兰检验结果表

年份	I	std	Z	P
2010	0.137	0.035	4.078	0.000
2011	0.144	0.037	4.156	0.000
2012	0.151	0.037	4.348	0.000
2013	0.180	0.038	4.954	0.000
2014	0.182	0.037	5.065	0.000
2015	0.175	0.038	4.851	0.000
2016	0.166	0.037	4.673	0.000
2017	0.129	0.038	3.607	0.000
2018	0.121	0.039	3.330	0.000
总体	0.155	0.015	10.564	0.000

$$\ln\left(exp_{ikt}\right) = \propto + \rho \sum_{j=1}^{n} W_{ij} \ln\left(exp_{jkt}\right) + \beta_1 X_{it} + \beta_1 I + \varepsilon_i \quad (8.2)$$

其中，ikt、jkt代表i地区和j地区k行业在时间t的对日制造业出口额；ρ为空间效应系数，反映一个地区制造业对日出口对周边地区制造业对日出口的影响；W_{ij}为空间权重矩阵；X_{it}为其他控制变量，反映其他因素对投资及贸易的影响，控制变量选取与FDI回归的控制变量保持一致，包括地区内是否存在港口，地区的人均生产总值，地区的人均公共支出，地区内是否存在自贸区；I为固定效应，固定效应的选取也与FDI回归中固定效应的选取保持一致，包括时间固定效应，行业固定效应和地区行业固定效应，日方的经济因素、日元汇率、国家对外商投资及贸易政策的年度变动、中日国家关系、各地区资源禀赋、各地区制造业发展程度等各类与时间、地区和行业共线的因素均可以被固定效应吸收，与FDI分析时的情况同理，当回归中包含地区行业固定效应时不必包括港口变量；ε_i为误差项。

表8-10为辽宁各地区制造业下五大行业对日出口的行业地区空间面板SAR模型结果。

表8-10　辽宁对日制造业出口的空间自回归模型估计结果表

因变量 lnexp									
自变量	以边界为空间矩阵			以距离为空间矩阵			以经济距离为空间矩阵		
ftz	1.026 (1.213)	1.423 (1.369)	-1.205 (2.911)	-2.879*** (1.065)	1.014 (0.772)	5.341*** (2.006)	-0.939 (1.022)	1.575** (0.661)	5.863*** (1.964)
lngdpper	-4.132*** (1.380)	-4.519*** (1.169)	-11.458*** (3.454)	2.505*** (0.954)	-3.101*** (0.895)	-10.919*** (2.588)	6.843*** (1.107)	-3.164*** (0.916)	-11.946*** (2.484)
Lnpubper	2.493* (1.349)	1.691 (1.890)	0.280 (1.632)	-2.791** (1.103)	2.891** (1.294)	3.158** (1.275)	-6.537*** (1.453)	3.328** (1.349)	3.709*** (1.276)
port	4.531*** (1.100)	4.681*** (1.212)		2.359*** (0.798)	1.737*** (0.641)		1.238 (0.796)	1.504** (0.613)	
空间效应	0.270*** (0.001)	0.271*** (0.001)	0.271*** (0.001)	2.854*** (0.120)	0.591* (0.340)	0.481 (0.378)	27.404*** (2.792)	2.409 (4.065)	3.563 (3.984)
Iit	No	no	yes	no	no	yes	no	no	yes
It	No	yes	yes	no	yes	yes	no	yes	yes
Ii	No	yes	no	no	yes	no	no	yes	no
constant	15.624** (8.161)	24.766 (15.542)	104.515*** (30.382)	-0.445 (4.388)	7.263 (7.296)	86.423*** (20.398)	-8.128 (5.658)	4.937 (7.318)	92.463*** (19.668)
obs	1170	1170	1170	1170	1170	1170	1170	1170	1170
R^2	0.002	0.114	0.0688	0.112	0.626	0.643	0.084	0.644	0.657

其中，第1列至第3列为使用邻接矩阵时的结果，从第1列可以看出，辽宁各地区制造业对日出口的空间自相关效应为正，当第2列控制行业固定效应和时间固定效应后，结果依然稳健。第3列控制地区行业固定效应和时间固定效应后，结果依然显著为正。第4至第6列为使用距离矩阵时的结

果，空间效应与使用邻接矩阵时的结果基本保持一致，但随着固定效应控制的加强，显著性减弱。第6列至第9列为使用经济距离矩阵时的结果，结果依然相对稳健。虽然在加入控制变量后变得不显著，但系数依然为正。

其他控制变量中的自贸区变量的系数为正，说明设立自贸区可以显著提升该地区制造业对日出口。对于控制最为严格的第3、第6和第9列，人均生产总值为负，与FDI的情况相似，由于人均生产总值高的地区相对用人成本也会高，因而当维持其他变量恒定时，较高的用人成本会抑制该地区制造业对日出口。第3列的人均公共支出对出口的影响不显著，但第6与第9列的结果显示，较高的人均公共支出会刺激该地制造业对日出口。当一个地区拥有港口时，也有利于其制造业出口。

综上所述，辽宁制造业对日出口的空间自相关效应为正，说明制造业出口的集聚效应占主导作用。一个地区的制造业对日出口提升，也会促进该地区周边地区的制造业对日出口。此外，制造业出口对用人成本比较敏感。一地的公共支出较高有利于该地相关各种设施的配套与完善，进而促进该地制造业出口。一个地区沿海且拥有港口，也有利于该地区制造业对日出口。

8.3.3　日资FDI对辽宁制造业出口日本影响的空间分析

由于制造业出口、制造业FDI、生产型服务业FDI和消费型服务业FDI均具有空间效应，而公共服务业FDI无空间效应，因此将建立空间杜宾模型（Spatial Durbin Model，SDM）分析制造业FDI、生产型服务业FDI和消费型服务业FDI各自对制造业出口的空间效应。

建立日资FDI对制造业出口日本的SDM回归模型如下：

$$\ln(\exp_{ikt}) = \propto + \rho \sum_{j=1}^{n} W_{ij} \ln(FDI_{jkt}) + \alpha_1 \ln(FDI_{ikt}) + \beta_1 X_{it} + \beta_1 I + \varepsilon_i \tag{8.3}$$

其中，ikt、jkt代表i地区和j地区k行业在时间t的出口额或FDI值；ρ为空间效应系数，反映一个地区吸引日资对周边地区制造业出口日本的影响；W_{ij}为空间权重矩阵；α_1为日资FDI对本地制造业对日出口的影响；X_{it}为其他控制变量，控制变量选取与SAR回归的控制变量保持一致，包括地区内是否存在港口，地区的人均GDP，地区的人均公共支出，地区内是否存在自贸区；I为固定效应，固定效应的选取也与SAR回归中固定效应的选取保持一致，包括时间固定效应、行业固定效应和地区行业固定效应，日方的经济因素、日元汇率、国家对外商投资及贸易政策的年度变动、中日国家关系、各地区资源禀赋、各地区制造业发展程度等各类与时间、地区和行业共线的因素均可以被固定效应吸收，与SAR分析时的情况同理，当回归中包含地区行业固定效应时不必包括港口变量；ε_i为误差项。

表8-11和表8-12为日资制造业FDI对制造业出口日本的空间效应模型估计结果。

根据表8-11，其中第1至第3列为使用邻接矩阵的结果，此时制造业FDI对制造业出口日本的空间效应为负，而当使用距离矩阵和经济距离矩阵时，日资制造业FDI对制造业出口日本的空间效应为正。此处的原因与消费型服务业SAR模型中的原因类似，当不同地区都在辽宁省时，制度、政策、文化语言等各种因素均相同或类似，邻接矩阵单纯地反映两个地区之间的地理关系，而辽宁省内很多地区的地理关系呈现出互相交错或者嵌套的状态，邻接矩阵结果的准确性不如距离矩阵与经济距离矩阵。因此第4列到第9列的空间效应结果更加可靠。日资制造业FDI对制造业出口日本的空间效应为正向效应。

表8-11　日资制造业FDI对制造业出口日本的空间SDM分析（一）

因变量lnexp									
自变量	以边界为空间矩阵			以距离为空间矩阵			以经济距离为空间矩阵		
lnfdi	-0.015 (0.077)	-0.026 (0.075)	-0.080 (0.073)	0.099* (0.051)	0.091* (0.046)	0.053 (0.044)	0.378*** (0.065)	0.112** (0.049)	0.066 (0.045)
ftz	1.321 (1.304)	1.706 (1.361)	-7.315*** (0.927)	-3.280*** (1.118)	0.861 (0.775)	-12.120*** (0.856)	-1.069 (0.938)	1.466** (0.645)	-12.638*** (0.670)
port	4.496*** (1.078)	4.498*** (1.121)		2.034** (0.802)	1.509** (0.629)		0.922 (0.753)	1.424** (0.601)	
lngdpper	-3.333*** (1.230)	-4.415*** (1.132)	-11.493*** (3.337)	1.767* (0.949)	-3.232*** (0.879)	-10.905*** (2.590)	5.797*** (1.137)	-3.161*** (0.900)	-11.796*** (2.466)
Lnpubper	1.377 (1.325)	2.500 (1.653)	0.857 (1.445)	-1.570 (1.120)	2.787** (1.279)	3.111** (1.265)	-5.221*** (1.480264)	3.311** (1.321)	3.690*** (1.262)
lnfdi空间效应	-0.089** (0.042)	-0.099** (0.042)	-0.075** (0.037)	1.676*** (0.529)	1.205** (0.478)	1.183** (0.486)	22.88394** (9.510)	10.296** (4.962)	12.983*** (4.205)
Iil	no	no	yes	no	no	yes	no	no	yes
It	no	yes	yes	no	yes	yes	no	yes	yes
Ii	no	yes	no	no	yes	no	no	yes	no
constant	17.005** (8.162)	18.110 (13.171)	105.492*** (31.239)	-2.929 (4.558)	9.308 (7.169)	92.191*** (22.330)	-8.656 (5.766)	5.069 (7.126)	96.590*** (21.65)
obs	1170	1170	1170	1170	1170	1170	1170	1170	1170
R^2	0.106	0.086	0.069	0.208	0.642	0.655	0.103	0.646	0.658

对于本地制造业吸引FDI对本地制造业出口本身的影响，当使用邻接矩阵时，FDI的影响为负且不显著，当使用距离矩阵与经济距离矩阵时，FDI的影响为正且比较显著。考虑到FDI对贸易的促进作用，以及大连等地大量日资制造业的对日返销行为的现实情况，也可以从侧面验证距离矩阵与经济

表8-12 日资制造业FDI对制造业出口日本的空间SDM分析（二）

因变量lnexp									
自变量	以边界为空间矩阵			以距离为空间矩阵			以经济距离为空间矩阵		
lnfdi	−0.015 (0.075)	−0.025 (0.074)	−0.069 (0.071)	0.101** (0.051)	0.089* (0.046)	0.058 (0.043)	0.351*** (0.066)	0.107** (0.048)	0.071 (0.044)
ftz	0.750 (1.224)	1.170 (1.283)	−7.952*** (1.044)	−3.510*** (1.188)	0.583 (0.811)	−12.501*** (0.928)	−1.496 (1.067)	1.092 (0.696)	−12.764*** (0.789)
port	4.280*** (1.007)	4.281*** (1.053)		2.013** (0.788)	1.331** (0.638)		0.765 (0.781)	1.205** (0.606)	
lngdpper	−3.691*** (1.251)	−4.961*** (1.169)	−11.218*** (3.358)	1.680* (0.987)	−3.588*** (0.899)	−10.756*** (2.591)	4.893*** (1.173)	−3.614*** (0.905)	−11.708*** (2.481244)
lnpubper	1.762 (1.326)	2.772* (1.626)	0.857 (1.434)	−1.492 (1.156)	2.903** (1.269)	3.097** (1.258)	−4.588*** (1.507)	3.391*** (1.302)	3.697*** (1.258245)
lnsfdi1	0.150** (0.063)	0.165** (0.066)	0.062 (0.045)	0.071 (0.052)	0.087* (0.049)	0.018 (0.036)	0.151** (0.062)	0.105** (0.051)	0.030 (0.038)
lnsfdi2	−0.044 (0.054)	−0.041 (0.058)	−0.114* (0.068)	−0.046 (0.039)	0.006 (0.035)	−0.046 (0.041)	−0.023 (0.044)	0.016 (0.034)	−0.0393 (0.041)
lnsfdi3	−0.084 (0.079)	−0.084 (0.074)	−0.109 (0.068)	−0.035 (0.061)	−0.059 (0.059)	−0.081 (0.051)	0.141** (0.067)	−0.034 (0.056)	−0.054 (0.047)
lnfdi空间效应	−0.094** (0.044)	−0.104** (0.043)	−0.075* (0.039)	1.623*** (0.553)	1.127** (0.484)	1.230** (0.499)	23.313** (9.650)	10.874** (4.999)	13.035*** (4.147)
Iil	no	no	yes	no	no	yes	no	no	yes
It	no	yes	yes	no	yes	yes	no	yes	yes
Ii	no	yes	no	no	yes	no	no	yes	no
constant	17.220** (7.980)	20.75045 (13.21162)	102.765*** (30.661)	−2.755 (4.549)	11.419 (7.260)	90.746*** (22.028)	−5.516 (5.940)	8.205 (7.159)	95.071*** (21.429)
obs	1170	1170	1170	1170	1170	1170	1170	1170	1170
R^2	0.118	0.1207	0.088	0.214	0.642	0.656	0.117	0.646	0.659

距离矩阵的结果比邻接矩阵结果更可靠。其对于人均生产总值、人均公共支出和港口的影响，与制造业SAR模型的结果基本一致，高用人成本会抑制制造业出口，高人均公共支出及地区内存在港口将促进制造业出口。与制造业出口SAR不同的是，自贸区的影响正负不稳健，说明自贸区对制造业出口的影响更多是通过吸引日方制造业投资进而促进出口。所以当SDM模型控制投资后，该系数变得不稳健。

表8-12重复了表8-11中的回归，不同的是在控制变量中加入了服务业FDI的影响。对比可以看出，两表的结果基本维持一致，以距离矩阵与经济距离矩阵为基准时，日资制造业FDI对制造业出口日本的空间效应依然为正，同时日资制造业FDI对制造业出口日本的空间效应也为正。用人成本、人均公共支出、港口等因素的结果也与表8-11中的结果维持一致。可以看到日资对生产型服务业的FDI对该地制造业对日出口存在正向影响，虽然影响随固定效应控制加强而显著性降低，但系数始终为正，而消费型服务业FDI和公共服务业FDI对本地制造业对日出口的影响几乎不显著。说明生产型服务业投资对制造业出口存在一定的正向促进作用，而其他类型服务业投资对制造业出口的作用相对不显著。

表8-13为日资生产型服务业FDI对制造业出口日本的空间效应，当使用邻接矩阵时，日资生产型服务业FDI对制造业出口日本的空间效应为负，当控制固定效应加强时，效应依然为负且显著。当使用距离矩阵时，结果与使用邻接矩阵的结果对比稳健。当使用经济距离矩阵时，空间效应为正但不显著。总体而言，生产型服务业FDI对制造业出口的空间效应为负。

本地生产型服务业FDI对本地制造业出口日本的影响始终为正，且相对显著。与制造业FDI的SDM回归结果类似，当使用邻接矩阵时，本地制造业日资FDI对本地制造业出口日本的影响为负且不显著，当使用距离矩阵与经

表8-13 日资生产型服务业FDI对制造业出口日本的空间SDM分析

因变量lnexp									
自变量	以边界为空间矩阵			以距离为空间矩阵			以经济距离为空间矩阵		
lnsfdi1	0.145**	0.136**	0.035	0.122**	0.101**	0.006	0.159***	0.105**	0.030
	(0.059)	(0.061)	(0.041)	(0.054)	(0.049)	(0.036)	(0.058)	(0.049)	(0.038)
lnfdi	-0.022	-0.021	-0.081	0.138**	0.101**	0.062	0.359***	0.107**	0.066
	(.079)	(0.076)	(0.074)	(0.055)	(0.048)	(0.042)	(0.067)	(0.049)	(0.045)
ftz	1.711	1.907	-6.922***	-2.197**	1.831**	-13.475***	-1.571	1.092	-12.250***
	(1.278)	(1.254)	(0.982)	(1.081)	(0.713)	(0.834)	(1.054)	(0.686)	(0.752)
port	3.633***	3.544***		1.958**	1.291*		0.675	1.266**	
	(1.082)	(1.165682)		(0.790)	(0.690)		(0.810)	(0.635)	
lngdpper	-3.076***	-3.213***	-10.833***	2.648**	-1.956*	-9.402***	4.829***	-3.578***	-11.773***
	(1.125)	(1.063)	(3.586)	(1.026)	(1.044)	(2.610)	(1.158)	(0.894)	(2.472)
Lnpubper	0.816	1.250	-0.153	-3.085**	2.647**	2.573**	-4.479***	3.401***	3.768***
	(1.109)	(1.826)	(1.525)	(1.252)	(1.251)	(1.216)	(1.501)	(1.306)	(1.266)
Lnsfdi1	-0.105***	-0.117***	-0.061*	-1.156	-1.651***	-2.155***	17.291**	7.392	4.896
空间效应	(0.026)	(0.033)	(0.035)	(0.402)	(0.428)	(0.417)	(7.159)	(5.306)	(5.060)
Iil	no	no	yes	no	no	yes	no	no	yes
It	no	yes	yes	no	yes	yes	no	yes	yes
Ii	no	yes	no	no	yes	no	no	yes	no
constant	19.849**	17.972	107.150***	1.067	-0.006	84.721***	-5.775	7.822	95.378***
	(8.066)	(15.043)	(34.656)	(4.383)	(8.234)	(22.311)	(6.036)	(7.008)	(21.529)
obs	1170	1170	1170	1170	1170	1170	1170	1170	1170
R^2	0.000	0.001	0.007	0.0757	0.498	0.649	0.124	0.646	0.658

济距离矩阵时，制造业FDI对本地的影响为正且比较显著。距离矩阵和经济距离矩阵的结果相对更可靠。对于人均生产总值、人均公共支出和港口的影响，与制造业FDI的SDM模型的结果基本一致。自贸区的影响与制造业FDI

的SDM模型也类似，效应正负不稳健，说明自贸区对制造业出口的影响更多是通过吸引日方投资进而促进出口。所以当控制投资后，该系数变得不稳健。

表8-14为日资消费型服务业FDI对制造业出口日本的空间效应，当使用邻接矩阵时，日资消费型服务业FDI对制造业出口日本的空间效应不显著。当使用距离矩阵时，效应为正但显著性不强。当使用经济距离矩阵时，空间效应不显著。总体而言，消费型服务业FDI对制造业出口的空间效应不显著。

本地消费型服务业FDI对本地制造业出口日本的影响始终不显著。与以前的SDM回归结果类似，当使用邻接矩阵时，本地制造业日资FDI对本地制造业出口日本的影响为负但不显著，当使用距离矩阵与经济距离矩阵时，制造业FDI对本地的影响为正且比较显著。距离矩阵和经济距离矩阵的结果相对更可靠。对于人均生产总值，人均公共支出和港口的影响，与以前的SDM模型的结果基本一致。自贸区的影响也与以前的SDM模型类似，效应正负不稳健。

综上所述，制造业日资FDI对辽宁各地区制造业出口日本的空间效应为正，说明制造业FDI对制造业出口的影响中，集聚效应占主导。当日本对辽宁一个地区的制造业进行投资时，也会促进该地区周边地区的制造业对日本进行出口。但是对于生产型服务业，其对制造业出口日本的空间效应为负，说明生产型服务业对制造业出口以替代效应为主。当日本对辽宁一个地区的生产型服务业进行投资时，会抑制该地区周边地区的制造业对日本进行出口。而消费型服务业对制造业出口的空间效应不显著。由于公共服务业无空间效应，因此不分析其对出口的空间效应。

对于本地效应，制造业FDI和生产型服务业FDI对本地制造业出口影响

表8-14　日资消费型服务业FDI对制造业出口日本的空间SDM分析

因变量lnexp									
自变量	以边界为空间矩阵			以距离为空间矩阵			以经济距离为空间矩阵		
lnsfdi2	−0.055	−0.062	−0.112*	−0.026	0.026	−0.016	0.008	0.023	−0.038
	(0.050)	(0.051)	(0.058)	(0.039)	(0.033)	(0.038)	(0.045)	(0.035)	(0.041)
lnfdi	−0.037	−0.031	−0.086	0.129**	0.082*	0.044	0.377***	0.110**	0.069
	(0.083)	(0.078)	(0.075)	(0.053)	(0.047)	(0.043)	(0.065)	(0.048)	(0.044)
ftz	1.572	1.763	-8.919***	-2.849**	0.469	-11.919***	-1.075	1.450**	-13.039***
	(1.380)	(1.415)	(1.107)	(1.103)	(0.836)	(0.846)	(0.942)	(0.643)	(0.759)
port	4.602***	4.593***		2.293***	1.659***		0.868	1.344**	
	(1.013)	(1.045)		(0.726)	(0.592)		(0.729)	(0.562)	
lngdpper	-3.490***	-3.871***	-11.637***	2.406**	-3.835***	-11.369***	5.742***	-3.196***	-11.624***
	(1.293)	(1.086)	(3.474)	(1.020)	(0.985)	(2.683)	(1.192)	(0.918)	(2.481)
lnpubper	1.562	2.020	0.021	-2.542**	2.852**	3.055**	-5.231***	3.332**	3.663***
	(1.371)	(1.746)	(1.587)	(1.191)	(1.281)	(1.258)	(1.532)	(1.315)	(1.258)
lnsfdi2	-0.045	-0.053*	0.019	-0.076	0.857*	1.242**	-3.089	2.902	3.601
空间效应	(0.032)	(0.031)	(0.027)	(0.406)	(0.481)	(0.484)	(5.849)	(6.058)	(6.401)
Iil	no	no	yes	no	no	yes	no	no	yes
It	no	yes	yes	no	yes	yes	no	yes	yes
Ii	no	yes	no	no	yes	no	no	yes	no
constant	17.439**	17.581	114.115***	-1.280	13.220	95.735***	-8.053	5.127	95.681***
	(8.645)	(13.152)	(33.468)	(4.367)	(8.167)	(23.138)	(5.727)	(7.230)	(21.685)
obs	1170	1170	1170	1170	1170	1170	1170	1170	1170
R^2	0.028	0.084	0.111	0.194	0.633	0.647	0.107	0.645	0.658

均为正，消费型服务业FDI对本地的影响相对不显著。此外，制造业出口对用人成本比较敏感，高用人成本会抑制制造业出口。一地的公共支出较高，

有利于促进该地制造业出口。一个地区沿海且拥有港口，也有利于该地区制造业对日出口。

8.3.4 日资FDI与制造业出口日本的空间效应总结

投资和贸易的空间自相关（SAR）效应中，日本对辽宁制造业FDI、生产型服务业FDI和辽宁各地区制造业对日出口的空间自相关效应均为正，说明以上投资和出口活动中，集聚效应均占主导作用。辽宁一个地区的制造业、生产型服务业吸引日资，或该地区制造业对日出口，也会有利促进该地区周边地区的同样行为。但是消费型服务业吸引日资的空间自相关效应则以替代效应为主。辽宁一个地区的消费型服务业吸引日资，会抑制周边地区吸引消费型服务业日资。对于其他因素，自贸区建立对制造业吸引日资和制造业对日出口有促进作用，但对于服务业日资缺乏吸引力。制造业FDI和制造业出口对人均GDP及其相关的用人成本比较敏感，而服务业FDI对此不敏感。不论是制造业还是服务业，人均公共支出对日方投资的影响均不显著，但人均公共支出的增加有利于该地区制造业对日出口。制造业FDI与制造业出口相对偏好沿海有港口、交通便利的地区，但港口因素对服务业FDI的影响相对不显著。

投资和贸易的空间杜宾模型（SDM）的分析表明，日本对辽宁制造业FDI对辽宁各地区制造业对日出口的空间自相关效应均为正，制造业FDI对制造业出口的影响以集聚效应为主，说明一地制造业吸引日资会促进该地区的周边地区制造业对日出口。而生产型服务业对制造业出口日本的空间效应以替代效应为主，一地生产型服务业吸引日资会抑制该地区的周边地区制造业对日出口。消费型服务业对周边地区制造业出口影响不显著。辽宁制造业FDI和生产型服务业FDI对本地自身的制造业出口均具有正向促进效应。消费型服务业对本地制造业出口影响不显著。其他因素影响与SAR模型中制造业FDI的情况类似。高用人成本会抑制制造业出口。一地的公共支出较高，有利于促进该地制造业出口。一个地区沿海且拥有港口，也有利于该地区制造业对日出口。

8.3.5 投资与出口空间效应的成因分析

（1）投资促进出口的成因分析

根据Dunning的对外直接投资理论，对外直接投资活动可以划分为资源寻求型、市场寻求型和知识密集要素寻求型三种类型，这三种类型分别对贸易产生影响（许林和柯珍堂，2009）。

①资源寻求型

Deng（2004）提出，当企业在进行对外直接投资时，其可以凭借开设厂店、从事经营等方式更加便利地获得当地资源，进而获得资源竞争优势，提高企业在全球市场中的地位。发达国家的部分企业的对外直接投资活动，尤其是向发展中国家的对外投资行为，通常也以获取发展中国家廉价且丰富的资源为目的，使之成为自身储备战略资源的重要途径。通过在发展中国家投资建厂经营，或者通过跨国公司的并购行为，发达国家的企业有更多机会直接参与东道国当地的资源生产与开发，进而为其在长时间内有一个稳定有效的资源供应提供了重要保障。

根据上述理论分析，日本作为发达国家，可以通过在辽宁的对外直接投资获得更多的劳动力资源和自然资源。

辽宁是中国北方重要的沿海省份，其在区域城市格局上，与大多数中国东部的省份也很相似，即双核驱动型布局——大连和沈阳两城作为双核心，带动周边城市共同发展。根据中国国家统计局的统计数据，2018年末，辽宁总人口为4 292.23万人，其中沈阳人口最多，为858.16万人，占全省总人数的20%左右；大连人口排在全省第二位，为597.65万人，大约占全省总人数的14%。两个城市的总人口约占辽宁的34%，而年度经济总量占到了全省的55%左右，对辽宁的经济发展有着重要的作用。

因此，辽宁拥有较多的人口，并且劳动力资源十分丰富。与此同时，辽宁的劳动力价格相比日本境内的劳动力价格也更加低廉，所以日资企业对辽宁进行投资的活动，有助于其获得更多价格低廉且丰富的劳动力资源。不但如此，根据《2016年中国城市可持续发展报告》的数据，沈阳的教育指数（EI）在全国排名第一，可见沈阳在人才的培养与教育方面有很大投入。与此同时，在城市人类发展指数排名（HDI）当中，沈阳以0.854的得分在中国各城市中排名第四，仅次于广州、北京和南京，而大连也以0.839的分数位居第十。可以看出，辽宁这两个重要的城市均在全国排名靠前，这也侧面表明沈阳和大连在人才培养方面做出了很大努力，为辽宁培育更多高质量、高技能的优秀人才提供了良好的基础。因此，日本企业在辽宁建厂经营，不但可以获取丰富且相对廉价的劳动力资源，还可以寻求优质的高技术人才，进而提高生产效率，降低成本，提高企业利润。这也与SAR与SDM分析中制造业对用人成本比较敏感的结论相符。

此外，辽宁的自然资源，如水、电资源相对日本也更丰富。从地理位置来看，辽西山地和辽东丘陵中间有辽河平原，这里也是辽宁的政治经济中心，这里水资源丰沛、资源丰富，适宜农业耕作与工业生产。

同时，辽宁制造业有传统优势，如大连的瓦房店轴承厂是中国目前规模最大、产值最高、技术最先进的轴承制造厂之一；沈阳机床厂是中国目前规模最大、产值最高的机床制造厂和技术最先进的机床研发机构之一；鞍山钢铁厂为航母提供了超过70%的造船用特种钢材，拥有的10万吨轧钢机能轧制目前规格最高的钢板等。

因此，日资企业在辽宁投资设厂，可以利用其高性价比的人力资源和相对丰富的其他资源，并且借助辽宁传统制造业优势，为生产提供保障。以上这些因素可以吸引日资并促进制造业发展，进而返销日本。

②市场寻求型

根据产业组织理论，对外直接投资在产业层次上也会对贸易产生影响。企业可以通过海外建厂经营、海外并购等经济活动，有效规避国际市场中的行业壁垒，对进出口贸易有积极作用。由于跨国公司对东道国的市场不熟悉，且东道国可能实行贸易保护政策，因此即使是资金实力雄厚、管理制度完备的大型跨国企业，也难以通过建厂的方式进入东道国市场，于是发达国家的企业在发展中国家进行对外投资，也成了跨国公司进入东道国市场的重要途径。通过海外投资活动，海外企业可以更合理避开贸易保护政策的限制，为跨国公司向东道国出口产品等贸易活动奠定了基础。

一方面，日本对辽宁直接投资，进而使日本的产品与服务更加顺利地进入中国市场是日资投资的原因之一。另一方面，日本企业虽然在辽宁投资设厂，但其产品有很多返回日本的本土市场。因此市场寻求型因素可以解释日本对辽宁各行业的FDI，但不能解释辽宁制造业对日出口的原因。

③知识密集要素寻求型

企业的对外直接投资的另一目的是对技术要素的寻求，由于企业在相近的知识或技术领域通过共享管理经验和技术手段也能实现协同效应，即跨国投资也是对企业的供应链进行重构与整合的过程，因而跨国公司可以充当各种知识的开发者和转移者的角色。因此，跨国企业在对外投资过程中，可以通过跨境技术并购和有效整合措施获得技术协同效应和管理协同效应，提高生产效率，实现战略转型（Buzzell 和 Gale，1989；Langabeer 和 Seifert，

2003）。考虑到日本为发达国家，其企业相较中国辽宁的企业拥有更高的生产技术水平，以及完善的管理体系，因此日资企业从辽宁的企业学习到知识技能的可能性较低，知识密集要素寻求型与日本对辽宁FDI的原因并不契合。

除以上因素以外，辽宁吸引日资并能对日出口的最主要原因是辽宁优越的地理位置。辽宁与日本距离相对比较近，对日贸易历史悠久，且拥有多个沿海城市适于商品出口。大连港、锦州港、营口港、丹东港、葫芦岛港等诸多优良港口使海上贸易更加便利，以上地区也是吸引FDI，尤其是制造业FDI和制造业对日出口的重要地区。这也与SDM分析结果中港口因素有利于吸引制造业FDI和制造业对日出口的结论相符。

综上所述，辽宁高性价比的人力因素、相对丰富的资源因素和地理位置的优越性是日资FDI和制造业对日出口的原因，作为产品和服务进入东北和全国市场桥头堡，辽宁也是日资的重要投资目的地。

（2）日资FDI和对日制造业出口空间效应的成因分析

企业的海外投资建厂等行为也可能引起被投资国家的其他企业的模仿行为。根据新制度理论，企业倾向于模仿同一领域内的其他企业，模仿行为的主要目的是寻求合理性、合法性的认可，而模仿行为的主要驱动力是降低外部环境的不确定性。

首先，模仿是对不确定性的一种回应，它可以减少组织为降低不确定性而发生的搜寻成本，因此该情况下模仿行为是理性的。其次，模仿行为的主要目的是获取合理性。虽然模拟性同态可能并不会提高组织内部的经济绩效，但相似性会有利于追随者获得合理性或合法性认可及声誉。尽管这种合理性不一定会促进组织效率的提高，但企业的发展前景会得到改善，并且企业会因遵从外部环境的要求而获得回报。基于该角度，组织为寻求合理性而进行的模仿行为也是理性的。

因此，企业的相关知识和经验不仅来源于自身实践，也可以从其所处的组织环境中的其他企业那里获得。特别是，在进入外国市场时，企业倾向于考虑到母国相同行业与领域的其他企业的行为，并且做出反应。企业对母国同行业的公司进行的模仿行为，会推动国际化进程（Guillen，2002）。

日资企业投资建厂较早的企业，拥有相对较高的技术水平和完善的管理经验，借助辽宁的各项资源，更容易发展成为规模较大、盈利能力优秀的企业。而技术溢出效应使得同行业的其他中国企业对于其成功经验进行模仿，进而促进其他企业的发展。

与此同时，最早一批成功在辽宁投资的企业，很可能吸引日本的其他企业，特别是同行业的企业在辽宁进行对外直接投资的模仿活动。一方面，虽然采取后发行动的公司可能缺乏技术和管理经验，但是它们可以通过模仿“先辈”企业的海外投资设厂的经验来减少决策成本、降低决策风险，进而通过减少外部环境的不确定性来更好地开展自身经营活动。另一方面，由于有海外跨国投资的成功范本，日本同行业的其他企业更容易获得合法性、合理性认可以及社会心理支持。因此，这些日资企业很可能采取模仿行为，利用辽宁优质且低廉的劳动力资源，以及丰富的自然资源等，在辽宁设立更多厂房进行建设与经营，并且最终将部分价格低廉且质量很好的产品出口回日本，在日本销售。它们通过模仿“先辈”的成功，来实现自身利润的提高与企业的壮大。

模仿的行为相对空间呈衰减趋势，即距离近的企业比距离远的企业更容易相互模仿。此时空间集聚效应便产生了。相对距离近的企业更容易借鉴日企的经验，促进其对日出口。而日方新的投资也会寻找以前有其他日企投资成功的地方，进而希望复制以前成功的案例。这与SAR与SDM分析中，绝大部分空间效应均以集聚效应为主的结果相符。

8.4 促进辽宁吸引日资与对日制造业出口的路径选择

8.4.1 促进辽宁吸引日资的路径选择

近十年来辽宁为了吸引外商投资而施行的优惠政策主要有以下几个方面。

（1）税收优惠政策

辽宁颁布的税收优惠政策主要包括：①以2005年的数据为基数，辽宁财政对于5个沿海重点区域上缴到省里的增值税、房产税、企业所得税和个人所得税进行70%的增量返还；②在5个沿海重点区域内兴办的高新技术企业，按15%的税率缴纳所得税，而没有享受优惠政策的普通企业则需按25%的基本税率缴纳所得税；③在5个沿海重点区域内兴办的高新技术企业，自开始获利的那一年起可免交所得税2年。

（2）外资重点产业扶持及开放政策

辽宁于2017年5月出台《关于进一步扩大对外开放　积极利用外资的若干实施意见》，提出放宽服务业、制造业、采矿业、养老等领域外资的准入限制，鼓励外资进入金融、证券、期货、保险机构等领域，并且还明确地支持外资企业以特许经营方式参与辽宁基础设施建设，包括水利、交通、能源、环保及市政工程。该实施意见还提出了外资企业一样适用“中国制造2025”战略政策措施，而该战略意在发展现代的“制造业+服务业”模式，并在其基础上进一步实现智能化、生态化、环保化的理念。

为促进外资服务业企业发展，辽宁出台多项帮扶政策，主要有：①自2009年起，省财政设立2亿元服务业发展专项资金；②积极促进服务业的融资规模，鼓励银行等金融机构增加对服务业招商引资的融资贷款规模等。

（3）行政便利及开展多项招商引资活动

沈阳于2017年3月出台《辽宁自贸试验区沈阳片区首批政策清单》，改革事项一共有105条，其中包括一站式行政审批、多规合一的改革等，简化行政程序，方便企业办事。大连于2018年出台了关于外资企业在大连设立的研发中心的外籍高端人才在办理签证、居留许可、就业许可、子女教育等多个方面的便利政策。大连还设有外资企业投诉中心，以协调外资企业与员工之间的问题，为打造良好的经营环境提供保障。

为了全方位扩大招商引资的规模，沈阳举办制博会、韩国周及德企沈阳行等经贸活动，并致力于加大"双招双引"的工作力度，以吸引外商投资。大连也于2017年开展了"域外企业回归工程"，以吸引外贸企业回归大连，并在全市范围内开展"外资大项目年"活动，鼓励外商在服务业和制造业等领域扩大投资，以及借助在大连召开的夏季达沃斯等活动平台来招商引资。2018年，大连还在"2018中国·意大利中小企业经贸合作对接会""第十六届中国软交会"等经贸活动中对接外国企业，吸引国外投资，仅2018年前8个月就在全市共开展境外招商活动139次，取得了丰硕的成果。

辽宁吸引日资的主要因素包括三个方面：①自然资源优势及人力资源优势，东北三省是自然资源最丰富的地区，地处太平洋成矿带，矿产资源丰富，品种齐全，是中国煤炭、石油、天然气的主要产区之一，辽宁人口数量多，劳动力成本低，具有大批技术工人；②产业基础优势，东北三省是我国工业化程度最高的地区，大中型国有企业密集，经过50多年的开发建设，东北三省地区工业化水平相对较高，拥有重化学工业基地；③区域优势，东北老工业基地位于环渤海经济圈，作为我国对东北亚地区开放的窗口，和朝鲜、俄罗斯、韩国、日本、蒙古国等国家接壤和毗邻，南部紧邻渤海出海口，海、空交通相对便捷。辽宁对吸引日资不利的主要因素包括两个方面：①补助政策门槛较高，通常需要投资1 000万美元以上或世界500强企业才受到较高关注；②吸引日资的行业有拓展空间，随着《外商投资法》的颁布，部分受限行业存在引资拓展的空间，可以进一步开放。

基于此，结合辽宁日方FDI的现状，我们提出以下政策建议：

（1）变企业补贴为行业补贴

辽宁多项文件对补贴、奖励和税收优惠等都具有相对较高的标准。如吸引外资奖励措施中实缴注册资本达到1 000万美元和世界500强企业为最低门槛，注册资本达到1 000万美元才有资格申请奖励。而外商投资中，很多属于中型或中小型投资，投资方也无法达到500强标准。以日本投资辽宁制造业为例，2010—2018年期间，只有不足1/7的投资超过1 000万美元，绝大多数不是世界500强，平均投资额为480万美元。为促进投资总额的增长，中型和中小型投资同样应予以重视，且中小型投资更容易受激励刺激。对此，激励措施的投放重点可以从大企业转变为辽宁希望引进的、相对高技术、绿色清洁、带动就业能力强的行业。刺激以上行业里的中小型投资，进而通过集聚效应吸引更多同类行业的投资。同时，此举也能加大辽宁这些行业对大企业的吸引力。

（2）进一步拓展吸引外资领域

以前部分行业，如采掘采伐业和部分生产型服务业等，由于政策限制不对外开放。随着《外商投资法》的颁布，辽宁可以对解禁行业进一步开放。在《辽宁省人民政府关于进一步扩大对外开放　积极利用外资的实施意见》中有放宽外商投资领域，鼓励金融、期货、保险机构等生产型服务业领域外资进入的条文，政府可以配套以上条文，针对放宽限制的制造业和生产型服务业，进行专门的推介，吸引外资进入以上行业。

（3）针对日本的资本市场开设专门的博览会和投资对接活动

具体来说，包括与国内发达地区和与当地日资企业开展对接，进一步宣传辽宁在承接日资中的优势，吸引日资重回辽宁。投资推荐地尤其以大连和沈阳为主，鼓励日企在以上两地投资制造业和服务业，尤其是生产型服务业，再通过以上两地对周边地区形成辐射带动作用。

在吸引外资的政策中，通常存在两个重点：一个是促进招商引资的量，另一个是调整招商引资的结构。现有政策中，税收优惠政策和行政便利政策针对第一个重点，外资重点产业扶持及开放政策针对第二个重点。根据空间分析的结果，日资的制造业FDI和生产型服务业FDI的空间自相关效应以集聚效应为主，且以上结论是基于制造业中五个行业的面板数据分析。所以一地制造业中某一行业吸引日资，并不会抑制周边地区同一行业吸引日资，反而会产生促进作用。

基于此，结合辽宁日方FDI的现状，我们提出以下政策建议：

（1）吸引外资可以以量为重，结构次之

在吸引外资时，引进为主，结构考察为辅。《辽宁省人民政府关于进一步扩大对外开放　积极利用外资的实施意见》要求“在招商引资中严格限制‘两高一资’、低水平和过剩产能扩张项目及盲目重复建设项目”。而空间分析表明目前辽宁省内盲目重复建设项目的外商投资并未产生抑制周边同行业投资的影响。即重复投资等情况并不严重，在实施过程中可以进一步放宽此条例的标准与要求，以引进为主，降低限制门槛。

（2）摆正位置，承接其他经济发达省市的外资转移

同样基于投资的集聚效应，某些外资产业在经济发达省市可能被列为相

对落后或淘汰产业，当发生投资转移时，辽宁不应以高姿态拒绝此类外资的转移。承接经济发达省份相对落后的外资可以促进省内更不发达地区的投资。这也与习近平总书记“要以东北地区与东部地区对口合作为依托，深入推进东北振兴与京津冀协同发展、长江经济带发展、粤港澳大湾区建设等国家重大战略的对接和交流合作，使南北互动起来”的要求一致。

（3）招商引资以各地方为主，省内调控为辅

由于FDI的结构替代效应并非主导效应，因此省级政府可以通过大方向的指导性意见进行结构调控。具体的招商引资活动以各地方为主，发挥地方政府的主观能动性，结合本地各产业优势和资源优势，增加外资流量。

8.4.2 促进辽宁对日制造业出口的路径选择

目前，辽宁促进出口的政策主要集中在自贸区。其中，大连和沈阳自贸区都有针对先进制造业投资的补助政策，而大连自贸区有相对更多的促进出口的政策，主要包括快速的出口退税、便捷的通关手续、核税方便等。

基于制造业对日出口的空间集聚效应和FDI对制造业对日出口的空间集聚效应，政策建议主要基于两个部分：一是促进制造业吸引外资；二是促进制造业出口。

一个地区的制造业投资可以通过集聚效应促进周边地区的制造业出口，基于此，有关促进制造业吸引外资的政策建议如下：

（1）将有关促进辽宁吸引日资的推进路径中的政策建议重点运用到制造业中

当以上建议重点服务于制造业FDI时，均可以促进制造业出口。从回归分析的结果可以看出，一地制造业吸引FDI既可以促进本地制造业出口，又可以促进周边地区制造业出口。同时，一地制造业吸引FDI也可以促进周边

地区制造业吸引FDI，进而形成正反馈。因此，提升制造业FDI是有效提升制造业出口的直接措施。

（2）细化并修正先进制造业标准

目前很多标准以企业规模和投资额进行划分，如《辽宁省优质外商投资项目奖励实施细则》等。可以设立辽宁省鼓励发展的先进制造业的行业范围及标准。比如，大连自贸区目前重点支持和发展智能装备制造、电子信息、集成电路和半导体、生物医药、海洋产业、航空航天、节能环保、新能源、新材料和汽车及汽车零部件产业。当设立范围后，对范围内外资进行奖励和补助，包括补助中小型投资。

一个地区的制造业出口可以通过集聚效应促进周边地区的制造业出口，基于此，有关促进制造业出口政策建议如下：

（1）政府为中小制造业企业提供专项资助基金和贸易相关信息

各地政府近年来出台了许多针对企业出口的扶持政策，包括金融、财税政策，人才的培养政策，创新指导政策等，这些政策都有效地促进了国内企业的出口。同时，为了推动辽宁制造业出口，对广大中小制造业企业的扶持就显得很有必要。虽然单个中小企业在规模上并不占有优势，但基数庞大，让更多的中小制造业企业参与到贸易中去，能为辽宁的总出口带来相当大的体量。尤其对于高新技术的中小制造业企业，可以建立专项资金，帮助这些具有未来发展竞争力的企业创新生产技术，掌握核心技术，强化自己的产品优势。

（2）优化口岸营商环境，推动贸易便利化

在自贸区对一些利于提高贸易便利化的行之有效的措施可以加以推广应用，如加快外贸公共服务平台建设，打造智慧外贸平台，加快国际贸易“单一窗口”建设等。

（3）建立平台，面向省内制造业企业提供有关对日出口的相关信息

对有出口日本意向的制造业企业提供产业政策指导，提供相应的信息交流平台，让企业互相分享对日出口的经验和注意事项，给企业提供出口信息咨询服务，提供日本市场的新动态，帮助企业开发适销对路的新产品。

第9章

辽宁海水淡化产业发展策略研究

海洋经济发展前途无量。建设海洋强国，必须进一步关心海洋、认识海洋、经略海洋，加快海洋科技创新步伐。

——2018年6月12日至14日习近平总书记在山东考察时的讲话

9.1 研究背景

海水淡化作为水资源的开源增量技术，具有稳定、应急和战略性供水的特点。目前，海水淡化已成为扩大可用水资源总量、缓解全球水资源短缺的重要手段。而针对辽宁水资源紧缺的现状，引导海水淡化产业化发展，保障水资源供给，对于推进辽宁经济社会可持续发展与转型具有重要意义。

（1）现实背景

首先，国家层面发展规划的重视为辽宁海水淡化产业发展提供了政策基础。《中共中央关于制定国民经济和社会发展第十三个五年规划的建议》明确了“实现海水淡化的规模化、产量化、集成化，逐步形成重要的战略新兴产业，解决地区缺水问题”的要求。2017年，国家发展和改革委员会、国家海洋局联合发布的《海岛海水淡化工程实施方案》，对海岛海水淡化工程的建设目标、辽宁等海岛海水淡化工程的建设和升级改造，做出了规划部署。在国家层面发展规划的支持下，海水淡化产业迎来了蓬勃发展的新机遇，也为辽宁海水淡化产业发展指明了方向。

其次，海水淡化产业发展有利于新一轮东北振兴战略在辽宁的实施。推动海水淡化产业化发展有助于加速水处理产业的结构升级，长远来看产业潜力巨大，有望发展成为环保领域的支柱型产业。尤其在向盐化工等相关上下游延伸方面，已体现出其独特优势，具有产业链的特点。辽宁大力发展海水淡化产业，不但可以有效提供水资源，也能带动上下游产业的快速发展，将成为新时期吸纳投资、拉动投资的理想着力点。

最后，海水淡化是解决辽宁缺水问题的重要手段。辽宁是中国北方严重缺水的省份之一，水资源分布与经济发展布局不相匹配。沿海城市发展相对较快、较好，人口也较为集聚，但是淡水资源严重不足，由此将严重影响辽宁社会经济的长期健康发展。然而辽宁海域辽阔，具有丰富的海水资源，如果能够实现海水淡化产业化发展，不仅有利于辽宁的经济结构转型，也能为其他产业和社会生活用水提供充足的水源保障。

（2）理论背景

我国的海水淡化研究多数侧重于全国视角的研究，以辽宁海水淡化产业发展为视角的研究尚不多见。20世纪90年代，就有学者以问题为导向，来探究发展海水淡化产业的重要意义。杨尚宝自2006年就提出我国海水淡化发展的战略和规划，之后持续多年关注并开展我国海水淡化产业发展问题研究。

近年来，以政策、对策视角开展的海水淡化产业研究逐渐丰富，主要结论集中在政府层面的政策供给与支持。陈飞宇、金鑫（2008）提出通过政府对产业的引导和培育来提高我国淡化水在国际上的竞争力；韩凯、刘艳萍（2011）提出对海水淡化进行综合利用并将其普及化，需要政府的政策支持。王静、刘淑静（2013）同样表示要想尽快发展淡化水的相关行业需要得到政府的协助。张亮（2014）认为目前限制淡化水产业发展最根本的问题就是资金不足。兰荔、苏润西等（2014）建议政府对淡化水行业进行政策上的支持，并对其成本价格和销售出台补贴政策，全面提高淡化水行业的发展规模。刘晓林、谭春晓（2014）认为，应根据实际需要制定合理的水资源配置计划和海水淡化产业发展规划，为提高淡化水相关行业的发展做准备。

归纳来看，海水淡化的相关研究主要集中于宏观层面的战略规划和政策对策研究，主要强调了政府的政策供给，而海水淡化产业发展除了政府政策供给还包括海水淡化产业的投入培育、技术开发、资源环境等多个方面。因此，我们希望通过开展新一轮东北振兴战略下辽宁海水淡化产业的发展策略研究，为推动具有辽宁特色的海水淡化产业发展提供助力。

9.2 海水淡化产业发展现状及特征

9.2.1 国外海水淡化产业发展状况

（1）技术成熟地区以中东为主，沙特阿拉伯产能居世界之首

由于气候和地理条件限制，淡水资源缺乏已成为世界上许多国家面临的主要问题。根据联合国2018年发布的《世界水资源开发报告》，世界上约80个国家和地区约有36亿人水资源不足；由于人口增长、经济发展和消费模式变化等因素，全球水需求正以每年1%的速度增长，而且这一速度将在未来20年内显著加快。随着海水淡化技术的不断发展，通过海水淡化从海水中获取淡水已成为缓解世界性水危机、解决全球水资源短缺的重要途径，成为各临海国家的政府主张与开发新水源的对策，特别是在西班牙、新加坡、澳大利亚、以色列和以沙特阿拉伯为代表的中东国家，淡化水已经成为城市生产和生活用水的重要组成部分，广泛进入市政管网。

世界主要海水淡化国家的产能结构如图9–1所示，从图中可以看出，沙特阿拉伯是当今世界上海水淡化规模最大的国家。由于地区严重缺水，沙特

阿拉伯高度重视海水淡化，其70%的饮用水来自海水淡化水，海水淡化量占世界总量的20%，沿海地区的海水淡化工厂不仅对沿海城市常年供水，同时也向饮用水短缺的地区或者人口密集的地区输水。沙特阿拉伯的海水淡化还被应用于农业灌溉，将沙漠戈壁变成大片农田。沙特阿拉伯海水淡化公司是世界海水淡化领域最大的国有企业，拥有近40家海水淡化厂，有一条5 000公里长的管道，可以向沿海城市供水。

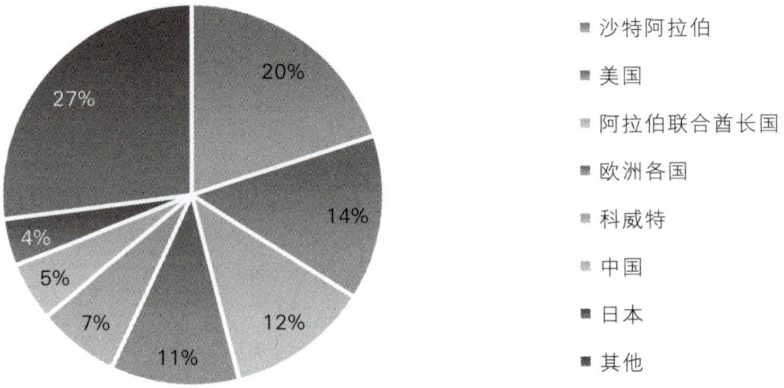

图9-1　世界主要海水淡化国家产能结构图

（2）国际海水淡化主流技术是反渗透法

世界上有20多种海水淡化技术，包括反渗透膜，电渗析，低温多效，露点蒸发，热膜联产，热电联产，多级闪蒸，压汽蒸馏和利用风能、潮汐能、太阳能、核能海水淡化技术等，以及各种后处理和预处理工艺，如超滤、纳滤和微滤。从大分类的角度来看，主要分为膜法和蒸馏法两大类，其中反渗透膜法、多级闪蒸法和低温多效蒸馏法是主流技术。如图9-2所示，目前，反渗透膜法占全球海水淡化技术总容量的65%，多级闪蒸法占21%，电去离子法占7%，电渗析法占3%，纳滤法占2%，其他占2%。

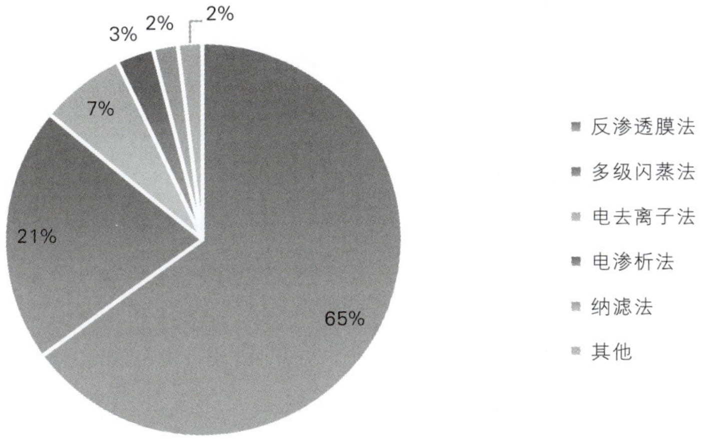

图9-2　截至2017年国际海水淡化技术比例构成

（3）为促进海水淡化产业发展世界各国积极制定多项政策措施

当前在世界不同国家和地区，海水淡化产业的发展处于不同的发展阶段。中东地区以及欧美发达国家经过数十年的努力，已经形成了基本稳定的产品应用以及技术路线，这些地区的海水淡化产业已经从成长期进入到了成熟期。

而从世界整体综合发展情况来看，产业增加值和产能规模在以20%~30%的年增长率增长，因此整个产业发展处于成长期。而为了促进海水淡化产业的发展，世界各国积极制定了多项促进政策和措施，主要包括政府主导推动、鼓励技术创新突破以及多元化的投资策略三个方面。

第一，政府主导积极推动海水淡化产业发展。由于海水淡化产业具有公共事业属性，同时又属于战略性新型产业，必然需要通过政府的大力支持来带动。国外政府的主要推动手段包括规划引导和政策优惠两个方面。其一，从规划引导方面看，以中东地区为例，政府首先通过规划引导产业布局，投资建设海水淡化厂以及海水淡化相关的一系列基础设施，同时还主导促进海水淡化的市场化运作，提供资金支持海水淡化重要技术的研发，建立海水淡化标准以及市场准入标准。其二，通过对淡化水进行补贴以及调整水价体系，从成本以及价格两个方面积极推广促进对淡化水的使用，比如美国2004年颁布了《脱盐电价优惠法》，明确规定每吨水向海水淡化厂直接补贴0.16美元，并在2015年底前就价格优惠问题与淡化厂签署书面协议，以进一步明确补贴总额，而迪拜的水电局是根据消费需求来对水资源价格体系进行重构，为了使水价可以真实反映水资源稀缺性，同时实现水资源利用的合理化和最大化，实施了阶梯式水价。其三，给予海水淡化设备购买、引进以及海水淡化厂建设相关的税收优惠和财政补贴，比如欧盟把海水淡化作为区域发展政策的重点，对地中海的成员国给予资金方面的大力支持，积极推动海水淡化工程建设。

第二，鼓励技术创新、突破海水淡化技术。海水淡化产业属于高新技术产业，由此决定了海水淡化产业要发展就必须依靠技术创新。海水淡化的技术创新，可以在大幅降低淡化水单位成本的同时，大力提高其生产效率。从国际主流海水淡化技术发展的趋势来看，一方面，国外海水淡化产业发达地区的关键技术正在不断突破，已经从单种技术（如RO等）向热膜耦合法（MSF-RO、MED-RO等）等转化，同时装备技术水平也在不断提升；另一方面，海水淡化设备向容量大、小两个类型方向发展，“大”是指通过建设大规模的海水淡化厂的规模经济来降低海水淡化成本，同时也通过“小”型便携式的淡化设备研制来扩大应用海水淡化技术，这些大与小的突破和发展都是以技术创新为根基的。

第三，多元化的投资策略。海水淡化行业的市场竞争属性和高投入特征，要求海水淡化行业的发展需要鼓励多样化的投融资策略。中东由政府主导控制海水淡化产业的发展，但它也引入了竞争机制，大大降低了海水淡化项目的建设和运营成本。引入资本介入的方式主要包括BOO

（建设-拥有-经营）模式和BOT（建设-经营-转移）模式。以阿拉伯联合酋长国为例，该国允许外国公司或者私人资本投资建设海水淡化厂以及电力联产联供的电水联合企业，同时通过签署水电购买协议来降低投资者的风险。

9.2.2 国内海水淡化产业发展现状

（1）政策支持情况

① 国家层面的政策

中国的淡水资源量约占世界总量的6%，人均水资源量仅为世界平均水平的1/4，是一个严重缺水的国家。根据水利部统计，全国缺水城市近300个，其中严重缺水的城市有110个。在32个特大城市中，有30个长期受水资源短缺的困扰，在14个沿海开放城市中，有9个严重缺水。总体而言，中国水资源的特点是：总量小、人均少；南方多、北方少。北方属于资源型缺水地区，而南方地区受水体污染影响，则表现为严重的水质型缺水。水资源的匮乏、短缺已然成为制约我国社会经济发展的瓶颈。随着人口增长和经济发展，我国对淡水的需求会快速增加，淡水资源供需矛盾也会日益尖锐。因此，海水淡化技术和产业的良好发展具有重大的战略意义。

目前，中国的海水淡化技术正在不断深化与升级并逐步完善。自1958年国家海洋局就开始了我国的海水淡化研究，首先展开的研究是离子交换膜电渗析海水淡化技术。在此之后，学术界和产业界不断开展积极的探索，取得了突破性进展。党和国家也高度重视海水淡化事业的发展，出台制定了一系列法律法规、规划纲要、重要文件，大力支持海水淡化产业的发展。详细情况如图9-3和表9-1所示。

1958 国家海洋局第二海洋研究所首先在我国开展离子交换膜电渗透海水淡化的研究

1965 山东海洋学院在国内最先进行反渗透CA不对称膜的研究

1970 海水淡化会战主力汇集杭州，组织了全国第一个海水淡化研究室

1981 第一个日产200吨的电渗析海水淡化站在西沙群岛建成

1982 中国海水淡化与水再利用学会经中科协学会部批准在杭州水处理技术研究开发中心成立

1984 国家海洋局天津海水淡化与综合利用研究所成立，开始蒸馏法海水淡化装置研究

1987 大港电厂从美国引进2套3 000m³/dMSF海水淡化装置，与离子交换法结合，解决锅炉补给水的供应

1997 我国第一套500m³/d反渗透海水淡化装置在浙江舟山嵊山县投产建成

2000 河北沧州建成18 000m³/d反渗透苦咸水淡化厂

2003 山东荣成建成万吨级反渗透海水淡化示范工程；河北黄骅发电厂引进2 000m³/d多效蒸溜海水淡化装置

2004 我国首台自主知识产权的3 000m³/d低温多效蒸馏海水淡化工程在山东黄岛建设

2005 《海水利用专项规划》作为第一个指导性纲领文件正式发布

2012 《海水淡化产业发展“十二五”规划》发布

2016 《海水淡化产业发展“十三五”规划》发布

2017 《海岛海水淡化工程实施方案》发布

图9-3 我国海水淡化发展历史进程图

② 省级层面的政策

多省市海水淡化政策相继密集出台。辽宁、河北、天津、山东、江苏、浙江、福建、广东、海南等沿海省市已先后出台了相关政策以推动海水淡化产业进一步发展，如表9-2所示。例如，2015年6月，天津编制并发布《天津海水资源综合利用循环经济发展专项规划（2015—2020）》，明确了2020年天津海水淡化工程规模预期达到的目标（60万吨/日），比2015年的31.75万吨/日增加了近一倍。

表9-1 2007—2017年来我国海水淡化政策一览表

时间	文件	内容
2007.3	《海水利用专项规划》	2010年，我国海水淡化产能达到8×10⁵立方米/日~1×10⁶立方米/日。在沿海地区，针对缺水问题，海水利用达到16%~24%的贡献率。2020年，我国海水淡化产能达到2.5×10⁶立方米/日~3×10⁶立方米/日，在沿海地区，针对缺水问题，海水利用达到26%~37%的贡献率
2012.2	《关于加快发展海水淡化产业的意见》	到2015年实现以下目标： 1.全国海水淡化产能达到2.2×10⁶立方米/日~2.6×10⁶立方米/日； 2.在海岛新增供水量中，海水淡化水的贡献率达到一半以上； 3.在沿海缺水地区，海水淡化水占新增工业供水量的比重达到15%以上； 4.在海水淡化的原材料和装备制造等方面，实现自主创新占比70%以上； 5.海水淡化产业链基本形成
2012.12	《海水淡化产业发展“十二五规划”》	同上
2014.8	《关于进一步加强城市节水工作的通知》	1.针对工业、企业生产和冷却用水，鼓励优先使用海水淡化水，并开展示范工作； 2.针对淡化水的市政供水并网开展试点
2015.4	《水污染防治行动计划》	1.推动在沿海地区部分行业利用海水作为循环冷却水； 2.加快推进淡化水应用于生活用水
2016.12	《全国海水利用“十三五”规划》	到“十三五”末，实现以下目标： 1.海水淡化水规模 （1）全国总规模达到2.2×10⁶吨/日以上 （2）沿海城市地区，新增规模1.05×10⁶吨/日以上 （3）海岛地区，新增0.14×10⁶吨/日以上 （4）苦咸水新增0.14×10⁶吨/日以上 2.技术创新 （1）装备自主创新率≥80% （2）自主技术：①国内市场占有率≥70%；②国际市场占有率提升10%

续表

时间	文件	内容
2016.12	《全国科技兴海规划（2016—2020年）》	1.强调高新技术转化； 2.推动海洋工程装备制造高端化等新兴产业发展
2017.1	《战略性新兴产业重点产品和服务指导目录（2016版）》	海水淡化和综合利用产业被列入“节能环保产业”重点产品目录
2017.5	《全国海洋经济发展“十三五”规划》	针对海水淡化提出以下发展目标： 1.推动海水淡化水进入市政供水管网，积极开展海水淡化； 2.在沿海缺水城市，开展海水淡化民生保障工程； 3.鼓励开展将海水作为大生活用水的应用示范； 4.加强海水高值化利用，例如加大从海水中提取溴等产品的开发
2017.8	《关于非常规水源纳入水资源统一配置的指导意见》	到2020年： 1.全国非常规水源配置量≥1×10^{10}立方米； 2.京津冀非常规水源配置量≥0.2×10^{10}立方米
2017.12	《海岛海水淡化工程实施方案》	到2020年实现以下目标： 1.在严重缺水海岛地区，海水淡化水作为非常规水源成为主要供水方式之一； 2.基本满足海岛用水需求； 3.淡化技术得到推广、应用

表9-2　近年各省海水淡化政策一览表

时间	文件	内容
2013.8	《浙江海水淡化产业发展“十二五”规划》	2015年，要提高对沿海缺水地区和海岛水资源的保障，浙江海水淡化工程规模将要达到350 000立方米/日，海岛淡水供应中海水淡化供应淡水量将占总淡水量的50%以上，对于新扩建的沿海电厂和新建的沿海电站配套用水的贡献率在100%。 2020年，浙江海水淡化工程规模达到800 000立方米/日，进一步增强对沿海缺水地区和海岛的水资源保障

续表

时间	文件	内容
2015.6	《天津海水资源综合利用循环经济发展专项规划（2015—2020年）》	2015年，提高海水淡化工程产能利用率30%，为做好对首都北京的淡水供给工程前期准备工作，淡化水进京的可行性要积极论证；海水的利用量要达到15亿吨/年；$MgCl_2$产量达到200 000吨，Br_2产量达到10 000吨，$MgSO_4$产量达到50 000吨，CLK产量达到20 000吨。到2020年，海水淡化工程达到600 000吨/日，对淡化水的利用率提高到70%，海水的利用量要达到20亿吨/年；$MgCl_2$产量达到1 050 000吨，Br_2产量达到18 000吨，$MgSO_4$产量达到357 000吨，CLK产量达到105 000吨
2016.4	《福建“十三五”海洋经济发展规划》	加强海水淡化示范工程建设、海水淡化示范城市建设、示范海岛建设和示范工业园区建设，在缺水地区包括工业园区、城市、海岛建设一批较大规模的海水直接利用工程和海水淡化工程，在偏远的海岛进行海水淡化耦合利用综合利用实验，继续开展海洋可再生能源示范实验
2016.7	《辽宁实行最严格水资源管理制度“十三五”工作方案》	积极鼓励辽宁缺水沿海地区锦州、大连、葫芦岛、营口、盘锦开展海水淡化工程建设，支持海水淡化试点海岛、海水淡化试点工业园区、海水淡化城市开展淡化水供水。在辽宁沿海经济带重点园区重点行业如石油、化工、电力扩建、新建或者进一步改建海水淡化工程项目，积极鼓励以海水的直接利用来作为循环冷却等工业用水，保护海洋生态环境，综合利用海水资源
2016.9	《河北海洋经济发展“十三五”规划》	河北将积极开展淡化水工程，其中需要重点进行实施的海水淡化项目有首钢二期50 000吨/日项目，继续推进曹妃甸百万吨海水淡化项目工程，配套建设海水淡化输水管道。 技术攻关海水淡化与新能源耦合、海水淡化压汽蒸馏、海水淡化膜蒸馏，提高自主海水淡化技术水平。 到2020年，河北海水淡化工程将达到1 200 000吨/日，海水的利用量要达到2亿立方米
2016.10	《山东城市节约用水“十三五”发展规划》	大力度推广海水淡化，“十三五”期间，投资5亿元积极推广建设海水淡化工程项目

地方政府的海水淡化规划规模总和远超国家“十三五”规划。以浙江、河北和天津为例，三省市海水淡化相关规划中，涉及的2020年海水淡化产能目标分别为80万吨/日、120万吨/日和60万吨/日，总和达到260万吨/日，远超“十三五”期间国家规划的220万吨/日的目标。同时，加之其余未公布海水淡化规模的省份，可以预计，地方政府对海水淡化需求之强远超国家“十三五”规划目标。

（2）国内海水淡化产业总体发展情况

① 海水淡化起步较晚，“十一五”以后取得较快发展

我国海水淡化起步较晚，自中华人民共和国成立初期开始进行海水淡化科技攻关。1981年，中国第一个海水淡化项目在西沙群岛永兴岛建成并投入运行。“十一五”期间，国家发布了《海水利用专项规划》，开展海水淡化产业发展试点，加大扶持力度，海水淡化产业进入快速发展期。近年来，我国海水淡化产业取得了长足进展，截至2017年底，全国共有117个采用反渗透技术的项目，项目规模约81.37万吨/日，占全国项目总工程规模的68.43%；低温多效项目有16个，产能规模达到约36.92万吨/日，占比31.04%；多级闪蒸技术项目1个，产能规模0.6万吨/日，占比0.50%；电渗析技术项目2个，产能规模300吨/日，占比0.03%。

② 淡化水的应用终端主要是工业用水

淡化水的应用终端大致可分为两类：一类是工业用水，另一类是生活用水。截至2017年底，工业用水产能规模达到79.14万吨/日，占总体规模比例接近67%。其中，火电、核电、化工、石化、钢铁企业占比分别为32%、5%、5%、12%和13%。住宅用水项目规模达到39.38万吨/日，占比33.11%。绿化等其他用水项目占比较小，仅为0.33%，产能规模约0.4万吨/日。

③ 淡化水的应用主要集中在北方城市

淡化水的应用主要集中在北方的天津以及山东、河北等地的城市。2017年，天津海水淡化工程为31.72万吨/日，山东海水淡化工程为28.26万吨/日，河北海水淡化工程为17.35万吨/日，占全国海水淡化规模的65%，且主要以工业用水为主，集中在高耗水的钢铁、电力等行业。南方的海水淡化工程以民用海水淡化为主，集中在海南、福建以及浙江。海岛淡化工程主要分布在辽宁、山东、浙江和海南四省。

④ 海水淡化工程主要有经营性和准公益性两类

当前我国海水淡化工程主要有两种类型：经营性工程和准公益性工程，具体有投资运营、企业自营和自来水厂运营三种管理模式。当前的海水淡化工程只有少数饮用水工程是由政府的资金来支持运行的，其他绝大多数工程还是以企业自有运行模式为主导，海水淡化的成本是全成本核算，不能够享有如城市供水工程或者兴建水利工程这种准公益性项目的优惠政策。市政供水企业属于公益性企业，水定价低于制水成本，形成了较为严重的价格与成本倒挂现象，需要通过政府的财政补贴来保证市政供水企业的正常运行。自有运行的企业主营石化、钢铁和电力，这类企业通过余热利用等条件可以有效实现支撑成本的降低，其应用主要集中于工业用水，有效抑制了水价与制水成本倒挂的情况。

（3）成本和水质情况

① 成本较高导致海水淡化尚未大规模商业化应用

海水淡化成本一般包括两部分：一是建设成本和运行管理成本；二是投资回收分摊（固定资产折旧费）。海水淡化成本受多重因素影响，影响较大的因素主要有采用的工艺、淡化规模、水质条件、能源价格、贷款利率、材料费用、资金来源等。因此，除了受自身淡化技术成本影响以外，自来水价格、国家在投资财税方面的支持，以及水务管理体制等均会影响海水淡化产业的规模化发展。

目前，虽然海水淡化技术业已成熟，但由于其成本比其他淡水资源的成本高，因此在我国还没有发展到大规模商业化应用阶段。但是随着水资源日益缺乏，自来水价格也将节节攀升；而海水淡化随着淡化技术的不断改进、国家扶持力度的加大，淡化水成本势必逐渐降低，海水淡化水价格具有与自来水价格并“价”齐驱的潜力。而且当前部分关于海水淡化水与长距离引水成本的比较，存在计算环节不完整、忽略环境成本、社会成本分析等核算体系不合理的问题，导致海水淡化核算价格偏高，制约了海水淡化水大规模的商业化应用。

② 水质标准不规范影响海水淡化水广泛应用于饮用水

目前，大多数国家尚未制定相关标准来规范海水淡化水用于居民饮用水。世界卫生组织（WHO）于2011年制定发布的《饮用水水质导则》是目前世界范围内关于饮用水的代表性标准。该标准共涉及237项指标，包括感官指标（3项）、微生物指标（45项）、化学指标（187项）和放射性指标（2项）。该项由世界各国专家合力研究、编制而成的标准，在全球范围内具有极高的指导性和参考性，成为各个国家和地区制定当地饮用水标准的重要参考和依据。

目前中国的饮用水标准是国家标准委员会和卫生部于2007年7月1日联合发布的《饮用水卫生标准》(GB 5749—2006)，此标准共涉及106项指标，包括微生物指标（6项）、消毒剂指标（4项）、感官性状和一般化学指标(20项)、无机毒理指标（21项）、有机毒理指标（53项）和放射性指标(2项)，主要针对的是以地表水和地下水为水源水的传统制水工艺。

由于海水淡化水受到取水水源、制水工艺、淡化膜性能等诸多因素的影响，其产水水质与传统工艺所制饮用水必然有一定的差异，而目前尚缺乏与之相适应的水质卫生标准。由此容易造成社会公众和水务部门对水质安全的质疑，进而影响淡化水向饮用水的转化进程。

（4）辽宁海水淡化产业发展现状

① 海水淡化产能情况

辽宁海水淡化工程于1999年开始起步，到2010年已建成海水淡化工程15项，如表9-3所示，2017年产水规模达8.77万吨/日，在全国9个省市已建成的海水淡化工程中排在天津、山东、浙江和河北之后，位居第五位，如图9-4所示。

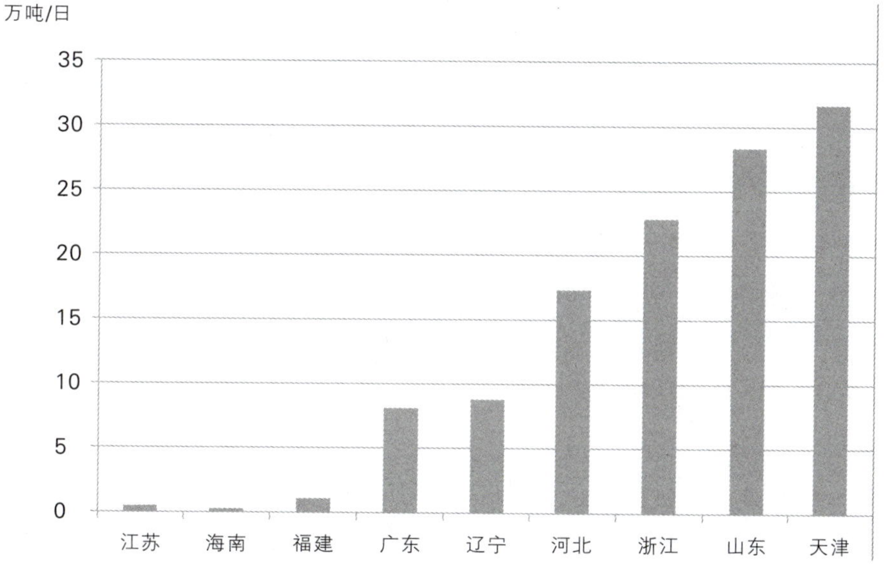

图9-4　辽宁等9省市海水淡化工程规模比较图

资料来源：佚名. 2017年全国海水利用报告［EB/OL］.［2018-12-24］. http：//www.gov.cn/xinwen/2018-12/24/content_5351606.htm.

表9-3　辽宁已建成海水淡化工程汇总表

序号	工程名称	规模（吨/日）	工艺	年份
1	辽宁大连长海县大长山岛Ⅰ期海水淡化工程	1 000	RO	1999
2	辽宁大连长海县大长山岛Ⅱ期海水淡化工程	1 000	RO	2001
3	辽宁华能大连电厂海水淡化工程	2 000	RO	2001
4	辽宁大连长海县獐子岛海水淡化工程	1 200	RO	2002
5	辽宁大连棉花岛海水淡化工程	100	RO	2003
6	辽宁大连石化公司海水淡化工程	5 000	RO	2003
7	辽宁大连港专用矿石码头海水淡化工程	1 200	RO	2004
8	辽宁大连三山岛海水淡化装置	144	RO	2006
9	辽宁大连石化公司工业试验装置	500	RO	2007
10	辽宁大连庄河电厂海水淡化工程	14 400	RO	2007
11	辽宁大连松木岛石化园区Ⅰ期海水淡化工程	20 000	RO	2007
12	辽宁华能营口电厂海水淡化工程	10 000	RO	2007
13	辽宁大连石化公司工业试验装置	20 000	MED	2009
14	辽宁营口鞍钢鲅鱼圈钢铁新区海水淡化装置	120	RO	2009
15	辽宁红沿河核电有限公司海水淡化工程	11 000	RO	2010

资料来源：佚名. 2017年全国海水利用报告［EB/OL］.［2018-12-24］. http：//www.gov.cn/xinwen/2018-12/24/content_5351606.htm

②海水淡化工程数量和技术使用情况

从海水淡化工程数量来看，辽宁目前已建成海水淡化工程15项，排在浙江（41项）、山东（29项）、海南（16项）之后，位居第4名。从海水淡化技术使用情况来看，辽宁仅有2009年建设的“辽宁大连石化公司工业试验装置”属于低温多效（MED）技术，其余14项均属于反渗透（RO）技术。

辽宁海水淡化技术多样性还有待加强，如表9-4所示。

表9-4 辽宁等9省市海水淡化工程技术类型及数量

	辽宁	天津	河北	山东	江苏	浙江	福建	广东	海南
反渗透（RO）	14	4	2	27	2	39	6	8	14
低温多效（MED）	1	3	5	2		1		3	1
多级闪蒸（MSF）		1							
电渗析（ED）						1	1		1
合计	15	8	7	29	2	41	7	11	16

③ 海水淡化应用情况

从海水淡化的终端应用情况看，辽宁海水淡化主要以工业用水为主，涉及热电厂、电厂、石化园区和核电厂等终端用户。应用于海岛居民用水的海水淡化工程共有5项，产水规模达到3 444吨/日，占辽宁总体产水规模的3.9%。海水淡化居民用水比例小，主要与政府、用水单位和居民对海水淡化水的成本和水质尚且存有疑虑密切相关。

④ 海水淡化成本情况

为了掌握辽宁海水淡化成本现状，我们对大连两家海水淡化企业进行了访谈和资料收集，包括海水淡化工程工艺类型、设计产水量、实际产水量和平均产水成本等信息。由于调研内容涉及企业保密信息，整理后的部分信息如表9-5所示。所调研的两个海水淡化工程企业均采用反渗透工艺，其中一家企业设计产水量为11 500吨/日，实际产水量1 379 142吨，其中饮用水265 152吨/日，平均生产成本为5.8元/吨；另一家企业设计产水量为2 000吨/日，实际产水量356 253吨，其中饮用水199 500吨/日，平均生产成本为5.5元/吨。

表9-5　大连海水淡化企业生产情况汇总表

类型	企业数量	设计产水量（吨/日）	实际产水量（吨）		平均产水成本（元/吨）
				饮用水（吨/日）	
多级闪蒸	0				
低温多效	0				
反渗透	1	11 500	1 379 142	265 152	5.8
	1	2 000	356 253	199 500	5.5
电渗析	0				
总计	2	13 500	1 735 395	464 652	5.7

综上可以看出，自2010年以后辽宁未有新的海水淡化工程建成；目前辽宁海水淡化产能和工程数量均处于沿海省份中等水平；海水淡化技术类型多样性相对较差，技术创新不足；海水淡化水主要应用于工业用水，居民生活用水主要应用于海岛居民用水，普及程度不高。

9.3　辽宁海水淡化产业发展需求及条件

9.3.1　发展需求

（1）辽宁淡水资源严重缺乏，亟待发展替代水源

根据国际公认的标准，人均水资源在2 000~3 000立方米，属于轻度缺水；人均水资源在1 000~2 000立方米，属于中度缺水；人均水资源在500~1 000立方米，属于严重缺水；人均水资源不足500立方米，则属于极度

缺水。

辽宁水利厅编发的《辽宁水资源公报》中数据显示（见表9-6），2013—2018年全省水资源总量平均为215.65亿立方米，同期辽宁平均总用水量为136.9亿立方米。除了2013年外，辽宁的人均水资源占有量处于极度缺水到严重缺水之间。

表9-6　2013—2018年辽宁水资源情况表

	全省水资源总量（亿立方米）	人均水资源量（立方米）	总供水量	其中包括			总用水量	其中包括			
				地表水源供水量	地下水源供水量	其他水源供水量		第一产业用水量	第二产业用水量	第三产业用水量	城乡居民生活用水量
2013	463.17	1 055	142.13	78.43	60.00	3.70	142.13	90.80	24.62	5.70	15.95
2014	145.93	332	141.76	79.97	58.44	3.35	141.76	89.65	24.87	5.65	16.69
2015	178.96	408	140.75	78.04	58.56	4.15	140.75	88.76	23.43	5.52	17.42
2016	331.61	757	135.42	74.26	56.95	4.21	135.42	84.91	21.92	9.56	16.83
2017	186.32	426	131.09	72.34	54.53	4.22	131.09	81.60	20.61	6.17	17.21
2018	235.43	540	135.47	77.71	53.34	4.42	135.47	80.46	20.53	6.31	17.29

从空间分布上看，辽宁沿海6市（丹东、大连、营口、盘锦、锦州和葫芦岛）中，丹东和盘锦的淡水资源相对充足，其余4市淡水资源短缺。

与此同时，辽宁也是一个耗水大省。由于辽宁重化工业比重较大，随着经济规模的倍数扩张，淡水资源的不足将成为经济和社会发展的严重障碍。

大力发展海水淡化是解决辽宁部分地区工业和生活用水短缺的重要途径之一。

（2）海岛保护和建设，需提供稳定的水资源保障

辽宁是我国北方重要的岛屿分布区，也是岛屿众多的省份之一。尤其是长山群岛，属于我国八大群岛之一。长海县位于长山群岛，是中国唯一的岛屿边境县。全县共由252个海岛组成，其中有居民海岛18个。长海县是我国国防的屏障与前哨，海岛的保护和建设具有重要战略意义。从战略高度加强海岛建设，投资于海岛建设应是今后投资的一个战略取向，也是重视和发展蓝色经济，推进经济结构调整，促进经济发展的重要方向。

辽宁海岛水资源蕴藏量低，由于没有常年的地表径流、海岛土壤降雨入渗量小等原因，淡水资源十分缺乏，而且受技术、经济等条件的制约，水资源利用还不够充分。辽宁第一座海水淡化厂投建在长海县大长山岛上，而另一座建在该县獐子岛上，属于我国早期投建的少数几个海水淡化工程。但自2006年以来，辽宁再没有新的海岛海水淡化工程投建。

针对辽宁海岛海水淡化工程建设现状尚不能满足海岛淡水资源需求的现状，《辽宁省海岛保护规划（2012—2020年）》明确提出“建设4～6个海岛的海水淡化工程”的目标。大连市也决定针对未实施跨海引水工程的海洋岛镇、獐子岛镇逐步推进海水淡化工程建设。

2017年，国家发展和改革委员会与国家海洋局共同发布了《海岛海水淡化项目实施方案》，对2020年海岛海水淡化建设目标做出了部署，并且明确要在辽宁、青岛等沿海省市推进海水淡化工程的升级和改造。

9.3.2 发展条件

（1）政策基础

2010年1月，辽宁省发展和改革委员会与省海洋与渔业厅联合颁布《辽宁省海水利用专项规划》以推动辽宁海水资源的开发利用，提出2015年全省海水淡化能力要达到41万立方米/日、每年海水利用量达到107亿立方米的发展目标。然而此后鲜有推动辽宁淡化产业发展的相关支持政策出台。2016年《辽宁省实行最严格水资源管理制度“十三五”工作方案》发布，提出由省发展和改革委员会牵头，省工业和信息化委、省住房城乡建设厅、省水利厅、省海洋渔业厅等部门配合推动海水利用，并鼓励大连、营口、盘锦、锦州、丹东、葫芦岛等沿海缺水城市建设海水淡化项目，支持试点城市（工业园区和岛屿）海水淡化供水示范项目，考虑优先将淡化水用于沿海经济区关键行业的新建、改建和扩建，例如电力、化工和石化工业等行业，推进海水作为循环冷却用水的利用，充分利用浓海水资源，保护生态环境。

（2）产业基础

辽宁已建成的15项海水淡化工程为海水淡化产业发展奠定了良好基础。其中，我国首个核电海水淡化系统——红沿河核电站，开辟了核电站提供海水淡化水的先河。该系统的海水淡化水产量可达到10 080吨/天，可以满足红沿河核电一期工程4台百万千瓦级核电机组生产、生活用水需求。同时，华能大连电厂、中石油大连石化公司、大连港集团有限公司、长海县大长山岛和獐子岛海岛等在开展海水淡化工程方面都具有丰富的经验。2016年8月，辽宁营口仙人岛能源化工区管委会与相关公司签订了有关建设日处理能力10万吨海水淡化项目的战略合作框架协议，拟通过合资方式进行建设，投资额达到8.3亿元。

（3）技术基础

辽宁在海水淡化方面属于研究技术先进地区之一，同时对新技术的应用也比较广泛。辽宁的海水淡化科研实力在全国名列前茅，拥有一批海水淡化科研机构（如辽宁海水淡化重点实验室、大连市热能综合利用工程实验室）、高等院校（如大连理工大学、大连海事大学）和有实力有经验的企业，在海水淡化的研究方面具有领先地位和实力。

辽宁海水淡化重点实验室以大连理工大学为依托单位，2010年批准建设，是以海水淡化核心技术为主要研究方向，为满足我国海水淡化发展需求提供研究支撑的省级重点实验室。自实验室成立以来每年发表海水淡化相关论文数十篇，累计已达200余篇，申报国家发明专利10项，获批实用新型专利4项。实验室大量的研究成果受到了国内外相关领域专家学者的长期关注，并基于此与欧洲脱盐协会（EDS）、国际脱盐协会（IDA）以及国内外海水淡化研究领域专家学者建立起长期广泛合作交流关系，培养了一批海水淡化技术人才，每年培养博士后、博士和硕士数十人，增加了海水淡化研究技术人才储备。

9.3.3 SWOT-PEST矩阵分析

辽宁具备一系列海水淡化产业发展的基础，在政策基础、产业基础、区位条件等方面都具有一定优势，但是也存在着一些制约因素。我们将运用SWOT-PEST矩阵分析法来定位辽宁海水淡化产业发展所处的阶段，进而为产业发展战略和政策的制定提供依据。

（1）辽宁发展海水淡化产业内外部影响因素分析

从辽宁海洋产业发展的区位条件、政策条件、产业条件以及技术条件等方面来全面考察发展海水淡化产业的内外部影响因素，即发展海水淡化产业的优劣势态分析，如表9-7所示。

表9-7　辽宁发展海水淡化产业SWOT-PEST矩阵分析

	政治（P）	经济（E）	社会（S）	技术（T）
优势（S）	辽宁省政府重视海水淡化和海水利用发展，出台专项发展规划	1999—2010年，辽宁已建成的海水淡化工程15项，其中包括14项RO技术项目，1项MED技术项目。 辽宁对淡水资源需求巨大	具有区位发展优势，有从事海水淡化相关产业企业9家	辽宁具备一定的海水淡化技术科技实力，拥有海水淡化技术相关科研机构、高校和企业。 具有海水淡化专业技术研究相关领域的学者、专家、技术人员
劣势（W）	海水淡化政策滞后，2010年《辽宁省海水利用专项规划》发布后没有进一步的规划和政策出台	2011年以后辽宁没有新增海水淡化工程项目。 没有按照产业化的思路发展海水淡化	海水淡化产业制度不健全。 海水淡化还没有明确的职能部门负责，海水淡化费用由企业负责，按照生产规律运营	专家集中在海水淡化产业研究中某一单一领域，需要进一步增加相关技术人员。 辽宁已建成的海水淡化工程项目技术工艺单一
机会（O）	《全国海水利用“十三五”规划》《海岛海水淡化项目实施方案》等规划政策的出台发布为辽宁海水淡化产业发展提供了良好的政策环境。 政府通过宏观政策来引导企业的海水替代	新一轮东北振兴战略以及辽宁淡水资源短缺，为辽宁海洋产业发展提供了广阔的市场空间。 《全国海水利用“十三五”规划》为海水淡化规模目标提供了巨大的市场空间	辽宁的海水淡化还面临着如何实现充分利用与分配的挑战。 根据循环经济学原理建立海水淡化产业体系，通过与相关产业共同融合实现成本的降低	因地制宜进一步丰富海水淡化工程工艺。 通过对海水淡化废液的循环利用来实现综合效益的提高。 培育海水淡化高新技术产业集群。 不同的示范行业采用相应的海水淡化技术路线
威胁（T）	海水淡化相关规划政策亟待进一步出台	海水淡化未形成产业规模	辽宁自主发展海水淡化产业及技术时刻都面临着巨大的竞争压力	其他沿海省市如天津、山东、浙江等都在加快海水淡化技术及产业的发展

总之，当前辽宁海水淡化产业发展既面临机遇，也存在一定困难与挑战，需结合自身发展优劣势态，因地制宜地制定海水淡化产业发展的路径与方向。

（2）辽宁海水淡化产业发展的战略选择

通过对辽宁海水淡化产业发展优劣势态以及当前所面临的机遇与挑战的分析，我们可以初步判断辽宁海洋产业发展有四种战略选择。第一是增长型战略，即SO战略，利用当前辽宁海水淡化产业所具备的优势以及面临的机会，在现有技术领域的基础上继续深化细化海水淡化技术，促进技术升级以及成果转化。第二是多元化战略，即ST战略，发挥辽宁海水淡化产业所具备的优势，规避面临的挑战，以现有的优势技术积极主动地向其他省市、沿海地区拓展海水淡化市场，积极主动地发展海水淡化产品装备。第三是扭转型战略，即WO战略，面对辽宁海水淡化产业发展的弱势，积极认清并主动承认，在加强配套规划、政策、措施出台的同时，积极推动现有技术发展，保持现有技术领域的主导地位，积极联合多家科研机构、企业进行合作，培养核心竞争力。第四是防御型战略，即WT战略，在积极主动克服和改进弱点的同时，全力以赴积极拓展其他相关技术领域发展，发展新的竞争高地。

9.4 辽宁海水淡化产业发展的困境分析

9.4.1 海水淡化产业规划可操作性不强

目前，辽宁省政府先后出台多部海洋事业发展战略规划，例如《辽宁省海洋与渔业发展“十三五”规划》等。这些规划往往属于较宏观的行业规划，涉及海水淡化内容较少。其中，2016年辽宁省人民政府办公厅发布的《辽宁省实行最严格水资源管理制度“十三五”工作方案》，对鼓励发展海水淡化工程提出了要求，但是海水淡化与综合利用产业发展的任务、措施的落实尚无明确规定。关于海水淡化的专项规划，则仅有2010年1月辽宁省发展和改革委员会与省海洋与渔业厅联合颁布的《辽宁省海水利用专项规划》，且该规划目标期限为2015年，目前已滞后于海水淡化产业发展的新形势。当前新形势下，辽宁海水淡化产业发展专项规划的缺失，将导致海水淡化与综合利用产业发展的任务、措施不能有效执行，难以有效推动总体目标的实现。

9.4.2 支持海水淡化产业发展相关政策存在空白

“十三五”规划提出，到2020年我国海水淡化装备国际市场占有率提升10%。在政策利好支持下，我国较大的海水淡化潜能将加速释放。目前，辽宁海洋相关政策多数是保障海洋经济发展的综合性政策，缺乏针对海水淡化产业发展的财税、产业、金融等专门性支持政策。辽宁作为缺水严重的沿海省份，其工业生产和居民生活用水需要巨大的海水利用量，但是在海水淡化工程的基础建设和管道改造中，需要长期大量的资金投入，如此大的资金总量仅仅依靠民营企业和居民很难实现，政府应在这个工程中扮演重要的支持角色。

与此相比，沙特阿拉伯的首都利雅得的淡化水价格很低，约合人民币0.145元/吨，其根本原因在于政府的扶持和补贴。政府以高价向私人运营商购买淡化水，然后以低价向民众出售。因此辽宁海水淡化产业潜力的进一步发挥、海水淡化水的普及应用，急需政府部门从水资源战略、社会效益的角度看待海水淡化产业，将其纳入公益性工程项目类别，给予其基础设施建设资金补助和配套政策优惠。

9.4.3 海水淡化产业发展制度不健全

当前，辽宁没有按照发展产业化的思路来发展海水淡化产业。海水淡化产业制度不健全，海水淡化还没有明确的职能部门负责，海水淡化费用由企业负责，按照生产规律运营。1999—2010年，辽宁已建成的海水淡化工程15项，包括14项RO技术项目，1项MED技术项目，但项目技术工艺单一，且2010年以后辽宁没有新增海水淡化工程项目。

对于海水淡化产业自身来讲，其产业内容涉及技术研发、设备制造、工程设计与建设、生产运营、原材料生产与销售、咨询服务、宣传培训和交流等工序和环节，是一个具有完整产业链的生产体系。目前，辽宁海水淡化产业体系尚需进一步完善，其产业水平还有待提高。海水淡化技术研发、装备制造、工程建设和应用、原材料生产以及产业服务等产业链各环节的集聚不够。而且海水淡化过程中的一些工序和环节尚存不足，例如在供水方面，供水系统建立涉及的技术衔接、运行管理、成本核算和投融资等各个方面尚难得到具体落实。

9.5 辽宁海水淡化产业发展的推进路径

9.5.1 加强对海水淡化的宏观政策供给与扶持

第一，在产业政策上，辽宁省政府和行业行政主管部门应加强制定海水淡化相关的导向性政策，鼓励、引导社会资本对海水淡化与综合利用产业的投入。对于符合水源工程性质的海水淡化项目，应纳入辽宁经济发展总体规划、水利发展规划、水资源综合规划和水利工程基本建设渠道，完善海水淡化产业发展机制，引导海水淡化产业发展战略方向，建立有利于海水淡化产业发展的政策环境，推动海水淡化产业发展的速度和规模。

第二，在空间布局上，结合辽宁沿海各市滨海新区重大建设项目规划，本着统筹规划、因地制宜的原则，合理布局和建设海水淡化工程，将海水淡化产业的发展与产业布局的优化相结合，为辽宁产业布局的优化提供新契机。

第三，鼓励建立海水淡化示范模式，政府主导积极推广。对于那些能够提供低品位热能的企业，积极鼓励采用蒸馏法技术，以火电厂为例，可以利用余热来开展海水淡化；对于不能提供低品位热能且电价较低的，积极鼓励采用反渗透技术来开展海水淡化；积极鼓励使用可以为大规模开展海水淡化提供热能的技术，比如通过核能技术来为海水淡化提供热能；对于大规模的海水淡化工程可以采用综合技术模式实现综合技术优势。

9.5.2 建立多元化资金保障机制

虽然随着海水淡化技术的逐步成熟，海水淡化成本不断降低，但目前来看，海水淡化水的价格仍然高于大部分城市的自来水价格。因此，地方政府应从税收、水价、基础设施建设方面给予财政补贴和支持，积极建立多元化的资金保障机制，这样才能激励和促进自主海水淡化产业健康、快速发展。

第一，对实施海水利用的企业给予税收优惠。辽宁应尽快制定针对海水淡化相关企业实施税收减免的细则，例如引导企业将海水作为冷却水、锅炉用水等，每年针对将海水作为冷却水、淡化水作为锅炉用水的生产企业，实施一定的所得税返还等税收奖励；对于从事海水淡化水生产以及兼具海水淡化专业设备研发生产的企业，给予一定年限免收所得税的优惠政策等。另外，可出台海水利用进口设备的税收优惠政策，允许海水淡化企业所购置专用设备的加速折旧等。通过税收政策，激励和引导海水淡化产业的技术研发及可持续利用。

第二，在水价方面，加速推进海水淡化用作市政供水，并实现与自来水的同等待遇。在加快改革淡化水定价机制的基础上，对淡化水与自来水的差价予以补贴，促进海水淡化水与城市自来水的同网供给，拓展海水淡化水的生产和使用。

第三，在海水淡化工程基础设施投资方面，对海水淡化工程比照水利工程的政策给予资金支持，让海水淡化工程享受同公益性水利建设工程一样的公益事业相关优惠政策。尤其对海水利用项目配套的海水取水、输送、净化等配套管网及公用基础设施，应纳入市政基础设施建设，提供资金支持。

9.5.3 大力培育海水淡化产业集群

第一，鼓励辽宁海水淡化关键技术、装备制造自主化。根据海水淡化产业发展动态，政府和行业主管部门应设立专项资金，鼓励科研机构与企业开展产学研合作，构建海水淡化科研创新平台，开展海水淡化关键技术及预处理、后处理相关技术的研发。鼓励具有自主知识产权的海水淡化技术的开发，尤其鼓励企业以项目为依托，围绕技术装备制造，重点开展取水系统、预处理系统、海水淡化等海水淡化装置、包括膜及其支撑结构的反渗透膜组件、涉及阻垢剂和缓蚀剂等海水水处理药剂的研发与生产，加快实现海水淡化产业关键装备、部件的国产化、产业化发展，改善设备标准化、系列化和规模化，从技术创新和规范生产的角度降低建设投资和生产成本，改善产水水质。

第二，大力培育海水淡化高新技术产业集群。辽宁海水淡化产业的发展，应根据循环经济学原理，以海水淡化基础理论和技术为核心，加强海水淡化对前向关联产业、后向关联产业和侧向关联产业的延伸。海水淡化产业向上游延伸，一般会使产业链延伸到海水淡化装备制造、膜技术创新等基础产业和技术研发环节。向下游的延伸则将涉及海水淡化工程运营管理、市场销售等环节。通过向上下游产业的延伸和拓展，形成循环经济产业链。例如，将海水淡化与盐化工生产结合起来，使得海水淡化与浓海水利用同步、协调发展；重点鼓励沿海电力、冶金、石油和化工领域企业新建和扩建海水淡化工业项目，建设海水淡化供水工程；鼓励利用新型可再生能源，如太阳能、风能等发展海水淡化产业，拓展沿海工业用水、苦咸水淡化、工业高盐水脱盐和海岛生活用水等国内外海水淡化应用市场。

第10章

大连参与东北亚国际航运中心建设路径研究

海洋是高质量发展战略要地。要加快建设世界一流的海洋港口、完善的现代海洋产业体系、绿色可持续的海洋生态环境，为海洋强国建设作出贡献。

——2018年3月8日习近平总书记在参加十三届全国人大一次会议山东代表团审议时的讲话

近年来，《国务院关于近期支持东北振兴若干重大政策举措的意见》（国发〔2014〕28号）和《中共中央 国务院关于全面振兴东北地区等老工业基地的若干意见》（中发〔2016〕7号）相继发布，分别强调了“研究加快大连东北亚国际航运中心建设的政策，加快黑龙江等河流高等级航道建设，推进国际陆海联运、江海联运”、“支持大连金普新区建设成为我国面向东北亚区域开放合作的战略高地，根据需要将省、市经济管理权限下放至新区”和“推动东北地区与环渤海、京津冀地区统筹规划，融合发展”等一系列建设目标和建设要求，是带动东北地区进一步扩大对内对外开放的战略部署。为适应新形势下大连东北亚国际航运中心建设发展的需要，大连市优化顶层设计，市港口与口岸局充分发挥大连东北亚国际航运中心建设领导小组办公室职能，组织编制并推动市政府审议通过了《大连东北亚国际航运中心建设规划（2016—2025）》。

当前在环黄渤海范围内的青岛、天津和现有的东北亚国际航运中心釜山构成了激烈的竞争态势。国内北方三大港口对于国际航运中心地位的竞争并没有因为大连被正式写入中央文件而宣告结束，最终花落谁家仍然有待于市场竞争法则的最后确认。大连全面实施建设东北亚国际航运中心战略面临着难得的机遇和严峻的挑战。本研究期望能为大连市政府相关部门制定建设东北亚国际航运中心的进一步发展规划提供有益的参考借鉴。

10.1 大连建设东北亚国际航运中心的现状

10.1.1 大连港的历史发展进程

大连港自然条件优越，位居西北太平洋东北亚地区的中枢，是我国北方环渤海地区和东北地区转运货物最便捷的深水港。作为东北地区主要的出海口，大连港的吞吐量随着东北腹地经济形势的起伏而变化，大致经历了以下五个阶段：

（1）1980—1989年：港口生产能力相对不足，处于北方第一大港地位

在20世纪80年代，我国出口货物以资源型初级产品为主。东北地区处于资源输出状态，各类物资出入频繁，大连港一直处于压港状态，吞吐量排名一直位居全国沿海港口的前三名，外贸货物吞吐量也曾长期排名第一。

（2）1990—1998年：东北经济转型滞后，港口地位迅速下降

在20世纪90年代，计划经济体制被打破，东北地区也随之进入了经济转型期。很多大型国有企业由于难以适应新经济体制，在经营中举步维艰，生产效率逐年下降，尤其以重工业企业为代表。对大连港来说，一方面基础设施建设落后导致没有完全适应新市场对船舶运载能力的要求，另一方面第一产业的萧条导致相关货源量减少。这两个主要原因共同作用致使港口经营效益增长缓慢，各项港口经营指标在国内的主要港口城市的排名不断下滑。外贸市场开拓困难，外贸吞吐量逐年下跌，总货物吞吐量的年平均增速也仅在4.7%左右。

（3）1999—2002年：腹地经济缓慢恢复，港口相对地位进一步下跌

此阶段我国处于国企改革攻坚时期，东北地区大中型国有企业经营状况开始回暖，随着国企改革为市场注入新的活力和市场机制的健全成熟，其余多种所有制经济也随之逐步发展，经济建设的欣欣向荣直接带动了港口货源量的增长。港口经营效益也随之进入较快的增长期，货物吞吐量年平均增长率为6.9%。但是此时环渤海地区经济提速，全国各大港口生产增长势头迅猛，导致大连港总货物吞吐量被天津港、青岛港赶超并不断拉大差距，在全国港口中的相对地位进一步急剧下跌。

（4）2003—2007年：港口迎来发展新机遇，但相对差距仍未缩小

2003年年底中共中央、国务院提出振兴东北老工业基地实施战略，启动了大连全面建设东北亚国际航运中心的进程。此后四年的发展速度相对于2003年以前有了跨越式增长，增长速度基本上达到全国主要港口平均水平。但是，由于环渤海地区的主要竞争港口近年来发展十分迅速，大连港与天津港、青岛港的各项指标差距仍未能缩小，同时省内营口港发展势头迅猛，对大连港形成了有力的挑战。

（5）2008年至今：金融危机扩散，港口发展乏力

国际金融危机下航运和贸易增长缓慢，同时东北经济再次下滑，“东北现象”再次引起关注。由美国次贷危机引发的金融危机对全球经济产生了巨大影响，这种影响从房地产和金融领域扩散到更多的实体经济领域。航运市场与金融市场高度相关，处于资本市场的末端，受到金融危机的波及在所难免。根据“长鞭效应”，这一时期世界经济的波动与传导到航运经济的波动的比例为1：10，意味着世界经济增速降低1%将引起世界航运市场增速放缓10%。受金融危机的影响，全球航运市场急剧萎缩：克拉克松运价指数2008年10月份为20 773美元/天，相对2008年7月份的高位下滑53%。同时，随着贸易保护主义的兴起，甚至在更长的时期里，国际航运市场都将处于运价下跌的态势，港口产业将随之受到严重影响。由于全球经济一体化和我国航运业的国际化程度与国际市场的相关度较高，金融危机对我国的航运业产生了较大冲击。进入2019年，大连实施建设东北亚国际航运中心和全面振兴东北老工业基地战略。但是，宏观经济周期性波动的冲击影响犹存，中美贸易摩擦不断加剧，此时国际经济局势十分严峻。除此之外，青岛、天津等主要港口城市在过去发展迅速，青岛港在集装箱运输方面已经跃居北方第一位，成为北方第一大集装箱运输港，周边港口所带来的挑战也更为激

烈。面对复杂而严峻的经济环境和行业竞争环境，当下应该进一步明确大连建设东北亚国际航运中心的战略定位，建立并升级配套港航服务体系和地方优惠政策，改善投资环境，加快东北亚地区港口整合并落实到实际生产工作，从而实现成功带动东北地区进一步扩大对内对外开放的战略部署。

10.1.2　大连建设东北亚国际航运中心的发展形势

首先，大连港的货种单一。大连港长期以来都是东北地区货物进出转运的中心港口，为东北地区最为重要的出海口之一，腹地是我国传统的重工业基地和农业主产区，相应地决定了大连港现有的货运量集中在油品、粮食、钢材、矿石等几大资源性产品上。由于大连地处辽东半岛最南端，形成了辽东半岛—山东半岛的黄金水道，2015年上半年，大连地区港口总货物吞吐量超过2.2亿吨，其中集装箱吞吐量近470万TEU，同比增长4.2%，大连港吞吐量增速只逊色于广州港，位列国内第二。但是，大连港外贸吞吐量的增长主要取决于油品、矿石、粮食等专业码头的运营，受国内外经济环境和国家宏观经济政策的影响较大，发展速度波动也较大。

其次，大连港与环渤海地区主要港口的横向比较绝对差距继续拉大。当前普遍存在的一个认识误区是采用总货物吞吐量作为衡量港口地位的主要指标。由于国际集装箱运输具有运输效率高、经济效益好、服务质量优的特点，已成为世界各国保证国际贸易的最优运输方式，并出现了大型化、干线化的发展趋势。因此，集装箱吞吐量和远洋干线数量才是衡量港口是否居于国际航运中心地位的关键指标。我们通过选取天津、青岛、大连、营口四个港口在1993—2017年期间集装箱吞吐量、货物吞吐量和外贸吞吐量的数据，分析结果表明：

在集装箱吞吐量指标上，长期以来大连港集装箱吞吐量增速缓慢，与青岛港、天津港的绝对差距迅速拉大。截至2017年，大连港集装箱吞吐量仅为青岛、天津两港的1/2左右。2017年，青岛港集装箱吞吐量已达1 831万TEU，已经成为我国北方集装箱运输第一大港。在增长速度上，大连港自2003年以来的15年内集装箱吞吐量增速从未突破1%，远不及青岛港和天津港，后两者在2015—2017年的年平均增长率分别为4.8%和4.2%。东北地区的经济结构调整仍需较长的过程，适箱货源增长迟缓，导致大连港的集装箱吞吐量规模和增长速度远不及天津港和青岛港。值得注意的是，营口港作为沈阳经济区的唯一出海口，集装箱吞吐量近年来上升十分迅速。

在总货物吞吐量指标上，2015—2017年内大连港年平均增长率为2.5%，总货物吞吐量增速已远远落后于2013年的平均发展速度。但是在横向比较上，与青岛港、天津港的差距已经明显缩小，甚至已经赶超。青岛港的年平均增长率为3.1%，而天津港则出现了负增长的现象，三年内平均增长率为-2.4%。值得注意的是，营口港近年来货物吞吐量增长速度呈明显上升态势，2015—2017年的总吞吐量增长率稳步上升，与大连港相比腹地货流竞争力明显提升，竞争更为激烈。

从外贸吞吐量来分析，2015—2017年大连港与青岛港、天津港之间的差距呈下降趋势，虽然总量还只是后两者的一半，但是在增长速度上，大连港明显处于优势地位，三年内增长率均超过青岛港，而天津港则出现了外贸吞吐量负增长的态势。2017年，世界两大海运联盟——海洋联盟和THE联盟接连在大连港开通了5条直达欧美和中东的集装箱远洋干线。目前，大连港已拥有外贸航线总数达86条，其中远洋干线达13条，航线网络覆盖全球100多个国家和地区的300多个港口，大连港积极拓展货源腹地，据统计东北地区98%以上的外贸物资都要通过大连港转运。

10.2 大连建设东北亚国际航运中心面临的主要问题及原因

10.2.1 国际航运中心的内涵和构成要素

（1）国际航运中心的内涵

世界主要的国际航运中心的基本模式主要有三种：

第一，以市场交易和提供航运服务为主的智能型国际航运中心，如伦敦；

第二，以为腹地货物集散服务为主的腹地型国际航运中心，如鹿特丹和纽约；

第三，以中转为主的中转型国际航运中心，如中国香港和新加坡。

国际航运中心这一理念自提出至今已经经过三次革新，随着经济结构的变化和科学技术尤其是港口装卸工艺的提升而不停转变，经历了从第一代、第二代、第三代到如今的第四代国际航运中心的转变。第一代航运中心以“航运中转”为重点，主要功能集中在货物集散运输和船舶中转。第二代国际航运中心以“加工增值”为重点，主要功能定位在货物的再次加工。第三代国际航运中心以“资源配置”为重点，在原有功能基础上进一步升级综合资源配置功能。第四代国际航运中心则是以“低碳智能”为重点，在清洁环保的基础上更进一步，提升港口作业效率。

《中共辽宁省委 辽宁省人民政府关于加快建设大连东北亚国际航运中心的决定》中指出，“国际航运中心是以国际航运枢纽港为基础，以区位优势明显、综合经济实力较强的港口城市为依托，融发达的航运市场、完善的服务体系、丰沛的物流、众多的航线航班于一体，集聚各种航运要素的经济区域”。

分析上述定义，可以看出，一个港口要想成为国际航运中心，要在两个方面下功夫：第一点是提升自身港口的基础设施建设并完善地区优惠政策制度；第二点是需要提升自身在物流规划布局中的核心地位。

在港口自身的软硬件条件方面，国际航运中心是指战略地位高、港口配套设施服务优良的港口城市。可以成为国际航运中心的城市不仅需要在金融、贸易、信息技术等方面位列前茅，更需要具备发达的运输网络、大吨位的深水航道，同时也要成为航线错综稠密的集装箱枢纽港。除此之外，地理位置和地区战略位置更是直接决定了国际航运中心的腹地港和中转港的不同类型，也决定了航运中心的经济辐射范围；而在如今的国际航运中心评审指标中，港口集装箱船的泊位深度、港口集装箱的装卸效率以及年总吞吐量中集装箱吞吐量占比这三点已经成为重要的衡量标准。东北亚地区的主要港口竞争国际航运中心十分激烈，其核心是竞争国际集装箱枢纽港，而不是洲际班轮的一般挂靠港。在一个区域一旦确立起集装箱枢纽港，其枢纽港地位将是唯一的，并将依托所拥有的航线优势迅速发展，进而形成极为可观的港口生产规模。枢纽港周边的港口城市在运输网络中的地位也会随之迅速下降，无法成为枢纽港。而贸易中心和金融中心常常以枢纽港为依托，如此产生的循环将导致周边港口难以建成贸易中心和金融中心，这也是国际航运中心形成所映射出的规律。

在国际航运格局中所处的地位方面，如今国际经济局势变化迅速，经济全球化的格局已经开始在全球经济政治生活中发挥重要作用，国际航运业也随之呈现出日趋联合、功能互补的趋势。其主要表现为：运输设备现代化，运输干线集中化以及经营合作联盟化，这一变革给全球的航线结构和港口功能布局都带来了非常重大的影响。在航线结构方面，干线与支线相结合，结构更加丰富，航线腹地覆盖范围逐渐增大，形成复杂的航线网络；在港口功能方面，港口功能分工日益细化，主要表现在枢纽港与喂给港的分工明确。一系列变动使得具备条件的重要港口航线增多、航班增多、航线结构逐步升级，进而升级成为世界航运网络中的关键因素，也就是战略性枢纽港。第四代国际航运中心往往都是可以引发“马太效应”聚集作用的重要港口。

结合上述分析，国际航运中心的构成要素如图10-1所示：

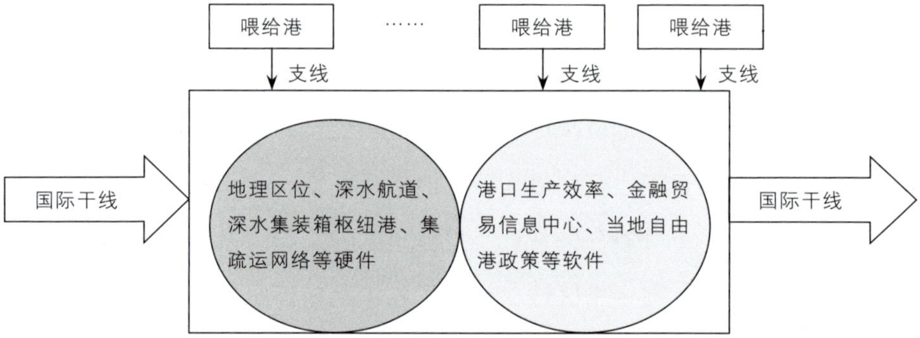

图10-1　国际航运中心的构成要素示意图

（2）国际航运中心的构成要素

①地理区位

从需求方面看，港口流量的产生，主要来自于经济增长而产生的物流需求。未来东北亚地区能否形成多个国际航运中心，取决于中国经济和对外贸易是否能够保持过去30年的高速增长。美国供应链管理专业协会中国首席代表王国文表示，从目前发展趋势判断，东北地区老工业基地的改造、天津建设大滨海新区，都将进一步提升东北亚地区的经济总量，这为港口的发展提供了需求基础。但王国文也指出："从供给方面分析，港口和航运中心的建设要适应需求发展的情况，适度超前，但这并不意味着可以盲目重复建设，各个港口都要争当国际航运中心。"从目前经济的发展情况和区域物流基础看，每个区域内建设几个国际航运中心显然是不现实的。

②港口硬件设施

集装箱运输的普及和应用是滚装运输技术的革命性变化，引发了港口运输界的"工业革命"。作为高度集约化、运输工艺现代化的运输方式，港口的集装箱作业能力——港口集装箱化率即集装箱吞吐量在全年总吞吐量中的占比，已经成为评价各个国际航运中心全球地位的重要指标，也是港口在新世纪国际航运中心竞争中展示港口能力的核心。

③ 港航服务

建设国际航运中心一定要具备高效现代化的港航服务系统，主要体现在港口技术条件和信息网络条件两方面。技术条件是指港口运作经营方面的相关技术，主要体现在船舶进出港等待时间、货物装卸时间等方面。第四代国际航运中心在技术条件方面更加注重低碳智能建设，即不仅强调港口运作效率，也强调节能环保效率。信息网络中心在国际航运中心建设中的职能，主要是收集世界范围内船舶的运输调度信息和货物运输流通信息，充当着航运中心运作调度"大脑"的角色。

国际航运中心往往由港口群构成，仅仅依靠单个港口很难构成国际航运中心。一个国际航运中心的港口群可能从属于同一个行政区，也可能分属于不同的行政区。因此，在国际航运中心的建设打造中对港口资源的整合规划就显得十分重要。为充分发掘区域优势，挖掘港口资源潜力，建立能够统一港口功能规划、投资、建设与管理的联合港务集团显得尤为重要。

④金融、贸易等软件平台

国际航运中心的建设对相对应港口城市的贸易、金融功能也提出了较高的要求，好的金融贸易条件可以为国际航运中心的建设提供有力支撑。加工贸易业的发展可以很好地推动港口航运，而金融贸易相对发达的中心城市可以为加工贸易业的发展提供良好而重要的条件。除此之外，经贸条件良好的中心城市也更容易吸引国际物流来港运输中转。最为重要的是，金融业发达的中心城市也可以为港口航运设施的基础建设提供优厚的信贷融资条件，并为远洋航运业的发展提供保险服务，直接支撑港口航运业的进一步发展。

10.2.2 大连港建设国际航运中心的优劣势分析

（1）大连港建立国际航运中心的优势

大连港在建设国际航运中心方面主要有以下四个优势：

一是资源优势。大连港集团“一岛三湾”港口布局基本完成，拓展了港口未来发展的空间；以大连港为核心的集疏运体系已覆盖东北及环黄、渤两海地区，枢纽港优势进一步凸显；一批超大型码头建成投产，多式联运、海运中转、仓储分拨、冷链物流、跨境电商、金融、信息、贸易服务等高端物流服务，均取得快速发展。

二是资产优势。大连港集团的注册资本已增至120亿元，有力增强了资本运作能力；集团资产总额已达1 030亿元，实际控制资产超过1 500亿元，资产负债率为53%，结构进一步优化。

三是信誉优势。大连港集团连续多年被评为国家5A级综合型物流企业，是东北地区唯一的3A级信用企业，银行授信额度超千亿元，议价能力明显，流动资金充足。

四是政策优势。近年来，建设大连东北亚国际航运中心成为东北振兴战略，辽宁沿海经济带开发开放上升为国家战略，国家还先后设立了金普新区、跨境电商综合试验区、辽宁自由贸易试验区。拥有国家级石化产业园区定位优势的长兴岛港，拥有金普新区和自贸区双重优势的大窑湾港，拥有国际物流中心、临港产业园区、区域性综合交通枢纽及邮轮母港定位优势的太平湾和大连湾港区等，都为加快“一岛三湾”核心港区建设创造了新的发展机遇。

（2）大连港建立国际航运中心的劣势

一是市场开发难度大。目前国内经济市场变化大，东北地区赖以生存的传统重工业已经逐渐退出经济发展的主舞台，进而影响了资源运输和物流服务行业。大连航运业的传统货源增长的后劲小、发展动力不足，开发新的货源又需要大量的时间和尝试。

二是体制机制改革进展缓慢。从大连港自身来讲，目前相比国内其他大港，大连港仍然面临着管理成本高、工作效率低、资源利用率有待提高等等问题。另外，虽然现在已经拥有了很好的政策支持，但是政策带来的动能并没有得到充分释放。

10.2.3　东北亚地区港口的竞争态势分析

全球最重要的大洋航线是洛杉矶—新加坡—鹿特丹的主航线和鹿特丹—纽约的大西洋航线。近年来韩国釜山港发展迅猛，已经成为东北亚地区的重要港口，因此自洛杉矶到鹿特丹港的运输航线也被韩国釜山港分流：一是从釜山经日本太平洋主要港口至洛杉矶的东北亚—美西航线；二是从釜山经高雄港至鹿特丹等港的东北亚—西欧航线。随着近年来中国作为“世界工厂”地位的确立，对外贸易量迅猛增长，东北亚—西欧航线和东北亚—美西航线的运量占到三大航线总运量的70%以上，东北亚地区成为国际航线的中心。2017年世界港口集装箱吞吐量的排名榜中，上海港、新加坡港、深圳港、宁波-舟山港、釜山港、中国香港港、广州港、青岛港、迪拜港和天津港等十个东亚港口雄踞排行榜前十位，大连港居于第十六位。亚太地区港口已经跃升为世界第一大港口群。

争夺集装箱中转枢纽港及国际物流枢纽中心的战略地位，成为东亚地区各大港口的竞争目标。在东南亚地区，已形成了中国香港和新加坡两大国际集装箱枢纽港。在东北亚地区，各大港口之间为成为国际枢纽港口的竞争也愈演愈烈：韩国以釜山港和光阳港为中心港，全力建设“东北亚物流中心”。日本对港口资源优化整合，力图恢复往日神户港和横滨港等港口作为东亚地区国际航运中心的地位。

东亚地区的国际航运中心新加坡港、釜山港和中国香港港主要从事集装箱中转业务，中转货箱的比率分别为85%、45%和30%，其中大部分是中转中国的货箱。当前，国际航运业出现的一个重要趋势是：国际集装箱中转率下降，航运中心向货源地转移。近年来，我国附近国家（地区）的一些国际大港的集装箱吞吐量增长速度缓慢，如图10-2和图10-3所示，新加坡港和韩国釜山港分别受到马来西亚丹绒港、上海洋山港的大量分流。因此，我国沿海地区几大港口面临着一个难逢的机遇，通过大力提高港航服务水平、加大政策支持力度和加快周边地区港口的整合，将现由韩国、日本、中国台湾等港口进行国际中转的我国内地货箱吸引过来，成为以转运国内支线集装箱为主、辐射整个东北亚地区的集装箱枢纽港，获得东北亚国际航运中心地位。

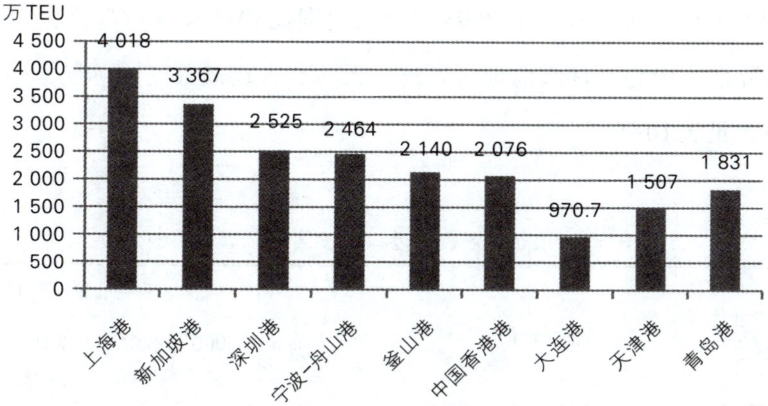

图10-2　2017年世界集装箱吞吐量前六名港口和环渤海地区港口

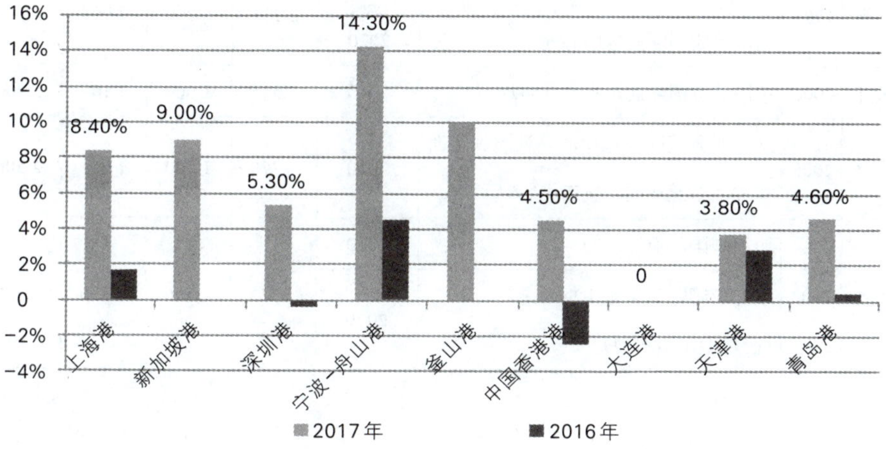

图10-3　2016年和2017年集装箱吞吐量前六名港口和环渤海地区港口增长率

从20世纪90年代开始，在1995年提出建设上海国际航运中心；在中国香港回归后，提出维护香港国际航运中心地位；2003年10月提出把大连建设成为东北亚重要的国际航运中心；2006年3月国务院原则通过了天津市滨海新区建设规划，提出将滨海新区建成立足天津、依托京冀、辐射“三北”

的中国北方国际航运中心；2005年山东也提出要建设以青岛港为核心的东北亚国际航运中心。环渤海地区青岛、天津和大连展开了国际航运中心的激烈竞争，见表10-1。

表10-1 东亚地区各大港口建设国际航运中心的定位

	提出时间	目标定位	预计完成时期	集装箱吞吐量（万TEU）			
				2006年完成	2010年规划	2010年完成	2020年规划
釜山	2006	将原“东北亚中转枢纽港”目标定位，改为“全球物流枢纽中心”	2010	1 203	1 400	1 428	2 500
上海	1995	初步建成第三代国际航运中心	2010	2 171	3 000	2 907	4 200
		基本建成国际航运中心	2020				
天津	2006	中国北方国际航运中心（腹地型）	2010	595	1 000	1 109	3 000
青岛	2005	从“北方国际航运中心”调整到全面建成“东北亚国际航运中心”	2010	770	1 100	1 201	2 500
大连	2003	腹地型国际航运中心	2010	321	800	526	1 470
		东北亚国际集装箱主枢纽港（腹地型+中转型）	2020				

环渤海地区青岛、天津、大连三大港口的竞争优劣势分析：

（1）与国际主航道的距离和港口水文条件

青岛港和大连港的条件基本相同，两者都接近国际主航道，处在东北亚地区的中心位置，都拥有水深16米以上的天然码头（码头水深是衡量一个港口是否有接卸大船能力的重要指标），具备成为国际集装箱中转枢纽港的条件。

天津港地处渤海湾内部，位于海河入海口，港口淤积严重，冬季结冰，作为国际集装箱中转枢纽港的先天条件不足，因此其定位于服务“三北”地区的腹地港。

（2）港口硬件设施条件

20世纪90年代末我国的港口建设政策没有完全放开，码头水深不足、装卸能力滞后和沿海港口吞吐能力不足成为当时制约港口发展的主要瓶颈，当时港口之间的竞争主要体现在通过码头建设扩大吞吐能力等方面。“十五”和“十一五”期间，东亚地区的主要港口天津、青岛、上海等均计划投入高达数百亿的资金。根据国务院印发的《“十三五”现代综合交通运输体系发展规划》，“十三五”期间国家将对水路运输投资0.5万亿元。规划提出“优先推进上海、大连、天津、宁波–舟山、厦门、南京、武汉、重庆等港口的铁路、公路连接线建设，加快推进营口、青岛、连云港、福州等其他主要港口的集疏运铁路、公路建设”。

经过一轮集中的基础设施投资和建设之后，码头数量、水深以及装卸能力都已不是港口的发展瓶颈。而且，中国港口目前的设计能力都是留有富余量的，在管理得当、技术条件过硬的前提下，我国港口可以完成超过设计吞吐量近一倍的工作量，具体可以通过完善港口信息管理系统、改进装卸工艺、提升港口人员管理能力和提高设备装卸操作效率等途径来实现。国际港口协会会长皮特·施特鲁伊特也曾指出：“贸易和世界航运的增长，不仅可以通过单纯的扩建解决，也需要提高现有设施的效率。”当前，以集装箱港口设施建设为代表的沿海各港口建设正处于产能过剩前夕，潜藏着较大的经营风险。

（3）经济腹地条件

当前决定我国沿海腹地型港口竞争力大小的关键因素已经从港口硬件设施转为腹地经济总量和结构。三大港口的经济腹地分别为东北地区、京津冀地区和山东地区，相互之间基本上不存在腹地竞争。天津以强大的本地货源和“三北”地区腹地货源为支撑，有机会成为腹地型港口和国际物流枢纽节点。青岛港的山东腹地经济近年来增长势头强劲，并且进一步辐射到河南、安徽等周边省份。由于东北地区经济振兴尚待时日，并且面临省内营口港的分流，大连港的形势最不乐观。

东北地区经济在经历了一段时间萎靡期之后已经呈现出回暖上升的态势，为把握“一带一路”倡议所带来的经济全球化契机、做好供给侧结构改革以适应宏观经济周期性冲击，东北地区的产业结构也不再是单纯依靠资源的输出，而正在探索进口资源深加工和转运的新模式。但是，一方面，地区产业的结构化调整和经济快速增长的目标不可能一蹴而就，往往需要较长时间的探索和尝试，在原有主力货种减少的同时，其他货种和适箱货源生成量增长缓慢；另一方面，如图10-4和图10-5所示，东北地区经济仍然相对落后，这也是制约港口发展的重要原因。

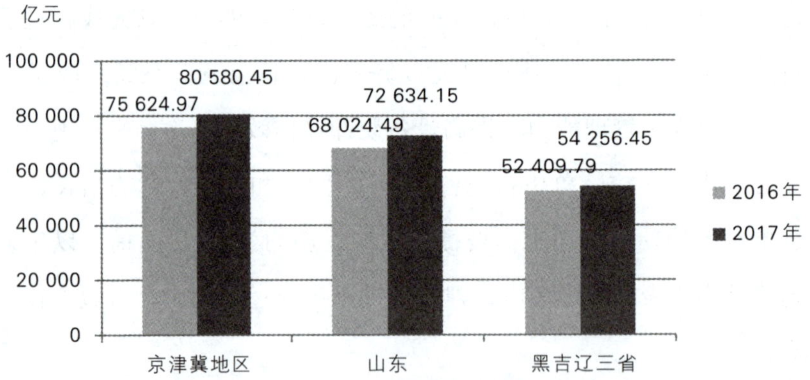

图10-4　2016年和2017年地区生产总值对比

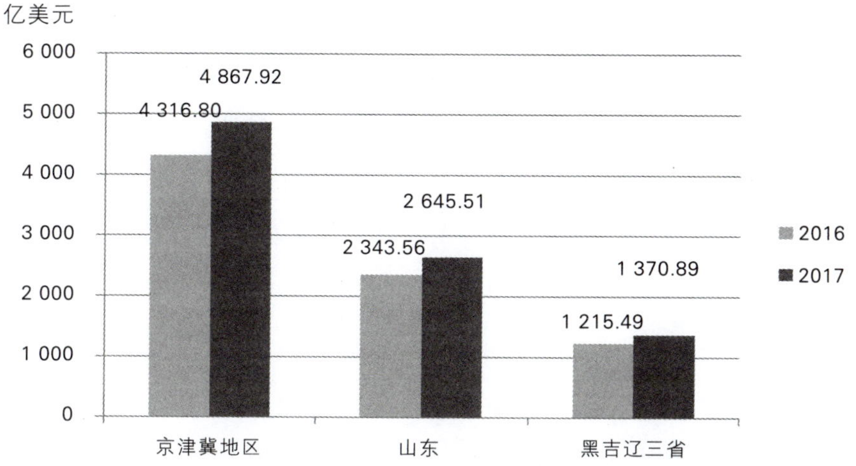

图10-5　2016年和2017年进出口商品总值对比

大连建设东北亚国际航运中心战略的提出层面最高、规划时间最早，但是由于各种制约因素的限制，横向比较来看建设效果并不理想。目前港口的硬件设施方面已经不会成为影响各港口竞争力的制约因素，但在当前的国际环境下存在着有限的腹地经济引发恶性竞争，导致利用率不足的隐患。当前决定沿海腹地型港口竞争力大小的关键因素，已经从港口硬件设施转变为腹地经济总量和结构。大连港作为腹地型港口的劣势相当明显，受腹地经济发展限制和省内营口港的竞争影响，发展速度将长期落后于环渤海地区的青岛港和天津港。

东北亚各主要港口竞争国际航运中心的核心是竞争国际集装箱枢纽港，而且在一定区域内其地位是唯一的。没有枢纽港，就不能成为国际航运中心，没有国际航运中心，就难以建成贸易中心和金融中心。受港口的地理位置和水文条件限制，环渤海地区集装箱转运国际枢纽港的竞争将在青岛港和大连港之间展开；天津港则定位于我国北方的腹地型大港；近期内大连港的港口模式定位于腹地港，目标保守，而青岛港的集装箱吞吐量也已经连续多年遥遥领先于其他环渤海地区港口，俨然已经成为东北亚国际航运中心的集装箱转运枢纽。如不采取灵活策略加以应对，以上所述的一系列现象将产生聚集效应，造成2020年大连无法实现国际中转港的规划目标，也就难以打造国际航运中心。

10.2.4 大连建设东北亚国际航运中心的模式、功能和目标定位分析

（1）港口模式定位是腹地港，还是中转港为主兼顾腹地港

党中央、国务院对大连建设东北亚国际航运中心的定位主要聚焦在进一步激发大连窗口作用，“扩大东北地区对内对外开放水平”。其辐射范围面向整个东北亚区域，而非停留在当前的东北腹地。当前存在着一个认识误区：大连港应该仅仅定位于服务东北地区经济腹地的中心港口，进而推动振兴东北老工业基地。该定位存在以下争议：

①大连港是东北地区最主要的出海口，历史上一直作为服务东北腹地经济的腹地型枢纽港。大连港规划目标的定位应该更上一层楼，而不能简单地保持现状。

②当前我国腹地港的发展制约因素主要取决于腹地经济的总量和结构。大连港的腹地港定位体现为依靠东北腹地经济振兴带动大连港发展，这无疑与党中央期冀大连发挥现有优势，通过建设国际航运中心来带动东北地区经济振兴的战略思路背道而驰。

③东北亚国际航运中心竞争的关键是集装箱转运枢纽港。在东亚地区除了隐然成形的上海国际航运中心外，环渤海地区具备竞争条件的港口只有青岛港和大连港；无疑，相比之下当前的青岛港更具有强烈的竞争意识。

④由于青岛、天津和大连的经济腹地基本不存在货源竞争，如果大连港

定位于单一的腹地型港口，不仅在2020年将东北亚国际航运中心的地位拱手让给青岛，而且被迫在低水平层次上与省内的营口港展开腹地货源竞争，一方面大连港在运输成本和省内经济区整合上的劣势尽显，另一方面功能定位重复将非常不利于推进省内港口的整合。值得注意的一个动向是：国家批准天津东疆保税港区后，天津港的发展思路已经实现由中国北方最大的散货港转为面向东北亚的集装箱枢纽港的战略转型。

⑤当前存在的另一个误区是将东亚地区几大港口集装箱国际中转比率普遍达到40%以上作为衡量国际航运中心地位的重要指标。但是上述港口大部分中转箱来自中国，一旦国内形成新的国际航运中心，上述货箱将成为国内的内支线中转箱，而非国际中转箱。所以，国内各个港口之间的竞争应该聚焦在内支线集装箱中转业务上。

（2）港口建设应该由基础设施推动，还是由基建与功能开发共同推动

①2004年12月《大连东北亚国际航运中心发展建设规划》（草案）提出了功能定位要“建设成为面向东北亚的国际中转型和腹地型相结合的复合型国际航运中心”，但是到2010年进行的六大方面建设中却主要集中在港口硬件设施建设上，只有在最后一点提出“健全完善包括通关、航运交易、国际金融和国际海事等口岸综合服务环境”——而这一点恰恰是竞争国际集装箱转运枢纽港的核心问题所在。

②2006年8月国务院批复设立大连大窑湾保税港区；9月国务院通过的《全国沿海港口布局规划》中提出，“辽宁沿海港口群以大连港为主布局集装箱干线港，相应布局营口、锦州、丹东等支线或喂给港口”。此时，国务院通过设立大窑湾保税港区的优惠政策支持，对大连建设东北亚国际航运中心的战略定位已经十分清晰：成为辐射整个东北亚地区的国际集装箱转运枢纽港；当前港口建设重点不应是单纯的基础设施建设，而是需要加强软环境建

设，进行全方位功能提升。

尽管2006年8月大连市第十次党代会提出实施“港航立市”战略，但是大连局限在腹地港定位模式、以港口硬件设施为主的建设思路仍未改变，即“着力加快港口设施建设，完善口岸服务和集疏运体系等建设”。

2012年，为实施新发展战略，实现新一轮五年发展目标，大连港集团决定在“十二五”期间重点实施“十大工程”，提出以提升“软实力”助推国际航运中心建设的理念，但是“十大工程”实施重点仍然聚焦在提升港口装卸工艺，提升港口管理能力方面。建设思路仍然以自身港口硬件设施为主。

2016年3月16日，大连港集团正式设立了“一带一路”办公室，这是国企改革中的重要创新，也是符合国家宏观战略的重要举措，并提出了转方式、调结构、转型提质，港口物流和港口金融双轮驱动等新的发展目标，但是近年来大连港的功能定位仍在不断调整的过程中，发展思路始终未能明确在“国际集装箱转运枢纽港”；受青岛和天津的竞争影响和现实的发展态势所限，关键的集装箱吞吐量指标预期值大幅度变动，发展前景不容乐观。

（3）大连航运中心发展定位的调整

观点1：大连建设东北亚国际航运中心的模式不是以市场交易和提供航运服务为主的模式。因为大连不具备历史形成的东北亚市场交易中心，也不具备提供多元化的面向全世界航运服务的功能；大连没有处于国际航运网络的一个重要的中转点上，不具备为中转业服务的功能特点，因而大连不具备成为以中转为主的中转型国际航运中心的条件。大连只能建设以腹地货物集散服务为主的腹地型国际航运中心，因为大连本身及其腹地是重化工业为主的加工工业基地、制造工业基地。根据大连建成东北亚国际航运中心的模式和腹地工业类型的特点，大连国际航运中心的功能必然是货物集散和加工增值型，即建成具有第二代国际航运中心功能特点的国际航运中心。

观点2：大连东北亚国际航运中心的功能定位是到2010年初步建设成为腹地型国际航运中心，到2020年成为复合型国际航运中心。根据《中共辽宁省委 辽宁省人民政府关于加快建设大连东北亚国际航运中心的决定》，大连建设国际航运中心要完成两个阶段性目标：到2010年，以腹地型国际航运中心建设为重点，基本形成以临港工业、商贸物流、金融保险及信息服务为主导的产业支撑系统，基本完成以大型专业化码头、深水航道、物流分拨中心和中转枢纽中心为代表的港口集疏运体系建设，基本具备符合国际惯例、与航运相关的城市社会化服务功能，成为黄渤海的干线港和主枢纽港；到2020年，在国际物流集散功能、产业承接转移功能、城市综合服务功能等要素条件方面，达到国际航运中心的要求，成为东北亚的国际集装箱主枢纽港，基本建成腹地型与中转型相结合的东北亚重要国际航运中心。

观点3：在腹地经济方面，东北产业结构调整缓慢，经济发展速度和总量不足；重工业比重大，适箱产业不足；消费水平不高，进口商品不多。综合考虑大连港主要腹地的产业结构、原始资源种类以及经济体量和重工业设施优势，大连港的发展应该向资源特色倾斜，既要着重建设集装箱运输，又要把大连港打造为国际油品及液体化工品分拨中心、集装箱转运中心、粮食转运中心、汽车和客滚旅游中心、杂货及煤炭转运中心、散矿分拨中心。

综上所述，随着客观形势的发展和变化，大连港对于自身的定位也随之不断变化，但是总的来说大连港当下的功能定位仍然建立在港口腹地所具有的资源特色、重工业基础良好的前提下，大力发展国际航运业务，开拓新的远洋航线。未来的大连港，既要坚守住港口物流板块的主业，还要推动以港口业务服务为核心的工商贸服务板块、临港产业板块、金融板块和港口建设开发板块，通过这五大业务板块，使公司从发展的区域上形成一个港口集群，从发展业务上形成一个综合性的物流服务平台，从发展空间上拓展更大更全面的以全域城市化发展为支撑的港口未来发展空间

10.2.5 大连建设东北亚国际航运中心的关键制约因素

（1）港航服务体系：缺乏规划、明显滞后

当前环渤海地区主要港口的港航服务水平，决定了能否形成国际集装箱转运枢纽港，进而带动相应的港口城市成为区域金融、贸易和经济中心，成为具有较强辐射能力和综合功能的区域中心城市，因而也决定了所在城市的东北亚国际航运中心地位。

港航服务体系具体是指港口所在城市为客户提供国际货物运输及相关业务的综合性服务系统，如图10-6所示。第三代国际航运中心注重综合资源配置的功能，要求所在港口城市作为区域的经济、金融、贸易和信息中心能够提供方便快捷的航运服务。但是第四代国际航运中心在技术条件方面更加注重低碳智能建设，即不仅强调港口运作效率更强调节能环保效率。

根据表10-2的对比分析可知，尽管在港口生产效率方面大连港已经处于国内领先水平，但是在通关效率，港口信息化建设，船舶供应、管理服务和国际航运组织的活跃程度等几个方面，大连港都处于落后状态。船舶供应、管理服务以劳动密集型的海运辅助业为主，主要提供货物装卸、堆存、报关、集装箱场站、船货代理等航运服务，附加值较低。但是在所在城市的区域金融中心、区域贸易中心建设上，大连占有较大优势。

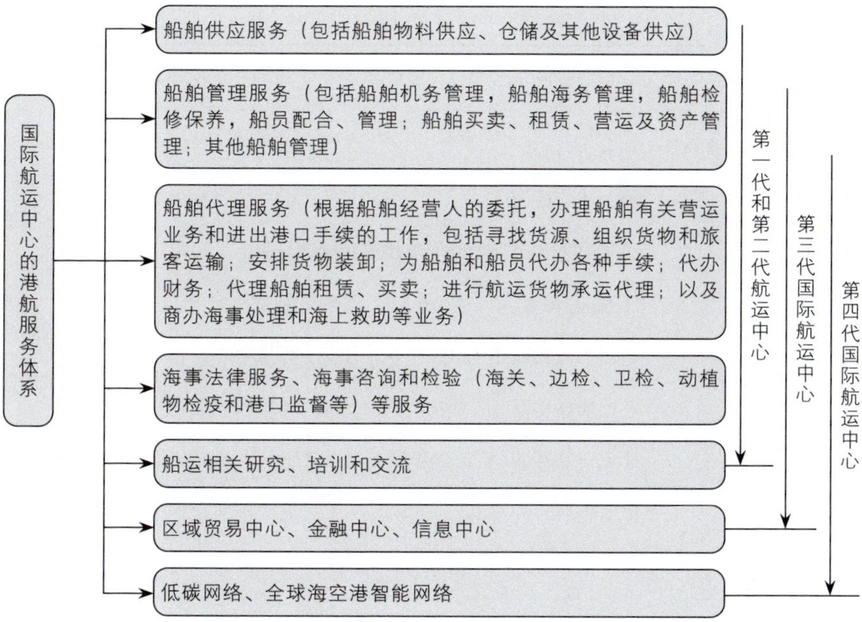

图10-6　国际航运中心的港航服务体系构成

表10-2　东北亚地区主要港口的港航服务水平对比分析

分类		上海港	青岛港	天津港	大连港
2017年集装箱港口作业效率	港区作业时间（小时/艘）	25	23	31	25
	泊位作业时间（小时/艘）	26	28	34	26
	得分	81.0	78.0	77.0	86.6
国际航运组织		设立子公司的国际航运公司已逾80家，世界前20位船公司开设国际航线	世界前20位船公司全部开设国际班轮航线	世界前20位船公司已有18家开设国际班轮航线	世界前20位船公司已有15家入驻，远洋干线10条

续表

分类	上海港	青岛港	天津港	大连港
区域贸易中心 区域物流中心	2010年建成国际贸易中心；区域性航运交易中心；亚太物流中心；2018年开始建设东非商贸物流中心	2006年建成我国首个矿权交易所；2019年获批建设董家口第四代国际物流贸易港	2007年1月建成北方最大散货物流中心；2010年建成北方物流、贸易中心；预计2020年建成对接国际、连接腹地、服务全国的物流网络	亚洲最大的期货商品交易所；全国第二家石油交易所；预计2020年初步建成大连国际物流中心
区域金融中心	上海证券交易所、上海期货交易所；建设国际金融中心	山东2005年提出建设青岛区域（黄河中下游地区）金融中心，全国第13名	建立与北方经济中心相适应的金融服务体系和金融改革创新基地	东北区域金融中心，全国第9名
港口智能建设	2016年“人工智能理货系统（一期）”上线；2017年“人工智能理货系统（三期）”投产上线	2017年6月青岛港岛港全自动化集装箱码头正式运营	2018年，全球首台无人驾驶电动卡车在天津港试运营	2017年，智能集装箱码头操作系统（ITOS）上线

2016年，中国共产党辽宁省第十二次代表大会提出进一步“优化沿海港口功能布局，推进港口资源整合，充分发挥港口辐射带动作用”。当前，大连港航服务体系的薄弱环节在于作为船舶转运、货物集散的第一、第二代国际航运中心相应的港航服务功能方面；而在第三代国际航运中心综合资源配置功能所对应的交易平台建设方面，大连具有较好的基础；在“低碳智网型”第四代国际航运中心建设方面，大连港也抓住发展契机，并没有落后于青岛港、天津港等北方大港。

（2）陆域运输：方式单一、成本高

从海路运输情况看，大连港在集装箱作业方面具有较大的建设规模，已经形成了以大连港为中心，连接锦州港、营口港、龙口港、烟台港、威海港、天津港、秦皇岛港、丹东港，辐射整个环渤海地区港口的公共内支线网络，这不仅提升了大连港对干线船的吸引能力，也提高了大连港成为环渤海地区集装箱运输枢纽港的可能，同时又可以排除北方地区货物向国外中转港（如日本的横滨港、韩国的釜山港等）分流的可能。

然而如果从与海运相衔接的陆域运输情况看，由于地理环境限制，大连港大部分陆域运输都要靠铁路运输来完成，陆运方式单一，其中超过90%的散杂货都必须经由铁路运输，即使扣除海运费用差距，平均运费仍高0.089元/吨公里。反观地处经济腹地、距离港口腹地更近的营口港，对同样货种的运输价格就要优惠很多。由于以水路运输为主的传统大宗散杂货如矿石、粮食、钢铁等本身的价值和附加价值就不高，因此货主尤为关注作业费率的高低，加之辽宁“中部城市群”积极促进与营口港的一体化发展，最近几年鞍钢等辽宁省内进口货源通过营口港的分流趋势将不可避免。

（3）周边港口整合：没有实质性进展

当前，我国港口群建设普遍存在着以下几个问题：项目重复建设、区域定位分工重叠、腹地货源供给不足、不良竞价等，上述问题导致我国港口资源和建设投资的浪费。2006年8月国务院审议通过了《全国沿海港口布局规划》，引导各港口形成差异化竞争，引起了全国范围内港口整合的狂潮，2014年交通运输部印发《关于全面深化交通运输改革的意见》，意见强调，推动港口资源整合，促进区域港口集约化、一体化发展；完善现代港口服务体系，推动港口与临港物流园区、保税区等融合发展。2017年交通运输部下发了《关于学习借鉴浙江经验 推进区域港口一体化改革的通知》，通知中明确指出，推进区域港口一体化发展是促进港口提质增效升级、化解过剩产能、优化资源配置的重要举措。东北亚各大港口为了打造东北亚国际航运中心，纷纷加快了周边地区港口的整合进程，具体见表10-3。

表10-3　东北亚地区的主要港口与周边港口的整合情况

港口	整合对象	途径	目的
上海港	宁波、南通、南京、扬州、重庆、安庆、武汉等长江流域港口	通过加大投资，升级码头基础水工建筑和装卸设备，共享上海港的管理运营经验	推进上海国际航运中心建设和开发利用长江“黄金水道”
青岛港	2005年12月与威海港整合、2007年与日照港整合	合资公司经营集装箱业务	对外扩张，打造北方国际航运中心
天津港	2017年与唐山港集团签约整合	合资组建唐山集装箱码头有限公司	避免同一港区的内部竞争
大连港	1999年与烟台集装箱运输公司合作； 2006年9月与锦州港签署战略合作框架协议 2013年12月大连港与锦州港签署股权转让协议	以大连港集团作为核心企业，通过资本市场参股省内其他港口	强化主枢纽港的实力，为今后整合辽宁港口作好铺垫

续表

	整合对象	途径	目的
营口港	2006年8月与盘锦港成立合资公司	成立合资公司，合作建设盘锦新港区	提升喂给港的综合服务能力，降本增效
	2012年与绥中县政府签订葫芦岛绥中港区项目合作协议	开发新的旅游产品，升级港区基础建设	

最近几年，地方港口管理权限逐步扩大提升，沿海港口建设规模也随之迅速发展，打造“国际航运中心”“国际化大港口”先后成为国内各沿海港口城市对自身未来发展的定位，这其中也不乏一些港口的设施出现了大量闲置的情况，港口发展现状已经超出区域规划和定位。如果不采取统一规划和集中管理，部分港口继续盲目发展必将导致区域内港口的恶性竞争，甚至导致多方受损进而波及大行业现状。

在渤海湾北部依次排列着三家属于辽宁的港口，分别是大连港、营口港以及锦州港，三家港口的腹地却又存在交叉，主要腹地货源都来自黑、吉、辽、内蒙古三省一区，三家沿海港口对于货源的竞争十分激烈。目前三个港口在油品和集装箱业务方面同质竞争严重，缺乏有效的分工和整合。同质竞争导致各个港口之间相互压价，利润降低。对货物的装卸和存储向来都是港口经营收入的两大主要来源，而在这之中货物的装卸占比最大，对港口经营情况影响最大。以锦州港为例，锦州港集团总收入的近90%都来自货物装卸，货物装卸所带来的利润也超过66.15%，占主营业务利润的比例超过96%。不同货种的装卸业务所带来的利润也不尽相同，利润率最高的当属外贸集装箱业务，而一度被东北地区港口作为主要运输货种的石油、煤炭、矿石、粮食等大宗商品利润较低。大连、营口、锦州三港向来不是集装箱运输大港，这使港口高费率业务并不丰富，港口之间同种运输物资的竞争使得港口费率愈加下降。

在过去，大连港是运输货种多元化的港口，营口港的运输货种以粮食为主，锦州港的运输货种以传统的大宗散杂货为主。现在三家港口都向着原油运输业务大力进军，大连港建成30万吨级原油码头，大连港油品码头现有原油储罐规模510万立方米；成品油储存能力36.8万立方米，年综合通过能力超过5 600万吨。锦州港具备25万吨级原油码头，年通过能力接近1 000万吨。营口港也建成30万吨级原油码头，年通过能力超过1 800万吨。三家港口的原有资源主要由黑龙江大庆和俄罗斯部分地区提供。2017年，大庆总共产出3 400万吨原油，而当前从俄罗斯境内进口的原油不超过1 000万吨。大连、营口和锦州三家港口的原油运输能力已经远远超过了腹地所能提供的最大量级，由此产生的货源争夺也会随之愈演愈烈，对三家港口的经营都带来巨大压力。

当前，大连港已经面对着省内营口、锦州、丹东等港口的货物分流。三座城市凭借距离腹地近、充分发挥运输方式的多样性、降低运费价格的三大优势从大连分走了大部分货源。而且各港口低水平重复建设严重，缺乏核心竞争力，依靠低价揽货的竞争手段造成盈利能力和再建设能力下降，缺乏有效的分工和整合。2017年6月10日，辽宁省政府与招商局集团在沈阳签署了《港口合作框架协议》。依据所签署的协议内容，辽宁省政府与招商局集团将合作建立辽宁港口统一经营平台，尽管该协议的签署标志着辽宁沿海港口经营实现了主体一体化，但大多经营理念与协同政策仍处在“纸上谈兵”阶段，实际操作受制于地区部门利益并没有取得实质进展，相对于山东半岛地区的几大港口快速整合的差距十分明显。

10.3 加快大连建设东北亚国际航运中心的推进路径

10.3.1 充分利用自贸区的优惠政策

东亚地区现有的几个国际航运中心普遍实施自由港的优惠政策。制定积极扶植的政策、培育良好的法律环境以及按国际惯例办事的法规制度，为旅客、货物、船舶的进出（通关手续、海关商检、转运手续、作业程序、库场存储等）和资金融通提供最大的方便，已经成为我国沿海地区几大港口竞争国际航运中心地位的又一关键。建成自由港可以带来大量的国际集装箱中转业务和物流量，环渤海地区几个主要大港目前都是腹地依赖型港口，但是建设具有自由港区性质的国际枢纽港，不仅需要保住已经占据的国内腹地货源，还需要向国际市场进发，将竞争对象扩大到整个东北亚地区，开拓世界贸易空间以争取更多的货源，同时带动腹地地区的加工贸易和加工制造业的发展。

国内目前已经批准的保税港区功能定位与国际上自由港接近。在现有的14个保税港区中，虽然大连大窑湾保税港区获批较早，已于2007年封关运作，但是相对来说经营规模比较小，发展速度比较慢。然而，自2013年国务院批复成立上海自由贸易试验区以来，自贸区建设成为新一轮国家改革的抓手，被给予“先行先试”的优惠政策。辽宁自由贸易试验区于2017年获批，大连片区是其组成部分，这为大连自由港建设带来了新的利好政策机遇。因此在接下来的发展过程中要充分利用自贸区的优惠政策，重点完善港航服务体系中的薄弱环节，对比国际通行规则加强软环境建设；积极率先开展内外贸集装箱货物同船同港运输业务等改革试点，下一步争取申请自由港政策；以大窑湾保税港区为纽带，牵头推进省内各个港口的整合，实施东北腹地货源地的无水港工程。

10.3.2 以软环境建设为重点

大连在东北振兴战略中肩负的使命，当前的政策扶持优势和港口崛起的唯一出路，使得建设东北亚国际航运中心的功能定位无一例外地指向了“集装箱国际转运枢纽港”，充分发挥作为区域性国际航运中心、金融中心、贸易中心、物流中心和信息中心的国际化城市服务平台功能，才能有效带动东北地区的经济振兴。

与东亚地区国际航运中心的几个港口城市相比，大连的主要差距不在港口硬件基础设施上，而在港航服务水平、当地政策扶持和与周边港口整合关系等软环境建设上。当前大连东北亚国际航运中心的建设重点不能再单纯依靠港口硬件设施的投入，更重要的是充分发挥大窑湾保税港区的政策优势，抓住这一战略机遇，把着力点更多地放到港航服务等软件建设上，扩展第三代国际航运中心的城市综合服务功能。

当前环渤海地区主要港口的港航服务水平决定了港口能否形成国际集装箱转运枢纽港，进而带动相应的港口城市成为区域金融、贸易和经济中心，成为具有较强辐射能力和综合功能的区域中心城市，因而也决定了所在城市的东北亚国际航运中心地位。

新发展的第三代国际航运中心除了保持航运中转、货物集散和加工增值功能外，更发挥着综合资源配置的功能，要求所在港口城市作为区域的经济、金融、贸易和信息中心能够提供方便快捷的航运服务。

根据对比分析，在港口生产效率（装卸效率和运输效率）、通关效率、港口信息化建设、船舶供应管理服务和国际航运组织的活跃程度等几个方面，大连港都处于落后状态。尽管“大通关”工程启动较早，但是进展缓慢；EDI中心建设和智能化作业的建设等高尖端技术方面更是远远落后于国内外港口的实施进度；船舶供应管理服务以劳动密集型的海运辅助业为主，主要提供货物装卸、堆存、报关、集装箱场站、船货代理等航运服务，附加值较低。但是在所在城市的区域金融中心、区域贸易中心建设上，大连占有较大优势。

大连市第十次党代会提出“港航兴市”战略。当前，大连港航服务体系的薄弱环节在于作为船舶转运、货物集散的第一、第二代航运中心相应的港航服务功能方面；而在第三代航运中心综合资源配置功能所对应的交易平台建设方面，大连市具有较好的基础。在第四代国际航运中心更为重视的绿色节约和智能技术方面大连港虽然没有形成规模，但是也赶上了发展时机。

10.3.3 强力推进省内港口资源整合

营口港、锦州港、丹东港等港口具有距离腹地近、运输方式多、运费低的优势，分流大连港的货物运力已经成为必须面对的现实。在过去“各自为战”的情况下，各港口更多从事的是低水平的重复建设，相互竞争却又缺乏核心竞争力，仅仅依靠低价揽货的方式竞争，盈利能力和再建设能力都不具有可持续性，缺乏有效的分工协作和优势整合。尽管辽宁提出“五点一线”沿海经济带和以大连为中心的沿海组合港口群概念，部分区域协调机构也已经建立，但大多仍处在概念阶段，切实可行的实质性进展还没有显现，相对于山东半岛地区几大港口的快速整合举措和强劲的发展势头，辽宁省内港口整合需要加快步伐，迎头赶上。

客观来看，辽宁省内几个港口的经济腹地相同，地理位置比较近，自然条件和吞吐量等条件都存在较大的互补性。因此，大连港需要主动作为，向营口港等腹地港口转移矿石、原油等专业化码头业务，重点发展环渤海地区和我国北方地区的集装箱内支线业务，推行东北货源地的无水港工程、海铁联运项目。充分利用当前国家对大连自贸区的优惠政策支持，采取相互交换股权或收购股权、共同投资组成合资公司等方式整合省内港口，合理调度货源，统一调整作业费率，提高营运效率和物流水平，尽快形成以大连港为枢纽港的省内港口联合体，然后再携手青岛港、天津港等环渤海主要港口进行战略合作，合理分工，最终才能与韩国釜山港竞争东北亚国际航运中心的地位。为此，大连港需要明确国际集装箱转运枢纽港的功能定位，摈弃以总货物吞吐量作为衡量港口地位指标的观念，有所为有所不为，重点开拓环渤海地区的内支线集装箱运输业务，才能顺利实现省内港口的优势互补，尽快成长为东北亚地区的国际集装箱转运枢纽港。

10.3.4 以参与“一带一路”建设推动国际合作

自从2013年习近平总书记提出“一带一路”倡议以来，国内港口行业已经在此方面做出了突出而卓越的贡献。商务部数据显示，中国于2014年成为资本净输出国，这意味着中国实际对外投资已超过利用外资规模，此后担当对外投资主力的中企海外并购于2016年迎来了历史新高。目前，瓜达尔港自由贸易区建设持续推进；科伦坡港口城全面复工；中国企业成功中标缅甸皎漂港项目；成功收购希腊比雷埃夫斯港控股权以及收购西班牙Noatum港口等。随着海上丝绸之路的延伸，港口正成为联通世界的重要门户。《推动共建丝绸之路经济带和21世纪海上丝绸之路的愿景与行动》提出，“海上以重点港口为节点，共同建设通畅安全高效的运输大通道”。

大连市出台了《关于深度融入共建“一带一路”建设开放合作新高地的

实施意见》，确立充分发挥对外开放的独特优势，积极参与辽宁省“一带一路”综合试验区和中国–中东欧“16+1”经贸合作示范区建设，构筑面向东北亚区域开放合作的战略新高地。近年来，大连市加强基础设施互联互通，对接“一带一路”倡议沿线国家和地区，推动东北亚国际航运中心、国际物流中心建设全面提速，初步形成辽满欧、辽海欧、辽蒙欧等国际物流大通道。

但是，大连市融入“一带一路”倡议的上述方案侧重于强调大连面向东北亚大陆桥的桥头堡作用，忽略了大连港作为东北地区最重要出海口和东北亚国际航运中心在整合东北亚经济圈、参与构建“丝绸之路经济带”方面的重要作用。

首先，大连市在巩固日韩等传统东北亚地区市场基础上，积极拓展俄罗斯、巴西等新兴市场，尤其是要站在东北振兴的更高视野上，积极推动俄罗斯远东地区图们江区域港口基础设施建设。俄罗斯在2014年初将“向东看”作为国家发展的重要战略，在克里米亚事件后面对西方国家的多方打压，俄罗斯与亚太地区国家的合作日渐加强，俄罗斯“向东看”的战略体系已经初显成效。吉林省与俄罗斯最大港口运营商苏玛集团签署了合作建设扎鲁比诺万能港口的框架协议，2018年建成后港口吞吐量达8 000万吨。中俄两国企业合作建设扎鲁比诺万能港口显著改善了这一地区物流运输条件，这一举措既可以加快我国东北地区货物进出口运转速度，也可以间接促进我国东北地区和南方地区的贸易运转。大连港需要抓住机遇，利用自身港口运营经验，积极投资于合作经营。

其次，大连港充分发挥区域金融、贸易和经济中心的作用，拓展海外投资港口的相关辐射和服务工作，推进境外经贸合作区建设。在经济全球化进程受阻的今天，中国已经成为国际政治、经济、文化等多个舞台的重要参与者。国际产能合作是转移优势产能的有效宏观治理路径，一方面可以使国内剩余资本流向高效的投资目标，另一方面也可以促进“中国制造”迈向国际舞台。随着越来越多的国家开始响应“一带一路”倡议，中国在经济全球化中的角色也正由“追随者”开始向“引领者”转变，中国的“一带一路”倡议是谋求全世界共同发展，中国在这一进程中也会主动向外进行产业转移，并携手沿途各国进行国际产能合作。这也是中国发展更高层次的开放型经济的必由之路。尤其是在当前中美贸易战不断升级的背景下，主动推动我国优势产能和受贸易战影响较大的产业有序转移到“一带一路”倡议相关国家，也就更加具有现实意义。该模式以港口为龙头和切入点，以临港的产业园区为核心和主要载体，着重补强阻碍我国优势产能转移的短板，建设国际化产能合作平台。其中，大连第一个境外经贸合作区——吉布提国际自贸区于2018年7月开园。

参考文献

[1]陈旭，邱斌，刘修岩．空间集聚与企业出口：基于中国工业企业数据的经验研究[J]．世界经济，2016(8)：94-117.
[2]杜威剑，李梦洁．对外直接投资会提高企业出口产品质量吗？——基于倾向得分匹配的变权估计[J]．国际贸易问题，2015(8)：112-122.
[3]范丽君．蒙古国“发展之路”与东北亚区域经济合作探析[J]．东北亚学刊，2018(4)：45-49.
[4]宫倩，高英彤．制度视角下东北亚区域经济合作的建构路径——以图们江地区为例[J]．黑龙江社会科学，2016(2)：51-55.
[5]韩家戚．东北亚区域经济合作问题与对策研究[J]．北方经贸，2017(10)：14-15.
[6]韩会朝，徐康宁．中国产品出口“质量门槛”假说及其检验[J]．中国工业经济，2014(4)：58-70.
[7]韩亚峰．“一带一路”倡议下中国双向投资与对外贸易增长的协调关系研究[J]．宏观经济研究，2018(8)：52-59，74.
[8]胡琰欣，屈小娥，赵昱钧．对外直接投资的逆向创新溢出效应——基于中国省际面板数据的门槛回归分析[J]．现代财经(天津财经大学学报)，2018(5)：55-67.
[9]江瑞平．中日韩经济合作：动因、态势与影响[J]．外交评论(外交学院学报)，2012，29(5)：30-41.
[10]李坤望，蒋为，宋立刚．中国出口产品品质变动之谜：基于市场进入的微观解释[J]．中国社会科学，2014(3)：80-103.
[11]李勤昌，许唯聪．中国对“一带一路”全域OFDI的区位选择——基于空间效应视角[J]．宏观经济研究，2017(8)：3-18，102.
[12]李西霞．试论TPP劳工标准、其影响及中国的应对策略[J]．法学杂志，2017(1)：84-92.
[13]李小平，周记顺，卢现祥，等．出口的“质”影响了出口的“量”吗？[J]．经济研究，2015(8)：114-129.
[14]李新．中俄蒙经济走廊推进东北亚区域经济合作[J]．西伯利亚研究，2016，43(1)：12-22.
[15]李雪平．自由贸易与国际核心劳工标准相联接的新实践——TPP协定的劳工条款及其对中国外贸的挑战[J]．求索，2016(9)：22-30.
[16]梁硕．辽宁省利用外商投资现状分析[J]．合作经济与科技，2019(2)：57-59.
[17]梁云祥，郭雨南．试论东北亚地区的区域整合[J]．东北亚学刊，2016(6)：8-13.
[18]林硕．东北亚区域经济合作的前景与阻力[J]．东北亚经济研究，2018(1)：34-45.

[19]刘德海,王维国. 大连建设东北亚国际航运中心对策分析[J]. 中国人口·资源与环境,2014,24(3):148-151.

[20]刘淑静,王静,邢淑颖,等. 海水淡化纳入水资源配置现状及发展建议[J]. 科技管理研究,2018(17):233-236.

[21]刘伟丽,陈勇. 中国制造业的产业质量阶梯研究[J]. 中国工业经济,2012(11):58-70.

[22]潘志. 辽宁参与东北亚区域经济合作研究[J]. 党政干部学刊,2015(4):56-60.

[23]阙澄宇,马斌. 跨境贸易人民币结算如何影响出口价格汇率传递?——基于时变参数模型的经验证据[J]. 财经问题研究,2017(9):37-46.

[24]沈铭辉. RCEP谈判中的区域合作博弈与东北亚国家的新角色[J]. 东北亚学刊,2018(5):23-29.

[25]施锦芳,刘娟."一带一路"倡议下的东北亚经济合作分析[J]. 日本研究,2016(4):53-56.

[26]苏理梅,彭冬冬,兰宜生. 贸易自由化是如何影响我国出口产品质量的?——基于贸易政策不确定性下降的视角[J]. 财经研究,2016(4):61-70.

[27]王洪章. 价值链视角下东北亚区域经济合作[J]. 中国金融,2018(24):15-16.

[28]王晖. 特朗普政府亚太政策走向与东北亚区域经济合作[J]. 东北亚经济研究,2018(5):74-84.

[29]王直,魏尚进,祝坤福. 总贸易核算法:官方贸易统计与全球价值链的度量[J]. 中国社会科学,2015(9):108-127,205-206.

[30]闻竞,张占威."一带一路"倡议下东北亚经济发展对中国毗邻地区的影响与对策[J]. 东北亚经济研究,2018(2):23-30.

[31]吴冰. 东北三省参与东北亚区域经济合作的路径选择[J]. 党政干部学刊,2010(8):42-44.

[32]吴剑豪. 基于协同理论的区域旅游发展研究——以福建省南平市为例[J]. 佛山科学技术学院学报(自然科学版),2016,34(1):50-56.

[33]薛力. 韩国"新北方政策""新南方政策"与"一带一路"对接分析[J]. 东北亚论坛,2018,27(5):60-69,127-128.

[34]闫玉莲,吴云奇,吴水波,等. 海水淡化在供水行业成本优势潜力分析[J]. 盐科学与化工,2018,47(9):16-20.

[35]杨尚宝. 我国海水淡化产业发展述评2016[J]. 水处理技术,2017,43(10):1-3.

[36]杨树莲,段治平. 再生水与城市自来水比价关系研究——以青岛市为例[J]. 技术经

济与管理研究,2018(7):23-27.

[37]杨絮飞. 东北亚区域旅游产业合作发展战略研究[J]. 东北亚经济研究,2019(1):89-99.

[38]佘淼杰,张睿. 中国制造业出口质量的准确衡量:挑战与解决方法[J]. 经济学(季刊),2017,16(2):463-484.

[39]于砚. 东北地区在"冰上丝绸之路"建设中的优势及定位[J]. 经济纵横,2018(11):117-122.

[40]张秀杰."一带一路"倡议与"发展之路"计划对接——基于蒙古国国家安全战略影响因素分析[J]. 内蒙古社会科学(汉文版),2017,38(5):200-205.

[41]张蕴岭. 中国参与和推动东北亚区域经济合作的战略[J]. 东北亚论坛,2013(1):3-9,119-127.

[42]张蕴岭. 东北亚区域合作与新秩序的构建[J]. 社会科学战线,2015(3):197-204.

[43]赵欣然. 俄罗斯发展符拉迪沃斯托克自由港政策研究[J]. 西伯利亚研究,2018,45(4):68-72.

[44]钟家雨,柳思维. 基于协同理论的湖南省旅游小城镇发展对策[J]. 经济地理,2012,32(7):159-164.

[45]周伟萍,李秀敏. 新形势下东北亚区域经济合作问题与探索[J]. 经济纵横,2014(11):97-100.

中国工程院院士
是国家设立的工程科学技术方面的最高学术称号，为终身荣誉。

中国工程院院士传记

袁晴棠自传

袁晴棠　著

人民出版社
中国石化出版社

图书在版编目(CIP)数据

袁晴棠自传/袁晴棠著.—北京：中国石化出版社，2024.9(2025.6重印)—(中国工程院院士传记).—ISBN 978-7-5114-7571-8

Ⅰ. K828.1

中国国家版本馆CIP数据核字第2024V1Z981号

中国石化出版社出版发行

地址:北京市东城区安定门外大街58号

邮编:100011 电话:(010)57512500

发行部电话:(010)57512575

http://www.sinopec-press.com

E-mail:press@sinopec.com

北京科信印刷有限公司印刷

全国各地新华书店经销

*

710毫米×1000毫米 16开本 10彩页 24.5印张 312千字

2024年9月第1版 2025年6月第2次印刷

定价:88.00元

中国工程院院士袁晴棠

与陈锦华同志合影

（左起：袁晴棠、陈锦华、王基铭，2010 年 8 月）

陪同宋健同志参观中国石化科技成果展

（第一排左起：盛华仁、宋健、袁晴棠，1991 年 9 月）

和叔父袁宝华在人民大会堂春节团拜会上合影（1999 年 2 月）

燕山石化院士行（左起：杨清雨、李大东、侯芙生、袁晴棠、侯祥麟、曹湘洪，1999 年 6 月）

陪同盛华仁、阎三忠同志到北京化工研究院调研（左起：袁晴棠、盛华仁、阎三忠，1993 年）

《中国大百科全书》第三版化工学科编委会合影

（第一排左起：杨元一、蹇锡高、龚莉、戴厚良、闵恩泽、袁晴棠、金涌、段雪、洪定一，2015 年 4 月 30 日）

中国石化部分两院院士合影

（左起：孙焕泉、谢在库、曹湘洪、袁晴棠、马永生、康玉柱、李阳、杨为民、孙丽丽，2023 年 9 月）

中国石化集团公司科技委第三次全体会议
（左起：杨启业、毛炳权、汪燮卿、陆婉珍、陈俊武、袁晴棠、王基铭、侯芙生、张德义、徐承恩、李大东、顾心怿、关兴亚、胡永康，1999 年 6 月）

国庆 50 周年在天安门观礼台上合影
（左起：李大东、侯芙生、袁晴棠，1999 年 10 月）

与丈夫黄遂新回母校天津大学参加百年校庆合影（1995 年 10 月 2 日）

和家人在一起

（左起：王继刚、王子涵、黄萍、黄遂新、袁晴棠、黄田依、黄锐、田瑶，2016 年 7 月）

中国工程院院士传记丛书

总　序

20世纪是中华民族千载难逢的伟大时代。千百万先烈前贤用鲜血和生命争得了百年巨变、民族复兴，推翻了帝制，肇始了共和，击败了外侮，建立了新中国，独立于世界，赢得了尊严，不再受辱。改革开放，经济腾飞，科教兴国，生产力大发展，告别了饥寒，实现了小康。工业化雷鸣电掣，现代化指日可待。巨潮洪流，不容阻抑。

忆百年前之清末，从慈禧太后到满朝文武开始感到科学技术的重要，办“洋务”，派留学，改教育。但时机瞬逝，清廷被辛亥革命推翻。五四运动，民情激昂，吁求“德、赛”升堂，民主治国，科教兴邦。接踵而来的，是18年内战、14年抗日和4年解放战争。恃科学救国的青年学子，负笈留学或寒窗苦读，多数未遇机会，辜负了碧血丹心。

1928年6月9日，蔡元培主持建立了中国近代第一个国立综合性科研机构——中央研究院，设理化实业研究所、地质研究所、社会科学研究所和观象台四个研究机构，标志着国家建制科研机构的诞生。20年后，1948年3月26日遴选出81位院士（理工53位，人文28位），几乎都是20世纪初留学海外、卓有成就的科学家。

中国科技事业的大发展是在新中国成立以后。1949年11月1日成立了中国科学院，郭沫若任院长。1950—1960年有2500多名留学海外的科学家、工程师回到祖国，成为大规模发展中国科技事业的第一批领导骨干。国家按计划向苏联、东欧各国派遣1.8万名各类科技人员留学，全都按期回国，成为建立科研和现代工业的骨干力量。高等学校从新中国成立初期的200所增加到600多所，年招生增至28万人。到21世纪初，高等学校2263所，年招生600多万人，科技人力总资源量超过5000万人，具有大学本科以上学历科技人才达1600万人，已接近最发达国家水平。

新中国成立60多年来，从一穷二白成长为科技大国。年产钢铁从1949年的15万吨增加到2011年的粗钢6.8亿吨、钢材8.8亿吨，几乎是8个最发达国家(G8)总年产量的2倍。20世纪50年代钢铁超英赶美的梦想终于成真。水泥年产20亿吨，超过全世界其他国家总产量。中国已是粮、棉、肉、蛋、水产、化肥等第一生产大国，保障了13亿多人口的食品和穿衣安全。制造业、土木、水利、电力、交通、运输、电子通讯、超级计算机等领域正迅速逼近世界前沿。“两弹一星”、高峡平湖、南水北调、高公高铁、航空航天等伟大工程的成功实施，无可争议地表明了中国科技事业的进步。

党的十一届三中全会以后，实行改革开放，全国工作转向以经济建设为中心。加速实现工业化是当务之急。大规模社会性基础建设，大科学工程、国防工程等是工业化社会的命脉，是数十年、上百年才能完成的任务。中国科学院张光斗、王大珩、师昌绪、张维、侯祥麟、罗沛霖等学部委员(院士)认为，为了顺利完成中华民族这项历史性任务，必须提高工程科学的地位，加速培养更多的工程科技人才。中国科学院原设的技术科学部已不能满足工程科学发展的时代需要。他们于1992年致书党中央、国务院，建议建立“中国工程科学技术院”，选举那些在工程科学中做出重大的、创造性成就和贡献、热爱祖国、学风正派的科学家和工程师为院士，授予终身荣誉，赋予科研和建设任务，请他们指导学科发展，培养人才，对国家重大工程科学问题提出咨询建议。中央接受了他们的建议，于 1993 年决定建立中国工程院，聘请 30 名中国科学院院士和遴选 66 名院士共 96 名为中国工程院首批院士。于 1994 年 6 月 3 日，召开了中国工程院成立大会，选举朱光亚院士为首任院长。中国工程院成立后，全体院士紧密团结全国工程科技界共同奋斗，在各条战线上都发挥了重要作用，做出了新的贡献。

中国的现代科技事业比欧美落后了 200 年。虽然在 20 世纪有了巨大进步，但与发达国家相比，还有较大差距。祖国的工业化、现代化建设，任重道远，还需要有数代人的持续奋斗才能完成。况且，世界在进步，科学无止境，社会无终态。欲把中国建设成科技强国，屹立于世界，必须持续培养造就数代以千万计的优秀科学家和工程师，服膺接力，担当使命，开拓创新，更立新功。

中国工程院决定组织出版“中国工程院院士传记”丛书，以记录他们对祖国和社会的丰功伟绩，传承他们治学为人的高尚品德、开拓创新的科学精神。他们是科技战线的功臣，民族振兴的脊梁。我们相信，这套传记的出版，能为史书增添新章，成为史乘中宝贵的科学财富，俾后人传承前贤筚路蓝缕的创业勇气、魄力和为国家、人民舍身奋斗的奉献精神。这就是中国前进的路。

宋健

2012 年 6 月

袁晴棠院士简介

袁晴棠，女，1938 年 5 月 12 日出生于河南省南召县，著名石油化工专家。1961 年毕业于天津大学。曾任第九届、第十届全国政协委员，第三届国家重点基础研究发展计划(973 计划)专家顾问组成员，世界石油理事会(世界石油大会)中国国家委员会委员，中国石油化工总公司、中国石油化工集团公司暨中国石油化工股份有限公司总工程师、科技委常务副主任，中国石油学会副理事长，中国化工学会常务理事。现任中国石油化工集团有限公司科技委顾问。1995 年当选中国工程院院士。

长期主持乙烯技术研究与开发工作，带领团队持续创新，实现我国自主裂解炉技术的突破，开发成功系列裂解炉技术，大力推动百万吨级乙烯成套技术开发，开发出复杂原料百万吨级乙烯成套技术并得到千万吨规模的工业应用，为我国乙烯技术的发展作出了重大贡献。

长期致力于我国石油化工的科技进步。在中国石化党组领导下，参与创建中国石化“十条龙”重大科技攻关机制与制度，组织中国石化研究开发和重大科技攻关工作，负责组织制定并实施中国石化科技发展规划、计划及石化重大工程项目方案研究与论证。带领专家组三十余次赴石化企业技术咨询，为企业提质增效提供解决方案和技术咨询意见。长期承担并完成中国石化集团公司有关科技发展和产业发展的战略研究，为推进中国石化集团公司的科技进步作出了重要贡献。承担和参与完成中国工程院 40 余项战略咨询课题研究，为国家制定石化及相关产业发展战略、发展规划和政策提供参考依据。

1994 年被批准享受政府特殊津贴，同年被授予中国石化总公司有突出贡献专家称号。获国家科技进步奖一等奖 1 项，省部级科技奖 8 项，获第六届中国化学会—中国石油化工股份有限公司化学贡献奖，何梁何利基金会科学与技术进步奖。发表学术论文、专著 90 余篇(部)。

自　　序

常言道岁月如梭，在不觉之中我已进入耄耋之年。回顾人生历程，心中百感交集。在我的人生道路上，有困难与艰辛，有努力与奋斗，有进步与成绩。希望通过这本自传，记录我人生的点点滴滴，使读者能从中感悟一些人生的真谛。

我的人生与我国石化工业的发展结缘，与中国石化的发展结缘。我亲身参与并见证了中国石化40多年的发展历程，参与推动了中国石化的科技进步。这本自传从一个侧面反映了中国石化科技进步的有关情况。

在我的人生中曾遇到来自工作和生活的各种困难，但我深信人生就是要奋斗的，只要奋斗就能克服任何困难。因此，“自强不息”“努力奋斗”“高标准、严要求”成为支撑我克服困难、完成各项艰巨工作任务的精神力量。

数十年来，虽然工作取得了一些成绩，但是成绩的取得离不开党和国家的培养与教育，离不开工作单位特别是40多年来中国石化历届党组领导的支持，也与家庭和同事们的大力支持密切相关。在回顾往事时，心中充满了感激之情。因此，从某种意义上讲，这部自传是为了感恩而书就。

本自传记述了我的人生经历和从事的工作，共有十一章：第一、二章概述了我的家庭、童年和少年时期成长情况与求学之路；

第三章叙述了我加入化工部第一设计院时期的有关情况；第四章记述了我投身中国石化科技管理所做的主要工作；第五章回顾了我参与创建中国石化“十条龙”科技攻关机制和制度的过程及“十条龙”科技攻关实施效果；第六章叙述了我主持中国石化乙烯技术攻关所做的主要工作及攻关历程；第七章记述了我积极推动和参与中国石化国际科技交流与合作的有关情况；第八章回顾了我带领专家组三十余次赴石化企业技术咨询的有关情况及启示；第九章概述了我致力于战略咨询研究工作的有关情况；第十章讲述了我在担任两届全国政协委员、第三届国家重点基础研究发展计划(973计划)专家顾问组成员以及长期担任中国石油学会副理事长、中国化工学会常务理事期间所完成的各项工作，并以此奉献社会；第十一章叙述了我的人生进入八十岁以来仍继续努力工作的有关情况以及对党和国家、对中国石化、对家庭和同事的感激之情。本自传的传外篇为同行专家、同事及助手所撰写，表达了他们对我的看法与评价。以上是本自传的主要内容，期望读者能从中得到一些对人生的感悟。

我庆幸能够工作生活在一个新时代，衷心祝愿祖国繁荣昌盛，期望早日实现石化强国的梦想！

目　　录

第一章

我的童年和少年

第一节　我的童年

我的家乡在河南省南召县，位于河南省西南部，南阳盆地北缘，北边有伏牛山主峰，南邻宛襄平原。南召历史悠久，自然资源丰富，盛产辛夷和柞蚕丝，有“辛夷之乡”“中国柞蚕之乡”之称。

1938年5月12日，我出生在南召县李青店(现南召县城)城南一个名叫“南庄”的小村庄里。李青店群山环抱，一条川流不息的河流向南流去，蓝天白云之下，风景秀丽。

我的祖父早逝，祖母带着五个子女艰难度日。虽然祖母没受过教育，但她坚信在那个动乱的年代只有让孩子读书才能有出息，即使变卖家产也要让孩子读书。在祖母的坚持努力下，三个儿子上了大学。伯父袁宝崧毕业于河南大学生物系，父亲袁宝岱毕业于河南大学化学系，叔父袁宝华就读于北京大学地质专业并从北京大学走上了革命道路。

祖母思想开明，为人厚道，与邻里乡亲相处和睦，凡是亲戚朋友邻里谁有困难她都热情相助。抗日战争时期，她积极支持儿子们参加抗日救亡运动，家中田产收入，早年用于支持儿子们读书，抗战时期多用于支持儿子们投身抗日救亡运动。在南召白色恐怖时期，祖母对敌特的敲诈勒索毫不畏惧，勇敢应对。在那个年代，祖母深明大义的行为受到乡亲们的赞誉。

父亲袁宝岱，生于1913年8月16日，在祖母的严格要求下，他自幼与兄弟们一起读书，直到大学毕业。毕业后曾在镇平一所职业学校任教，抗日战争时期与伯父、叔父一起投身抗日救亡运动。新中国成立后从事化工厂建设和技术管理工作。父亲一直在外工作，在家的时间不多，用微薄的工资收入维持家用，养育子女。虽然父亲很重视子女的教育与培养，但关心和教育子女的时间却很少。1957年“反右”运动中父亲被错定为“右派”，平反后参与河南省新乡树脂厂建设，工厂建成后任该厂总工程师直到离休。2003年1月15日离世，享年91岁。

母亲史秀章，字润华，生于1909年5月7日，1995年2月5日去世，享年87岁。母亲出生于南召县石门乡寨子沟村一个殷实的家庭。寨子沟山清水秀，周边漫山遍野的苍松翠柏，一条小河绕村流过。外公开明，让母亲从小读书，开阔了母亲的眼界。家庭和周围的环境造就了母亲宽厚、包容、责己、真诚待人的优良品格和自强不息、坚韧不拔的意志。母亲通情达理、善良贤惠。父亲常年在外，她独自持家，孝敬祖母，照料我们姐弟四人的生活。母亲深明救国大义，在抗战期间积极支持父亲投身抗日救亡运动。母亲很坚强。1957年父亲被错定为“右派”，失去了工作，母亲被迫带着当时年仅十岁的超弟返回南召，在生产队参加劳动，靠挣工分养活自己和超弟。母亲是缠过足的，她以超人的毅力坚持干各种农活，撑过了长达数年的艰苦岁月。

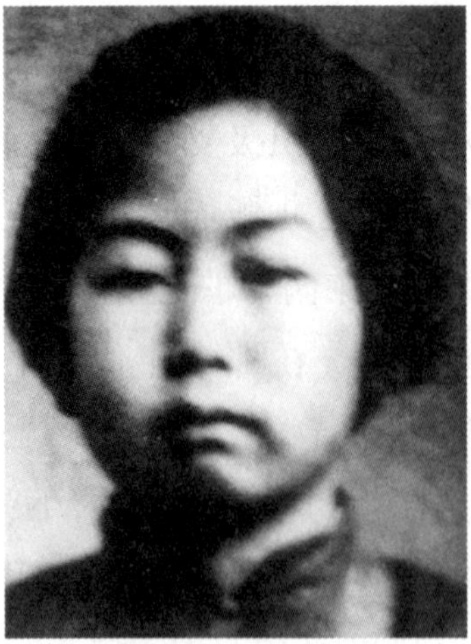
童年时期的袁晴棠

父亲和母亲于1931年结婚，母亲比父亲大四岁，他们的婚姻是祖母包办的。我是父母婚后八年才生的第一个孩子，我的出生给母亲的生活带来了希望和安慰。母亲视女儿如生命，在生活上对我百般呵护，常常是既怕我受热又怕我受凉。曾听祖母讲，小时候母亲时常因为怕我受风寒而给我多穿衣服。

母亲对旧社会男尊女卑的陋习深恶痛绝，我一出生，母亲便决心把我培养成有知识、有出息、对社会有用的人。

母亲在对我的教育上要求严格，三四岁时，母亲就在我家院子里用砖围成了一个沙池，用木棍在沙子上面教我写字，尽管母亲对我百般疼爱，但如果字认错写错是要受批评的。我的童年在母亲无微不至的关爱中度过。

和大弟袁晴凯一起与父母合影(前排左：母亲史润华，右：父亲袁宝岱。后排左：袁晴棠，右：袁晴凯，1965年春节)

第二节　少年时期

母亲希望我早日受到正规教育，刚刚五岁便把我送入李青店小学。上学后母亲要求我好好学习，争取考最好的成绩，并要关心帮助同学。在母亲的教育下，我在小学期间一直努力学习，成绩优秀，不但自己好好学习，还经常帮助同学学习，帮助老师做工作，由于表现好，一上学就当了班长。

我出生在抗日战争年代，伯父、父亲和叔父在家乡南召开展抗日救亡斗争，家中常有他们的战友往来。我刚记事就时常听到关于抗战的事情。抗战期间，南召是后方根据地，日本侵略者的铁蹄一直没有踏入南召。在日本侵略者陷入穷途末路之际，仍做困兽之斗向豫西南进犯，南召突然由后方转变为前线。1945 年 3 月 22 日，日军兵分五路进攻南召，为躲避战火，母亲带着我和弟弟逃到南召深山之中，这次逃难使我感到战争就在我身边。从 3 月 22 日日本侵略者进攻南召开始，到 8 月 15 日日军宣布无条件投降后又北上洛阳，路过南召又经几次战斗至 8 月 31 日，南召人民为抗击日军作出了不懈努力，也付出了沉重的代价。

日本侵略者投降后，学校恢复上课，我继续努力学习。在学习之余，母亲还经常给我和弟弟讲古代圣贤人物精忠报国、刻苦学习、努力奋斗的故事，教导我们要做正直的人，要勤奋学习，自强不息，学好本领，报效国家，孝敬长辈。上小学时，我爱看小说，节假日常常是终日埋头看书，母亲怕我伤了眼睛，不时让我休息，要我到外边玩耍。1949 年 9 月，我进入南阳市第二完小学习，当时母亲和三个弟弟在南召老家生活，经父亲和伯父伯母商议，我暂住在南阳的伯父家。那段时间，我白天上学，晚上和堂姊妹们一起学习，在生活上得到了伯母的精心照料。1951 年 1 月小学毕业(因解放战争，春季班毕业)。由于表现突出，六年级时，在班主任李璞老师的教育帮助下，提前加入了共青团组织。

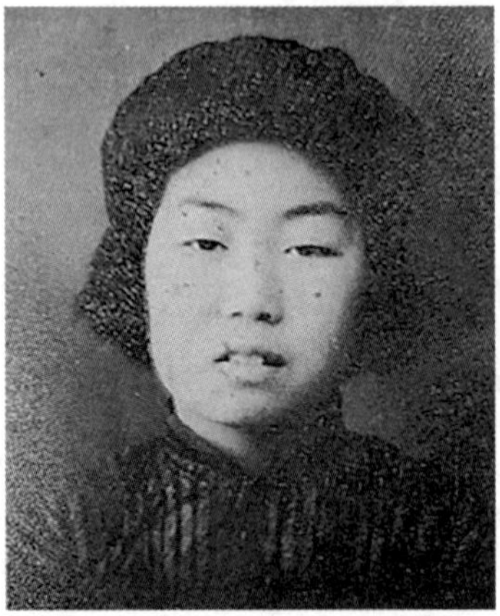
袁晴棠小学毕业照(1951 年)

母亲的身教胜于言传。她敬老爱幼，热心助人。母亲非常孝敬祖母，在和祖母一起生活的日子里，每天早上总要早早起床，冬天先把火盆生起来，把祖母的衣服烤暖了再帮助祖母起床。新中国成立初期，家境困难，母亲总是把仅有的一点细粮留给祖母，让人感到她们虽是婆媳，但胜过母女。母亲待人谦和诚恳，在亲戚、朋友、邻里之间，母亲以谦诚之心待人，与大家和睦相处。母亲就是这样身体力行地用中华民族女性的优秀品质影响着我，她对我“人生要自强不息”的启蒙教育，在我幼小的心灵中生根发芽。

第二章

求学之路

第一节　中学时期

为了不辜负母亲的期望，我一直努力学习，由于成绩优秀，没有上初中一年级上学期，于 1951 年 2 月考入南阳市女子中学(南阳女中)初中一年级下期班学习。那时母亲和弟弟们在南召老家，我一个人寄宿在学校。早上起床便由生活老师带队跑步到南阳市白河边锻炼，带着毛巾在白河洗脸，再回到学校上早自习，白天上课，晚上自习。学校管理很严格，教学安排井井有条。

在南阳女中上学期间，我努力学习，追求进步，严格要求自己。记得每当放假，我便急切地返回南召老家看望母亲和弟弟们，向母亲汇报学习成绩，常常因为成绩优秀受到母亲的表扬和鼓励。假期回到家里，母亲便忙着为我拆洗衣被。尽管家境清贫，母亲总是想方设法为我做点好吃的饭菜。夏日夜晚，家人在院中乘凉，我便搬一把小椅依偎在母亲身旁，一边看着天上的星星，一边听母亲讲故事，心中感到无比温暖。每当假满返校，母亲总要亲自送我几里路，边走边叮嘱我要严格要求自己，刻苦学习，追求进步。我劝母亲不要再远送，母亲总要站在山路边，目送我远行，直到我的背影消失在崎岖的山路上。

袁晴棠初中毕业照

（1953 年 7 月）

在南阳女中读书期间，每次假期回家，我都带着共青团组织关系，到家后第一件事就是先到乡政府报到，接上团组织关系，领取回乡期间工作任务。常常与乡干部一起到田间或晚上村民聊天聚集的地方，向农民宣传党的方针政策，配合乡政府做农民的思想政治工作。

1955 年 2 月，因父亲的工作由南阳市调入开封市，我们便举家迁往开封，我由南阳女中转入开封市第一女子高中(现开封市第二十五中学)二年级下期班学习。

在开封期间，我和父母及大弟晴凯、二弟晴宇、三弟晴超生活在一起。母亲视子女教育为家庭头等大事，对我们姐弟四人的学习要求十分严格。周末我带着弟弟们一起学习，晚上在一盏煤油灯下，我们姐弟围着桌子读书写作业，母亲坐在旁边一边看我们学习，一边做针线活。那年我十七岁，大弟、二弟正值少年，三弟还处于孩童时期。三个弟弟都很爱我这个大姐，不但很听我的话，而且凡是我在家学习时，他们都会老实规矩地学习自己的功课。

开封市第一女子高中成立于 1919 年，是一所历史悠久的学校，学校管理严格，教学质量高。在开封市第一女子高中学习期间，我继续努力学习，追求进步，保持优异成绩。学校除白天一整天教学外，还要求学生必须参加早自习和晚自习，晚上九点之后才能回家。当时我家住在一条很深的巷子里，母亲怕我不安全，无论刮风下雨还是酷暑寒冬，她总是等候在巷子口迎我回家。这种日复一日、年复一年的等待与守候，是母爱如山的真实写照。在学校的精心培养和母亲的悉心呵护下，我于 1956 年 7 月高中毕业。

在中学特别是高中学习期间，我爱写作，每次老师出作文题目开始写作，我总是沉浸在写作的快乐之中，作文时常得到语文老师的好评。高中毕业时，语文老师建议我报考中国文学专业，但由于受父亲的影响(父亲学化学，中华人民共和国成立后搞化工)，我决定报考化工专业，梦想将来做一名化工工程师。于是，我便选择了国内化工专业最好的天津大学，报考了化工系。这一选择，决定了我的人生道路。

第二节 大学时期

1956 年 7 月从开封市第一女子高中毕业后，我参加了全国统一高考，被第一志愿天津大学化工系录取。我考上大学全家都很高兴，尤其是母亲，像过节一样忙着给我准备行装。在家庭经济状况比较困难的情况下，挤出钱来给我置办了一床新里新面新棉花的棉被，几十年过去了，至今棉被的花色仍清晰地印在我的脑海中。

考上大学后，由于家庭经济困难，叔父袁宝华和婶母朱傲石全力支持我完成大学学业，不仅供给我全部学习、生活费用，而且教育我要追求进步、健康成长。叔父袁宝华生于 1916 年 1 月 13 日，1934 年考入北京大学学习，1935 年参加著名的“一二·九”运动，1936 年加入中国共产党，1937 年“七七事变”后回家乡组织抗日救亡运动和开展党的地下斗争工作，后奉调赴延安中央党校学习及在中央组织部工作。自 1949 年起，便在经济战线从事国民经济的组织和管理工作，历任国家冶金工业部副部长、国家物资管理部部长、国家计委常务副主任、国家经济委员会主任等职。曾当选中共十一届中央候补委员、十二届中央委员，在中共十三大当选为第二届中央顾问委员会委员。叔父一生从事革命斗争和国民经济管理工作，他的人生道路和高尚品格对我的影响十分深远。

1956 年 8 月底，在到天津大学报到前夕，我第一次奔赴北京，看望仰慕已久的叔父。1940 年叔父奉调离开南召老家赴延安时，我只有 2 岁，之后因为抗日战争和解放战争，叔父没有回过家乡，我也一直未见过叔父，这次见到叔父时我已 18 岁。

在离开叔父家去天津大学报到时，叔父叮嘱我大学期间要努力学习，将来为建设祖国多作贡献。1956 年 9 月 1 日，我走进了天津大学，当时心情无比激动，仿佛走进了梦想中的殿堂，感到学习环境十分美好，自己背负着母亲的希望、叔父的嘱托，胸怀一个共青团员献身祖国的信念，决心好好学习，争取以最好的成绩完成学业。

大学五年(当时天津大学是五年制)，我学习成绩优秀，一直被评为“三好”学生。在自己努力学习的同时，热心为同学服务，一直担任班长、团支部书记，学习之余做同学的思想工作，团结大家形成和谐向上的班集体。

大学时期的袁晴棠(1959 年)

袁晴棠大学毕业照(1961 年 7 月)

五年学业完成时，恰逢全国建立研究生制度。由于我学习成绩、品德、政治思想等方面都符合研究生的条件，经学校选拔，同意我毕业留校攻读研究生。当时研究生学制为三年，我师从张鎏[1]教授，选择化学反应工程为学科方向。我非常珍惜这次的学习机会，希望通过三年学习，增强将来的工作能力。母亲的殷切希望和叔父的教诲一直是我前进的不竭动力。这一时期，我已有每月 42 元的助学金，不再需要叔婶供给生活费，每个月还给三弟晴超寄去 15

[1] 张鎏，天津大学教授。长期从事无机化工、工业催化领域的研究工作。

元供他上学，以减轻母亲的负担。

在研究生学业顺利进行之时，我突然生病，发高烧晕倒在叔父家的卫生间里。医生诊断为胸膜炎，从胸腔中抽出 1000 多毫升积液。后久经治疗，剩余积液一直吸收不好，身体十分虚弱，医生认为不再适合紧张的学习生活。这使我深感不幸，经过激烈的思想斗争，我决定听从医生意见，停止研究生学业，休养好身体，到化工部第一设计院工作。

从 1956 年 8 月末到叔父家，一直到 1964 年 5 月参加工作，在大学本科五年和研究生学习期间，除在天津大学学习外，所有的假期都在叔父家度过。上大学期间，叔父和婶母按月给我寄生活费，适时为我增添衣物。每当假期回到叔父家，叔父总在百忙之中抽时间与我长谈，了解我的学习和思想情况，引导我树立正确的世界观和人生观，教我如何做一个有益于社会的人。在物资短缺的 20 世纪五六十年代，每当假满要返校时，叔父总要与我一起吃顿饭，总是

和父亲、叔父、婶母在一起（前排左起：婶母朱儆石、叔父袁宝华、父亲袁宝岱、妹妹袁朱，后排左起：袁晋、袁普、袁晴超、袁晴凯、袁晴棠、袁晴宇，1999 年 2 月 17 日）

慈祥地看着我要我多吃点。饭后再往我口袋里装点钱，找人送我去火车站。叔父工作繁忙，出差到天津时，还要抽空到我的宿舍看望我，叮嘱我好好学习，要求进步。在与叔婶一家共同生活的日子里，叔婶待我如亲生女儿一般，无论我健康还是生病，叔婶对我的关爱无微不至。叔婶对我的培养教育，奠定了我人生的根基。叔父对党的事业无限忠诚，一生淡泊名利、勤恳工作、清正廉洁、为国为民奋斗终生。他非凡的人生和优秀品质为我树立了光辉的榜样，一直激励我克服人生遇到的各种困难，勇毅前行。

第三章

投入化工设计工作

第一节　加入化工部第一设计院

1964 年 5 月，我怀着投身祖国化学工业建设的激情，到化工部第一设计院报到，开启了我人生的工作历程。

当时化工部第一设计院是我国化学工业工程设计领域的领军者，时任院长陈冠荣[1]同志很重视业务建设和设计水平的提高，特别重视化学工程在设计工作中的应用。为此，在设计院设置了化学工程专业，并在总工程师室设立了化学工程组。化学工程组的主要任务是应用化学工程为设计工作提供设计计算方法和基础数据，以提高设计水平。在组长萧成基和区灿棋同志的领导下，化学工程组完成了大量设计计算方法研究并应用于设计工作，培养了一支年轻的化学工程人才队伍，形成了有朝气、有活力的工作局面，为提高化工设计水平作出了贡献。

进入设计院，我被分配到了化学工程组，研究领域是化学反应工程，主要任务是研究固定床反应器的计算方法。通过努力，我开发出用反应动力学数据通过建立反应器数学模型，计算合成氨反应器的计算方法，借助计算机进行反应器计算，并应用于设计工作。应用数学模型并用计算机进行计算，便于多方案比较，有利于进行反应器的最佳设计。此项工作，不但解决了合成氨反应器的计算方法问题，而且在我国较早地(20 世纪 60 年代中期)将计算机计算应用于设计工作。该计算方法发表在《化工技术资料》化工设计专业分册 1966 年第 3 期(37—49 页)。在此期间，我还编写了固定床反应器设计计算资料。

[1] 陈冠荣，化学工程专家，中国科学院院士。曾任化工部副总工程师兼技术委员会副主任、化工部第一设计院院长。

1968 年至 1969 年，参与合成氨三触媒新流程的开发和中型合成氨装置的设计工作。

20 世纪 60 年代末 70 年代初，化工部主要领导认识到我国应发展石油化工，遂决定在燕山石化总厂建设一套 12 万吨/年轻油裂解装置，化工部第一设计院承担设计任务。1970 年至 1972 年，我参与完成 12 万吨/年轻油裂解装置的设计工作，并担任施工设计代表组组长，带领各专业设计人员完成了全套施工图设计修改任务。后因引进 30 万吨/年乙烯装置，12 万吨/年轻油裂解装置没有建设。

1969 年，在京许多单位迁往三线备战。燃化部化工第一设计院(当时化工部已改名为燃化部)迁往山西省娘子关，在一个废弃的橡胶厂落脚。此后不久，设计院进行体制改革，1971 年 8 月设计院主体部分迁至燕山石化总厂，我随设计院大部分人员一起来到了燕山石化总厂，随即设计院更名为燕山石化总厂设计院。

燃化部化工第一设计院二连全体同志合影

(前排左 2 袁晴棠，1971 年 6 月)

第二节 参与我国第一套 30 万吨/年乙烯工程建设

从 1971 年 8 月开始，我在燕山石化总厂设计院工艺设计室工作，先后担任工艺专业组长、工艺设计室副主任和工程项目总负责人等职，其间最为重要的工作是参与我国第一套 30 万吨/年乙烯工程建设。

1971 年 10 月，联合国第 26 届大会恢复中国在联合国的一切合法权益，接纳中国为安理会常任理事国。1972 年 2 月，美国总统尼克松访华，中美关系正常化进程正式开启。这两件大事改善了中国的国际环境。国民经济发展方面，为解决长期积累的人民吃、穿、用的矛盾，急需建设化肥、化纤和石化生产设施。与此同时，国内原油生产有了突破性进展，1965 年大庆油田被发现并开发成功，1972 年我国原油产量达到 4567 万吨，实现自给有余，为发展石油化工提供了原料来源。在此背景下，我国从国外引进石油化工、化纤、化肥等成套技术与设备成为可能。

20 世纪 70 年代初期，在毛主席的支持下，由周总理亲自领导、国务院业务组直接筹划和组织了新中国历史上第二次大规模成套技术和设备的引进，共引进了 26 个大型项目，项目投资约 43 亿美元，包括 4 套化纤装置、3 套石油化工装置、13 套化肥装置等，其中燕山石化总厂的 30 万吨/年乙烯成套技术与设备是 3 套石油化工装置之一。这些成套技术与设备的引进，对解决中国人民的吃、穿、用等关键问题，推动相关产业的发展，促进对外开放与合作起到了重要作用。

石化工业是国民经济的支柱产业，乙烯装置是石化工业的龙头，70%以上的基本有机化工原料源自乙烯装置，下游生产的合成树脂、合成纤维、合成橡胶广泛应用于各行各业，对发展经济、改善民生、保障国防有重要作用。燕山石化总厂（燕山石化）30 万吨/年乙烯装置是我国第一套大型乙烯装置，后面配套有聚乙烯、聚丙烯、乙二醇、苯乙烯、聚苯乙烯、对二甲苯、苯酚/丙酮、顺丁橡胶、丁苯热塑性弹性体、对苯二甲酸、聚酯切片等装置。30 万吨/年乙烯及配套装置与工程的建设，使燕山石化成为我国第一个大型石油化工生产基地，对我国石化工业的发展起到了重要的推动作用。

燕山石化 30 万吨/年乙烯装置采用美国鲁姆斯公司乙烯技术，包括 SRT 型裂解炉、复迭制冷及顺序分离流程，原料为轻柴油和石脑油。

1973 年至 1976 年，我参与了燕山石化 30 万吨/年乙烯工程建设，与设计院技术专家徐雷兴共同承担工程设计负责人和施工代表组组长工作，带领各专业设计人员参与了该项工程设计与建设的全过程。鉴于乙烯装置的龙头地位和对石化工业的重要性、技术的复杂性，我很庆幸自己有机会参与乙烯装置的设计与建设，怀着满腔热忱投入工作，并鼓励工程项目组的同事们全身心投入工作。

在工程建设期间，主要做了以下工作：一是参与引进技术交流谈判；二是在国外公司提供部分设计图纸资料的基础上，根据合同分工，完成国内部分的配套设计；三是担任设计代表组组长，带领各专业设计人员参加装置的施工建设，完成施工过程中设计交底、设计修改等设计配合工作；四是在装置投料试车时，参与研究开工方案，参与开车标定并完成全套工程设计总结。

参与燕山石化 30 万吨/年乙烯工程的设计与建设，使我的人生走进了石化工业，开启了我为石化工业奋斗 40 余年的历程。

在燕山石化 30 万吨/年乙烯工程建设期间，正值我女儿小，婆母生病，家庭十分困难。女儿黄萍出生于 1972 年 8 月，我家住在北京市内，婆母身体不好，丈夫黄遂新工作繁忙，还要照顾婆母和儿子，无法照看女儿，我只能带女儿到燕山，白天送入设计院幼儿园，晚上接回宿舍。但孩子一生病幼儿园就不让送了，现场工作又不能耽误，为此我就背上孩子到施工现场，把孩子放到现场木板房办公室，请在办公室工作的同事帮忙照看。周末带孩子回家时，因为孩子小，在长途汽车上哭啼，由于怕影响他人，我只得站起来，一手拉着座椅背，一手托着孩子背在背上，常常一路从燕山背到市内。尽管面对诸多困难，但每当我想到工作的意义，便又充满了工作的热情和前进的勇气。

第三节　乙烯工艺计算攻关

1972 年底签订的燕山石化 30 万吨/年乙烯成套技术与设备合同，引进的是当时世界上先进的乙烯技术，花了不少外汇，买进来的是图纸、有关资料和设备。没有计算方法，都是计算结果。要想掌握乙烯装置设计技术，首先要会计算。当时我的主导思想是一定要攻克乙烯装置工艺计算难关，从而掌握乙烯装置的工艺设计技术。为此，我在 30 万吨/年乙烯装置施工建设的同时，开辟了第二战场，于 1974 年担任乙烯装置工艺计算攻关组总负责人，和设计院盛若瑜同志一起，带领燕山石化总厂设计院、北京化工研究院、北京化工学院(现北京化工大学)等单位的技术人员，开展乙烯装置工艺计算攻关。

乙烯装置工艺流程长，裂解产物十分复杂，需要解决裂解炉的计算方法，预测裂解炉产物分布；要做工艺计算，首先要有物性数据；还要攻克十分复杂的油洗塔、水洗塔、脱甲烷塔等复杂塔的计算方法，建立全流程模拟程序。为了解决上述难题，我邀请石油大学朱亚杰教授来指导裂解炉计算，带领攻关组技术人员查文献寻找物性数据，消化国外技术资料，编制计算程序，反复用计算机进行计算。攻关组的技术人员都集中在燕山石化总厂设计院，白天工作，晚上挑灯夜战。通过夜以继日的艰苦攻关，解决了裂解炉、油洗塔、水洗塔、脱甲烷塔等计算难题，开发出乙烯流程计算程序，为此后开展乙烯装置设计与乙烯技术开发奠定了基础。

在燕山石化30万吨/年乙烯装置建设的同时，化工部希望建设新的30万吨/年乙烯装置，为此给燕山石化总厂设计院下达了完成30万吨/年乙烯装置复用设计的任务。1975年我担任设计总负责人，组织各专业设计人员，应用工艺计算攻关开发的计算方法，根据国内原料性质，进行了多方案计算，使装置对原料有一定的适应性(可适用于凝析油、石脑油和轻柴油)，完成了全部设计工作。设计深度符合化工部要求，设计文件齐全，化工部在组织专家审查设计时，给予了充分肯定和较高评价。

第四节　参与四套30万吨/年乙烯成套技术与设备引进谈判

“文化大革命”结束后，全国上下急于恢复经济，加快推进我国经济社会现代化。当时国家领导层认为，仅仅依靠我国自己的力量不够，还需要利用国外资金，大量引进国外先进技术。1978年2月，经党中央批准，由国家计委汇总向国务院提出规划，拟定出之后八年需要引进的大型成套设备项目，引进工作由中国技术进出口总公司负责。第一批项目中，就包括大庆石化、齐鲁石化各一套，南京二套共四套30万吨/年乙烯装置。这四套乙烯装置的技术引进谈判自1977年开始。

在燕山石化30万吨/年乙烯装置建成投产并完成工程总结后，我便奉组织安排和设计院徐雷兴、何培渊等同志一起参加四套乙烯装置的技术引进谈判。谈判分组进行，由时任燕山石化总厂设计院院长的吴嘉祥[1]总负责。我们白天参加谈判，晚上要及时向吴嘉祥院长汇报，分析问题，研究对策。记得1977年末，春节来临，除夕晚上我们还在吴嘉祥院长家开汇报会，吴夫人做了一桌子菜，到开会房间请我们大家一起吃年夜饭，吴嘉祥院长说："他们都是家里的顶梁柱，让他们快回家团聚吧！"通过夜以继日的工作，谈判任务圆满完成，最终签订了四套乙烯装置引进合同。后因党中央对国民经济采取"调整、改革、整顿、提高"的政策，1978年签约引进的22个大型成套设备项目，成了1979年经济调整的重点，其中就包括四套30万吨/年乙烯装置，这些项目被列为缓建项目，一直到中国石化总公司成立后，才把这四套30万吨/年乙烯装置建成投入运行(原定南京的两套一套建在扬子石化公司，另一套建在上海石化公司)。

第五节　制定设计标准规范和学习英语口语

通过燕山石化30万吨/年乙烯工程建设，认识到设计院技术基础业务建设十分重要。国外工程公司的设计标准规范十分齐全，燕山石化30万吨/年乙烯工程包括十几套装置，引进了多个国家的技术，有多家国外工程公司参与设计工作，接触到了多家国外工程公司的设计标准规范。1977年至1979年，设计院便组织了各专业技术人员学习国外工程公司的标准规范，制定本院的标准规范。我积极参

[1]吴嘉祥，石油化工专家。曾任燕山石化副总经理、总工程师，燕山石化设计院院长。

与了此项工作，为设计院标准规范等基础业务建设作出了努力。

改革开放后，对外交往增多，技术人员急需英语口语本领。当时燕山石化总厂与北京市科委合办了一个英语口语培训班，从美国聘请一位刘老师任教。这位老师的父亲是中国人，母亲是英国人，她毕业于南京金陵女子大学，是美籍华人，一副英国人的面孔，说一口流利标准的普通话。我当时虽已年过40岁，但感到要为祖国石化工业多做工作，就必须把英语口语学好，因此就报名参加培训班并通过了考试。培训班开课后，我以极高的热忱投入学习，从《英语900句》《新概念英语》学起，白天上课，晚上背单词、背课文，抓紧一切时间学习。记得每周末从燕山回北京的家，路程需要两个小时，坐在设计院的班车上，别的同事都在说笑，我却在低头背单词、背课文，生怕失去这两个小时的宝贵时间，因为到家后孩子小、老人患病、丈夫身体不好，有一大堆家务事等着我去做。所以只有抓住在燕山除睡觉之外的所有时间去努力学习。这段强化英语口语学习的经历为紧接着的出国学习创造了条件。

英语口语培训班女同学与刘老师合影

（前排左2刘老师，右1袁晴棠，1980年）

第六节　在美国 Badger 工程公司在职学习

改革开放初期，工程设计领域迫切需要学习欧美工程公司的工程设计技术、方法和经验。当时，燕山石化总厂设计院院长吴嘉祥有远见卓识，在与美国 Badger 工程公司负责人技术交流时，提出派设计人员到 Badger 工程公司学习的意见，得到了 Badger 工程公司的同意并与之签订了为期一年半在职培训五人的协议。吴嘉祥院长与设计院其他领导研究决定，派出一个由主要设计专业人员组成的成建制的设计小组赴 Badger 工程公司学习。具体包括工程项目总负责人 1 人、工艺设计工程师 1 人、系统设计工程师 1 人、仪表工程师 1 人、设备工程师 1 人。通过在全院进行选择，张显林作为工程项目总负责人参加此小组，并担任组长，我作为工艺设计工程师、王宇力作为系统设计工程师参加此小组，另外还有仪表工程师朱俊、设备工程师李世玉。

在出国前的一段时间，丈夫黄遂新的腰病复发。他在北京化工研究院做科研工作，在一次做中间试验时不慎伤了腰，以后时常复发，并越发严重，一复发就需要卧床休息 1~2 月时间。1981 年我的儿子黄锐 15 岁，女儿黄萍 9 岁，婆母年老体弱，时常生病。预定的出国时间是一年半，中间不能回国。临行时我感到心如刀割，实在放心不下丈夫的病体、年幼的孩子及年迈的婆母，但学习国外先进的设计技术、方法和经验是组织安排、国家大事，必须克服家庭困难去完成组织上交给的出国学习任务。出发那天，丈夫起不了床，不能到机场送行，设计院同事张桂馨带着我的儿子、女儿到机场送行。飞机起飞前告别时我含着眼泪叮嘱两个孩子听爸爸和奶奶的话，好好学习，等妈妈回来。一边叮嘱，一边感到心都要碎了。

1981年9月5日，我们一行五人赴美学习。飞机从北京起飞飞越太平洋到达旧金山，再跨越美国大陆飞达大西洋彼岸海滨城市波士顿。波士顿位于新英格兰地区的马萨诸塞州。到达第二天，当地的美籍华人朋友便驱车带我们到大西洋海边，当我看到一望无际的大西洋时，心中感觉我们真是到异国他乡了。

到Badger工程公司报到的第一天，我被分配到沙特苯乙烯项目组，参加苯乙烯装置设计工作。秘书领着我到我的办公室座位，座位门口墙上已挂上了“Q. T. Yuan”的牌子，秘书给了我一本电话号码簿，一堆公司的标准规范和设计规定，我便开始在Badger工程公司在职学习工作了。我们一行五人被分配到不同的部门和不同的设计室，开始各自的在职学习工作。

Badger工程公司为我们五人租了一套公寓，有几间卧室，另有卫生间、厨房、起居室等。每周末五人一起去中国城买一次食品，回公寓放进冰箱够五人一周的食用。从周一至周末五人分工值班做晚饭，早饭各自吃点牛奶、面包、香肠等就去上班，中午在公司吃快餐。五个人学习工作都很努力，白天工作一天，晚上回公寓，晚饭后各自在卧室继续学习工作。

当时Badger工程公司的周先生负责我们小组在Badger工程公司学习工作的有关安排。他精心安排与我们有关的各项事宜，并于1982年2月陪我们五人赴新奥尔良Badger工程公司设计的苯乙烯工厂现场参观，让我们亲眼看到了现代化美国化工厂的实况，包括工厂布置、设计水平、装备水平和操作情况等，给我们留下了深刻的印象。

1982年正值世界能源危机，经济下滑，新的工程项目减少，Badger工程公司的经营状况每况愈下，公司开始裁员。每到星期五上午，公司人事部门就宣布被解雇的员工名单，这些人便收拾东西，结算工资，离职而去，公司的气氛变得紧张起来。那是我人生第一次看到人们失业的场景，心中感到很凄惨。由于Badger工程公司与世界其他国际工程公司一样经营状况不佳，他们决定我们小组的学习期限由一年半缩短至一年，于是我们五人于 1982 年 9 月 5 日启程返回祖国。

在新奥尔良合影(左起：朱俊、袁晴棠、王宇力、张显林、李世玉，1982 年 2 月)

第 四 章

投身中国石化科技管理

第一节　调入中国石化总公司

1978年，中国原油产量达到1亿吨，如何用好宝贵的石油资源，提高经济效益，增加财政收入，成为关系国民经济发展的重大问题。但是，由于经济体制条块分割，1亿吨石油由3个部门、20个省市自治区多头管理，资源不能有效利用。同时，为了确保实现党的十二大提出的1981—2000年国民生产总值翻两番的目标，需要把分散在各地的38家重点炼油、石化企业集中管理，为国民经济作出更大贡献。此外，发展石化工业是振兴国民经济，解决人民吃、穿、用和财政积累问题的重要举措，已成为大家的共识。

基于上述原因，1983年2月1日，由国家经委、国家计委、国家体改委、财政部四部门联合向党中央、国务院提出关于成立中国石油化工总公司的报告。2月19日，党中央、国务院发出了7号文，批准了这个报告，决定正式组建中国石油化工总公司，对全国原分属于石油部、化工部、纺织部管理的炼油、石油化工和化纤企业实行集中领导，统筹规划，对产供销、人财物、内外贸实施统一管理。7号文提出成立中国石油化工总公司筹备组，由李人俊、陈锦华❶同志负责。

中国石油化工总公司筹备组成立后，从1983年5月上旬开始，先后派出9个工作组与20个省市自治区进行企业交接，同时起草总公司《章程》和《干部管理工作有关规定》等规章制度，组建总公司机关。当时首要任务是需要调人，为成立中国石油化工(中国石化)总

❶陈锦华，历任上海市委副书记、副市长，中国石油化工总公司总经理、党组书记，国家体制改革委员会主任、党组书记，国家计委主任、党组书记，第九届政协副主席，中共第十四届中央委员。

公司做各项准备。但人从何处调？筹备组认为从燕山石化公司调人（燕山石化总厂已改名为燕山石化公司）最方便。20 世纪 80 年代，要在北京工作，户口是最重要的先决条件，从燕山石化调人不需要解决户口问题。因此，筹备组决定从燕山石化调人。

当时从燕山石化调了一批人，其中就包括在燕山石化设计院（中国石化总公司成立后更名为北京石化工程公司，现已更名为中国石化工程建设有限公司）的我。那时我刚从美国学习回国半年多，正怀着满腔热忱打算把在美国工程公司学习到的设计方法、设计管理做法与经验应用到设计院，以提升设计水平，从来没有想过要调回北京市内，更换工作岗位。调令到设计院后，设计院院长找我谈话："院里不愿放你走，但中国石化总公司筹备组要调你到将要成立的中国石化总公司工作，设计院就调你 1 个人，只要你说不愿去，院里就答复说因本人不愿意这事就过去了。"院党委书记也说院里需要我，最好不要调离。当时我想自己参加工作后一直服从组织安排，从来没有做过不服从党组织安排的事情。从 1971 年化工部第一设计院在娘子关体制改革时起，便随设计院主体来到了燕山石化设计院工作，而家一直在北京市内，十余年来都是周末回一次家。由于孩子小，丈夫身体不好，婆母体弱多病，每次回家都要从早忙到晚，安排好家里下一周生活上的各项事情，包括洗衣服、买粮、蒸馒头、买菜、打扫房间卫生，等等。这次有机会调回北京市内，可以兼顾家庭。但我当时满心想的是设计院的工作，想着如何把学到的东西应用到设计工作中，家庭的困难可以克服。

经过反复思想斗争，认为一个共产党员服从组织调动是铁的原则，一辈子不能做任何不服从组织调动的事情，最后决定接受总公司筹备组调令，服从组织调动。于是，1983 年 6 月，我到中国石化总公司筹备组报到，自此开启了我为中国石化总公司事业奋斗 40 余年的人生历程。

第二节 投身中国石化科技管理工作

中国石化总公司成立以来，高度重视科技进步对推动公司发展的重要作用，坚持“科学技术是第一生产力”的理念，努力使中国石化成为科技投入的主体、科技开发的主体、成果转化的主体。多年来，中国石化始终坚持科技进步工作集中统一领导的一体化管理。1983年2月19日，根据党中央、国务院决定，成立中国石化总公司筹备小组时，发展部就作为总公司筹备组组成单位之一，负责总公司筹备工作的科技事务。总公司成立后，虽然发展部随着公司改革发展名称几经变化，但作为总公司科技管理部门的定位和职能一直没变，力量不断得到加强。总公司科技管理部门经历了四个发展阶段。

1983年7月，中国石化总公司成立后，设立发展部统筹管理科技进步工作。而后于1988年8月26日组建了中国石化科技开发公司，与发展部一个机构、两块牌子，实际工作以发展部为主。发展部具有双重职能，既是总公司科技管理的职能部门，又是总公司的科技开发公司。

1992年11月，总公司根据党的十四大精神和国务院发布的《全民所有制工业企业转换经营机制条例》进行机构改革，精简机构和人员，科技开发公司转为总公司直属全民所有制企业，具有独立法人资格，实行独立核算、自主经营、自负盈亏。科技开发公司转为直属企业后，暂保留总公司发展部的“牌子”，仍然承担总公司科技进步工作管理职能。

为贯彻《中共中央、国务院关于加速科学技术进步的决定》和

1995年全国科学技术大会精神，适应加快科技进步的需要，总公司决定在科技开发公司的基础上组建技术开发中心，以进一步加强对总公司系统科技工作的组织领导，提高科技对经济增长的贡献率。1996年1月17日组建了中国石油化工总公司技术开发中心，属总公司机关管理序列，承担科技进步工作管理职能，发展部的“牌子”不再保留。科技开发公司不再承担管理职能，仍保留原名称和法人资格，行政上挂靠技术开发中心。

1998年石油石化行业改革重组后，中国石油化工总公司重组更名为中国石化集团公司，并于1999年12月22日成立科技开发部，技术开发中心整体转为科技开发部，承担中国石化集团公司的科技进步管理职能。

我从1983年6月调入中国石化总公司后，遂加入总公司发展部，参与中国石化的科技管理工作，经历了科技管理部门的几次变革。先后担任发展部副处长、副主任，1990年10月任发展部主任，1992年11月任科技开发公司经理，1994年11月被任命为中国石化总公司总工程师，1996年1月至1997年4月任中国石化总公司总工程师兼技术开发中心主任，1997年4月至2004年3月任中国石化总公司、集团公司暨股份公司总工程师、科技委常务副主任，2004年3月至2006年6月任中国石化集团公司科技委常务副主任、科技委专家咨询委常务副主任，2006年6月至2008年9月任中国石化集团公司科技委专家咨询委员会副主任，2008年9月至今为中国石化集团公司科技委资深委员、顾问。我在20余年从事中国石化科技管理工作的日子里，认真贯彻党中央的“科教兴国”战略，落实总公司提出的“振兴石化，科技先行”方针及一系列依靠科技进步提高企业竞争力的指导思想，抓好科技队伍组织，狠抓科技开发，加强各项科技管理，全力推动中国石化的科技进步，主要做了以下几方面的工作。

一、参与创建中国石化科研开发体系

1983年中国石化总公司成立之初，科研力量薄弱，科研开发体系不健全，只有石油化工科学研究院(简称石科院)和抚顺石油化工研究院(简称抚研院)两家主要从事炼油科研开发工作的直属研究院，缺乏化工科研力量。为解决科研开发体系不健全这一突出问题，在时任发展部主任吕寿斌同志的领导下，我参与了创建中国石化科研开发体系的工作。

一是壮大直属科研开发和设计队伍。对已有的两家直属科研单位石科院和抚研院在科研项目和经费上给予大力支持，使其科研队伍不断壮大，装备条件不断改善。为解决总公司化工科研力量薄弱的问题，1984年年中我随吕寿斌主任赴上海高桥石油化工(高桥石化)总厂，与高桥石化总厂领导商议将隶属高桥石化总厂的上海石油化学研究所收归总公司直接管理的问题。当时上海石油化学研究所在高桥石化总厂化工厂的一栋楼里开展研究工作，科研力量不足，只有80位工程师，科研设备简陋。当我们向高桥石化总厂领导说明来意时，受到了高桥石化总厂主管科技的副总经理的极力反对。但高桥石化总厂的经理有大局观念，表示服从总公司安排。经过若干准备，1984年9月27日总公司发文变更高桥石油化工总厂上海石油化学研究所的隶属关系，使上海石油化学研究所成为总公司第三家直属科研单位，并于1990年更名为上海石油化工研究院。之后，在总公司党组和阎三忠[1]副总经理的领导下，我组织了在上海浦东进行选址，为上海石油化工研究院新建做准备工作，并为其装备了比较齐全的研究设施。此外，当时北京化工研究院隶属化工

[1]阎三忠，历任中国石油化工总公司副总经理、党组成员，中国石油和化学工业局副局长、党组成员，中国石油天然气集团公司副总经理、党组成员。

部管理，原化工部领导不同意将该院划归中国石化总公司。我多次找该院领导商量合作事宜，提出采取委托研究的方式开展科研合作的意见，经党组批准后得到了实施。为了实现我国首件聚丙烯专利N催化剂转化成生产力的目标，填补国内高效聚丙烯催化剂的空白，我提出并力推与北京化工研究院合资成立科创公司——北京奥达石化新技术开发中心，按"产销研"一体化模式开展聚烯烃催化剂中试、生产、销售和技术服务。在1998年的科技体制改革中，北京化工研究院整体加入中国石化总公司，成为中国石化总公司第四家直属研究院。

陪同盛华仁❶、阎三忠同志到北京化工研究院调研
（左起：景连意、李天益、盛华仁、袁晴棠、于文秀、阎三忠，1993年）

❶盛华仁，历任中国石油化工总公司总经理、党组书记，国家经济贸易委员会主任、党组书记，第十届全国人大常委会副委员长、秘书长，中共第十五届中央委员。

参加北京奥达石化新技术开发中心奠基仪式

（右起：袁晴棠、贺英侃、林文新，1993 年）

工程设计是技术转化为生产力过程中的重要环节，中国石化总公司北京设计院和洛阳石化工程公司在炼油科技成果转化过程中起到重要作用。原燕山石化设计院、兰州化学工业公司设计院成为总公司直属设计单位，更名为北京石化工程公司、兰州设计院，使总公司化工科技成果工程化能力有了很大提高。设计及早介入科研，有利于缩短研究开发周期。因此，在组织研发项目时，都安排科研和设计单位紧密结合开展研发工作。总公司的设计单位成为中国石化研发体系中的重要组成部分。

洛阳石化工程公司的炼制所、设备所拥有良好的科研开发和工程研究基础，发展部在管理上将其视同直属研究单位对待，在科研开发项目立项和研究装备配套设施建设上给予支持，使其科研开发和工程放大能力不断增强。

二是参与组建专业研究开发中心。中国石化总公司的直属企业一般都设有研究院(所)，有的已形成显著的专业特色。为了充分发挥企业在科研开发中的作用，发展部经过调研决定在相关企业组建专业性研究开发中心和研究基地，由总公司发展部和所在企业双重领导。我参与了有关研发中心的组建，包括：1984 年 7 月在燕山石化、兰州石化、金陵石化、高桥石化、齐鲁石化、大庆石化、扬子石化建立了 7 个合成树脂和塑料加工应用中心；1984 年 11 月在岳阳石油化工总厂建立了聚酰胺技术开发中心；1985 年 1 月在兰州石化组建了“中国石油化工总公司合成橡胶技术开发中心”；1985 年 7 月在金陵石化组建了“中国石油化工总公司精细化工技术开发中心”；1989 年 1 月在上海石化建立了“合成纤维技术开发中心”等。

三是创建联合研究所。中国石化总公司成立之初，为加强科研开发力量，吸引社会科研开发机构为推进中国石化科技进步服务，总公司发展部积极发展横向联合协同创新，通过与国内相关领域特别是化工领域有研究开发实力的高校、科研单位协商，探索建立具有长期合作关系的联合研究所。

为解决化工科研力量短缺的问题，我和时任发展部总工程师区灿棋同志与浙江大学化工系、华东化工学院(现华东理工大学)负责人多次商谈开展科研合作和建立联合研究所事宜。经过协商，1983 年 10 月与浙江大学、华东化工学院签订了合办“联合化学反应工程研究所”的协议。鉴于上海医药工业设计院(上海医工院)的化工室有化工技术开发和工程化的能力和经验，1984 年年中我专程赴上海与其负责人协商化工室加入“联合化学反应工程研究所”的问题，取得一致意见后，1984 年 11 月上海医药工业设计院化工室加入“联合化学反应工程研究所”；1983 年底至 1984 年上半年，我多次与天津大学化工系主任陈洪钫教授商谈科研合作和建立联合研究机构事宜，经过协商于 1984 年 9 月与天津大学签订了合办“天津石油化工技术开发中心”协议；之后，1984 年 4 月我又参与了和清华大学化工系、石油大学北京研究生部合办的“联合应用化学与化学工程研究所”，1985 年 10 月参与和黑龙江省科学院合办的“黑龙江省科学院石油化学研究所”，1985 年参与和成都科技大学合办的“高分子复合材料研究所”等工作。

中国石化总公司联合所工作座谈会合影

（前排左起第 5 区灿棋、第 6 袁晴棠、第 9 张万欣，1986 年）

这些联合研究机构成立后，发展部加强了对联合所的管理，根据每个所的专业特长安排科研开发项目和科研经费，并加强研究项目的组织协调。要求联合所的负责人参加总公司年度科技工作会，并在科技工作会期间组织专题会研究解决联合所存在的问题。联合所的成立，壮大了中国石化总公司的科研开发力量，弥补了化工科研力量的不足，参与了中国石化的科研开发和技术攻关，并取得了显著的成绩，为推动中国石化总公司的科技进步作出了积极的贡献。

从中国石化成立之初就组建多家联合研究机构，开展联合研究的事实可见，中国石化在40余年前就走了“产学研”结合协同创新之路。1983年10月中国石化与浙江大学、华东化工学院组建的“联合化学反应工程研究所”是我国“产学研”协同创新历史上建立最早的联合研究机构，具有重要意义。

联合化学反应工程研究所成立40周年合影（前排左起第6袁霞光、第7谢在库❶、第8李永林❷、第9袁晴棠、第10杨为民，2023年11月）

二、组织编制并实施科技发展规划、计划

科技规划与计划对统筹谋划中国石化总公司的科技发展起顶层设计作用，总公司发展部高度重视科技规划与计划的制定工作。1983年6月13日总公司成立前夕，发展部发出了第1号文件《关于“组织编制石油化工科技发展长远规划”的通知》，启动了规划的编制工作，组织各方面科技人员，分5个专业组集中在北京完成了《石油化工科技发展和技术改造中长期规划大纲》的编制。我于1983

❶谢在库，石油化工专家、中国科学院院士。曾任中国石化集团公司科技部主任、中国石油化工股份有限公司总工程师，现任中国石化集团公司首席科学家。

❷李永林，中国石化集团公司党组成员、中国石油化工集团公司副总经理、中国石油化工股份有限公司高级副总裁。

年6月到总公司筹备组报到后即参与了规划的编制工作。之后于1983年11月成立总公司科技发展规划综合组，在各专业组编制规划的基础上编制石油化工科技发展规划，经总公司审定后，发展部于1984年6月29日颁发了《关于下发石油化工科学技术发展中长期规划(草案)的通知》。

根据中长期规划的总体目标，发展部组织编制了石油炼制、有机原料、合成树脂、合成橡胶、合成纤维、石油化工装备以及仪表自动化七个专业的“七五”“八五”科技发展规划。为指导“八五”规划的制定，还组织编制了上述七个专业的规划参考资料，报送国家有关部门及总公司领导，发至总公司各部门及各企事业单位。我参与了上述科技发展规划及规划参考资料的组织编制工作。

1990年10月，我被任命为中国石化总公司发展部主任，遵照总公司党组指示和总公司1991年科技工作会、1992年技术进步工作会议的部署，需要编制《中国石油化工总公司八年(1993—2000年)科技进步规划》(简称《1993—2000年八年科技进步规划》)。在党组和主管科技工作的阎三忠副总经理领导下，我组织各方面力量，采取总公司和企业、研究、设计单位两个层次同步进行编制的方式，用一年半时间编制完成了《中国石油化工总公司八年(1993—2000年)科技进步规划》(草案)和各直属企业、研究、设计单位的《1993—2000年八年科技进步规划》(草案)。1993年3月，根据八届人大一次会议和全国科技工作会议精神，我主持对《1993—2000年八年科技进步规划》(草案)进行了修改。同年4月20—24日总公司科技委会议听取了《1993—2000年八年科技进步规划》(草案)汇报，会后根据委员们提出的建议和意见对规划(草案)进行了修改。

《1993—2000年八年科技进步规划》以世界著名的大型石化公司为对标目标，要求到2000年，在石油炼制方面，主要通过国内自主开发，拥有适应国产原油和进口原油特性的现代化加工技术和建设大型炼油厂的成套技术，使原油加工深度和产品品种、质量、能耗等指标接近国际水平，整体技术达到国际水平；在石油化工方面，通过引进国外技术和国内开发，使其总体水平接近国际水平，丙烯腈等部分技术达到当代先进水平，乙烯、聚乙烯、聚丙烯等一批核心技术和主要催化剂基本实现国产化。《1993—2000年八年科技进步规划》的突出特点是把技术改造与技术开发相结合进行统筹规划，在规划的专业篇中，既提出了技术改造的目标和技术开发的目标，又规划了技术改造和技术开发要实施的重大项目。

1993年6月30日，时任国务委员的宋健同志亲自主持会议，听取了中国石化《1993—2000年八年科技规划》的汇报，国家科委、国家经贸委、化工部、中科院、自然科学基金委等部门和单位负责同志参加了会议，宋健同志对中国石化科技进步取得的成绩和“八年科技进步规划”给予了充分肯定，并作了重要指示。会后在阎三忠副总经理的领导下，我主持对规划又进行了补充完善，并提交1993年7月8—12日召开的总公司直属企业经理、党委书记座谈会，会议用一天半的时间讨论《1993—2000年八年科技进步规划》，会后根据会议提出的意见进一步修改完善，于7月底定稿。

在这次经理、党委书记座谈会上，时任总公司总经理的盛华仁同志对如何落实规划提出两点要求：第一，企业一把手(经理、厂长)必须抓第一生产力，即抓科技进步；第二，认真抓科技进步规划的落实工作，抓好三个环节：一是改革科技体制，企业的生产、销售、科研要形成一个整体，真正形成市场—科技—生产—市场良性循环；二是强化激励机制，调动广大科技人员积极性；三是建立明确的项目责任制。在总公司党组领导下，在发展部及其他部门的共同推动下，《1993—2000年八年科技进步规划》得到了很好的实施，规定的任务如期完成。

之后，在党组和主管科技的副总经理领导下，我组织编制了中国石化集团公司“十五”科技发展计划和2015年科技发展规划，主持编制了《中国石化中长期科技发展规划纲要(2006—2020年)》(简称《中长期规划纲要》)。对于《中长期规划纲要》的编制，我与侯芙生❶院士、张德义❷同志、李干生❸同志、科技开发部有关同志和办公厅总师办主任刘佩成同志一起多次研究讨论纲要起草、修改和完善事宜，经时任主管科技的曹湘洪❹高级副总裁审核并报党组批准后印发实施。该《中长期规划纲要》贯彻落实了《国家中长期科技发展规划纲要(2006—2020年)》有关要求，提出了中国石化“围绕主业发展，着力自主创新，构筑技术平台，实现重点突破”的科技发展战略，实行“一个整体、三个平台、统一计划、集成开发”的科技体制，重点突破海相油气勘探开发、老油田提高采收率、复杂地质条件下超深井钻井、清洁汽柴油生产、重油深加工最大量生产车用燃料、高附加值三大合成材料、乙烯与芳烃、节能节水8项核心技术，创新开发20项特色技术，研究储备一批基础性前瞻性技术，基本建成支持主业发展的油气勘探开发、炼油、化工三大技术平台，不断提高中国石化核心竞争力，明确了今后5~15年的奋斗目标。

为了使科技规划落到实处，从总公司发展部成立开始就实行每两年编制一次总公司科技发展计划，包括重大技术开发项目和重点科研、基础和探索研究项目计划，并按计划落实课题承担单位、研发进度、达到的水平，与承担单位签订科技开发合同。我把这项工作看作落实科研开发任务的重要环节，一直高度重视，全力推动，狠抓落实。

---

❶侯芙生，炼油与石油化工专家，中国工程院院士。曾任中国石油化工总公司副总工程师。

❷张德义，炼油与石油化工专家，教授级高工。曾任中国石油化工总公司副总工程师、中国石油化工集团公司、股份公司副总工程师。

❸李干生，石油地质专家，教授级高工。曾任中国石油化工集团公司、中国石油化工股份公司副总工程师。

❹曹湘洪，石油化工专家，中国工程院院士。历任中国石油化工股份有限公司高级副总裁、党组成员，中国石油化工集团公司总工程师，中国工程院化工、冶金与材料工程学部主任。

科技委炼油组讨论炼油技术发展规划合影(前排右起：舒兴田、徐承恩、陈俊武、张德义、侯芙生、袁晴棠、李大东、胡永康、乔映宾，2000年5月)

三、组织研究开发和重大科技攻关工作

为贯彻“科学技术是第一生产力”的重要论断，落实“振兴石化，科技先行”的方针，中国石化总公司发展部在组织制定科技进步规划、计划和创建中国石化科研开发体系的同时，着力组织开展重大项目科技攻关和研究开发工作。

1983年6月至1990年10月期间，我与中国石化总公司发展部总工程师区灿棋和发展部化工处同志们一起组织中国石化化工科研开发工作，主要组织了乙烯、丙烯腈、聚丙烯、环氧乙烷/乙二醇、SBS(苯乙烯-丁二烯-苯乙烯嵌段共聚物)热塑性弹性体、碳五分离等技术开发工作，在研发单位的共同努力下，开发项目均取得了良好进展。

例如，在我主持的乙烯技术开发中，由北京石化工程公司(现中国石化工程建设有限公司)、北京化工研究院、原化工部化工机械研究院(现天华化工机械及自动化研究设计院有限公司)和上海医药工业设计院(现中国石化上海工程有限公司)组成的两个项目组，开发成功了两种型号的乙烯裂解炉——CBL-I型和SH-I型，并成功地完成了工业试验，其工艺技术指标达到了国外当时工业化裂解炉的先进水平。其中，SH-I 型炉技术获 1992 年国家科技进步奖一等奖，CBL-I 型炉技术获 1991 年国家科技进步奖二等奖、国家技术装备表彰项目特等奖、国家“七五”科技攻关重大科技成果奖。两台工业试验炉开发成功，为后续裂解技术的开发奠定了基础。1988—1990 年间，组织北京石化工程公司以茂名石化 30 万吨/年乙烯工程为对象，在已具备流程模拟能力的基础上，完成技术储备项目 30 万吨/年乙烯工艺包和基础工程设计，为后续分离技术开发打下基础。

在丙烯腈技术开发中，在上海石化研究院项目组努力下，研制成功了 MB-82 型丙烯腈催化剂，各项性能指标达到当时国际先进水平。研制的 MB-82 型催化剂和与其配套的 MB-82-1 补加型催化剂可替代进口催化剂推广应用，为国家节省大量外汇。

在环氧乙烷/乙二醇技术开发中，在燕山石化研究院、天津化工研究院、燕山石化公司化工一厂组成的项目组努力下，研制成功乙烯氧化制环氧乙烷 YS-4 型催化剂，性能指标达到当时世界先进水平，首次实现了银催化剂国产化，填补了国内银催化剂领域的空白。

在聚丙烯技术开发方面，我大力推动并组织中国石化与化工部北京化工研究院开展合作研究，从 1984 年开始中国石化与北京化工研究院合作进行高效聚丙烯催化剂研制，在前期研究的基础上，1985 年研发出具有独创性的 N 催化剂，并在国内外聚丙烯装置上推广应用，填补了我国聚丙烯催化剂领域的空白，打破了国外公司的垄断。1989 年 N 催化剂技术转让给美国某公司。

在 SBS 热塑性弹性体技术开发中，由燕山石化研究院、岳阳石化公司组成的项目组开展了有机锂制备和阴离子活性聚合技术研究，开展了锂系聚合物 100 吨/年中试和千吨级工业化试生产，1984 年 6 月建成千吨级工业装置，生产出合格的 SBS 产品，其性能指标达到国外同类产品水平并通过鉴定。1984 年开始进行 SBS 万吨级工业技术开发，1989 年底万吨级 SBS 装置在岳阳建成，1990 年 1 月试车并于当年通过考核验收，产品性能达到国外产品水平，是我国继顺丁橡胶之后在聚合物新材料方面自主开发的一项重大成套技术。

在碳五分离技术开发中，1983 年总公司发展部成立初期，我组织上海石化公司项目组进行碳五分离工业试验前期准备工作，1984 年上半年我去国家计委科技局汇报争取支持，并经总公司领导批准以中国石化总公司的名义向国家计委科技局上报了“碳五分离及综合利用”工业性试验建议书，该项目于 1985 年 9 月立项并列入“七五”国家重点工业性试验项目。1985 年 12 月对碳五分离小型中试装置的补充试验进行评审并审查基础设计。1990 年组织上海石化公司与北京化工研究院、北京石化工程公司共同承担国家计委“八五”科技攻关项目“碳五分离综合利用工业性试验装置——25000 吨/年碳五分离装置”的开发任务，1992 年在上海石化建成了国内首套 25000 吨/年碳五分离工业性试验装置，产品有聚合级异戊二烯、化学级异戊二烯、间戊二烯和双环戊二烯四个规格的双烯产品。经鉴定，该成套技术总体达到当时国外同类装置水平，使中国石化率先在国内拥有碳五分离成套技术。

1990 年 10 月，我被任命为发展部主任后，在党组领导下除抓好中国石化科技发展规划、计划、科技体制改革及各项科技管理工作外，把主要精力投入推进中国石化的科技开发工作中。每年组织炼油、化工等专业处室在科技发展规划、计划的指导下，落实科研开发项目，与承担单位签订科技开发合同，做到承担单位、研发目标与任务、队伍组织、计划安排、经费等五落实，并抓好项目开发过程中的组织协调工作。重点围绕催化裂化、催化重整、加氢、重油加工、基本有机原料、三大合成材料等领域与主业有关的关键核心技术，开展研究开发和技术攻关工作。

例如，在炼油技术方面，催化裂化是重油轻质化的重要二次加工技术，是生产汽油、柴油和化工原料的主要工艺技术之一。在重油催化裂化技术方面，组织开发了全大庆原油减压渣油催化裂化技术(VRFCC)、ROCC-V 型重油催化裂化技术等；为了满足国内市场对丙烯等化工原料的需求，组织开展了以重质原料催化裂解生产低碳烯烃的技术攻关；根据不同的市场需求，相继组织开发了重油原料最大量生产液化气和高辛烷值汽油的 MGG 技术、最大量生产异构烯烃的 MIO 技术等催化裂化家族技术。此外，还组织开展了系列加氢精制、加氢裂化催化剂与工艺技术开发等。在石油化工技术方面，重点围绕乙烯、丙烯腈、乙苯/苯乙烯、聚丙烯、溶聚丁苯橡胶、顺丁橡胶等技术开展了一系列研究开发工作。

为了组织好重大科技项目的技术攻关，加大攻关力度，以便快出成果，我和主管科技的阎三忠副总经理共同提出了建立“十条龙攻关”机制和制度，经中国石化党组批准后实施。有关中国石化“十条龙”攻关制度的创建及实施情况将在第五章叙述。

四、组织制定科技体制改革的规定和措施

科技体制改革的根本目的是贯彻中央“经济建设必须依靠科学技术，科学技术必须面向经济建设”的方针，使科技与经济紧密结合。1987 年 3 月 21 日印发的《中国石油化工总公司关于当前科技工作形势和今后工作的若干意见》，提出了深化科技体制改革，加快科技进步的方针和意见。据此，经过调查研究，发展部起草了《中国石油化工总公司关于推进和加快企业技术进步的若干规定》，于 1991 年 3 月提交第四次科技工作会议讨论审议。会后在阎三忠副总经理的领导下，我组织发展部有关处室对该规定进行了反复修改，经党组审批后于同年 12 月 17 日发布实施。该“规定”对石化企业技术进步的内容、重点、组织领导、激励机制、资金、成果转化等进行了阐述，提出了企业要建立健全经理(厂长)领导下的、以总工程师为首的技术进步管理体系和技术责任制。

1995 年 5 月，《中共中央、国务院关于加速科技进步的决定》颁布，并召开了全国科技大会。时任中国石化总公司总经理盛华仁同志在全国科技大会上介绍了中国石化科技工作经验，引起了强烈反

响。全国科技大会后，在阎三忠副总经理领导下，我和发展部的同志们立即学习贯彻会议精神，在认真总结中国石化总公司科技进步工作经验的基础上开展了一系列调研，起草了总公司《关于贯彻〈中共中央、国务院关于加速科技进步的决定〉的若干规定》(以下简称《若干规定》)，在总公司直属企业经理(厂长)、党委书记座谈会上征求意见，修改后经党组审批下发。

《若干规定》系统总结了总公司成立以来科技工作的经验，提出总公司要实行“一个整体，两个层次，分工协作，综合集成”的科技管理体制，“一把手”要抓科技工作，建立适应社会主义市场经济体制要求的“市场—科技—生产—市场”的新的企业科技进步机制。要求加大科技投入，加快人才培养，在优势领域集中力量实行内部“一条龙”，外部“三结合”，高起点、高水平地进行科研开发，增强企业在国内外市场的竞争力。“一个整体”是指要充分发挥总公司的联合优势，集中必要的人力、财力、物力，联合攻克一批对石油化工发展具有关键作用的科技难题，力争在世界占有一席之地。“两个层次”是指总公司和企业在科技开发上互有分工，总公司层次主要是统一组织直属研究院、设计院和燕山石化、上海石化、大庆石化、齐鲁石化、扬子石化、兰州石化、兰州炼油、抚顺石化等具有较好科技开发条件的企业，攻克对推进科技进步具有共性的重大科技问题，科技成果开发出来后与各企业共享。企业这个层次主要是转化和推广科技成果，解决生产中的“瓶颈”问题，开发新产品、新牌号，解决在调整产品结构、提高产品质量、节能降耗方面的各种技术问题。两个层次“分工协作，综合集成”，形成“一盘棋”，共同推进总公司整体技术水平的提高，实现效益最佳化。

《若干规定》明确提出“一把手”抓第一生产力要抓好四件事：一是抓好本单位科技进步总体规划，明确科技进步的具体目标和要求；二是规划实施过程中的组织和协调；三是抓好开发资金筹措；四是抓好人才培养和知识分子政策的落实。

此外，《若干规定》对科技计划、科技经费使用办法以及科技开发项目的管理进行了改革，引入竞争机制，实行科技项目承包责任制。

根据总公司领导关于克服科技体制中存在的“三散一低”(课题、资金、人员分散，低水平重复)问题的指示，1996年底我和技术开发中心其他负责同志组织技术开发中心有关人员起草了《中国石油化工总公司关于深化科技体制改革的若干意见》(以下简称《若干意见》)，通过在科技委会、科技工作会及专门召开的由22家单位有关同志参加的座谈会上征求意见，经总公司办公会讨论审议，于1997年4月下发执行。《若干意见》是1995年《若干规定》中提出的“一个整体，两个层次，分工协作，综合集成”的科技进步管理体制的具体化和补充，使之更具可操作性。分别从总公司、直属研究院、直属设计院、直属企业角度，明确了科技进步的任务和方向，对研究院、设计院主要业务领域进行分工，要求发挥联合优势，搞好分工协作，从而克服“三散一低”问题。

五、努力履行好总工程师负责制

1994年11月，我被任命为中国石化总公司总工程师，后来随着中国石化体制改革，相继成立中国石化集团公司和股份公司，我又被任命为中国石化集团公司和股份公司的总工程师。总工程师的主要职责是在中国石化党组的领导下，协助主管科技的副总经理推进中国石化的科技进步，包括加强科技管理、搞好科技规划与计划的编制与实施、组织推动研究开发和重大技术攻关、基本建设和技改项目工艺技术的选择与确定、对外科技交流与合作、科技成果的推广应用与直属企业的技术咨询，等等。在任命我为总工程师后，总公司党组决定在办公厅设立总工程师办公室，作为总工程师的办事机构，在总部有关部门的大力支持下，配备了专业人员用以支持总工程师和副总工程师的工作。

中国石化总公司党组对企业要建立健全经理(厂长)领导下的、以总工程师为首的技术进步管理体系和技术责任制十分重视，为实施以总工程师为首的技术进步管理体系和技术责任制，在总公司的计划部、生产部、工程部等有关部门设立部门总工程师职位，在各下属生产企业和科研、设计单位均设置总工程师职位。为发挥以总工程师为首的技术进步管理体系和技术责任制的作用，从1997年起，总公司党组要求建立总部总工程师例会制度，例会由我主持，与会成员是各部门总工程师。根据年度总公司科技进步的中心工作，年初我组织部门总工程师议定若干议题，例会时集中一个议题开展研究，各有关部门的总工程师根据各自职责事先开展调研，准备意见，例会讨论后形成会议纪要，上报党组，党组审定后贯彻执行。此“例会”制度有力地推动了总公司的科技进步工作。

自从被任命为中国石化的总工程师，我认识到自己肩负重要责任，便全力以赴地投入工作。在党组领导下，协助主管科技的副总经理全力推进中国石化的科技进步。在加强科技管理方面，组织科技部门建立更严格的科技项目立项程序和审批程序。对于技术开发项目，强调开题必须根据市场需求和总体发展规划，坚持高标准、高起点，瞄准关键技术集中攻关，务求突破；强化项目管理，建立项目经理责任制，实行“门径”管理制度等；作为集团公司新产品开发领导小组副组长，积极推进集团公司新产品开发工作；加大“十条龙”攻关等重大科技项目攻关组织力度，大力推动重大科技开发项目攻关工作。在科技部和有关部门的协调组织下，茂名石化200万吨/年渣油加氢成套技术工业应用成功；燕山石化100万吨/年中压加氢改质装置开车成功；采用国产化环管聚丙烯成套技术，先后建成7套7万吨/年和1套10万吨/年工业装置并一次投产成功；干气制乙苯、乙苯负压脱氢及甲苯歧化技术工业应用成功等，取得了一系列重大科技成果。组织完成中国石化牵头组织或参加的国家重点科技攻关项目，如大型乙烯重大技术装备攻关等。主持企业技术诊断和咨询，带领专家组为企业挖潜增效、优化生产提供解决方案，等等。

“九五”期间，原国家计委为建立科技成果转化机制，增强工程技术开发能力，决定使用世界银行贷款实施国家工程研究中心（以下简称工程中心）建设计划。在得知这一信息后，我立即向党组汇报，认为中国石化应借此机会申报建设若干工程中心，以增强科技成果的工程转化能力，得到了党组和主管领导的大力支持。之后我多次到计委科技司找马德秀司长汇报，组织中国石化科技部和有关企业、院所提供申报材料，经过不懈努力，国家计委批准中国石化设立炼油工艺与催化剂（依托石科院）、橡塑新型材料合成（依托燕山石化）、合成纤维（依托上海石化）和基本有机原料催化剂（依托上海石油化工研究院）工程中心，并控股投资了原化工部申报的聚烯烃工程中心（依托北京化工研究院，当时北京化工研究院尚未加入中国石化总公司）。五个工程中心共利用世界银行贷款 2138 万美元，配套人民币 34173 万元（其中中国石化投资超过 2 亿元），建设了 44151 平方米的试验厂房和综合楼，采购了大量具有国际先进水平的仪器设备，建设了一批工程试验装置，使科研手段上了一个新台阶。截至 2003 年 4 月 15 日，五个工程中心全部完成了国家计委批复的可研报告的各项建设任务。这五个工程中心对中国石化的科技发展起到了重要的作用。

合成纤维国家工程研究中心竣工验收会合影（前排左起：第 6 袁谓康、第 7 曹湘洪、第 8 袁晴棠、第 9 蒋士成、第 10 洪定一，2003 年 3 月）

在对外科技合作和交流方面，在党组和主管科技的副总经理领导下，我积极组织中国石化科技人员参与 1997 年第十五届世界石油大会及多次世界石油大会，以及国际华人石油与石油化工科技研讨会等国际会议，在中国石化驻外机构(美国、德国代表处)派驻科技代表，大力推进对外科技交流与合作。例如，1995 年 2 月，受时任总经理盛华仁同志的委托，开展与霍尼韦尔公司建立策略联盟的谈判。为此，我带领由各相关部门负责同志参加的工作组，通过国外实地考察、谈判等方式，于同年 5 月与对方达成建立策略性联盟协议，并于 1995 年 8 月 17 日在人民大会堂由盛华仁总经理主持正式签订联盟协议，这是中国石化与国外知名公司建立策略联盟的一次有益尝试，该联盟协议的签订对提高中国石化生产企业的自动控制水平起到了显著的推动作用。

中国石油化工总公司与霍尼韦尔公司策略性联盟协议签字仪式
(左起：第 2 李毅中❶、第 3 庞斯诺、第 4 盛华仁、第 6 黄春萼❷、第 7 袁晴棠，1995 年 8 月)

❶李毅中，历任中国石油化工集团公司总经理、党组书记，中国石油化工股份有限公司董事长，国务院国有资产管理委员会党委书记、副主任，国家安全生产监督管理总局局长，工业和信息化部部长。中共第十四、十五届中央候补委员，中共第十六、十七届中央委员。

❷黄春萼，曾任中国石化总公司副总经理，党组成员。

在我任中国石化总工程师期间，与中国石化侯芙生院士和张德义副总工程师协同配合、密切合作。侯芙生院士和张德义副总工程师(大家都称他们为侯总和张总)都是炼油和石油化工专家，了解企业的生产情况，有丰富的实践经验。我很尊重他们两个人的意见，每当要开会研究重要的技术问题时，我总是在会前先征求他们两人的意见，当我们三个人形成一致意见后，我才会主持会议进行讨论。侯总和张总对我的工作也很支持，不论是在总部我主持研究技术方案工作，还是我带队赴企业技术咨询，他们都积极发表自己的意见，全力支持我的工作。除工作之外，在生活上我们也彼此关心，相互帮助，在十几年的共同工作中，结下了深厚的友谊。

六、积极推动科技成果的推广应用

在中国石化党组的领导下，不论是在科技管理部门负责人岗位，还是在中国石化总工程师岗位，我都高度重视科技成果的转化和推广应用，在大力组织科技开发和深化科技体制改革的同时，积极推动科技成果向生产转化，做到“探索一批、开发一批、转化一批、推广一批”。为了使企业及时了解、使用新技术，组织编制年度《重点推广技术选编》《主要国产三剂目录》，并在年度科技进步工作会上作为会议文件下发，取得了积极的成效。据1995年测算，中国石化科技成果转化率达56%以上，石化工业所需的六大类催化剂已有80%立足国内，每年节省外汇2亿美元，降低生产成本10亿元以上。由于技术改造和科技成果的推广应用相结合，1994年产生的全部经济效益达85亿元。

1995年11月15日，盛华仁总经理、阎三忠副总经理等向国务委员兼国家科委主任宋健同志及国家有关部委汇报了中国石化总公司贯彻落实《中共中央、国务院关于加速科技进步的决定》及全国科技大会精神的情况和总公司科技进步所取得的成绩。宋健同志充分肯定了中国石化总公司科技进步工作的做法和发展方向，并提出把总公司科技开发和科技进步相关工作作为典型进行总结和宣传。1996年1月4日，国家科委举行国内新闻发布会，由中国石化总公司发布有关“八五”科技进步的情况。会上，总经理盛华仁同志系统地介绍了总公司成立以来在科技方面所取得的主要成绩、经验和做法。我介绍了总公司开发的重大科技成果。会后，《人民日报》、《经济日报》、《科技日报》、中央电视台等14家新闻单位陆续做了报道，总公司在科技进步方面的工作受到了社会各界的关注，在国内引起了较大反响。

七、完成中央要求的石化专题材料

1997年9月，有一天已经很晚了，盛华仁总经理给我布置了一项重要任务，要求提交一份介绍石油化工的材料——《石油化工简介》，为中央确定石油化工为我国国民经济支柱产业提供参考依据。材料要上报中央，要求内容准确，言简意赅。

我接受任务后，当晚组织总工程师办公室主任胡炳镛等同志一起商议有关落实工作。在此后的一个多月时间内，我和总工程师办公室的同志们一起研究如何表述石油化工的定义，如何着重就以石油炼制得到的部分馏分油为原料，通过一系列加工过程生产基本有机原料和三大合成材料等产品作简要介绍，并对国内外石油化工生产发展情况进行了调研。

经过数十稿的修改，于1997年10月31日完成了《石油化工简介》，印了20份交盛华仁总经理审阅后呈报给中央主要领导同志，圆满地完成了任务。这份材料用高度概括的语言讲清了石油化工的内涵，深入浅出地介绍了复杂庞大的石油化工产业及其在世界主要经济体发展中所起的重要作用，数据翔实、叙述明了，有力地支持论证石油化工理所当然应成为我国国民经济的支柱产业。

自1985年至2004年，在我先后担任中国石化总公司发展部副主任、主任，科技开发公司经理、技术开发中心主任和中国石化总公司、中国石化集团公司暨中国石化股份有限公司总工程师期间，在中国石化党组的领导下，参与创建中国石化科技开发体系；组织编制并实施中国石化科技发展规划与计划；参与创建中国石化“十条龙”科技攻关机制和制度，组织实施并大力推动石化重大科技攻关；组织制定中国石化科技体制改革的规定和措施，积极推进科技体制改革；组织推动科技成果的推广应用。除了上述工作，还有科技成果与知识产权管理(包括科技成果登记、鉴定、奖励与专利管理)、标准化管理、技术市场和国内外科技交流与合作、组织年度科技工作会及科技委员会等工作，这些工作都是中国石化科技管理工作的重要组成部分。实践证明，中国石化的科技管理工作对中国石化的科技进步起到了重要的推动作用。

第五章

参与创建并组织实施“十条龙”科技攻关

进入20世纪90年代，中国石化肩负着加快发展石化工业，支持国民经济发展的重要任务，同时又面临激烈的国际竞争，迫切需要加快新技术开发支撑产业发展，提高市场竞争力。在这种形势下，"十条龙"科技攻关机制和制度应运而生，中国石化开启了"十条龙"科技攻关的新征程。

第一节 "十条龙"科技攻关的背景

20世纪90年代初，中国石化总公司面临如何加快科技进步和如何对重大技术进行重点突破的挑战。为应对此挑战，总公司创建了"十条龙"科技攻关机制和制度，其背景有如下几点：

一是我国石化工业的发展迫切需要加快技术进步。中国石化总公司成立后，认真落实中央要求，及时完成齐鲁石化、大庆石化、扬子石化、上海石化4套停缓建的引进的30万吨/年乙烯及配套装置建设，积极开展生产装置技术改造，大力推进石化工业发展，但到1990年，我国乙烯能力仅206.8万吨/年，石化工业的发展远不能满足国民经济发展和人民生活水平提高的需求。1988年9月，邓小平同志进而提出"科学技术是第一生产力"的论断，1991年党中央、国务院提出了经济建设必须依靠科学技术，科学技术工作必须面向经济建设的科技工作基本方针。中国石化党组认真贯彻党和国家科技工作方针，提出了"振兴石化，科技先行"的指导思想，认识到中国石化要发展石化工业，支撑国民经济发展，必须加快科技进步步伐，一定要拥有自己的核心技术，重点突破一批关系石化工业发展的重大技术，并尽快实现工业化。

二是中国石化总公司需要依靠技术进步提高竞争力。20世纪80年代末至90年代初，世界科技发展日新月异，石化市场竞争日趋激烈。1990 年，世界石化市场出现产能过剩，产品价格下跌，国外石化公司向我国大量倾销石化产品，严重冲击了国内石化市场，中国石化总公司生产的产品出现严重积压。其原因是我们生产的产品品种、牌号、质量与国外有差距，应用研究与技术服务跟不上。中国石化要实现在产品品种、质量、价格上与国外大型石化公司论伯仲、比高低，必须加快科技开发步伐。

三是生产装置全面达标需要先进技术支撑。中国石化总公司成立之初，由于技术、管理、设备配套和原料等方面存在一些问题，下属企业大部分炼油、化工、化纤、化肥等生产装置长期达不到设计能力，其中有些装置存在生产技术难题，使部分装置无法正常运行。为此，中国石化总公司从 1985 年开始就开展生产装置全面达标活动，但到 1990 年底，182 套装置中仍有 141 套没有实现全面达标。总公司实施生产装置全面达标活动，对科技支撑提出了迫切需求。

四是中国石化总公司集团化、一体化体制优势，为联合科技攻关创造了条件。总公司是跨地区、跨行业的经济实体，对全国重要的炼油、化工、化纤企业实行产供销统一管理，体制上包括生产、销售、科研、设计、施工、教育等方面，体现出一体化、集团化的体制优势，为开展科研、设计、生产、销售联合科技攻关创造了体制条件。

五是从 1991 年起，国家允许企业按销售收入的 1%提取科技开发费并计入成本，为总公司开展“十条龙”科技攻关提供了资金保障。

第二节　“十条龙”科技攻关提出过程

1990 年 10 月，我被任命为中国石化总公司发展部主任，基于对推动我国石化工业发展急需加快科技进步步伐、中国石化总公司提高竞争力需要依靠科技进步以及急需为生产装置达标提供技术支撑的认识和紧迫感，1991 年 1 月，总公司主管科技的阎三忠副总经理和我一起研究当年科技工作时，急切地寻找如何加快科技开发及如何突破重大关键核心技术的办法，对如何加快科技攻关进程，及早攻克急需解决的重大关键核心技术问题进行了研究。我们经过深入的研究讨论，形成了两条意见。

一是关于如何加快科研开发进程问题。通过讨论，认为应充分发挥总公司体制优势，尊重科研开发规律，让设计及早介入科研过程，加强研究开发过程中的工程研究，尽早解决科研成果工程化中的工程技术问题，以便加快研发进程；对于已完成实验室研究和中试研究，有工程转化目标的项目，让生产企业及早介入以发挥工程转化主体作用，按工程转化目标加快开发进程；科研开发和成果的工程转化离不开关键设备的研制，否则工艺过程就无法实施，因此也需要设备研制单位适时介入，从而得出了第一条意见，即对有研究基础的重点科研开发项目，要发挥总公司体制优势，组织科研、设计、生产、设备制造等单位进行联合攻关。对于有产品开发的项目，由于要了解市场信息和开拓市场，还要把销售单位组织进来参与攻关工作。这种联合攻关，是把承担不同任务的多家单位组织在一起瞄准同一目标开展攻关工作，很像中国传说中的“龙”在舞动，因此我和阎三忠副总经理就把它称为“一条龙”联合攻关。

二是关于如何及早攻克急需的重大关键核心技术问题。经过研究认为，攻克重大关键核心技术，必须实施集中力量重点突破的策略。需要把总公司有限的人力、物力、财力等科技资源集中起来，实施重点突破。从而提出了第二条意见，即瞄准总公司急需的重大关键核心技术，举全公司之力，开展“一条龙”联合攻关，集中力量，重点突破，争取以最快的速度攻克技术难关。

在形成上述两条意见之后，我和阎三忠副总经理在征求发展部有关同志意见的基础上，从当年研究开发计划项目中，挑选出十个项目，即 40 万吨/年催化裂解、60 万吨/年缓和加氢裂化、催化裂化-芳烃抽提组合工艺、中压加氢改质、连续重整、蒸汽裂解制乙烯、稀乙烯制乙苯、甲乙酮、丙烯腈、聚氯乙烯改性剂 MBS 等，作为第一批“一条龙”联合攻关项目，称为“十条龙”攻关，拟纳入 1991 年 3 月总公司第四次科技工作会内容，并向党组进行了汇报，得到了总公司党组同意。中国石化总公司便从 1991 年开始组织实施“十条龙”攻关，从此形成了中国石化的“十条龙”科技攻关机制和制度及独具特色的组织模式。“十条龙”攻关已成为中国石化重大技术开发的代名词。

最初的“十条龙”攻关项目主要是炼油和石油化工技术开发项目，后来随着中国石化总公司改革重组和业务发展的需要，“十条龙”攻关项目涵盖面逐步扩大。1998 年，中国石化改革重组后增加了油气勘探开发业务，1999 年“十条龙”攻关项目中增加了“特高含水主力油田提高采收率综合配套技术研究与应用”等 7 个上游项目；随着环保要求的不断提高，1999 年增加了“大型硫黄回收成套技术国产化”等环保项目；根据市场需求和新业务拓展的变化，1998 年开始增加了高性能合成材料以及新能源、现代煤化工等方面的攻关项目。

第三节 “十条龙”科技攻关的组织实施

为落实总公司科技工作会议部署的“十条龙”攻关任务，在阎三忠副总经理的领导下，我带领总公司发展部的同志们做了一系列准备工作，并于 1991 年 6 月 18—20 日在安庆石化总厂召开了总公司第一次“十条龙”攻关工作会议。会议围绕“十条龙”攻关任务进行了“五落实”，即对每个攻关项目的攻关目标、攻关任务内容、攻关进度、承担单位和组织领导等五方面进行深入研究和协调，取得了一致意见，并形成了会议纪要，用以指导以后的攻关工作。此后作为惯例，“十条龙”攻关工作会议每年召开一次，会议纪要作为指导攻关工作的依据。

中国石化总公司“八五”“十条龙”科技攻关会议合影（前排：左 1 袁晴棠、左 3 张德义、左 7 阎三忠、左 8 侯芙生、左 12 区灿棋，1991 年 6 月）

为使“十条龙”科技攻关制度化，在总公司第一次“十条龙”攻关工作会之后，我组织发展部有关处室制定“十条龙”攻关项目管理办法，经总公司领导审批后于 1991 年 9 月 22 日印发了《“八五”“十条龙”和重大攻关项目管理办法》（简称《办法》），明确了“十条龙”攻关项目的组织管理、立项管理、过程管理和结题管理等有关制度。《办法》规定在组织管理上，总公司成立“十条龙”攻关领导小组，负责攻关领导工作，包括制定攻关的总体部署，决定“入龙”和“出龙”项目，攻关任务、攻关目标、技术指标的协调，协调和解决攻关中的重大问题。第一任领导小组组长由主管科技的阎三忠副总经理担任，领导小组办公室设在发展部，具体负责组织“十条龙”攻关工作和协调攻关中出现的问题。每条“龙”分别成立攻关工作组，组长单位由领导小组指定，成员包括各承担单位负责人，攻关工作组按分工联合开展攻关工作。此外，还对“十条龙”攻关项目的立项管理、过程管理和结题管理作出了具体规定。这些管理规定对规范和推进“十条龙”攻关工作起到了重要作用。由于“十条龙”攻关项目是发展石化工业和提高中国石化竞争力最急需的重大技术、关键技术，是总公司科技开发计划中最重要的项目，在“十条龙”攻关机制、制度和攻关项目确定后，我每年都要花很大精力和总公司发展部(后来的科技开发公司、技术开发中心)其他负责同志及有关处室并会同相关部门狠抓“十条龙”攻关项目的总体推进和落实工作。

第四节　“十条龙”科技攻关的成效

“十条龙”科技攻关发挥了中国石化集团化、一体化的体制优势，实现了科研、设计、生产三结合，符合科研开发的规律，体现了集中力量重点突破的策略，调动了科研、设计、生产单位科技人员的积极性，使“十条龙”科技攻关工作顺利推进，形成机制和制度，充满活力。经过 30 余年的科技攻关，中国石化的“十条龙”科技攻关已取得丰硕成果，形成了一批拥有自主知识产权的核心技术，取得了显著的经济效益和社会效益，对推动中国石化和我国石化工业的发展起到了重要的技术支撑作用。

我参与了“十条龙”科技攻关机制和制度的创建，并在担任中国石化总工程师和科技部门负责人期间大力推动并组织实施“十条龙”科技攻关，其中蒸汽裂解制乙烯技术攻关由我主持，花了比较多的精力，将在第六章叙述，部分难度较大的项目由我亲自抓技术方案的确定和组织协调工作。例如，固定床渣油加氢技术通过加氢过程脱除渣油原料中大部分金属、硫、氮等杂质，同时进行适度残炭加氢转化，可为催化裂化装置提供优质原料，是重油轻质化的重要技术手段之一。1994年中国石化经过论证决定开发固定床渣油加氢技术，并纳入“十条龙”攻关。我带领科技开发公司炼油处的同志组织具有一定研发基础的抚研院和洛阳工程公司开展催化剂和成套工艺技术研发，攻关目标是在茂名石化建设200万吨/年工业装置。攻关工作开始不久，总部有关部门有人质疑研发团队能否为茂名石化200万吨/年渣油加氢装置开发出可行的成套技术，这种质疑有可能动摇建设200万吨/年工业装置的目标。针对这一严重问题，我一方面立即组织抚研院整理与论证已有的研发资料和技术基础，深入分析研发能力，对抚研院提出严格的研发要求，并向总公司主要领导报告研究单位有能力攻克此技术难关，得到了总公司主要领导的理解和支持。另一方面，我亲自主持该项目攻关过程中各阶段的重要会议，请炼油专家侯芙生院士任技术顾问，认真研究确定工艺技术方案和原料、加氢渣油质量指标；根据茂名石化实际处理的渣油，用抚研院脱金属、脱硫、脱氮系列催化剂严格进行小试、中试和条件试验，验证加氢处理工艺；根据中试结果，确定200万吨/年渣油加氢工业装置的设计条件及开车方案，等等。整个开发过程严格按科学规律，催化剂在中试装置上在线运转时间长达1万多个小时。通过“一条龙”攻关，为茂名石化200万吨/年渣油加氢装置提供了可靠的成套技术，工业装置于1999年成功投入运行，并于2001年4月通过鉴定，成套技术各项指标达到国际先进水平。该项成套技术已在海南炼化、金陵石化、扬子石化、石家庄炼化等石化企业推广应用并出口印尼，取得了良好的经济效益和社会效益。

丙烯腈是合成纤维、合成橡胶、合成树脂三大合成材料的重要化工原料。中国石化总公司成立之初，我和发展部区灿棋总工程师将丙烯腈技术开发确定为首批化工技术开发项目之一，并组织上海石油化工研究院在其多年研究的基础上开展丙烯腈技术研究。1991年3月，丙烯腈技术开发列入中国石化首次开展的“十条龙”科技攻关，以上海石油化工研究院为牵头单位，开展催化剂、成套工艺技术

"十条龙"攻关项目茂名石化200万吨/年渣油加氢装置前合影
(右起:第1韩崇仁、第2乔映宾、第3张德义、第4侯芙生、
第5袁晴棠、第6洪定一,2001年4月)

和关键设备研发。经过持续努力,形成了包括MB、SANC系列催化剂,大型流化床反应器,提高丙烯腈精制回收率、复合萃取分离、负压脱氰、旋液分离器和高纯乙腈连续回收等关键技术的中国石化具有自主知识产权的丙烯腈成套技术。1999年,采用中国石化丙烯腈成套技术成功地将齐鲁石化2.5万吨/年丙烯腈装置扩能至4万吨/年;2003年将上海石化6万吨/年丙烯腈装置扩能至13万吨/年;2011年将齐鲁石化丙烯腈产能又扩能至10万吨/年;2013年1月安庆石化采用中国石化丙烯腈成套技术新建单线13万吨/年丙烯腈装置一次投产成功,各项指标达到国际先进水平。中国石化丙烯腈成套技术的开发成功,打破了国外公司对丙烯腈技术的垄断,促进了我国丙烯腈产业发展,为企业带来显著的经济效益和社会效益。

聚丙烯(PP)是一种性能优良的热塑性合成树脂,产品具有密度小、生产成本低、无毒、易加工及电绝缘性好等优点,在汽车工业、家电、电子、农业、建筑包装及建材家具等领域应用广泛。早在中国石化总公司成立之初,我和时任发展部总工程师的区灿棋同志就很重视聚丙烯技术开发,在北京化工研究院仍属化工部的情况下，采用项目合作的方式与其开展聚丙烯催化剂研究，于 1984 年取得 N 催化剂的突破。为了突破北京化工研究院不隶属中国石化总公司的体制障碍，尽快使高效聚丙烯 N 催化剂技术实现工业转化，我提出了双方组建创新联合体的建议，得到了中国石化总公司党组的同意和支持。遂双方联合建立了北京奥达石化新技术开发中心，实现了高效聚丙烯 N 催化剂技术的工业转化。在北京化工研究院加入中国石化之后，相继开发了 DQ 系列新型球形聚丙烯高效催化剂、适用于无预聚合工艺气相法聚丙烯装置的 NG 系列催化剂、以二醇酯为内给电子体适用于单环管开发宽分子量分布的聚丙烯 ND 催化剂。在此基础上，通过组织“十条龙”科技攻关，相继开发出一代、二代环管聚丙烯成套技术。

1995 年至 1999 年期间，组织开展“7 万吨/年环管聚丙烯成套技术”开发，并列入“十条龙”科技攻关。以中国石化工程建设公司、北京化工研究院为主要攻关单位，吸收长岭、福建、武汉、九江、济南等炼厂参加。经过三年攻关工作，完成了环管聚丙烯工艺技术及工程设计攻关任务，实现了工艺技术和设计、制造、建设的全面国产化，解决了炼厂丙烯的精制问题，完成了聚丙烯 N 催化剂长周期工业试验、N 催化剂工业应用与产品牌号开发等攻关任务，建成了 7 套 7 万吨/年和 1 套 10 万吨/年的聚丙烯装置，并相继一次投产成功，创造了显著的经济效益和社会效益。

2002 年至 2003 年期间，组织开展了 20 万吨/年第二代环管聚丙烯成套技术攻关。由上海石化、中国石化工程建设公司、北京化工研究院承担攻关任务，目标是开发具有自主知识产权的催化剂，完成 20 万吨/年第二代环管聚丙烯工艺技术、工程技术开发和示范装置建设，在聚合反应工艺、氢气分离系统设计和预聚合工艺方面均要有所创新，形成成套技术并达到国外先进水平。我十分重视此项攻关，记得在 2002 年 4 月科技开发部组织召开第二代环管聚丙烯成套技术开发技术方案讨论会时，正值我腿部患良性瘤在医院手

"十条龙"科技攻关项目"聚丙烯大球催化剂 DQ-1 工业试验鉴定会"
(右面前排第 2 洪定一、第 3 袁晴棠，1999 年)

术，由于着急参加会议，在医生缝完针后我便立即赶往会场参会。经过攻关单位的共同努力，全面完成了预定的攻关任务，用开发的第二代环管聚丙烯成套技术，建成了 20 万吨/年聚丙烯工业装置，一次开车成功，各项指标全部达到设计要求。完成了新型内给电子体聚丙烯催化剂小试、中试技术研究，并进行了应用试验，催化剂主要性能达到国际先进水平。完成了 8 个特殊性能聚丙烯牌号的小试和中试技术开发，其中两个牌号进行了工业化生产，产品各项性能指标与国际同类产品相当。该技术为企业带来显著的经济效益和社会效益，是中国石化聚丙烯技术开发历程中的一个重要节点。

"十条龙"攻关项目工业转化成功后都得到推广应用。例如，大庆减压渣油催化裂化技术在燕山石化完成了攻关工作，使大庆减压渣油掺炼量由 40%提高至 76%，炼厂轻油收率提高了 4 个百分点，年经济效益达 10567 万元，并将原催化装置使用的蜡油顶替出来进入中压加氢裂化装置，增产的加氢尾油是优质的乙烯原料，为燕山石化乙烯扩能增供裂解原料提供了技术支撑。该技术还推广应用到洛阳石化、九江石化、金陵石化、兰州炼化总厂、大庆石化总厂等炼油企业。又如，MIP（低烯烃清洁汽油生产工艺技术）于2002年开发成功后，在高桥石化140万吨/年催化裂化装置上进行了工业试验，使汽油烯烃含量由48%降至34%，直接达到国家标准，当年为企业新增效益3400万元，随后推广应用，取得显著的经济效益和社会效益。

“十条龙”攻关项目“气相法聚乙烯催化剂的工业应用试验技术鉴定会”

（右边前排第2张勇、第3袁晴棠、第4洪定一，2000年）

以上是“十条龙”科技攻关的几个例子。“十条龙”攻关坚持“探索一批、开发一批、转化一批、推广一批”的滚动发展方针，每年都有“入龙”和“出龙”项目，随着攻关项目不断增加，每年在“龙”的项目已不止十个，但“十条龙”攻关的做法和叫法一直沿用至今。

中国石化的“十条龙”科技攻关机制和制度自1991年创立以来，已走过了30余年的历程，30余年来通过实施“十条龙”科技攻关，开发了一批具有先进水平的支撑主业发展的核心技术，已实现200余项技术的工业转化，部分技术已出口国外，产生了巨大的经济效益和社会效益，提高了中国石化的整体技术水平和国际竞争力。实践证明，“十条龙”科技攻关这种组织形式是成功的、有效的。1992

年，原国务委员、国家科委主任宋健同志在听取中国石化关于科技进步情况汇报时，对中国石化“十条龙”科技攻关机制和制度给予了充分肯定，认为中国石化总公司的“十条龙”科技攻关是国内企业技术进步的一个很好方式和典范。

“十条龙”科技攻关取得成绩的原因：一是“十条龙”科技攻关贯彻了“科学技术是第一生产力”的重要论断，成为为中国石化产业发展提供重要技术支撑的体制和机制。二是历届中国石化党组高度重视“十条龙”科技攻关工作，从人力、物力、财力和工程转化项目上给予大力支持，及时解决攻关过程中遇到的重大问题，使“十条龙”科技攻关工作持续不断向前推进。三是“十条龙”科技攻关的组织形式符合技术研发规律。“十条龙”科技攻关是把科研、设计、生产、设备制造等单位组织在一起联合攻关，科研开发是基础，工程设计是桥梁，生产企业为依托，有利于缩短研发周期，并推动科研单位与生产企业紧密结合。四是“十条龙”科技攻关充分发挥了中国石化集团化的体制优势，加快了科技成果工业化进程。五是“十条龙”科技攻关贯彻了集中力量重点突破的策略，加快核心技术的突破，避免低水平分散研究现象。在“十条龙”科技攻关模式下，中国石化协调系统内外的科技资源，集中公司的财力、物力、人力，确保研发的技术以最快的速度实现工业转化，并且一旦开发成功便可以快速推广应用。

2023 年 12 月 21 日至 22 日，中国石化集团公司召开了年度“十条龙”科技攻关工作会议，在这次会议上有 8 个攻关项目顺利“出龙”，7 个新项目“入龙”，一批在研的项目取得积极进展，各类项目数量均创历史新高，体现出中国石化把“十条龙”科技攻关摆在科技工作更加突出的位置，切实把科技能力转化为现实生产力。我在参加此次会议听取这些项目汇报时，心中感慨万千，一方面为“十条龙”科技攻关取得的新成绩而无比振奋；另一方面也深感“十条龙”科技攻关制度历久弥新，虽已创立 30 余年，但仍充满了旺盛的生命力，定将推动中国石化的科技创新取得新的更大的成绩。

第六章

主持乙烯技术攻关[1]

[1]本章部分主要成果已列入中国石化科技成果汇编。中国石化科技部. 中国石化科技成果汇编(1983—2015年)[M]. 北京：中国石化出版社，2016：279-298.

1983 年中国石化总公司发展部组建后，需要确立科技开发项目，我与时任发展部总工程师的区灿棋同志一起研究确定了中国石化首批化工开发项目，乙烯技术开发是重点项目之一。

选择乙烯技术作为首批重点项目的原因：一是乙烯工业是石化工业的基石，1983 年我国乙烯产能只有 62 万吨/年，时任国务院副总理万里要求到 2000 年中国乙烯产量要赶上苏联，认为乙烯产能是一个国家石化工业发展水平的代表性指标，发展乙烯工业就需要乙烯技术；二是国务院大力推动技术装备国产化，乙烯成套设备被列入国家 10 项重大装备研制项目之一；三是时任中国石化总公司总经理陈锦华高度重视乙烯特别是裂解技术的开发与国产化。总公司成立不久，有一天锦华同志让我到他办公室，语重心长地给我交代一项重要任务，要求我抓好裂解技术开发工作，争取早日实现裂解技术国产化，并满怀激情地讲："我们是搞石油化工的，如果不能实现裂解炉国产化，进而实现乙烯装置国产化，将愧对后人。"

上述原因加深了我对开发乙烯技术重要性的认识，增强了搞好乙烯技术攻关的责任感和使命感，再加上我从 20 世纪 70 年代初就从事乙烯装置的设计、建设和引进技术的消化吸收工作，使我对乙烯技术有很深的情结，对国内从事乙烯技术研究和设计的技术人员比较熟悉，为日后主持乙烯技术开发工作提供了有利条件。当时便下定决心，一定要把乙烯技术首先是裂解技术开发出来，使中国早日拥有自己的乙烯技术。国家急需乙烯技术和总经理锦华同志的重托成为我此后抓好乙烯技术开发工作的初心使命和不竭动力。20 世纪 70 年代通过燕山石化引进的 30 万吨/年乙烯装置的设计与建设及乙烯工艺计算攻关培养了一支乙烯技术研发队伍，为开发我国自主乙烯技术奠定了基础。

第一节　CBL 系列裂解技术的研发与工业应用

乙烯技术被确立为中国石化总公司首批重点开发项目后，为了集中力量起好步，决定首先开展裂解技术攻关，目标是开发中国自己的新型裂解炉。为此，首先要组织研发队伍。考虑到原燕山石化设计院(现中国石化工程建设有限公司)曾参与燕山石化 30 万吨/年乙烯装置设计、建设和其后的消化吸收工作，北京化工研究院的裂解室曾开展多年石油烃裂解研究并参与了燕山石化 30 万吨/年乙烯装置的原料评价研究等工作，化工部兰州化工机械研究院(现天华化工机械及自动化研究设计院有限公司)对化工设备研究富有经验，便首先选择了这三家单位参加研发工作。同时，考虑到与燕山石化 30 万吨/年乙烯装置同期引进的还有上海石化 11.5 万吨/年乙烯装置，参与引进谈判、设计、建设的主要是上海医药工业设计院(现中国石化上海工程有限公司)的化工室，也应该把这支力量吸收进研发团队。当时，根据国内对引进裂解技术的消化吸收和研究情况，和区灿棋同志一起研究时，我提出若把两支队伍组织在一起开展新型裂解炉技术开发，不如组建两个研究小组，分别提出各自的研究方案，再进行比较，这样便于发挥两个小组的积极性，发挥两支队伍的特点和智慧。

1983 年年底，经过研究决定选择原燕山石化设计院、北京化工研究院、兰州化工机械研究院组成裂解技术北方研究组，选择上海医药工业设计院组成裂解技术南方研究组。要求以开发中国石化新型裂解炉为目标，分别提出研发思路和技术方案。

1984 年，组织两个研究小组开展研发思路和技术方案研究。根据石油烃热裂解高温、低烃分压、短停留时间的技术要求，在研判国外裂解技术发展趋势、消化吸收引进的各种裂解技术的基础上，和研究小组一起研究炉管构型、急冷方式、供热方式等技术方案。根据研发单位已组成两个小组又难以整合在一起的实际情况，我提出并与区灿棋总工一起确定开发南、北两种新型裂解炉，即由北方研究小组开发北方炉(后命名为 CBL-I 型炉)，南方研究小组开发南方炉(后命名为 SH-I 型炉)。

1985 年至 1986 年，组织南、北两个研究小组进行实验研究和方案研究工作。在大量实验研究和理论研究的基础上，1986 年北方研究小组开发了裂解炉设计最关键的裂解反应模型及创新的炉管构型技术，完成了 2-1 型炉管、二次注汽和二级急冷的技术方案研究。南方研究小组也提出了很有特点的技术方案。1986 年我主持进行了技术方案论证，认为南、北裂解炉技术具备了进行工业试验的条件。于是我抓住时机，积极争取中国石化总公司领导的支持，大力推动南、北两种裂解炉的工业试验工作。经过向总公司领导汇报，在中国石化总公司和国务院重大装备办公室的重视和支持下，1987 年 5 月决定采用北方炉技术在辽阳化纤公司建设一台 2 万吨/年乙烯工业试验炉，采用南方炉技术在高桥石化公司建设一台 1 万吨/年乙烯工业试验炉。

决定进行两种新型裂解炉工业试验后，我组织两个研究小组的科研、设计人员与设备制造、建设单位相结合，以完成两种炉型裂解炉工业试验为目标，开展技术攻关。在攻关过程中，解决了工艺设计、设备设计、炉管(小口径炉管是首次研制)、急冷换热器、燃烧器等关键设备的研制，施工安装、试车运行等过程中遇到的各种难题，最终使两种新型裂解炉的工业试验均获得成功。

中国石化总公司领导对两台新型工业试验炉的开发成功高度重视，陈锦华总经理亲自过问北方炉鉴定会的安排，亲自邀请我国炼油技术奠基人和石油化工技术开拓者之一的侯祥麟[1]老部长担任鉴定委员会主任，并于1990年1月亲赴辽阳化纤公司现场主持北方炉鉴定会。侯祥麟老部长对技术鉴定的要求非常严格，有的地方几近苛刻。通过严格的审查，鉴定意见认为：CBL-Ⅰ型裂解炉主要技术指标达到当时国际同类型裂解炉的先进水平。为了祝贺CBL-Ⅰ型炉开发成功，陈锦华总经理在鉴定会后吃晚饭时拿出从自己家带来的酒向参与开发、建设北方炉的科技人员表示热烈祝贺，鼓励大家继续努力，为开发中国自己的乙烯技术而奋斗，令所有在场的科技人员深受鼓舞。CBL-Ⅰ型炉获1991年国家科技进步奖二等奖、国家重大技术装备表彰项目特等奖、国家“七五”科技攻关重大科技成果奖。主要参与开发的人员包括方邦铻、曾清泉、李玉民、张松龙、阚学诚、茅文星等。

北方炉鉴定会后，南方炉也相继通过了鉴定，各项主要技术指标达到了当时国际同类型裂解炉的先进水平，并获1992年国家科技进步奖一等奖。主要参与开发的人员包括杨德芝、郑生明、石可风、孙源等。两台新型裂解炉的开发成功，标志着中国石化裂解技术的开发迈出了重要一步，实现了裂解工艺技术和装备的国产化，结束了裂解炉技术与装备成套引进的历史，带动了国内制造业的进步。

技术开发的目的是应用。新型裂解炉工业试验成功后，我大力推进新型裂解炉技术的工业应用工作。在1990年1月北方炉鉴定会期间，我曾与时任齐鲁石化公司副总经理的张旭之同志讨论能否尽快在齐鲁石化建设一台4.5万吨/年乙烯裂解炉作为CBL-Ⅰ型炉技术的第一台工业应用炉。鉴定会后，我积极寻求总公司有关领导的支持，说服计划部、生产部、工程部等部门领导及齐鲁石化公司的主要领导并争取他们的支持。经过努力，得到了总公司领导的大力支持，1991年决定在齐鲁石化公司采用CBL-Ⅰ型炉技术建设一台4.5万

[1]侯祥麟，我国炼油技术奠基人、石油化工技术的开拓者之一、著名石油科学家，中国科学院院士、中国工程院院士。曾任石油部副部长。

吨/年乙烯裂解炉，作为 CBL-I型炉技术的第一次工业应用。总公司领导决定后，我立即组织科研、设计、设备制造、生产单位的科技人员奋力工作，克服各种困难，使这台裂解炉在 1992 年按期建成投产。

在这台裂解炉首次投产的过程中，由于胜利原油加工后的轻柴油芳烃指数(*BMCI* 值)很高，不是好裂解原料，再加上设计、施工经验不足，投产初期遇到了一些问题。当时，我正在参加总公司办公会，一听到生产部负责人汇报齐鲁石化 CBL-I 型炉投产遇到问题，我立即带领科研、设计人员奔赴齐鲁石化公司现场，与科研、设计、施工、生产几方面的技术人员一起深入现场调研，主持会议分析出现的问题，研究解决措施，确定了整体解决方案。包括克服轻柴油裂解时对流段阻力降较大的技术方案，解决辐射段入口文丘里管流量分配不够均匀的技术方案，减少辐射段出口、第一急冷换热器到第二急冷换热器之间管系阻力降的技术方案，急冷器避免结焦的技术方案以及决定更换对流段第二稀释蒸汽过热器的材质，等等。由于上述技术方案符合实际，解决了存在的问题，实施后齐鲁石化 CBL-I 型炉运行正常，成为齐鲁石化乙烯生产的主力炉之一。

主持新型裂解炉可行性研究报告论证会

（左：洪汇，中：袁晴棠，右：张培尧，1991 年）

1991 年，在齐鲁石化 4.5 万吨/年乙烯 CBL-I 型炉建设的同时，又把 CBL-I 型炉技术推广应用于吉林石化公司 3 万吨/年乙烯裂解炉的建设上。鉴于吉林石化公司 3 万吨/年乙烯 CBL-I 型炉投产一次成功，技术经济指标与同期引进的裂解炉相当，而投资却节省 40%的良好情况，为了总结经验，改进今后的研发工作，我带领 CBL 裂解炉开发组到吉林石化公司乙烯装置现场调研。那是 1993 年冬天，东北大雪纷飞。我带领开发组先到辽阳化纤乙烯装置现场调研，然后乘火车赴吉林石化。那天雪特别大，乘坐的夜车是慢车，没有暖气，开发组成员需要在车上过夜。那次还邀请了中国石化副总工程师侯芙生同志一起去调研，他年龄大了，无奈向列车员借了棉衣给侯总抵挡寒气。大家冒着严寒从辽阳化纤又来到吉林石化，立即深入乙烯装置现场调研，分析研究吉林石化 3 万吨/年乙烯 CBL-I 型炉技术方案和设计的成功之处，对吉林石化 CBL-I 型炉技术方案进行了总结，充分肯定其技术特点和优势，提出了进一步改进提高的方向。赴吉林石化调研和现场分析总结会，对 CBL 裂解技术的发展起到了重要的推动作用。

左起：2 万吨/年 CBL-I 型炉(辽阳化纤)、
4.5 万吨/年 CBL-I 型炉(齐鲁石化)

在CBL-Ⅰ型炉分别在齐鲁石化、吉林石化投产成功后，我认为裂解炉技术开发的脚步不能停顿，便于1993年4月决定开展CBL-Ⅱ型炉的开发工作。我带领开发组在总结分析CBL-Ⅰ型炉开发、工业应用过程中的经验教训，消化吸收当期引进的茂名石化等裂解新技术的基础上，主持研究并确定了CBL-Ⅱ型炉的炉管构型、炉管规格、辐射段入口文丘里管的配置、急冷锅炉的配置等技术方案。鉴于辽阳化纤公司有建设2万吨/年乙烯CBL-Ⅰ型工业试验炉的经验，以总工程师为首的技术管理体系比较健全，在总公司有关领导的大力支持下，我决定选择辽阳化纤公司为4万吨/年乙烯CBL-Ⅱ型炉的建设地点，并把CBL-Ⅱ型炉的开发纳入中国石化总公司的"十条龙"科技攻关，我还亲自到国家计委等国家有关部委争取支持，经过努力，CBL-Ⅱ型炉列为国家计委攻关项目。在裂解炉开发组和辽阳化纤的共同努力下，1995年11月8日，4万吨/年乙烯CBL-Ⅱ型炉成功投入运行，1996年7月通过中国石化组织的鉴定。CBL-Ⅱ型炉主要参与攻关人员包括李玉民、方邦镕、曾清泉、张松龙、阚学诚等。

CBL-Ⅱ型炉比CBL-Ⅰ型炉在技术上有新的提高，"三烯"(乙烯、丙烯、丁二烯)收率增加1.18个百分点，其主要技术指标达到20世纪90年代引进裂解炉技术水平，工程设计水平大幅提升，解决了初期工程放大中遇到的问题，为裂解技术进一步发展积累了经验。此后，又将CBL-Ⅱ型炉技术推广到抚顺石化公司，1996年9月，4万吨/年乙烯CBL-Ⅱ型炉在抚顺石化建成投产。

4万吨/年CBL-Ⅱ型炉(辽阳化纤)

在 CBL-Ⅱ型炉开发建设的同时，中国石化裂解技术开发组完善优化裂解反应模型及工业设计模型，紧跟国外乙烯装置大型化的发展趋势，1995 年提出开发单台能力 6 万吨/年乙烯新型裂解炉技术。我在主持方案研究和论证后，决定开发 6 万吨/年乙烯 CBL-Ⅲ型(2-1 型炉管构型)、CBL-Ⅳ型(4-1 型炉管构型)裂解炉技术，并积极争取总公司领导和国家有关部门的支持。最后在总公司领导和有关部门、企业的支持下，分别在燕山石化建设 CBL-Ⅲ型炉，在辽阳化纤建设 CBL-Ⅳ型炉。CBL-Ⅲ型炉的开发纳入了总公司“十条龙”科技攻关并得到了国家计委的支持，列为国家计委的技术开发项目。CBL-Ⅲ型炉的技术特点为第二急冷换热器由卧式改进为立式，优化机械设计结构以解决炉管弯曲问题，于 1998 年 8 月 6 日投运成功，1999 年 11 月通过中国石化组织的鉴定，综合热效率达 94.43%，以石脑油为原料时，裂解炉运行周期达 60 天。CBL-Ⅲ型炉热效率高、裂解选择性高，为开发 10 万吨/年规模的裂解炉积累了经验。此后，CBL-Ⅲ型炉技术得到了推广应用，在中原石化和天津石化各建设一台 6 万吨/年乙烯的 CBL-Ⅲ型炉，在齐鲁石化建设一台 6 万吨/年和一台 8 万吨/年乙烯的 CBL-Ⅲ型炉。参与 CBL-Ⅲ型炉开发的人员包括曹湘洪、方邦锆、曾清泉、张松龙、何细藕等。

6 万吨/年 CBL-Ⅲ型炉
(燕山石化)

CBL-Ⅳ型炉的开发也纳入了总公司的“十条龙”科技攻关，其技术特点为 4-1 型炉管、立式二级急冷和蒸汽二次注入，适合裂解重质油品，于 1999 年 4 月 21 日在辽阳化纤成功投入运行，该炉节省了投资、降低了原料消耗和能耗。CBL-Ⅳ型炉原料适应性强，不仅适应于石脑油等轻质原料，还适应于加氢尾油等重质原料，为设计裂解加氢尾油等重质原料的裂解炉打下了基础，为 10 万吨/年裂解炉开发积累了经验。此后，CBL-Ⅳ型炉技术还成功应用于天津石化和中原石化乙烯装置的 SRT-Ⅳ(HS)裂解炉改造。参与 CBL-Ⅳ型炉开发的人员包括阙学诚、方邦铻、茅文星、张松龙、张东平等。

开发扭曲片管强化传热技术是中国石化裂解技术的一个重要创新点。从 1995 年开始，支持北京化工研究院和中国科学院金属所合作，开发乙烯裂解炉炉管强化传热技术。该技术的主要部件是扭曲片管，它是一种管内带有扭曲片的精密整铸管。裂解炉辐射段炉管上加上扭曲片管后，强迫流体从原来的活塞流旋转起来，对炉管壁形成强烈的冲刷作用，使热阻大的边界层厚度大大减薄，增大炉管的总传热系数，从而降低炉管管壁温度，炉管内壁表面上的结焦也随着壁温的下降而下降，进一步提高炉管的总传热系数，最终达到强化传热、延长裂解炉运转周期的目的。该技术从 1995 年开始进行实验室研究，历经小试、半炉工业试验和整台裂解炉工业试验等攻关研究，于 2005 年通过鉴定。工业应用结果表明：应用扭曲片管可使裂解炉辐射段炉管管壁温度下降 20℃以上，裂解炉的运转周期延长 50%以上；在不降低目的产物收率的基础上，裂解炉的处理量可提高 7%；扭曲片管对重质原料有很好的适应性，对裂解炉的操作和运行没有不良影响。炉管传热效率的提高节省了燃料量，节约了企业的生产成本。裂解炉运转周期的延长减少了清焦次数，节约了大量能源，减少了污染物的排放，并增加了裂解炉运转时间，提高了乙烯产能。扭曲片管强化传热技术成为中国石化独创的裂解炉辐射段异型炉管三个技术要素之一。裂解炉扭曲片管强化传热技术于 2007 年获国家技术发明奖二等奖，主要参与人员包括郑志、王国清、朱耀霄、陈德烨、金宗贤、陈硕等。

在扭曲片管大量推广应用后，开发组改进了扭曲片管结构，开发了第二代扭曲片管强化传热技术，与第一代扭曲片管强化传热技术相比，第二代扭曲片管中央具有一贯通的通孔，使炉管具有更好的通透性和抗堵性，降低局部热应力，在保证强化传热效果的同时，有利于降低扭曲片管的损坏概率，应用效果良好，具有稳定可靠寿命长的优点，经济和社会效益显著。

1999 年至 2010 年，裂解技术开发组利用实验室模拟炉，通过裂解反应机理、结焦机理和大量实验研究，发现了裂解反应、结焦与流动、传热相互影响的特殊规律，开发了高精度的裂解反应模型；通过图论算法构建了自由基反应网络，采用量子化学理论计算得到反应网络的关键参数，开发了裂解反应机理模型；耦合裂解反应和传质、传热，结合自建裂解数据库，开发了适应复杂原料的裂解炉对流段模型、辐射段模型以及急冷换热器模型；应用计算流体力学软件对裂解炉进行全方位的耦合模拟计算，并应用到裂解炉的设计中。参与上述工作的主要人员包括曾清泉、许士兴、王国清、张兆斌、周丛、张利军、杜志国等，何细藕、方邦铻、李昌力、邵晨等参与了裂解炉对流段模型开发，李金科、康翼等参与了急冷换热器模型开发。

CBL 裂解炉的开发逐步实现系列化。2003 年开发了适用于气体原料的 CBL-R 型裂解炉，技术特点为 4 程 2-1-1-1 型炉管、线性急冷换热器，并在齐鲁石化 9 万吨/年乙烷裂解炉成功应用，标志着 CBL 裂解技术具有处理从乙烷、轻烃、石脑油到加氢尾油的能力，实现了 CBL 裂解技术系列化的突破。参与开发的人员包括何细藕、王国清、陈硕、李金科、张利军等。

2002 年至 2006 年，开展了针对 10 万吨/年乙烯以下规模裂解炉改造方案研究，应用于齐鲁石化乙烷炉改造和天津石化 SRT-Ⅳ(HS)裂解炉改造，首次采用 CBL 技术将液体原料裂解炉改造为气体裂解炉，验证了 CBL-R 型气体裂解炉炉管构型，裂解炉辐射段炉管清焦周期达到 100 天以上。主要参与人员包括何细藕、陈硕、李金科、张秀斌、陈永亮、张利军等。

2004 年开发了 CBL-Ⅴ型裂解炉，主要技术特点为采用 2/1-1

型炉管，在中原石化乙烯装置 4 万吨/年裂解炉改造(主要参与人员：何细藕、王国清、李金科、尹光耀、陈永亮等)及茂名石化新建 11 万吨/年裂解炉中应用(主要参与人员：何细藕、李昌力、王国清、卞凤鸣、张兆斌、李金科等)。

2006 年开发了 CBL-Ⅵ型裂解炉，主要技术特点为底部对称大弯管变径 1-1 型炉管，并在广州石化 3 万吨/年、扬子石化 6 万吨/年及 10 万吨/年裂解炉改造中应用，主要指标达到同期国际先进水平。主要参与开发的人员包括何细藕、王国清、张利军、张兆斌、周丛、杜志国、李金科等。

2023 年开发的 6 万吨/年乙烯 CBL-Ⅷ型裂解炉在燕山石化开车成功，主要技术特点是单程变径炉管高选择性。主要参与开发的人员包括：中国石化工程建设公司的何细藕、李昌力、侯瑞等；北京化工研究院的王国清、周丛、张兆斌等；天华院的李金科、徐红兵、康翼等；燕山石化的王勇、余仁杰、马屹等。

高含烯烃原料在裂解炉对流段炉管中预热和辐射段炉管中裂解时通常会快速结焦，严重影响裂解炉的稳定运行，因此常规乙烯原料要控制烯烃含量小于 2%(质量分数)。2008 年裂解技术开发组通过结焦机理研究，揭示了对流段炉管结焦与液相烯烃浓度的相关关系及辐射段炉管结焦速率与原料烯烃浓度的定量关系。创新开发了对流段炉管流路设计及预热技术，攻克了高含烯烃原料直接裂解时对流段炉管结焦的难题；于 2012 年在燕山石化进行了工业试验，应用独有的 CBL 辐射段炉管技术实现了高含烯烃原料长周期运行且提高丁二烯收率 30%。原料中的烯烃含量提高到 15%(质量分数)以上，拓展了原料来源，降低了原料成本，提升了乙烯装置的效益和竞争力。参与此项技术开发的主要人员包括北京化工研究院的王国清、张利军、张永刚、杜志国等；中国石化工程建设公司的何细藕、李昌力、邵晨等；燕山石化公司的罗强、孙国臣、宋立臣等。

为了抑制裂解炉管结焦，延长运行周期，2009 年北京化工研究院的王国清等与中国石油大学(北京)的有关人员创新开发出辐射炉管金属表面改性技术。该技术将超低氧分压气体的选择性氧化理论应用于高温合金防结焦氧化膜的制备。通过特殊气氛处理在炉管内表面形成致密的尖晶石结构涂层，从而阻断了裂解气氛与催化结焦活性元素 Fe、Ni 的接触，达到抑制结焦的目的。该技术于 2011 年在燕山石化进行了工业试验，2014 年通过中国石化鉴定。截至 2022 年，金属表面改性技术已在燕山石化、茂名石化、上海赛科、扬巴公司、齐鲁石化、扬子石化、中科炼化等企业的乙烯装置共 22 台裂解炉应用，总计乙烯生产能力 175 万吨/年，裂解炉运行周期延长超过 50%，以石脑油为原料的裂解炉运行周期可达 231 天。该技术的应用减少了裂解炉清焦次数，节约了能源，减少了污染物排放，增加了裂解炉运行时间，增加了乙烯产能。该技术获 2016 年中国石化技术发明一等奖，主要参与完成人员包括王国清、崔立山、王红霞、刘丰合、孙国臣等。

2008 年，裂解技术开发组天华化工机械及自动化研究设计院有限公司(天华院)的李金科、康翼等研发了哑铃形急冷换热器，绝热段停留时间由 60 毫秒缩短至 20 毫秒，减缓了结焦，降低了烯烃损失，并解决了高温差应力导致设备损坏的难题，延长了使用寿命。截至 2022 年，已在天津石化、镇海炼化、武汉石化、中科炼化、惠州石化等企业推广应用 843 台急冷换热器。2006 年李金科、张建等研制了系列低氮排放燃烧器，已应用于天津石化、武汉石化、中科炼化等乙烯装置。

2010 年，通过与国际专利商同台竞争，CBL-R 型裂解炉技术在马来西亚某公司 9 万吨/年气体裂解炉项目中中标，该项目装置 2012 年顺利开车，标志着 CBL 技术成功走出国门，实现了裂解技术国外技术许可零的突破。

通过上述裂解技术开发，首创了分支/渐进变径、分段布置新型扭曲片管、对称大弯管结构的异型辐射段炉管裂解技术，提高了入口管比表面积，管内流体从柱塞流转变为旋转流，减薄了边界层厚度，降低了径向温度梯度，减缓了结焦速率，提高了传热系数，实现了裂解原料快速升温，攻克了高选择性与长运行周期不能兼备的难题，突破了炉管在1400℃以上高温环境中热应力变形的机械瓶颈。集成上述技术研发成果的CBL系列裂解炉，可高效裂解乙烷、轻烃、石脑油、柴油、加氢尾油、高含烯烃原料等各种复杂原料，最高管壁温度下降20℃以上，在高选择性前提下，运行周期较同类技术延长50%以上。

第二节 开发大型裂解炉技术

1998年，世界上裂解炉技术大型化(单台炉能力10万吨/年和以上规模)发展趋势明显。我及时提出中国也必须开发大型裂解炉技术。提出这一想法后，我先后找裂解技术开发组的方邦锫、曾清泉、张松龙等技术骨干讨论，取得了要开发大型裂解炉技术的一致意见。如何开发大型裂解炉？是完全依靠自己力量开发，还是与国外公司合作开发？经过深入思考，我向技术骨干分析以下情况：若完全依靠CBL技术开发组开发大型裂解炉，相信能完成任务，但时间可能要长，因为我们缺乏开发10万吨/年规模大型裂解炉的经验，而且完成开发后企业第一次工业应用自主开发的大型裂解炉技术难度很大；如果选择一家拥有裂解炉技术并具有较强技术开发能力的国外公司合作开发，可以缩短开发时间，合作开发的技术容易得到企业的认可，有利于推动中国石化的裂解炉技术早日实现大型化。经过深入的研究分析，统一了开发组的思想，决定与国外拥有乙烯技术的公司合作开发单台乙烯生产能力10万吨/年规模的裂解炉技术。

决定与国外公司合作开发后，选择哪家国外公司合作又成为问题的关键。我分析比较了国外拥有乙烯技术的几家公司，从中选择了两家有可能合作的公司。为了确切了解备选公司的技术情况和合作意愿，我借科技考察的名义对两家备选公司进行了访问和考察。

经过对两家公司的比选认为，中国石化引进其中一家公司的乙烯装置多，对其技术比较熟悉，该公司拥有世界先进的乙烯技术和较强的技术开发能力，与该公司合作开发大型裂解炉技术是比较好的选择。在内部取得一致意见后，我决定与该公司开始合作开发大型裂解炉技术的谈判。当我访问该公司总部，说明合作开发大型裂解炉的意愿时，并未引起对方的重视。晚上回到出访团组的住处，经过反复思考，决定第二天再去该公司总部，找其技术负责人再次商谈合作开发事宜，因出国团组第二天早已另有安排，我决定独自前往。中国石化驻当地办公室的同志约了一辆出租车，当出租车到旅馆门口时，驻当地办公室的同志出于安全考虑，劝我不要一个人前往。但我觉得不能失去这次商谈合作的机会，仍坚持要去。驻当地办公室的同志不放心地给司机说："她是我的上司，你要好好照顾她。"就这样我一个人去了该公司总部，找到当时总公司科技部在该公司学习的一位同志，陪同我去与该公司技术负责人会谈。在会谈中，我向该公司技术负责人说明合作开发大型裂解炉的优势等，最终说服对方同意与中国石化合作开发大型裂解炉技术，并就合作事宜进行谈判。这次会谈后，开启了双方合作开发大型裂解炉技术的谈判。

经过双方谈判，在中国石化集团公司副总经理王基铭❶等领导的大力支持下，于1999年4月15日和该公司签订了大型裂解炉技术合作开发协议。协议签订后，我带领我方技术人员与对方商谈合作开发的方式和路径。经过双方研究，决定开发两种大型裂解炉（10万吨/年规模）：一种是以中国石化CBL裂解炉技术为基础的裂

❶王基铭，炼油、石油化工及工程管理专家，中国工程院院士。曾任中国石油化工总公司副总经理，中国石油化工集团公司副总经理，中国石油化工股份有限公司副董事长、总裁，党组成员，中国工程院工程管理学部主任。现任中国石油化工集团公司科技委顾问、中国企业联合会特邀副会长、中国可持续发展工商理事会会长、中国石油和化学工业联合会名誉会长。

解炉(命名为 SL-Ⅰ型炉)，其特征是液体原料采用 2-1 型辐射段炉管；另一种是以对方公司的Ⅵ型炉技术为基础的裂解炉(命名为 SL-Ⅱ型炉)，其特征是液体原料采用 4-1 或 5-1 型辐射段炉管。同时，决定研发 SL-Ⅲ型炉(15 万吨/年规模)技术，由中国石化开发双辐射段炉膛的裂解炉技术，对方公司开发单辐射段炉膛的裂解炉技术。

此后，我主持中国石化裂解技术开发组开展 10 万吨/年 SL-Ⅰ型和 15 万吨/年双辐射段 SL-Ⅲ型炉的研发工作。开发组攻克各种技术难题，首先完成了 SL-I 型炉的技术研发工作。为了给研发的 SL-Ⅰ型炉技术提供工业实施的机会，我在那段时间几乎天天给中国石化下属公司领导打电话，反复动员采用 SL-Ⅰ型炉技术建设 10 万吨/年乙烯大型裂解炉，大力推进 SL-Ⅰ型炉技术工业化应用。经过艰苦努力，在时任中国石化集团公司副总经理王基铭同志的大力支持下，最终决定采用 SL-Ⅰ型炉技术在燕山石化公司建设两台 10 万吨/年乙烯大型裂解炉。遂组织开发组与燕山石化，开展了 10 万吨/年乙烯裂解炉的设计和建设，并将两台 10 万吨/年乙烯大型裂解炉开发与建设纳入总公司“十条龙”科技攻关项目。两台 10 万吨/年大型乙烯裂解炉于 2000 年 9 月 22 日投产。当炉子投产初期出现炉管抖动等问题时，我多次深入现场，及时组织中外专家研究制定解决方案。经过努力，两台炉子运行正常，各项技术指标达到当时国际先进水平。两台裂解炉在 100%负荷下，以重柴油为原料，炉子运转周期为 45~50 天；以加氢尾油为原料，炉子运转周期达 50~60 天。

10 万吨/年乙烯大型裂解炉的开发成功解决了大型裂解炉对流段、辐射段、急冷锅炉、油急冷、供热系统总体配置、控制方案和大型裂解炉应力分析、钢结构及配管设计等重大关键技术；实现了大型裂解炉关键设备的国产化；完成了大型化裂解炉的裂解工艺技术研究；解决了大型裂解炉重质原料适应性和原料灵活性方面的问题以及大型裂解炉工程放大问题等，使中国石化裂解炉技术开发迈上了大型化的新台阶，为CBL炉技术的推广应用奠定了坚实的基础。参与10万吨/年乙烯大型裂解炉开发的人员包括何细藕、宋嘉波、曾清泉、杨清雨、王子宗、杨元一、李金科等。10万吨/年大型裂解炉技术开发于2006年获国家科技进步奖二等奖。

在10万吨/年乙烯SL-Ⅰ型炉开发成功后，我大力推动其推广应用。在王基铭总裁的支持下，2005年在茂名石化乙烯装置由38万吨/年扩能至100万吨/年的改造工程中，采用了改进型SL-Ⅰ型(SL-IM)技术建设了两台11万吨/年乙烯大型裂解炉，2006年11月投产成功，运行良好。

2000年初，中国石化集团公司布局在天津石化和镇海炼化建设100万吨/年大型乙烯装置，国外乙烯专利商纷纷做技术转让准备。为了给中国石化已开发成功的乙烯单元技术提供工业应用的机会，我提出与合作开发裂解技术的国外公司联合起来组成“合作技术”(即中国石化的乙烯单元技术和对方的单元技术组成的成套技术)，为中国石化两套新建的百万吨乙烯装置提供技术。提出这一想法后，我一方面做中国石化科技部和乙烯技术开发团队的思想工作，统一内部思想认识，强调这种做法有利于自有技术的发展，符合开放式创新的要求；另一方面做合作技术开发的外国公司相关人员的工作。在统一内部、外部有关人员思想认识后，“合作技术”参与了两套百万吨乙烯装置的技术竞争。

在王基铭总裁主持的天津石化和镇海炼化新建100万吨/年乙烯技术方案论证会上，我全力推荐采用“合作技术”，力排采用引进技术的意见，强调为贯彻《国家中长期科学与技术发展规划纲要(2006—2020年)》的战略部署，应加大新建100万吨/年乙烯装置采用自有技术的力度。在王基铭总裁的全力支持下，2006年中国石化决定新建的天津石化100万吨/年乙烯装置和镇海炼化100万吨/年乙烯装置采用中外合作的乙烯技术，包括采用基于 CBL 炉技术的 SL-Ⅰ型炉技术各建设 11 台 10 万吨/年大型裂解炉和采用分凝分馏塔技术等。实践证明，中外合作的乙烯技术是先进可靠的，这种做法有利于推进中国石化乙烯成套技术的开发。

2001 年，我亲自向国家科技部汇报争取委托中国石化承担国家“十五”科技攻关项目“大型乙烯工程关键技术开发”，并指定中国石化工程建设公司副总经理兼总工程师王子宗任项目负责人。其中课题一为“15 万吨/年大型裂解炉开发”。通过攻关，开发了 15 万吨/年大型裂解炉技术工艺包，其技术特点为 2-1 型炉管、双炉膛(可分炉膛裂解和分炉膛烧焦)、线性急冷换热器，命名为 CBL-Ⅶ型炉。为了给开发组 2002 年已完成开发的 CBL-Ⅶ型 15 万吨/年双辐射段大型裂解炉工艺包提供工业化实施机会，从镇海炼化新建的 11 台 10 万吨/年乙烯 SL-Ⅰ型炉中拿出一台改为 15 万吨/年乙烯双辐射段大型裂解炉。

上述 22 台大型裂解炉均投产成功，运行良好。其中 15 万吨/年乙烯双辐射段裂解炉的开发成功解决了双炉膛大型裂解炉总体配置方案和工程放大以及分炉膛裂解、分炉膛烧焦的工艺与工程问题。该炉工艺技术指标先进，石脑油裂解时，乙烯收率平均 30.12%、丙烯收率平均 15.42%，运行周期 91 天(按设计条件可达 100 天以上)，热效率 94.5%。该炉与同期建设的 10 万吨/年轻油裂解炉相比，单位乙烯产能的投资约降低 10%，比同期建设的采用国外引进技术的裂解炉投资降低约 25%。参与 15 万吨/年乙烯裂解炉开发的人员包括王子宗、何细藕、李昌力、王国清、李金科等。随后，在 2013 年投产的武汉石化 80 万吨/年乙烯装置中，采用 CBL 炉技术建设了 8 台 12 万吨/年规模的大型裂解炉。截至 2015 年底，已建 10 万吨/年及以上规模的大型 CBL 炉、SL-Ⅰ型炉共 37 台，总能力为 415 万吨/年。

查看镇海炼化15万吨/年CBL-Ⅶ型炉工业应用情况
（前排左起：何细藕、袁晴棠、刘佩成，2010年11月）

采用基于外方公司技术的SL-Ⅱ型炉技术，由中外双方技术人员共同确定技术方案，共同完成工艺包，以我方人员为主完成基础工程设计和详细工程设计，已建成的大型裂解炉共32台，分别应用于扬子石化、上海石化、齐鲁石化和茂名石化的第二轮乙烯改造及上海赛科、福建联合石化，总产能为357.2万吨/年。当SL-Ⅱ型炉在上海石化和扬子石化投产初期由于热通量大出现一些问题时，我立即赴现场调查了解情况，组织中外专家制定解决方案，及时解决生产运行中出现的问题。

随着时间的推移，与国外公司的技术合作协议按期终止，中国石化CBL裂解炉的技术开发持续进行，即使在合作开发大型裂解炉技术期间，CBL裂解炉自主研发工作也一直在持续开展。

2013年，完成了国家发改委绿色低碳专项课题“国家低碳技术创新及产业化示范工程——大型乙烯裂解炉节能降耗技术创新及产业化示范工程”，结合茂名石化、扬子石化裂解炉改造，应用扭曲片管强化传热技术、辐射炉管金属表面改性技术、低NO_x燃烧器技术，开发了 CBL 裂解炉节能改造技术，裂解炉运行周期和热效率达到国际领先水平。该技术推广应用到齐鲁石化、燕山石化、广州石化、天津石化、福建联合石化、上海石化等多套乙烯装置。主要参与技术开发的人员包括徐跃华、何细藕、王国清、李昌力、刘敬坤、李金科等。

大型裂解炉开发进入了新阶段，2010 年完成了国家科技部委托中国石化组织的国家科技支撑计划项目“百万吨乙烯装备及相关技术开发”中的“20 万吨/年大型裂解炉开发”课题。利用裂解反应机理模型开发了超大型乙烷原料裂解炉技术，20 万吨/年乙烯的乙烷裂解炉 2016 年在镇海炼化乙烯装置建成投产，获 2017 年度中国石化科技进步一等奖，参与开发的人员包括何细藕、张利军、陈燕斌、李金科、蒋明敏、邵晨等。

30 万吨/年乙烯的乙烷裂解炉应用于中科炼化乙烯装置，于 2021 年 1 月 15 日成功投入运行，是世界上规模最大的裂解炉。参与 30 万吨/年乙烯乙烷原料裂解炉开发的人员包括中国石化工程建设公司的何细藕、李昌力、侯瑞、白飞等；北京化工研究院的王国清、张利军、张兆斌、周丛等；天华院的李金科、康翼、梁淑帼等。

20 万吨/年乙烯液体原料裂解炉应用于中沙天津石化 130 万吨/年乙烯装置改造工程，已于 2021 年 1 月 13 日一次投料成功；在中韩(武汉)石化 110 万吨/年乙烯装置改造工程中新增的 20 万吨/年乙烯重质液体原料裂解炉已于 2021 年 3 月 19 日投入运行。这几台裂解炉采用全底部供热的双炉膛单对流段结构，底部大弯管的异型炉管配置哑铃形急冷换热器，可进行分炉膛裂解和分炉膛烧焦操作，具有操作灵活、在线率高、氮氧化合物排放低的特点，裂解炉急冷换热器、燃烧器全部采用自主研发的技术在国内制造，装备国产化率高，总体技术经济指标达到国际领先水平。参与 20 万吨/年乙烯液体原料裂解炉开发的人员包括中国石化工程建设公司的何细藕、赵永华、邵晨、白飞等；北京化工研究院的王国清、张利军、张兆斌、周丛、刘俊杰等；天华院的李金科、康翼、李宁等。

40 年来，中国石化的裂解技术开发组完成了大量研发工作：开展了各种裂解原料和产物分析、热裂解模拟试验、结焦抑制及动力学研究、传热过程强化、热裂解反应动力学研究及工业裂解炉运行参数监测等研究工作；开展了大量工程技术研究，包括炉管构型和炉型结构研究、工艺计算模型与软件开发和完善、辐射段炉管吊架系统开发、裂解炉大型化工程技术开发等；开展了急冷锅炉系统和供热系统研究，相继建立了流体力学试验装置、燃烧试验装置、强度试验装置，对裂解炉膛、急冷锅炉、燃烧器的流动、传热、燃烧、强度等进行了大量试验研究等。以大量的试验研究和坚实的工程研究为基础，独创了以异型炉管为核心的复杂原料超大型、长周期、高效系列 CBL 裂解炉技术，相继开发了 CBL 系列Ⅰ型至Ⅷ型裂解炉，单炉能力从 2 万吨/年发展到 30 万吨/年，可适应从乙烷到加氢尾油的多种原料，并得到大量推广应用，截至 2024 年，已工业应用的 CBL 裂解炉达 240 余台(包括已投产和在建)，总能力超过 3000 万吨/年，国内技术市场占有率第一。裂解炉技术和装备出口到马来西亚和泰国。CBL 裂解炉各项技术指标已达国际领先水平。目前裂解技术开发组正在开发原油直接裂解制乙烯技术，已完成工业试验，正在开展工业示范。

第三节　开发乙烯分离技术

为了开发乙烯成套技术，在开发中国石化裂解技术的同时，我组织原北京石化工程公司(现中国石化工程建设有限公司)、北京化工研究院有关设计、科研人员消化吸收引进技术，开发中国石化的乙烯分离技术，研制乙烯全系列催化剂。

1988 年至 1990 年，我组织原北京石化工程公司完成以规划建设的茂名石化30万吨/年乙烯工程为对象的技术储备项目——30万吨/年乙烯技术工艺包和基础工程设计的开发，纳入总公司科技开发计划，目的在于熟悉并掌握流程模拟软件及各种软件工具的使用方法，通过与引进工艺包的对比找出差距，明确研发方向。此后，乙烯分离组开发了急冷系统重组分的表征方法、改进了深冷系统临氢物系的模拟方法，完善了热力学模型，提高了模拟计算水平，以开发的模拟技术为基础，1993年结合燕山石化45万吨/年乙烯改扩建，与国外专利商同步，完成了工艺包平行设计，以检验设计的精准度；1996年结合大庆石化48万吨/年乙烯装置改扩建，首次实现自主完成基础工程设计的突破。

1998年，作为中国石化技术储备项目，我决定组织原北京石化工程公司以自主开发的模拟技术为基础，与国外公司同步完成燕山石化66万吨/年乙烯装置改造工程和齐鲁石化72万吨/年乙烯装置改造工程的平行工艺包设计和基础工程设计，纳入总公司科技开发计划。在开发这些技术储备项目的基础上，1999年在王基铭副总经理的支持下，中国石化决定采用自主开发的分离模拟及单元技术，对中原石化、天津石化14万吨/年乙烯装置进行扩能改造，分别改造到18万吨/年乙烯和20万吨/年乙烯，这两个项目均纳入了集团公司"十条龙"科技攻关。两套装置分别于2000年和2001年顺利投产，各项技术指标均达到设计要求，实现了中国石化裂解技术与分离技术同时工业应用的突破。参与上述乙烯分离技术开发的主要人员包括王子宗、李广华、王松汉、杨健、赵百仁、盛在行等。

20世纪90年代后期，王子宗、李广华、王松汉等通过降膜湍流形态下的高效传质传热研究，创新提出了传质传热协同耦合的微型分凝分馏单元理念，开发了"降膜连续传质-间壁连续传热"模型，发明了分凝分馏塔专利技术及设备，其特点为同时实现传质传热，在高效回收不同温度级位冷量的同时提高了乙烯回收率，1999年我决定并组织在天津石化结合14万吨/年乙烯装置扩能改造，开展了工业侧线试验，完成了分凝分馏塔技术的开发。2001 年，王振维、杨春生、李若超、李生斌、吴兴松、雷正香等基于开发的深冷高临氢热力学模型，研究发现了关键组分切割和分配比例对分离能耗影响的规律，发明了低能耗的深冷分配分离技术。这两项技术为开发低能耗高乙烯回收率的高效分离新工艺奠定了技术基础。

2001 年国家科技部委托中国石化组织“大型乙烯工程关键技术开发”国家攻关项目，该项目的课题二为“80 万吨/年乙烯分离成套技术开发”，通过技术攻关，开发了前脱丙烷前加氢(LECT)分离技术，其技术特点为高温乙烷炉裂解气减黏、裂解气五段压缩、高低压双塔脱丙烷、基于分配分离及分凝分馏专利技术的深冷分离工艺流程。此课题顺利完成并于 2003 年通过国家科技部验收。主要参与人员包括王子宗、王振维、吴兴松、李生斌、盛在行、雷正香、戴伟等。

此后，乙烯分离组通过实验研究、现场数据采集及文献调研，进一步改进了计算方法，建立了高精度的分离计算模型。同时，针对急冷油系统堵塞影响乙烯装置长周期运转的“瓶颈”，创新开发了抗堵性好、压降低、成本低的流线型导向固阀和正交波纹塔板，液体在塔板表面形成自冲刷，抗堵塞、通量大、雾沫夹带量小；基于数值模拟和实验平台，开发了耐磨的新型结构旋液分离器高效脱除急冷油系统中的焦粉。集成两项创新，开发了长周期新型高效急冷技术。

2008 年，国家科技部委托中国石化组织国家科技支撑计划项目“百万吨乙烯装备及相关技术开发”，王子宗任项目负责人，其中通过“100 万吨/年乙烯工艺技术开发”课题，开发了采用双塔油洗、裂解气压缩机段间直接水冷、双塔高压脱甲烷、超高压乙烯精馏技术的顺序渐进分离工艺流程(AERP)。

2009 年，基于自有裂解和分离技术击败国外专利商，中标福建联合石化 110 万吨/年乙烯改扩建工程。装置改造后一次投料成功，装置能耗和乙烯回收率等指标均较国外专利商有明显提升，达到国际领先水平。

2014 年，乙烯分离组紧跟乙烯原料多元化的趋势，开发完成了适用于气体原料的前脱乙烷前加氢流程的工艺技术(ART)；2016 年基于该技术完成了以乙烷为原料的 150 万吨/年乙烯工艺包；2017 年该技术许可了宁波华泰 60 万吨/年乙烯装置和大庆联谊 45 万吨/年乙烯装置，裂解原料为以乙烷和丙烷为主的气体原料。

参与上述分离技术开发的主要人员包括王子宗、王振维、李广华、赵百仁、盛在行、刘罡等。

2016 年以后，自主开发的分离技术和裂解技术一起得到大量推广应用。截至 2024 年，分离技术推广 25 套，总产能超过 2000 万吨/年(已投产和在建)，国内技术市场占有率第一。

第四节　研制乙烯全系列催化剂

乙烯装置的裂解产物裂解气是含有氢、甲烷、碳二馏分、碳三馏分、碳四馏分、碳五馏分、裂解汽油、裂解柴油和裂解燃料油等的混合物，此外还含有少量的二氧化碳、一氧化碳、硫化氢等。为了满足下游产品的生产需求，不仅需要对裂解气进行分离，而且还需要进行精制。在分离过程中，得到的碳二馏分中除了目标产物乙烯，还含有杂质乙炔；碳三馏分中除了目标产物丙烯，还含有杂质丙炔、丙二烯(MAPD)，这些对乙烯、丙烯的聚合反应过程都是有害的，必须脱除至要求指标。一般采用选择性加氢方法去除馏分中的杂质，因此需要开发碳二、碳三加氢催化剂。在分离过程中，得到的粗氢含有一氧化碳，若不经处理会给后续过程造成负面影响，因此需要开发甲烷化催化剂脱除粗氢中的一氧化碳。碳二、碳三加氢催化剂和甲烷化催化剂的制备技术是乙烯成套技术的重要组成部分。中国石化乙烯成套技术开发中，一直包括这三种催化剂研制的攻关内容，三种催化剂的研制均纳入总公司(集团公司)科技开发计划。我在组织中国石化技术开发，特别是主持乙烯技术开发工作中，长期全力支持北京化工研究院研制碳二、碳三和甲烷化催化剂。

一、碳二加氢催化剂

北京化工研究院刘新香等1974年研制出BC-1-037碳二加氢催化剂，成功应用于扬子石化、齐鲁石化等30万吨/年乙烯装置。

随着20世纪90年代乙烯装置改扩建和乙烯装置大型化的进程，BC-1-037催化剂已无法适应新要求，乙烯催化剂研制组从1996年开始研制新一代碳二加氢催化剂。通过添加多种助催化剂改进催化剂性能，调整载体性能改善活性组分分布，优化催化剂的制备方式，采用齿形载体降低催化剂床层压降，成功开发出新型BC-H-20系列的碳二选择性加氢催化剂，牌号为BC-H-20A、BC-H-20A1、BC-H-20B。这些催化剂具有活性高、选择性高、稳定性好、空速高的优点。已成功应用于辽阳化纤、燕山石化、天津中沙、镇海炼化、福建炼化等乙烯装置。参与新型碳二加氢催化剂研制的主要人员包括戴伟、朱警、李贺龙、郭彦来、彭晖、张赪等。

1996年，茂名石化首次采用SW公司的前脱丙烷前加氢分离流程技术，前脱丙烷前加氢催化剂作为该流程的关键技术之一，一直被外国公司所垄断。1997年乙烯催化剂研制组开始前脱丙烷前加氢催化剂的研制工作，在催化剂中引入了多项专利技术，包括改进空间和电子效应，加速乙烯脱附，提高乙烯收率；加入助剂改变催化剂吸附CO能力，增强催化剂的抗波动能力；调整载体组成结构、改进活性组分分散度和分布情况，抑制绿油生成等专利技术。开发出的BC-H-21B催化剂于2005年在茂名石化38万吨/年乙烯装置前加氢反应器中的一段床成功进行了工业应用试验。2007年BC-H-21B催化剂首次在上海石化30万吨/年乙烯装置整套前脱丙烷前加氢反应器中进行了工业应用，各项性能指标均超过前期使用的国外催化剂。工业应用结果表明，BC-H-21B 催化剂活性高、稳定性好、抗波动性强，操作条件范围宽、绿油生成量低、使用周期长，活性达到国际先进水平，完全满足国内外同类乙烯装置的工艺要求。主要参与研制的人员包括戴伟、彭晖、朱警、穆玮、郭彦来、卫国宾等。

二、碳三加氢催化剂

北京化工研究院从 20 世纪 60 年代开始进行碳三液相加氢催化剂的研究，1978 年后，配合引进装置刘新香等研制了 BC-L-83 催化剂，1983 年成功应用于单段床碳三液相选择加氢工艺。在此基础上，北京化工研究院乙烯催化剂研制组研制出新型碳三加氢催化剂 BC-H-30A，并于 2005 年在天津石化乙烯装置首次应用，之后应用于天津中沙和镇海炼化 100 万吨/年乙烯装置及武汉石化 80 万吨/年乙烯装置。该催化剂具有空速高、丙烯选择性高、聚合物生成量小、再生周期长、使用寿命长、抗波动能力强、适用工况范围宽等优点，综合性能优良。参与该催化剂研制的主要人员包括戴伟、卫国宾、穆玮、郭彦来、彭晖等。

2013 年，戴伟、毛祖旺、穆玮、卫国宾、易水生等创新开发了辐照还原催化剂制备技术，研制了低钯高选择性碳三加氢催化剂。基于电离辐照作用于水溶液生成强还原性水化电子的机理，创新开发了辐照还原催化剂制备技术，与传统焙烧分解法相比，避免了金属粒子烧结，大幅提升丙烯选择性高的 Pd(111) 晶面占比。与国外同类催化剂相比，选择性提高 10 个百分点以上，钯含量降低 50%。采用该技术制备的低钯含量碳三液相加氢催化剂 BC-H-30B 在上海石化乙烯装置工业应用，丙烯选择性、再生周期等性能处于国际领先水平。2018 年该催化剂应用于台塑乙烯装置。

碳三液相选择性加氢催化剂已成功应用于国内 29 套乙烯装置，在海外成功应用于韩国、日本、印度尼西亚、菲律宾、马来西亚、泰国、新加坡、印度、沙特阿拉伯等 11 套乙烯装置。

三、低温甲烷化催化剂

戴伟、王秀玲、郭彦来、王翀、王红亚等发明了高镍高分散负载技术，研制了低温高空速甲烷化催化剂。要实现甲烷化反应在低温高空速条件下进行，需要大幅提高催化剂活性，使 CO 在生成羰基镍前就加氢成甲烷。通过氧化铝烧结成孔机理的研究，研制了具有大孔径且吸水率大于 100%的低温甲烷化催化剂载体。发明了稀土辅助活性组分多层次分散技术，在镍含量高达 50%时仍具有高分散率和高金属比表面积，显著提高了催化剂活性，研制的 BC-H-10 甲烷化催化剂使用温度从 280℃降低至 180℃，降低了装置能耗，比国外同类催化剂空速高 2 倍。已在武汉石化乙烯装置等装置推广应用。

自主研发的乙烯全系列催化剂已应用于国内外多套乙烯装置，截至 2022 年，碳二前加氢催化剂已用于 10 套乙烯装置，碳二后加氢催化剂已用于 18 套乙烯装置，碳三加氢催化剂已用于 43 套乙烯装置，甲烷化催化剂已用于 15 套乙烯装置。中国石化乙烯催化剂研制组为开发中国乙烯成套技术作出了重要贡献。

第五节　重大装备研制

重大装备研制是中国石化乙烯成套技术开发的重要组成部分，主要采取与设备制造单位进行联合攻关的方式开展装备研制工作。

乙烯装置的裂解气压缩机、丙烯压缩机、乙烯压缩机（简称“三机”）是重大关键设备，被视为乙烯装置的“心脏”。在 1996 年之前，乙烯装置的“三机”都是引进的。1996 年，中国石化总公司的大庆石化实施 30 万吨/年乙烯装置改扩建至 48 万吨/年工程，新增 24 万吨/年生产线的“三机”是引进还是开展国产化攻关？当时沈阳鼓风机厂并没有制造过裂解气压缩机和丙烯压缩机。时任中国石化总公司副总经理的王基铭同志经过深入调研和反复论证，果断决策由沈阳鼓风机厂承担大庆石化乙烯装置新增生产线的裂解气压缩机研制任务，并组织制定和实施了科学严谨的质量监控措施。在中国石化总公司的大力支持下，沈阳鼓风机厂最终研制成功了裂解气压缩机，配套的汽轮机由杭州汽轮机厂完成研制。丙烯压缩机由沈阳鼓风机厂和德国德马格公司合作设计和制造，汽轮机由杭州汽轮机厂制造。两套机组自 1999 年研制成功并投入运行以来，各项工艺性能达到设计要求，主要技术指标达到了国际先进水平。单台国产压缩机的价格与同期引进压缩机相比，节约人民币 3000 万元。裂解气压缩机组和丙烯压缩机组的国产化，标志着我国乙烯装置关键装备研制实现了重大突破，打破了国外的垄断。

1998 年，结合燕山石化 66 万吨/年乙烯装置改造，由杭州制氧机集团有限公司完成了乙烯冷箱成套国产化攻关，打破了国外对冷箱技术的垄断，1999 年推广应用到中原石化和天津石化乙烯装置改扩建项目中。

2006 年，由沈阳鼓风机集团股份有限公司研制的裂解气压缩机在茂名石化 64 万吨/年乙烯装置中成功应用，标志着在乙烯装置转动设备大型化方面获得突破。

2007 年，开展了国家科技支撑计划“百万吨级乙烯装备及相关技术开发”项目中的“百万吨级乙烯装置裂解气压缩机组研制”“百万吨级乙烯装置丙烯压缩机组研制”“百万吨级乙烯冷箱的开发与研制”。

2010 年，裂解气压缩机、冷箱在天津石化 100 万吨/年乙烯装置中实现工业应用；丙烯制冷压缩机、冷箱在镇海炼化 100 万吨/年乙烯装置中实现工业应用。2013 年在武汉石化 80 万吨/年乙烯装置中，首次实现乙烯“三机”、冷箱重大装备在一套装置中全部国产化，具有里程碑意义。

此后杭州制氧机集团股份有限公司研制的乙烯冷箱还出口美国等国家，分别应用于 180 万吨/年和 100 万吨/年乙烯装置。

第六节 向政协原副主席陈锦华汇报乙烯技术开发进展

到2006年，中国石化的乙烯技术开发已开展了20余年，我认为应进行一次总结回顾，以便总结成绩，明确下一阶段的工作方向。为此，2006年底，我和中国石化科技部副主任王玉庆组织乙烯团队骨干人员开了一次乙烯技术开发总结座谈会，总结20余年研发工作取得的成绩、启示并研究下一阶段的研发工作方向。2007年1月，我写了一篇《中国石化乙烯技术开发回顾与发展建议》(简称“回顾与建议”)，其主要内容包括乙烯技术开发任务的由来及其重要性，中国石化CBL裂解技术的进展(从队伍组建到工业试验、坚持不懈地开展裂解技术研发工作、CBL系列裂解炉的开发与工业应用、开发大型裂解炉技术、中国石化CBL裂解技术的特点与水平)，乙烯分离技术开发，乙烯装置重大装备国产化，体会与建议。

“回顾与建议”的建议包括：一是为了使乙烯成套技术真正成为中国石化的核心技术，必须持续不断地组织裂解和分离技术的开发工作。当前，除了要全力搞好天津石化、镇海炼化乙烯SL-I型炉和分离部分的设计工作，还要搞好国家攻关项目20万吨/年大型裂解炉和100万吨/年乙烯装置工艺包的开发，以尽快形成具有世界先进水平的大型乙烯成套技术。二是为了支持中国石化裂解技术的发展，建议在今后新建或改造裂解炉项目中，全部采用自主开发的CBL炉技术。三是中国石化自主开发的乙烯分离技术日趋成熟，已具备工业化应用的条件，建议在新的乙烯装置建设或改造项目中为已开发的“低能耗乙烯分离技术”提供工业应用的机会，以便尽早形成中国石化的乙烯成套技术，实现立足自主技术建设大型乙烯装置的目标。四是技术竞争成败的关键在人才。建议尽快采取有力措施留住人才，保护好中国石化知识产权，为持续推进中国石化乙烯技术的发展凝聚力量。

2007年1月17日，我给政协原副主席陈锦华同志写了一封信，附上《中国石化乙烯技术开发回顾与发展建议》。陈锦华副主席是首任中国石化总经理，是他交给我要早日开发出中国自己乙烯技术的重任。经过20余年的研发，取得了重大进展，我需要向锦华副主席汇报有关情况。以下是这封信的全文：

尊敬的锦华副主席：

新年好！许久没有向您汇报工作了，今天借此机会向您汇报中国石化乙烯技术开发的进展情况。

敬爱的锦华同志，您一贯重视企业技术创新工作，早在原中国石化总公司成立之初，您就提出了“振兴石化，科技先行”的方针，并高度重视和身体力行，大力支持当时总公司的技术开发工作。您在2006年1月14日《人民日报》上发表的《关于企业成为创新主体的若干问题》的重要文章，读后很受教育，很受启发，感受很深。最近，我回顾了中国石化乙烯技术的开发历程，写了一篇《中国石化乙烯技术开发回顾与发展建议》，呈请您审阅并指示。我认为中国石化乙烯技术开发所取得的进展，从一个侧面充分证明了企业是可以成为技术创新主体，并能够自主创新开发出先进技术的。

记得原中国石化总公司成立不久，有一天您把我叫到您的办公室，给我交代一项重要任务，要求我抓好裂解炉技术开发工作，争取早日实现裂解炉国产化，并满怀激情地讲：“我们是搞石油化工的，如果不能实现裂解炉国产化，进而实现乙烯装置国产化，将愧对后人。”从那时起至今，已过去20余年，我和原总公司发展部与现在中国石化科技开发部的同志一直牢记您的指示和重托，在中国石化历届党组领导及历届主管科技的领导同志的重视和大力支持下，裂解技术开发取得了重大突破，已开发成功系列裂解炉（CBL

炉I-V型)技术和基于CBL炉技术的10万吨/年大型裂解炉(SL-I型)技术，并得到推广应用。到目前为止，采用北方炉(CBL炉)技术和基于CBL炉技术的大型炉(SL-I型炉)技术共建成投产和已完成设计即将建设及正在设计的裂解炉共44台，总能力达361.5万吨/年。与此同时，乙烯分离技术开发也取得了重大进展。

自国家发布《国家中长期科学和技术发展规划纲要(2006—2020)》和召开全国科技大会后，中国石化党组认真贯彻全国科技大会精神，组织编制了《中国石化中长期科技发展规划纲要(2006—2020)》，并召开了中国石化科技大会。开发大型乙烯成套技术仍作为中国石化的核心技术列入中长期科技发展规划纲要。当前，除了要全力搞好天津、镇海乙烯基于北方炉技术的SL-I型炉和分离部分设计工作外，还要搞好国家攻关项目20万吨/年大型裂解炉和100万吨/年乙烯装置工艺包的开发，尽快形成具有世界先进水平的大型乙烯成套技术，以早日实现乙烯装置国产化的梦想和目标，不辜负您对我们的要求和重托。

专此报告，请指教并批示。

附：《中国石化乙烯技术开发回顾与发展建议》

袁晴棠

2007年1月17日

锦华副主席于2007年2月9日批示如下：

晴棠同志：谢谢你告诉我这些好消息，请代我向有关专家、工程技术人员转达我的敬意。中国石化已成为代表国家的国际上著名大企业。创新能力、专利技术和知名品牌，已成为国际竞争力的核心要素。中国石化必须拥有这些要素，以支撑企业不断做强做大，进一步提升中国石化国际竞争力和企业形象。

陈锦华

2007年2月9日

《中国石化乙烯技术开发回顾与发展建议》在上报锦华副主席的

同时也上报了中国石化党组，中国石化党组的有关领导也都做了批示，充分肯定了乙烯技术开发所取得的成绩。这次总结和领导的批示使乙烯技术研发团队深受鼓舞，对后续的研发工作起到了重要的推动作用。

第七节　实现自主开发中国乙烯成套技术的梦想

经过团队近 40 年的持续攻关，攻克了围绕裂解、分离、催化剂、重大装备的一系列技术难题，完成了百万吨/年乙烯成套技术的开发，并首次应用于武汉石化 80 万吨/年乙烯装置的建设。2013 年 8 月 13 日，武汉石化 80 万吨/年乙烯装置一次试车成功，实现了自主研发的裂解和分离工艺技术、重大装备“三机”和冷箱、全系列催化剂等百万吨级乙烯成套技术的全面突破。参与武汉石化 80 万吨/年乙烯工程开发与建设的主要人员包括王子宗、王振维、盛在行、何细藕、崔光磊、王国清、刘罡、李金科、赵百仁、张利军等。

此后，乙烯成套技术得到了大量推广应用，截至 2024 年共推广 25 套，产能超过 2000 万吨/年(已投产和在建)；裂解炉推广 240 多台，产能超过 3000 万吨/年，裂解炉、催化剂、冷箱实现出口。

中国石化百万吨乙烯成套技术有突出的创新性：一是独创了以异型炉管为核心的超大型、长周期、高效系列裂解炉技术。针对重质原料裂解运行周期短、高含烯烃原料直接裂解易结焦、大型裂解炉操作灵活性差三大难题，开发了高选择性与长周期运行兼备的异型辐射段炉管裂解技术，炉子运转周期延长 50%以上，攻克了重质原料运行周期短的难题；开发了高含烯烃原料裂解技术，拓宽了低成本原料来源；开发了复杂原料超大型分炉膛裂解/分炉膛烧焦裂解炉技术，实现了操作灵活性，投资降低 10%。二是首创了以分凝分馏塔、分配分离为核心的低能耗高乙烯回收率的高效分离新工艺。开发了传质传热高效协同的分凝分馏塔技术，尾气中乙烯损失减少 70%；开发了低能耗的深冷分配分离技术，制冷机功耗降低 5%~7%；开发了长周期新型高效急冷技术。三是创制了乙烯全系列高性能催化剂。研制的碳三加氢催化剂钯含量降低 50%，选择性提高 10%以上；碳二前加氢催化剂绿油生成量减少 10%~15%，活性稳定性优于同类技术；低温甲烷化催化剂空速比同类技术高 2 倍。四是研制了百万吨级乙烯重大装备压缩机组和冷箱并实现长周期平稳运行，打破了国外垄断，百万吨级乙烯冷箱已出口美国等。五是开发了绿色高效系列专项技术，开发了低 VOC 排放的乙烯废碱液常温常压催化氧化处理技术及催化剂，运行成本低，本质安全性高；研制了裂解炉系列超低 NO_x 排放的燃烧器，排放烟气 NO_x 浓度低至 63 毫克/标准立方米；基于自主开发的裂解炉结焦模型和烧焦模型，开发了快速烧焦技术，炉管烧焦时间缩短 50%；开发了裂解炉节能改造技术，能耗降低 5%以上；开发了裂解产品价值优化技术，为企业增加经济效益；基于自主开发的乙烯装置关键系统动态模拟模型，开发了动静态模拟结合的火炬气减排技术，排放量降低 40%以上。

中国石化百万吨级乙烯成套技术的特点是适用于复杂原料，能高效裂解乙烷、轻烃、石脑油等轻质原料，柴油、加氢尾油等重质原料以及高含烯烃的非常规原料，原料适应性强。

工业运行数据表明，中国石化乙烯技术的裂解炉运行周期和热效率、乙烯回收率、加工损失率和能耗、全系列催化剂性能等关键技术指标均达到国际领先水平。中国石化百万吨级乙烯成套技术的开发和工业应用，引领了我国乙烯工业的技术进步，支撑了我国乙烯工业的快速发展。

中国石化百万吨乙烯成套技术获授权专利 206 件，其中发明专利 157 件，含国外 64 件，专有技术 20 项。于 2018 年 11 月通过中国石油和化学工业联合会的鉴定。分别于 2018 年和 2019 年获中国石化集团公司、中国石油和化学工业联合会科技进步特等奖。获

2020年度国家科技进步奖一等奖，主要完成人包括袁晴棠、王子宗、王振维、王国清、何细藕、李广华、戴伟、李金科、崔光磊、盛在行、刘罡、张玉明、林栩、赵百仁、张利军等。由于国家奖励名额所限，许多贡献者没能列入名单。实际上这项荣誉应该属于本章所列举的所有为乙烯成套技术开发作出贡献的同志们，应该属于为开发中国石化乙烯技术奋斗40余年的两代乙烯团队的战友们！

到2024年，中国石化乙烯技术开发已走过了40年的历程。2024年1月11日，中国石化科技部组织召开了“中国石化乙烯技术40周年总结研讨会”，中国石化乙烯团队主要成员和有关部门的相关人员出席了会议。会议回顾了中国石化乙烯技术40年的研发历程，分析了面临的挑战，展望了中国石化乙烯技术未来的发展。我怀着无比激动的心情就中国石化乙烯技术40年持续创新的启示和对未来乙烯技术发展的期望作了发言，希望中国石化乙烯团队站在新的历史起点，继续用创新思维和超前的眼光提出不同阶段的研发目标，持续开展技术创新，保持乙烯技术的领先水平，开发出满足时代要求的新的乙烯技术。

中国石化乙烯技术开发团队部分成员合影（前排左起：何细藕、王国清、戴伟、袁晴棠、王子宗、王振维、李广华，后排左起：刘罡、彭晖、李昌力、盛在行、赵百仁、张利军，2023年4月）

“中国石化乙烯技术40周年总结研讨会”合影(第一排左起：张炜、洪涛、王建民、秦永强、卞凤鸣、袁晴棠、王子宗、何细藕、王国清、李金科、王振维，第二排左起：杨芳芳、邵璐、李昊坤、李昌力、赵锦波、方志平、盛在行、张利军、赵百仁、刘罡、邵晨、赵溪志、彭晖，2024年1月)

回顾40年乙烯技术开发的历程，有如下几点体会：

一是认真贯彻党和国家科技强国战略，努力实现中国乙烯技术的自立自强是40年持续开展乙烯技术开发的不竭动力和初心使命。

二是在乙烯技术开发历程中，积极争取并得到国家有关部委的大力支持，多项重要开发课题纳入国家攻关(开发)项目，为乙烯技术开发创造条件，增添了动力。

三是及时争取并得到中国石化历届领导的高度重视与全力支持，为研究开发、工业试验、成果转化与推广应用创造了条件。

四是坚持不懈地组织开展研究开发工作是乙烯技术开发不断取得进展的关键。长期以来，我把开发我国乙烯技术作为自己的使命，持续组织乙烯技术的研究开发，不断提出新的研发目标和任务，重视反应动力学数学模型和设计模型的开发，为技术开发奠定基础，排除各种困难组织力量攻克技术难关，不失时机地把技术推向工业应用，使乙烯技术不断发展，走向成熟，各项主要技术指标达到国际领先水平，并得到广泛推广应用。

五是中国石化乙烯技术开发的每项成果都及时在中国石化直属乙烯企业开展工业试验和工程转化，突显了企业在科技成果工程转化中的主体作用。中国石化的乙烯企业为中国石化乙烯技术开发作出了重要贡献。

六是乙烯技术开发注重开放式创新，从团队组织到技术开发注重利用国内外可利用的科技资源，加强合作研究。这种做法，有利于加快研发进程，推进科技创新。

七是先进的研发平台、设计工具是开发先进乙烯技术的重要手段。在裂解技术开发过程中，先后建立了先进的热裂解模拟试验装置、流体力学试验装置、燃烧试验装置等，为裂解炉和急冷换热器的研发提供了比较先进的研发手段。同时，重视计算流体动力学(CFD)软件、多物理场分析计算软件、管道应力分析软件等的二次开发和应用，这些先进的手段和工具，为提高乙烯技术开发水平提供了重要条件。

八是研发团队的建设和人才培养是搞好乙烯技术开发的重要保证。长期以来，我组织中国石化工程建设有限公司、北京化工研究院、天华化工机械及自动化研究设计院有限公司的技术人员，形成分工明确的研发团队，重视发挥团队人员的作用和积极性，及时解决出现的问题。要求老一代技术骨干加强对年轻技术人员的培养，使乙烯技术开发后继有人。虽然老一代技术骨干因年龄原因已离开工作岗位，但培养的年轻技术骨干早已成为乙烯技术开发的中坚力量。

第七章

积极推动和参与中国石化的国际科技交流与合作

中国石化从成立起就十分注重对外开放。在科技方面，中国石化党组要求在加强自主创新的同时，充分利用国内外科技资源，加强国际科技交流与合作。我在担任中国石化科技部门负责人和中国石化总工程师期间，在中国石化党组的领导下，认真贯彻党组关于加强国际科技交流与合作的要求，积极组织公司科技人员参加世界石油大会及各种学术会议，了解世界石油石化科技发展状况与趋势，积极推动国际科技交流与合作，与美国霍尼韦尔公司等建立了合作关系，并在中国石化驻美国和德国的常设机构派出科技代表。通过加强国际科技交流与合作，促进了中国石化的科技进步。

第一节　陪同领导出访

在 1989 年至 2005 年间，我曾三次陪同陈锦华同志、盛华仁同志出访，每次出访都圆满完成任务，取得了丰硕的成果。三次出访情况简要回顾如下。

一、参加陈锦华同志率领的代表团赴西欧访问

1989 年 5 月 3 日至 24 日，由时任中国石化总公司总经理的陈锦华同志为团长的中国石化代表团赴西欧访问，我是代表团成员之一，其他成员有杨树杉、龙守信等。在访问过程中，先后访问了德国林德公司、鲁奇公司、赫斯特公司(包括伍德公司)、克虏伯-柯柏思公司、巴斯夫公司、德意志银行；英国的英国石油公司、帝国化学工业公司、壳牌公司；荷兰的阿科苏公司、DSM 公司等。共计访问了十一家公司、两家银行，参观了三个研究中心和五座工厂。在此期间，还拜会了我国驻这三个国家的使馆、商务处及荷兰国家经济部，与荷兰国家经济部部长进行了友好会谈。

这次访问的主要目的是为制定“八五”计划做准备。“八五”期间，石化工业的发展在依靠自己力量的同时，还要积极发展对外合作，寻求更合适的合作方式。过去十年，我们与美国、日本的交往与合作较多，而与西欧的交往与合作较少，通过这次访问，了解西欧石化工业在中国对外开放中的地位与作用，以便在“八五”期间加强与西欧石油化工公司的合作。同时，对正在进行的合作项目进行了高层次的磋商，进一步促进这些项目的开展，密切已建立的合作关系。

陈锦华同志率团访问西欧，在德国合影(右起：第1袁晴棠、第2杨树杉、第4陈锦华、第5刘文龙，1989年5月)

这次访问的主要收获有以下几点：

(1) 通过访问，使对方公司进一步了解了我国经济建设的巨大成就及改革开放、治理整顿、深化改革的方针，了解了我国石化工业的发展状况和中国石化总公司的实力，以及中国石化总公司愿意在平等互利的基础上与各公司真诚合作的方针，从而扩大了我国及中国石化总公司的影响，增进了双方的相互了解，为具体项目合作奠定了基础。

(2) 对西欧石油化工在中国对外开放中的地位与作用有了进一步的认识，主要包括：一是西欧各大石油化工公司拥有先进的生产技术，如巴斯夫公司的1，4-丁二醇技术、帝国化学工业公司的尼龙-66盐技术、壳牌公司的重油加氢裂化技术等，同时这些公司还拥有雄厚的财力和向银行融资的能力。这些大公司为了20世纪90年代的发展，都在积极寻找技术和资金的新投向。二是为了90年代的发展，各公司都已制定了战略发展规划，其战略目标都瞄准了美国和远东地区，而远东地区的重点就是中国。三是各大公司与中国的合作方式由过去单纯技术转让和产品贸易转向合资经营。以上几点说明西欧石油化工在我国的对外开放中具有重要的战略地位，我们可以借助他们的先进技术和资金，促进我国石化工业的发展。

(3) 对西欧各大石油化工公司的经营战略思想和战略方针有了进一步的了解，认为有以下几点值得借鉴：一是重视下游产业和产品及高附加值产品的开发工作。例如，巴斯夫公司在路德维希港地区有45万吨/年乙烯生产能力，下游可生产一万多种产品；二是善于通过大企业联系一大批中、小企业和科研机构及大学，通过横向联合，利用各自优势开发技术，发展产业；三是重视开拓市场和销售工作；四是实施兼并其他公司的战略方针。

(4) 访问期间和有关公司讨论了双方打算合作和正在合作的具体项目。通过这次出访，团组的体会与建议：一是应进一步重视发展与西欧地区的经济、技术合作关系；二是借鉴西欧发展战略研究和市场预测的经验，进一步做好发展战略研究和市场预测工作；三是借鉴西欧石化公司国际化经营方略，探索中国石化总公司向外发展的路径；四是进一步加强研发工作，增强企业的竞争实力；五是进一步重视市场开拓和加强销售工作。

陈锦华同志率团访问西欧，在德国海德堡合影
（右起：袁晴棠、陈锦华、李健存，1989 年 5 月）

二、参加盛华仁同志率领的代表团访问委内瑞拉和巴西

应委内瑞拉能源矿产部部长阿尔马斯先生和巴西石油公司总裁范兰萨先生的邀请，经国务院批准，由时任总经理的盛华仁同志率中国石化总公司代表团于 1991 年 5 月 14 日至 24 日访问了委内瑞拉和巴西，我是代表团成员之一，其他成员还有杨树杉、刘文龙、朱煜等。这次出访的目的是考察这两个南美国家的石化工业发展情况，了解其生产和经营管理方面的经验，探讨双方发展合作关系的可能性和途径。

在委内瑞拉，代表团先后访问了能源矿产部、石油公司和石油化工公司，会见了能源矿产部部长阿尔马斯、副部长格瓦拉和石油公司、石油化工公司董事会成员，各自通报了有关情况并进行了会谈；听取了石油公司研究院的情况介绍；参观了西北部的特布拉索（TABLAZO）石化联合企业和阿莫依（AMUAY）炼油厂。在巴西，会见了石油公司、石油化工公司的董事会成员，参观了东部地区的化工、炼油、化肥、合成树脂、合成橡胶、催化剂等 6 个工厂，对石油

盛华仁同志率团访问委内瑞拉合影(左起：第3袁晴棠、第5盛华仁、第7杨树杉、第8刘文龙、第9朱煜，1991年5月)

公司的研究中心做了较深入的考察。会见了美国鲁姆斯公司巴西分公司负责人，听取了该公司有关乙烯装置“脱瓶颈”(Debottleneck)技术改造的介绍。

盛华仁同志率团访问巴西合影(左起：第2朱煜、第3刘文龙、第4盛华仁、第5袁晴棠、第6杨树杉，1991年5月)

这次访问的主要收获：

（1）了解了两国石化工业的概况。这两个国家虽然都是发展中国家，但石油工业和石化工业的发展都具有相当水平。委内瑞拉是世界上较大的产油国之一，原油日产量230万桶左右（折合产量在1.1亿吨/年以上）。国内有6个炼油厂，阿莫依炼油厂日加工能力60万桶，约合3000万吨/年，是当时世界上最大的炼油厂。委内瑞拉85%的原油产量由炼油厂加工。此外，他们也建有乙烯装置及下游石化生产装置。巴西的原油日产量69.4万桶，全国原油需求量为120万桶/日，不足部分由国外进口。已掌握700米以下深水采油技术，正在加紧海上油田的开采。巴西全国有11个炼油厂，总加工能力为140万桶/日，我们参观的瑞杜克（REDUC）炼油厂的加工能力约1000万吨/年。全国有3个乙烯生产基地，乙烯总产量为150万吨/年。

（2）对两国发展石油化工的主要特点有了一定的了解。两国发展石油化工的特点：一是坚持石油国有化政策。国家对石油的开采和炼制均实行集中和垄断。委内瑞拉的石油工业由国营石油公司管理。巴西一直坚持石油国有化政策，1939年就成立了国营石油公司。二是重视发展石油化工。两国都充分利用石油资源，发展深度加工和综合利用，在石油化工方面已打了很好的基础，并重视生产装置"脱瓶颈"技术改造和走装置大型化与集中控制的道路。三是在发展石化工业的过程中，注意吸收外资，鼓励私人资本投资。石油的开采、炼制，全部由国家垄断，但吸收私人资本向石化下游装置投资。四是重视科技开发工作。过去两国石油化工技术都是从国外引进的，为了增强自己的科技开发能力，两国都在各自石油公司下设立研究中心。五是经营管理体制都采用西方国家的模式。

通过访问，一是加深了对我国石化工业必须走装置大型化和提高自动化控制水平实施集中控制的道路的认识；二是搞好生产装置"脱瓶颈"技术改造是投资少、用人少、效益高的有效途径；三是这次访问确定了发展双方合作关系的意愿和下一步要做的工作。根据访问情况，代表团认为可首先在科技领域积极发展双方的合作关系，并与委内瑞拉能源矿产部、巴西石化公司、巴西石油公司研究中心分别签订了合作意向书。其主要内容是发展科技合作，也包括生产管理方面的经验交流和第三国的项目合作等。经双方商量，下一步主要进行四方面合作：一是专家互访。我方准备下半年再次派专家组到两国做深入考察，同时也邀请对方的考察组到我方考察。二是定期或不定期地进行科技成果和管理经验交流活动。三是选择合作课题进行合作开发，并分享合作开发的成果。四是根据需要，互相转让科技成果。

这次考察访问对中国石化实施内涵发展，走“脱瓶颈”技术改造谋发展之路有重要的影响。借鉴考察委内瑞拉和巴西及其他国家石化装置“脱瓶颈”技术改造的经验，中国石化相继组织开展了镇海炼化炼油装置与燕山石化、大庆石化、齐鲁石化、扬子石化、茂名石化乙烯装置的“脱瓶颈”技术改造，均取得了显著成效。其中，1993年镇海炼化为了建设加工含硫原油基地，开始研究在800万吨/年炼油能力的基础上再扩建800万吨/年中东含硫原油加工能力，形成1600万吨/年炼油厂的方案，当年编制的规划方案是依托老厂新建一个包括12套装置的基本独立的800万吨/年炼油厂，测算总投资109亿元。最终参照国外“脱瓶颈”技术改造的做法，只新建4套装置，改造了7套装置，新增800万吨/年中东含硫原油加工能力，总投资只有68亿元，节省了投资、土地，减少了定员，取得了突出的成效。1993年至1994年燕山石化走“脱瓶颈”技术改造的路线，将原30万吨/年乙烯装置改造至45万吨/年，用了不到28个月，投资28亿元，与新建同等规模装置相比，投资节省了一半，工期缩短了一半，效益提高了一倍，受到了国务院领导的充分肯定。随后，燕山石化又把45万吨/年乙烯装置“脱瓶颈”改造至66万吨/年。

这次访问，使我们加深了对两国石油化工的了解，也扩大了中国石化总公司在南美的影响，为今后发展双方合作关系打下了基础。

代表团在结束访问委内瑞拉和巴西之后，于 1991 年 5 月 27 日至 6 月 3 日赴日本进行了访问，与日本的石化产业界、商业界、金融界等有关单位讨论如何进一步发展双方的合作关系。

三、陪同盛华仁同志率领的人大代表团访问美国

2005 年 6 月 1 日至 10 日，中国人大代表团赴美访问美国国会，代表团由盛华仁副委员长率领。代表团于 6 月 1 日赴美，6 月 2 日至 4 日访问霍尼韦尔公司，6 月 6 日至 9 日在华盛顿与美国国会举行会议。

遵照中国石化集团公司领导指示，我和外事局王在兴、赵伟同志赴美陪同华仁副委员长率领的人大代表团访问霍尼韦尔公司。5 月 30 日我和王在兴、赵伟同志及霍尼韦尔(中国)公司有关人员抵达洛杉矶，我公司驻美代表徐凯歌、曾建敏同志分别抵达洛杉矶和凤凰城。我们与总领馆的黄代总领事对洛杉矶和凤凰城的各项准备工作进行了检查和落实。大使馆苏格公使衔参赞等也到洛杉矶迎接并陪同访问。6 月 1 日晚在洛杉矶迎接华仁副委员长及其代表团，6 月 2 日陪同代表团自洛杉矶乘机赴凤凰城。6 月 2 日晚，华仁副委员长会见了专程从外地赶来的霍尼韦尔公司前任董事长兼首席执行官庞思诺先生。庞斯诺先生在任期间，大力推动霍尼韦尔公司与中国石化合作，曾主动给时任中国石化总公司总经理的盛华仁同志写信，并派专人来北京送信和转达他对两家公司合作的意愿。6 月 3 日上午听取了有关霍尼韦尔公司的情况介绍，并参观了霍尼韦尔公司工业部的设施，晚上与霍尼韦尔公司董事长兼首席执行官高德威先生进行了会谈，高德威先生在会谈中表达了希望中国石化与霍尼韦尔公司的合作进一步向更广、更深方向发展的意愿。6 月 4 日上午，华仁副委员长会见了凤凰城市长高登先生，听取了有关凤凰城

发展情况的介绍，之后乘机离开凤凰城赴纽约，晚 7 时许到达纽约市，华仁副委员长及其代表团由中国驻纽约总领馆负责同志接住总领馆。6 月 6 日上午，代表团乘火车赴华盛顿开会。我和王在兴、赵伟同志于 6 月 6 日回国。

陪同盛华仁同志与霍尼韦尔公司时任和前任董事长合影

（左起：高德威、庞思诺、盛华仁、袁晴棠，2005 年 6 月）

20 世纪 90 年代，华仁同志任中国石化总公司总经理时，为了提高中国石化生产装置的控制水平，大力推动中国石化总公司与霍尼韦尔公司建立策略性联盟关系。1995 年 8 月 17 日，中国石化总公司与霍尼韦尔公司建立了策略性联盟关系，华仁同志和霍尼韦尔原董事长兼首席执行官庞思诺先生代表双方在协议上签字，之后华仁同志一直关心并亲自推动联盟的开展。这次访问期间，当华仁同志了解到 2000 年和 2005 年双方又续签了两个五年的联盟协议，联盟一直在发展并取得了很大成绩后，他感到十分欣慰。华仁副委员长在与霍尼韦尔公司前任董事长兼首席执行官庞思诺和现任董事长兼首席执行官高德威先生的会谈中，高度评价了中国石化与霍尼韦尔公司策略性联盟所取得的成绩，认为这是平等、互利、双赢的合作，中国石化与霍尼韦尔公司的成功合作是中美两国企业界合作的典范。华仁副委员长说："我将向美国国会议员宣传中国石化与霍尼韦尔公司的合作，因为这是平等、互利、双赢的合作，中美之间应像中国石化与霍尼韦尔公司一样开展平等、互利、双赢的合作。"华仁副委员长要求中国石化在加大油气资源勘探开发的同时，要加快节能技术的应用，要在炼化领域推广霍尼韦尔公司的先进控制技术，尽量提高收率，降低能耗、物耗。华仁副委员长希望霍尼韦尔公司把最先进的技术和产品提供给中国石化，不断提高技术水平和降低成本，向中国石化提供价格有竞争力的产品。

由于中国石化和霍尼韦尔公司的领导对华仁副委员长为首的人大代表团对霍尼韦尔公司的访问十分重视，双方工作人员对访问日程做出周密安排并做好充分准备，使此次访问十分顺利，取得了圆满成功。

第二节　与国外大型石化公司的科技交流与合作

与国外大型石化公司的科技交流与合作是中国石化国际科技交流与合作的重要组成部分，历年来我参与或由我带领团组完成的与国外大型石化公司的科技交流与合作活动回顾如下：

一、第七届国际乙烯年会

1987 年 5 月 10 日至 13 日，我带领由燕山石化、上海石化、齐鲁石化等企业乙烯技术专家郭宝林等五人组成的中国石化团组，赴美国休斯敦参加鲁姆斯公司举办的第七届国际乙烯年会，共有来自 21 个国家的 64 家公司的 200 多位代表参加会议。会议交流了 12 篇报告，其主要内容包括：采用鲁姆斯技术新近设计的乙烯装置开车情况、正在运转的28家乙烯工厂的运转情况、裂解收率预测模型、裂解技术的近期进展、烯烃装置回收部分的新动向、如何增加乙烯工厂的收益、烯烃装置控制系统的现代化、乙烯裂解炉的运转和维护支持系统、在轻烃裂解过程中甲烷和氢气对生产烯烃的影响、模拟培训和其他应用、鲁姆斯 SRT-Ⅳ型炉的运转实绩、VGO 加氢裂化尾油作裂解原料等。

会议举行了3个研讨会，其主要内容包括：开车、运转及维修，裂解技术的提高，电子计算机优化控制，裂解炉的运转和维修，进料的灵活性和预处理以及安全、环保等。会议期间参观了 ARCO 公司的乙烯装置和孟山都公司的苯乙烯装置。

5月16日团组赴纽约，访问了位于新泽西州的鲁姆斯总部，就乙烯、苯乙烯和有关技术问题进行了技术会谈。

5月19日赴洛杉矶，访问了 UNOCAL 公司，就乙烯原料预处理和其他技术问题进行了技术交流。5月22日离开洛杉矶途经旧金山回国。

通过参加乙烯年会和访问交流活动，了解了当时鲁姆斯公司乙烯技术最新进展，针对燕山石化、齐鲁石化、上海石化、扬子石化乙烯装置原料、开车及操作等四十几个问题进行了座谈讨论，为中国石化乙烯技术发展和做好乙烯装置生产运行工作提供了参考。

二、考察印度石化工业

应印度石油化工有限公司(IPCL)的邀请，中国石化总公司派出了由我带队的五人团组(梁源修等)于1989年10月13日至30日对印度进行考察和访问。这次访问的目的：一是深入了解印度石化工业发展概况；二是讨论与印度石油化工有限公司之间开展科技合作的有关问题；三是向印度石油化工企业介绍中国石化总公司和中国的石化工业，与印度石油化工有限公司进行技术交流。

团组于10月13日晚到达孟买，14日前往瓦多达拉(VADO-

DARA）分别访问印度石油化工有限公司总部和该公司所属瓦多达拉石油化工联合企业及古加拉炼油厂。10 月 18 日在新德里访问了印度工业部石油化工公司。在新德里期间，还访问了印度科技部科技司及下属的科学、工业研究院。10 月 19 日访问印度工程有限公司，这是一家印度最大的综合性工程公司，隶属印度石油天然气部。10 月 23 日访问印度国家塑料农业应用委员会，该委员会负责农用塑料的研发和推广应用的组织、协调、管理工作，隶属印度工业部领导。10 月 25 日晚，印度石油化工有限公司驻孟买办事处安排团组与孟买地区 9 家化学、石化、塑料公司的代表约 30 人会面，其中包括印度瑞兰斯（RELIANCE）石油化工公司、赫迪利亚（HERDILLIA）化学有限公司、国家有机化工有限公司、印度塑料基金会、萨默克斯（SUMEX）化学有限公司等，团组借此机会介绍了中国石化总公司情况，双方就经济技术合作进行了交流。10 月 26 日访问了位于布纳（PUNE）的印度国家化学实验室（NCL），该实验室隶属印度科学工业研究院。10 月 27 日访问了印度石油化工有限公司在孟买附近新建的马哈拉诗特拉气态烃裂解联合企业（MGCC），该联合企业 30 万吨/年乙烯装置采用 SW 公司乙烯技术。10 月 28 日访问了瑞兰斯集团。

赴印度访问时合影（右起：第 4 袁晴棠，1989 年 10 月）

此次访问，接触了 16 家公司、院所、委员会及政府部门，约 80 余人。访问期间，正值吴学谦副总理对印度访问，这种政治气候对我团组访问带来了良好影响。

访问期间团组做的主要工作：一是向所访问单位全面介绍了中国石化总公司和中国的石化工业概况，使印度政府有关部门和石化企业及有关单位对中国石化总公司及中国的石化工业发展情况有了较为全面的了解，扩大了中国石化总公司的影响，为开展两国石化方面的交往与合作奠定了基础；二是团组带出了可向印方转让的石化技术清单和简介材料，并就印方感兴趣的技术项目作了介绍；三是了解了印度石化工业概况与发展前景；四是与印度石油化工有限公司签订了会议纪要，为开展下一步工作提供依据。

这次出访的主要收获：一是对印度石化工业的概况有了初步了解；二是比较全面地了解了印度石油化工有限公司，该公司是印度 245 家国营企业中最年轻也是经营效益最好的企业，发展速度较快；三是对印度政府重视科技发展有较深的印象；四是印度重视自力更生和引进技术的消化吸收，新技术引进后，由科研、设计单位和企业结合起来进行消化吸收工作。当时化工项目设备仪器的国产化率为 70%，炼油项目已达 90%。

通过这次访问，团组深感了解印度及东南亚石化工业发展状况和发展动向，对我国石化工业的发展和研究制定中国石化总公司 20 世纪 90 年代的发展战略有一定的参考价值。

三、探寻与巴西和委内瑞拉开展科技合作

中国石化总公司总经理盛华仁同志曾率总公司代表团于 1991 年 5 月访问了委内瑞拉和巴西，并与委内瑞拉能源矿产部和巴西石油化工有限公司及巴西石油公司研究中心签订了合作意向书。为了促进双方的科技合作，根据上述意向书，总公司派出了由我带队的科技代表团一行七人(汪燮卿等)于 1991 年 11 月 20 日至 12 月 8 日访

问了巴西和委内瑞拉，并顺便访问了美国的UOP(环球油品)公司。代表团出访的目的是进一步深入了解巴西和委内瑞拉石化工业的发展状况，进行技术交流和会谈，选择科技合作的领域和课题，商谈科技合作的方式和计划。

在巴西访问期间，代表团会见了巴西石油公司董事兼所属石油化工公司总裁高姆斯先生，参观了FCC催化剂制造厂、COPESUL石化厂、REFAP炼油厂、PPH聚丙烯生产厂和塑料加工厂，对石油公司的研究中心作了进一步考察，进行了技术交流和会谈，最后与高姆斯先生签订了会谈备忘录。

在委内瑞拉访问期间，代表团拜访了能源矿产部副部长格瓦拉先生，会见了石油公司及其下属的石油化工公司的董事并进行了会谈，参观了马拉开波湖区的采油设施，阿莫依(AMAUAY)炼油厂和拉布拉索(TABLAZO)石化联合企业，对石油公司所属的研究中心进行了参观访问和技术会谈，并与研究中心的总裁高斯塔奥签订了备忘录。

代表团在到达南美之前，还于11月21日至22日访问了美国UOP公司，进行了技术交流与会谈，参观了UOP公司的研究中心，并与UOP公司副总裁温费尔德签订了谅解备忘录。

科技合作会谈结果：

(1) 与巴西石油公司的会谈结果：双方就感兴趣的领域、课题及合作方式进行了会谈并签订了备忘录，还就发展技术和产品贸易、工程承包、技术交流、共同举办国际会议等问题进行了探讨。

(2) 与委内瑞拉石油公司会谈结果：双方对科技合作的有关问题进行了会谈，并签订了会谈纪要，双方决定在非保密基础上交换有关技术资料。

(3) 与美国UOP公司的会谈结果：双方介绍了各自研究开发的科技成果，并就有合作可能的项目签订了谅解备忘录，双方将对感兴趣的技术在交换有关资料的基础上作进一步讨论。

四、科技管理体制考察

1992 年 9 月 25 日至 10 月 17 日，中国石化总公司派出了以副总工程师侯芙生为首的代表团赴埃尼、埃尔夫和壳牌三家集团公司考察访问，我是代表团成员之一，其他成员有杨光等同志。代表团访问了埃尼集团总部及下属阿吉普石油公司、埃尼化学公司及其所属的研究中心、Porto Marghera 石化联合企业，法国埃尔夫集团及其炼油销售部所属的研究中心和东日炼油厂，英荷壳牌公司集团总部及下属公司与研究中心等单位。通过考察访问，对三家集团公司的科技管理体制有了初步了解。

埃尼集团公司的科研组织包括：在集团总部发展计划控制部里设有一个创新处，专门负责全集团的科研组织、管理与协调；设立了一个科学顾问委员会，负责对集团科研方向的指导和集团科研基金的管理；总部的研究公司，负责战略性和集团内部共性问题的研究；各营业公司设有自己的研究机构，为各自的业务发展提供技术支持。

埃尔夫集团公司在总部的职能部门中设有研究开发科技进步与环保部，负责全集团科研组织管理和协调。总部设有集团研究委员会，负责把握科研方向等重大问题。

壳牌集团公司在 9 个服务公司中专设一个公司(壳牌国际研究公司)负责全集团的科研工作，包括从用户方面接受科研项目和科研经费(签订合同)，并向下属 16 个研究中心分配任务。

三家公司科研工作的共同特点：一是总部高度重视科研工作。在总部的机构中都设有专门管理机构负责组织、协调和管理全集团的科研工作，主要负责总部科研计划的制订，下属公司科研计划的协调和审批，以及总部科研经费的使用安排等管理工作。二是科研工作的运行机制完全是从市场需要出发，课题来自营业公司，营业公司为满足市场的需要而提出课题，并提供经费。三是集团公司内部禁止重复研究，即使下属公司自己支出经费的科研计划也要报总部批准后才能执行，其目的一方面是检查下属公司的科研计划是否符合集团的发展战略；另一方面是进行子公司之间的协调，避免重复研究。四是重视新业务领域的科研工作，科研投入向新业务领域倾斜。五是科研经费比较充足，为科研人员创造了比较优越的工作条件和生活条件，科研经费中包括工资、折旧和材料费约占总数的一半。六是科研课题针对性强，短期内需要工业化的课题多。科研机构精简、高效，辅助机构和人员很少。

五、访问鲁姆斯、UOP 公司

1994 年 6 月 17 日至 7 月 4 日，中国石化总公司派出了由我带领的科技团组赴美访问。在此期间，团组访问了鲁姆斯公司、UCC 公司、CD-TECH 公司、SW 公司、UOP 公司和 AMOCO 公司，进行了考察和科技交流，并与鲁姆斯公司签订了科技合作协议，与 UOP 公司就科技合作签订了会议纪要。

带领中国石化科技团组访问美国鲁姆斯公司
（左起：第 4 袁晴棠、第 5 索罗门，1994 年 6 月）

六、考察建立策略性联盟的可行性

1994 年 11 月 1 日，霍尼韦尔公司总裁兼总执行长米切尔·庞思诺向中国石化总公司盛华仁总经理提出双方建立策略性联盟的建议。根据中国石化总公司党组关于提高总公司生产过程控制水平的指示，为了落实与霍尼韦尔公司建立策略性联盟的可行性，总公司派出了由我带领的考察团(成员有王丙申、翟齐、张德义、曹湘洪、王立行等)，于 1995 年 2 月 16 日至 3 月 22 日赴美进行考察访问。

带领中国石化考察团赴美访问(左起：曹湘洪、蒋路、邱时平、袁晴棠、王丙申、李曼、翟齐、张德义，1995 年 2 月)

考察团在美期间，考察了雪佛龙、菲利浦斯、埃克森和阿什兰石油公司的四座工厂，对其提高控制水平增加企业效益的做法进行了调查研究；与雪佛龙、菲利浦斯、壳牌、埃克森和阿什兰等五个石化公司的高层领导就关于建立企业间联盟的做法和效果进行了座谈；考察团还对霍尼韦尔公司总部及有关分部(工业部、固态电子器件研制中心、研究开发中心、霍尼韦尔-玻菲玛蒂克软件公司、霍尼韦尔自动化学院)进行了参观访问。在霍尼韦尔总部，考察团还与霍尼韦尔公司有关领导进行了会谈，并签署了会议纪要。

通过这次考察，考察团了解了世界上部分主要石化公司提高过程控制技术水平的方向和策略，他们在进行这项工作时所采用的技术和步骤，以及他们与霍尼韦尔公司建立策略性联盟的做法和对联盟效益的评价。主要收获如下：一是当前世界上主要石化公司都把提高生产过程的自动化控制水平作为少投入多产出，快速挖潜增效，提高竞争能力的重要途径；二是控制系统硬、软件标准化是全面提高生产过程控制技术水平，提高经济效益的基础；三是与优秀的供应商结成策略性联盟是全面提高生产过程自动化控制水平的重要保证；四是埃克森等五家石化公司经过评比后选择了霍尼韦尔公司作为策略性联盟伙伴，在这次考察过程中，他们对霍尼韦尔公司给予了很高的评价。

考察团向总公司党组提出建议：国外大公司的实践经验证明，总公司党组关于尽快提高生产过程控制水平的指示是完全正确的，应尽快作为一项战略任务来抓，并坚定信心在短时期内抓出成绩。通过考察，考察团认为选择霍尼韦尔公司作为联盟伙伴是合适的，与霍尼韦尔公司建立策略性联盟是可行的，这是提高总公司经济效益的需要，对总公司是有利的。

七、策略性联盟第三次指导委员会会议

1996 年 4 月 8 日至 25 日，中国石化总公司副总经理黄春萼带领总公司代表团赴美参加在凤凰城举行的中国石化总公司与霍尼韦尔公司策略性联盟第三次指导委员会会议。在美期间，还访问了鲁姆斯公司和埃克森公司，参观了有关工厂和研究中心。我是代表团成员之一，其他成员有杨树杉、王丙申、翟齐、邱时平、王立行等。

（一）在霍尼韦尔公司工作和考察情况

中国石化总公司与霍尼韦尔公司的策略性联盟协议于 1995 年 8

月 17 日在人民大会堂签订，联盟工作已经开展并举行过两次指导委员会会议。这次会议的主要目的是研究落实先进控制技术的应用、DCS 标准化和提高竞争力以及研究成立用户协会等三方面工作。同时考察美国石化公司和霍尼韦尔公司的有关部门，以了解美国石化公司应用先进控制技术的最新动态和一年来霍尼韦尔公司技术的新发展。4 月 9 日至 10 日，代表团在路易斯安那州和查尔斯湖地区参观了 CONOCO、MONTELL 和 CITGO 公司的三个炼油与石化厂；11 日至 12 日在凤凰城霍尼韦尔公司工业部举行了第三次指导委员会会议，参观了霍尼韦尔公司 DCS 和智能仪表生产线，看望了正在那里工作的高桥石化、哈尔滨石化、茂名石化的职工；14 日代表团访问了位于明尼阿波利斯市的霍尼韦尔公司总部，并参观了该公司的固体电子中心和技术中心，庞思诺总裁和摩尔副总裁出席了会晤活动。

第三次指导委员会会议对一些关键性问题达成了一致意见，对下一阶段工作做了安排并签订了会议纪要。通过对美国石化厂的参观，代表团除了对美国大的石化公司在提高控制技术水平方面的进展有了进一步了解，还对这些工厂消除“瓶颈”扩能增效的做法有了进一步的认识。

（二）访问鲁姆斯公司情况

代表团于 4 月 17—18 日访问了鲁姆斯公司位于新泽西州的总部，索罗门总裁介绍了鲁姆斯公司的概况，多次强调发展两家公司之间业已存在的合作关系是鲁姆斯公司的一贯方针，表示希望能在协助中国石化总公司实现“九五”发展目标方面继续做工作。负责中国市场、技术业务、科研开发等方面的副总裁及有关部门负责人出席了会晤活动并作了情况介绍。

在两天的访问期间，鲁姆斯公司介绍了乙烯技术的发展情况，对 SRT-Ⅴ型炉和 SRT-Ⅵ型炉的技术特点和应用情况作了详细介绍；介绍了乙苯/苯乙烯等技术的新进展等；就两公司间已开展的科技合作项目进行了回顾和展望。通过两天的访问，了解了乙烯等技术的新进展，增强了两家公司之间的相互了解，为进一步合作打下了良好基础。

（三）访问埃克森公司百润敏公司的情况

4月22—23日，代表团访问了设在新泽西州林顿地区的百润敏公司总部和贝威添加剂厂、贝永润滑油调和厂，以及埃克森研究与工程中心(ER&E)，对润滑油添加剂的生产、科技开发及进一步合作的内容进行了交流。埃克森公司副总裁兼百润敏公司总裁Tebbe先生、主管生产副总裁Dance先生和埃克森研究与工程中心副总裁Lopez先生接待了代表团，并作了情况介绍。百润敏公司下设17个工厂，根据所在地区原料及市场情况生产不同的产品。

中国石化团组访问埃克森公司合影(前排左起：杨树杉、袁晴棠、黄春萼，1996年4月)

（四）访问埃克森公司贝塘石油化工厂概况

4月24日，代表团访问了埃克森位于休斯敦贝塘地区的石油化工厂。埃克森公司的高级副总裁Rizzo先生及有关负责人参加了会晤，并作了情况介绍。埃克森公司在该地区设有炼油厂、化工厂、烯烃厂、塑料厂、高分子研究中心和工程中心。炼油厂原油加工能力为2100万吨/年，炼制重质原油、高硫和高金属含量的原油；化工厂1995年产量340万吨，主要生产丁基橡胶、聚丙烯、芳烃、聚异丁烯和丁烯-1等产品；烯烃厂乙烯生产能力为116万吨/年；塑料厂每年生产67万吨线型低密度聚乙烯和高密度聚乙烯。上述工厂90%的电力和全部蒸汽由自己供应，厂与厂之间互供原料，共用公用设施，包括医疗、工业卫生、安保、消防设施等。

炼油厂的主要特点：一是根据生产成本最低、经济效益最佳的原则，选择适合生产轻油和润滑油基础油的原油，合理安排加工流程；二是根据市场需求，认真分析阻碍生产发展的“瓶颈”和制约因素，采用新技术，发展投资少、效益好、增加生产能力的项目，生产发展以改造、扩建为主；三是生产装置单套能力大，例如常减压装置单套生产能力为1100万吨/年、催化裂化装置最大生产能力为600万吨/年；四是20多套主要生产装置实现了先进控制。

贝塘烯烃厂的乙烯装置生产能力已达116万吨/年，是世界上单线生产能力最大的乙烯装置。裂解部分采用埃克森自有技术，共12台裂解炉，其中4台采用超短停留时间炉型(LRT-2)，停留时间小于0.1秒，8台短停留时间炉型(LRT-1)，停留时间为0.25秒，分离部分采用凯洛格公司的高压脱甲烷和乙炔后加氢技术，采用孟山都公司的膜分离技术回收氢气。乙烯装置的大修期为7.5年。

埃克森公司聚烯烃生产的特点：一是采用了多种聚烯烃生产技术，追求经济规模，建设了多条世界上单线规模最大的生产线；二是不断开发新技术，埃克森公司经过15年的研究，开发出了茂金属催化剂，并首次将茂金属催化剂用于工业生产；三是现有生产装置不断进行消除“瓶颈”扩能改造，提高技术水平，增加生产能力。

八、参加中国石化科技考察团赴美考察

根据中国石化总公司党组的决定，总公司派出了以阎三忠副总经理为团长的考察团，于1996年11月14日至28日赴美进行了科

技考察。这次考察的主要目的是了解美国大型石化公司科技发展水平、发展战略以及科研开发的组织体系、管理体制、管理模式与方法，以便借鉴他们的先进经验，加速推进总公司的科技发展。我是代表团成员之一，其他成员有洪定一、李大东、韩崇仁、陈庆龄等。

代表团在美期间，首先参加了1996年度国际华人石油与石油化工科技研讨会。阎三忠副总经理在会上作了专题报告，介绍了总公司经济与技术发展情况及发展战略。有关人员作了技术报告并参加了研讨会。参加会议的有来自中国台湾的中油公司的代表、旅美华人、中国石油天然气总公司等单位以及一些美国公司的代表300余人。通过交流与研讨，增进了与国内外石化界华人和一些美国公司的接触与了解，扩大了总公司的对外影响。

代表团在美期间，访问了埃克森公司总部、埃克森公司的贝塘烯烃厂、塑料厂和聚合物研究中心以及位于新泽西州的埃克森研究与工程公司；访问了位于威明顿的杜邦公司的中央研究院与氟化物事业部的研究所；访问了位于巴特尔斯维尔的菲利浦斯公司总部、研究中心、塑料研究部，参观了位于休斯敦附近的Sweeny炼油厂和乙烯厂；访问了位于芝加哥的UOP公司，参观了UOP公司的实验室与中试装置；参观了位于休斯敦附近的道化学公司的工厂以及阿莫科公司的聚丙烯装置。有关公司的高层领导如埃克森公司董事长Raymond先生、菲利浦斯公司董事长Allen先生、UOP公司的总裁温菲尔德先生及一些高级副总裁出面会见了代表团。通过交流讨论，使代表团对美国大型石化公司的科技发展与组织管理情况有了进一步的了解。

（一）访问埃克森公司的有关情况

埃克森公司是世界上最大的经营石油勘探、生产、运输、炼制加工和销售的综合性公司，也是化工原料、溶剂、添加剂、中间体和聚合物及其他石化产品最大供应商之一。1995年全球雇员约为

9.1 万人，总销售额为 1239 亿美元，炼油厂原油加工能力 1.7 亿吨/年，销售初级化学产品 1348 万吨，乙烯生产总量 330 万吨。

埃克森公司为了保持其炼油和化工技术在世界上的领先地位，在美国本土、比利时、加拿大、法国、日本、英国和德国等建立了 15 个研究和工程中心，并配置了许多小规模的实验室作为与炼油厂配套的技术支持设施。

埃克森公司研究开发与项目管理的特点：一是实行严格、规范化的分阶段门径式的技术开发程序；二是制定公司短期与中期战略任务时，紧紧围绕公司的经营策略，充分发挥公司在技术和管理上的优势，通过炼油和化工产品的高效生产，使公司成为低成本的供应商，以获得最佳经济效益；三是研究开发组织机构明确，各层次、各部门职责分明，由总部管理部门统一协调，特别是研究、开发、生产和销售的一体化，是提高管理效率减少重复研究的重要措施；四是努力开发新技术，以保持优势技术居世界领先地位，从而有利于保护和拓展核心业务和基于自己核心技术的新的战略方向。

（二）访问杜邦公司的有关情况

杜邦公司创立于 1802 年，1995 年有职工 10.5 万人，生产和销售 1800 多种产品，销售收入为 420 亿美元。主要化工产品有纤维、聚合物、农用化学品和精细化学品，其中聚合物约占 45%，尼龙居世界垄断地位。公司生产、经营和销售采用事业部制，有 19 个事业部，其中重点事业部有尼龙事业部、氟制品事业部、颜料事业部、农用化学品事业部、石油化学品事业部、氨纶事业部及芳纶/Normex 纤维事业部。

杜邦公司的研究开发体制：公司设中央研究院，主要做科学应用基础和技术研究；事业部设研究所，主要做技术研究和开发工作。为了协调好这两个层次的研究工作，公司本部设一位主管科技的副总裁和三个职能机构，即研究开发计划部、技术委员会和法律专利部。杜邦公司研究人员约 5000 人，1995 年研发经费约占当年销售收入的2.4%。

杜邦公司研究与开发工作的特点：一是实行集中与分散结合的两个层次研发体制；二是研究开发项目紧密结合公司的战略方向和事业部生产需要；三是强调形成公司技术方面的整体竞争实力和拳头技术；四是重视对外部技术的获取，以博采众长，缩短研发周期；五是研发投入持续保持高强度，以巩固并加强公司在一部分技术领域的领先地位。

（三）访问菲利浦斯公司的有关情况

菲利浦斯公司成立于1917年，在世界20多个国家从事石油勘探与开发、天然气生产与液化、石油炼制和石油化工生产与销售。该公司天然气产量居全美第一位，1994年产量达到3960万立方米。原油加工能力超过2200万吨/年，乙烯生产能力207.5万吨/年，聚乙烯生产能力120万吨/年，聚丙烯生产能力29.5万吨/年。该公司是世界上生产K树脂的唯一公司，其生产能力为12.5万吨/年。

公司拥有的拳头技术有：淤浆环管法聚乙烯催化剂和聚合工艺技术；茂金属催化剂制聚乙烯技术；淤浆环管法聚乙烯生产装置消除“瓶颈”扩能改造技术；K树脂生产技术；工程塑料生产技术；催化裂化用金属钝化剂；HF烷基化技术等。

该公司的研发工作实行集中统一管理的模式，总部有一名高级副总裁主管全公司的研发，领导一个由八个部（处）组成的技术开发中心，负责管理全公司的各项研发工作。该公司有研发人员1000多人，每年研发经费占销售收入的2%。

该公司研究开发管理工作的主要特点：一是研发工作实行总部集中统一管理模式，公司所属事业部内不设研发机构；二是研究中心紧紧围绕公司的核心业务与企业发展战略目标开展科研工作，坚持在自己的优势领域研发世界领先技术；三是强调研发机构与工程设计、生产企业联合与合作；四是重视专利管理工作，在公司技术开发中心设有专利和技术转让部，有60名工作人员，不仅负责公司专利和技术转让工作的管理，还负责撰写专利申请书。

（四）访问 UOP 的有关情况

UOP 创建于 1914 年，是一家从事炼油和石油化工新工艺过程开发、以转让专利技术为主要经营业务的技术公司，尤其是在炼油工艺的开发方面曾作出重要贡献，拥有催化裂化、连续重整、模拟移动床吸附分离等先进技术。

为了适应严峻的市场竞争，UOP 确定了新的策略和研发工作模式，目标是缩短开发周期，使新技术开发周期缩短 2/3，基础设计 A 版完成周期减少一半，并使技术更能满足客户需求和最大限度地保持国际竞争力。具体措施：一是研究课题原来主要由研发人员提出，改为根据市场需求由事业部提出；二是研发专题组人员由过去以研究开发部门人员为主，改变为由研究开发部、事业部、工程部、市场部、制造部等多方面的人员组成；三是组织业务作业小组，在 UOP 事业部的领导下设立 13 个业务小组，其人员来自研发部门、工程部、市场部、技术服务部、制造部等。业务作业小组的任务是增加现有技术的竞争力、寻找更经济的替代原料、改进产品质量、寻找生产成本更低的技术路线。

（五）访问道化学公司的有关情况

道化学公司 1995 年销售额 202 亿美元，在全球化学工业销售额中占第六位，在美国化学工业销售额中居第二位。在全球有 11 座乙烯生产厂，1995 年乙烯生产能力约 500 万吨/年。道化学公司位于 FREEPORT 地区的生产设施包括三家工厂 75 套生产装置，占地 6000 英亩。业务范围包括烯烃生产、从海水中提取镁和氯碱及其衍生物。在烯烃生产方面，有 3 套乙烯生产装置，乙烯生产能力 160 万吨/年、丙烯生产能力 50 万吨/年、丁烯生产能力 10 万吨/年。在氯碱方面，50%浓度的烧碱生产能力 118 万吨/年，氯气生产能力 230 万吨/年。

道化学公司的研发体系由核心研发机构和各业务部门的研发机

构两部分组成。公司核心研发机构包括中央实验室、分析科学、工程科学、计算机和信息科学以及健康与环保科学等部门，其职责是维持公司已有的技术实力，开发新技术；在化学品、塑料和烃类及新事业部共15个事业部中都设有各自的研发机构，负责工艺和产品技术支持、新产品开发、技术应用、市场支持以及客户技术服务等。

道化学公司的聚乙烯包括LLDPE、LDPE、HDPE和PRIMACOR*、SARAN*树脂和薄膜（“*”为道公司商标）。道化学公司应用茂金属催化剂采用加速开发的方法开发了称为“INSITE”的技术，已用于生产AFFINITY塑性体、ENGAGE弹性体、三元乙丙共聚物、乙烯-苯乙烯共聚物和聚丙烯，并和其他公司建立了合资生产弹性体的公司。

道化学公司研发工作的特点：一是公司重视研发工作，提供巨额研发经费，建立了强有力的组织领导体系，形成了一体化的管理体制；二是总结出一整套“基于速度治理”的快速开发方法很值得学习和借鉴。

收获与启示：一是所访问的公司都高度重视本公司的科研开发工作，其主要原因是公司核心业务的确立和发展紧紧依赖于公司优势技术的支持，公司业务的开拓紧紧依赖于公司新技术的发展。二是国外大型石化公司都基于自身的技术优势、产业基础和竞争能力，确定自己的核心业务，围绕核心业务制定业务发展战略和技术发展战略。三是各公司为了提高市场占有率，获得更大的利润，研发工作以市场为推动力成为明显标志。四是各公司都有健全的科研开发组织体系，各层次、各部门职责分明。五是各公司的技术开发项目的管理都实行严格的标准化管理程序，称为“分阶段门径式技术开发程序”（Stage-Gate Processes）。每个研发项目都要经过五个阶段四个门径才能完成开发过程，在项目开发的各阶段要评价所开发的技术是否符合公司业务的需要、对市场是否有吸引力、是否能增加经济效益、技术上的可行性及国际竞争力等。六是各公司在技术发展过程中十分重视对外技术的获取和合作开发，以节省投入，加快技术研发的速度。七是所访问的几家公司为了提高竞争能力，十分重视加快新技术开发的速度，并总结出成套的加快开发速度的技术开发方法。八是各大公司都把无形资产作为资产的重要组成部分，因此十分重视知识产权的保护。总之，所访问的公司都把技术作为业务发展的基石，因此我们需要高度重视技术开发工作。

九、参加 IFP 重油加工技术研讨会

应法国石油研究院(IFP)的邀请，总公司派出了科技代表团于1997 年9 月9 日至28 日参加法国 IFP 为纪念索来兹研究开发中心成立30 周年举行的重油加工技术研讨会，并对西欧几个主要石化公司进行科技考察。代表团由我带队，成员有乔映宾、李大东、郭子甫、任炽刚、周天骥等。

这次访问的主要目的是了解西欧大型石化公司面向 21 世纪的发展战略、产业结构调整情况，特别是科技发展的战略、发展方向以及科研开发的组织体系、管理体制、模式与方法等，以便借鉴他们的先进经验，加速总公司的科技发展。代表团出访期间，除了参加 IFP 举行的重油加工技术研讨会、参观在索来兹的研究设施，还访问了 BASF、壳牌、BP 和 ELF 四家石化公司，参观了他们的研究开发中心和部分生产设施。此外，还顺便访问了鲁奇、KTI 及德希尼布三家工程公司，重点了解了他们生产与研究开发的结合情况，并讨论了有关科技合作问题。

(一) 访问欧洲石化公司的有关情况

1) BASF 公司

BASF 公司是德国三大化工公司之一，建立于 1865 年，截至我们访问之时有 340 个拥有 50%以上股权的子公司，约 10 万余名职工，生产 8000 种以上的产品。主要业务有油气、聚合物、染料、基

本化学品、信息、健康营养和医药，1996 年营业收入 324.1 亿美元。

在产业结构调整方面，主要做法是：保持染料、基本化学品等优势领域，通过合资增强聚合物业务；扩展健康营养品业务；从没有竞争优势的磁性材料、不饱和聚酯及油田化学品等业务领域退出。

通过市场分析，BASF 制定了明确的发展战略。BASF 的目标是抓住亚洲销售额增长的时机，使生产贴近客户，同时推进欧洲的业务。2010 年前的发展目标是提升亚洲销售额，并且 70%的产品就地生产。另一个重要发展战略是实行"一体化"方针。"一体化"是将在一个地区的单个生产厂进入有供-求关系的紧密网络中。建立整体的能量供应系统，把基础设施、后勤和销售、原材料供应和废弃物的处置等进行"一体化"管理。

BASF 设有集中的研究开发中心和相应的管理部门。中心的管理由两个部门负责，一个负责计划、规划，协调各项活动；另一个负责和大学等外部单位的协作。中心下设 5 个实验室。研究课题由生产部门和市场销售部门提出，由生产部门、市场销售部门和科研单位负责人组成项目指导委员会。项目进行的每一个阶段都要进行评估，是否进行下去由该企业各事业部决定。总部提供基础研究经费，约占总经费的 20%，事业部提供开发项目经费，约占总经费的 80%。

2）壳牌公司

壳牌公司主要从事勘探与生产，主营油品、化学品、天然气和煤炭四大项业务，在全世界 120 多个国家建立了经营公司。1996 年营业收入 1281.75 亿美元。

壳牌进行产业结构调整的步伐较大。他们尽量扩大在技术上处于世界第一位的业务，为此他们购买了 1993 年底才刚合资成立的 Montell 的全部股份，使壳牌的聚丙烯技术居世界第一，生产能力居世界第一。与此同时，出售了农用品和某些精细化工产品业务。

与产业结构调整相适应，壳牌公司的组织结构也进行了相应的调整。原来集团控股公司是集团的总部，有 9 个服务公司承担总部的管理和服务职能，集团控股公司下属的营业公司是基本营业单位。现在为了提高竞争能力，按化工、炼油、勘探开采等专业划分成全球性营业公司，并把研发机构也按专业性质划入相应的公司，实行专业化管理。

壳牌公司在石油化工方面的优势技术：聚丙烯、热塑性弹性体、高碳烯烃、溶剂等是世界第一，环氧树脂、环氧乙烷及其衍生物等是世界第二。

壳牌化学公司每年的研发费用约占销售额的 1.5%。如何降低开发成本是他们考虑的一个重要问题。在改进研发方法方面，壳牌采取了一系列措施：一是降低催化剂开发成本，主要从四个方面着手：改进信息沟通，按照用户要求开展工作；广泛使用数据库，充分利用原始的数据，开发数学模型；采用先进的分析工具；通过改进研究方法降低成本。二是尽量减少中试，以降低研究成本。

3）BP 化学公司(简称 BP)

BP 在全球 70 多个国家有业务活动，业务包括油气勘探和生产、炼油和石油化工。1996 年 BP 营业收入 698.52 亿美元，有雇员 53000 多人。

在产业结构调整方面，BP 重组了炼油业务。改造 Ohio 炼油厂，以加工含酸重油。同时出售、关闭和减产三个炼油装置，以使其国际炼油系统合理化。BP 的炼油能力已从 200 万桶/日削减到 140 万桶/日。通过合资加强优势业务，与美孚公司合资两家公司在欧洲经营燃料油和润滑油的加工和销售。

在石油化工方面，BP 集中核心业务于三大领域：BP 是欧洲主要的聚乙烯生产商；是世界最大的醋酸及衍生物的供应者；第三个强项是丙烯腈，世界丙烯腈生产能力的 95%使用 BP 的技术。在加强核心业务的同时，BP 已从没有竞争力的业务领域退出，关闭了一些缺乏竞争力的装置。把己内酰胺、涂料、染料等业务分离出去。关闭在威尔士的 36 万吨/年乙烯厂。

在产业结构调整过程中，对科研开发也相应进行了重组，BP 的 5 个研究单位合并到事业部。重组后研究开发工作方法有很大变化。过去是所有工作都自己做，重组后强调与外部合作，包括与承包商、制造厂、其他公司和大学合作。在组织管理方面，努力实现管理的扁平化，尽量压缩管理层次。重组后还注重搞信息研究。

4）ELF 公司

ELF 公司主要包括 ELF Aguitaine、ELF Atochem 和 Sanofi，业务集中于四个领域：勘探与生产、炼油和销售贸易、化学品、健康品。1996 年生产原油 4000 万吨，加工原油 2110 万吨，炼油和销售网络分布在欧洲和西非，约有 5300 个加油站。

自中国石化代表团 1992 年访问 ELF 公司后，ELF 在产业结构调整方面发生了重大变化。1994 年实行“私有化”，法国政府不再持有该公司股份，但重大经营活动要经政府批准。目前公司股份全部上市，46%为外国社团股，29%为法国社团股，25%为个人股(其中 ELF 职工持有 5%的股份)。改组后压缩机构，减少人员，每年节省开支 1.2 亿美元。ELF 确定的发展目标是在全球竞争中，取得比对手更好的利润水平，创造持久的股票价值。

在研究开发方面的重要战略是联合一些中等企业，他们与欧联体中的 Total、Agip、Fina、Hypson 和 Wibba 等 5 家公司联合，形成类似协会的组织，目的是集中 6 家公司的力量，合作进行研究开发工作。ELF 在研究开发管理方面，设有 36 名专家组成的研究管理部门和相应于油气、化学品和健康品三大业务领域的三个研究部。每个部门都有由技术人员和销售人员组成的委员会来选择确定研究项目，以这种方式使科研与市场密切结合。

5) IFP(法国石油研究院)

IFP 成立于 1944 年，是法国的大型综合研究院。1996 年底有固定职工 1700 多人，从事研发的占 71%。IFP 的业务领域从石油勘探、发动机一直到石油化工，研究院包括研究开发、工业化开发、信息文档和教育培训四大部分。除了在巴黎的总部外，在里昂附近的索来兹(Solaize)和法国南部的珀乌(Pau)设有两个研究中心。

1996 年 IFP 的研究开发费用中炼油化工占 26%，工业化占 8%，发动机占 13%。经费来源有两个方面：一是政府通过汽油销售每升附加 0.012 法郎提供；二是由 IFP 通过经营及技术转让等收入解决。经费的使用方面，基础研究占 25%，中试占 25%，大型试验占 5%~10%。

在研发管理上，IFP 有明确的“四年计划”，每年有年度计划，计划与法国工业部的计划紧密结合。在制定计划时，应用研究的目标是保持现有工艺和催化剂在世界市场的竞争力；基础研究强调产生新的思想。

IFP 为保证成果工业化，成立了称为“ISIS”的组织。ISIS 帮助 IFP 把研究成果转化为工业生产技术。ISIS 的业务活动包括油气和石油化工，从工程咨询到供应产品、设备和提供服务。在 ISIS 框架下根据需要再和其他单位组织公司实现成果工业化。在 ISIS 中，IFP 持 57%的股份。IFP 的另一个特点是注重联合研究开发，与一些大的公司有联盟关系，特别是在基础研究方面，与许多大学、研究单位合作，收集创新成果。

6) 鲁奇公司

鲁奇公司是一家在世界范围内进行工程承包的集团公司，能为“交钥匙”工厂的设计和建设提供多种工艺技术。鲁奇有研究开发机构，下设催化工艺开发、合成气生产、气体净化和原料再生等四个分部。在法兰克福的研发中心占地 7 万平方米，有 5 个实验室和相关中试装置。

科研开发关键技术的选择由竞争形势、历来的开发情况和市场需求决定。当有好的想法要形成新的工艺时，就在世界范围内寻找合适的催化剂，自己集中力量搞工艺技术开发，他们认为这种做法是把力量集中在自己有能力的地方。

鲁奇强调缩短研发周期。一般开发一项技术需要3年，不顺利则需要8年。为缩短周期，降低研究成本，强调进行小型试验。过去完成一项研究开发要经过实验室—中试—示范工厂—工业化全过程。现在由于注重过程模拟和化学工程工作，可以省去示范工厂步骤。开发项目有准确的、能定量的目标计划及精干的项目组。鲁奇还重视合作研究，正在与有关大学和一些使用鲁奇技术的客户合作。

7）KTI 公司

KTI（Kinetics Technical Institute）公司建立于1963年，是曼内斯曼（Mannesmann）集团的独资子公司。KTI 作为工艺设计和工程承包商已有30多年历史。KTI 在燃烧、热传输和流体力学方面有技术特长。

KTI 经常与德希尼布共同合作完成乙烯项目，在美国设有分部，与 Brown Root 在乙烯方面进行合作。KTI 在世界各地设计和建设的乙烯生产能力已超过1400万吨/年，该公司也有自己的专业研究开发力量。

KTI 拥有 SPYRO 软件，全世界75%～80%的乙烯生产厂家应用此软件。应用 SPYRO 预测乙烯产率模型已有22年的经验。1977年 SPYRO 首次推出第一版，1996年的动力学模型包括了 C_2～C_{42} 的所有烃化合物，有4000个反应。2000年推出 SPYRO 第六版，将原先的4000个反应扩展到6000个，改进结焦模型，可以应用在 PC 机 Windows 操作系统上。

KTI 已设计了13台大于10万吨/年的炉子，正在设计的有15台，其中最大的单台能力是13.5万吨/年。关于裂解技术发展趋势，他们认为：一是裂解炉大型化；二是原料灵活性；三是改造现有炉子，增加能力和提高裂解选择性。

另外，代表团和德希尼布公司重点讨论了科技合作问题。

（二）参加 IFP 重油加工技术研讨会

来自美国、英国、德国、意大利、加拿大、日本、委内瑞拉、韩国等 20 多个国家的 319 名代表参加了此次会议。会议交流了 20 篇报告，包括重油加工、环保及油品市场的技术目标、21 世纪 IFP 全球发展战略、膨胀床渣油加氢、加氢裂化、加氢催化剂生产等。

会议报告对炼油工业发展进行了预测，从需求增长和环保要求探讨了 21 世纪初期世界炼油工业面临的形势。报告认为，世界油品需求量将大幅上升，特别是由于在亚洲和拉美国家城市人口的增加。环保压力的增加对炼油工业技术提出了更为严格的要求。随着油品消耗量的增加和环保规定的日趋严格，以及对于重质原油更多的依赖，世界炼油工业必将具有更大的灵活性和适应性，并需进行改造更新。

在过去若干年中，世界炼油业经历了一个重组阶段，几个石油公司在下游方面合并或组建合资公司，这种趋势还将继续。大多数国际石油公司拥有深度转化型炼油厂，可适应较重和较为便宜的进料。由于环保的限制，加工高含硫重质渣油更为困难。因此，需对炼油厂进行改造，以满足对无硫产品的需求和提高产品质量。

基于上述分析，21 世纪新型炼油厂应是跨时代的、能生产高质量产品的深度转化型炼油厂。它应该减少排放的粉尘，减少二氧化硫、氧化氮等废气的排放，并能通过节能来控制二氧化碳的排放，还应包括更先进的废水处理工艺和废催化剂回收系统等。

改善重质进料和中间馏分的质量需要大量的氢气。因此，炼油企业应进一步改进炼油厂氢气回收系统和开发新的氢气来源。

（三）收获与启示

一是几家西欧大型石化公司都进行了产业结构调整，并从产业结构调整中得到了发展。其主要特点：强化有技术优势和有竞争力的业务；对于自身拥有一定优势的业务，通过对外联合，进一步提高竞争力；放弃或关闭自身无优势、效益低下或环保要求高的业务。二是适应产业结构调整，公司内部管理体制和组织机构也进行了改组。三是所访问的几家大石化公司都制定了并正在推行以中国、东南亚为主的亚洲投资发展战略，发展在亚洲的石化业务，积极开拓市场，提高市场占有率。四是各公司的科研开发工作都密切为本公司的核心业务服务。五是从科技管理体制看，几家大石化公司基本上都是按专业把科研开发机构划归事业部管理，体现出科研与市场的密切结合。六是几家大型石化公司都在国际范围内寻找合作伙伴，广泛开展国际科技合作。七是为降低研发成本，除了在优势领域集中优势力量，还采取一系列重要措施节约开支，加快进度，缩短开发周期。

十、霍尼韦尔第六届经理人会议

1998 年 3 月 4 日，霍尼韦尔工业部总裁唐毕加先生来函邀请盛华仁总经理参加霍尼韦尔第六届高级经理人会议。根据有关领导的指示，总公司派出由我带队的代表团于 1998 年 5 月 3 日至 15 日赴美参加会议并进行考察访问。代表团成员有邱时平、王廷俊、王立行等。

在美出席会议期间，代表团除了参加霍尼韦尔公司第六届高级经理人会议，还参观了菲利浦斯公司的斯威尼、农庄工业公司的法姆兰、雪佛龙公司的西干达(Segundo)等三家炼油厂，与雪佛龙、菲利浦斯、埃克森等公司管理联盟工作的负责人交流了与霍尼韦尔公司建立策略性联盟的经验。代表团还访问了霍尼韦尔公司总部、工业部、技术中心，与公司董事长兼首席执行官庞思诺先生、总裁法拉瑞先生、工业部总裁唐毕加先生交换了改进策略性联盟工作的意见；进行了一系列技术交流活动，与霍尼韦尔公司的专家们研讨了技术发展趋势。

1）美国石化企业过程控制与管理技术状况

① 各石化公司都把提高生产过程控制和管理技术水平，作为少投入多产出、快速挖潜增效、提高竞争能力的重要途径。

② 生产过程控制和管理技术的发展趋势：一是从单个装置的先进控制、优化控制要效益，向多个装置区域优化和全厂范围优化要效益的方向发展；二是从仅从生产装置优化控制要效益，向提高生产装置操作安全性要效益的方向发展；三是仅从生产过程要效益向全厂整体获取效益的方向发展。

③ 有关技术的发展：一是现场仪表——向“现场总线（FIELD BUS）”方向发展；二是 DCS——向构成全厂管控一体化的硬件系统发展；三是先进控制及优化技术——向更广泛、更深入范围发展；四是控制室改造——利用人体工学改善操作环境；五是全厂管控一体化系统——建立工厂的“神经枢纽”。

④ 大型石化公司继续推进策略性联盟的发展。为了实现企业控制与管理一体化方案，尽快地用控制和管理技术挖掘企业效益，一些大型石化公司希望能寻找供应商结合成一种新型的战略伙伴关系，从单纯的市场竞标式的买卖关系发展到相互承诺长期业务合作关系，在互利、信任、透明的基础上，相互支持对方优势领域的业务，提高双方各自的竞争能力，使双方都成为“赢家”。霍尼韦尔公司在美国的军事、航空航天、楼宇建筑、工业自动控制领域占有重要位置，美国许多大石化公司都选择了霍尼韦尔公司作为其发展应用自动化技术的战略伙伴。

2）关于霍尼韦尔第六届高级经理人会议

霍尼韦尔近年来每年举行一次高级经理人会议，邀请用户方面的高级管理人员和经济界、科技界人士研讨一些经营战略问题。本次会议有来自 30 家企业的 67 名代表出席。会议对今后 10 年世界经济发展动向和调整内部管理结构进行了讨论。

3）主要收获

通过考察访问和参加会议，了解了美国石化企业过程控制与管理技术的应用状况及发展趋势，对中国石化总公司制定后三年的规划提供了重要的参考。通过对大型石化公司如何推动策略性联盟的做法的了解，加深了对建立策略性联盟必要性以及对我们工作中存在问题的认识，对下一步如何改进联盟工作，加速推进中国石化总公司过程控制和管理技术水平的提高有很重要的借鉴意义。

十一、第八次策略性联盟指导委员会议

应霍尼韦尔公司邀请，中国石化集团公司派出了由王基铭副总经理率领的代表团于1999年4月3日至8日赴美参加策略性联盟第八次指导委员会会议。我是代表团成员之一，其他成员有翟齐、王延俊、王立行、韩钢、朱学海、张宏、吴俊良等。代表团在美期间除了参加指导委员会会议，还参观了霍尼韦尔公司工业部生产厂和培训中心，访问了霍尼韦尔总部，与公司董事长兼首席执行官庞思诺先生交换了改进策略性联盟工作的意见，访问了公司的技术中心（HTC）；代表团还考察了雪佛龙公司在洛杉矶市的西干达炼油厂，了解了美国石化企业过程控制与信息管理技术的应用现状及今后的发展趋势。

4月5日至6日，在霍尼韦尔公司的工业部举行联盟第八次指导委员会会议。会议回顾了第七次指导委员会会议以来所取得的成绩，研讨了推动联盟工作的新举措，重点讨论了提高霍尼韦尔DCS市场竞争力的有关措施。会议还就先进控制试点及推广、生产安全管理技术的应用、集中控制室及信息集成等内容进行了技术交流。

主要收获与启示：一是应用信息技术提高生产装置的控制水平和企业的管理水平是国外大型石化企业提高竞争力的重要手段；二是国外企业加速进行信息技术的应用，我们的差距继续扩大，需要加快信息技术应用步伐；三是继续推进策略性联盟的发展是加速提高企业生产过程控制和管理技术水平的有效措施。

十二、参加中国石化代表团赴美科技考察

根据中国石化党组的决定，王基铭副总经理率领的中国石化集团公司科技代表团于1999年4月9日至18日赴美进行科技考察。我是代表团成员之一，其他成员包括洪定一、李大东、韩崇仁、陈庆龄、乔金樑等。这次考察的主要目的：一是了解国外大型石化公司迎接21世纪的科技发展战略、方向与重点；二是了解国外石化技术发展动向；三是加强与国外石化公司的科技合作，密切与国外科技合作伙伴公司的关系，推进合作项目的开展。

代表团在美期间，访问了位于巴特尔斯维尔的菲利浦斯公司总部、研究中心、塑料研究部；位于芝加哥的UOP公司，参观了UOP公司的实验室与中试装置；访问了位于新泽西州的埃克森研究与工程公司（ER&E）；访问了位于新泽西州的鲁姆斯公司（LUMMUS），参观了实验室与中试装置，双方签订了有关技术合作协议。菲利浦斯石油公司总裁Morva先生、UOP公司副总裁Light先生、埃克森研究与工程公司总裁Innes先生及鲁姆斯总裁Solomon先生会见了代表团。

（一）代表团访问的几家公司概况

1）菲利浦斯石油公司

该公司十分重视科研开发工作，技术开发中心科研装备先进齐全。1998年在塑料和化工方面的科研投入占销售额的3%~5%。

在清洁燃料生产方面，菲利浦斯目前采取的措施是：对市场进行仔细分析，成立催化裂化汽油工作委员会，成立清洁燃料工作组，通过改变老装置的操作条件或建立新装置来满足新标准，对现有技术进行研究并发展自己的专利技术。

菲利浦斯公司认为，21世纪上半叶仍将以石油燃料为主，通过调节硫含量和组分组成可达到超低排放的标准。另外，柴油要想达到汽油的排放标准必须有重大改进，燃料技术与燃料电池汽车技术

的结合是该领域重要的发展方向。

访问期间，双方就科技合作进行了会谈。通过这次访问交流，进一步加强了合作关系，并就人员培训和讲学达成一致意见。

2）UOP

UOP 是一家专门从事石油炼制和石油化工新工艺过程开发、改进及专利技术转让的技术性公司，不拥有大型石油化工厂，但是有供研究开发用的中间试验厂及催化剂、吸附剂、添加剂生产厂和仪表制造厂，可保证该公司转让的各类工艺装置所需的催化剂、吸附剂、添加剂、助剂的供应。

UOP 强调新的发展战略——通过发展策略联盟形成技术优势，其目的是降低研发成本，加快工艺技术开发，缩短开发周期，以加快科技成果的工业化及改进公司之间的关系。

3）鲁姆斯公司

代表团 4 月 15 日访问了鲁姆斯公司总部，鲁姆斯公司总裁 Solomon等高层领导会见了代表团。双方进行了技术交流，签订了有关技术合作协议，参观了研究中心，并就技术合作和工程合作进行了会谈。

鲁姆斯公司主要从事石油勘探、石油炼制和石油化工领域工程技术开发、设计和工程承包，其业务领域包括炼油、石化、天然气处理、深海石油生产、近海采油平台、海上浮动式油气生产平台和技术许可。

鲁姆斯公司技术部拥有配套实验室和中试装置。鲁姆斯公司介绍了乙烯技术进展：包括抑制生焦技术、催化蒸馏技术、二元及三元制冷技术及烯烃转化技术等。

4）埃克森研究与工程公司

代表团 4 月 14 日访问了埃克森研究与工程公司（ER&E）。ER&E 介绍了近年来的研发新成就，双方交换了进一步开展合作的意见，并参观了试验室。

埃克森研究与工程公司主要研发领域包括炼油与化工技术、勘探与采油技术、产品与材料科学以及分析表征技术，拥有2000多名科学家、工程师和辅助人员。

ER&E主要由研究部门、工程部门及辅助支撑服务部门三部分构成。此外，埃克森公司还设立了十余个下游产品与工艺研究开发和工程中心，遍及美国本土、加拿大、新加坡、英国和日本等国，为全球业务提供支持。

ER&E设有基础研究院，其业务范围包括勘探开采、石油炼制加工、化工、材料与分析等领域的基础研究。每年研究费用约占ER&E总研究费用的15%，这部分经费由总公司确定并直接下拨。基础研究院的使命是研究开发出具有创新性、突破性的专利技术，为埃克森公司提供以科学为基础的发展机遇及竞争优势。

基础研究院的催化研究战略是加强与大学及外界科研单位之间的交流与合作，并与催化剂厂商紧密合作；从新催化材料的合成出发，通过催化材料的表面分析与表征以及催化反应的筛选，结合反应动力学及反应机理的研究，达到新型催化材料工业应用的目的。研究院通过上述途径在新材料合成方面取得了不少科研成果。

（二）收获与启示

一是所考察的石化公司都十分重视技术创新，把技术创新视为保持和提高公司竞争力的重要手段；二是面对全球经济一体化和市场竞争加剧的新形势，国外大型石油、石化公司为了增强自身的竞争能力，纷纷调整科技发展战略，集中力量发展自己的核心技术；三是面对世界市场的激烈竞争，公司之间建立联盟关系，开展广泛的科技合作已成为一种趋势和潮流；四是国外石油公司在致力于超低排放运输燃料的研究开发，我国环保局也对油品品质提出了新要求，需要尽快研究提高油品质量的措施。

十三、参加中国石化代表团赴美访问

根据中国石化党组的决定，王基铭总裁和曹湘洪高级副总裁率领中国石化集团公司代表团一行 16 人于 2000 年 6 月 17 日至 29 日赴美访问，我是代表团成员之一，其他成员有洪定一、傅铁英、杨元一、郭子甫等。这次赴美访问的主要目的：一是进一步加强与国外石化公司的科技合作，密切与国外科技合作伙伴的关系，推进合作项目的开展；二是了解国外石化公司科技进步新动向和科技发展战略；三是配合股份公司上市工作需要，对外宣传中国石化集团公司重组改制的有关情况。

代表团在美期间，有关公司的高层领导如鲁姆斯公司总裁 Solomon 先生，埃克森公司董事长 Limond 先生，UOP 公司总裁 Winfield 先生，霍尼韦尔公司董事长兼首席执行官庞思诺先生，SW 公司董事长 M. Smith、总裁 Evans 先生，ENGELHARD 公司总裁 Perry 先生等会见了代表团。

（一）有关公司的访问情况和完成的主要工作

1）鲁姆斯公司

6 月 24 日代表团访问鲁姆斯公司，举行了合作技术的管理层会议，参观了鲁姆斯公司的实验室和有关中试装置。

访问鲁姆斯公司之后，代表团参观了鲁姆斯为 BASF、FINA 公司总承包的正在建设的 93.5 万吨/年大型乙烯联合装置（厂名为 NROC）。当时国内尚无百万吨级乙烯装置。当我们看到现场林立的大型塔器、大型裂解炉和大口径管道时，深感装置的大型化对工程技术带来的巨大挑战。曹湘洪高级副总裁问团组成员傅铁英（时任北京石化工程公司总经理）你们能否设计同等规模的乙烯装置，傅铁英同志回答还不能。但经过持续攻关，如今中国石化不仅开发出了处于世界领先水平的复杂原料百万吨级乙烯成套技术，而且攻克了百万吨级乙烯装置大型化的所有工程技术问题，采用中国石化乙烯成套技术改造和新建的乙烯装置产能已超千万吨规模。当我回顾此段经历时，不禁感慨万千。

2）霍尼韦尔公司

6 月 20 日双方签订了 2000 年至 2005 年策略性联盟协议和自动控制及化工部分合作协议。鉴于 1995 年 8 月原中国石化总公司与霍尼韦尔公司签订的策略性联盟协议将于 2000 年 8 月到期，霍尼韦尔公司与联信公司合并后增加了特种化学品和功能聚合物业务领域，这次联盟协议内容主要是在原协议的基础上将联盟期限扩展到 2005 年，并增加了化工部分合作范围。

访问美国霍尼韦尔公司会见董事长庞斯诺先生(2000 年 6 月)

双方就炼油厂优化项目进行了会谈，建议先选择一家炼油厂做可行性研究，可研评估后再实施，试验成功后推广。访问期间，还进行了技术交流并参观了研究设施。

3）UOP 公司

6 月 27 日访问 UOP 总部，双方对近期可能合作的项目进行了研究和技术交流。

中国石化科技代表团访问 UOP 总部合影(第 1 排左王基铭，右 Winfield，第 2 排左起：杨元一、傅铁英、洪定一、袁晴棠、曹湘洪，2000 年 6 月)

4）恩格(Engelhard)公司

代表团访问了恩格公司总部和位于休斯敦的恩格公司聚烯烃催化剂部门，双方进行了技术交流，并参观了实验室。通过访问，了解到恩格公司重视围绕核心业务适时进行重组；重视技术发展，开发了减少辐射、减少臭氧生成的汽车涂料，正在开发用于汽车和住房采暖用的燃料电池等。代表团还与恩格公司就开展合作研究进行了会谈。

5）埃克森公司

代表团于 6 月 24 日参观了埃克森海湾市烯烃厂和塑料厂及加油站。烯烃厂包括 204 万吨/年乙烯、30 万吨/年丙烯、13 万吨/年丁二烯、3 万吨/年异戊二烯和 14 万吨/年苯等数套装置，工厂原料从己烷到瓦斯油均可使用。第一套乙烯装置由 60 万吨/年几经改造扩能至 115.5 万吨/年，包括回收炼油厂乙烯，乙烯生产能力达 120 万吨/年；第二套乙烯生产能力 71 万吨/年，采用埃克森开发的 15 万吨/年双辐射段大型裂解炉。埃克森乙烯装置的特点是运行高度稳定可靠，过去五年生产不合格产品的时间平均每年只占 30 小时，大修之间运行时间超过 7 年。

6）台塑集团美国公司

台塑公司成立于 1954 年，1997 年全球营业额达 100 亿美元。

台塑于1980年开始在美国投资，1997年美国公司总资产约49亿美元，营业额29.87亿美元，有6800名员工。

台塑在得州Point Comfort的石化生产厂主要生产乙烯(81.6万吨/年)、高密度聚乙烯、线型低密度聚乙烯、聚丙烯、氯乙烯、聚氯乙烯、液碱、氯气、乙二醇、二氯乙烷等。在该地区还有合成树脂下游加工厂，生产薄膜、塑料管道及管件。台塑集团美国公司还勘探生产石油、天然气。

7）收获与启示

一是世界石化科技进步的速度越来越快，各石化公司为了提高自身的竞争能力，都在不断加大技术创新的力度，我们必须努力加快技术创新的步伐。二是面对世界科技发展的挑战，国外大型石油石化企业为了节省科技资源、降低研发成本、缩短开发周期、加速科技发展，都在搞好自主开发的同时，十分重视合作研究开发，从外部攫取技术，这种做法已成为世界大型石油石化公司加速科技发展的战略举措。因此，我们必须解放思想，积极推进与国外的科技合作。三是国外大公司重视人才，重视人才培养，从企业实际出发开展人员培训的做法值得借鉴。四是必须加大力度，推进重组改制，不断完善事业部的管理体制。

十四、带领中国石化代表团赴美科技合作访问

2001年8月7日至16日，我带领中国石化集团公司代表团赴美访问。代表团成员有张勇、吴孝炽、何细藕、陈硕和林春丽。这次出访的主要任务是与鲁姆斯公司一起召开有关技术合作的管理层会议。会后，代表团访问了埃克森公司的研究与工程公司和雪佛龙公司的研究技术公司，重点了解这两家大型石化公司的科技发展情况和科技管理体制。

8月10日代表团访问了埃克森和美孚公司合并后的埃克森美孚(ExxonMobil)公司的研究与工程公司(EMRE)，该公司是埃克森美

孚公司直属的研究开发和工程中心，由埃克森公司的研究和工程公司和美孚公司的研究和工程设计机构合并重组建立。EMRE 主要从事石油勘探开发、石油加工和石油化工的基础研究、石油加工的应用研究及工程设计，为埃克森美孚公司的全球业务提供科技支持和工程技术服务。访问期间，EMRE 有关人员介绍了 EMRE 组织机构、研发方向、科技管理情况和 HSE 的研发工作，代表团参观了 EMRE 的有关实验室。

8 月 14 日，代表团访问了位于旧金山 Richmond 的雪佛龙研究开发公司(CRTC)，总裁 Masada 先生做了介绍并参加会谈。会谈后代表团参观了有关实验室和中试评价室。近年来，雪佛龙公司业务发生了较大变化，上游业务发展较快，石油加工业务相对变小，化工业务已经和菲利浦斯合并。为了适应经营业务的变化，CRTC 的技术开发工作也作了相应的调整：一是保留石油加工技术的优势领域，集中在加氢裂化生产燃料油和加氢异构生产润滑油基础油等方面，其他技术领域则放弃或不作为重点；二是向上游业务发展，重点解决油田地面工程技术问题；三是将技术转让业务独立出去，成立专门的技术经营公司，负责全球技术市场开拓；四是精简人员。

赴美科技合作访问中国石化团组合影(左起：林春丽、陈硕、张勇、袁晴棠、吴孝炽、何细藕，2001 年 8 月 13 日)

收获与启示：一是国外大型石油化工公司的研发机构根据其经营业务的重组和需要及时进行战略调整，对其公司的业务发展和竞争力提升起到重要的支撑作用；二是强调研究开发与工程设计的紧密结合，并从体制和机制上将两者紧密结合起来，这种做法值得借鉴；三是强调研发机构的集中统一管理，这种做法有利于合理配置科技资源，提高科技资源的使用效率；四是埃克森美孚和雪佛龙公司都高度重视 HSE 有关技术的研究开发工作，设有专门研发机构，向全球经营业务提供有关 HSE 方面的技术支持和协调经营社区的关系，这种做法值得借鉴。

十五、参加中国石化科技代表团应邀赴美访问

2002 年 4 月 14 日至 30 日，以曹湘洪高级副总裁为团长的中国石化科技代表团应邀赴美访问，参加鲁姆斯公司第十届乙烯年会，召开合作技术的管理层会议，与菲利浦斯公司、雪佛龙-菲利浦斯公司、UOP 公司举行了科技合作会议，顺访了霍尼韦尔公司和艾斯苯技术公司(艾斯苯公司)。我是代表团成员之一，其他成员有洪定一、关德范、何鸣元、韩崇仁、杨元一、张吉星等。同时，还有王强、杨清雨等 11 位同志参加了乙烯年会。

(一) 访问鲁姆斯公司有关情况

4 月 15 日至 17 日参加在美国加州圣地亚哥市举办的鲁姆斯第十届乙烯年会。乙烯年会参会代表 240 人，主要是世界各地鲁姆斯乙烯技术用户、合作伙伴的代表和鲁姆斯公司技术人员。会议期间，鲁姆斯技术专家作了新一代乙烯技术、SRT-X 型裂解炉开发、现有乙烯装置性能改进、降低裂解炉氮氧化物排放、裂解炉防结焦技术等技术报告。东洋工程公司作了超大型乙烯装置的设计报告。国际化学市场协会(CMAI)作了国际烯烃产业需求预测报告。我公司也作了有关报告。会议分组围绕乙烯装置的操作和维护、烯烃回收及精制技术的进步、防止结焦技术、减少氮氧化物的排放等 8 个

主题进行了小组讨论。我方与会人员认为，通过参加此次会议，对鲁姆斯公司的乙烯技术有了更深入的了解，对我公司乙烯技术发展及乙烯装置的操作优化、节能降耗有重要意义。

4 月 17 日下午至 4 月 18 日上午举行了合作技术管理层会议。

（二）与菲利浦斯公司的会谈情况

4 月 21 日至 22 日代表团访问了菲利浦斯公司。菲利浦斯公司正在与美国大陆石油公司（CONOCO）合并，合并后的公司在美国本土的炼油能力居美国第一位、全球第五位。访问期间，菲利浦斯公司高级副总裁庄明和贝利接待了代表团。

4 月 22 日，在菲利浦斯所属的研究中心双方举行了技术合作会议。双方对合作表示满意，并对下一阶段工作进行了讨论。

会后参观了研究中心的有关中试和实验室以及属于 CPC（雪佛龙-菲利浦斯化学公司）的塑料加工应用中心（PTC）。PTC 中心的塑料加工设备大多是工业级规模，可直接为用户提供新产品加工应用的技术条件和参数及培训用户的专业人员。

（三）访问雪佛龙-菲利浦斯化学公司（CPC）

代表团于 4 月 23 日前往休斯敦 Greenwood，访问了 CPC。接待中国石化代表团的是 CPC 公司副总裁哈金森女士（Hagenson）及她主管的技术部。

访问期间召开了技术合作会议。回顾了 2001 年的合作情况和取得的成绩，并对下一阶段的合作达成一致意见。

会后，代表团参观了 CPC 的有关中试装置和实验室。

（四）访问 UOP 公司

4 月 25 日，代表团访问了 UOP 公司，UOP 公司总裁道纳尔德（Donald）、副总裁卡洛斯及有关人员参加会见和交流。访问期间，召开了技术合作会议，进行了技术交流，双方回顾了开展合作以来所取得的工作进展，讨论确定了下一步的工作计划，会议取得了积极的成效。

（五）访问霍尼韦尔公司

代表团于4月19日访问了霍尼韦尔公司的工业控制部，工业控制部总裁萨特先生及有关人员接待了代表团。工业控制部的营业范围包括能源、造纸、化工和其他工业。工业控制部总结过去的经验，确定了今后要采用专注客户、加强服务的经营模式。同时，“6-Sigma”质量管理广义化，已应用于工作的每个部分，包括制定策略、项目管理、产品质量控制等，要求所有员工都要接受6-Sigma培训。

访问期间，工业控制部介绍了霍尼韦尔公司控制技术的新进展，并表达了加强与中国石化合作，积极发展联盟关系的愿望。主要介绍的内容包括：用服务合同概念改变传统做项目方式；资产管理技术；信息管理技术；化工自动控制技术；工艺知识系统等。

（六）艾斯苯技术公司

代表团于4月26日下午访问了艾斯苯公司位于波士顿的总部，公司董事长兼首席执行官埃文斯先生与有关人员会见了代表团成员，并进行了会谈。艾斯苯方面回顾了自1983年以来与中国石化建立的友好合作关系，介绍了艾斯苯与埃克森美孚、道化学之间的战略合作关系，提出了与中国石化建立长期合作伙伴关系的建议，双方进行了初步讨论并进行了技术交流。

收获与启示：一是通过这次访问，了解了国外技术发展情况，深感国外石化技术以及石化工业有关信息技术的发展日新月异，我们应该及时了解并把握国外技术的发展趋势，加快技术创新和技术进步的步伐，不断缩小与国外技术水平的差距；二是世界范围内发展公司间的科技合作已成为新的趋势和潮流，这种做法有利于合理利用科技资源，实现合作伙伴之间的优势互补，缩短技术开发周期；三是国外石化公司在技术发展上注重突出重点，发展优势技术，而对非优势技术领域积极采用其他公司的先进技术，以降低技术开发成本；四是通过与国外石化公司建立科技合作关系，加强技术交流和人员培训，有利于我公司及时了解国外技术发展趋势，增强科技人员的研发能力；五是国外公司在科研工作中注重采用新的研究方法与工具，加快研发速度的做法值得借鉴；六是国外石化公司为了提高竞争能力，十分重视信息技术的应用。

十六、参加中国石化科技代表团赴美访问及考察

2003 年 11 月 5 日至 19 日，以曹湘洪高级副总裁为团长的中国石化科技代表团赴美进行科技考察。我是代表团的成员之一，其他成员有洪定一、李大东、杨元一、谢在库、方向晨等。此次出访的目的：一是了解国外石化技术发展的最新动向；二是了解国外大型石化公司科研开发的组织体系、管理体制、管理模式与方法的新变化；三是加强与国外石化公司的科技合作，推进合作项目的开展。

代表团在美期间，访问了 UNIVATION、CONOCOPHILLIPS（COP）、艾斯苯技术公司、鲁姆斯公司、恩格公司、杜邦公司、道化学、UOP 等 8 家公司。UNVATION 总裁 JR Verity 先生，COP 公司执行副总裁 Bill Berry 先生，艾斯苯技术公司董事长 Evans、总裁 David Mcquillin 先生，鲁姆斯新任 CEO 兼总裁 Samir Brikho 先生，恩格公司副总裁 Ghem Galecki 和徐筝先生，杜邦公司高级副总裁兼首席科技官（CTO）唐乐年先生，道化学总裁兼首席运营官 Liveris 先生、高级副总裁兼 CTO Gross 先生，UOP 公司高级副总裁 Carlos Cabrera 及副总裁兼 CTO Stanly Gembicki 先生等会见了代表团并参加了会谈。

（一）访问 Univation 公司

该公司是 EXXON 化学和 UCC 于 1997 年投资成立的专门从事气相聚乙烯技术开发的专业化公司，主要从事气相聚乙烯技术开发和转让，包括茂金属气相聚乙烯的研发、茂金属催化剂的生产与销售、UNIPOL™的气相聚乙烯技术许可、Z-N 催化剂及 Cr 催化剂的研发、生产及销售等，下辖三个研发中心。

不断研究开发改变整个行业的技术是UNIVATION的研究开发理念。该公司对科研项目按6个阶段(5个门径)实施门径式管理,两个阶段之间进行门径管理和评估。评估方法为雷达图多因素评估法,评估的主要内容包括产品的可加工性、产品特点、产品生产的重复性、操作可靠性、设计的基础数据、新的系统或硬性设施、许可支持体系、工业化可能性、系统的经济性、市场吸引力以及法律状态、催化剂性能。这些内容涉及技术水平、制造水平、工程因素、财务状况、商业化及法律状态等方面。

(二)访问COP公司

COP是CONOCO公司与PHILLIPS公司合并成立的新公司,业务涉及石油与天然气勘探生产、石油炼制、石油化工等。

COP有上游研究院和下游研究院两个研究机构,其功能一方面是各自独立地为上游和下游业务提供技术支撑和技术服务,同时又根据公司业务发展战略或新业务的需要合作从事战略性技术开发工作。

COP公司的重点研究方向:上游技术开发工作主要集中在油藏描述、地下成像和预测、综合地质分析、生产保障和优化、工程和项目管理、钻井工程和运行、LNG等领域展开;下游技术开发项目有吸附催化脱硫技术、HF烷基化、延迟焦化和气化技术等。

双方在技术交流的基础上探讨了开展技术合作的可能性。

(三)访问艾斯苯技术公司

进行了技术交流和会谈,双方同意建立包括双方专家的工作队伍,进行项目的实施和维护。

艾斯苯公司过去的技术战略是开发最好的工具来满足工程、供应链和生产需要,当下的战略不仅是开发最好的工具,而且要开发基于开发性和一致性的最好的集成解决方案,使用户得到最大的效益。在上述战略的指导下,艾斯苯构筑了企业操作管理技术软件(EOM),包括工艺过程设计、操作运行和生产管理等功能。

（四）访问鲁姆斯公司

双方重点就技术合作项目进行了讨论。

（五）访问恩格公司

该公司是一家从事特殊化工产品、工程材料、贵金属管理与服务的公司，涉及农业、汽车业、水泥及建筑业、化妆及个人用品业、包装业、颜料和涂料业、纸业、塑料业、橡胶业、纺织服装业等市场领域。技术开发主要以分散网络基质材料、表面涂层、氧化还原化学、连续离子膜材料、受控稳定释放技术五大技术平台为主，在表面和材料科学领域有竞争能力。

访问期间，双方对相关领域开展科技合作进行了商谈和讨论。

（六）访问杜邦公司

杜邦公司下一个百年的发展重点是电子、生化、生物科学。目前化学和材料仍是杜邦公司的基础。杜邦公司有农业和营养、功能材料、涂料技术、安全和防护、电子技术等5个技术平台。科研开发在杜邦公司发展中起着非常重要的作用，每年有30%的销售额是由新产品销售带来的。

在科研体系方面，杜邦设中央研究院和事业部研发中心。事业部研发中心的研究项目一般是短期的，长期项目由中央研究院承担。

INVISTA(化纤部分)拟整体出售，INVISTA在杜邦有70年历史，是世界上最大的纤维及弹性体原料供应商，销售额为日本东丽公司的两倍，在86个国家有业务，拥有分布在20个国家的59个制造工厂。INVISTA的研究项目实行PACE(分阶段管理)管理。其内涵是：将项目分为概念、设计、原形、放大、工业化5个阶段，公司评审委员会(有销售、生产、技术等方面人员参加)对整个研发过程进行评估，在每个评估阶段，都邀请顾客参加。

（七）访问道化学公司

道化学公司在38个国家拥有208个工厂，生产3200种产品，全球雇员达 50000 人。主要业务领域为化学品、塑料、农药产品与生化制品及相关服务。在销售额中基础化学业务占 45%，功能化学业务占 55%。该公司设有中央研究院和事业部研究中心，中央研究院(位于米德兰)设有分析化学、化学及生化等研究部门，主要从事前期研究，为事业部提供技术服务。

道化学研发主要关注两个方面：一是价值增长方面(创新，占 2/3)；二是价值保留方面(保留，占 1/3)。

在人才激励方面，研发人员收入由工资和奖金组成，为激励科技人员，各事业部重视精神鼓励，为优秀人才设立单一网页以及为其发展提供更多机会。

(八) 访问 UOP 公司

UOP 是一家以研究开发为核心，以技术转让和工程化为主的科技型公司。UOP 在提升技术开发能力方面，主要从四个方面进行改进：一是广泛应用组合化学技术来缩短新产品、新技术的开发周期；二是在原子水平上进行催化剂的表征；三是更加强调基础和动力学研究对技术开发过程的指导性和重要性；四是加强对新催化材料的开发和在催化剂研究中的应用。

UOP 认为新产品开发的关键要素为：明确的业务目标和产品战略、新产品概念设计、新产品开发中的 6-Sigma 门径管理、开发资源的整合等。

访问期间，双方进行了技术交流，并对科技合作进行了研究。此外，在访问 UOP 期间，UOP 还授予我“UOP Fellow”称号。UOP 一般只对很少数学术水平高且在科研中作出突出贡献的人授予“UOP Fellow”称号。我想授予我“UOP Fellow”称号，不仅是对我学术水平的肯定，更重要的是对我在推动中国石化与 UOP 科技合作方面所作出的努力的一种肯定吧！

收获与启示：一是对国外大型石化公司科技发展的动向和科研体制有了进一步的了解；二是对我们科技工作和国外大石化公司的

差距有了更深刻的认识；三是推进了与有关公司的科技合作；四是科技开发要始终坚持和业务发展相结合，以市场为驱动力；五是科技是业务的基础，要从构筑业务优势的角度加大科技投入，搞好研究开发，构筑技术优势。

十七、中国石化与 CONOCOPHILLIPS 公司技术合作指导委员会会议

2004 年 5 月 22 日至 28 日，中国石化与 CONOCOPHILLIPS（COP）公司技术合作指导委员会会议在泰国举行，曹湘洪高级副总裁带领中国石化集团公司团组参会，我是团组成员之一。会议总结回顾了技术合作的成绩，对下一步合作计划进行了研讨。会后参观了 ALLIANCE REFINING Co.，该厂属于壳牌公司和德士古公司合资的泰国石油化工公司。

十八、与霍尼韦尔公司续签策略性联盟协议

2006 年 10 月 24 日至 11 月 5 日，以曹湘洪高级副总裁为团长的中国石化科技代表团赴美进行科技考察。我是代表团成员之一，其他成员有徐惠、刘跃、龙军、张勇、方向晨、谢在库等。

代表团在美期间，访问了霍尼韦尔公司、鲁姆斯公司、UOP 公司、埃克森美孚战略研究中心和化工公司研究中心、SYNTROLEUM 公司、CONOCOPHILLIPS（COP）公司等 6 家公司。霍尼韦尔副总裁 Rhonda Germany 女士、鲁姆斯高级副总裁 Daniel M. McCarthy 先生、UOP 公司总裁 Carlos Cabrera 先生、埃克森美孚战略研究中心经理 Jeffrey S. Beck 先生和化工公司化学品研究经理 Thomas H. Upton 先生、SYNTROLEUM 公司董事长兼首席技术官 Kenneth L. Agce 先生、COP 公司研发和服务总经理 Merlin R. Lindstrom 先生等会见了代表团并参加了会谈。

10 月 25 日，代表团在霍尼韦尔公司举行了中国石化-霍尼韦尔策略性联盟第十五次指导委员会会议，会议回顾了自 1995 年 8 月建

立联盟以来所取得的成绩，重点总结了第十四次指导委员会以来双方所做的工作，一致认为联盟工作体现了“诚信、公平、透明”的原则，实现了“双赢”目标，为进一步加强合作奠定了基础，并续签了策略联盟协议。会议着重讨论了中国石化-霍尼韦尔(天津)有限公司业务的提升、技术解决方案、设备安全管理、非正常状态管理、抗腐蚀解决方案等领域开展合作的前景，讨论了目前合作项目面临挑战的解决方案，进一步明确了下一步合作的工作内容，并签署了会议纪要。

中国石化与霍尼韦尔公司续签策略联盟协议(前排右1曹湘洪，第二排左1温勇祥，左2袁晴棠，左3齐学忠，第3排右1王玉台，2006年10月)

10月26日，代表团访问了鲁姆斯公司，举行了技术合作管理层会议，听取了鲁姆斯公司渣油膨胀床加氢技术的介绍，参观了渣油膨胀床加氢中试评价装置。

10月27日，代表团访问了位于美国新泽西州克林顿镇的埃克森美孚公司战略研究中心。该中心设在埃克森美孚研究与工程公司内，了解了战略研究中心概况和新技术发展情况，参观了有关实验装置。11 月 3 日，代表团访问了位于美国休斯敦贝塘的埃克森美孚化工公司技术与工程中心(BTEC)，了解了埃克森美孚化工公司的技术概况、技术优势与成就。

10 月 30 日，在美国芝加哥 UOP 总部举行了中国石化-UOP 公司技术合作会议并进行了技术交流。UOP 公司通过组合化学、先进的表征、工艺分析和新材料开发，形成了先进的科研平台，高通量实验工具大大加快了新型分子筛、催化剂的筛选和研制速度，从而增强了 UOP 的研发能力。

10 月 31 日下午至 11 月 1 日上午，代表团访问了 SYNTROLEUM 公司，参观了实验室、中试装置和示范装置。

11 月 1 日下午，代表团访问了 COP 公司 Bartlesville 技术中心，双方进行了技术交流，COP 方面介绍了技术中心的科研领域概况及技术开发情况，随后参观了实验室和分析检测中心。

收获与启示：一是密切了与国外大型石化公司的联系，推进了合作，为今后交流合作奠定了基础；二是了解了国外大公司技术发展情况，进一步认识到我们与国外大公司在科技方面存在的差距；三是国外大石化公司的新技术开发与公司发展战略紧密结合，高度重视基础性、前瞻性研究和现有技术的持续改进，值得我们借鉴。

几点建议：一是加大科技投入，建设先进的科研平台，增强创新能力；二是加强人才培养，建设高水平科技人才队伍；三是为了加强工程研究，建议在工程设计单位设立工程研究所。

十九、参加中国工程院战略咨询课题组赴澳考察

为深入研究能源全球化背景下发达国家能源结构调整、能源科技创新、能源政策变化对中国能源生产革命的影响，学习借鉴国外能源开发和转型的经验，调研我国能源企业利用国内外两种资源和两个市场、“走出去”的发展情况，做好中国工程院重大咨询项目“推动能源生产和消费革命战略研究”子项“能源生产革命若干问题研究”，课题组按照中国工程院批复的课题任务书和工作计划，于

2015 年 11 月 20 日至 27 日组团赴澳大利亚考察。我是考察组成员之一，其他成员有黄其励院士、李全生、陈寅彪、袁明、刘斌。神华集团公司总经理凌文院士也参加了部分考察活动。

考察期间，团组对神华集团沃特马克煤矿项目、塔州水电公司及乌淖斯风电公司进行了深入调研，并分别与中国驻澳大利亚大使、中国驻悉尼总领事、中国驻墨尔本总领事等进行了会谈。

中国工程院课题组赴澳考察(前排：左 2 袁晴棠、左 3 黄其励，2015 年 11 月)

收获与启示：一是沃特马克项目是神华集团在海外开发的第一个煤炭项目，神华集团正致力于大力推进煤炭的清洁利用及发展可再生能源，积极实施“走出去”的国际化发展战略，加快海外资源和市场开拓，对推动我国能源生产和消费革命有一定的促进作用，值得其他能源企业借鉴。二是澳大利亚塔斯马尼亚州电力供应主要由水电和风电组成，通过水电和风电互补，一方面提高了风电机组年利用小时数，避免了弃风现象；另一方面，在一定区域范围内实现了电力供应以可再生能源为主的能源供应模式。我国可通过风电、太阳能与煤电或水电耦合，实现能源耦合互补，避免弃风等问题，提高能源系统的整体利用效益。三是化石能源的清洁化是我国能源革命的基础，基于我国能源结构和消费特征，能源革命的首要任务应是加大“绿色煤炭”科技创新，实现煤炭开发的安全、高效和绿色，转化和利用的清洁化、低碳化。四是清洁能源的规模化是我国能源革命的关键，要加大可再生能源的规模化开发和经济化利用。

第三节　参加世界石油大会的会议及相关活动

多年来，在国际科技合作与交流方面，我除了积极组织并参与和国际大型石油石化公司的科技交流与合作之外，由于我于1999年4月7日起任世界石油理事会中国国家委员会委员，因此我积极参与有关世界石油大会中国国家委员会的工作，并多次参加世界石油大会的会议及相关活动。主要会议与活动回顾如下。

一、参加第十五届世界石油大会

世界石油理事会组织全称为“世界石油大会——石油科学、技术、经济及管理论坛组织”，于1933年在英国伦敦成立，是世界上规模最大、代表性最广泛的非政府、非营利的常设国际组织。其宗旨是，为了人类的利益和加强对世界石油资源的管理，在世界石油领域中推进先进科学技术的应用和经济金融及管理问题的研究。我国于1979年加入该组织，并于1993年4月获得第十五届世界石油大会的主办权。

1997年10月12日至16日在首都北京举行了第十五届世界石油大会。我和中国石化总公司其他158名代表出席了此次会议。第十五届大会有来自91个国家和地区的4600多人参加，其中外国代表2859人。大会聚集了世界各国石油界的高级官员和管理人员以及一大批世界知名的能源专家、学者，其中有68家跨国石油公司、国家石油公司的总裁，16个国家的石油或能源部部长，还有世界石油大会的高级官员和世界能源理事会、国际天然气联盟等国际能源组织的代表。

本届大会的主题是“技术和全球化引导石油工业进入21世纪”。10月12日大会在北京人民大会堂开幕，国家主席江泽民、国务院副总理吴邦国等国家领导人和世界石油大会主席凡德·米尔等出席了开幕式。江泽民主席在大会致辞。大会安排6次全体会议，设立了21个分组会。大会还设有部长论坛，有6位石油或能源部部长发了言。代表们就勘探与开发、下游产业及加工技术、油气储量、环境保护与安全、商业与管理、研究开发与运输等专题进行了深入探讨。会议还设立了80个小型展览间，供200多位学者在此张贴论文，进行学术交流。

会议期间还开设了展览会，来自24个国家和地区的300多家公司参加了展览，展览面积达6670平方米。大会期间，与会代表总结了20世纪石油工业的经验与成果，广泛研讨了21世纪世界石油工业面临的机遇、挑战和石油科技的新发展。经大会决议，第十六届石油大会将在加拿大卡尔加里举行。

几点启示：一是把握世界油气资源形势，利用好世界油气资源，把我国石油化工建设成国民经济支柱产业；二是实施好资源战略，利用好国内、国外两种资源；三是推进产品结构调整，提高石油产品质量是当前的一项紧迫任务；四是技术进步已成为石油和石油化工持续发展的决定因素，必须加快科技进步的步伐；五是对天然气工业强劲的发展势头应引起重视；六是增强环保意识，落实环保措施；七是积极开展对外的科技交流与合作。

二、赴加拿大参加第十六届世界石油大会

2000年6月10日至17日，王基铭总裁率领中国石化集团公司

代表团参加了在加拿大卡尔加里举办的第十六届世界石油大会。我是代表团成员之一，其他成员有李干生、何生厚、洪定一、李大东、任炽刚等。

第十六届世界石油大会有来自 97 个国家和地区的代表、随员、记者和参展商共 4563 人参加大会。经国务院批准，世界石油理事会中国国家委员会组成了以王涛❶同志为团长，由国土资源部、国家石油化工局、中国石油天然气集团公司、中国石化集团公司、中国海洋石油总公司等单位共 69 人组成的代表团参会。

大会的主题是“石油促进全球发展：人员、经营及技术的密切结合(网络化)创造价值”。大会共收到论文 300 余篇，有 15 篇在全体会上发表，12 篇回顾与展望报告，在 4 个分组会的 24 个论坛上宣读了 109 篇论文，张贴论文 196 篇。大会还开设有部长论坛。有 47 个国家的代表在会上发言或张贴论文，其中中方在会上宣读论文 5 篇，张贴论文 20 篇，数量排名第三。

参加第十六届世界石油大会合影(左起：韩志国、袁晴棠、王基铭、洪定一、张莹、徐海洪，2000 年 6 月)

❶王涛，曾任原石油工业部部长、党组书记，中国石油天然气总公司总经理、党组书记，世界石油理事会中国国家委员会主任，中共第十二届、十三届、十四届中央委员。

加拿大总理 Jean Chretien 参加了开幕式并讲了话，闭幕式上由加拿大组织委员会将世界石油大会会旗递交下届主办方巴西组委会。

来自世界大型石油公司的董事长、CEO、能源部部长、联合国官员、OPEC 秘书长、沙特王储等出席了大会，其中一部分人士为大会作了“加拿大石油工业”“炼厂与汽车战略”“21 世纪的天然气”“在迎接国际市场经济挑战中石油工业的社会责任”等大会报告。

石油展览会与石油大会同时举行，在 57000 平方英尺的展览大厅里共有 36 个国家的 41 个石油公司设有展台。在维多利亚公园专门开设了石油工业商业展，有 75 个国家和地区的 1500 多家公司参展，展品包括石油勘探生产、石油化工等各种技术、设备、工具、安全与环保技术及产品等。

大会最后一天选举产生了新一届世界石油理事会的领导机构，选出了新的执行委员会。挪威的卢任当选为新任主席，中国代表团团长王涛当选为第一副主席，其他几位副主席分别是匈牙利的托斯、乌拉圭的巴利顿和阿尔及利亚的劳亚迪，加拿大的高森为科学委员会主席。执行委员会听取了王涛同志关于建议举行区域会议的框架报告，并确定第一次亚洲地区会议于 2001 年 9 月在中国上海召开。

中国石化集团公司共有 12 篇论文被大会录取，其中石科院两篇为分组会口头报告，其余 10 篇为大会张贴报告。此外，何鸣元和我还分别担任了分组会的主席和副主席。

会议期间，代表团应邀拜会了加拿大阿尔伯塔省的经济发展部部长 Gordon Vincent 先生，会见了 HUSKY OIL 公司总裁刘钱崧先生、壳牌公司执行董事范德维尔先生、艾斯苯高级副总裁 Stephen J. Doyle 先生、福陆丹尼尔公司总裁 Boeckmann 先生，并进行了会谈。代表团与 NOVA 公司进行了聚乙烯技术交流。此外，代表团上游组的同志还与斯伦贝谢公司的 Merak 软件公司进行了技术交流。

收获与启示：一是在世界石油工业持续发展的形势下，我们应抓住机遇，加速发展我集团公司的石油、石化工业；二是与环境相协调，加强环境保护是石油、石化工业可持续发展的战略方针；三是本届大会对21世纪清洁能源天然气的发展十分关注，21世纪天然气需求将迅速增长这一趋势值得引起我们足够的重视；四是会议提出的石油公司经营管理新概念，强调石油公司与社会的良好关系，石油公司要重视健康、安全、环保，提高信誉，吸引从业人员，增强国际竞争力，值得我们重视；五是通过参加本次会议，加强了与国际公司的交流与合作，宣传了中国石化集团公司，扩大了中国石化在国际上的影响。

三、赴巴西参加第十七届世界石油大会

第十七届世界石油大会于2002年9月1日至5日在巴西里约热内卢市召开，世界石油理事会中国国家委员会组成了以王涛同志为团长，由中国石油天然气集团公司、中国石化集团公司、中国海洋石油总公司、中国化工进出口总公司等单位组成的代表团参加了会议。其中，中国石化集团公司代表团由王基铭总裁率领，我是代表团成员之一，代表团成员共30人，另有展览团，承担参展任务。

本次大会的主题是“石油工业，追求杰出业绩和承担服务社会的责任”，来自70多个国家的3200多位代表出席了会议，另有随员445人、学生200人、记者约350人。会议共发表论文305篇，其中石油和天然气勘探和生产的论文99篇，石油炼制和石化产品生产的论文86篇，由天然气生产清洁燃料和产品的论文73篇，石油商业经济、环境和社会责任的论文47篇。同时，还有政府和大型企业主管人员的主题报告17篇。中国石化代表团共有7篇论文在会上发表，其中2篇为分组宣读的论文报告，5篇为张贴论文报告。此外，洪定一、李大东、何鸣元三位同志还分别担任了分组会副主席。

大会活动包括开幕式、巴西之夜、闭幕式、技术参观等。巴西

总统卡多佐在开幕式上作了电视讲话。闭幕式上由巴西组织委员会将世界石油大会会旗递交下届会议主办方南非组委会。

来自世界有关国家的能源部部长、大型石油公司董事长、CEO、联合国官员、OPEC 秘书长等出席了大会。其中一部分人士为大会作了“巴西石油与天然气工业的持续发展”“世界石油工业持续发展展望”“石油工业与其社会责任的平衡”“石油工业的电子商务”“新世纪初油气工业面临的风险与机遇”“天然气——通向可持续未来的跨越燃料”“石油/汽车工业最佳组合”等大会报告。

参加第十七届世界石油大会合影(左起：张吉星、李干生、袁晴棠、王基铭、张德义、余立、韩志国，2002 年 9 月)

会议还向获得技术成就奖和社会责任奖的获奖单位颁了奖，Statoil 公司在北海气田实施的 CO_2 回注技术、菲利浦斯公司的 S Zorb 脱硫技术及巴西石油公司(Petrobras)的深水采油技术获技术奖，斯伦贝谢公司、委内瑞拉石油公司等获社会责任奖。

本次大会展览会展出面积达 3 万多平方米，来自 41 个国家的 850 多家石油公司与石油机械制造厂商参加了展览会。中国石油天然气集团公司、中国石化集团公司和中国海洋石油总公司参加了展览。

大会期间，选举产生了新一届世界石油理事会领导机构，挪威的卢任连任主席，中国代表团团长王涛同志当选为高级副主席，其他几位副主席分别是美国的高顿、加拿大的高森、匈牙利的托斯和乌拉圭的巴利顿。

中国石化代表团成员积极参加会议交流，参展效果良好，并与多家公司进行了业务洽谈。代表团进行了一系列有关公司间拜会活动，代表团部分成员还参观访问了巴西石油公司研究中心和 REDUC 炼油厂。

收获与启示：一是世界石油工业的可持续发展是本届石油大会的主题。通过本次会议的交流，深感应借鉴其他公司的经验，加大清洁生产技术和替代能源研究力度，增强盈利能力，提高经济效益，使中国石化集团公司成为具有更强可持续发展能力的公司，积极促进我国石油工业的可持续发展。二是勘探开发的技术进步为发现新的油气田，增加油气储量提供了技术支撑。我们要加大上游技术的开发力度，重点发展油气勘探技术以及提高采收率的主要工艺技术，为进一步降低油气勘探开发成本，增加探明储量，提高油田的采收率提供技术支撑。三是石油替代能源问题是本次会议关注的热点之一。四是炼油-化工一体化已成为世界趋势和业界共识，我们应借鉴其他公司的经验和做法，把炼油-化工一体化搞得更好，进一步提高经济效益。

四、赴卡塔尔参加世界石油大会第二届地区会议

世界石油大会第二届地区会议于 2003 年 12 月 8 日至 11 日在卡塔尔首都多哈市举行。世界石油理事会中国国家委员会组成了以王涛同志为团长，由中国石油天然气集团公司、中国石化集团公司、中国海洋石油总公司、中国中化集团等单位组成的代表团参加了会议。其中，中国石化集团公司分团以王基铭总裁为团长，我是成员之一，其他成员有雷典武、张克华、张吉星、李阳等同志，另有三人组成展览团，承担参展任务。

中国石化代表团赴卡塔尔参加世界石油大会第二届地区会议合影
（左起：第 1 朱学海、第 2 韩志国、第 3 何鸣元、第 4 张吉星、第 5 雷典武、第 6 张克华、第 7 王基铭、第 8 余立、第 9 袁晴棠、第 10 钱基、第 11 吕连海、第 12 朱丹陆，2003 年 12 月）

本届大会的主题是“追求卓越的石油工业”，来自 50 个国家的 460 多位代表出席了会议，共发表论文 60 篇。会议邀请了有关国家的石油、能源部部长和石油公司的 CEO 作大会发言。卡塔尔第二副首相、能源和工业部部长兼卡塔尔石油公司董事长阿提亚先生为开幕式致辞；海湾合作委员会(GCC)秘书长埃尔-阿提亚先生就“产油国合作问题”、沙特阿美高级副总裁赛义夫先生就“世界石油供求关系”、美国能源部副部长卡德先生就“北美天然气市场”、埃及石油部第一副部长哈姆德先生就“炼油与化工”等作了主旨发言。还有约 50 位专家围绕石油工业与全球化、世界石油的供应与需求、环境与可持续发展、石油工业的风险和不确定性管理、炼油与石油化工、天然气——新的供应和新的市场等 6 个专题在分组会上发表了论文。

石油展览与世界石油大会第二届地区会议同时举行，展区面积 6000 余平方米，有来自美国、英国、中国、印度、巴西等国 100 余家公司参展。

会议期间，代表团参加了大会组织的各项活动，进行了论文交流和技术交流，组团参观了大会展览，进行了公司间拜会活动，专程赴杜汉市慰问了正在杜汉油田进行钻井作业的江苏油田卡塔尔项目组。

收获与启示：一是进一步了解了世界石油供需发展趋势，对制定石油资源发展战略和开发海外石油资源有重要的指导意义；二是天然气作为清洁能源备受关注，值得引起高度重视；三是会议十分重视石油工业的可持续发展问题，认为石油工业在追求卓越业绩的同时，应加强公司之间、产油国与消费国之间的合作，克服石油工业对社会造成的负面影响；四是世界各大石油公司都从全球化的角度着眼于从世界范围获取油气资源；五是与会代表高度重视投资项目的经济性和竞争力问题。

五、赴南非参加第十八届世界石油大会

第十八届世界石油大会于 2005 年 9 月 25 日至 29 日在南非约翰内斯堡举行。世界石油理事会中国国家委员会组成了以王涛同志为团长，由中国石油天然气集团公司、中国石化集团公司、中国海洋石油总公司、中国中化集团公司等单位组成的代表团参加了会议。其中，中国石化集团公司分团由王基铭副董事长率领，我是代表团成员之一，其他成员有李干生、李大东、马永生、洪定一等共 23 人，另有 10 人组成展览团，承担参展任务。

本届大会的主题是“塑造能源未来：共同合作，实现能源可持续发展”，来自 98 个国家和地区的 4000 余名代表参加了会议。会议分四大专业领域，包括：上游、下游及石油化工、天然气和可再生能源、石油工业经营与管理，下设 24 个专业论坛、1 个青年论坛和由 12 个国家构成的国家论坛。此外，还有 12 场回顾与展望、18 次圆桌会议。会议期间共有 500 余人发言，围绕四大专业领域开展了热烈的研讨。王基铭副董事长在 9 月 29 日中国论坛上作了题为“中

参加第十八届世界石油大会中国石化团组合影(前排左起：张吉星、蔡希源、袁晴棠、王基铭、李大东、李干生，后排左起：韩志国、洪定一、马永生、江夏、肖珍平，2005 年 9 月)

国石油炼制与石油化工技术”的报告。中国石化集团公司共有 12 篇论文在会上发表，其中 2 篇为宣读报告，10 篇为张贴报告。

大会活动包括开幕式、南非之夜、闭幕式、参观等。在开幕式上南非总统姆贝基发表了演讲。闭幕式上，南非组织委员会将世界石油大会会旗交给了下届会议主办国的组委会，第十九届世界石油大会将于 2008 年在西班牙马德里举行。

来自世界有关国家的能源部部长、大型石油公司董事长、CEO、OPEC 官员等出席了大会。南非能源及矿业部部长、委内瑞拉能源部部长、沙特阿拉伯石油及矿业资源大臣、卡塔尔第二副总理兼能源及工业部部长、埃克森美孚公司总裁、壳牌公司总裁、CHEVRON GLOBAL GAS 公司总裁等围绕“非洲石油工业展望”“世界石油工业展望”“替代能源”“油气可持续供应”等主题作了大会报告。

大会同时举办了展览会，共有 40 多个国家和地区的 200 多家政府部门、公司、协会团体参加了展览。中国石化 200 平方米的展台充分体现了上、中、下游一体化的实力与特色，受到了与会者的好评。

大会期间选举产生了新一届世界石油理事会领导机构，加拿大 Randall G. Gossen 当选世界石油大会新一任主席，中国吴耀文❶同志当选大会副主席。

会议关注的热点问题包括关于对能源供应忧虑的认识、关于高油价问题、天然气产业将快速发展、关于替代能源问题、非常规石油潜力巨大、可再生能源的潜力等。关于论文交流的要点，上游方面包括世界油气供应前景、深海油田开发技术、天然气裂缝型油藏开发技术、提高采收率技术、天然气勘探技术、企业管理；下游方面包括：炼油技术进展、化工和天然气化工技术进展等。

代表团在南非期间，参加了大会组织的一系列学术活动，进行了公司间的拜访，并于 9 月 28 日参观了南非 SASOL 公司位于色昆达(Secunda)的煤制油/气制油工厂。SASOL 公司于 1955 年建成了第一座由煤生产燃油的 SASOL-Ⅰ厂，1980—1982 年又相继建成了 SASOL-Ⅱ厂和 SASOL-Ⅲ厂。三个厂处理煤炭总计 4590 万吨，其主要产品有汽油、柴油、蜡、氨、乙烯、丙烯聚合物、醇、醛、酮等。

收获与启示：一是本次会议对石油工业可持续发展问题格外关注，认为石油工业在追求杰出业绩的同时，应承担社会责任，加强与各方面的合作，共同实现石油工业的可持续发展；二是石油替代能源问题是本届会议关注的热点之一，建议关注这一重要动向；三是会议认为，天然气产业将在全球快速发展，天然气在能源中的作用越来越重要，建议我公司高度重视这一趋势，努力发展天然气勘探开发技术，加快天然气业务的发展；四是非洲有丰富的石油和天然气资源，政治环境有所改善，建议我公司重视开拓非洲上下游项目，以有利于资源多元化战略的实施。

六、赴西班牙参加第十九届世界石油大会

第十九届世界石油大会于 2008 年 6 月 29 日至 7 月 3 日在西班

❶吴耀文，曾任中国石油天然气集团公司副总经理、党组成员等职务。

牙首都马德里举行。世界石油理事会中国国家委员会成立了以王涛同志为团长，由国土资源部、中国石油天然气集团公司、中国石化集团公司、中国海洋石油总公司、中国中化集团等单位组成的代表团共109人参加了会议。中国石化集团公司分团由王基铭院士率领，我是成员之一，其他成员有洪定一、李阳、张吉星等同志，另有13人组成参展团，承担参展任务。

本届大会的主题是“世界在变迁——为可持续发展提供能源”，会议议题涵盖石油勘探开发、炼油与石油化工、天然气、可再生能源及行业管理五大领域。大会举办了7场全体会议、7场专题会议、12场主题演讲、12场圆桌会议、12场部长会议、24场论坛会议。大会从1900篇投稿中遴选出论文360篇，其中宣读120篇、张贴240篇。我国共有22篇论文入选，其中中国石化共有8篇论文被录用。

有关国家的能源部部长、OPEC官员和大型石油公司董事长、CEO等出席了会议，包括卡塔尔副总理兼能源部部长、沙特石油与矿产资源部部长、欧盟委员会能源委员、OPEC秘书长、俄罗斯能源部部长以及俄罗斯国家石油公司、埃克森美孚公司、BP公司、壳牌公司、道达尔公司、雪佛龙公司等公司的董事长、CEO等。

与大会同时举办的还有“国际石油天然气展览会”，展台面积近20000平方米，来自世界各地的600多家石油石化、天然气公司和设备制造商参加了展览，参观展览的专业人士达50000多人次。中国国家委员会和中国石油、中国石化等企业参展面积1000多平方米。

本次大会期间，选举产生了下届世界石油理事会领导机构，R. Gossen(加拿大)博士再次当选为新任主席，吴耀文连任高级副主席。第二十届世界石油大会将于2011年在卡塔尔首都多哈举行。

会议关注的热点问题包括高油价的成因、未来石油供需情况、天然气备受青睐、石油石化的可持续发展问题、化工产品景气周期问题等。论文交流的重点包括石油、天然气勘探开发先进技术与实践、炼油化工技术进展、技术经济与管理、碳捕集与储存(CCS)技术进展等。

收获与启示：一是与会专家对石油工业的可持续发展达成共识，认为为了实现可持续发展，必须对石油、天然气的开采增加投入，开发新技术、提高能效，开发替代能源及减少CO_2排放等方面采取措施，以早见成效；二是会议认为天然气产业将在全球快速发展，建议我公司高度重视这一趋势，加快国内外天然气业务的发展，并积极介入 LNG 业务；三是石油替代能源问题是本届会议关注的热点之一，国外大石油公司纷纷对替代能源进行研究，建议加大替代能源技术开发力度，积极寻找和攫取资源，为发展替代能源创造条件。

第四节　带领团组参加中日石油加工科技研讨会

我于 1995 年至 2008 年任中国石油学会副理事长，2008 年、2011 年分别任中国石油学会第七届、第八届理事会常务理事。为了继续执行中日石油学会 1980 年协议，促进双方的技术交流与合作，我曾多次带领中国石油学会代表团赴日本参加中日石油加工科技研讨会，后来该研讨会增加了韩国，改名为中日韩石油加工科技研讨会。研讨会围绕炼油业界共同关心的问题进行研讨，促进了交流与合作。主要交流活动回顾如下。

一、第六次中日石油加工科技研讨会

根据 1994 年中日石油学会会长会议纪要精神，为继续执行中日

石油学会1980年协议，促进双方的技术交流与合作，1995年11月26日至12月3日我带领中国石油学会代表团赴日参加第六次中日石油加工科技研讨会，中国石油学会秘书长陆基孟、中国石油学会理事卢成锹为副团长，成员来自石油化工科学研究院、抚顺石油化工研究院、上海石油化工研究院、九江石化、高桥石化、武汉石化等单位，代表团共计19人。

会议期间，日本通产省资源能源厅石油部加工课课长广田博士作了基调报告，介绍了日本对今后亚太地区能源和环保问题的看法。日本能源中心常务理事佐佐木茂行介绍了对今后亚太地区能源供应前景的预测和该中心技术开发工作情况。石油化工科学研究院技术委员会主任卢成锹向大会作了中国炼油政策的基调报告，介绍了中国石油炼制方面的方针和现状。

参加第六次中日石油加工科技研讨会合影

（前排左起：第4卢成锹、第5袁晴棠，1995年11月）

在此次研讨会上，我方宣读学术论文11篇，日方宣读学术论文13篇。内容包括石油加工、石油化工以及环保技术等方面，涉及最新技术进展。会后参观了日本石油株式会社的根岸炼油厂和中央研究所、出光兴产公司的千叶炼油厂、千叶化工厂。为了促进合作，我带领有关人员拜会了日本通产省，讨论了中日合作进行炼油厂烟气脱硫项目的合作意向。

几点看法：一是日方对第六次中日石油加工科技研讨会给予了很高的评价，特别是我方的工业应用技术表现出较强的吸引力；二是日方在基调报告中介绍了日方的石油政策，尽管亚洲各国情况不同，但应采取积极的能源政策；三是中日炼油界有共同关心的问题，双方的技术可以互补，加强双方交流很有必要。

对今后工作安排达成一致意见：

（1）1997 年 10 月在中国北京召开第十五届世界石油大会，由中国石油学会邀请日本石油学会派代表团参会，会后在中国召开第七次中日石油加工科技研讨会，内容侧重于石油加工。

（2）1998 年日本石油学会成立四十周年之际，日本石油学会邀请中国石油学会派代表团参加国际学术交流会，并举行第八次中日石油加工科技研讨会，中国石油学会愉快地接受了邀请。

（3）2000 年在中国举行第九次中日石油加工科技研讨会。

（4）为便于专业人员就某个领域进行深入讨论，可举办小规模专题研讨会，双方认为，日本在柴油加氢脱硫方面有较深的基础，中方在催化裂化方面工作深入，炼制中东原油的经验是双方关心的问题，因此可就上述问题选择专题研讨的课题。

（5）中国石油学会将为 1997 年世界石油大会出版英文版石油学报，欢迎日本提供在国际上得到好评的脱硫及渣油处理方面的内容，日方将为此而努力。

二、第八次中日石油加工科技研讨会

根据中国石油学会与日本石油学会 1980 年协议和 1997 年第七次中日石油加工技术研讨会总结会议备忘录所确定的中日双方科技交流计划，促进中日两国石油加工技术的交流与合作，1998 年 11 月 23 日至 12 月 2 日，由我任团长、中国石油学会石油炼制学会主任李大东为副团长的中国石油学会代表团赴日本参加第八次中日石油加工科技研讨会。代表团成员来自中国石油化工集团公司和中国石油天然气集团公司所属的企事业单位，包括门存贵、何庆华、康飙、李希宏、石亚华、方向晨、徐春明、胡徐腾等共18人。日方参加交流会的代表来自研究机构、石油化工公司和大学，约80人。

参加第八次中日石油加工科技研讨会

（右起：第1袁晴棠、第2李大东，1998年11月）

会议期间，日本通产省自然资源与能源厅石油炼制课福水健文博士代表日方作了基调报告，介绍了日本对亚洲地区2010年原油需求预测和日本政府对石油工业的基本政策。我作为中国石油学会副理事长代表中方作了基调报告，介绍了中国石油和中国石化两大集团公司重组的概况、中国石油化工技术的进展和发展方向。

日本发表技术论文12篇，中方发表技术论文11篇，双方的论文反映了两国石油加工技术的最新进展，受到了与会者的关注。会议期间，中日两国石油学会共同讨论了今后的交流活动计划。会后，参观了日本石油株式会社根岸炼油厂及中央技术研究所、出光兴产公司千叶炼油厂、三井化学公司市原工场、日本通产省工业技术院所属的资源环境技术综合研究所和物质工学工业技术研究所。代表团部分成员访问了日本石油产业活性化中心（PEC），双方进行了友好会谈。

主要收获与启示：一是面对亚洲金融危机的冲击，日本石油加工企业正采取联合、兼并、加强内部管理等措施以提高市场竞争力；二是日本政府在关税和价格上对本国石油加工产业采取保护性措施；三是日本的石油企业和科研机构把提高产品质量、满足客户要求放在首位，不断提高产品质量；四是日本石油加工企业和研究机构十分重视环境保护，环境保护被当作企业赖以生存的根本保证，也是技术发展最强有力的推动因素；五是日本石油加工企业和研究机构注重技术创新，在许多科技领域都设立科研项目并取得研究成果；六是日本石油加工企业的企业管理水平较高，注重发挥员工的主动性和创造力，从而提高工作效率和企业的竞争力。

三、第十次中日石油加工科技研讨会

根据中国石油学会与日本石油学会 1980 年协议和 1998 年第八次中日石油加工技术研讨会总结会议备忘录确定的双方科技交流计划，为促进中日两国石油加工技术交流与合作，2002 年 11 月 11 日至 11 月 19 日，由我任团长、中国石油学会石油炼制学会主任李大东任副团长的中国石油学会代表团赴日本参加第十次中日石油加工科技研讨会。代表团成员来自石化行业科研、设计单位和企业，共 16 人。日方参加交流会的代表来自研究机构、石油化工公司和大学，共 40 人。

会议期间，日本石油联盟会会长冈部敬一郎代表日方作了基调报告，介绍了日本石油法规和日本政府对石油工业的基本政策。我

参加第十次石油加工科技研讨会合影(第二排左起：第3杨清雨、第4袁晴棠、第5李大东，2002年11月)

代表中方作了基调报告，介绍了中国炼油工业面临的挑战和对策。会议围绕“清洁燃料生产、提高炼厂经济效益、环境保护及替代能源开发”主题，中日双方各发表技术论文12篇。学术报告内容涉及清洁汽柴油的生产、重油转化、代用燃料开发、炼油厂“三废”处理等领域，反映了两国在石油炼制领域相关技术的研究和开发水平。

交流会结束后，代表团参观了日本京都大学工学部及COSMO石油公司(COSMO OIL Co. Ltd)堺炼油厂(SAKAI REFINERY)。通过参观，使代表团成员对日本炼油工业和科研开发最新情况有了概括的了解。

收获与启示：一是日本政府制定多项石油法规，并及时调整石油法规，有力地促进了石油工业的发展。二是日本炼油企业将市场、能源安全保障和环境保护列为三大主题，并加紧进行战略和策略研究，制定对策，迎接挑战。三是日本石油企业和科研机构把提高产品质量、满足用户要求放在首位，以此作为企业生存和发展的动力。我们的石化企业也应把产品质量视作企业的生命，争取以质量取胜。四是日本企业十分重视环境保护，我们应借鉴日本炼油厂环境治理的做法和经验，做好环保工作。五是日本企业和科研机构重视技术创新、前瞻性研究和基础研究的做法值得我们重视和借鉴。

四、参加中日韩炼油技术研讨会

2007年12月3日至5日在日本东京召开“2007中日韩炼油技术研讨会”，我带领中国石油学会代表团出席会议。会议由中国石油学会(CPS)、日本石油产业活性化中心(JPEC)和韩国石油质量管理院(KIPEQ)三方联合主办，会议主题为“重质和劣质原油加工技术新进展”。中国石油学会代表团由中国石化、中国石油和中国石油大学(北京)的专家共16人组成。围绕会议主题，交流了3篇基调报告和24篇技术报告，共124人出席了会议。

会议期间，我代表中方作了题为《Progress and Outlook on Technologies for Processing Inferior Crude Oil in China》的基调报告，新日本石油精制株式会社社长大野博和韩国石油质量管理院理事长金基镐代表日方和韩方分别作了题为《Outlook of Petroleum Oil Demand and Heavy Oil Processing in Japan》和《The Status of Petroleum Consumption and Deep Conversion Facilities in Korea》的基调报告。会议围绕主题从FCC(催化裂化)、加氢处理、加氢裂化和热加工等方面开展交流，中方代表交流了11篇技术报告，日、韩两国代表交流了13篇技术报告，这些报告反映了中、日、韩三国重质和劣质原油加工的技术水平。从交流情况看，中、日两国都比较重视加氢技术在加工重质和劣质原油中的应用。

会后，代表团参观了新日本石油精制株式会社根岸炼油厂。根岸炼油厂是日本最大的炼油厂，加工能力1700万吨/年，拥有比较

参加中日韩炼油技术研讨会合影(左起：张德义、
袁晴棠、孙丽丽，2007 年 12 月)

完备的加工手段，管理规范、高效。公司职工 639 人，另有协力公司人员 650 人。

收获与启示：一是中、日、韩三国均是石油净进口国，炼油企业都受到石油资源的制约，面临很多共同挑战，三国炼油专家探讨共同关心的议题，对于促进三国炼油领域的友好合作有积极意义；二是在油价高企，低硫轻质原油与高硫重质原油价差拉大的情况下，加工劣质原油是炼油厂降本增效的重要选择；三是通过本次交流研讨，使代表团成员对日本和韩国加工劣质原油的技术状况有了进一步的了解；四是中日之间的炼油技术交流始于 1980 年，至今已举行 14 次会议。本次会议扩大为中、日、韩炼油界之间的技术交流，三方充分肯定了本次会议的成效，并表示愿意继续加强交流。

会议期间举行了工作会议，三方商定下次研讨会将于 2008 年 11 月在中国海南省举办，中国石油学会将与日、韩方加强沟通与合作，做好各项筹备工作。

第五节　参加国际华人石油石化科技研讨会

20 世纪 90 年代中后期和 21 世纪头十年，在美国华人石油协会和中国石化、中国石油、中国海油等中国三大石油公司的共同支持下，海峡两岸和美国石油石化界华人开展了系列科技交流活动。通过这些交流活动，密切了彼此联系，加强了交流与合作。由于我时任中国石化总工程师，因此多次参加全球华人石油石化科技研讨会，主要活动回顾如下。

一、第一届海峡两岸石油科技研讨会

1995 年 8 月 28 日至 31 日，由在中国台湾的中国石油股份有限公司(以下简称中国台湾中油公司)等发起和组织的“第一届海峡两岸石油科技研讨会”在中国台北市举行。中国台湾中油公司邀请中国石油化工总公司、中国石油天然气总公司和中国海洋石油总公司派代表团参加会议。经国务院台办批准，以中国海洋石油总公司副总经理陈丙骞为团长的代表团共 28 人出席了这次研讨会。中国石化总公司由我任分团团长，成员包括杨树杉、朱煜、张培尧、乔映宾、汪夔卿等。

这次研讨会围绕炼油和石油化工、石油勘探进行技术交流。在开幕式上我方重点介绍了三大石油总公司概况，研讨会共发表论文 40 篇。我在会上作了“中国石化工业的技术进步”专题报告；我公司团组其他成员分别就炼油与石化工业的催化剂和工艺技术的最新进展、多种重质油生产气体烯烃工艺技术的特点及应用前景、中国油品及石化产品市场现状和预测、利用外资发展中国石化工业、中国石化的工程建设力量等发表了论文，引起了与会代表的极大兴趣和关注。

中国石化团组参加海峡两岸石油科技研讨会合影(左起：第1张培尧、第3乔映宾、第4朱煜、第5袁晴棠、第6杨树杉、第7杨光、第8张莹、第9汪燮卿、第10陈庆龄，1995年9月)

除了参加研讨会，中国石化总公司代表团还访问了中国台湾中油公司总部及其下属的营业总处、勘探总处、高雄炼油总厂、桃园炼油厂、勘探研究所、炼制研究所、训练所；参观了奇美公司、台塑公司仁武厂及新竹科学园区等单位。代表团所到之处，受到隆重、热烈欢迎，使大家深深感受到了同胞情谊。

启示与建议：这次在台湾举行的第一届海峡两岸石油科技研讨会是一次意义深远的交流活动，对以后两岸同胞在石油石化领域携手发展，振兴中国的石油石化工业产生积极影响。建议加强和台湾石化公司的联系，加强两岸石化界的交流。

二、2000年国际华人石油与石化科技研讨会

2000年国际华人石油与石化科技研讨会于2000年12月1日至3日在美国休斯敦举行。研讨会由美国华人石油协会主办，邀请海峡两岸石油、石化公司及北美地区石油、石化界华人参加。我集团

公司代表团应邀出席了这次会议，参加会议的还有中国石油天然气集团公司、中国海洋石油总公司、中联煤层气有限责任公司和中国台湾中油公司等代表团及北美地区的公司和华人代表200多人。中国石化集团公司代表团由我带领，成员有李大东、周培荣、关德范、张克华、张吉星、李阳等。

会议期间，共宣读论文40余篇，内容涵盖了石油勘探开发、石油炼制、石油化工、管道设计与建设、业务战略等方面。我代表团参加了由会议主办方举办的大型招待会和驻休斯敦总领馆为庆祝本次会议召开而举办的招待会，并均作了大会发言。在开幕式上，我作了“中国石化工业发展展望”的专题报告，重点向大会介绍了中国石化集团公司和股份公司的改革重组与发展。代表团成员参加了分组技术研讨，李大东、关德范、韩崇仁、卢文奎等四位同志宣读了论文；李大东、周培荣、张克华、李阳等七位同志作为联合主席主持了分组研讨会。会议期间，代表团还与中国台湾中油公司进行了会谈，并与KBR公司、菲利浦斯公司等进行了交流。

在国际华人石油与石化科技研讨会上作专题报告

（美国休斯敦，2000年12月）

12 月 4 日代表团部分成员参观了位于帕萨迪纳的雪佛龙-菲利浦斯公司的休斯敦化工厂，另一部分成员参观了壳牌公司的研究中心。

12 月 2 日，美国华人石油协会会长邀请两岸 5 家公司代表团负责人开会，研究下届会议的时间和地点问题。会议原则上商定下届研讨会定于 2001 年在中国台北举行。

收获与启示：一是举办两岸和北美华人石油、石化界科技研讨会，是一种加强沟通和建立联系的好形式，有利于加强海峡两岸华人在石油、石化领域的交流与合作；二是通过大会发言、专题报告和各项研讨交流活动，向与会人士介绍了中国石化集团公司的改革与发展情况，扩大了中国石化集团公司的影响；三是通过技术交流和参观活动，深感我们必须加强技术创新，用先进技术改造提升石油、石化传统产业，提高竞争力；四是中国石化上游业务发展需选择时机实施“走出去”的发展战略。

三、赴中国台湾参加国际华人石油与石化科技研讨会

2001 年国际华人石油与石化科技研讨会于 2001 年 12 月 22 日至 26 日在中国台湾高雄举行。会议主题是“21 世纪华人石油科技合作新契机”。参加会议的有美国华人石油协会、中国台湾石化界代表，祖国大陆派出了由中国石油天然气集团公司、中国石化集团公司、中国海洋石油总公司、中联煤层气公司组成的 46 人代表团，由时任国家石化局副局长的阎三忠同志任团长、王基铭总裁任副团长。我是代表团成员之一。来自中国石化的其他成员包括李家训、洪定一、雷典武、李大东、杨启业、关德范、李阳等。埃克森美孚和艾斯苯等公司也派代表出席了会议，会议有代表约 270 人。

王基铭总裁在开幕式上作了“中国石化的改革与发展”主题演讲，宣传了中国石化工业及中国石化集团公司的改革与发展。我在会上作了“中国石化技术回顾与展望”报告。中国石化其他成员分别

在三个分组会场发表论文12篇，受到了与会代表的好评。李大东和韩崇仁同志作为分组主席分别主持了分组研讨会。

中国石化团组参加国际华人石油与石化科技研讨会合影(中国台湾高雄，左起：洪定一、李阳、李大东、言敏达、袁晴棠、王基铭、关德范、韩崇仁、李家训、雷典武，2001年12月)

研讨会期间，美国华人协会举行会议，邀请海峡两岸几大石油公司的名誉董事参加，为各位名誉董事发了聘书，并决定2002年5月在北京召开美国华人石油协会董事会，届时邀请两岸名誉董事参加。同时还决定了下一届国际华人石油与石化科技研讨会于2003年5月在祖国大陆举行，由中国海洋石油总公司承办。

研讨会后，中国石化分团访问了台湾中油公司、台塑石化股份公司、和桐化学股份有限公司，并就有关合作问题进行了会谈。

若干启示：一是这次研讨会交流了99篇论文，会上、会下开展了广泛的交流，展示了近年来石油石化技术的新进展，为今后的交流与合作奠定了基础。与会代表一致认为，这种研讨会是促进海峡两岸华人石油、石化界专业人员交流与合作的好形式，认为应继续办好研讨会；二是在科技方面，两岸各有优势，应以科技合作为切入点，促进我公司与台湾石化公司合作关系的发展；三是这次台湾之行，通过研讨会和访问活动广泛宣传了中国石化的改革与发展和科技成果，与台湾石化界建立了较为广泛的联系，为树立中国石化的良好形象和促进合作起到了积极作用。

四、2004年国际华人石油与石化科技研讨会

2004年国际华人石油与石化科技研讨会于2004年10月21日至24日在美国休斯顿召开。会议由美国华人石油协会主办，中国石化集团公司、中国石油天然气集团公司、中国海洋石油总公司、中国台湾中油公司、中联煤层气公司、中鼎工程股份有限公司协办。中国石化集团公司代表团由王基铭总裁率领，我是代表团成员之一，其他成员有洪定一、刘均安、张海峰、张培尧、张吉星等。

会议的主题是“广泛交流、加强合作、共创机遇、共同发展”，各大石油石化公司高层领导和专家共68位代表参加了会议。会议期间，有大会主题报告13篇，在8个分会场有分组论文报告56篇。

收获与启示：一是与会各石油石化公司均十分重视接替资源，并均采取实质性行动，积极获取世界上的油气资源；二是炼油化工方面，装置大型化、炼化一体化、节能、清洁生产、绿色化学等领域，受到各大公司、研究机构和大学的高度重视；三是研讨会是一个了解世界、走向世界的很好窗口和交流平台，对促进海峡两岸华人石油石化界交流与合作有积极作用和重要意义。

五、2006年国际华人石油与石化科技研讨会

2006年全球华人石油与石化科技研讨会于2006年7月3日至5日在中国成都举行。此次会议由中国石油天然气集团公司主办，中国石化集团公司、中国海洋石油总公司、中联煤层气公司、中国台湾中油公司、美国华人石油协会协办。中国石化集团公司代表团以王基铭院士为团长，我和杨元一为副团长，成员包括李家训、李德芳、李阳、马永生、杨为民等共26人。

雪佛龙、埃克森美孚、艾斯苯等公司也派代表出席了会议，会议代表有110余人。

会议开幕式上发表6篇主题演讲，包括：中国石油天然气集团公司副总经理周吉平所作的“CNPC与可持续发展”、中国石化集团公司王基铭院士所作的“积极推进可持续发展，切实履行企业社会责任”、美国华人石油学会刘锡进会长所作的“审时度势，深思远虑，迎接石油工业的新挑战”等。会议围绕石油勘探、炼制与石化、过程控制与IT、油气储运、经营与管理、安全环保等六大领域进行交流研讨，会上共发表论文41篇。会议对全球油价走势、石油公司的未来、高油价环境下石油公司的发展战略及多元化石油能源替代技术、清洁燃油技术、陆地及海洋油气勘探开发、油气储运、供应链优化系统建设、企业能源优化方案、石油贸易风险管理等专题进行了研讨。

研讨会期间，美国华人石油协会举行了董事及名誉董事联席会，王基铭院士、我和李家训同志作为该协会名誉董事出席了会议。美国华人石油协会建议2008年由中国石化在中国大陆主办全球华人石油与石化科技研讨会。

收获与启示：一是与会代表一致赞扬国际华人石油与石化科技研讨会是促进海峡两岸华人石油、石化界人士交流与合作的好形式，中国石化对历届研讨会的支持受到了大家称赞。二是会议通过王基铭院士的主题演讲和代表团论文交流，广泛宣传了中国石化的改革与发展和科技成果，与全球华人石化界建立了较为广泛的联系，对树立中国石化的良好形象起到了积极的作用。

六、赴美参加国际华人石油与石化科技研讨会

2007年国际华人石油与石化科技研讨会于2007年11月15日至18日在美国休斯顿举行。以王基铭院士为团长的中国石化代表团出席了此次会议，我是代表团成员之一，其他成员有张吉星、刘

跃、张勇等。

此次会议由美国华人石油协会主办，中国石化集团公司、中国石油天然气集团公司、中国海洋石油总公司、中联煤层气有限责任公司、中国台湾中油公司协办。雪佛龙、BP、埃克森美孚、马拉松石油等公司也派代表出席了会议，会议代表200余人。

参加国际华人石油与石化科技研讨会团组合影(前排左起：第4袁晴棠、第5王基铭、第6李家训、第7张吉星，2007年11月，美国休斯敦)

本次研讨会的主题为“高油价、新挑战，石油石化公司持续增长战略之探讨”。会议第一天围绕“高油价下国际石油石化公司的商业机缘与挑战”“国家石油公司与国际石油公司在海外的竞争与合作”“天然气国际供求的最新趋势”“生物柴油和可再生能源的商业价值与未来”“石油石化工程的全球化为中国制造带来的商机”“建立二十一世纪新型国际性的国家石油石化公司”等6个专题发表了6篇主题报告和6篇专题报告。第二天分三个分会场围绕6个专题安排了41篇专题报告。这6个专题是，“增加非常规油气资源的生产”“发展勘探，扩大资源量”“提升上游产能和利润”“增加下游生产能力和效益”“提升替代能源的供给”“扩大商务合作，促进公司成长”。

中国石化王基铭团长在会议开幕式上作了题为“中国石化持续发展的战略举措”的主题演讲。研讨会期间，王基铭院士和我及李家训同志作为美国华人石油协会的名誉董事出席了该协会的董事及名誉董事联席会议。联席会议讨论了美国华人石油协会今后工作计划及后几届科技研讨会举办的地点。

会议期间，中国石化代表团还与美国鲁姆斯公司、芝加哥城市与钢铁公司等公司的代表进行了会谈。

11 月 15 日晚，会议举行招待会。会议主办方美国华人石油协会为了活跃气氛，在招待会上安排了一个抽奖节目，其中一等奖只有一项，奖品是由我国著名球星姚明亲笔签名的专为他定制的一只球鞋。在 200 余位与会者中，我有幸抽得了一等奖，当颁奖人把那只巨大的球鞋颁给我时，会场响起了热烈的掌声，许多代表过来与抱着那只球鞋的我合影留念。此事成了这次研讨会一个有趣的小插曲。

收获与启示：一是能源是国民经济的命脉，中国如何保持充足的能源供给是面临的巨大挑战。随着经济全球化的发展，能源需求和安全也不再是任何一个国家可以独立解决的问题。只有加强不同国家和地区，特别是公司之间的沟通与协作，才能促进共同发展。二是在高油价和市场驱动下，石油业界高度关注提高采收率问题。未来能源需求会向天然气和非常规油气转移，进一步提高采收率是满足日益增长的石油需求的重要措施。三是此次会议广泛宣传了中国石化的改革发展和科技成果，与全球华人及美国石油石化界建立了较为广泛的联系，扩大了中国石化在国际上的影响。

以上是我参与的对外科技交流与合作的主要活动概况，除此之外，还于 1984 年 11 月带队出访美国 UOP 公司、空气产品公司等；1988 年 3 月与中国石化石油化工科学研究院的李再婷教授一起赴美国参加 NPRA(美国石油化工与炼制者协会)年会；2008 年 11 月 21 日至 28 日赴中国台湾参加美国华人石油协会董事暨名誉董事联席会议；2010 年 6 月在青岛参加 2010 年国际华人石油与石化科技研讨会和美国华人石油协会名誉董事会；2011 年 6 月赴中国台湾参加 2011 年国际华人石油与石化科技研讨会和美国华人石油协会名誉董事会等，有关情况不再赘述。我所参与的对外科技交流与合作活动，从一个侧面反映出中国石化从 1983 年成立起，就十分重视对外开放，积极开展对外科技合作和交流，广泛吸纳和借鉴国外科技创新的做法和经验，有力地推动了中国石化的科技进步。

第八章

企业技术咨询与重大石化工程项目评估

中国石化集团公司有30余家炼油化工直属企业，这些企业是中国石化炼油化工业务生产经营和科技进步的主战场。如何搞好这些企业的资源优化、生产优化、结构调整、挖潜增效技术改造以及重大工程项目的技术选择和评估，是关系中国石化炼油化工业务能否实现高质量发展的关键问题。在我任中国石化集团公司总工程师及之后任中国石化科技委常务副主任和咨询委常务副主任期间，十分重视炼油化工企业的技术咨询和重大项目的评估工作，曾先后主持燕山石化、上海石化、扬子石化、茂名石化、广州石化、安庆石化、天津石化、洛阳石化等石化企业技术咨询活动，为企业实现生产优化、结构调整、技术改造、节能降耗制定技术措施，提供解决方案和咨询意见，取得了良好成效。此外，受中国石化集团公司计划部委托，对中国石化集团公司将要实施的部分重大石化工程项目进行了评估，为集团公司领导决策提供依据。

第一节　企业技术咨询

20世纪90年代后期以来，我曾先后带领专家组三十余次赴炼化企业进行技术咨询活动。由于咨询项目较多，仅举例回顾如下。

一、为燕山石化降本增效把脉

2001年底，中国石化集团公司暨股份公司工作会议要求把“进一步扩大资源、拓展市场、降本增效”放到2002年六项重点任务的第一位，提出要采取各种有效措施，大力降低成本费用，提高市场竞争力。为了贯彻落实工作会议精神，协助企业降本增效，我带领科技委技术咨询组于2002年元月28日至2月4日赴燕山石化进行技术咨询活动。

这次技术咨询的目的是通过调查研究、技术诊断和咨询，与燕山石化的同志一起优化流程和工艺操作，挖掘炼化一体化的潜力，制定降本增效的措施，协助燕山石化实现2002年的效益目标。

根据燕山石化生产装置的构成特点，我组织成立了技术咨询组，聘请侯芙生院士为顾问，成员包括李大东、杨启业、洪定一、何鸣元等科技委委员以及总部机关有关部门、石科院、工程建设公司(SEI)、北京化工研究院的有关专家。

针对燕山石化生产经营中存在的问题，选定以下五个问题开展调研和咨询：(1)发挥炼化一体化优势，研究制定增产乙烯原料方案；(2)优化调整两套催化裂化装置加工方案，提高掺渣比和轻油收率；(3)研究如何降低炼油系统能耗的措施；(4)研究如何提高汽柴油质量、满足汽柴油新标准的措施；(5)研究降低聚丙烯装置催化剂消耗和成本的措施。

在燕山石化领导的大力支持和有关同志的积极配合下，我带领咨询组经过一周的咨询工作，提出如下咨询意见和咨询结论：

咨询意见：

(1) 发挥炼化一体化的优势，优化加工方案，增产乙烯原料。

2002年中国石化股份公司安排燕山石化加工原油720万吨，生产乙烯74万吨，需要乙烯原料238.6万吨，除自供外，需外购石脑油65万吨，运费高达1.36亿元，每吨乙烯成本增加285元，乙烯原料不足已成为制约燕山石化实现年度效益目标的突出问题。

咨询组提出燕化石化优化加工方案的思路是：针对燕山石化加工大庆原油这一特定条件，其中石脑油、加氢尾油均是优质乙烯原料，重柴油也适宜裂解，应优化加工流程，最大限度地利用大庆原油生产乙烯原料。

优化加工方案的原则是：一是以炼化一体化效益最大化为目标；二是开好开足中压加氢裂化装置，尽量增产尾油；三是多产重整原料，重整原料中的直馏石脑油顶替出来作裂解原料；四是最大限度地降低乙烯原料成本；五是提高轻油收率。

根据上述思路和原则，提出如下增产乙烯原料的措施：增加中压加氢裂化装置加工量，多产加氢尾油；多产重整原料，顶替原重整原料中的大庆直馏石脑油作裂解原料；加快回收炼厂气中乙烯技术方案的研究；积极寻找凝析油资源，研究加工凝析油的方案；适当放宽燕山石化的柴汽比；利用区域优势，发挥协同效益，增产乙烯原料；优化蒸馏操作，增产乙烯原料；建议研究适当增加燕山石化原油加工量的问题。

（2）优化调整催化裂化装置加工方案，提高掺渣比，提高轻油收率。

对二催化装置，要选用焦炭选择性好、重油裂解能力强的催化剂；对再生器、旋风分离器及内构件进行改造；对油浆冷却系统适当改造等措施，可使二催化装置掺渣比提高至 85%，多处理渣油 4 万吨，多得到轻质油品 2.7 万吨。此外，对效率低的主风机、气压机、烟机、空冷器等设备逐步实施更新等措施，可将二催化装置能耗降低约 17 个单位。

对三催化装置，进一步优选催化剂；完善现有硬件设施并改进操作；反应再生系统采用新技术进行改造，改善产品分布和降低汽油烯烃含量；用好现有的节能设施等，在此基础上，可将装置产量稳定在 200 万吨/年、掺渣比 65%～70%左右的水平，能耗降低 13.1～16.7 个百分点。

（3）关于提高汽柴油质量的措施（略）。

（4）关于降低炼油系统能耗的措施及近期节能重点（略）。

（5）关于降低聚丙烯催化剂消耗和成本的措施（略）。

咨询结论：

（1）通过技术咨询，可以看出燕山石化在发挥炼化一体化优势，增产乙烯原料；优化现有流程和操作，消化重油，提高轻油收率；利用现有装置采用新技术生产清洁燃料；降低炼油系统能耗和聚丙烯成本等方面有很大潜力和增效空间。因此，降本增效应是燕山石化完成效益目标的一项重要措施。

（2）初步测算，实施上述措施后，经济效益可归纳为如下几点：

① 可年增产优质乙烯原料(加氢尾油和直馏石脑油)25 万吨，相应节省外购原料运费 5250 万元；因原料优化可使乙烯收率提高 1 个百分点，炼油厂轻油收率提高 1.5 个百分点。

② 两套催化装置优化后，二催化装置掺渣比可稳定在 85%，三催化装置掺渣比可达 65%~70%，比目前掺渣量提高 14 万~24 万吨/年，多产轻质油品 9 万~15.3 万吨/年，全厂轻油收率提高 1.25~2.16 个百分点。二催化装置能耗可降低 17 个单位，三催化装置能耗降低 13.1~16.7 个单位。

③ 通过实施节能措施，投资 6000 万~7000 万元可使炼油系统能耗下降约 10 千克标油/吨原油，以加工量 650 万吨/年计，相当于每年节约 6.5 万吨标准燃料，约合燃料油 7.2 万吨/年，若燃料油价按 1000 元/吨计，每年可节约燃料油费 7200 万元，节能改造的投入一年即可回收。

④ 采取清洁燃料生产新技术，基本上利用现有生产装置，增加催化汽油加氢异构能力，柴油加氢适当改造，即可实现 2005 年中国石化股份公司对燕山石化清洁燃料生产的目标要求。

⑤ 严格控制丙烯原料质量，可有效降低聚丙烯催化剂消耗；回收 3 号聚丙烯装置尾气中的丙烯，使聚丙烯成本每吨降低 15 元；聚丙烯催化剂用国产 N 催化剂替代，使每吨聚丙烯成本降低 160 元以上，若每年聚丙烯催化剂有 50%实现国产化，可降低成本 1700 多万元，折合每吨聚丙烯成本下降 80 元。

（3）燕山石化自产乙烯原料不足，需要大量外购，存在资源和成本风险，已成为燕山石化降本增效的制约因素，建议总部尽早研究解决。

二、在父亲去世的悲痛中完成广州石化技术咨询

2002 年度中国石化集团公司暨股份公司工作会议确定了 2003 年的奋斗目标，并把“精心组织主业生产经营，进一步扩大资源、拓展市场、降本增效”作为 2003 年的第一项重点任务。为了贯彻落实好工作会议精神，协助企业降本增效，需要科技委专家组赴企业进行技术诊断。2003 年元月 12 日至 17 日我带领科技委技术咨询组赴广州石化公司开展技术咨询工作。

这次技术咨询的目的是与广州石化的同志们一起优化流程和工艺操作，挖掘炼化一体化的潜力，提出降本增效的措施，协助广州石化实现效益目标。

针对广州石化生产经营情况，我主持确定了这次技术咨询的课题：(1) 如何充分利用现有装置，提高加工深度，提高轻油收率，优化乙烯原料，提高乙烯收率；(2) 如何适应市场需求，优化汽柴油质量升级措施；(3) 如何发挥炼化一体化的优势，充分利用内部资源，提高炼油和乙烯的盈利能力；(4) 乙烯下游装置聚乙烯、聚丙烯、聚苯乙烯如何优化工艺操作，实现产量最大化，提高产品附加值，降低成本。

技术咨询组由我担任组长，成员包括侯芙生院士等 7 位科技委委员以及总部机关有关部门、有关研究、设计单位和企业的专家。咨询组的工作得到广州石化领导同志和技术人员的大力支持。我组织咨询组和企业的同志一起对总流程和主要生产装置进行了诊断，提出了一系列挖潜增效的措施和建议，主要咨询意见如下：

1）关于总流程优化

(1) 存在的主要问题：一是二次加工能力与一次加工能力（770 万吨/年）不配套，即使在目前加工量（670 万吨/年）的情况下，仍有 15 万吨/年减压渣油不能加工；二是生产装置对原油适应性差，

加氢精制装置能力不足，氢气资源短缺，制约选择原油的范围；三是加氢精制装置的利用不够优化，未能充分发挥加氢精制装置在总流程中的作用；四是乙烯收率 29.5%，相对较低，原料需进一步优化。

（2）优化思路：充分发挥加氢精制装置的作用，挖掘其潜力，增加直馏柴油精制量，适当增加加工原油的含硫量，以降低原油采购成本；充分挖掘现有重油转化装置的能力，增加重油加工量，提高轻油收率；充分利用炼油厂资源，优化乙烯原料；挖掘化工装置潜力，增加产量，增产高附加值品种牌号，从整体上提高广州石化的盈利能力。

（3）优化流程的意见及建议：

广州石化 1000 万吨/年含硫原油改造项目计划于 2006 年完成，为了提高过渡期广州石化的经济效益，咨询组提出了两个优化方案：即现阶段 670 万吨/年原油加工方案和后两年 770 万吨/年原油加工方案。

加工 670 万吨/年原油优化方案：一是提高重油加工深度，重油催化装置加工 110 万吨/年，比原方案增加 7 万吨/年；焦化装置加工 110 万吨/年，比原方案增加 14.13 万吨/年；二是重整拔头油分输分炼；三是气分Ⅱ装置由 12.8 万吨/年改造为 18 万吨/年；四是蒸馏Ⅰ装置减压塔更换填料，增加减压塔柴油分馏段，提高减压拔出率，增产柴油并降低能耗。

加工 770 万吨/年原油优化方案：一是优化原油配置，分储分炼；二是将化肥造气改为制氢，低负荷运行；三是合理利用加氢压力等级，优化加氢精制装置；四是两套重油加工装置均在 110% 负荷下运行，增加重油加工量。

优化效果：

670 万吨/年原油加工量的优化方案与 2002 年实际情况相比，可多加工重油 17 万吨，增加汽、柴油 11 万吨，液化气 1.5 万吨，轻质油收率增加 1.3 个百分点；可供乙烯原料 60.39 万吨，其中烷烃含量为 68.36%；炼油部分利润可从 2002 年 4 亿元增至 4.5 亿元，净增 0.5 亿元。

770 万吨/年优化方案：该方案由于完成化肥制氢改造和优化加氢精制装置，提高了原油加工的适应性，全年可加工 250 万吨含硫 1%的原油，原油硫含量从 0.47%提高到 0.6%，可节省原油采购成本 4620 万元。该方案比优化后的 670 万吨/年加工方案增加 37 万吨/年汽柴油、53 万吨/年重油，全厂轻质油收率为 76.45%，可供乙烯原料从 60.29 万吨/年增至 67 万吨/年，其中烷烃含量从 68.36%提高到 71.19%，增加了 2.83 个百分点，进一步改善了乙烯原料。经测算，该方案年利润 5.33 亿元，比 670 万吨/年优化方案增加利润 0.8 亿元。

2）关于主要炼油装置的诊断意见

通过对主要炼油装置进行诊断，提出了几十条优化措施和建议，实施这些措施预计效果如下：

（1）原油蒸馏：两套装置实施咨询建议的措施，需投入 3020 万元，实施后可增产柴油 10 万吨/年，减少蜡油 6.4 万吨/年，减少渣油 3.6 万吨/年，多回收液态烃 1.5 万吨/年；乙烯收率可提高 0.5 个百分点，增产 93 号汽油 0.12 万吨/年，增加效益 3960 万元/年。

（2）蜡油催化：通过优选催化剂、优化操作以及搞好设备维护等措施，该装置能够满足 150 万吨/年处理能力要求；投入 100 万元，对沉降器汽提段挡板进行改造，可有效地降低生焦率。改造后，蜡油催化装置的最大处理能力预计可达 155 万吨/年。

（3）重油催化：不需投入，仅通过工艺参数优化，装置加工量从 2003 年原计划 100.24 万吨提高到 110 万吨，可多加工 29.76 万吨/年常压渣油，少出 9.76 万吨/年燃料油，多产液化气 1.26 万吨/年、汽油 4.39 万吨/年、柴油 2.24 万吨/年等，年增加经济效益 3000 万元以上。若适时按咨询建议进行进一步局部改造和操作调整，投入

4019 万元，可增效 3899 万元/年，加上处理量提高 10%，增效 3000 万元/年，总计可增效 6899 万元/年。

（4）加氢精制：经优化后可充分发挥加氢装置作用，增加直馏柴油加氢能力，提高原油加工适应性，降低原油采购成本。若原油含硫量由 670 万吨/年优化方案的 0.47%提高到 0.60%，增加 0.13 个百分点，全年以 770 万吨计，可节约成本 4620 万元。

（5）延迟焦化：经优化后，不做任何改动，装置可多加工重油 10 万吨/年，多产出焦化干气 0.462 万吨/年、液化气 0.19 万吨/年、焦化汽油(优质乙烯料)1.2 万吨/年、柴油 3.355 万吨/年、蜡油 2.1 万吨/年、焦炭 2.648 万吨/年，可增加效益 1500 万元左右。

（6）减黏裂化：经过调整操作，可加工性质较差的原料，同时可提高装置的操作周期。新建一台 220 万千卡/时胶质加热炉，需投资约 150 万元，通过多回收溶剂和减少能耗，约增加效益 95 万元/年。

（7）连续重整：优化重整原料[使环烷烃+芳烃(N+A)由 35%提高至 45%]，可增加 10%处理量，增产汽油 3.5 万吨/年，增产氢气，节省能耗，将增加效益 653 万吨/年。

3）实施油品质量升级措施与效果(从略)

4）关于聚乙烯、聚丙烯、苯乙烯及聚苯乙烯装置的优化效果

总体思路：配合乙烯装置改造，实施好聚乙烯冷凝技术，并通过优化操作，进一步增加效益；发挥油化一体化的优势，充分利用丙烯资源，最大限度地消除两套聚丙烯装置的“瓶颈”，增产 3 万吨/年聚丙烯；推进催化剂的国产化和升级换代，降低生产成本；提高产品质量，增加品种牌号，增强市场竞争力。

优化效果：增加 3 万吨/年聚丙烯生产能力，投资 1300 万元，每年增产 3 万吨聚丙烯，年增效益 3000 万元；推进催化剂国产化和升级换代，估计每年可降低生产成本 2000 万元，其中仅聚乙烯催化剂就可降低成本 1600 万元。

5）有关建议

鉴于广州石化地处油品市场消费中心，市场潜力大，又有深水码头等优越条件，为提高广州石化的市场竞争力，增加经济效益，建议尽早启动1000万吨/年加工含硫原油改造项目。

在广州石化开展咨询工作期间，元月15日我父亲病逝。总师办刘佩成同志接到我家电话，让我回老家奔丧。当刘佩成同志将电话内容转告我时，我十分悲痛，泪流满面。当时广州石化公司的咨询工作正在深入开展，专家组正在夜以继日地工作。我是咨询组组长，需要引导推动咨询工作的开展，需要主持会议梳理、研究、确定优化方案和咨询意见并完成咨询报告，最后还要召开咨询工作总结会与广州石化公司的领导和同志们交换意见。这些工作都是咨询工作的关键环节，我若此时因家事离开广州石化公司，会对咨询工作造成重大影响。当时我内心十分悲痛，回想到母亲离世时曾因为工作无法奔丧，这次父亲离世又因为工作无法尽孝。但想到家事再大也要服从公司发展的大事，便当即给弟弟们打电话说明不能回去的原因，并安排女儿女婿代我回老家奔丧，我自己忍着内心的悲痛留下来与咨询组的同志们一起完成咨询任务。

三、在"非典"肆虐期间完成洛阳石化技术咨询

2003年4月，当我们安排洛阳石化技术咨询时，一场重大公共卫生事件——"非典"已悄然在全国流行。2003年4月17日至21日，我带领中国石化科技委技术咨询组冒着感染风险赴洛阳石化开展技术咨询活动。咨询组由我任组长，张德义副总工程师、科技部洪定一主任任副组长，侯芙生院士任高级顾问，成员由来自总部机关及有关科研、设计单位和企业的专家组成。

这次技术咨询的目的是，通过优化流程和工艺操作，挖掘油化纤一体化的潜力，提出降本增效措施，协助洛阳石化实现年度效益目标。

针对洛阳石化生产经营情况，我主持研究确定了本次技术咨询的课题：(1)如何油化结合，既考虑芳烃生产又兼顾中原石化乙烯装置原料供应，优化资源配置和炼油生产工艺，同时提高轻油收率和综合商品率；(2)如何优化汽柴油质量升级措施，生产高附加值产品；(3)如何充分发挥重整装置的作用，既能满足增产芳烃又能满足生产高标号汽油的要求；(4)如何挖掘潜力，优化芳烃联合装置运行方案，增加PX(对二甲苯)、PTA(对苯二甲酸)的产量，进一步降低物耗、能耗；(5)如何降低化纤装置的单耗，提高化纤差别化率和质量，提高长丝产品的定长率、定重率，减少亏损。

这次咨询工作得到了洛阳石化公司领导及有关同志的大力支持和积极配合。我组织咨询组通过听取洛阳石化的情况介绍，深入现场调研，收集数据资料，专家组分析研究测算，小组讨论提出初步咨询意见，大组研讨形成咨询意见等过程，最终完成了咨询报告。

主要技术咨询意见如下：

(1) 关于总流程优化。存在的问题：一是工艺流程不适合高金属含量原油加工；二是装置不适应油化纤一体化要求。重整装置原设计为炼油型，尽管更换了催化剂，但生成油辛烷值只有101(RON)，芳烃含量75%。因再生能力不足，重整能力只能达到43万吨/年，即相当于原设计的60%，全部生成油供芳烃装置仍不能满足PX的生产要求；三是部分装置及资源没有充分利用。现有80万吨/年直馏柴油加氢、10万吨/年烷基化及80万吨/年溶剂脱沥青等用于提高油品质量和深度加工的装置长期闲置。3800吨/年宝贵的重整氢资源没有得到充分利用，损失效益约2000万元/年。

优化思路：一是由单一炼油型转变为炼油化纤一体化大型企业，炼油做强提高竞争力，同时为化纤生产提供芳烃原料，并尽量为中原石化乙烯装置提供乙烯原料；二是以最少投入提高洛阳石化整体经济效益；三是充分发挥重整装置在总流程中的关键作用，重整装置要从生产高辛烷值汽油组分的炼油型转变为提供芳烃原料的化工型；四是扩大石脑油产量，尽可能优化现有加工流程增产石脑油，为区域优化增加供给；五是按市场需求安排油品产量。尽量利用现有闲置装置和剩余资源，如烷基化、加氢精制装置及重整产氢等提高产品质量；六是充分考虑适应加工新疆原油资源的不确定性，增加部分加工高金属含量原油的措施，增强加工多种原油能力；七是调整产品结构，以多提供化工轻油带动原油加工量的增加。

在上述优化思路指导下，咨询组完成了2003年440万吨/年加工方案的优化，和在2005年完成重整装置、芳烃装置脱"瓶颈"后，加工500万吨/年原油的优化方案。

（2）完成了主要炼油装置的技术诊断，分别提出了优化措施、所需投资和预期优化效果。

（3）提出了实施油品质量升级的措施和预期效果。

（4）提出了关于芳烃装置的优化措施和预期效果。

（5）提出了优化PTA装置的措施和预期效果。

（6）提出了优化化纤装置运行，提高化纤差别化率的措施和预期效果。

咨询结论：

（1）为改善催化裂化装置进料的性质，解决塔里木类高金属含量原油的加工问题，增强洛阳石化加工多种原油的能力，建议实施分储分炼措施，从中国石化集团公司内部调拨闲置的常减压装置（150万吨/年），可年增效4500万元。

（2）为了给化纤装置提供芳烃原料，重整装置必须从炼油型向化工型转变，并需要消除"瓶颈"，将能力由目前的50万吨/年扩能至原设计的70万吨/年，约需投资1.19亿元。实施改造后，重整生成油可满足32.5万吨/年PTA生产的原料需求。

（3）为满足PTA扩能后对增产PX的要求，联合芳烃装置通过采用国内先进技术，现阶段可使PX产能由原设计的16万吨/年提高至18万吨/年，需要投资1800万元；重整装置改造后，再投入5500万元(不包括催化剂更新费)，可使PX产能由18万吨/年增至21.5万吨/年，年增效4500万元，满足32.5万吨/年PTA对PX的需求。

（4）为调整洛阳石化的产品结构，满足芳烃原料和乙烯原料的需求，实现区域资源优化并充分利用剩余1.9万吨/年氢气资源，在2005年500万吨/年加工方案研究中，对新建80万吨/年中压加氢裂化装置方案进行了比较。比较结果表明，加氢裂化方案比催化裂化方案少产汽油18.64万吨，多产柴油4.33万吨，多产乙烯料23.08万吨，产丙烯9.78万吨，多产液化气3.45万吨，利润增加6530万元，吨原油利润高13.06元。说明加氢裂化方案进一步改善了产品结构，除了完全满足洛阳石化对芳烃原料的需求外，还可使中原石化乙烯装置原料的满足率达80%以上。由于新建80万吨/年加氢裂化装置投资较大，此方案尚需进行深入研究。

（5）化纤装置通过优化生产工艺操作、挖掘装置潜能、节能降耗、新产品研发等措施，投入737万元，预计可年增效6313万元/年(以2003年一季度价格计)，当年可增效3000万元。

这次技术咨询，在“非典”肆虐时期完成。咨询组成员来自四面八方，大家为了公司的发展冒着被感染的风险到洛阳石化现场工作。完成任务后，当我和来自北京的同志们于4月22日乘机返回北京时，在机场遇到一位我认识的北京安贞医院的医生，他到洛阳做一项紧急手术后返京。他告诉我北京疫情已很严重，超市和街上人已很少，对我们在这种情况下还到外地出差很吃惊。登机后看到的情景是人人佩戴口罩，使我意识到疫情形势相当严重。这使我想到洛阳石化技术咨询是在全民抗击“非典”疫情期间完成的，参与咨询的专家们表现出了不计个人安危的高尚的敬业精神，使这次咨询有着特殊的意义，值得永久记忆。

四、为安庆石化“十一五”发展出谋献策

根据集团公司领导的指示精神，集团公司科技委组织专家咨询组于2004年9月14日至17日赴安庆石化对《安庆石化“十一五”发展规划》进行了技术咨询。专家咨询组由我任组长，张德义副总工程师任副组长，侯芙生院士任高级顾问，成员来自总部机关有关部门及有关科研、设计单位。

我组织咨询组听取了安庆石化生产经营情况及有关发展规划的介绍，深入现场调研，在与安庆石化的同志一起分成几个专题进行分析、论证和测算的基础上，形成了如下咨询意见：

（1）规划咨询的指导思想：一是力求贯彻党中央提出的科学发展观，“十一五”规划中的项目既要能加快安庆石化发展，又要注重效益，并要与环境相协调。二是“十一五”规划的内容必须有助于提高安庆石化的市场竞争力，改造或新建项目必须有较好的盈利能力，产品质量和成本要有竞争力。三是力求贯彻总部制定的投资战略。在优化挖掘安庆石化现有装置潜力的基础上，研究提出“十一五”发展规划的初步意见，力求使安庆石化依托现有的基础，通过依靠科技进步，调整装置结构、产品结构，实现有效发展，尽量降低投资，提高回报。四是贯彻温家宝总理提出的节约和合理使用油气资源的方针，力求提高原油加工深度，提高轻质油收率，挖掘资源潜力，增产丙烯资源，合理利用干气和C_4资源，并采取措施降低能耗、物耗，节约石油资源。

（2）规划咨询原则：一是根据中国石化“十一五”计划总体安排，沿江企业重点是以适应沿江混输原油加工，提高油品质量和资源综合利用程度，提高经济效益，进行完善配套为原则，以实现提高竞争能力，满足市场需求的目标。结合安庆石化情况，咨询组认为安庆石化已有550万吨/年原油一次加工能力，稍加改造即可达

600万吨/年，建议按600万吨/年配套考虑。二是随着沿江原油管道建成投产，安庆石化加工原油按胜利原油与进口原油各50%混输加工考虑，含硫按0.8%~0.9%进行测算。三是针对混输原油性质，为减轻汽油质量升级的压力，减压渣油全部进入焦化装置加工；催化裂化装置及催化裂解装置加工直馏蜡油或加氢蜡油，催化裂化装置基本不再掺炼渣油；焦化蜡油及部分直馏蜡油需进行加氢处理。四是充分依托催化裂化装置及催化裂解装置，采用技术措施最大量生产丙烯。五是安庆石化煤代油投产后多余石脑油用于扩建的重整装置，扩建规模根据汽油标号要求及全厂氢平衡综合考虑，也可考虑生产部分芳烃。富余的石脑油及其他轻馏分油外供，作为区域内化工轻油。六是汽柴油满足国家颁布的清洁燃料质量标准和环保排放标准。七是加大资源利用程度：化肥煤代油投产后，多余干气除利用其中乙烯生产乙苯外，剩余干气尽量顶替全厂燃油锅炉或工艺加热炉的重油，顶出重油用于深加工；新增丙烯资源根据市场竞争力和盈利能力在生产丙烯腈和聚丙烯中择优选择；碳四资源重点考虑增产高辛烷值组分及丁烯-1等高附加值产品。八是原则上不生产商品重油，尽量提高加工深度。

（3）主要咨询意见：安庆石化当前原油一次加工能力为550万吨/年（Ⅰ套常减压装置400万吨/年、Ⅱ套常减压装置150万吨/年），综合配套加工能力为400万吨/年。为了增强安庆石化对区域市场的竞争力，咨询组认为花少量投资将Ⅰ套常减压装置改造至450万吨/年，使安庆石化一次加工能力达600万吨/年，二次加工能力按600万吨/年配套。为此，咨询组进行了600万吨/年总流程优化方案研究，为了分步实施，还进行了500万吨/年的方案计算和研究。咨询组的意见是用5~6年时间实现“一建、四改、三利用、一配套”。即：

一建：建设180万吨/年蜡油加氢装置。

四改：异地扩建150万吨/年焦化装置；异地扩建60万吨/年重

整装置；催化裂化由 120 万吨/年扩至 140 万吨/年；催化裂解由 70 万吨/年扩至 100 万吨/年。

三利用：一是丙烯利用做了两个方案：①20 万吨/年聚丙烯；②13 万吨/年丙烯腈与 15.6 万吨/年腈纶。二是利用干气中乙烯建设 10 万吨/年乙苯装置。三是利用 C_4馏分中的异丁烯和 1-丁烯建设 9 万吨/年 MTBE 装置并副产 3 万吨/年 1-丁烯。

一配套：包括气分、硫回收及公用工程等。

咨询组提出了主要装置改扩建理由，并进行了投入产出测算，包括：建设 180 万吨/年蜡油加氢装置的理由；异地建设焦化装置的考虑；关于重整装置扩建方案的意见；关于催化裂化装置改造的意见；关于催化裂解装置改扩建问题；关于碳四馏分利用的意见；关于丙烯资源利用方案；关于干气资源利用意见等。

（4）主要结论：

① 沿江原油管线的建设解决了安庆石化发展中原油资源制约的“瓶颈”，成品油管线的建设拓展了安庆石化成品油市场，煤代油工程建成投产后又给安庆石化提供了石脑油、干气、氢气等可利用资源，为安庆石化的发展奠定了基础。

② 按原油加工量满足安庆石化所在区域成品油市场要求的原则，结合安庆石化常减压装置能力稍加改造即可达到 600 万吨/年的实际情况，本次咨询提出了加工 600 万吨/年的原油二次加工装置配套方案，包括“一建、四改、三利用、一配套”。

③ 本规划方案满足了最大量增产丙烯的要求。催化裂化装置由 120 万吨/年改造到 140 万吨/年，通过优化操作，采用 MIP-CGP 工艺和专用催化剂后，丙烯产量可达 10 万～11 万吨/年，增产 5 万～5.5 万吨/年；催化裂解装置加工量为 100 万吨/年，丙烯产量为 17 万吨/年，增产丙烯 5.8 万吨/年。两套装置可产丙烯约 28 万吨/年。

④ 通过“一建、四改、三利用、一配套”，实现了提升炼油、发展化工的目标。其表现为：一是增强了加工原油的适应性，可加

工一部分低成本、较劣质的原油，大大降低原油进厂成本，对提高全厂效益起到重要作用；二是增加了高标号汽油的比例，达到91%左右；三是提供了28万吨丙烯、39万吨碳四馏分和3万吨乙烯，可生产有市场、有竞争力的产品。

⑤ 经初步测算，丙烯利用如果采用聚丙烯方案（方案1），总投资为28亿元（包括炼油部扩建所需的20亿元）；如采用丙烯腈方案（方案2），总投资为45亿元（包括炼油部分扩建所需的20亿元）。按2001~2004年8月份中国石化平均原油及产品价格计算，方案1全公司销售收入170亿元，利润总额7.99亿元。方案2全公司销售收入177亿元，利润总额9.6亿元。两个方案均有较强的增效能力，炼油吨油平均利润达到97元，比2004年吨油利润56元高41元。如考虑煤代油后的化肥效益及现有的丙烯腈/腈纶效益，估计安庆石化可以实现销售收入200亿元以上，说明资源利用比较充分，增效十分显著，提高了安庆石化的市场竞争能力。

五、进一步完善扬子石化加工高含硫原油的配套措施

受股份公司发展计划部委托，我带领科技委技术咨询组于2005年11月1日至11月23日对扬子石化高含硫原油加工适应能力进行了技术咨询。在听取工程建设公司关于扬子石化加工800万吨/年高含硫原油改扩建工程的介绍以及扬子石化公司对加工高硫原油存在问题汇报的基础上，我带领咨询组进行深入分析研究与论证，形成了扬子石化高含硫原油加工适应能力的咨询意见。

1）扬子石化（炼油部分）加工含硫原油现状

扬子石化加工800万吨/年含硫原油改扩建工程于2005年初完成。炼油部分共有17套生产装置，设计加工800万吨含硫原油中，鲁宁管输原油350万吨，沙轻原油180万吨，沙中原油270万吨。

原油加工方案：按照分储分炼原则，1号常减压装置加工含硫含酸鲁宁管输原油（硫含量1%左右，酸值1.29毫克KOH/克），2

号常减压装置加工沙轻原油与沙中原油(平均硫含量2.24%)。2号常减压高硫蜡油进中压加氢裂化装置加工，剩余的高硫蜡油进高压加氢裂化装置加工；1号常减压装置含硫蜡油全部进高压加氢裂化装置加工；催化裂化装置加工加氢后焦化蜡油和部分减四线油。老焦化装置加工1号常减压装置含硫渣油；新焦化装置加工部分1号常减压装置含硫渣油及全部2号常减压装置高硫渣油。

2）目前加工高含硫原油存在的问题

（1）个别设备腐蚀问题。

（2）中压加氢裂化装置存在三个问题：一是满负荷操作时循环氢压缩机透平转速发生周期性波动，造成反应系统压力产生0.3~0.5兆帕波动；二是新氢进装置压力偏低，供氢能力不足；三是重石脑油硫含量2~3毫克/千克，达不到重整装置反应进料要求硫含量小于0.5毫克/千克的要求。

（3）重油加工流程不合理。目前加工流程2号常减压装置的高硫减压热渣油不能直接进2号延迟焦化装置，只能进1号延迟焦化装置，而1号延迟焦化装置设备材质偏低。沙轻和沙中混合原油的减压渣油残炭高、生焦多，1号延迟焦化装置焦炭塔没有中子料位计，焦炭塔容积利用率低。

（4）焦化液化气含硫高，质量不合格。

焦化液化气中总硫达到了3000毫克/千克以上，采用常规湿法脱硫脱后液化气硫含量为1400~1500毫克/千克，远高于343毫克/千克的控制指标，造成液化气质量不合格，只能作燃料气使用。

（5）高压加氢裂化装置目前不能适应加工高硫蜡油。

一是装置是按加工含硫0.3%原料扩容改造设计的，没有设置循环氢脱硫系统；二是低温部位的设备主要材质是碳钢，部分泵、换热器、阀门、压力容器及脱戊烷塔的材质未按照加工高硫进料进行材质升级，腐蚀较为严重。

(6) 1 号、2 号加氢精制装置没有设置循环氢脱硫系统。

(7) 硫黄回收能力不匹配。

(8) 汽油质量卡边。

3) 主要咨询意见和建议

扬子石化加工 800 万吨/年含硫原油改扩建工程总体方案合理，加工高含硫原油的措施配套。目前出现的问题有些是条件发生了变化，如原油硫含量普遍升高了，汽柴油质量升级加快；有些问题反映出管理不到位，需进一步加强管理。对目前存在的问题，提出如下意见：

(1) 通过加强管理解决下述问题：

一是坚持分贮分炼。根据进厂原油性质合理优化加工方案。鲁宁管输类含硫含酸原油在 1 号常减压装置加工，其余高硫原油集中在 2 号常减压装置加工，含酸原油不宜进 2 号常减压装置。

二是建立全厂硫平衡档案，在工艺和设备方面采取有针对性的措施。

三是强化设备防腐管理。

四是设计单位与制造商抓紧解决中压加氢裂化装置反应系统压力波动问题。

五是抓紧改造 2 号延迟焦化装置进料管线流程。

六是提高 2 号、3 号加氢精制装置催化剂活性。

(2) 需要进一步完善加工高硫原油的配套措施：

一是高压加氢裂化装置增加循环氢脱硫措施。该装置氢分压高，应该承担高硫 VGO(减压瓦斯油)的加工(其硫含量 2.0%以上)，由于未设置循环氢脱硫系统，限制了加工高硫蜡油的能力，影响了全厂加工高硫原油的数量。咨询组认为增加循环氢脱硫系统可以减缓循环氢对反应及分馏部分的腐蚀程度，相应提高了氢分压，有利于提高反应深度，建议择机实施，并建议结合增加循环氢脱硫系统后的工况，对该装置实施必要的材质升级措施。

二是关于1号、2号加氢精制装置循环氢中H_2S含量超高问题。1号、2号加氢精制装置均未设置循环氢脱硫系统，原设计循环氢中H_2S含量小于15000毫克/千克，实际上现有两套加氢循环氢中H_2S含量在34000~35000毫克/千克。咨询组认为可充分发挥新建120万吨/年加氢精制装置循环氢脱硫能力，将1号加氢装置和2号加氢装置循环氢输送至该系统进行脱硫后返回使用，如果该循环氢系统能力不够，可考虑2号加氢装置在适当时候增加一套循环氢脱硫系统。

三是控制催化裂化装置进料硫含量，适时安排1号加氢精制装置的改造。1号加氢精制装置原为尤里卡全馏分加氢，设计反应器小，体积空速大，现作为汽油、蜡油和减四线等馏分加氢处理装置，其脱硫、脱氮率低，难以保证催化进料硫含量低于0.5%的要求。咨询组建议进一步研究加大反应器体积，降低体积空速的措施，适时安排改造，使该装置在加工总流程中发挥应有的作用。

四是关于延迟焦化装置液化气脱硫问题。MERICHEM纤维膜焦化液化气脱硫在金陵石化使用多年，效果很好。建议采用纤维膜脱硫技术解决液化气硫含量高的问题。

4）结论

经PIMS（生产信息管理系统）计算，当加工原油平均硫含量为1.5%时，上述措施未实施前，扬子石化可加工高硫原油总量约330万吨/年；上述措施实施后（硫黄扩能措施及1号加氢精制装置扩大反应器措施除外），可加工高硫原油460万吨/年。

六、增加上海石化高硫原油加工量的优化措施与建议

受股份公司生产经营管理部委托，我带领科技委专家咨询组对上海石化加工进口高硫原油适应能力进行技术咨询。咨询组于2006

年1月20日在北京召开了讨论会，听取了上海石化关于加工进口高硫原油存在问题及解决措施的汇报，进行认真讨论，提出了进一步优化的措施和意见；2月9日至11日我带领咨询组赴上海石化进行了现场调研，听取了上海石化按咨询组提出的措施和意见进行优化的结果，并与企业的同志进行了座谈和研讨。会后我组织咨询组又进行了分析研究和论证，在此基础上形成了上海石化加工进口高硫原油适应能力的咨询意见。

1）上海石化（炼油部分）加工高硫原油现状

上海石化通过“十五”期间的含硫原油适应性改造，原油综合加工配套能力由1999年的532万吨/年增加至950万吨/年，轻油收率由66.4%提高到80%左右，加工原油平均硫含量由0.62%提高到1.08%。为使柴油质量能够达到国家车用柴油质量新标准要求，2004年12月开工新建330万吨/年柴油加氢装置，计划于2006年四季度中交。

上海石化自2000年5月起开始加工部分含（高）硫原油，到2005年底已加工过9种含（高）硫原油。2005年实际加工原油949.3万吨，平均*API*度为34.97，平均硫含量为1.08%，其中加工沙特轻油313.8万吨、沙特超轻油89.4万吨、阿曼油232.25万吨，含（高）硫原油比例70.37%。

2）加工高硫原油存在的问题

上海石化现有炼油装置一次加工能力与二次加工能力严重不配套，一次加工能力已达到1400万吨/年，而综合配套能力仅为950万吨/年，其中低硫原油加工能力为350万吨/年。二次加工装置中，重油加工和柴油加氢能力严重不足，炼油装置对高硫原油和重质原油适应性差，增加了原油采购成本，影响了经济效益。主要表现在以下几个方面：

（1）柴油加氢能力不足，柴油质量卡边。

（2）重油加工能力不足，限制了劣质原油加工量的增加。

（3）催化重整装置能力偏小，使150万吨/年中压加氢裂化装置受限于重石脑油出路，负荷仅达65%左右，未能充分发挥作用。

（4）环保压力较大。上海石化热电一厂混烧了一部分含硫燃料油，烟气排放不达标，炼油装置燃料系统排放烟气也不达标。

（5）石脑油制氢和热电站烧油严重影响经济效益。

3）主要咨询意见

（1）2006年增加高硫原油加工量的措施：

2006年上海石化计划安排加工原油950万吨，其中高硫原油370万吨、含硫原油288万吨、低硫原油280万吨、凝析油12万吨，平均含硫量为1.086%，平均*API*度为33。由于国际原油价格高企，高低硫原油价差和轻重原油价差拉大。为了降低原油采购成本，本次咨询的目的是：在2006年原计划排产方案基础上，研究如何提高加工高硫原油比例，降低加工原油*API*度。为此，咨询组对现有装置存在的问题反复进行研究，分析了主要装置潜力，提出以下优化措施和建议。

一是增加焦化和溶剂脱沥青装置负荷率：包括通过降低循环比、将焦化蜡油干点由510℃提高至520℃以增加焦化蜡油产量、缩短生焦周期等措施提高焦化负荷率；尽量提高溶剂脱沥青装置加工负荷。

二是充分发挥中压加氢裂化装置能力，混炼常三线高硫柴油，确保全厂柴油硫含量合格。

三是关于重石脑油的平衡问题。直馏柴油进中压加氢裂化装置加工后，重石脑油收率有所下降，缓解了上海石化重石脑油量受限于重整能力不足的矛盾。如果中压加氢裂化装置掺炼直柴量有变化使重石脑油有富余时，建议总部在集团公司企业内部进行调剂和串换，因重石脑油是优质芳烃原料，非常宝贵。

实施以上优化措施后，2006 年上海石化高硫原油加工量可从 370 万吨提高到 400 万吨，净增 30 万吨，其中增加沙特轻油 40 万吨，减少沙特超轻油 10 万吨，减少杜里/辛塔油 20 万吨。按此方案，上海石化 2006 年经济效益将比原计划方案增加约 6000 万元。

（2）几点建议：

一是尽早准备明年生产方案，落实必要的技改措施：包括高压加氢裂化装置增加配套的循环氢脱硫措施；增加全厂供氢能力，供氢能力是加氢精制装置、加氢裂化装置发挥作用的“瓶颈”；安排好几套加氢装置的合理利用方案等。

二是压缩烧油，增加重油加工能力，实现全部加工含硫原油。上海石化电站锅炉每年烧重油 37 万吨，工艺装置加热炉烧重油 25 万吨，严重影响了上海石化的轻油收率和经济效益。要停开烧油锅炉，实施从电网购电；建设 120 万吨/年焦化装置，增加重油转化能力，实现全部加工含硫原油。

七、发挥茂名石化炼化一体化优势，增产乙烯原料

根据集团公司领导指示精神，受股份公司化工事业部委托，集团公司科技委咨询委专家咨询组赴茂名石化进行技术咨询。咨询的主要任务是发挥茂名石化炼化一体化优势并进一步增产乙烯原料。咨询组由我任组长，张德义副总工程师任副组长，侯芙生院士任高级顾问，成员包括总部机关及有关研究设计单位的专家。咨询工作分两个阶段进行：第一阶段为现场调研阶段，我带领咨询组于 2007 年 3 月 23 日至 25 日到茂名石化现场调研，听取了茂名石化关于炼化一体化优化及增产乙烯原料的情况汇报，参观了炼油和乙烯生产装置，并与企业的同志进行了座谈和研讨；第二阶段为分析测算研究阶段(3 月 27 日至 4 月 20 日)，我组织咨询组进行了深入的研究与讨论，并征求了总部有关部门的意见，形成了茂名石化炼化一体化优化并增产乙烯原料的咨询意见。

茂名石化技术咨询现场调研

（前排右起：李安喜、袁晴棠、侯芙生，2007 年 3 月）

1）茂名石化现状及问题

随着 100 万吨/年乙烯装置改扩建、炼油重油加工装置和油品质量升级装置建成投产，茂名石化已成为中国石化第一家同时拥有千万吨级炼油和百万吨级乙烯的大型炼化一体化、高硫原油加工生产企业。当时茂名石化炼油部分共有 32 套生产装置，原油一次加工能力为 1350 万吨/年；化工部分有 64 万吨/年和 36 万吨/年新旧两条乙烯生产线及下游配套装置共 17 套生产装置，乙烯总生产能力为 100 万吨/年。

2006 年，茂名石化克服了成品油价格宏观调控带来的不利影响，积极优化原油资源采购，持续深化企业改革，进一步加强内部管理，努力挖掘现有装置潜力，取得了较好的经济效益。

茂名石化存在的问题：一是乙烯原料缺口较大、质量变差。2007 年计划加工原油 1300 万吨，乙烯产量按 105 万吨计，化工轻油缺口高达 131.5 万吨。二是汽油质量满足国Ⅱ标准已卡边，更无法满足国Ⅲ标准要求。三是硫黄回收能力不足，环保压力大。2007 年硫黄回收能力缺口约 6 万吨/年。四是炼油装置套数多、规模小，不少装置老化严重，装置结构性矛盾突出，催化重整装置未能充分发挥作用。五是润滑油生产工艺落后，难以生产高档基础油。六是丁二烯利用率低，外送量大，造成效益流失。七是化工锅炉能力不足，给乙烯装置稳定运行带来安全隐患。八是新建 30 万吨/年聚丙烯装置未考虑配套气相共聚系统，不能生产附加值高、性能好的抗冲共聚物，影响经济效益。

2）主要咨询意见及建议

（1）炼油优化方案研究：

针对炼油部分存在的问题，咨询组在茂名石化提出的方案基础上进行了优化，形成了现阶段加工 1350 万吨/年的原油优化方案和第二阶段改扩建到 2000 万吨/年的原油加工方案。

一是现阶段加工 1350 万吨/年的原油优化方案。该方案的思路是在现有 1350 万吨/年炼油能力的基础上，通过采取优化措施和配套建设部分装置，在增产乙烯原料的同时，使汽油质量达到国Ⅲ标准，并解决目前存在的环保问题。该方案的主要内容包括充分利用加氢裂化装置多提供乙烯原料等 5 项增产乙烯原料的措施（可增产乙烯原料 55.5 万吨），以及建设 180 万吨/年蜡油加氢、10 万吨/年硫黄回收、40 万吨/年芳烃抽提配套装置。

二是第二阶段改扩建到 2000 万吨/年的原油加工方案。为了更好地解决乙烯原料问题并增产成品油，茂名石化提出改扩建到 2000 万吨/年的原油加工方案。咨询组认为：鉴于 2010 年化工轻油区域平衡有缺口，届时茂名石化乙烯原料缺口将达到 80 万吨以上；大量外采化工轻油将增加乙烯原料成本；2010 年西南地区成品油市场供需缺口较大，大约 900 万吨；茂名石化炼油装置老化，亟待进行结构调整。为此，认为第二阶段改扩建到 2000 万吨/年原油加工方案是必要的。改扩建内容包括：建设 240 万吨/年加氢裂化、60 万吨/年 PX 装置及 10 万吨/年硫黄回收装置，异地改造 1200 万吨/年常减压装置，重整装置由 40 万吨/年扩建到 80 万吨/年，制氢装置由

2 标准立方米/时扩建到 6 标准立方米/时以及回收重整氢、PSA 装置回收氢气等。

（2）主要咨询结论及建议：

一是在增产乙烯原料的同时，进一步完善茂名石化炼油配套设施十分必要。茂名石化承担着供应中国石化西南管输成品油和供应华南石化产品市场的重任。目前，影响茂名石化生产经营和竞争力的主要问题是乙烯原料缺口较大且不优化，油品质量不能满足国Ⅲ标准要求，环保问题较为突出，炼油装置套数多、规模小、能耗高，急需调整装置结构。因此，为了充分发挥炼化一体化优势，提高茂名石化的市场竞争力，在采取措施增产乙烯原料的同时，研究进一步完善配套茂名石化炼油设施十分必要。咨询组通过分析研究，从保证 100 万吨/年乙烯原料需求以及供应西南成品油、华南石化产品市场考虑，形成了现阶段 1350 万吨/年优化方案和第二阶段 2000 万吨/年原油加工方案。

二是现阶段 1350 万吨/年优化方案实施后将增产并优化乙烯原料，提高油品质量，改善环境状况，显著提高经济效益。该方案在原油加工能力 1350 万吨/年基础上，采取优化措施，增加乙烯原料自供量。同时，建设 180 万吨/年蜡油加氢处理、10 万吨/年硫黄回收装置、40 万吨/年芳烃抽提装置。与基础方案相比，产品分布与产品质量明显改善；乙烯原料外购量将减少 24. 5 万吨，质量有所改善，乙烯收率由目前的 29. 74%提高到 30. 58%，但乙烯原料缺口仍较大，需要系统内互供解决；各标号汽油均达到国Ⅲ质量标准，还增加了苯、甲苯和混合二甲苯等高附加值产品。该方案需增加建设投资 14. 63 亿元(包括 40 万吨/年芳烃抽提装置投资)，年均销售收入增加 9. 79 亿元，年均净利润增加 6. 53 亿元，税后财务内部收益率为 22. 86%。该方案不仅增产和优化了乙烯原料，提升了汽油质量，解决了环保问题，而且显著增加了企业经济效益。该方案需要采取的措施均是紧迫的，建议尽快实施。

三是第二阶段 2000 万吨/年改扩建方案可使茂名石化增加成品油供应，保证中国石化西南成品油市场需要，同时实现了乙烯原料基本自给，可显著增强竞争能力。该方案将炼油能力改扩建到 2000 万吨/年，主要内容是新建 240 万吨/年加氢裂化、60 万吨/年 PX 和 10 万吨/年硫黄回收三套装置，改造 1200 万吨/年常减压、催化重整、制氢、PSA 等装置。届时茂名石化加工劣质化原油能力进一步加大，原油平均含硫量为 1. 88%、*API* 度为 30. 82。根据化工轻油平衡情况，预计到 2010 年中国石化系统内化工轻油互供量将大幅下降，难以保证茂名石化乙烯原料需求。实施该方案不仅可使茂名石化炼油装置老化问题得到改善并增产成品油 328 万吨(主要是市场紧缺的煤柴油)，满足了中国石化西南成品油市场需要，而且可使茂名石化乙烯原料实现基本自给。与现阶段优化方案相比，乙烯收率从 30. 58%提高到 31. 45%；芳烃年产量从 53. 6 万吨增加到 102 万吨，延长了茂名石化芳烃产业链，提高了竞争能力；净利润增加 8. 54 亿元。该方案需建设投资 65. 16 亿元(包括 60 万吨/年 PX 装置投资约 25 亿元)，税后财务内部收益率为 21. 59%，经济效益显著，建议总部有关部门予以考虑。

四是尽快实施化工部分挖潜增效措施，提高化工产品市场竞争力。茂名石化 100 万吨/年乙烯改扩建工程项目投产后，要认真抓好新建装置的达标工作。为进一步挖潜增效，建议实施以下措施：为解决丁二烯富余和外输成本高问题，有必要新建 16 万吨/年 SBS 装置，以实现经济效益最大化，可考虑一次规划、分步实施，先建 2 条 4 万吨/年生产线，富余丁二烯送巴陵石化；尽快增上 2 号聚丙烯气相聚合单元，生产附加值较高的共聚产品，提高经济效益；新增 1 台 410 吨/时用高硫石油焦为燃料的 CFB 锅炉和 2 台 50 兆瓦汽轮发电机组，以消除安全生产隐患，增加经济效益。

八、增加海南炼化加工高含硫原油适应性的意见

根据总部领导的指示精神，我组织成立咨询组对海南炼化生产方案的优化及适应加工高含硫原油改造问题进行了技术咨询。咨询组由我任组长，张德义副总工程师任副组长，侯芙生院士任高级顾问，成员来自科技委咨询委、总部有关部门、有关科研设计单位。我带领咨询组于 2007 年 3 月 19 日至 22 日赴海南炼化进行了现场调研，听取了海南炼化关于投产以来生产经营情况及适应加工高含硫原油改造方案的汇报，参观了生产装置，并与企业的同志进行了座谈和研讨，达成了初步共识。之后，我组织咨询组于 3 月 27 日至 4 月 28 日进行了多次分析、测算、研究和论证，并征求了总部有关部门的意见，在此基础上形成了海南炼化优化生产方案及适应加工高含硫原油改造的技术咨询意见。

1）海南炼化现状

海南炼化是中国石化 20 世纪 90 年代以来第一个新建的大型现代化炼油企业。800 万吨/年炼油工程是当时我国投入运行的最大单系列炼油项目之一，共有 16 套生产装置，设计加工阿曼和文昌 4：1 混合油，平均硫含量为 1.0%，加工流程为“常减压蒸馏—催化原料预处理/重油催化裂化—加氢裂化”，是全加氢型炼油厂，汽柴油质量按欧Ⅲ要求设计。全厂除汽油脱硫醇和连续重整装置购买美国专利使用权外，其余工艺装置全部采用国产工艺技术和催化剂。自 2006 年 9 月 28 日建成投产以来，海南炼化生产经营、企业管理和市场拓展等各项工作均取得了较好成绩。

2）存在问题

一段时间以来，由于实际加工原油与设计原油性质相差较大，各生产装置均不同程度出现一些问题，主要表现在：

常减压装置：电脱盐装置在加工重质原油时，出现脱后原油盐含量超标；常压塔拔出率不够，常压渣油中小于 350℃ 馏分含量达

8%；轻烃回收系统干气中 C_3 以上组分含量高达 20%，液化气中 C_2 含量高；常压炉炉膛温度已接近高限（800℃），排烟温度达到 218℃，热效率偏低，仅为 88%。

催化原料预处理装置：由于设计床层空速较高，催化剂选型和级配对应的都是阿曼类原油，因此当掺炼重质劣质原油时，存在残炭脱除率低、尾油残炭超过设计值、进料过滤器冲洗频繁、反应器压降和径向温差大等问题。

重油催化裂化装置：存在当进料残炭偏高时，外取热器能力偏紧，处于超负荷运行状态，造成催化裂化装置处理量不能维持正常水平及其他问题。

此外，还存在加氢裂化装置加工负荷较低（不到 66%），液化气脱硫合格率不到 80%以及公用工程系统若干问题。

咨询组认为，存在上述问题的原因是加工原油性质偏离设计要求，总流程对重质劣质原油适应性不强；投产时间较短，各装置操作条件还有待进一步摸索和优化。对于优化操作后生产装置仍存在的问题，需要在考核标定并核算的基础上，提出改造的技术措施。

3）主要咨询意见

（1）当前优化生产的意见：

一是优化常减压蒸馏装置操作。包括采用开好电脱盐装置（提高电脱盐温度、调整注水泵扬程、适当加大注水量、优选破乳剂、加强管理）、降低常底渣油 350℃以下馏分含量、采用催化裂化油浆和常减压蒸馏装置原油换热、进一步降低加热炉排烟温度、优化催化原料预处理装置（RDS）操作等措施，优化常减压蒸馏装置操作。

二是优化 RDS 操作。当前应按设计要求优选原油，通过优化操作，开好 RDS，确保重油催化裂化装置进料性质符合要求。若要提高该装置对劣质原油的适应性，需要对该装置进行适当的技术改造。

三是优化催化裂化装置操作。目前海南炼化催化裂化装置的主风机和再生器还有余力，主要受限于外取热器的取热能力，因此可在装置标定考核的基础上，适当增加外取热器负荷，以进一步拓宽加工不同原油的适应能力；还要采取催化裂化油浆用于常减压蒸馏装置换热、烟气能量回收系统发电、低温热利用等措施，进一步降低催化裂化装置能耗。

四是优化加氢裂化装置操作(略)。

五是进一步增产高附加值产品。为了充分发挥海南炼化加工流程具有生产高标号、高品质成品油的优势，咨询组建议进一步增产喷气燃料和高标号汽油。

六是建设发电机组，解决蒸汽过剩问题。

七是从第三方建设的发电厂购买电力，解决由于电力不稳而发生的晃电问题。鉴于海南省电网频繁波动给海南炼化安全生产带来的威胁，为确保安全生产，咨询组认为海南炼化提出的积极推动第三方建设发电厂并从第三方建设的发电厂购买电力的意见是合理的。

(2) 关于增加加工高含硫原油适应性的意见：

海南炼化加工原油正在逐渐劣质化。鉴于海南炼化的渣油加工手段仅有重油加氢处理，该工艺对渣油进料中的硫、氮、残炭、重金属含量等有一定要求，其未转化油又是催化裂化原料，直接影响催化裂化的运行和炼油厂汽柴油质量。因此，研究的重点是提高RDS加工高含硫原油的适应性。

咨询组针对海南炼化加工流程特点，重点进行了含硫1.5%和含硫2%两个方案研究。根据未来原油资源获取情况，咨询组提出了加工含硫2%原油的装置改造方案。

4) 结论及建议

(1) 充分发挥海南炼化现有原油加工总流程资源利用率高、环境污染小的特点，努力优化生产操作，增加经济效益。海南炼化当前遇到的问题有的通过优化原油配置和优化生产操作可以解决，有的需要在全面标定考核后制定相应技术措施来解决，当前重点是按原设计原油性质优化原油选择，确保装置长周期安全运行，增加经济效益。

(2) 为了充分发挥海南炼化具有生产高标号、高质量成品油优势，咨询组建议除加氢裂化装置每年增产 20 万吨喷气燃料外，还可考虑直馏航煤由目前的 30 万吨扩大到 70 万吨，经济效益显著，应抓紧实施；加氢裂化液化气是香港市场需要的优质车用燃料，应抓紧单设系统组织生产；海南炼化具有生产 95 号出口汽油和 97 号清洁汽油的潜力，每年总计可生产 160 万吨，约占汽油总产量的 70%。建议总部有关部门帮助海南炼化抓紧实施汽油出口香港地区所需的配套设施，并平衡好内地市场，尽量多生产高标号汽油，进一步提高经济效益。

(3) 根据海南炼化目前加工原油逐渐劣质化的趋势，以及未来原油资源获取的可能性，进一步研究海南炼化适应高硫原油的加工方案是必要的。咨询组推荐加工原油含硫按 2%考虑，其改造方案主要内容是对 RDS 进行改造，即每系列增加前置和后置反应器各 1 台，届时体积空速从原设计 $0.4h^{-1}$ 降为 $0.2h^{-1}$，其脱硫率提高 6.5 个百分点，脱残炭率提高 12 个百分点，脱金属率提高 6.5 个百分点，显著增加了加工高硫原油能力；同时需配套建设 10 万吨/年硫黄回收及 3 万标准立方米/时制氢装置等。估计需建设投资 9.25 亿元，在高低油价差 1.84 美元/桶时，其税后利润达 17.28 亿元，吨油利润 216 元，税后财务内部收益率 16%以上，经济效益显著，建议适时安排改造措施，以进一步增强海南炼化竞争能力。

(4) 为解决蒸汽过剩和晃电问题，建设 1 台 1.2 万千瓦发电机组及积极推动第三方建设发电厂方案都是合理的，建议总部有关部门尽快帮助实施。

九、解决荆门石化生产经营的突出问题

为贯彻集团公司工作会议精神，受荆门石化委托，我带领科技

委咨询委专家组于 2008 年 4 月 22 日至 25 日赴荆门石化进行技术咨询。咨询组成员包括侯芙生院士等咨询委专家及总部有关部门、科研、设计单位的有关专家。其间，组织专家组考察了主要生产装置，听取了荆门石化关于生产经营情况及挖潜增效主要措施的汇报，并与荆门石化的同志就主要问题进行了研讨。此后，我组织专家组进行了多方案分析测算和研究，在与总部有关部门、荆门石化深入研究和交换意见的基础上，形成了咨询意见。

荆门石化技术咨询现场调研

（前排左起：侯芙生、袁晴棠、杨勇刚，2008 年 4 月）

1）现状与问题

荆门石化建于 1970 年，现有原油加工能力 550 万吨/年，生产装置 48 套，其中燃料油系统 20 套、润滑油系统 13 套、综合利用系统 7 套，化工装置 2 套、动力系统 6 套。荆门石化主要加工南阳原油、江汉原油、鲁宁管输原油和进口原油，生产汽油、煤油、柴油和润滑油基础油、石蜡、地蜡、聚丙烯等 20 多个品种、100 多个牌号产品。2007 年荆门石化加工原油及原料油 462. 81 万吨，实现主营业务收入 181. 01 亿元，利税总额 5. 36 亿元。

荆门石化生产经营存在的主要问题：一是加工原油劣质化趋势

加大，原油的硫含量、酸值、重金属逐年增加，*API* 度逐年降低；二是产品质量不能满足市场需求：汽油标号低、质量卡边，柴油硫含量高，接近 2000 毫克/千克，十六烷值平均为 46.7，润滑油基础油档次低；三是石脑油产量大，外调困难；四是焦化装置存在安全隐患；五是硫黄回收能力不能满足需求，环保压力大；六是气体资源数量大，利用率低等。

2）关于重点措施的意见

咨询组针对前述主要问题，对荆门石化提出的挖潜增效方案进行了深入的分析研究和论证，提出了咨询意见：

（1）关于建设 60 万吨/年连续重整装置；

（2）关于焦化装置；

（3）关于硫酸与硫黄回收装置；

（4）关于建设橡胶填充油高压加氢装置；

（5）关于 C_4 的利用；

（6）关于丙烯利用；

（7）关于分子筛脱蜡装置的利用。

（上述问题的具体咨询意见从略）

3）优化加工流程的研究

综合上述主要咨询意见和措施，在荆门石化现有流程基础上，咨询组对总流程进行了优化研究，提出了三个优化方案并进行了效益测算等（具体内容从略）。

4）主要结论

（1）荆门石化在集团公司党组领导下，经过 30 余年发展，已形成 550 万吨/年原油加工能力，截至 2007 年，累计加工原油和原料油 9280 万吨，为社会提供石化产品 8123 万吨，上缴税收 143 亿元，为国家建设和社会发展作出了重大贡献。随着党中央提出的“中部崛起”战略方针的实施，中部地区和川东地区的经济将加快发展，荆门石化具有辐射中、西部腹部地区成品油市场的战略地位。为此，急需解决荆门石化当前生产经营中存在的突出问题，尽快提高市场竞争力，以充分发挥其满足中西部市场需求的战略作用。

（2）咨询组认为，影响荆门石化当前生产经营的主要问题包括：所加工原油劣质化趋势明显；产品质量不能满足市场需求；石脑油产量大，难以调配；焦化装置存在严重安全隐患；环保压力大；气体资源利用程度低等。针对上述问题，咨询组经过多方案研究和比较，提出了有关重点措施和流程优化意见。

（3）为有效利用石脑油资源，提供廉价氢气满足全厂用氢需要，多生产高标号汽油，咨询组研究比较了利旧搬迁镇海炼化 30 万吨/年半再生重整装置与现有 25 万吨/年半再生重整装置“1+1”并行运行方案和新建 60 万吨/年连续重整方案。研究结果表明：尽管新建 60 万吨/年连续重整方案比“1+1”方案增加投资 3. 85 亿元，但新建 60 万吨/年连续重整方案比“1+1”方案年均销售收入增加 2. 73 亿元，年均总成本增加 0. 33 亿元，年均税后利润增加 1. 26 亿元，税后财务内部收益率高 11. 08 个百分点，投资回收期缩短 1. 59 年。因此，咨询组认为新建 60 万吨/年连续重整装置效益明显，建议优先考虑安排建设。

（4）鉴于焦化装置存在安全隐患，建议抓紧隐患治理，可考虑新建“一炉两塔”，规模为 100 万吨/年，焦化装置总能力为 160 万吨/年，留有进一步加工劣质原油的潜力。

（5）当原油加工量达到 550 万吨/年时，荆门石化现有的 H_2S 气体处理装置不能满足要求，需要新建硫酸或硫黄回收装置加以处理。根据荆门石化对新建 12 万吨/年硫酸和 4 万吨/年硫黄回收装置进行的技术经济比较，鉴于荆门地区硫酸消费量大，生产硫酸热回收率较高、投资较低等因素，咨询组赞成新建硫酸装置，但装置规模应与现有 6. 5 万吨/年硫酸装置一并考虑，合理安排。

（6）关于荆门石化“老三套”润滑油装置生产优化问题（略）。

（7）关于 C_4 资源的利用（略）。

(8) 关于5万吨/年丙烯的利用(略)。

(9) 建议进一步深化恢复分子筛脱蜡装置生产方案研究，落实产品目标市场，创造条件恢复生产。

(10) 流程优化研究表明，在加工550万吨/年原油时，荆门石化增建60万吨/年连续重整装置、10万吨/年硫酸装置，并新建焦化“一炉两塔”替代现有“两炉四塔”，以解决焦化生产安全隐患。总计需投资7.8亿元，与基础方案比，增加销售收入2.58亿元，净利润增加1.1亿元，吨油利润增加19.9元，静态投资回报率14.08%，投资回收期7.10年，经济效益较好。同时该方案使全厂加工损失降低0.12个百分点，能耗降低3.95个百分点，该方案也为节能减排作了贡献，建议抓紧安排。荆门石化C_4、液蜡资源丰富，所研究的利用方案有利于提高资源利用率，增加经济效益，建议进一步做好项目前期工作，优化利用方案，降低投资，根据资金情况适时安排。

(11) 荆门石化炼油综合能耗较高，中国石化炼油事业部对荆门石化提出了有针对性的节能措施，建议抓紧实施；荆门石化的设备老化，原油劣质化后设备及管线腐蚀严重。建议利用年度检修机会，逐步实施材质升级，以确保安全生产。

十、镇海炼化100万吨/年乙烯工程生产运行经验与优化措施

根据集团公司领导的指示精神，2010年11月14日至18日，我带领科技委专家咨询组对镇海炼化100万吨/年乙烯工程进行调研咨询服务。其间，我组织咨询组听取了镇海炼化关于100万吨/年乙烯工程建设和生产有关情况的介绍，现场考察了镇海炼化100万吨/年乙烯工程各套装置、配套公用工程以及提供乙烯原料的部分炼油装置的生产运行情况，分组与镇海炼化的同志进行了对接研讨，总结了经验，查找了问题，分析了原因，提出了意见，取得了初步调研咨询成果。经与总部有关部门交换意见后，形成了对镇海炼化100万吨/年乙烯工程调研咨询意见与建议。

镇海炼化技术咨询现场调研

（前排左2起：袁晴棠、江正洪，2010年11月）

（一）乙烯工程投产以来运行情况

镇海炼化100万吨/年乙烯工程包括100万吨/年乙烯装置、65万吨/年环氧乙烷/乙二醇装置等10套生产装置及配套公用工程、辅助系统。该工程于2006年11月6日打桩，2009年12月28日中交，2010年4月20日一次开车成功。各装置运行状态良好，其中乙烯装置负荷已超过100%，乙烯、“双烯”收率在集团公司6家大型乙烯企业中均排名第1位。当年1—10月，镇海炼化累计实现营业收入807亿元，利润34.4亿元，到10月份利润总额、炼油利润、化工利润三项指标已连续三个月位居集团公司第1位，成为炼化一体化企业的新排头兵，其中乙烯工程不仅完全消化了开工费用，而且还实现了大幅盈利。

（二）乙烯工程顺利建成投产并取得较好经济效益的成功经验

在咨询组深入调研分析的基础上，我在镇海炼化调研咨询结束总结汇报会上，总结了镇海炼化5条成功经验：

一是努力向炼化一体化转型，以“分子管理理念”为指导，炼化一体化优化乙烯原料，实现整体效益最大化。在乙烯工程启动建设前期，镇海炼化就成立了专门优化团队，开展了100余稿炼化一体化优化乙烯原料的专项测算和比选。通过对两套加氢裂化装置适当改造和更换催化剂，提高了加氢尾油产量和质量，约增产加氢尾油40万~50万吨，且芳烃指数(*BMCI*值)大幅降低；将焦化汽油干点提高到240℃，并单独加氢，增产焦化石脑油约30万吨；建成投用两套轻烃回收装置，每年约增加轻烃裂解原料20.5万吨；优化利用干气资源，回收富乙烯乙烷气(C_2资源)，已利用12万吨。通过上述措施，降低了乙烯原料成本和单位生产成本，与中国石化同类炼化一体化企业相比，仅通过原料一体化优化，每年增效约10亿元。

二是积极打造低成本优化运行公用工程系统，提高了炼油和化工的整体竞争力。镇海炼化以蒸汽为重点、以低成本为目标，不断探索低成本公用工程系统运行模式。充分利用价格相对较低的煤炭和石油焦资源，通过自建的CFB锅炉进行热电联产，取消了原设计的“烧油锅炉”，降低了蒸汽、发电成本；蒸汽系统按能级匹配和热能梯级进行优化利用；开展原水用量优化、循环水量优化；充分回收利用重整装置、乙烯装置和化肥装置产生的氢气资源，停开制氢装置，降低用氢成本。初步测算，与中国石化同类一体化企业相比，通过低成本公用工程系统，镇海炼化每年增效约10亿元。

三是重视科技创新，支持技术装备国产化，降低了投资成本。在百万吨乙烯工程建设中，大部分装置采用国产技术，推广应用了13台(套)大型国产设备，百万吨乙烯工程技术装备国产化率达到78.03%，是国内百万吨乙烯装置中国产化率最高的装置。

四是产销紧密结合，确保所生产的化工产品全产全销。

五是采用集约高效的管理模式和劳动用工方式，从严控制用工总数，减少了人工及各项管理费用。

（三）乙烯工程生产运行进一步优化的措施

咨询组认为：镇海炼化100万吨/年乙烯工程尽管整体已实现高负荷稳定运行，但仍存在一些需要消缺和影响安稳长满优运行的问题，还有很大潜力可挖。咨询组通过与镇海炼化同志逐套装置进行认真分析研究，找出了存在的问题，分析了问题的原因，提出了优化的措施。包括：

（1）炼化一体化优化的方向和措施；

（2）乙烯装置降低燃动能耗和优化措施；

（3）其他装置存在问题及优化措施（包括EO/EG装置、乙苯装置、PO/SM装置、芳烃装置、聚烯烃装置）；

（4）公用工程存在问题及优化措施；

（5）进一步提高整体国际竞争能力的措施等，详细内容不再赘述。

（四）几点建议

（1）进一步加强集团公司上中下游一体化原料优化。将上游油田轻烃、凝析油集中起来，用作乙烯原料，实现集团公司内部上中下游整体效益最大化。

（2）进一步挖掘炼化一体化潜力，优化乙烯原料：一是优化加氢裂化、催化干气富乙烯乙烷气回收、轻烃回收装置操作；二是进一步从C_2、C_3、C_4、C_5、C_6等资源中回收乙烯原料，提高资源利用率；三是提前建设二期扩建工程中160万吨/年焦化装置，该装置是增产和优化乙烯原料的重要措施，可使乙烯原料结构得到优化，同时使总流程中的重油配置和流向更加合理，炼油二次加工和深加工装置在较优负荷下生产，一体化效益有望进一步提升，建议总部有关部门研究此项建议。

（3）进一步做好节能减排和环境保护工作。建议尽快实施催化裂化烟气脱硫项目，搞好低温热综合利用，深化水系统、蒸汽系统和供配电系统一体化，为镇海炼化进一步增加效益和扩能改造腾出环保空间。

（4）努力做好燃料平衡。镇海炼化在解决低价值石油资源转化为高价值化工原料或产品后，带来了燃料短缺问题，需要补充天然气，2300万吨加工量时每年需外购3.5亿标准立方米天然气。建议镇海炼化要努力搞好燃料平衡，总部有关部门要帮助镇海炼化解决天然气供应的保障措施。

（5）大力开发并生产高附加值化工产品。镇海炼化要进一步密切产销研合作，合理安排装置分工生产，增加过渡产品的牌号标准，加快聚烯烃产品结构调整步伐，大力开发并生产高附加值化工产品。

（6）进一步总结并推广镇海炼化100万吨/年乙烯工程炼化一体化优化运行的成功经验。镇海炼化100万吨/年乙烯工程建设提供了一系列宝贵的成功经验，投产运行后经济效益高于其他同规模装置，建议总部进一步总结镇海炼化的成功做法和经验，为中国石化其他大型乙烯工程和炼化一体化企业提供借鉴。

（7）积极开展“分子管理”“数字炼油”软课题研究工作。为进一步提高综合管理水平，建议由镇海炼化与科研、设计单位相结合开展两个软课题研究工作：一是炼油、乙烯、芳烃一体化的“分子管理”课题，绘制各加工流程的分子管理路线图，做到分子价值最大化；二是“数字炼油课题”，使原油和油品调和、生产过程控制、装置间互供料和储运管理、全厂水平衡、热平衡、公用工程等逐步实现数字化，进一步提升生产运行综合管理水平，早日使镇海炼化生产经营整体达到国际领先水平，为提升中国石化炼化企业综合管理水平积累经验。

第二节 重大石化工程项目评估

一、"天津石化100万吨/年乙烯炼化一体化项目可行性研究报告"评估

受中国石化发展计划部委托，集团公司科技委专家咨询委和咨询公司于2004年10月16日至18日对天津石化100万吨/年乙烯炼化一体化项目可行性研究报告进行了评估，评估工作由我主持。会议期间，组织评估专家踏勘了项目建设厂址，听取了天津石化和工程建设公司有关本项目基本情况和可研报告主要内容的介绍，分七个专业组对项目进行了评估，形成了评估意见。

（一）可研报告主要内容

天津石化100万吨/年乙烯炼化一体化项目的前期工作始于1996年，2004年3月项建书获国务院批准。该项目包括乙烯工程、炼油改造工程、配套热电改造工程以及总图储运、公用工程、辅助生产设施和安全环保等。

1）乙烯工程

新建100万吨/年乙烯装置等8套装置及相应的配套工程。

项目投产后，加上现有20万吨/年乙烯装置，乙烯总能力将达到120万吨/年。裂解原料全部由炼油改造工程供应。

2）炼油工程

新建1000万吨/年常减压装置等8套装置。

项目选择进口50%沙轻和50%沙中高硫原油1000万吨/年和250万吨/年低硫原油进行加工。

3）热电工程

可研报告通过对焦化+CFB（循环流化床锅炉）、POX（部分氧化

法)造气方案和 VRDS(渣油加氢)方案的对比分析，推荐了焦化+CFB 方案。与推荐工艺方案相适应，热电工程需新建 3 台 420 吨/时 CFB 超高压再热式循环流化床锅炉及 2 组 135 兆瓦改进型抽汽凝汽式发电机组等。

4）厂址、总图、占地和定员

炼油工程在炼油厂区内改扩建，热电工程在现热电站南面新建，乙烯工程利用乙烯厂内东南角的空地以及厂外东南面的空地进行建设。项目总占地约 256. 33 公顷。

5）投资和效益(略)

（二）评估意见

1）项目建设是必要的

为了实现 2020 年全面建成小康社会的宏伟目标，我国国民经济在较长时期仍将保持强劲的发展势头，国内石油石化产品的需求将保持较高的增长速度。通过对全国和目标市场实际供需情况分析及 2010 年市场需求预测，认为本项目市场前景良好，有较大发展空间。

本项目充分利用天津市和天津石化各种有利条件，发挥中国石化的技术优势，适度引进国外先进技术，重点发展核心业务，既符合中国石化总体发展战略的要求，又能繁荣天津经济，促进区域经济协调发展。项目建成后，天津石化将成为中国石化京津地区具有世界规模的骨干企业之一，有利于增强区域整体实力，项目建设是必要的。

2）炼油工程部分评估意见

一是原油加工规模及原油资源选择是合适的。可研报告中选择 1250 万吨/年(其中新增 750 万吨/年)原油加工规模，可以满足 120 万吨/年乙烯和 40 万吨/年 PX 的原料需求，解决了目前 40 万吨/年化工轻油缺口问题，还可以满足 2010 年华北二省二市及其周边地区成品油的增长需求，评估认为原油加工规模选择比较合适，新增 750 万吨/年炼油能力是必要的。原油资源选择的方向也是适宜的。

二是炼油加工流程选择焦化+CFB 方案基本可行，但仍需做进一步比选，待对焦化+CFB(方案Ⅰ)、焦化+部分造气(方案Ⅱ)及 VRDS(方案Ⅲ)根据评估会提出的问题做进一步研究评价后，再做采用哪种方案的最后决策。

三是工艺技术基本可行，产品方案与产品质量应适当调整。评估认为，常减压、延迟焦化、加氢裂化、柴油加氢精制、催化重整等炼油装置选用的各项工艺技术成熟可靠，但一些工艺条件需进一步优化、调整；汽柴油、乙烯原料的质量及结构还有进一步优化的余地。

四是天然气资源需进一步研究落实。希望天津市积极配合中国石化加快落实 LNG 项目建设，并与本项目建设同步，以确保项目建设所需燃料的落实。

3）乙烯工程部分评估意见

一是装置规模和产品方案选择是合适的。评估认为，100 万吨/年乙烯工程的产品方案及下游 7 套生产装置的规模基本合理，产品目标市场缺口大，建设方案有利于实施大规模、短流程、低成本的发展战略。

二是选择的工艺技术路线可行。评估认为，采用的工艺技术路线基本可行。鉴于本项目所建的工艺装置都达到了世界级规模，建议对工艺技术做进一步深入比选。

三是建议增加一台 SL-1 裂解炉以保证整套乙烯装置的满负荷生产，部分裂解炉采用油气联合烧嘴；对乙烯装置和全厂蒸汽平衡做进一步优化；建议进一步核实乙烯收率和乙烯综合能耗。

4）热电技术方案可行

为了消化炼油厂副产的高硫焦，热电厂扩建采用 CFB 方案，技术可行。

5）厂址选择

厂址选择是合适的，总图运输和土建方案需进一步优化调整。

6）关于项目的竞争力

评估认为，从市场需求空间看，国内油品市场、化工产品市场都为天津炼化一体化项目提供了市场空间；从规模实力看，炼油装置规模达到经济规模，乙烯及下游产品规模达到世界级规模；从技术水平看，各主要生产装置均采用国内外先进的技术与设备，油品质量可达到欧Ⅲ、部分可达欧Ⅳ排放标准要求，可生产聚乙烯、聚丙烯产品的大部分牌号；从生产成本看，选择沙中、沙轻原油，价格比低硫原油低，采用的生产技术先进，能耗物耗低，轻油收率和综合商品率高，主要技术经济指标较为先进，有效地降低了生产成本；从持续盈利能力看，由于依托现有炼油、热电和公用工程进行改扩建，征地费用少，投资省，项目税后增量内部收益率 15.46%，该项目具有较强的竞争能力。

综上所述，在天津石化建设 100 万吨/年乙烯炼化一体化项目不仅是必要的，而且也基本具备了建设的基础条件，原料基本落实，产品方案合理，产品目标市场明确，拟采用的技术先进，总加工流程和资源利用基本合理，厂址、总图运输、公用工程及配套设施方案合适，安全环保措施得当，项目具有较强的竞争力，经济效益好，具有较强的抗风险能力，天津石化 100 万吨/年乙烯炼化一体化项目基本可行。

二、“镇海炼化 100 万吨/年乙烯工程可行性研究报告”评估

受中国石化发展计划部的委托，集团公司科技委专家咨询委和咨询公司于 2004 年 11 月 2 日至 5 日在镇海炼化对镇海炼化 100 万吨/年乙烯工程可行性研究报告进行了评估，评估工作由我主持。会议期间，组织评估专家听取了镇海炼化对项目有关情况的介绍和中国石化工程建设公司关于可研报告的主要内容的汇报，踏勘了建设场地，分五个专业组进行了认真研讨，形成了评估意见。

（一）可研报告主要内容

建设内容：可研报告推荐独资部分包括 100 万吨/年乙烯装置、60 万吨/年环氧乙烷/乙二醇、45 万吨/年线型低密度聚乙烯等 9 套装置。

合资部分包括 36/78 万吨/年环氧丙烷/苯乙烯（PO/SM）装置、84 万吨/年乙苯装置、10 万吨/年丙二醇装置 3 套装置。

可研报告提出两种乙烯原料方案。方案一：催化干气中的乙烯乙烷、PSA 解吸气、丙烷、丁烷、石脑油、加氢尾油，共 295 万吨/年；方案二：石脑油、加氢尾油，共 321 万吨/年。裂解原料均由镇海炼化炼油装置供应。

技术来源：有 5 套装置采用中国石化技术，1 套采用合作开发技术，4 套采用引进技术，2 套采用合资外方技术。

项目总占地 215.61 公顷。

（二）评估意见

1）项目建设是必要的

为实现党提出的全面建设小康社会的奋斗目标和到 2020 年国内生产总值力争比 2000 年翻两番的要求，我国国民经济将保持强劲发展势头，国内石化产品需求将保持较高的增长速度。根据对全国和目标市场的分析及预测，本项目产品市场前景良好，有较大的发展空间。

本项目充分利用镇海炼化各种有利条件，充分发挥中国石化的技术优势，并适度引进国外先进技术，重点发展核心业务，符合中国石化总体发展战略的要求，并能促进长江三角洲地区区域经济协调发展。

该项目建成后，镇海炼化将成为中国石化在长江三角洲地区炼化一体化企业群中具有世界级规模的骨干企业之一，有利于中国石化的区域性资源优化和结构调整，有利于增强区域整体实力和抗风险能力。

2）原料供应方案落实

（1）关于原油加工总流程：

镇海炼化在原油综合加工能力达到2000万吨/年时，经平衡可确保向本项目提供乙烯原料295万~321万吨/年，满足100万吨/年乙烯工程的原料需求。为了使加工总流程对原油有更大适应性，建议低硫原油考虑调整为硫含量为1%左右的含硫原油，进行全厂流程优化和综合配套。

（2）乙烯原料的供应：

一是可研报告提出两个乙烯原料供应工况：工况一是利用炼油厂40万吨气体原料，其余为液体原料；工况二是原料全部为液体原料，数量分别是295万吨/年和321万吨/年。评估认为：两个工况均能满足100万吨/年乙烯原料需求，按上述原料供应方案测算炼油和乙烯总体效益，工况二尽管乙烯收率比工况一低，但丙烯、丁烯、苯等附加值较高的产品产量大，给项目带来比工况一更好的效益。

二是鉴于镇海炼化有480万吨/年催化裂化能力，催化干气产量大，其中乙烯、乙烷回收价值较高。工况一中考虑了16万吨/年催化干气和4万吨/年PSA解吸气精制后作乙烯原料的措施，建议在工况二的基础上增上此措施。

三是乙烯原料方案中有8.8万吨/年加氢裂化轻石脑油，其异构烷烃含量较高，不适宜作乙烯原料，建议加以调换。

四是鉴于原油资源中的中东原油占比较大，适合作乙烯原料的轻烃含量较高，建议考虑回收作乙烯原料。

五是建议镇海炼化进一步优化炼油加工流程，围绕炼化一体化目标，对原油配置、加工总流程安排、各装置进料进一步优化，确保总体效益最大化。

六是可研报告提出需要外购天然气作燃料，该资源来源对燃料平衡影响较大，应抓紧落实各项措施。

3）产品方案、装置规模和工艺技术路线基本合理

（1）产品方案：

可研报告提出的产品方案从镇海炼化周边市场供需现状和发展趋势来看，有明确的目标市场，又与其他大乙烯工程产品方案不完全雷同，比较合理。

（2）装置规模：

可研报告提出的装置规模均达到了大型化，符合世界石化装置大型化的发展趋势，镇海炼化在市场、资源、技术来源等方面也具备了相应的条件，因而是适宜的。

（3）工艺技术路线：

评估认为，现阶段以可研提出的工艺技术路线作为可研编制基础是适宜的，但仍应在先进性、可靠性、经济性、适用性等方面对国内外技术作进一步比选，并尽量采用具有中国石化自主知识产权的先进技术。

4）关于丙烯利用方案的意见(略)

5）厂址及建设条件(略)

6）经济效益分析(略)

7）项目具有较强竞争力

可研报告对主要石化产品的原料成本、装置能耗及装置现金操作成本、运费等，与国内外有关企业的水平进行了分析比较。评估认为，本项目具有较强的竞争优势，主要表现为：

① 该项目充分发挥镇海炼化一体化优势，实现信息、服务、公用工程系统和辅助设施共享，减少了原料运输、贮存、装运成本，减少了配套建设的投资。同时，炼油厂轻烃、石脑油等资源及乙烯厂副产品得到最大限度的利用，为实现炼油化工高度一体化、降低成本、增强竞争力奠定了基础。

② 该项目的主要目标市场为江苏、浙江、上海“两省一市”，该地区是国内经济最发达、石化产品消费最集中的地区之一。本项目七种主要产品全部可在目标市场内消化，市场优势明显。

③ 该项目选择的主要生产装置单线能力达到世界级规模，采用国内外先进技术，物耗、能耗等技术经济指标处于国内外先进水平。乙烯装置现金操作费用低于中国石化2003年平均水平和亚太地区水平，其他化工装置的现金操作费用比国内最高水平低20%，与亚太地区最高水平相当。

④ 通过主要石化产品的完全成本与进口石化产品的到岸价的比较，本项目的石化产品具有明显的利润空间，项目具有较强的综合竞争力。

综上所述，在镇海炼化建设100万吨/年乙烯工程不仅是必要的，而且也基本具备了项目建设的基础条件。该项目原料落实，产品方案基本合理，产品目标市场明确，拟采用的技术先进，厂址、总图储运、公用工程及配套设施方案合理，安全环保措施适当，项目建成后具有较好经济效益、较强竞争力和抗风险能力。鉴于浙江省化纤、纺织、塑料和电子等行业都具有一定的产业规模，镇海炼化乙烯工程建成后将为以上产业提供丰富的原料并可以进一步延伸产业链，形成产业集群，对浙江省石化工业结构调整和优化、竞争力的提升将起到积极作用，项目社会效益十分显著。因此，镇海炼化建设100万吨/年乙烯工程是可行的。

三、四川维尼纶厂30万吨/年醋酸乙烯项目评估

根据中国石化集团公司领导的指示，受中国石化发展计划部委托，我带领科技委咨询委专家组对川气东送工程天然气利用项目四川维尼纶厂(川维)30万吨/年醋酸乙烯建设方案(以下简称“评价方案”)进行评价论证。评价论证工作分两个阶段进行：第一阶段为现场调研阶段，我带领专家组于2007年9月26日至27日到四川维尼纶厂进行了现场调研，听取了四川维尼纶厂关于30万吨/年醋酸乙烯项目有关情况以及宁波工程公司关于评价方案的汇报，参观了四川维尼纶厂和扬子江乙酰化工有限公司(以下简称“合资企业”)的生产装置，踏勘了拟建的30万吨/年醋酸乙烯项目现场，并与企业和

宁波工程公司的同志进行了研讨；第二阶段为分析测算研究阶段，我组织专家组于10月8日至30日进行了多次分析、测算、研究和论证，对部分装置规模进行了调整，并征求了总部有关部门、川维和宁波工程公司的意见，在此基础上形成了四川维尼纶厂30万吨/年醋酸乙烯项目评价方案的论证意见。

（一）30万吨/年醋酸乙烯项目建设的必要性及有利条件

1）项目建设的必要性

实施川维30万吨/年醋酸乙烯项目，对于发挥好中国石化上下游一体化优势、增强川维的竞争能力、加快中国石化天然气化工业务发展、实现中国石化可持续发展，以及带动川渝地区经济发展、安置好三峡库区移民、解决产业“空心化”问题和支持西部大开发等，都具有非常重要的意义。

一是建设该项目有利于加快发展天然气化工业务，提高中国石化竞争力；二是该项目为川气东送工程的重要配套项目之一，建设该项目有利于安置好三峡库区移民，消除产业“空心化”和支持西部大开发，加快川渝地区经济发展；三是建设该项目有利于提升中国石化天然气化工的技术水平和天然气利用价值。

2）项目建设的有利条件

一是靠近气田的资源优势。川维地处川东北天然气产地，管输距离仅272公里，川气东送工程专门敷设了158公里川渝支线，年输气能力可达30亿立方米，可确保该项目及现有生产装置总计14.55亿立方米的用气量，大幅降低了原料成本。

二是内涵发展的基础优势。川维依靠内涵发展，积累了丰富的天然气化工生产经验，建立了完善的码头等储运设施，该项目可依托现有设施，具备了做精做强做大天然气化工的基础条件。

三是独具特色的技术优势。川维开发了以万吨乙炔炉技术为代表的系列天然气化工特色技术，开发了一系列高附加值的新产品，与电石乙炔法比具有成本和环保优势，与乙烯法比具有成本优势，具备较强的市场竞争能力。

四是良好信誉的品牌优势。川维已建立了完善的市场营销网络，产品具有良好的品牌信誉，“川维牌”聚乙烯醇出口量占我国聚乙烯醇出口总量的近50%，醋酸乙烯、醋酸乙烯-乙烯共聚乳液等产品在国内供不应求。

五是原料互供的产业链优势。川维内部及与合资企业、长寿化工园区基地企业间实现了上下游原料优化利用，提高了资源利用率，降低了原料成本。

（二）评估意见

1）评价方案的主要内容(略)

2）产品市场分析及目标市场(略)

3）投资估算及经济效益测算(略)

4）竞争力分析(略)

（三）主要结论与建议

（1）川维建设30万吨/年醋酸乙烯项目，符合中国石化总体规划，有利于安置好三峡移民，促进地方经济发展，是必要的。

（2）该项目提高了天然气利用率和利用价值，符合国家产业政策。

评估推荐的甲醇方案为停运原三套小规模甲醇装置，利用现有乙炔装置尾气和新建乙炔装置尾气建设一套73万吨/年甲醇装置。该方案一是降低了工程费用；二是降低了综合能耗，降低了成本；三是不再用天然气直接生产甲醇，提高了天然气资源利用率；四是减少了甲醇产量，有利于规避甲醇市场风险。

（3）醋酸乙烯和聚乙烯醇产品效益较好，有利于提高川维的整体实力和市场竞争力。

（4）该项目表现出较好的投资效益和社会效益，具有一定抗风险能力。

专家组认为，鉴于该项目是川气东送工程的重要配套项目之一，天然气资源有保证，项目方案合理，经济效益和社会效益较好，天然气利用率高，符合国家产业政策和中国石化总体规划，是比较好的投资项目，建议抓紧实施。

除了上述企业技术咨询和重大工程项目评估之外，我还主持了南化公司、仪征化纤公司技术咨询，齐鲁石化、天津石化、高桥石化、金陵石化技术咨询，长岭炼化与巴陵石化"十一五"发展规划技术咨询，中原乙烯与洛阳石化的"中原地区炼化企业'十一五'发展规划"技术咨询，中原石化的"中原乙烯'十一五'发展规划"技术咨询，青岛石化加工高酸原油适应性改造技术咨询，"广西北海炼油异地改造项目总体方案"评估，"天津石化炼油部分加工高硫原油改造工程"评估，"胜利石化总厂高硫高酸原油改质可研报告"评估，提高湛江东兴石化经济效益咨询，安庆石化、九江石化、武汉石化、长岭炼化、荆门石化五家沿江企业的"沿江地区炼厂原油资源优化方案咨询"，济南石化技术咨询，"中国石化燕山石化润滑油系统提高产品质量技术改造可行性研究报告"评估，青岛炼化技术咨询，南京地区炼化企业技术咨询，上海地区炼化企业技术咨询等等，具体内容不再赘述。

巴陵石化技术咨询现场调研

（前排左2起：张德义、侯芙生、袁晴棠，2004年11月）

中原石化乙烯技术咨询现场调研

（前排左起：张德义、袁晴棠、侯芙生，2005 年 4 月）

第三节　技术咨询的效果与启示

自 20 世纪 90 年代后期以来，我带领专家组三十余次赴石化企业技术咨询，受到了企业的欢迎，取得了良好效果。主要表现在以下 4 个方面：

一是企业高度重视并及时落实咨询组提出的挖潜增效技术措施。各企业对咨询组提出的资源优化、总流程优化、装置操作优化、公用工程优化等挖潜增效措施十分重视，都及时制订计划，逐项认真落实，有的企业如广州石化，还专门给科技委和有关部门写报告，汇报对咨询意见的落实情况；二是集团公司领导对于咨询组提出的有关企业的技术咨询意见十分重视，大都有批示，要求总部有关部门协助企业予以落实，必要时还主持会议落实咨询意见。例如，2012 年 3 月 9 日集团公司有关领导主持召开了上海石化、高桥石化咨询意见落实会。2005 年 4 月 22 日集团公司有关领导主持召开了洛阳石化炼油改造、中原石化乙烯改造项目方案研究专题会，听取并吸纳了科技委专家咨询组的意见，等等。对于咨询组提出的有关企业的技术改造方案，在总部领导支持下总部有关部门与企业结合相继完成了实施工作；三是对于咨询组提出的区域资源优化意见，如南京地区炼化企业技术咨询中提出的区域资源优化意见和建议，集团公司领导十分重视，集团公司有关领导曾主持专题会议听取咨询组汇报，组织有关部门研究落实咨询意见，并下发了会议纪要；四是通过企业技术咨询，企业实施了技术改造和挖潜增效技术措施，扩大了生产规模，降低了能耗、物耗和生产成本，增加了经济效益。在我们深入企业技术咨询过程中，当侯芙生院士看到企业挖潜增效成效显著时，曾不止一次地感叹："我们的企业真是遍地是黄金啊！"

回顾企业技术咨询工作，有如下 5 点启示：

一是企业技术咨询工作一方面紧扣贯彻集团公司发展战略和中心工作；另一方面结合企业的生产实际，针对存在的问题，通过专家咨询诊断，为企业挖潜增效和高质量发展制定技术措施和整体解决方案，使咨询工作既符合集团公司要求，又满足企业降本增效的迫切需求，保障了咨询工作在正确的轨道上开展。

二是集团公司领导的重视和大力支持是企业技术咨询工作得以顺利开展的重要保证。集团公司领导十分重视科技委的企业技术咨询工作，几乎每份咨询报告都有集团公司领导的批示，集团公司党组专门听取科技委关于企业技术咨询工作的汇报，并于 2004 年 5 月 8 日下发了《关于加强科技委技术咨询工作的通知》(中国石化科〔2004〕351 号文)(以下简称《通知》)。《通知》要求："集团公司暨股份公司把加强专家咨询作为坚持科学决策的一项重要措施。经研究决定，科技委技术咨询增加规划、投资计划咨询任务，建立专家咨询制度，使之成为重大决策的重要环节。"十余年企业技术咨询的实践证明，党组的正确领导和大力支持是企业技术咨询工作能持续顺利开展的重要保证。

三是企业降本增效提高竞争能力的迫切需求是技术咨询工作持续开展的不竭动力。炼化企业在生产运营中往往存在一些资源和生产装置的“瓶颈”，迫切需要克服“瓶颈”问题，挖潜增效，提高盈利能力。因此，需要技术专家进行诊断，制定优化措施和整体解决方案。为此，企业对技术咨询有强烈的内在需求，积极主动要求集团公司科技委派专家组对本企业进行技术咨询，并主动提供企业生产经营有关资料，组织工作人员配合技术咨询工作，当咨询报告提交给企业后，能积极认真地落实咨询意见。因此，企业的迫切需求是技术咨询工作持续开展的不竭动力。

四是企业技术咨询是对企业生产运行情况进行总体技术诊断的过程，技术专家是否对口和水平的高低对技术咨询结果有重要影响。因此，每当我启动一项咨询任务时，首要工作是选择专家，要针对被咨询企业的实际情况和存在的问题，有针对性地从总部机关、科研、设计单位、其他生产企业选准专家，组成高水平的专家团队。我体会这是决定咨询工作成败的关键环节。

五是企业技术咨询的过程实质上是来自总部、科研、设计等单位的技术专家与生产企业的结合过程，是科技与生产的结合过程，也是推广应用新技术的过程。这种咨询形式，使不同专业的专家在同一时间段集中在同一生产现场，针对资源优化、总流程优化、生产操作优化、技术改造以及装置结构、产品结构调整等问题制订整体解决方案，有利于充分发挥专家群体的协同作用。

多年来，在我主持中国石化企业技术咨询和项目评估工作中，得到了侯芙生院士和张德义副总工程师的大力支持和密切配合。每当遇到需要解决的重大问题时，我们便一起分析研究，寻求对策和解决方案，共同推动咨询工作的深入开展。侯芙生院士和张德义副总工程师为中国石化的企业技术咨询工作作出了重要贡献。

第九章

战略咨询研究

中国工程院是国家工程科技界的最高学术机构，是国家高端智库，并承担建设国家工程科技思想库任务。中国工程院的重要任务之一就是组织院士以服务党和国家决策为宗旨，围绕事关国计民生的重大战略问题，紧扣国家发展新战略新形势新需求，开展前瞻性、针对性、储备性战略研究，提出专业性、建设性的意见和建议，为推进国家治理体系和治理能力现代化贡献更多智慧和力量。因此，战略咨询研究是中国工程院的一项重要任务。我从1995年当选中国工程院院士后，一直十分重视并积极承担战略咨询研究任务，先后承担和参与了四十余项战略研究课题，为完成中国工程院的战略咨询任务贡献了一份力量。

中国石化集团公司为了实现世界领先的能源化工公司的目标，需要及时研判世界科技和产业发展趋势，分析自身的优势与不足，研究制定科技和产业发展战略，明晰发展方向与目标，推动中国石化实现高质量发展。长期以来，在集团公司党组领导下，我在完成本职工作的同时，积极主动地承担中国石化科技和产业发展战略研究任务，为党组科学决策提供咨询意见和建议。

此外，受地方政府委托，还参与了有关地方石化产业发展的战略咨询研究工作。

第一节　参与中国工程院战略咨询研究

我于1995年当选中国工程院院士，1996年开始承担来自中国工程院的第一项战略咨询课题，至今已28年了。28年来我承担和参与完成了40余项战略咨询课题，涉及科技、产业等不同领域，每次承担咨询研究项目(或课题)都是从组织研究团队、制定研究提纲入手，历经文献收集、调查研究、起草研究报告初稿、开研讨会征求意见、反复研讨修改等过程，最终完成研究报告和有关建议，有的项目研究在任务书中还规定了需要发表的文章。项目(或课题)完成后，要通过中国工程院的验收。之后中国工程院视情况将战略咨询研究报告和有关建议呈报中央领导和政府有关部门参阅，有的咨询报告会出版向社会公开发行，除供政府部门参考之外，还提供给产业界、科技界、教育界等社会各界参考。由于我完成的项目(或课题)较多，这里仅举例回顾如下。

一、主持“中国化工材料发展现状及迈入新世纪对策研究”

1996 年至 1999 年参与中国工程院重大咨询项目“中国材料发展现状及迈入新世纪对策”战略咨询研究，主持子课题“中国化工材料发展现状及迈入新世纪对策”研究，这是我第一次参与中国工程院重大战略咨询项目研究。

(一) 项目由来

一个国家的整体发展水平很大程度上依赖于材料的发展水平。鉴于材料发展对国民经济的重要性，美国国家科学院和工程院组成国家研究委员会，在美国国会和联邦政府支持下，不同时期组织专家组对材料科学与工程所涉及的领域进行广泛调研，提出研究报告供政府参考。为了促进我国材料工业的发展，1996 年至 1999 年中国工程院将“中国材料发展现状及迈入新世纪对策”研究项目列为院重大咨询项目，并联合中国科学院部分院士共同进行研究，由师昌绪、李恒德、殷瑞钰院士任项目执行委员会主任和副主任，我是执行委员会 7 位常务委员之一，研究内容包括钢铁、有色金属、化工材料、建筑材料、电子材料及航空航天材料六大领域，最后完成一整套研究报告，由中国工程院和中国科学院呈送中央领导和政府有关部门参考。

“中国化工材料发展现状及迈入新世纪对策”研究是“中国材料发展现状及迈入新世纪对策”研究项目中的一个子项，由我负责完成。当时我组织中国石化集团公司、原国家石油和化学工业局及国内化工材料界有关专家，成立了咨询课题研究组。我任课题组组长，张德义、杨元一任副组长，成员包括洪定一、朱煜、乔映宾、张培尧、杨维榕、傅积赉、朱光伟、仇延生、胡炳镛等，并聘请侯芙生、闵恩泽、徐僖三位院士任课题顾问。

“中国化工材料发展现状及迈入新世纪对策”研究自 1996 年开始，到 1999 年 6 月完稿，历时 3 年，国内化工材料界从事研究、教学和生产的院士、教授、专家 100 余人参加了这项研究工作。其间，于 1998 年 6 月 13 日、11 月 8 日和 1999 年 2 月 8 日进行了三次研讨，侯祥麟、师昌绪、李恒德、左铁镛院士等咨询项目组顾问和负责同志与侯芙生、闵恩泽、徐僖院士等咨询课题顾问分别参加了研讨会，对咨询工作提出了不少指导意见。

（二）主要研究成果

一是在深入调研的基础上，综述了我国化工材料主要品种现状。

二是研究分析了世界化工材料工业的现状与主要趋势：①生产能力持续增长；②化工材料技术发展日新月异；③“环境友好”引导化工材料持续发展；④信息技术等新技术迅速渗透；⑤各类材料相互交融与协调发展。

三是从世界化工材料的发展趋势中得到了若干重要启示：①各国政府十分重视材料科学和材料工程的发展；②生产化工材料的跨国公司采取各种措施适应国际市场的激烈竞争；③推进化工材料技术创新，不断开发新产品，是化工材料工业发展的重要动力之一；④合成、测试、加工应用需要紧密结合，以加速化工材料工业的发展；⑤不断加大科技投入是化工材料工业不断发展的重要保证；⑥突出化工材料的重要品种，加速建设石油化工支柱产业。化工材料品种众多，从对国民经济影响的角度看，三大合成材料的地位最为突出，因此要重点发展三大合成材料等大品种化工材料，加速石油化工支柱产业的发展。

四是对我国化工材料工业发展水平进行了总体评价，从产品结构、技术水平、技术储备和材料发展的协调状况等方面分析了存在的差距、面临的挑战与机遇。同时，对21世纪初我国化工材料的发展进行了展望，提出了总体发展方向和目标。

五是提出了发展我国化工材料工业需要采取的主要对策和政策措施。包括：国家需要制定必要的政策，支持化工材料工业的发展；加强协调，开展化工材料发展的战略研究，制定化工材料的发展规划；壮大企业集团，带动化工材料产业升级；建立国家创新体系，增强化工材料产业的科技创新能力；扩大对外开放，加强国际交流与合作；推进化工材料产业的产、学、研结合，培养高素质人才，等等。

（三）本项研究回答了有关化工材料的几个重要问题

一是界定了化工材料的研究范围，鉴于当时我国对“化工材料”还没有一个能为大家普遍接受的比较准确严格的定义，本项研究在国内以材料必须具备的四大要素（性质、成分与结构、合成、加工及使用性能）为前提，界定了化工材料的研究范围，包括：合成树脂、合成纤维、合成橡胶、涂料、黏合材料、功能高分子、催化材料、信息化工材料以及“新型化工材料”（包括有机硅、有机氟、特种树脂、特种纤维及膜材料等），并在界定的化工材料范围内，从总体上对化工材料的现状及迈入21世纪的对策进行了研究，提出了21世纪的发展方向、目标和政策措施，对推动我国化工材料工业发展有积极意义。二是重申化工材料在国民经济和社会发展中的重要地位和作用。三是突出主要品种，坚定了加速建设石油化工支柱产业的方向。四是明确化工材料发展必须与其他材料相协调。五是总结了化工材料开发新产品的做法。六是对科技创新体系进行了探讨。

（四）结论

一是我国化工材料已形成一个完整的工业体系；二是我国化工

材料工业发展前景广阔；三是落实各项政策措施，促进化工材料工业持续、健康、快速发展。

“化工材料发展现状及迈入新世纪对策”咨询课题研究报告几经修改、补充完善，研究报告上报中国工程院项目组。咨询报告于1999年8月由中国石化出版社正式出版。次年研究成果通过中国石化科技部鉴定，并获得中国石化科技进步一等奖。

《中国材料发展现状及迈入新世纪对策》于2002年完成了包括总报告、航空航天材料、化工材料、建筑材料、钢铁材料、电子信息材料、有色金属材料、材料科学与工程国际前沿共8册380万字研究报告，共有60位院士、1000位材料科学与工程方面的专家参与研究，这是我国首次出版的有关材料科学与工程的第一份咨询报告，整套报告于2002年8月出版。该咨询项目的完成，对推动我国材料工业的发展起到了重要的引领和推动作用。

二、主持“我国石化工业可持续发展战略研究”

2003年至2004年参与中国工程院重大咨询项目“中国可持续发展油气资源战略研究”，主持完成子项“我国石化工业可持续发展战略研究”。

（一）项目由来

石油、天然气是关系国家现代化建设全局和国家安全的重要战略资源。新中国成立以来，我国石油、天然气工业取得了巨大成就，为经济社会发展作出了重要贡献。但是，随着国民经济持续快速发展，石油、天然气供需矛盾愈加凸显，成为制约经济社会发展的主要“瓶颈”。为保证我国全面建设小康社会战略目标的顺利实现，时任国务院总理的温家宝决定开展我国可持续发展油气资源战略研究，为国务院有关部门制订规划提供参考依据。为此，在北京“非典”刚刚平息后的2003年5月，他登门拜访我国石油化工技术的开拓者之一、我国炼油技术的奠基人、著名的石油科学家侯祥麟院士，在代表党中央、国务院问候侯祥麟院士的同时，向侯老交代了请他主持“中国可持续发展油气资源战略研究”的任务。温总理说：“您已九十多岁了，我真是于心不忍啊！但是考虑到您的威望，还不得不请您来担当此任。”当时，已 91 岁高龄的侯祥麟接受了温家宝总理的委托。

2003 年 5 月 26 日上午，国务院总理温家宝主持会议，研究石油天然气资源可持续发展战略有关问题。国务院副总理黄菊、曾培炎，国务院副秘书长汪洋、尤权，中国科学院、中国工程院的部分院士及有关专家，发展改革委等部委和三大石油公司及化工进出口总公司的负责同志出席了会议。中国工程院翟光明院士作了题为《中国石油天然气资源可持续发展研究》的汇报，中国工程院院长徐匡迪及侯祥麟等院士作了补充发言，温家宝总理作了重要讲话。总理指出，石油天然气是重要的战略资源，关系到国家安全、社会稳定和全面建成小康社会目标的顺利实现。必须抓紧对石油天然气资源进行战略研究，同时着手制订规划。这项工作涉及面广，要组织跨学科、跨部门、跨行业的研究论证，充分发挥科学家的作用，听取各方面的意见，以确保研究成果的正确性、科学性和可操作性。

会议决定由中国工程院负责牵头开展“中国可持续发展油气资源战略研究”。该项目下设七个课题：油气资源和供需状况；国内油气资源开发；油气资源进口和参与国际油气资源开发；石油安全与储备；石油化工发展；油气资源节约和替代；油气资源发展的有关政策措施。由侯祥麟院士任项目组组长。争取用一年时间完成项目研究，2003 年 8 月之前提出详细研究提纲，为国务院有关部门制订规划提供参考依据。温总理对项目研究提出了一系列要求：一要以党的十六大精神和“三个代表”重要思想为指导，既要立足当前，确保石油天然气资源的生产供应，又要着眼 2020 年实现全面建成小康社会目标以及更为长远的经济社会发展；二要从国家整体利益出发，打破地方和部门界限，全力以赴做好此项工作；三要贯彻科学研究的“双百”方针，实行科学民主，提倡严肃认真的科学态度，所有成果要经得起实践检验；四要从政治、经济、技术等方面综合分析，不仅要研究国内外资源勘探开发，还要研究石油安全与储备；五要研究总体战略与规划，提出具体政策措施，具备可操作性；六要把石油天然气资源发展战略放在整体能源战略中去研究，促进油气与煤炭、电力、核能等其他资源的协调发展。坚持开发与节约并重，坚持走新型工业化道路。

这次国务院会议，为“中国可持续发展油气资源战略研究”指明了方向。我与翟光明、邱中建、汪燮卿、胡见义、李京文等院士一起出席了这次会议，聆听了温家宝总理的重要讲话，提高了对做好此项战略研究工作重要性的认识。这也是我人生第一次出席总理主持的国务院会议，这次会议给我留下了深刻印象。

5 月 26 日国务院会议之后，中国工程院由侯祥麟院士牵头，召开筹备会，研究贯彻国务院关于石油天然气资源可持续发展战略的会议纪要和温家宝总理指示，并启动咨询研究工作。经研究，决定项目设立七个专题组和一个综合组，专题组负责起草专题研究提纲和开展研究工作，综合组负责起草总的研究提纲和综合报告。为了加快研究进度，决定专题组的研究和综合组的研究同步进行，首先拟出研究提纲。综合组由侯祥麟院士任组长，邱中建、翟光明和我任副组长，聘请中国工程院院长徐匡迪、副院长王淀佐、杜祥琬任综合组顾问，综合组成员由龚再升、韩大匡等 15 人组成。我国油气资源与供需战略专题组由翟光明任组长，王慎言任副组长；国内油气资源开发战略专题组由邱中建任组长，韩大匡、沈平平任副组长；海外油气资源开发与进口战略专题组由胡见义任组长，童晓光任副组长；石化工业发展战略专题组由我任组长，侯芙生、张德义任副组长；节油与替代燃料研究专题组由汪燮卿任组长；石油安全与储备战略专题组由徐承恩任组长；油气法规与政策研究专题组由李京文任组长。此外，还聘请中国工程院、中国科学院院士和各大石油公司的院士、专家共23人组成项目咨询委员会，为项目研究提供咨询意见。经过一番筹备，“中国可持续发展油气资源战略研究”项目正式启动，共有31位院士和120名专家参与研究。

2003年10月30日，温家宝总理主持会议，听取了邱中建院士代表项目组所作的“中国可持续发展油气资源战略研究”阶段报告(纲要)的汇报，侯祥麟院士、翟光明院士和我及其他各专题负责人出席了会议。阶段报告得到了总理的充分肯定和高度评价。总理指出：这次研究集中和反映了科学家、政府部门和企业的意见，这种集成研究方式是一个创举，是科学民主决策方法的一种新尝试，也是我国科研体制改革的一次重要实践，并要求项目组要认真研究国务院各部委和企业提出的意见和建议，在阶段报告的基础上，着手进行总体报告的研究和撰写。

遵照温总理的指示精神，项目组以科学和严谨的态度，认真进行调查研究和论证工作，经过一年的紧张工作，按时完成了综合报告和专题报告。2004年6月25日，温总理主持会议，听取赵文智教授代表项目组汇报“中国可持续发展油气资源战略研究”成果。侯祥麟院士、邱中建院士、翟光明院士和我及其他各专题负责人出席了会议。温总理对项目研究成果给予高度评价，认为这一研究成果对于制定国家中长期经济社会发展规划和能源战略具有重要意义。

“中国可持续发展油气资源战略研究”的主要成果：

(1) 对我国油气供需态势做出五个基本估计：

一是我国石油需求正处于快速增长时期，必须尽最大努力把2020年石油消费量控制在4.5亿吨以内；二是我国原油产量在2010年至2020年间将进入高峰期，高峰期年产量预计为1.8亿吨左右；三是我国天然气工业正处于加快发展时期，2020年的天然气产量和消费量将分别达到1200亿立方米和2000亿立方米；四是解决我国石油需求缺口的主要途径是大力开拓利用海外油气资源，全面推进节约用油和提高石油的利用效率；五是2020年前后，国内外石油供需格局将发生重大变化，我国应加快建立有效应对世界石油风险的安全战略保障体系。

(2) 我国油气资源可持续发展的总体战略与措施：

一是总体战略：在继续保持国内原油产量持续稳定、天然气加快发展的同时，大力开拓利用海外油气资源，建立经济稳定的供应渠道和石油安全保障体系；坚持开发与节约并重，节约优先的方针，把节油作为一项重要国策，动员全社会努力节约用油；依靠科技进步，大力提高油气资源开发、加工和利用效率，努力满足2020年以前经济增长对油气的需求，并为此后我国经济的可持续发展做好准备。

二是六项原则：发挥国内油气资源的基础性保障作用；建立全球石油资源安全供应的观念，从境外获取经济稳定的油气资源；大力节约用油，提高石油利用效率，建立节约型经济体系和消费模式；积极推进科技创新和人才培养，以科技进步推动石油石化产业的可持续发展和资源的有效利用；建立国家石油储备制度，确保石油供应安全；高度重视环境保护，实现我国油气生产和消费与环境的协调发展。

三是六项战略措施：加强国内石油勘探开发，保持原油产量持续稳定；按照上中下游一体化的原则加快天然气发展；大力实施走出去战略，积极开发利用海外油气资源；全面推进节约用油，提高石油利用效率；加快发展石化工业，有效利用石油资源；建立石油储备，保障国家石油安全。

四是提出了五项政策建议：抓紧石油天然气立法，此前应尽快颁布有关条例或规定；建立全国油气行业监管体系；制定扶持国内油气资源合理开发利用的政策；进一步完善鼓励和支持油气跨国经营的政策；制定更大力度的石油节约和替代政策。

(二) “我国石化工业可持续发展战略研究”主要成果

石化工业是油气资源实现最终价值的重要一环，其发展与油气资源的有效合理利用密切相关。石化工业实现有效发展，可最大限度地挖掘石油资源的潜力，把宝贵的石油资源主要用于生产运输燃料和化工原料，满足国民经济和人民生活的需要。为此，在研究我国油气资源战略的同时，应研究制定加快发展石化工业的战略。我组织成立了石化工业发展战略专题组，由我任组长，侯芙生、张德义任副组长，成员包括朱煜、许莹、柯晓明、李冬梅、刘佩成、海鹏等 25 位专家。

我带领"石化工业发展战略研究"专题组经过一年的辛勤努力，在分析我国石化工业现状与石油需求趋势的基础上，研究提出了我国石化工业可持续发展的总体目标、总体战略和重要措施。

总体目标：

炼油工业：2020 年原油加工能力达到 4.7 亿吨/年，加工原油 4.1 亿~4.3 亿吨左右，满足国内汽、煤、柴三大类成品油需求，化工用油需求满足率保持 90%以上，汽、柴油质量完全与国际接轨。形成若干个资源优化利用、拥有完善的现代物流体系和营销网络的一体化工业基地。

石化工业：2020 年乙烯能力达到 2000 万吨/年，增加用重质原料生产低碳烯烃的能力，主要技术经济指标达到世界先进水平，主要石化产品的品种、质量满足国内市场需求。建成若干个具有国际竞争力的炼化一体化生产基地。

总体战略：充分利用国内外两种资源在国内进行加工，加快有效发展，合理利用油气资源，提高油气资源利用率，依靠科技进步，加快结构调整，提高产品质量，降低生产成本，充分利用国内外两个市场，全面提高石化企业的国际竞争力，建立节油节能、高效的现代化石化产业，努力满足国内交通运输燃料和石化产品的需求。

重要措施：充分利用国内外原油资源在国内加工，努力满足相关行业的需求；调整战略布局，形成与区域经济相协调和与储运设施相配套的基本格局；加强结构调整，提高国际竞争力；提高产品质量，适应国际竞争和市场需求变化；科学合理使用油气资源，建设节约高效的现代石化工业；大力推进科技进步，加快石化工业的信息化进程；加大环境控制和治理力度，实现生产过程清洁化，支持发展循环经济；把握全球化机遇，积极发展国际化经营。

结论与建议：在国内原油资源不足的情况下，应进口原油在国内进行加工，尽量减少成品油出口；今后推动国内石油消费的主要动力是交通运输业和石化工业的发展；要从生产环节上最大限度挖掘石油资源潜力，有效利用石油资源；必须加快石化工业有效发展，着力提高国际竞争力。

2004 年 8 月 24 日，温家宝总理主持国务院第四次学习讲座，听取赵文智教授代表项目组所作的“中国可持续发展油气资源战略研究”成果汇报。国务院领导和有关部门、单位主要负责人 200 余人参加了会议。中国工程院院长徐匡迪、侯祥麟院士带领邱中建、翟光明和我及各课题负责人出席了会议。总理在讲话中充分肯定了项目研究所取得的成果，强调要正确制定和实施国家可持续发展油气资源战略，并对制定国家油气资源可持续发展战略的主要意义、原则、总体战略和政策措施发表了指导意见。这次会议标志着由中国工程院牵头组织的“中国可持续发展油气资源战略研究”国家重大战略咨询项目圆满结束。之后，项目组对研究成果编辑整理，印制了《中国可持续发展油气资源战略研究报告集》共八卷，由中国工程院上报国务院和国家有关部门。

在参与“中国可持续发展油气资源战略研究”项目的过程中，使我有机会学习如何站在国家层面对国民经济的重大需求问题进行战略思考，从思路和方法上学习如何做好战略咨询研究工作，并前后 4 次参加温家宝总理主持的国务院会议，聆听总理的重要讲话和指示，这段经历使我受益匪浅，给我的人生留下了珍贵的记忆。

三、主持"石油化工流程的进步与智能化制造技术"课题研究

2003 年至 2004 年参与"国家中长期科学和技术发展规划战略研究"，主持"石油化工流程的进步与智能化制造技术"课题研究。

（一）项目由来

2003 年国务院决定要编制我国中长期科学与技术发展规划，成立了以温家宝总理为组长、陈至立国务委员为副组长的国家中长期科学和技术发展规划领导小组。领导小组决定从 2003 年 8 月至 2004 年 3 月为中长期科学与技术发展战略研究阶段，2004 年 4 月开始编制国家中长期科学与技术发展规划。国家中长期科学与技术发展规划领导小组办公室制定了科学与技术发展规划战略研究工作方案，围绕战略研究的主要内容共设 20 个专题和若干专项。由规划领导小组聘请有关科学家和知名专家担任专题组长。

在 20 个专题中，第三专题是制造业发展科技问题研究，规划领导小组聘请全国政协副主席、中国工程院院长徐匡迪院士任组长。"制造业发展科技问题研究"专题结合我国制造业需要解决的重点技术，共设立了 19 个课题，其中第 7 个课题是"石油化工流程的进步与智能化制造技术"，由我担任课题负责人。

（二）课题的组织与研究过程

此项战略研究时间紧、任务重。为了尽快完成任务，我组织成立了由我任组长，中国石化科技部主任洪定一任副组长，侯芙生院士和张德义副总工程师任顾问的课题组，成员包括中国石化石油化工科学研究院、中国石化北京化工研究院、中国石化抚顺石油化工研究院、中国石化上海石油化工研究院、中国石化工程建设公司、中国石化经济技术研究院及中国石化有关部门的专家。为推进课题研究工作，我主持制定了工作方案，并于 2003 年 8 月 25 日召开了启动会，确定了战略研究的内容与分工，会议确定按照石油化工涵盖的主要技术把本课题再细分为 17 个专题进行研究。在课题组成员

的共同努力下，于2003年10月28日完成了本课题的研究工作，向“制造业发展科技问题研究”专题组上报了研究报告。

（三）课题研究报告的主要成果

一是研判了世界石化科技发展趋势：原油深加工和清洁燃料生产技术是炼油技术发展的主要方向；油化一体化的炼油技术成为炼油技术发展的重点之一；石化工程技术的进步为石化装置的大型化奠定了技术基础；乙烯及其他基本有机原料生产技术不断进步，蒸汽裂解仍将是制取低碳烯烃的主要技术；三大合成材料技术日新月异，催化剂的发展继续发挥先导作用；石油化工加速向智能化方向发展；石化生产过程向清洁化方向发展；石化专用设备技术不断进步，为石化生产技术发展创造了条件；以天然气或煤为原料经合成气生产车用油品和低碳烯烃等石化产品已进行了大量技术储备性研究开发工作，部分技术步入工业应用阶段；高新技术在石化领域的应用开发将对石化技术的发展产生重要影响。

二是分析了我国石化工业科技现状与主要差距。

（1）科技现状：炼油技术基本立足国内，部分技术达国际先进水平；开发了部分石油化工技术，并实现了工业化；85%以上的炼油与石油化工生产用的催化剂、溶剂、助剂立足国内；新产品开发基本满足市场需求；部分石化专用设备已实现国产化；信息技术在石化工业的应用中取得了初步成效；研发机构和人才培养奠定了比较坚实的科技发展基础。

（2）主要差距：现有炼油技术还不能完全满足清洁燃料及润滑油发展的需要；尚未形成具有自主知识产权的石化核心技术，石油化工的主体技术仍需引进；应用基础研究和前瞻性技术研究不够，原始创新少；石化工程研究与开发力量较为薄弱；信息技术在石化工业中的应用需要进一步加强。

三是预测了未来需求。在预测石化产业发展需求的基础上，对未来石化技术需求进行了预测分析：现有装置进行结构调整、消除

“瓶颈”的技术改造，需要大量先进实用技术；建设一批大型炼油厂和石化厂，需要成套技术；合理利用原油资源，提高石油资源利用率，需要原油深度加工技术；满足运输燃料进一步清洁化的要求，需要清洁燃料生产技术；实现石化产品高性能化，提高国内石化产品国际竞争力，需要发展三大合成材料生产技术；实现石油化工智能化生产，需要石化信息技术；支撑石化工业发展，需要发展相关的工程、环境保护及专用设备制造技术；实现石化技术创新，需要加强应用基础研究和探索性研究。

四是提出了发展思路与战略目标。在提出瞄准世界石化科技前沿，面向未来 20 年石化科技发展思路的基础上，提出了未来 5 年和未来 15 年炼油技术、石油化工技术和石化智能化技术的战略目标。

五是提出了战略重点和主要任务。石油化工生产流程进步的重点在系统流程的优化及其关键技术的突破。重点发展以下 6 个领域的技术：

（1）清洁燃料型千万吨级炼油厂成套技术。

（2）化工原料型大型炼油厂成套技术。

（3）大型乙烯及有机原料集成技术。其中我特别提出了大型乙烯成套技术，应尽快开发和形成拥有自主知识产权的百万吨级大型乙烯成套技术，包括先进、节能、低投资的大型裂解炉技术和乙烯分离技术以及与之配套的关键设备和催化剂等。

（4）大型合成纤维原料集成技术。

（5）三大合成材料高性能化技术。

（6）石化生产智能化技术。

六是提出了深化科技体制改革等 6 个方面的措施与建议。

（四）课题研究报告的报送情况

“石油化工流程的进步与智能化制造技术”课题研究报告按时于 2003 年 10 月底上报“制造业发展科技研究”专题组，专题组在徐匡迪院士领导下，综合 19 个课题的研究成果，形成了综合报告并于

2004 年 3 月底上报国家中长期科学与技术规划领导小组办公室。规划领导小组办公室汇集了 20 个专题的战略研究成果，形成了 120 万字的《国家中长期科学与技术发展规划战略研究报告》，共有 2000 多名专家参与研究，为紧接着启动的国家中长期科学与技术发展规划纲要的编制奠定了坚实基础。

“石油化工流程的进步与智能化制造技术”研究是“国家中长期科学和技术发展规划战略研究”的组成部分，开展此项研究正值中国石化集团公司要编制中长期科技发展规划纲要(2006—2020 年)之际，因此“石油化工流程的进步与智能化制造技术”课题研究也为中国石化集团公司编制中长期科技发展规划奠定了基础。

四、主持“石油化工装备制造业自主创新战略研究”

2005 年参与中国工程院重大咨询项目“装备制造业自主创新战略研究”，主持“石油化工装备制造业自主创新战略研究”。

（一）项目的由来

装备制造业是为国民经济和国防建设提供技术装备的基础产业，振兴装备制造业是提高我国国际竞争力，实现国民经济全面、协调和可持续发展的战略举措。建设创新型国家，装备制造业是关键，增强自主创新能力，装备制造业应该先行。为了提高我国装备制造业的自主创新能力和建设创新型国家，中国工程院于 2005 年 9 月立项启动了“装备制造业自主创新战略研究”咨询项目，由徐匡迪院长任项目组组长，邬贺铨副院长和柳百成院士任副组长，我是项目组成员之一，共 30 余位院士、200 余位专家参与了此项咨询研究工作。

“装备制造业自主创新战略研究”项目共设立了 15 个课题组，包括：机床制造业、电力装备制造业、钢铁装备制造业等，其中第 4 个课题是“石油化工装备制造业自主创新战略研究”，由我负责完成。为此，我组织成立了由我任组长，中国石化物资装备部副主任王玉台任副组长的课题组，成员包括中国石化原物资装备部副主任王庭俊、天华化工机械及自动化研究设计院院长肖世猛、南京工业炉设计研究所副所长李金科、中国石化南化公司化工机械厂厂长李建平、中国石化工程建设公司设备室原主任李秀清、沈阳鼓风机(集团)有限公司总经理苏永强和中国石化总部有关部门的专家刘佩成、贾鹏林、余良俭等。

2005 年 10 月 12 日下午，我在中国石化集团公司总部组织召开了课题启动会，学习了国务院《关于加快振兴装备制造业的若干意见》，传达了中国工程院关于“我国装备制造业自主创新战略研究”项目启动会的有关要求，明确了开展“石油化工装备制造业自主创新战略研究”课题研究的目的，确定了课题研究提纲、分工及计划安排，启动了课题研究工作。之后，我组织课题组完成了调查研究和资料收集，研究报告撰写，召开了三次研讨会，并多次修改研究报告，于 2006 年 9 月 14 日完成了课题研究报告并上报中国工程院项目组。

（二）课题研究主要成果

一是研判了世界石化装备制造业发展趋势：石化装备日趋大型化；石化装备研制与工艺技术研发、设计结合紧密；石化装备机电一体化水平持续提升；发展节能、环保型石化装备；新材料、新设计和新的制造技术不断得到应用。

二是分析了我国石化装备制造业自主创新能力现状及存在问题。

（1）现状：我国石化装备制造业不断发展壮大；初步形成了石化企业与装备制造业间紧密结合的创新机制；自主创新能力显著提高，重大装备国产化取得突破；初步形成了一支实力较强、专业配套的石化装备研发、设计队伍。

（2）存在问题：石化装备制造业的产业布局和产品结构不尽合理，特种材料不能满足需求；石化装备制造企业的自主创新能力总体偏弱；装备技术研发与工艺技术研发结合不紧密，装备技术引进与消化吸收脱节；石化装备的系统集成能力差，跟踪服务水平不高，产品的专业化、标准化、系列化程度低；装备制造业自主创新的政策环境有待改善。

三是以炼油装置加氢反应器国产化和乙烯裂解气压缩机、丙烯制冷压缩机和乙烯制冷压缩机为例，进行了我国石化装备制造业自主创新模式案例分析。

四是提出了指导思想和战略目标。未来15年石化装备制造业的战略目标：拥有一批集产品设计、研发、制造、工程承包、技术服务于一体，自主创新能力强、产业结构合理，具有自主知识产权、成套系统集成能力和较高知名度的国际化大型企业集团；建成一批以大型骨干企业为核心、专业化分工合理、相互促进、协调发展的优势产业集群，形成若干个具有特色和知名品牌的石化装备制造基地；装备制造水平达到发达国家的先进水平，装备技术满足石化工艺技术发展及生产需求；拥有若干个具有国际先进水平的石化设备研发工程中心；提高石化装备自给率，到2020年除少数国外专利设备外，国产炼油和石化设备基本满足国内需求。

五是战略重点与关键技术。

战略重点：以一批大型炼油项目和乙烯项目为国产化依托工程，实现千万吨级大型炼油成套设备、百万吨级大型乙烯成套设备和对二甲苯(PX)、精对苯二甲酸(PTA)及聚酯成套设备国产化。

关键技术：千万吨级炼油装置重大设备研制；百万吨级乙烯及其下游装置重大设备研制；百万吨级精对苯二甲酸装置重大设备研制。

六是提高我国石化装备制造业自主创新能力的措施与政策建议。

（三）课题研究成果报送情况

“石油化工装备制造业自主创新战略研究”课题研究报告报送中

国工程院项目组的同时，其他14个课题组的研究报告也相继报送项目组，项目组综合了15个课题的研究报告，撰写了“装备制造业自主创新战略研究综合报告”，作为《装备制造业自主创新战略研究》专著的第一部分，15个课题的研究报告依次作为该专著的一个部分(“石油化工装备制造业自主创新战略研究”报告为第五部分)，于2007年12月由高等教育出版社出版发行，供政府、装备制造业、科技界、教育界及其他社会各界人士参考。共有30余位院士、200余位专家参加了此项战略咨询研究。

五、主持“建设资源节约、环境友好的石油化学工业”课题研究

2005年参与中国工程院重大咨询项目“建设节约型社会战略研究”，主持“建设资源节约环境友好的石油化学工业”课题研究。

(一) 项目由来

党中央、国务院向全国人民提出了在我国建设节约型社会的要求，并将其列为基本国策。为了支持这一基本国策，中国工程院于2005年5月组成了以徐匡迪、宋健、钱正英为顾问，王淀佐、张彦仲为组长，有33位院士和200多位专家参加的项目组，开展“建设节约型社会战略研究”。项目组从节约资源能源、提高资源能源利用效率、降低设备能耗、回收利用再生资源等角度出发，在资源、能源、制造业、城镇化建设、4R(减量化、再利用、再循环、再制造)5个方面，开展29个子课题研究。其中课题4为“节约型制造”，包括建设资源节约环境友好的钢铁工业、建设资源节约环境友好的化学工业、建设资源节约环境友好的石油化学工业、建设资源节约环境友好的有色金属工业、建设资源节约环境友好的建材工业、建设资源节约环境友好的汽车制造业6个子课题，由我负责“建设资源节约环境友好的石油化学工业”子课题研究。

项目组于2005年5月8日在中国工程院召开了“建设节约型社会战略研究”启动会，徐匡迪院长对项目研究提出了三点要求：一

是要借鉴国外经验，从国情出发，建设有中国自己特点的节约型社会；二是以资源“瓶颈”和生态环境为切入点，从工程科技角度，加强技术创新，提高资源利用率，走中国式新型工业化道路；三是要从战略性、全局性进行研究，提出资源节约方向和目标，建设一批节约型工程项目和工业示范工程。启动会确定了各子课题研究大纲和项目总体进度安排。

根据项目启动会的要求，我组织成立了由我任组长，中国石化经济技术研究院朱煜院长为副组长，侯芙生院士和张德义副总工程师为顾问的课题组，成员有许莹、刘佩成、柯晓明、周小燕等。根据项目组确定的研究大纲，我带领课题组开展了课题研究工作，并按期完成了研究报告。

（二）课题主要成果

（1）石油化学工业发展趋势及现状：

一是石化工业国际发展趋势：注重原油深度加工技术的开发与应用；装置大型化推动石化生产能耗物耗不断降低；石化生产趋于一体化、集群化，资源得到充分的优化配置和综合利用；广泛采用先进的工艺技术，能耗不断降低，资源利用率不断提高；高度重视环境保护工作。

二是我国石化工业现状：实施技术改造和结构调整，推进装置大型化，不断降低能耗物耗；采用先进技术，积极实施“煤代油、焦代油、气代油”工程，提高资源利用效率；强化节水减排工作，合理使用水资源，提高工业水重复利用率；推广应用清洁生产技术和环境友好产品生产技术，以资源的高效和循环利用支持循环经济的发展。

（2）我国石化工业产品需求预测与面临的挑战：

一是对 2010 年和 2020 年我国石油和石化产品需求进行了预测。

二是分析了我国石化工业面临的挑战：石油资源短缺，对外依存度高；石油资源浪费严重；石油资源利用率低；工艺技术与国外有一定差距，造成装置能耗较高；“三废”综合治理有待进一步加强。

(3) 提出了指导思想：

坚持资源开发与节约并重，把节约放在首位的方针，以提高石油资源利用率为目标，以节约能源、节约原材料、节约用水等为重点，依靠科技进步，加快结构调整，发展深度加工，大力发展循环经济，实现清洁化生产，积极转变经济增长方式，加快创建节约型现代石化工业，以资源和能源的有效合理利用，促进石化工业的可持续发展。

提出了2010年、2020年建设节约型石化工业的炼油能耗、轻油收率、乙烯综合能耗等奋斗目标。

(4) 重大工程及其关键技术：

重大工程：提高石化工业资源利用率工程。紧紧围绕有效和合理使用油气资源，重点发展提高资源利用效率的炼油与石化大型生产装置成套技术及装备、炼油化工一体化技术及装备、增产交通运输燃料和石化原料的原油深度加工技术及装备。

关键技术：清洁燃料型千万吨级炼油厂成套炼油技术及装备；原油深度加工技术及装备；百万吨级大型乙烯等大型成套技术及装备；炼油厂和乙烯装置 C_4^+ 以上低价值烯烃资源经催化裂解生产乙烯、丙烯的成套技术及装备；炼油厂利用钢铁企业副产煤气制取氢气的技术装备。

(5) 有关政策与措施建议。

(三) 课题研究成果报送情况

“建设资源节约、环境友好型石油化学工业”课题研究报告报送中国工程院“建设节约型社会战略研究”项目组后，项目组综合29个子课题的研究成果，汇总形成了“建设节约型社会战略咨询研究”总报告，提出了17项重大节约工程和若干个关键技术项目，并与29个分报告集成，形成了《建设节约型社会战略研究》，于2009年2月印制，报送有关政府部门和有关单位参考。

六、主持“石化行业 CO_2的排放、评估及其对策研究”

2006 年参与中国工程院重点咨询项目“化工、冶金与材料领域中 CO_2的排放、评估及其对策研究”，主持“石化行业领域的 CO_2排放、评估及其对策研究”。

（一）项目由来

温室气体特别是 CO_2的大量排放是气候变暖的主要因素，控制和减少 CO_2排放是人类社会面临的紧迫任务，而我国各行业在温室气体排放的研究方面基础薄弱，为了应对国际形势需要，中国工程院化工、冶金与材料学部于 2006 年 6 月设立此项咨询项目。

鉴于钢铁、化工、石化和水泥四个行业在工业中占有重要地位，同时也是能源消耗和 CO_2排放的重要产业，因此该项目重点针对钢铁、化工、石化和水泥四个流程工业的 CO_2排放和 CO_2的计算方法进行研究，以期为我国政府气候变化谈判提供科学依据，同时也为其他工业领域研究 CO_2排放提供参考。为此，该项目设立了钢铁、化工、石化、水泥四个课题组，分别开展本行业领域的 CO_2排放、评估及其对策研究，我分工负责石化课题研究。我组织成立了由我任组长，成员包括朱煜、刘佩成、李家强、闵剑等专家组成的课题组，开展“石化行业 CO_2排放、评估及其对策研究”。

（二）课题研究主要成果

（1）分析了国外石化工业 CO_2排放研究进展：

一是国外石化工业 CO_2排放计算评价方法研究进展：主要有三种方法，包括美国石油学会（API）的方法、国际能源机构（IEA）的方法和政府间气候变化专门委员会（IPCC）的方法。

二是国外 CO_2减排、封存与利用技术进展：国外减排 CO_2主要是通过提高能源利用效率、降低能耗、开发可再生能源和新能源、向低碳能源转变等措施来实现；CO_2捕集与封存主要是把石化工业排放的CO_2分离出来，然后被压缩、输送并封存在地质构造、海洋、碳酸盐矿藏中，使之长期与大气隔绝，或者用于工业制造；CO_2的最大用途是用于石油开采的CO_2驱油项目，其他用途主要是将捕集的CO_2以气体、液体形式利用或作为生产有价值含碳产品的原料。

（2）我国石化工业CO_2排放现状：2007年我国炼油生产能力4.2亿吨/年，乙烯生产能力998.5万吨/年，均居世界第二位。石化工业能耗水平在我国各耗能行业中位于冶金、建材、化工和电力之后，排第五位。多年来我国石化工业积极实施技术改造和结构调整，推进装置大型化、推广先进适用技术，加强节能管理，促进能耗不断下降。但我国石化工业要进一步减少CO_2排放量，还面临很多问题和挑战，主要是装置结构、技术水平与国外仍有较大差距，造成能耗较高；以化石能源为主的燃料结构使我国石化工业CO_2排放量相对较大；加工原油日趋劣质化，油品质量不断升级，给企业减排CO_2带来较大难度，节能减排管理水平和减排CO_2意识有待进一步提高。

（3）我国石化工业CO_2排放的估算与评价：确定了计算的边界条件和排放范围、计算依据和方法，进行了CO_2排放量的估算与预测，并对我国石化工业CO_2排放情况进行了分析。

（4）我国石化工业CO_2减排的技术途径和措施：一是进一步提高能源利用效率，降低能耗物耗，减少CO_2排放量；二是加强CO_2的回收与利用，努力实现CO_2的绿色化；三是调整燃料结构和产品结构，使用低碳能源和可再生能源，降低CO_2排放量。

（5）提出了有关政策与建议。

（三）研究成果报送情况

钢铁、化工、石化和水泥4个行业的课题组的研究报告完成后，项目组综合4个课题组的研究成果，于2008年9月形成了“钢铁、化工、石化和水泥行业中CO_2的排放、评估及其对策研究”总摘要，并汇集总摘要和4个行业的研究报告及其摘要，形成了“化工、冶金与材料工业领域中 CO_2 的排放、评估及其对策研究”研究成果上报中国工程院。中国工程院于 2008 年 10 月印制了中国工程院咨询项目《化工、冶金与材料工业领域中 CO_2 的排放、评估及其对策研究》咨询报告，并于 2009 年 3 月 13 日以中国工程院文件中工发〔2009〕21 号文《关于报送“我国主要流程工业 CO_2 排放的评估及对策研究”的报告》，上报政府有关部门参考。

七、主持“石化工业可持续发展战略研究”

2008 年参与中国工程院重大咨询项目“中国制造业可持续发展战略研究”，主持“石化工业可持续发展战略研究”。

（一）项目由来

21 世纪头十年，我国制造业发展迅猛，增速一直高于国民经济平均增速，产业技术水平有所提高，产品产量与质量相应提升，我国已成为名副其实的制造大国。但我国制造业也存在一系列问题，如产品总体上还处于低端，关键核心技术主要还是靠引进，对国外市场依存度过大等。鉴于我国经济仍在工业化的中期，经济还要持续增长，其中制造业仍然是国民经济的支柱和领头产业，我国提出建设创新型国家的目标，而制造业是技术创新的主要载体和平台。如何按照科学发展观的要求，使制造业的发展在已取得成绩的基础上逐步消除存在的问题，实现可持续发展是摆在我们面前紧迫的任务。为此，中国工程院于 2008 年 10 月正式立项启动了“中国制造业可持续发展战略研究”咨询项目。

该项目由中国工程院副院长朱高峰院士任组长，成立了由 19 位院士和专家组成的项目组，我是项目组成员之一。项目组选择制造业中的十个行业开展研究，这十个行业分别属于原材料加工业（钢铁制造业、石化工业）、装备制造业（能源装备制造业、机床制造业、汽车制造业、轨道交通装备制造业）、轻纺工业（轻工制造业、纺织制造业）、新兴产业（电子信息制造业、通信设备制造业）。十个制造业的总量约占工业总产值的69%，具有代表性。在项目组的组织下，按10个行业成立课题组开展课题研究工作。我是第八课题“石化工业可持续发展战略研究”的负责人，根据项目组的要求，我组织成立了由我任组长，侯芙生院士为顾问，李希宏、毛加祥为副组长，成员包括何铮、刘佩成、史昕、柯晓明、余皎、刘剑平等15位专家组成的课题组，并组织开展了“石化工业可持续发展战略研究”。

（二）课题研究主要成果

经过半个多世纪的发展，我国石化工业已建成了完整的工业体系，具备了较强的发展实力，为国民经济和社会发展作出了重要贡献。但仍存在一些制约可持续发展的关键问题，主要表现在石油资源供应严重不足，石油对外依存度不断升高；乙烯原料供应趋紧，资源约束加大；产业集约化程度偏低，产业布局和产品结构不尽合理；节约环保和产品质量升级要求日趋严格，成本压力增加；原始创新能力仍不足等方面。

本课题以科学发展观为指导，深入分析2000年以来我国石化工业的发展变化、面临的国内外环境及存在的关键问题，总结剖析我国石化工业典型的可持续发展案例，提出我国石化工业实现可持续发展的思路、战略目标、途径与措施及政策建议，为“十二五”规划的编制提供参考依据。

1）战略思路

本研究立足于需求可持续增长、资源可持续供应、环境可持续发展三个基点，提出了中国石化工业可持续发展的战略思路：一是调整产业布局，提高产业集中度；二是强调内涵发展，转变发展方式；三是依靠自主创新，实现产业升级；四是提高资源利用率，适度发展替代。

2）战略目标

在战略目标研究中，通过对高、中、低三种方案中原油依存度、油品市场满足程度、乙烯原料自给率和乙烯当量需求满足程度的对比分析，确定了战略目标。

一是我国炼油能力发展以全部满足国内成品油需求为目标(具体目标略)。

二是我国乙烯生产能力发展以炼油提供的化工轻油为主要原料基础，适度考虑煤制低碳烯烃(具体目标略)。

三是石化产业的技术发展目标：到2015年，炼油技术总体达到国际水平，部分达到国际先进水平，石油化工主体技术接近国际先进水平，部分技术达到国际水平；到2020年，炼油整体技术要达到国际先进水平，石油化工主体技术和主要装置技术经济指标将达到世界先进水平。

四是我国石化产业的节能降耗及技术经济目标：到2020年，炼油加工吨原油综合能耗等主要炼油技术经济指标达国际先进水平；乙烯装置燃动能耗及其他化工装置主要技术经济指标总体达到届时国际先进水平。

3）推动石化产业升级必须采取的有效途径和措施

一是建立健全国际化石油资源供应体系，扩大海外原油资源获取渠道，坚持原油贸易多元化，完善石油储备体系和原油储运系统建设，保证原油资源安全稳定供应；二是优化调整石化产业战略布局，走集约化、一体化、园区化道路，加强现代物流体系建设，提高产业集中度；三是进一步深化石化工业发展的一体化模式，加强产业间一体化联合发展；四是加快装置结构、原料结构和产品结构调整，推动产业优化升级；五是加强自主创新，建设产学研相结合的石化产业技术创新体系，依靠科技进步转变发展方式；六是加强环境控制和治理力度，大力推进节能减排，发展循环经济和低碳经济；七是积极发展国际化经营，完善国际贸易网络建设，提升国际竞争力；八是科学有序发展生物燃料和煤化工，引导生物燃料和煤化工产业健康发展。

4）有关政策建议

建议国家继续实施炼油产业和成品油市场监管，淘汰落后生产能力；严格执行原油、成品油非国营贸易的配额管理和准入制度；推行税收等多项优惠政策，鼓励企业提高资源、能源利用率，实现清洁生产，推进节能减排，建立油气商业储备等。

（三）课题成果报送情况

在制造业十个课题组完成研究报告的基础上，项目组综合十个行业研究成果，完成了“中国制造业可持续发展战略研究”总报告。总报告剖析了我国制造业发展现状与国际制造业发展状况、趋势及对我国制造业发展的启示，分析了我国制造业可持续发展的紧迫性，提出了我国制造业可持续发展的目标、路径以及研究结论与建议。这项研究工作，共有上百位专家参与。最后，项目组汇集总报告和十个行业课题组研究报告，形成了中国工程院咨询研究项目《中国制造业可持续发展战略研究》，由机械工业出版社于 2010 年 10 月出版发行，奉献给关心和支持我国制造业发展的政府、企业界、科技界、教育界以及其他社会各界人士，以期为我国制造业的可持续发展以及“十二五”规划的编制提供参考依据。

八、主持“石化工业强国战略研究”和“石化工业数字化、网络化、智能化制造技术路线图研究”

2013 年至 2014 年参与中国工程院重大咨询项目“制造强国战略研究”，主持“石化工业强国战略研究”和“石化工业数字化、网络化、智能化制造技术路线图研究”。

（一）项目由来

制造业是国家安全和人民生活的物质基础，是国民经济的支柱。新中国成立以来，我国制造业综合实力不断增强，不仅对我国国民经济发展作出了重要贡献，而且成为支撑世界经济发展的主要力量。但我国制造业仍"大而不强"，与发达国家相比，我国制造业的整体素质和竞争力仍有明显差距，主要表现在自主创新能力不强，产品质量问题突出，资源利用效率偏低，产品结构不尽合理等方面。因此，实现我国从"制造大国"到"制造强国"的转变，是新时期我国制造业发展面临的重大课题。

"制造强国战略研究"是中国工程院会同工业和信息化部、国家质检总局，从 2013 年至 2014 年联合组织开展的重大咨询研究项目。项目特聘请中国工程院主席团名誉主席徐匡迪院士、工业和信息化部苗圩部长、中国工程院常务副院长潘云鹤院士、原机械工业部副部长陆燕荪担任顾问，由中国工程院院长周济院士和朱高峰院士担任组长，50 多位院士和 100 多位专家共同参与了研究工作。

项目组成立了总体组、6 个综合课题组和 13 个领域课题组，我是总报告课题组成员之一，并负责完成第 9 领域课题"石化工业强国战略研究"和"石化工业数字化、网络化、智能化技术路线图"研究工作。为此，我组织成立了"石化工业强国战略研究"课题组和"石化工业数字化、网络化、智能化技术路线图"课题组，并组织两个课题组开展咨询研究工作。"石化工业强国战略研究"课题组由我任组长，成员包括李希宏、李德芳、谢在库、胡迁林、何铮、刘佩成、宫向阳、史昕、潘煜、方志平、庄毅等 22 位专家；"石化工业数字化、网络化、智能化技术路线图"课题组，由我任组长，成员包括李德芳、王宏安、刘伟、宫向阳、蒋白桦、王永耀、索寒生、刘佩成、史昕、董力等专家。

（二）课题报告主要成果

1）本课题在总结我国石化工业产业现状的基础上，进行了与世界石化制造强国的对比分析。课题从规模发展、质量效益、结构优化、持续发展四个方面建立了石化强国指标体系。通过与美国、英国、法国及日本等石化强国的对比分析可以看出，我国石化工业综合指数与以美国为代表的第一方阵和以日本为代表的第二方阵相比存在较大差距，与英国、法国同处于第三方阵。

通过对比分析，目前我国石化工业存在的主要问题是“大而不强”，发展短板是质量效益不高、持续发展能力不强。我国石化工业已具备较明显的规模优势，但发展的质量和效益有待提高，数字化、网络化、智能化的应用水平与国外先进水平差距较大，缺乏有竞争力的高端产品及产品链；产业集中度偏低，布局不尽合理，平均规模偏小，尚存在一定比例的落后产能，龙头企业的国际竞争力和品牌影响力有待提高；自主创新能力不强，缺乏行业领先的核心技术，资源利用效率偏低，影响行业可持续发展。

2）研判了未来世界石化工业的六大发展趋势：一是未来石化产品需求将继续增长，带动石化产业规模不断扩大；二是中东、亚太地区的地位快速上升，北美石化工业进入新的增长期；三是结构调整步伐加快，开始由规模带动向质量和效益提升的阶段转变；四是循环经济理念受到重视，绿色低碳引领未来发展；五是新一轮科技革命和产业变革形成历史性交汇，创新成为驱动石化产业发展的主要力量；六是随着信息技术的迅猛发展，物联网、云计算、大数据等新一代信息技术给石化生产方式带来革命性的变化。

3）提出了我国成为石化制造强国的发展战略及目标：

发展战略：总体战略——以“创新驱动、质量为先、绿色发展、结构优化、两化融合”为指导方针，加快转变发展方式，大力推动产业优化升级，努力促进信息化与石化工业深度融合，积极用高新技术进行改造提升，大力调整产业结构，努力提高产品质量，增加高端石化产品比重，培育一批具有国际竞争力的世界一流的石化企业和知名品牌，增强我国石化工业整体竞争力，推动我国由石化生产大国发展成石化强国。同时提出了创新驱动战略，质量为先战略，结构优化战略，绿色发展战略和两化融合战略。

发展目标：

2020 年目标：从规模发展、质量效益、结构优化、持续发展、

“两化”融合五方面提出了发展目标。

2025 年目标：我国石化工业转变发展方式取得实质性进展，自主创新能力明显增强，一批具有自主知识产权的先进技术占领世界制高点，高端石化产品比重大幅提升，产业竞争优势进一步增强，环境友好型、资源节约型和本质安全型的可持续发展模式基本确立，围绕石化行业的全价值链，构建数字化、网络化、智能化的绿色制造车间、单元和设备，形成一批机制灵活、管理科学、充满活力的世界一流大型石化企业，建成创新能力强、质量效益好、结构优化、绿色低碳发展、“两化”深度融合的石化工业体系，整体进入世界石化强国第二方阵。

4）为实现石化强国的发展目标，提出了到 2025 年的重点任务：

一是提高自主创新能力。需提升的关键核心技术包括提高燃油经济性和油品质量的重大技术、原料多元化低能耗乙烯成套技术、节能型芳烃生产组合工艺、等离子裂解工业化成套技术、干式硅烷法多晶硅生产技术、绿色生态农药生产技术等；需要突破的重大核心技术包括重劣质原油资源最大化利用技术、低成本低碳烯烃生产新工艺、现代煤化工产业发展关键技术、CO_2资源化利用技术等；前沿技术包括低碳及分子炼油技术、微藻生物柴油技术、低碳及过程强化技术、新型催化材料技术、高分子材料的分子设计技术、生物炼制技术等；提出了重大创新能力建设、重大创新工程和示范工程以及大力发展系列重大产品等。二是强化提升产品质量的全面质量管理。三是优化调整结构。四是推行绿色生产。五是加快信息化和石化工业的深度融合。

5）提出了石化工业技术发展路线图和数字化、智能化技术路线图。

6）提出了若干保障措施和建议。

（三）课题成果报送情况

从 2013 年 1 月项目启动之后，项目组先后赴广东、贵州、天津、浙江、江苏、山东等地进行调研，多次召开研讨会和成果交流会。经过深入研究，项目明确提出了我国跨入制造强国行列的“三步走”战略目标，提出实现制造强国必须遵循的“创新驱动、质量为先、绿色发展、结构优化、人才为本”的发展方针，以及实施制造强国战略的 8 项战略对策，并提出要加紧研究制定“中国制造 2025”，作为动员全社会力量建设制造强国的总体战略，为我国在 2025 年迈入世界制造业强国提供科学指引。在研究过程中，项目组高度重视与国务院相关部委的沟通，推动项目研究成果及时为政府决策提供科学支持。2014 年 1 月 7 日，国务院有关领导同志听取了项目组阶段研究成果汇报，并对“制造强国战略研究”项目的研究工作给予了充分肯定。随后，项目组积极参与配合工信部研究制定“中国制造 2025”战略的相关工作，为国家战略决策提供有力的科技支撑。2014 年 7 月至 12 月，项目总体组综合了综合课题组和各领域组的研究成果，形成了项目研究总报告，上报党中央国务院。

“制造强国战略研究”项目完成后，项目组集成两年来取得的系列研究成果，包括综合报告、六份综合课题报告、十三份领域报告和智能制造专题报告，分综合卷（其中领域课题组报告九为石化工业强国战略研究报告摘要）、领域卷（一）、领域卷（二）（其中第二篇为石化工业强国战略研究）和专题卷（其中智能制造专题卷中第三篇第九章为石化工业数字化、网络化、智能化制造技术路线图）共四卷，由电子工业出版社于 2015 年 5 月出版发行，为政府部门的科学决策及相关专家学者的进一步深入研究提供参考。

九、与黄其励院士共同主持“能源生产革命的若干问题研究”

2013 年参与中国工程院重大咨询项目“推动能源生产和消费革命战略研究”，与黄其励院士共同主持“能源生产革命的若干问题研究”。

（一）项目由来

能源是国家经济社会发展的基石，能源问题是关系国民经济发展的重大议题。党的十八大报告指出，要坚持节约资源和保护环境的基本国策，推动能源生产和消费革命，控制能源消费总量。为了及时通过战略研究为推动能源生产和消费革命提供科学咨询，中国工程院于2013年5月启动了“推动能源生产和消费革命战略研究”重大咨询项目。该项目由政协副主席兼中国工程院原院长徐匡迪院士、周济院长、时任常务副院长潘云鹤院士、时任副院长王玉普院士以及国家能源局原局长吴新雄担任顾问，中国工程院原副院长谢克昌院士任组长，下设六个课题，分别由相关能源领域院士担任课题组长，共有来自90家科研院所、高等院校和大型能源企业的300多名专家参与研究工作，其中院士39位。六个课题包括：生态文明建设与能源生产消费革命；世界能源版图变化与能源生产消费革命；第三次工业革命与能源生产消费革命；能源生产革命的若干问题研究；能源消费革命的若干问题研究；推动能源生产与消费革命的支撑与保障。其中第四课题“能源生产革命的若干问题研究”由黄其励院士和我为课题负责人，我们组织成立了由谢和平、彭苏萍、孙龙德、赵文智、岑可法、谭天伟、多吉、叶其蓁、徐銤、李阳、陈清泉、顾大钊12位院士和55位专家组成的课题组，经过收集资料、现场调研、深入分析研究、交流研讨等研究历程，最终完成并按时向项目组提交了研究报告。

（二）课题主要研究成果

本课题在分析国际能源发展趋势的基础上，研究了我国能源发展面临的突出问题，凝练了能源生产革命的若干基本判断，理清了能源生产革命的战略思路，提出了近期、中期、远期战略目标、重点任务、政策支撑，以及若干重大建议。

课题组研究认为，我国具备能源生产革命的必要性和基础，未来30~50年我国能源生产革命的战略思路可概括为“安全化、绿色化、智能化”，2020年初步构建、2030年基本形成安全、绿色、智能的能源系统，2050年全面实现能源安全化、绿色化和智能化，形成煤、油、气、核、可再生能源五足鼎立的多元能源供应体系。

课题研究报告提出了能源生产革命的战略重点任务，包括：①实施以安全、绿色、高效、智能为核心的煤炭科学开发战略，大力提高煤炭科学产能水平；②常规与非常规油气资源开发并重，强化技术攻关与应用，实现石油长期稳产、天然气产量倍增发展；③加快燃煤污染物综合脱除与资源化利用技术开发，实现超低排放；④充分利用煤炭能源、资源的双功能性，实现煤炭高效率、高效益发电和分级、综合利用；⑤以占一次能源30%~40%及以上贡献率为目标，大比例开发利用可再生能源；⑥发展更先进、更安全的核电技术和核能的多元化利用；⑦推进低能耗、低成本、规模化CCUS(碳捕集、利用与封存)技术研发与工程示范；⑧加大新能源汽车系统技术创新和规模化推广应用；⑨加快智能电网技术创新，实现发电、电网、用电信息协调发展，以及能源与信息的高度融合；⑩加快发展化石能源与非化石能源耦合协调发展的智能化能源系统；⑪积极发挥能源绿色转型在协同推进新型工业化、城镇化、信息化、农业现代化和绿色化中的作用。此外，研究报告还提出了推动我国能源生产革命的若干措施和政策建议。

（三）研究成果报送情况

在第四课题“能源生产革命的若干问题研究”完成研究报告的同时，其他五个课题组也相继完成了研究报告的撰写，项目组综合六个课题组的研究成果，完成了“推动能源生产和消费革命战略研究”综合报告。综合报告对能源生态协调发展、能源消费总量控制、能源供给结构优化、能源科技创新发展、能源体制机制保障等一系列突出矛盾和问题进行了深入分析，提出了解决的总体思路和主要策略。项目组整合综合报告和六个课题报告，形成《推动能源生产和消费革命战略研究系列丛书》于2017年4月由科学出版社出版发行。该丛书的综合卷为《推动能源生产和消费革命战略研究》，其他各卷以六个课题分别命名，其中由黄其励院士和我共同主持完成的第四课题的研究成果以《能源生产的若干问题研究》命名列为该系列丛书之一。该项目在研究过程中形成的一些重要成果和核心认识，已及时上报中央和国家有关部门，并已在能源规划、政策和重大决策中得到体现。该丛书的出版为政府、企业界、科技界、教育界以及社会各界从事或关心我国能源发展的人士提供了参考。

十、牵头与殷瑞钰、曹湘洪院士共同主持“面向2035的流程制造业智能化目标、特征和路径战略研究”

（一）项目由来

21世纪以来，信息技术呈现指数级增长，数字化网络化智能化加快普及应用，制造系统集成式创新不断发展，形成了新一轮工业革命的三大驱动力，特别是新一代人工智能技术与先进制造技术深度融合所形成的新一代智能制造技术，已成为新一轮工业革命的核心驱动力。

制造业是实体经济的主体，是现代化经济体系的重要组成部分。流程制造业包括钢铁、石化、建材、化工、有色金属等工业，是制造业的重要组成部分。经过数十年的发展，我国流程制造业工艺技术水平大幅提升，整体实力增长迅速，已成为世界上门类最齐全、规模最庞大的流程制造业。但与世界制造强国相比，我国流程制造业还存在资源与能源利用率偏低、产品结构不尽合理、产能过剩较为严重、高端制造水平亟待提高、安全环保水平有待提升等问题，迫切需要加快转型升级、提质增效，迫切需要加快向绿色化和智能化方向发展。流程制造业智能化将引发企业发展理念、工厂模式发生重大变革，推动流程制造业获得竞争新优势，实现产业竞争力的整体跃升。流程制造业智能化是顺应我国实施制造强国战略的必然选择，是贯彻落实党的十九大精神的重大举措，更是推进我国供给侧结构性改革、实现我国经济高质量发展的重要途径。为此，中国工程院于2017年底批准设立了“面向2035的流程制造业智能化目标、特征和路径战略研究”咨询项目，以期为我国流程制造业智能化提供科学指引。

该项目由我和殷瑞钰院士、曹湘洪院士负责。经我和殷瑞钰院士、曹湘洪院士研究，决定以钢铁工业和石化工业为流程制造业的主要研究对象，因此成立了钢铁和石化两个课题组。钢铁组由张寿荣院士、王天义、李文秀、温燕明、秦松、孙彦广、曾加庆等23位专家组成；石化组由孙丽丽院士、李德芳、戴宝华、杨锋、杨宇桐、蒋白桦、刘佩成、史昕、索寒生、宫向阳等21位专家组成。项目于2018年1月16日召开了启动会，确定了研究提纲和研究计划安排，启动了研究工作。

中国工程院战略咨询研究项目“面向2035的流程制造业智能化目标、特征和路径战略研究”启动会照片（第二排左起第1袁晴棠，2018年1月）

（二）课题主要成果

一是阐明智能化对流程制造业转型升级具有重要意义。发展智能制造是流程制造业转型升级的主要路径，不仅有助于企业全面提高生产效率、改善产品品质，满足常态下企业创新和升级的需求，还可带动众多新技术、新产品、新装备快速发展，催生新应用、新业态和新模式，驱动新业务的快速成长，推动流程制造业实现质量变革、效率变革和动力变革，促进流程制造业迈向全球产业链中高端。

二是对流程型制造流程的共性特征和个性特征的认识。

三是对流程型制造流程动态运行过程的物理本质的认识，其物理本质是：物质流在能量流的驱动和作用下，按照设定的“程序”，沿着特定的“流程网络”动态、有序运行，并实现多目标优化。流程型制造流程的动态运行过程是开放性的、非平衡的，属于在一个耗散结构内运动的耗散过程，为了优化流程运行的耗散过程，流程系统的运行状态应该是动态–有序、协同–连续/准连续的。主导形成流程结构的“序”以及流程运行的“序”是源于制造流程内部结构及其相关信息，因而必须认识到制造流程本身具有自组织性。制造流程的自组织性来自流程内相关工序/装置的功能序、空间序和时间序的合理配置和集成组合。

四是对流程型制造业智能制造的含义的认识，其含义是：以企业生产经营应对市场的灵活性显著提高、生产过程的效率、安全、清洁化显著提高和企业经济效益显著提高为核心目标，研发出来的生产经营全过程的数字物理融合系统。主要特征包括：具有物质流网络、能量流网络、信息流网络“三网融合与协同”的信息物理系统；具备深度感知、智能决策、精准执行、深度服务等功能，实际涵盖自感知、自学习、自决策、自执行、自适应等具体特征；涉及动态–精准设计、协同–优化运行、高效一体化管理、安全–低库存供应链、差异化服务等内涵。

五是提出了流程制造业智能化的发展战略：以党的十九大精神

为指导，以"理论突破、标准引领，总体规划、顶层设计，创新驱动、转型升级，试点示范、稳步推进"为原则，以深化供给侧结构性改革为主线，以智能化工厂为主攻方向，大力推动信息技术与先进制造技术深度融合发展，着力推进流程制造业技术研发智能化、工程设计智能化、生产过程智能化、经营管理智能化、供应链与服务智能化，突破制约流程制造业"两化"深度融合的关键智能化技术和重大智能化装备，构建新型现代化流程制造业智能化工厂和运营模式，推动我国流程制造业实现质量变革、效率变革、动力变革，实现由大向强的转变。

六是提出了战略目标：到 2025 年，数字化网络化制造在全国重点流程制造企业普及并得到深度应用，流程制造业智能化工厂在部分领域示范取得显著成效并开始在部分企业推广应用，使我国进入世界流程制造业智能制造先进行列；到 2035 年，数字化网络化的智能化工厂完成试点示范并开始推广应用，我国流程制造业实现转型升级，总体水平达到世界先进水平，部分领域达到世界领先水平，部分企业进入世界领先行列，为 2050 年我国建成世界一流的制造强国打下坚实基础。

七是提出了流程制造业智能化工厂的重点任务：包括工程设计智能化、供应链管理智能化、生产运行智能化、经营决策智能化、营销服务智能化等。针对钢铁和石化行业不同的特点，分别提出了钢铁和石化行业相应的重点任务。

八是提出了建设智能化钢厂和智能化石化厂需解决的工程科学问题。

九是提出了推进钢厂和石化厂智能化的路径。

十是提出了六项推进流程制造业智能化的战略举措和六项政策建议。

（三）该咨询项目研究成果提交情况

"面向 2035 的流程制造业智能化目标、特征和路径战略研究"

项目于2019年12月完成了项目研究报告并上报中国工程院，由于新冠肺炎疫情影响，中国工程院于2020年11月26日组织结题验收。项目提交研究报告一份，在《中国工程科学》杂志发表了一篇学术论文。2020年10月21—22日在北京召开了以本项目的研究成果为基础，以“制造流程物理系统与智能化”为主题的第682次香山科学会议。由殷瑞钰、干勇、曹湘洪、王国栋、毛新平五位院士和我担任会议执行主席。来自全国钢铁和石化系统大型企业、设计院所、高等院校、科研单位以及相关部委的专家、学者共50余人应邀出席了这次会议。殷瑞钰院士作了主题评述报告，我和曹湘洪、毛新平、干勇三位院士分别作了中心议题报告，22位专家围绕各个中心议题作了专题报告并展开了热烈讨论。这次会议取得了圆满成功。

在香山科学会议办公室呈送国家科技部、中国科学院、中国工程院等部委的“香山科学会议简报”第682期中，提及这次会议的特点：一是钢铁、石化两个典型的流程制造行业共同探讨了制造流程物理系统及其智能化，形成的认识具有高度理论性和典型代表性，所形成的成果将对流程制造业的智能化起到引领和促进作用；二是与会专家分别来自大学、企业、研究院所、工程设计单位，涉及面广，发言热烈、内容丰富，既有理论探索，也有前瞻性技术交流和工程应用展望，对流程制造业的智能化发展具有直接参考作用。总之，“面向2035的流程制造业智能化目标、特征和路径战略研究”成果对流程制造业的智能化起到了科学引领作用。

以上仅举例回顾了十个咨询项目。除了这些项目之外，还于2007年参与中国工程院咨询项目“创新型工程科技人才培养研究”。2009年至2010年参与完成了国家发改委委托的中国工程院咨询项目“石油石化行业创新能力平台研究”。2009年至2011年参与中国工程院立项的《工程演化论》案例篇的编撰工作，和王基铭院士等负责案例篇第六章《化工工程和石化工程的演化过程和规律》的撰写。

以“流程制造物理系统与智能化”为主题的第682次香山科学会议合影
（前排左起：第4孙丽丽、第5毛新平、第6袁晴棠、第7殷瑞钰、
第8曹湘洪、第9王国栋、第10唐立新，2020年10月）

2010年参与国家发改委委托的中国工程院重点咨询项目“‘十二五’战略新兴产业发展重点咨询研究”，主持完成子课题“高新技术改造提升石化产业‘十二五’发展战略研究”；参与中国工程院重大咨询项目“中国工程科技中长期发展战略研究”。2011年至2012年参与中国工程院“国家工程科技思想库建设研究”项目的子课题“咨询工作发展研究”。2011年至2013年参与中国工程院重大咨询项目“中国煤炭清洁高效开发利用战略研究”。2012年至2013年和王基铭院士共同主持完成了中国工程院咨询项目“石化煤基替代原料产业发展战略研究”；同期参与国家发改委委托的中国工程院重大咨询项目“战略新兴产业培育与发展研究”，参与“流程制造业战略新兴产业研究”，和王基铭院士共同负责“石化工业战略新兴产业”分课题研究。

2013年参与中国工程院重大咨询项目“2013中国战略新兴产业发展报告”，参与第六章“与流程制造业有关的节能产业”的撰写。2013年至2014年，参与“2014中国战略新兴产业发展报告”的研究，参与第五章“流程制造业节能减排的发展”的撰写；同期参与中国工程院咨询项目“矿产资源型企业国际化发展战略关键问题研究”，和童晓光院士共同主持子课题“我国石油公司国际化发展战略关键问题研究”；参与中国工程院重点咨询项目“工业绿色发展工程科技战略及对策”研究。2014 年至 2015 年参与国资委委托中国工程院重点咨询项目“加强中央企业技术创新体系建设战略研究”，和王礼恒院士共同主持“中央企业技术创新体系典型案例分析”课题研究；同期参与工信部委托中国工程院开展的重点咨询项目“工业行业空间布局与区域协调发展研究——重化工业与环境协调发展研究”，和曹湘洪院士共同主持“石化工业空间布局与区域协调发展研究”；参与中国工程院重大咨询项目“工业强基战略研究”，主持“石化工业强基战略研究”；参与中国工程院重点咨询项目“丝绸之路经济带油气勘探开发合作战略研究”的子项“‘一带一路’油气下游全产业链合作战略研究”。

2015 年主持完成中国工程院咨询项目“我国石化工业转型升级创新发展战略研究”。2015 年至 2016 年参与中国工程院重大咨询项目“中国工程科技 2035 发展战略研究”，和曹湘洪院士共同主持完成“石化工程科技 2035 发展战略研究”。2016 年至 2017 年参与中国工程院重点咨询项目“我国炼油和煤化工产业可持续发展与区域协调发展重大问题战略研究”，主持完成子课题“我国炼油产业可持续发展与区域协调发展重大问题战略研究”。2017 年至 2018 年和曹湘洪院士共同主持完成中国工程院“2035 工程科技中长期发展战略研究”项目——“面向 2035 的石化工业低碳化战略研究”；同期参与中国工程院重大咨询项目“工程科技颠覆性技术战略研究”，和曹湘洪院士共同主持完成“化工领域颠覆性技术战略研究”。

2018 年至 2019 年参与中国工程院重大咨询项目“工程科技支撑‘一带一路’建设战略研究”的子课题“‘一带一路’化工产业国际合作研究”；参与中国工程院立项的《工程知识论》案例篇撰写，和王基铭院士等负责案例篇第六章“石化工程知识案例研究”的撰写；同期参与中国工程院咨询项目“安全、可靠、清洁环保型炼油与化工企业构建”研究。

2019 年至 2020 年参与中国工程院重点咨询项目“我国石化工业

高质量发展战略研究”，主持子课题“我国石化工业结构调整战略研究”；同期参与“中国西部地区化石能源与水资源协同发展战略研究”。2020年至2021年参与中国工程院咨询项目“我国炼油和石化产品消费规律、产能发展规模及布局战略研究”“危化品安全治理体系与监管能力现代化战略研究”；同期参与中国工程院咨询项目“我国石化工业‘卡脖子’关键技术问题及战略对策研究”；参与中国工程院立项的《工程哲学》(第四版)案例篇撰写，和王基铭院士等负责案例篇第十章“工程哲学视角下的石化工程”的撰写。

2021年参与中国工程院咨询项目“我国炼油与石化产业实现碳达峰与碳中和路径研究”、参与中国工程院重点咨询项目“新时期石化行业工业软件高质量发展战略、目标和路径研究”。2022年负责中国工程院重大咨询项目“油气资源评价及绿色低碳油气田建设战略研究”的子项“油气田开发碳足迹分析及核查核算方法研究”。2023年参与中国工程院重大战略研究项目“我国能源安全战略研究”“我国化工石化产业绿色低碳转型发展战略研究”以及重点咨询项目“炼油与化工装置安全风险管控的法律法规标准研究”等，为中国工程院的战略咨询工作作出了应有的贡献。

“油气田开发碳足迹分析及核查核算方法研究”课题组研讨会

(左3袁晴棠，2023年2月)

“我国化工石化产业绿色低碳转型发展战略研究”结题研讨会
（右 1 孙丽丽、右 2 王玉忠、右 3 袁晴棠、右 4 陈建峰、右 5 戴厚良、
右 6 任立新、右 7 谢在库、右 8 郑裕国、右 9 华炜，2024 年 5 月）

在参与中国工程院战略咨询研究工作中，除了咨询研究成果按工程院管理程序上报国家有关部委参考外，还就有关关系国计民生的重大问题向党中央和国务院呈报院士建议。我曾先后与有关院士一起提出院士建议 10 余项，其中有些建议得到了国家有关领导的批示。例如，2010 年 7 月，王基铭、曹湘洪和我等 13 位院士上报了《关于加强原油进口管理的有关意见与建议》，引起了国务院的高度重视，2010 年 7 月 25 日、26 日时任国务院领导同志作了重要批示。2022 年 8 月，在王基铭院士牵头完成的“新时期石化行业工业软件高质量发展战略、目标和路径研究”成果的基础上，王基铭、曹湘洪和我等几位院士专家上报了《院士建议》，有关领导同志作出重要批示。

第二节　参与中国石化集团公司的战略咨询研究

多年来，在中国石化集团公司党组领导下，我在完成本职工作的同时，积极组织有关专家围绕中国石化集团公司科技发展和产业发展的重大问题开展战略研究工作，为集团公司领导决策提供科学依据。

例如，2003 年至 2004 年主持完成“中国石化可持续发展战略研究(炼化部分)”。2004 年主持完成“中国石化中长期科技发展战略研究(炼油、化工部分)”。2005 年至 2006 年主持完成“中国石化裂解 C_5 资源综合利用研究”。2006 年完成“中国石化 2008—2010 年发展规划调整建议研究”。2006 年至 2007 年完成“油品、化工产品市场供需发展趋势研究”。2007 年完成“中国石化替代燃料发展战略研究”。2007 年至 2008 年主持完成“中国石化精细化工发展的战略研究”。其中“中国石化精细化工发展战略研究”和“中国石化裂解 C_5 资源综合利用研究”曾分别向集团公司领导主持的会议进行过汇报。

除了上述项目外，2006 年参与“中国化工园区发展方向及对策研究”。2007 年参与“中国石化 PX-PTA-PET 产业链发展策略研究”及“芳烃装置节能降耗专题调查研究”。2009 年主持“中国石化精细化工及其他高附加值产品研究”。2010 年参与“中国石化‘十二五’规划(炼化部分)动态优化研究”。2012 年参与“中国石化新型煤化工产业发展战略研究”以及“中国石化‘十三五’炼化发展研究”。2015 年参与“中国石化制造 2025(炼油化工部分)”研究工作。2018 年至 2019 年，和曹湘洪院士共同主持完成“中国石化炼油化工业务智能化发展战略研究”。2021 年和曹湘洪院士共同主持完成“中国石化芳烃产业链升级战略研究”，并向集团公司领导主持的专题会进行了汇报。2021 年至 2022 年，和曹湘洪院士共同主持“中国石化聚酯产品下游发展方向的研究”，并向集团公司有关领导进行了汇报。

上述战略研究为中国石化的产业发展和发展规划的制定提供了参考和依据。例如，根据 2007 年 2 月中国石化党组关于开展中国石化精细化工发展战略研究的指示，我组织成立了由我任组长，侯芙生院士和张德义同志为顾问，言敏达、乔映宾为副组长的课题组，成员包括杨清雨、洪定一、胡炳镛、刘佩成、陈庆龄等。课题组分析了国内外精细化工发展的状况与趋势，调研了中国石化下属 17 家生产企业，剖析了中国石化精细化工发展的现状及存在的问题，经过多次研讨，于 2008 年 4 月完成了《中国石化精细化工发展战略研究》。

川维现场调研(左起：第 3 刘佩成、第 5 侯芙生、第 6 袁晴棠、第 7 张德义、第 9 庄毅，2008 年 1 月)

“中国石化精细化工发展战略研究”报告梳理了世界精细化工发展概况、我国精细化工发展概况，分析了中国石化精细化工发展现状及存在的问题，阐述了中国石化发展精细化工的必要性和有利条件，提出了中国石化发展精细化工的发展思路、发展战略、发展目标、重点领域与发展重点以及应采取的措施与建议。2008 年 4 月 30 日中国石化集团公司有关领导主持专题会议，我向会议作了关于《中国石化精细化工发展战略研究》课题研究成果的汇报。会议原则同意《中国石化精细化工发展战略研究》报告提出的中国石化精细化工发展思路，并以股份公司〔2008〕第13号文印发了会议纪要。专题会后，根据中国石化集团公司《关于中国石化"十二五"发展规划纲要编制方案的会议纪要》精神，我组织成立了"中国石化精细化工及其他高附加值产品研究"课题组，由我任组长，乔映宾、言敏达、何祚云任副组长，成员包括杨清雨、胡炳镛、白尔铮、刘佩成、胡云光等。课题组对"中国石化精细化工发展战略研究"进行了深化研究，拓展了研究范围，增加了其他高附加值产品研究。通过研究，提出了"十二五"期间中国石化精细化工产品的发展战略目标、战略思路和发展重点及有关措施与建议。上述战略研究与咨询工作，为中国石化"十二五"产业发展规划的制定提供了参考与依据。

除了参与中国石化集团公司的战略咨询研究工作之外，2010年至2011年，王基铭院士和我组织中国石化集团公司工程建设管理部、工程建设公司、宁波工程公司和华东理工大学等单位的有关专家，对石化工程项目的建设过程、管理模式、实施方式、项目管理作用机理、项目绩效评价系统进行了研究和探索。在研究过程中，先后召开了三次专家座谈会，对中国石化系统近500位具有丰富管理经验的项目管理专家进行了问卷调查，采集了30多万项数据，涉及1000多个项目，为研究工作提供了宝贵的基础数据。研究团队认真查阅相关资料，深入分析调研数据，全面研究石油化工工程建设项目管理的主要建设过程、管理模式及实施方式，构建了项目管理的作用机理模型，提出项目管理作用机理理论，开发构建石油化工工程建设项目管理绩效评价体系，形成了研究报告，并于2011年7月出版专著《石油化工工程建设项目管理机理研究》，以期对从事石化工程建设项目管理的工程技术人员及从事科研、教学的科技人员有所指导和帮助。

石油化工工程建设项目管理调研座谈会(左起第5王基铭、第6袁晴棠，2008年12月)

第三节　参与地方石化产业发展的战略咨询研究

除了上述中国工程院和中国石化集团公司的战略咨询研究外，还受地方政府委托，开展了有关地方石化产业发展的战略研究。例如2009年根据时任广东省委书记汪洋同志的指示精神，受广东省发改委委托，王基铭院士和我组织有关专家对2010—2015年广东省石化中下游产业发展进行了研究。专家组在广东省发改委的大力支持下，通过资料查阅、走访调研和实地考察，与广东省有关地市政府部门和企业进行多种形式的座谈、交流和研讨，完成了“广东省石化中下游产业发展研究报告(2010—2015年)”，提交广东省政府和有关方面参考。

2009年根据时任浙江省省长吕祖善同志的指示精神，受浙江省发改委的委托，王基铭院士和我组织有关专家对2010—2015年浙江省宁波石化基地中下游产业发展进行了研究。在浙江省发改委、宁波市发改委的大力支持和密切配合下，专家组通过调研和实地考察，与政府部门和企业交流讨论，专家组反复研究和论证，完成了“浙江省宁波石化基地中下游产业发展研究报告(2010—2015年)”，提交浙江省政府和有关方面参考。

2010年7月根据时任湖南省委书记周强同志的指示精神，受湖南省发改委的委托，王基铭院士和我组织有关专家对2010—2015年湖南省石化中下游产业发展进行了研究。在湖南省发改委的大力支持和密切配合下，专家组通过调研和实地考察，与政府部门和企业交流讨论，反复研讨与论证，完成了“湖南省石化中下游产业发展研究报告(2010—2015年)”，提交湖南省政府和有关方面参考。

为了助力海南省建设具有世界影响力的中国特色自由贸易港，2019年参与中国工程院和海南省合办的中国工程科技发展战略海南研究院重大咨询项目“海南洋浦开发区石化产业中下游延伸与新材料发展战略研究”。2021年3月，海南省洋浦石化新材料院士工作站成立，我作为专家参加了该工作站的有关战略咨询工作。2021年与王基铭院士、孙丽丽院士共同主持完成了“海南炼化乙烯原料优化研究”。2021年至2022年，和王基铭院士共同主持完成了中国工程科技发展战略海南研究院立项的“碳达峰碳中和背景下海南洋浦开发区石化产业绿色发展战略研究”项目。2023年至2024年，和孙丽丽、王基铭、曹湘洪三位院士共同主持“海南洋浦乙烯二期工程方案研究”，和聂红同志共同主持“陆源可循环利用固废资源产业发展技术研究”，并参与“洋浦经济开发区石化企业降碳减排协同增效发展战略研究”及“海南省生物基材料发展战略研究”等战略研究与咨询项目，为海南省和海南洋浦开发区石化产业绿色低碳和高质量发展提供战略咨询意见。

"碳达峰碳中和背景下海南洋浦开发区石化产业绿色发展战略研究"项目启动会(左起：聂红、王永健、王基铭、袁晴棠，2021 年 4 月)

上述战略研究工作为国家和中国石化集团公司及地方的科技发展和石化产业发展提供了决策依据及战略咨询支撑。

第十章

积极承担社会工作，奉献社会

数十年来，本职工作占用了我绝大部分时间，但除了本职工作之外，我还积极参与社会工作，包括担任两届政协委员、第三届国家重点基础研究发展计划(973 计划)专家顾问组成员、世界石油理事会(世界石油大会)中国国家委员会委员、中国石油学会副理事长、中国化工学会常务理事等社会职务，用自己的微薄之力奉献社会。

第一节　担任第九届、第十届全国政协委员

我于 1998 年 1 月至 2002 年 3 月任第九届全国政协委员，2003 年 1 月至 2007 年 3 月任第十届全国政协委员。

在第九届全国政协会议期间，我被分配到妇联界别组，参与妇联界别活动，与来自各行各业的女委员一起参政议政。妇联界别除了讨论国家大事外，十分关切妇女界的重大问题，常常就有关妇女权利等重要问题提出提案。五年间，我认真参加每次会议，会前做调研，准备提案，会议期间认真参加讨论，积极发言，履行好委员职责。由于 20 世纪 90 年代后期至 2000 年初社会信息开放不够，每次全国政协会闭幕后，我作为政协委员，需要向中国石化总部职工大会作政协会议精神和主要内容的传达。为此我在政协会议期间十分重视领会会议精神，总结归纳会议内容，以便会后回公司作传达。政协会结束后，我立即起草政协会议传达提纲，包括会议概况、会议主要精神与内容、政协委员关注的热点问题及体会等，并在中国石化总部职工大会上作传达报告。

参加第九届全国政协一次会议照片(1998年3月)

第十届政协期间，我被分配到科技界别组，参与科技界别活动，除了讨论国家大事之外，关注科技界的重大问题较多。每年政协会开会之前，我都会认真进行调研，准备提案，会上认真参会，积极发言。在担任两届政协委员期间，我根据国内外形势变化，聚焦行业发展需要解决的关键问题，共提交了10份政协委员提案，包括：关于确保增加科技投入的提案；关于建议加快制定有关石油、石化产业应对WTO政策的提案；关于严厉打击输油管打孔盗油违法犯罪活动的提案；关于鼓励节约和替代石油合理利用石油资源的提案；关于将北京成品油管道工程作为首都油品供应“应急预案”重要措施的提案；关于进一步加大清理整顿化工园区建设的提案；关于采取有效措施，抑制石油消费过快增长的提案；关于加强和改进北京市城市管理工作建议的提案等。从1998年至2007年，在担任两届政协委员的10年时间内，我积极参与政协会议和活动，建言献策、参政议政，认真履行好一名政协委员的职责和义务。

参加第十届全国政协一次会议留影(2003 年 3 月)

第二节　担任第三届 973 计划专家顾问组成员

2004 年 1 月 15 日，国家科技部下发了“关于成立第三届国家重点基础研究发展计划(973 计划)专家顾问组的通知”(国科发基字〔2004〕12 号)。该通知称：“国家重点基础研究发展计划(973 计划)第二届专家顾问组自 2001 年成立以来，认真履行职责，发挥了重要的专家咨询作用，保证了计划的顺利实施。根据 973 计划管理办法规定，第二届专家顾问组任期已满，兹决定成立第三届 973 计划专家顾问组。第三届专家顾问组由 28 位科学家组成，任期三年，周光召院士任组长。”根据该通知，我是第三届 973 计划专家顾问组成员之一。

973 计划定位于面向国家重大需求的科学前沿，以解决经济社会发展中重大科学问题为导向，重点评价项目创新性和科学价值、人才培养等。第三届973计划专家顾问组成立后，在周光召院士的领导下，以科学严谨和高度负责的精神认真履行顾问组职责。

在2004年至2006年顾问组任职期间，我参加了顾问组一系列工作。2004年2月12日至14日，参加顾问组对国家科技部当时正在组织编制的国家中长期科学与技术发展规划(2006—2020年)的战略研究的前瞻性进行的咨询。2004年2月14日，顾问组研究2004年度973计划支持方向。2004年5月9日参加专家顾问组对国家实验室工作的咨询。2004年6月27日，作为顾问组成员参加了国家科技部基础司主持的973计划项目中期评估会。顾问组第四次会议研究受科技部基础司委托编制973“十一五”规划问题，要求提出“十一五”战略目标、方向、任务、重大专项等，我参加了此次会议。顾问组成立总体框架编写组，973各领域召集人牵头组织各领域规划的编制，我参与了能源领域规划编制有关工作。2004年11月9日至11日，参加国家科技部基础司973项目验收会，对1999年立项的农业、能源、信息领域的项目进行验收。2004年12月6日，参加了顾问组对部分国家实验室工作的咨询，对国家实验室的定位、国家实验室应有顶层设计等问题提出了建议。

2005年6月9日，参加对973计划2005年项目的评审会。2005年6月15日，参与顾问组讨论973“十一五”规划。2005年10月31日，参加973计划项目结题验收会。2006年5月29日和6月10日，参与973顾问组对2006年项目的评审。2006年11月19日，参加在长沙举行的973计划顾问组第十次会议，科技部基础司介绍了有关修订973计划管理办法、经费管理办法、科技部发布国家基础研究(973计划)“十一五”发展纲要、2006年批准65个项目以及启动重大科学研究计划等情况，会议对如何改进“973计划”管理工作进行了讨论。我在会上提出应加强973计划执行与产业界结合的建议，因为国家重大战略需求中的科学问题许多来自产业界，与产业界结合有利于研究成果向产业的转化与应用，产生推动产业发展的实际效果。这一建议得到了周光召组长的赞同与肯定，并归纳到他的会议总结中。2006 年 11 月 27 日，参加 973 项目结题验收会。2006 年 12 月 18—19 日，顾问组召开第 11 次会议，听取科技部基础司对 973 项目验收情况的介绍，并对有关问题进行了讨论。

第三届 973 计划专家顾问组在长沙开会期间组织参观活动
（前排左 1 袁晴棠，2006 年 11 月）

从 2004 年元月至 2006 年 12 月，973 计划第三届顾问组认真履职尽责，除了完成对编制国家中长期科学与技术发展规划的战略研究、国家重点实验室等的咨询工作及 973“十一五”规划编制等重大任务外，还完成了 973 计划年度立项指南编制、年度项目评审、前期立项的项目中期评估、项目验收等工作，圆满完成了科技部委托的各项任务，推动了国家重点基础研究发展计划（973 计划）的顺利实施。我作为顾问组成员，充分认识到所承担任务的重要性，在本届顾问组任期的三年时间里，认真做好顾问组成员应做的各项工作，努力履职尽责，完成好此项重要使命。

第三节　积极推动中国石油学会对外科技交流

我从1995年至2008年任中国石油学会第四届、第五届、第六届理事会副理事长，于2008年、2011年分别任中国石油学会第七届、第八届理事会常务理事。在20多年的时间里，我积极参与并大力支持中国石油学会的有关工作，认真履行副理事长和常务理事的职责，特别是在推动中国石油学会与国外科技合作与交流方面尽了自己的绵薄之力。

根据1994年中日石油学会会长会议纪要精神，为继续执行中日石油学会1980年协议，促进双方的技术交流与合作，1995年11月26日至12月3日我带领中国石油学会代表团赴日参加第六次中日石油加工技术研讨会；1998年11月23日至12月2日由我任团长、中国石油学会石油炼制学会主任李大东任副团长，带领中国石油学会代表团赴日参加第八次中日石油加工技术研讨会，我代表中方在会上作了基调报告，介绍了中国石油和中国石化两大集团公司重组概况、中国石油化工技术的进展与发展方向；2002年11月11日至11月19日，由我任团长、中国石油学会石油炼制学会主任李大东任副团长，带领中国石油学会代表团赴日参加第十次中日石油加工技术研讨会。会议期间，我代表中方作了基调报告，介绍了中国炼油工业面临的挑战和对策；2007年12月3—5日，我带领中国石油学会代表团赴日参加“2007中日韩炼油技术研讨会”，会议期间，我代表中方作了 *Progress and Outlook on Technologies for Processing Inferior Crude Oil in China* 的基调报告。上述活动，促进了中国石油学会和中国石油业界与国外的科技合作与交流。

第四节　担任中国化工学会常务理事

我从 1993 年至 2017 年任中国化工学会第 35、36、37、38、39 届理事会常务理事，2017 年至今任第 40 届理事会荣誉理事。在 30 余年时间里，我大力支持化工学会的各项工作，履行好常务理事职责。特别是在 2013 年至 2021 年期间，积极承担了中国化工学会组织开展的《化工名词——基本有机化工》第二版审定工作和《中国大百科全书》第三版化工学科基本有机化工分支编纂工作。

关于《化工名词——基本有机化工》第二版审定工作。自 1995 年全国科技名词委发布第一版《化学工程名词》以来，随着化工产业的发展和科技进步，已涌现出一大批新的化工科学技术名词。因此，对第一版《化学工程名词》进行扩充、修订并增加名词定义十分必要，对于生产、科研、教学以及加强国内外学术交流和知识传播，促进科技和经济发展，具有十分重要的意义。

受全国科学技术名词审定委员会委托，中国化工学会于 2013 年 7 月 17 日启动《化工名词》第二版的审定工作，按照《化工名词》第二版学科(专业)框架，《化工名词》第二版审定委员会组建了 11 个分委员会，其中包括基本有机化工分委员会。我受化工学会委托，担任化工名词审定委员会副主任(之一)和基本有机化工分委员会主任。根据《化工名词》第二版审定工作的要求，我和有关单位及专家协商，成立了基本有机化工分委员会，组织开展《化工名词—基本有机化工》第二版审定工作。分委员会由常振勇、王子宗、谢在库、顾松园、杨为民为副主任，委员包括关兴亚、包信和两位院士及洪定一、王玉庆、亢万忠、赵寰等 30 位专家，分委员会依托中国石化上海石油化工研究院，由胡云光同志任秘书长。

我于2013年8月9日召开了基本有机化工名词审定工作启动会，决定基本有机化工名词审定工作分石油化工、煤化工、天然气化工三个专业组收词，紧密围绕基本有机原料生产加工过程，分别收录以石油、煤炭、天然气为原料的三条技术路线所涉及的技术术语及相关通用词条。2014年4月1日，我主持召开基本有机化工名词审定分委员会收词阶段工作会，确定了统一的收录和审定原则，对收录的6120个名词进行了收录审查。2014年5月28日，基本有机化工名词审定委员会秘书处召开了专业组审定会议。2014年9月10日，基本有机化工名词审定分委员会向化工学会和全国科技名词委提交收词表，开展内部审查。2014年11月，完成词条定义工作，形成基本有机化工名词定义稿。为保证定名和定义的准确性、权威性，分委会于2015年2月和3月先后召开两次通读审稿会。2015年4月17日，基本有机化工名词审定分委员会召开终审工作会，形成终审稿，经我审定后提交中国化工学会。

中国化工学会于2015年4月30日正式将《化工名词—基本有机化工》上报全国科技名词委。2015年5月全国科技名词委安排了专家复审，2015年6月初分委会收到复审意见后进行了相应的修改完善。基本有机化工名词的审定工作严格按照全国科技名词委的规定，经历了收词、定名、定义、专家一审、查重、专家二审、专家通读审稿(三审)、全国科技名词委专家复审等流程，最终按照学科(专业)框架的三级目录体系，收录通类、原料与产品、反应与三剂、工艺过程与设备带定义的名词共1120个。其中通类名词19个，原料与产品名词253个，反应与三剂名词224个，工艺过程与设备624个。全国科学技术名词审定委员会已于2017年向社会预公布了《化工名词—基本有机化工》，并于2019年正式公布(出版)《化工名词—基本有机化工》。

《化工名词》审定基本有机化工分册终审会(前排左起：钱锋、顾松园、谢在库、王子宗、袁晴棠、洪定一、杨为民、赵寰，2015 年 4 月)

关于《中国大百科全书》第三版化工学科基本有机化工分支编纂工作。《中国大百科全书》是国务院立项的国家型出版项目，是我国科学文化事业一项重要的基础性、标志性、创新型工程。1978 年 11 月国务院决定编写大百科全书，成立了大百科全书出版社，第一版总编辑是胡乔木同志，1993 年出版(共 74 卷)。第二版 1995 年立项，由周光召同志任主编，2009 年出版。2013 年第三版立项，定位为数字化时代新型百科全书，是基于信息化技术和互联网进行知识生产、分发和传播的国家大型公共知识服务平台，出网络版和纸质版。受大百科全书出版社委托，中国化工学会承接了《中国大百科全书》第三版化工卷的编纂工作。

中国化工学会于 2015 年 4 月 30 日召开了《中国大百科全书》第三版化工学科编委会第一次会议，由闵恩泽院士任主编，并确定了各化工分支编纂工作的主编，其中包括委托我任化工学科基本有机化工分支主编，杨为民任副主编。会后，经与杨为民副主编商议，基本有机化工分支编纂工作依托中国石化上海石油化工研究院。2015 年 7 月 16 日，我在上海石油化工研究院召开了基本有机化工分支编纂工作启动会，会议组建了基本有机化工分支编纂编写组和秘书处，讨论了《基本有机化工分支编写工作方案》和《基本有机化工分支学科框架及条目表(讨论稿)》，会议决定按石油化工、煤化工、天然气化工三个专业小组开展编纂工作。会后组织编写组成员修订完成《基本有机化工分支条目表》，共收录362个条目，于2015年9月提交《中国大百科全书》编委会进行查重，2016年4月收到查重处理结果。2016年6月24日，我在上海召开基本有机化工分支专业组工作会议，对《中国大百科全书》编辑部对本分支提交条目的查重结果及反馈意见进行了讨论，并确定条目编写工作分工。

2017年6月7—9日，基本有机化工分支秘书处在上海召开了专业组集中审查工作会议，会议对本分支收录的257个条目进行了逐条通读和讨论，对条目内容进行严格的规范和修订。2017年7月，《中国大百科全书》第三版化工学科基本有机化工分支完成了编纂工作，向编辑部提交257个条目。截至2021年3月15日，基本有机化工分支内部上线数为229条。为了保证2021年“七一”前已上线条目的质量，确保内容的准确性、时效性，我又组织基本有机化工分支的相关专家对相关条目进行了两轮审查，相关修改意见报《中国大百科全书》编辑部。至此，《中国大百科全书》(化工卷——基本有机化工)编撰工作全部顺利完成，为反映我国当代基本有机化工科学知识水平和推动产业发展作出了积极的贡献。

数十年来，除了担任两届政协委员、第三届国家重点基础研究发展计划(973计划)专家顾问组成员、中国石油学会副理事长、化工学会常务理事之外，还于1999年4月7日起任世界石油理事会(世界石油大会)中国国家委员会委员、1996年至2001年任中国科协第五届全国委员会委员，2011年1月任国际工程咨询公司专家学术委员会顾问等社会职务，并长期担任《石油化工》《炼油技术与工程》《当代石油石化》等杂志的指导委员会主任。不论哪项职务与工作，我都尽心尽力尽责，用一已之力服务社会，奉献社会。

第十一章

为实现石化强国梦想而不懈努力

第一节 老骥伏枥，持续奋斗

2018 年我 80 岁，许多关心我的同事、亲友劝我多休息，保重身体。但我的人生追求是生命不息、奋斗不止。我认为自己还有许多事情要做，要为把我国建成石化强国和把中国石化建成世界领先的洁净能源化工公司多做些工作。因此，我仍每天坚持上班，早上七点钟之前到办公室，每日出门时心中满怀工作的激情，一路上盘算着如何完成当日的工作任务。

2018 年以来，我仍积极承担和参与中国工程院的战略咨询任务。如前所述，2018 年至 2019 年，我牵头和殷瑞钰、曹湘洪院士共同主持完成了中国工程院战略咨询项目“面向 2035 的流程制造业智能化目标、特征和路径战略研究”；2019 年至 2020 年参与中国工程院重点战略咨询项目“我国石化工业高质量发展战略研究”；2022 年至 2023 年主持中国工程院重大战略咨询项目“油气资源评价及绿色低碳油气田建设战略研究”的子课题“油气田勘探开发碳足迹分析及核算方法研究”，并参与第九章提及的这一时期多项中国工程院的战略研究项目。2023 年至 2024 年参与中国工程院“我国能源安全战略研究”“我国化工石化产业绿色低碳转型发展战略研究”等重大战略咨询研究项目的研究工作。

在积极承担和参与中国工程院的战略咨询研究任务的同时，我和曹湘洪院士一起针对中国石化炼化产业发展中的一些痛点问题开展专题研究工作，为中国石化炼化产业实现高质量发展建言献策，详情已在第九章提及。此外，2019 年至 2020 年参与由王基铭院士负责的在中国工程科技发展战略海南研究院立项的重大咨询项目“海南洋浦开发区石化产业中下游延伸及新材料发展战略研究”。

2021 年 3 月，由王基铭院士负责的海南省石化新材料院士工作站成立，我作为专家参与了如第九章所述 2021 年至 2024 年院士工作站的有关战略研究项目，助力海南自由贸易港的建设。

2018 年，中国工程科技发展战略天津研究院成立，我是该院学术委员会委员，每年要承担咨询项目的立项和结题评审以及对天津市科技和产业发展建言献策等工作。此外，有时我还受一些单位的邀请，参与一些有关石化科技或产业发展项目的鉴定、评审、评估等工作。对于此类工作，我坚持只参加与自己专业领域有关的鉴定、评估工作，并且事先认真阅读鉴定或评估材料，准备意见，会上坚持实事求是的原则，认真完成受委托的任务。这些年来，我每天忙于工作，虽年事已高，但不觉疲劳，并从心底里感受到工作给我带来的欣慰和快乐。

我是一名石化科技工作者，数十年的奋斗都是为了实现石化强国的梦想，我愿余生继续为此梦想的实现而不懈努力。

第二节　感恩伟大的时代

时光荏苒，数十年岁月转眼过去，回顾人生历程，心中感慨万千。从我出生、成长到工作，一路走来，曾克服不少遇到的困难，完成了各个阶段应完成的工作任务，得到了组织上给予的不少肯定和荣誉，这令我心中充满了感激之情。

我感恩伟大的中国共产党和我的祖国。我庆幸生长在一个新时代，我的家乡河南南召县 1947 年解放，那年我九岁。我沐浴着新中国的阳光成长，小学、中学参加少先队、共青团，大学当共青团团支部书记，参加工作后加入中国共产党，至今我已是有 58 年党龄的老党员了。党和祖国把我培养成一名石化科技工作者，教育我树立正确的世界观和人生观，引领我走一条为人民服务的光明道路。我所做的工作和取得的成绩，都是党和祖国培养教育的结果。我衷心感激党和国家对我的培养与教育，我感恩这个新时代。我是一名女性，但拥有和男性一样受教育和工作的权利与机会，这是我母亲那个年代不曾有的，因此使我拥有一个比我的母亲更加有意义的人生。

我感恩我的家庭。感恩父母养育之恩，感谢母亲给予我的炽热的爱，感恩她给予我的对我人生影响深远的启蒙教育。母亲的教诲在我幼小的心灵中埋下了自强不息的种子，激励我努力学习，追求进步，做一个有益于社会的人，为我的人生开启了希望之门。

在我成长的道路上，我最为感激的是我的叔父袁宝华和婶母朱傲石。叔婶把我当女儿对待，不仅供给我完成五年大学学业，而且叔父还常在百忙之中抽时间教我如何做人、如何做事，引领我走上正确的人生道路，为我的人生奠定了坚实的基础。

感恩我的丈夫黄遂新，他是我大学的同班同学，毕业后一直在北京化工研究院从事科研工作，退休前任北京化工研究院精细化工部主任。我和黄遂新于 1965 年 5 月结婚，数十年来，我们甘苦与共，相濡以沫，相依相伴，拥有一个温暖幸福的家庭。

1965 年 5 月和丈夫黄遂新结婚照

50余年来，丈夫黄遂新非常理解并全力支持我的工作，在孩子小、婆母体弱多病的日子里，他克服工作繁忙、腰病困扰等困难，全力支持我的工作，主动承担照顾老人和孩子的责任。我曾长期在燕山石化设计院工作，1983年调到中国石化总公司后，工作繁忙，不是开会、加班，就是出差、出国，在家时间少。他工作之余，照顾老人、孩子，辅导儿子、女儿学习，参加孩子们的家长会，与老师保持联系，不仅承担了做父亲的责任，而且还代我尽了做母亲的职责。在儿子、女儿成长的岁月里，我对他们缺少照顾、陪伴，一次家长会都没有参加过。在我对家庭、对孩子心存愧疚的同时，十分感激我的丈夫对我工作的理解和支持，感恩他为我、为家庭的付出。从某种意义上讲，我取得的工作成绩有他的重要贡献和功劳。在我们这个夫妻两人工作都很繁忙的家庭里，儿子黄锐、女儿黄萍慢慢长大，大学毕业后走上了工作岗位，之后成家立业，有了他们自己的孩子。如今，孙女黄田依已取得北京大学硕士学位，参加了工作。外孙王子涵聪明可爱，正在上小学。进入耄耋之年的我得到了儿子、儿媳(田瑶)、女儿、女婿(王继刚)的悉心照料，虽然丈夫黄遂新已于2017年病逝，但我仍能感受到家庭的温暖。我感恩我的丈夫黄遂新，感谢我的孩子们!

和家人在一起(前排左起：田瑶、黄田依、王子涵、王继刚。后排左起：黄锐、袁晴棠、黄遂新、黄萍，2014年7月)

有人说兄弟姊妹是父母为你留在这个世界上最珍贵的礼物，我深有同感。在我的家庭里还有几位重要的亲人，他们是我的三个弟弟和弟妹们。小时候大弟晴凯、二弟晴宇、三弟晴超伴我一起成长，长大后遵循母亲人生要“自强不息”的教诲努力学习、工作。他们都承担了繁重的工作任务，大弟晴凯退休前任天津市教委副主任，二弟晴宇退休前任河南省南召县人大常委会主任，三弟晴超退休前任河南省南阳市人大常委会副主任。三个弟弟在各自的工作岗位上都作出了应有的贡献。数十年来，我们姐弟四人互相关心，相互支持，虽各在一方，但心离得很近。弟弟们体谅我工作繁忙，代我照顾父母。当我工作生活中遇到困难时，弟弟们关心帮助。当我工作中取得成绩受到奖励时，弟弟们为我庆贺为我骄傲。他们分担我的困难和悲伤，分享我的快乐与喜悦。在人生的道路上虽然我们聚少离多，但弟弟和弟妹们一直在伴我同行，他们是我来自家庭的坚强后盾。我感恩我的弟弟和弟妹们！

和父亲、弟弟、弟妹们合影（前排左起：徐海霞、袁晴棠、袁宝岱、邹本智、刘国英。后排左起：袁晴超、黄遂新、袁晴凯、袁晴宇，1999年2月16日）

我感恩中国石化，感恩中国石化党组领导，特别是感恩我的老领导陈锦华、盛华仁同志。

我从中国石化成立时便加入了她的队伍，至今已 41 年了。41 年来，我亲身参与并见证了中国石化波澜壮阔的发展历程，在党和国家的正确领导下，中国石化历届党组带领石化大军艰苦创业、开拓进取，创造了举世瞩目的光辉业绩。如今中国石化已发展成为位于世界 500 强前列的世界著名的大型能源化工公司，作为中国石化的一员，我为她取得的光辉业绩由衷地感到骄傲。

41 年来，中国石化和中国石化党组领导给予我极大的信任，任命我担任重要的工作职务，给我提供广阔的工作平台和多做工作的机会。在工作中，陈锦华、盛华仁两位老领导不仅身体力行地将对工作的严格要求和严谨的工作作风教给我，而且教我如何做好本职工作，如何在中国石化这个大家庭中作出更大的贡献，引领我在人生的道路上更好前行。他们的优秀品质和高尚风范永远是我学习的榜样！

感恩中国石化党组李毅中、阎三忠、王基铭、曹湘洪等领导同志对我的充分信任及对我工作的全力支持，他们的信任和大力支持使我能够克服各种困难，顺利完成各项工作任务。

感恩我的同事同仁们，感谢他们长期以来对我工作的全力支持和无私帮助，在我的工作成绩中凝聚着我的同事同仁们宝贵的贡献！我衷心祝福中国石化和我的同事同仁们！祝愿中国石化早日实现建成世界领先的洁净能源化工公司的目标！

传|外|篇

同行眼中的袁晴棠

鼎力支持催化剂国产化

乔映宾❶

“袁总!”我们叫着习惯，亲切!

袁总在任中国石油化工总公司(以下简称总公司)发展部主任时，我有幸任副主任协助袁总工作。袁总看上去身体比较虚弱，业余爱好也不多，她就是一门心思地扑在总公司的科技进步工作上。20世纪八九十年代总公司的主营业务是炼油和石油化工。袁总经常带领我们研究总公司的科技进步工作。每次开会她都是认真听取每个人的发言，并速记(她记的速度特别快)每个人的发言要点，一次讨论会她都能记十几页笔记。会议结束时她总是对研讨的问题进行全面系统的归纳总结。记得在研讨总公司的催化剂国产化时，大家认为无论是炼油还是石油化工过程大多是催化反应过程，催化剂是催化过程的关键核心技术，催化剂国产化理所当然是总公司科技进步工作的重中之重。为此，袁总多次组织我们反复研究如何做好总公司的催化剂国产化工作。通过多次的研讨取得的共识是：总公司炼油行业的催化剂国产化工作比较好，国产化率比较高，而石油化工过程的催化剂国产化率比较低。分析原因，袁总归纳为：总公司的炼油行业有石油化工科学研究院和抚顺石油化工研究院两个直属研究院；又有一大批以闵恩泽院士为代表的学术带头人，他们都是炼油专业的顶级催化剂专家；他们以其研发的催化剂技术成果支撑建设了总公司的兰州炼油厂、周村催化剂厂、长岭炼油厂以及抚顺石油三厂等。研发的催化剂技术不仅在这些催化剂厂中转化为工业化的催化剂产品，而且这些催化剂产品又推广到各炼油厂使用，同

❶乔映宾，石油化工专家，教授级高工。曾任中国石油化工总公司发展部副主任、科技开发公司副经理，中国石油化工集团公司技术开发中心主任等职。

时相关的技术人员深入炼油厂进行技术服务，保障了催化剂的工业应用成功。这样就实现了研究、生产和使用单位的紧密合作，使自主研发的催化剂在炼油厂中得到广泛应用，通过工业应用实践，不断改进提升催化剂技术水平，不断更新换代，实现了探索一代、研发一代、生产应用一代的良性循环，使我国的炼油催化剂技术在国内外都处于先进水平。

袁总反复强调，我们要认真总结学习炼油催化剂国产化的经验，推广应用这些成功经验，下决心把总公司的石油化工催化剂国产化工作搞上去。总公司的石油化工装置大多是成套引进的，所用的催化剂在相当一段时间内仍然依赖进口，成了总公司发展石油化工的主要瓶颈之一。

袁总集思广益、反复思考形成了清晰的思路：实现催化剂国产化，首先要组织建设好总公司的石油化工研发机构和科研队伍。袁总作为发展部主任要求发展部的工作，一是继续支持和充分发挥两个炼油研究院的作用，保持炼油行业的领先地位，从实际出发支持他们向化工领域延伸。在总公司成立之后两个炼油院——院名都增加了“化工”两个字，即现在的中石化石油化工科学研究院有限公司和中石化(大连)石油化工研究院有限公司。二是大力扶持总公司所属企业的研发力量，充分发挥企业研究院所与企业紧密结合的优势，为企业的技术进步服务。总公司直属的上海石油化工研究院就是当年上海高桥石化的石油化学研究所收归总公司直接管理后逐步发展成长起来的。三是广泛开展与社会上的科研院所及高等院校的合作。先后与清华大学、石油大学、浙江大学、华东理工大学和天津大学合作，分别联合组建了北所、南所和天津石化技术开发中心等联合研究机构，为总公司的科技进步事业作出了许多重大贡献。

袁总还特别看重与原化工部下属的化工研究院的合作，尤其是与以石油化工专业为主的鼎鼎有名的北京化工研究院(北化院)的合作。总公司发展部将很多重点的研发课题交给北化院承担，给予科研经费支持。北化院以毛炳权院士为首的科研团队长期从事聚丙烯催化剂的研究，研发的N催化剂成果，处于世界先进水平。袁总决心与北化院进一步合作，共同筹建N催化剂的生产基地，尽快将其转化为我国自主研发具有自主知识产权的工业化生产的N催化剂产品。当时北化院的行政隶属关系尚未进入总公司系统。袁总请示总公司领导，征得支持后决定由发展部出资与北化院合作，于1993年3月成立了北京奥达石化新技术开发中心(现为中国石化催化剂有限公司北京奥达分公司，简称奥达公司)。袁总亲临现场指导确定奥达选址，并于1993年3月26日亲自主持了奥达建设的开工典礼。1994年11月当奥达第一套聚丙烯N催化剂生产装置建成投产之际，袁总再次亲临奥达生产现场祝贺装置投产成功。

N催化剂国产化之前，环管聚丙烯装置一直使用进口的GF2A催化剂，进口价高达每吨350万元，而国产的N催化剂上市后，每吨售价仅为150万元。仅从国产N催化剂替代进口的GF2A催化剂这一项计，每吨环管聚丙烯的成本就能降低70元左右。N催化剂研发成功，实现了工业生产和工业应用，实现了国产化。国际市场上也看好N催化剂，N催化剂技术走出国门，获得技术出口费1500万美元。在袁总的关心支持下，北化院又进一步研发了DQ球形聚丙烯催化剂，奥达很快将DQ催化剂实现了工业化生产，并在上海石化的环管聚丙烯装置上应用成功。

N催化剂国产化是众多石化催化剂国产化的一个典型案例。在袁总的鼎力支持下，在总公司上上下下多方面的共同努力下，总公司催化剂国产化工作取得了可喜的成绩，总公司所用的催化剂绝大多数都已实现了国产化，国产化率超过了85%。

她是一位受人尊敬的导师

张 勇❶

袁院士是位受人尊敬的导师。她平易近人、为人正派、学风严谨、乐于奉献、不懈奋斗，为石化科技事业鞠躬尽瘁，奉献了毕生精力。

我刚毕业，就有幸加入了成立不久的原中国石化总公司发展部，亲身经历了石化科技从弱到强的历史发展过程，也深深感受到了袁院士引领和推动石化科技发展发挥的重要作用，可以说从制定石化科技发展规划、组织重大石化科技攻关到建设石化科技队伍，袁院士都倾注了全部精力，作出了杰出贡献。

为了解决人民吃饭穿衣问题，从20世纪70年代开始，我国开始成套引进大型乙烯及下游衍生物装置，当时，我国石化技术十分薄弱，与国际先进水平相比差距很大。建设大型乙烯工程所需要的催化剂、技术装备、工艺包、工程设计都要从国外引进，并且要一套又一套重复引进，不仅消耗大量宝贵外汇，还长期受制于人，随时都有“卡脖子”的危险。为了尽早摆脱这一被动局面，袁院士带领广大科技人员经过广泛调查研究，在深入研究分析国际国内石化科技发展现状和趋势的基础上，依托国家重点建设工程项目——茂名石化30万吨/年乙烯工程，于80年代中后期制定了全面实现石化技术与装备国产化的科技发展规划，着力解决大型乙烯、聚乙烯、聚丙烯、乙苯/苯乙烯、丙烯腈、丁苯橡胶、环氧乙烷、丁二烯、裂解汽油加氢、芳烃抽提等装置10余项关键核心技术长期依靠技术引进的问题。从当时的技术基础来看，这一规划是超前的、宏大的，

❶张勇，石油化工专家，教授级高工。曾任中国石油化工集团公司技术开发中心副主任、科技开发部副主任（正局级）、北京化工研究院院长。

但回头看这一规划又是必需的，是我国石化科技发展的必经之路，充分体现了“振兴石化、科技先行”，实现中华民族伟大复兴的坚定决心和攻坚克难的坚强意志。

有了好的规划，关键在于落实。80年代，我国国民经济水平还比较落后，技术基础和工业基础薄弱，科技经费不足，为了加快科技发展，袁院士带领大家集中力量，重点突破，优先抓一批严重制约石化生产经营和发展的关键核心技术攻关，例如，乙烯裂解炉成套技术攻关，聚乙烯催化剂、聚丙烯催化剂、丙烯腈催化剂、环氧乙烷催化剂和乙苯/苯乙烯催化剂技术开发，溶聚丁苯橡胶成套技术开发等。特别是1988年我国首台2万吨/年乙烯裂解炉(北方炉)在辽阳石化投产成功，实现了我国乙烯重大技术装备零的突破，从此翻开了自主发展乙烯工业的新篇章。随后，一批关键催化剂开发成功，顶替进口，不仅为国家节省了大量外汇，为企业节约了巨额成本，还为日后成套技术的开发奠定了基础。现在，我国能依靠自主技术自行设计、建设大型乙烯工程以及下游衍生物装置，不仅摆脱了长期以来从国外引进技术的被动局面，还实现了裂解炉技术和多种石化催化剂出口，这在当时是难以想象的。记得在北方炉攻关过程中，为了开发适应我国乙烯原料特点的高效节能裂解炉，开发团队提出了“3个2”的创意，即二次注汽，2-1炉管构型，二次急冷，着眼于解决重质原料裂解，提高乙烯收率，多回收高能位热量等技术难题。袁院士带领大家研究制定技术方案，组织实验验证，开展工程设计，协调解决工程建设有关问题。在裂解炉推广应用和大型化过程中，先后在齐鲁石化遇到了急冷器和炉管结焦，在燕山石化遇到了炉管抖动等一系列工程技术难题，袁院士坚定信心，以惊人的毅力，克服一切困难和阻力，坚持攻关不动摇，先后攻克一个又一个难题，使国产技术不断改进完善，达到世界先进水平。与此同时，袁院士提前布局乙烯分离新工艺开发，着重攻克大型急冷器、深冷区和压缩区设计难题。从2000年开始，首次采用自主乙烯分离技术分别对天津石化、中原石化和广州石化中型乙烯引进装置进行扩能提升技术改造，并在武汉新建乙烯工程中首次实现了大型乙烯全套技术国产化，使我国大型乙烯技术跻身世界前列。

科技攻关需要一支过硬的科技队伍。袁院士十分重视石化科技队伍建设。在加强直属研究院建设的同时，结合科技体制改革，她极力推动与中国科学院和著名高校以及原化学工业部北京化工研究院(北化院)、上海化工研究院和兰州化机院等建立联合研发机构，她极力推动工程技术开发和成果转化，将工程公司和生产企业等纳入研发体系，发挥体制优势，实施研发、设计、装备制造、建设、生产和销售“一条龙”攻关，逐步形成了较为完善的研发体系和行之有效的联合攻关机制。袁院士积极探索加快科技成果转化为生产力的有效形式。在90年代初，为了加快我国首件聚丙烯国际专利——N催化剂转化形成生产力，填补国内高效聚丙烯催化剂空白，袁院士力推与北化院合资成立科创企业——北京奥达石化新技术开发中心，按“产销研”一体化模式，开展聚烯烃催化剂中试、生产、销售和技术服务。现在这家科创企业已发展成为世界先进的聚烯烃催化剂供应商。

基础研究是技术开发的科学基础。石化基础研究相对薄弱，特别是在催化科学、工程科学、高分子材料科学领域基础研究差距比较大，严重制约高性能催化材料、高分子材料和关键技术装备的研发。针对这些问题，袁院士推动与国外著名公司和高校开展国际科技合作，这些国际科技合作为提高基础研究水平发挥了重要作用，例如，在北化院建设高分子材料表征中心，为研究结构与性能，开发高性能合成材料打下了坚实基础。

袁院士坚定的理想信念，“爱我中华、振兴石化”的爱国情怀，严谨的治学态度，勇攀科技高峰的坚强意志，殚精竭虑的奉献精神给我们留下了深刻的印象，值得我们崇敬和学习。

我眼中的袁晴棠院士

王玉庆❶

袁晴棠院士，因长期担任中国石化集团公司总工程师，人们习惯地称她袁总。而在我的内心深处，却更希望称她为“袁大姐”，这大概缘于我与袁总“师出同门”吧，我和袁总曾就读于同一所大学，甚至是同一个系、同一个专业，也曾受到相同的恩师的教诲，尽管中间相差了20多年。按传统习俗，袁总应该算是我的师姐吧。

当你在生活中有了困难，在工作中遇到了问题，感到束手无策，感到苦闷和困惑难解时，你总会收到袁总大姐般的亲切问候和鼓励，使我们这些后辈感到了一种亲人般的温暖，于是克服困难就添了信心，解决问题就有了思路。但如果你在工作中出了问题，出了差错，袁总却丝毫不会迁就和含糊，虽然没有尖刻的语言，没有厉声的呵斥，但看似平和的语气中却透着严厉，让你瞬间羞愧难当，久久难忘，记忆终生。

记得那是1996年的夏天，中国石化自主开发的银催化剂将在当时亚洲规模最大的扬子石化环氧乙烷/乙二醇装置上进行首次工业应用。尽管在此之前国产银催化剂已经在多套工业装置上成功应用，但在规模如此大的装置上进行应用尚属首次。公司上下对此项目十分重视，专门成立了现场技术工作小组，我当时作为工作小组的成员之一，主要负责带队到扬子石化现场组织和协调催化剂试验的相关事宜。7月的南京正是盛夏，骄阳似火，酷热难耐。人们常常用“火炉”来形容盛夏的南京，而在我看来，此时的南京更像一个“蒸笼”，闷热难耐，透不过气。看到试验现场技术人员和工人们一

❶王玉庆，石油化工专家，教授级高工。曾任中国石油化工集团公司科技开发部副主任。

起紧张有序地装填催化剂、认真地检查和核对仪表，做投料开车前的各项准备，我心里暗自盘算，有这么多技术人员在现场，试验应该会很顺利吧，何必在蒸笼般的南京受煎熬，于是借口工作上有其他的事，不等试验开始就自己先回北京了。

然而，此次催化剂的应用试验并不顺利。装置投料运行后，催化剂的选择性竟然与预定值相差了5个百分点，这意味着试验是不成功的，至少存在重大问题。我在距离现场千里之外的北京，只能通过电话了解到试验过程中的碎片化信息，自然不清楚真正的问题所在。很快，袁总的电话打到了我的办公室，询问催化剂试验中出现问题的具体情况和原因。我不在现场，勉强通过电话“遥控指挥”，自然不能准确回答袁总的问题。袁总没有训斥我，只是语重心长地说，这么重大的试验项目，我们作为组织管理人员，应该坚持在现场，和专家们一同研究问题，尽快提出解决方案，必须时刻掌握第一手信息，做到上情下达，否则是不能及时妥善地应对问题的。

挂上电话，袁总的教诲在耳边反复回响，一种当了逃兵、打了败仗的羞愧感袭上心头。我没有丝毫犹豫，立刻订了飞机票，赶赴南京，和技术人员一起查找试验出现问题的原因，寻求解决问题的办法。经过大家的努力，很快就发现了试验数据出现差错的原因，源于产物的计量方法出现了差错，导致数据与预测值出现了误差。问题解决了，试验成功了，众人皆大欢喜，我的心里却留下了深深的印记，教训是深刻的，值得我一辈子记忆。

在此之后的工作中，我再未敢懒惰，寒冬季节到大庆石化进行聚乙烯催化剂应用试验，梅雨季节到上海石化完成聚丙烯催化剂的应用试验，盛夏时节到广东茂名开展聚乙烯冷凝工艺试验……，我都坚持在一线和技术人员一道，研究方案，解决问题，圆满、顺利地完成了工作任务。

袁总在事业上勤奋努力，对待工作敬业、认真，在公司上下人人皆知。袁总曾长期担任中国石化集团公司的总工程师，经常带领专家队伍到生产企业进行技术咨询和技术服务。每次陪同袁总到企业调研、咨询，都会看到袁总不辞劳苦地爬上石化生产装置，观察装置的运行情况，了解生产中存在的问题，掌握第一手资料，为企业解决问题提出契合实际和切实可行的方案。袁总尤其喜欢登上高高的乙烯裂解炉操作平台，打开看火孔，仔细观察乙烯炉的运行情况。袁总是著名的乙烯技术专家，我想，她的精湛的知识、对乙烯技术深刻的理解，除了平日里的努力学习和刻苦钻研外，更多的恐怕是来自她不辞劳苦、不厌其烦地在生产一线细致入微地观察和调研吧。作为公司科技部门的技术负责人，我曾多次跟随袁总下企业，到生产一线调研、咨询，也渐渐养成了在生产实践中学习、观察和研究的好习惯，受益终身。

袁总在石化技术上是著名的专家，技术精湛、知识渊博。同时在战略决策上、在事关全局的重大问题上，同样具有战略家的眼光和决策力。20 世纪 90 年代，全国上下掀起了乙烯项目的建设热潮，迎来了乙烯产业蓬勃发展的大好时机。国外乙烯专利商凭借他们先进的技术和众多的应用业绩，大举进入中国市场。此时的国产化乙烯技术开发虽然已经取得了可喜的进展，裂解炉的技术已基本成熟，也创造了多台裂解炉实现工业化应用的业绩，但仍有一些实际问题需要解决，更需要加快创新步伐，尽快进入世界先进水平行列；而国产化的乙烯分离技术开发则刚刚起步，距离大规模的应用尚有距离。形势非常严峻，眼看着乙烯技术应用的大好机遇，我们的国产技术要想有所作为却面临重重困难，的确让人心急如焚。面对如此机遇和挑战并存、困难重重的局面，袁总审时度势，大胆地提出了与国外著名乙烯技术公司开展技术合作的创新思路。袁总的想法一提出，立刻在公司上下引起了巨大的反响。赞成者有之，担忧和心存疑虑者亦有之，尤其是技术人员更是顾虑重重，担心开展对外合作后，国产技术的开发和应用会受到影响。袁总从乙烯技术进步的大局出发，耐心细致地做方方面面人员的思想工作，反复细致地和技术人员解释，说明坚持开放式创新、开展对外技术合作与自主创新的关系。在袁总耐心、细致和反复地解释、说服后，公司上下终于统一了思想和认识，在乙烯裂解炉技术和分离技术上分别与国外著名公司开展互利互惠、实现“双赢”的技术合作，把中国石化多年来开发的具有创新性和竞争力的部分单元技术与国外公司的部分单元技术有机结合，形成了一整套具有更高技术水平和更强竞争力的乙烯技术，迅速占领了国内乙烯市场，牢牢把握住了难得的乙烯发展机遇，加快了国产乙烯技术的创新和进步，提高了乙烯技术开发的起点。20 多年过去了，现在回过头来审视，当时坚持和采取的开放式创新、开放式合作的思路是完全正确的。目前，中国石化自主开发的技术已经完全占领了中国石化乙烯项目的市场，裂解炉技术还实现了出口。我们已经完全可以立足自主技术建设和设计具有世界级规模和水平的乙烯装置，中国石化也成为世界乙烯技术专利商之一。

屈指算来，结识袁总已经有 30 多年了。从袁总的身上，从她的言谈举止中，我学到了许许多多宝贵的东西，可以说，她是榜样、是楷模，是标杆。30 多年来，和袁总学知识、学做人，使我收获颇多，受益终身。如今的袁总已届耄耋之年，但依然思维敏捷，步履轻盈，仍在为中国石化产业的技术进步和技术创新勤奋努力，发光发热。我也立志像袁总一样，活到老，学到老，兢兢业业地努力，虽已年逾花甲，但仍要勤奋努力，继续为国家石化产业的发展尽一些绵薄之力，不辜负袁总的期待和教诲。

奉献石化科技事业的巾帼豪杰

——我心目中的袁晴棠院士

刘佩成❶

“学者求友，须是可为师者，时中长怀尊敬，做事取法，期有所益。”在我的职业生涯中，能遇见袁晴棠院士，能为袁晴棠院士服务，是我人生中的一件幸事，更是我职业生涯的一种机缘。

初识袁晴棠院士，是在 2001 年 8 月 21 日。那天，根据组织的安排，我从中国石化集团公司办公厅调研室调到总师办公室，负责全面工作，开始为袁院士等几位总师服务。从此以后的 20 多年里，对我而言，袁院士亦师、亦母、亦领导，她的卓越领导力和雷厉风行的作风深深地影响着我，她的专业技术能力和辉煌成就深深地吸引着我，她的高尚品德和敬业精神深深地感动着我，她的谆谆教诲和悉心指导深深地激励着我，她是我人生路上的领航人。

在我的心目中，袁院士是一位精明强干的领导者，思路清晰、雷厉风行、集思广益、驾驭全局能力强。记得我到总师办公室前两年，当时她还担任中国石化集团公司总工程师，每次召开总工程师办公会时，她都认真听取各部门总工程师有关科技发展方面的汇报，仔细审核重大科技项目攻关方案，妥善处理不同的意见建议，确保会议形成一致意见、达成共识，部署下一步工作思路清晰、重点突出、分工明确、责任落实，体现了高超的领导艺术和驾驭复杂局面的能力。她向来做事认真细致、雷厉风行，上级领导交办的事项，迅速组织研究落实，按时高质量完成。2004 年她担任中国石化

❶刘佩成，石油化工专家，正高级工程师。历任中国石油化工集团公司办公厅总师办主任、综合管理部首席专家。

集团公司科技委咨询委常务副主任以后，按照中国石化党组有关领导的指示和受总部有关部门的委托，作为咨询组组长，她40余次组织专家组深入炼化企业进行技术咨询，帮助企业解决生产经营和长远发展中遇到的技术难题。在咨询研究过程中，她积极与党组分管领导、有关部门和企业领导沟通，认真组织做好前期准备，努力落实工作分工，广泛听取咨询专家的意见，统筹解决咨询遇到的问题，协调解决不同的意见建议，确保技术咨询高效开展、圆满完成，确保技术咨询能够帮助企业真正解决实际问题，体现了卓越的组织协调能力和领导能力。

在我的心目中，袁院士是一位敢于创新的科学家，胸怀祖国、热爱石化、勇攀高峰、追求真理。她自1964年参加工作后，一直从事石化科技工作。特别是1990年担任中国石化总公司(中国石化集团有限公司的前身)发展部主任以后，她大胆探索、尊崇科学、追求真理、严谨创新，与时任中国石化总公司副总经理阎三忠一起创立了“十条龙”科技攻关机制，以“爱我中华、振兴石化”为己任，积极组织科研、生产、设计、装备研制等科研力量进行“一条龙”科技攻关，攻克了一个又一个石化领域的科技堡垒，形成了一项又一项石化领域的成套技术，推动了科研成果加快向现实生产力转化，为我国石化科技快速发展作出了突出贡献。目前，“十条龙”已成为中国石化集团有限公司重大科技攻关项目的代名词和富有石化特色的科技攻关组织模式，一直延续至今。她从1983年中国石化总公司成立之初开始，持续不断组织科研团队进行乙烯成套技术攻关，2013年百万吨级乙烯成套技术首次成功实现工业化应用，2018年底已累计应用到千万吨乙烯产能，中国石化集团有限公司乙烯技术不仅仅实现了从0到1的突破，更实现了从1到N的跨越，使我国打破了国外乙烯技术垄断，并率先成为世界上全面掌握轻质原料、重质原料及高含烯烃原料裂解技术的国家。2020年，中国石化集团有限公司的复杂原料百万吨级乙烯成套技术研发及工业应用项目，荣获国家科学技术进步奖一等奖，她位列主要贡献者首位。

在我的心目中，袁院士是一位资深望重的石油化工知名专家，爱岗敬业、矢志奋斗、潜心研究、精益求精。袁院士热爱石化事业，是我国石油化工领域知名专家，受委托承担了大量石化领域科技和产业中长期发展战略研究课题。20 余年来，袁院士作为课题负责人，承担了国家部委、中国工程院委托的战略研究课题 40 多项，每次她都按照任务书要求，积极组织研究团队，认真修改完善工作方案和研究提纲，亲自带领课题组深入有关省市、部门和企事业单位进行现场调研。在课题研究报告初稿形成以后，她都字斟句酌一遍一遍地修改完善，确保经过她手的研究报告都是精品，多次得到上级领导的重要批示和高度肯定。她有极强的爱岗敬业和产业报国精神，目前虽然已年过八旬，但仍然坚持每天上班，仍在为我国的石化事业奔波，仍然经常出差参加一些重要的研讨会和评审会，呕心沥血、勤勤恳恳地工作，令人敬佩。记得 2010 年 11 月，她带队到镇海炼化公司技术咨询，为了准备第二天上午咨询结束时的讲话稿，她不顾年事已高，前一天晚上通宵达旦修改完善讲话稿。她心系中国石化集团有限公司炼化业务发展，组织完成了 20 余项有关中国石化集团有限公司科技和炼化业务发展的战略研究课题，为中国石化集团有限公司党组科学决策和制定中长期发展规划提供了重要参考。2021 年，她与曹湘洪院士一起组织完成了中国石化芳烃产业链课题研究，中国石化集团有限公司党组专门听取汇报，给予了较高评价。另外，她还向党和国家提交了 10 余份院士建议和 10 份政协提案，为国家有关部委科学决策和制定发展规划提供了重要参考。

在我的心目中，袁院士是一位无私奉献的优秀党员，爱党爱国、信念坚定、矢志不渝、淡泊名利。作为一名有着 58 年党龄的中共老党员，她非常热爱党和国家，拥有浓浓的家国情怀，理想信念非常坚定。我工作在她身边，经常能听到她对党中央治国理政的赞赏，经常能看到她为我们党和国家取得的辉煌成就而高兴。为了便于经常参加党支部活动，她要求将党的组织关系放在科技部，积极参加支部主题党日活动，不断加强政治理论学习，带头发言交流学习收获和体会，用自己的实际行动践行初心使命，为青年党员树立了很好的榜样。她对社会上的不正之风和党内腐败现象深恶痛绝，严于律己，淡泊名利，志存高远，在职时主持过许多重大科技攻关项目，但申报奖励时从不让署自己的名字，还经常教育身边工作的同志不能收受土特产、消费卡和现金等，廉洁自律，两袖清风，始终保持着优秀党员的政治本色和先锋模范带头作用，为石化科技事业鞠躬尽瘁、无私奉献。记得 2003 年 1 月 15 日，我接到她爱人黄遂新的电话，说袁院士的父亲去世了，希望她回老家河南奔丧。当时，袁院士正带队在广州石化公司进行技术咨询，当我把这一消息告诉她时，她非常悲伤、眼泪哗哗地流，我劝她回去，可她说技术咨询正在关键时候，大家提出的咨询意见还需要进行深入研究讨论，不能丢下这些咨询专家去处理我的家事，于是她擦干眼泪继续开展咨询工作。就是在 2017 年她爱人病重住院期间，她仍坚持每天早上 6 点多钟去医院看望一下，然后回到办公室继续工作。她用自己的党员模范行为，鼓舞带动着身边的人。

在我的心目中，袁院士是一位既像老师又像母亲的长辈，胸怀坦荡、平易近人、甘为人梯、诲人不倦。良师难遇、知己难求。在我眼里，她不仅是领导，还是老师，更像是母亲。在我人生成长道路上，能够遇上这样一位如良师似慈母的领导，真是我的福分。作为领导，她对待工作严谨认真、一丝不苟、实事求是，对待下属和蔼可亲、平易近人、谦逊正派，从不发脾气，德技双馨，关心下属的成长和进步，关心下属的工作和生活。像良师，她教会了我许多为人处世的方法。我记得，我刚到总师办公室工作时，因人手少、事务多、工作量大，很着急，经常手忙脚乱、无所适从。她看在眼里，对我说“不要急，要学会‘弹钢琴’，分轻重缓急、主次分明，一件件完成”，亲切的话语，真诚的指导，使我豁然开朗，很快就胜任了总师办公室的工作。在起草报告材料时，她教我如何提高战略思维能力、分析研究能力，如何提高报告的战略性、前瞻性和可操作性，如何归纳总结提炼战略思路、战略目标和措施建议等，使我的报告材料起草能力不断提高。像母亲，她关心我的成长和进步，我工作中遇到一些困难时，她都耐心开导，鼓励我勇于面对、敢于担当、努力解决。我生活中遇到一些不顺心的事，她就像母亲一样跟我谈心谈话，让我想得开，帮助我解决心理问题。没有什么比感同身受让我心存感动，一句问候温暖我心；没有什么比急人所急让我心存感激，一句安慰铭记在心；没有什么比忠言善劝让我心存感恩，一句贴心话春风化雨。

她就是这样一位把工作视为生命的领导干部，就是这样一位产业报国心极强的科学家，就是这样一位对工作精益求精的知名专家，就是这样一位无私奉献的优秀党员，就是这样一位诲人不倦的好老师好“母亲”。袁院士于我，亦师亦母亦领导，有情有义有担当，是我前进路上的“灯塔”，更是我终生追求和学习的榜样。

亦师亦母亦领导，海棠迷人沁我心；
言传身教犹有爱，雨露滋润蓓蕾红。
霜鬓不坠青云志，奉献石化意犹酣；
乙烯技术建奇功，科技报国敢担当。
严细求实率先行，大师风范显精神；
巾帼豪杰照我行，吾辈携手向未来。

这是我发自心底的赞语，也是我勇毅前行的方向。

祝愿袁晴棠院士身体健康、幸福长寿！

良师诤友　受益终身

——记我的人生导师袁晴棠院士

马　燕❶

良师诤友、受益终身，这是我作为袁晴棠院士的下属、同事、学生，在与她相处的点滴中品味和感受到的。袁晴棠院士既是我的领导，更是我的人生老师和导师，她的言传身教，教会了我如何做人做事，影响了我"三观"的确立，带领了我走上为石化事业和知识产权事业奉献之路。

1983 年 7 月，中国石化总公司成立首月，我从燕山石化公司调入中国石化总公司发展部化工处工作，那时袁晴棠是化工处处长，我们办公桌紧挨着，使我有了近距离受教、学习的机会。当时，我负责合成材料应用开发管理工作，作为处里最年轻的同志，又没有总部技术开发管理经验，工作中经常无所适从。袁晴棠作为处长、作为老大姐，耐心细致地教我如何打开工作局面，如何与领导同事、总部相关部门和下属企业沟通交流，如何制订工作计划、管理研发项目、做好研发项目过程和节点管控，如何行文、写报告及总结，并逐字逐句帮我修改完善。对于我的点滴进步，她都看在眼里、喜在心头，并不忘给我鼓劲和表扬，树立我的工作信心，使我很快就胜任了科技开发组织管理工作。有一件事令我十分感动、终生难忘，怀孕中的我出差回京后，出现先兆流产症状，需要卧床休息，袁晴棠知晓后要求我安心调养休息，繁忙中帮我处理和承担了很多工作，让我感到很温暖。在此事中，我从袁晴棠身上学到了工作和生活中，要关心他人、诚挚待人，尽所能助人、不求回报，使

❶马燕，知识产权管理专家，教授级高工。曾任中国石油化工集团公司科技部知识产权处处长。

我人生中养成了助人为乐的好习惯，受益良多。

结合工作实际和事业需求终身学习，是我从袁晴棠身上受教的另一个重要方面。工作一段时间后，我非常想重回大学深造，并把考研的想法和袁晴棠说了，她听后，帮我做了人生规划的详细分析。从生活角度，她帮我分析我先生正在读博，孩子小需要我养育，需要我对家庭有更多付出，生活和事业同等重要；从事业发展角度，她帮我分析事业发展确实需要更多的知识积淀、更多的工作技能，但是学历教育仅是人生学习获取知识的一条路径、事业上升通道的重要阶梯，但不是学习发展的唯一路径，人生中更多的时候需要结合工作实际边干边学，事业有成不仅要靠拥有知识的数量，更要结合事业目标、工作需求对知识融会贯通、提高解决实际问题的能力，把所从事的事业做优做强，只要肯学肯干，照样可以事业有为。

袁晴棠从主管处长到中国石化发展部主任，到中国石化集团公司总工程师，再到中国工程院院士，一路走来，她主管工作的业务领域越来越宽、工作的维度越来越多元、遇到的问题也越来越复杂，她之所以能够胜任有为、驾驭自如，就是因为她敢于担当、善于作为，注重干中学习、干中积累、干中总结、干中提升。在袁晴棠院士的谆谆教诲和言传身教影响下，我走上了终生注重干中学习之路，结合工作需要，边干边学，缺什么补什么，需要什么学习什么，并注重学以致用，在工作实践历练中，锻炼掌握学习要点，找出知识关联，着重解决问题，帮助事业有成。

厚德载物，诚挚待人，严于律己，利他之心，大家风范，暖心助人，家庭和睦，这些都是我和袁晴棠院士多年相处中感受到她的为人处世之道，使我终身受益。记得几次袁晴棠院士作为国家科技进步奖现场考察专家，她都要求中国石化参评单位要实事求是向专家汇报项目情况和答疑，认真对待并回应专家所提的问题与建议，积极协助国家奖励办组织会议，工作从严，安排周到，遵纪守规，杜绝铺张。袁晴棠院士无论是对同事、对上级主管部门的领导和工作人员还是对中国石化的普通员工，无论是对长者、同龄人还是年轻同志，无论是对事业和工作还是生活和家庭，她都关爱有加、平易近人、温柔以待，细微之处体现了女领导的语言艺术、领导才能，柔暖风格，谦逊作风，实在的相帮相助。

袁晴棠院士工作中注重培养年轻同事高站位、宽眼界，科学、严谨、高效、务实，注重抓工作重点。她与时任中国石化总公司副总经理闫三忠一起创立了“十条龙”重大科技攻关机制，围绕中国石化长远发展和现实需求，抓住中国石化技术创新重点，集中科研、设计、工程、装备、销售等各方力量，协同创新攻关，为中国石化攻克了一个又一个技术堡垒，形成了许多成套技术，培养和锻炼了一批技术骨干和人才。

我曾经立志成为中国石化合成材料应用技术开发的管理专家，从无仕途升迁的愿望。20 世纪 90 年代初，在我专业管理工作出成果、出业绩之际，发展部领导找我谈话，要调任我去部门成果处当主管知识产权工作的副处长，当时我毫不犹豫地回绝了。袁晴棠院士作为部门主任，马上找我谈话、交流思想，耐心听取我的想法后，结合她在赴美学习中的深切体会，给我分析了做好中国石化知识产权保护和管理的重要性，意味深长地告诉我：中国石化的发展需要一位有开拓精神和实干的年轻人去开拓这一新领域，这是领导们对我的信任和期望。从此，我走上了中国石化企业知识产权管理工作之路。

当时，我国知识产权制度建立不久，企业知识产权保护工作不受重视，没有现成的经验和做法，举步维艰。袁晴棠院士不仅推我上路，而且实实在在帮我前行，安排领导我的王丙申主任，利用他多年积累的企业管理经验帮我分析，一同探讨如何有效解决困点难题，寻求开展知识产权工作的办法；她还积极为我创造了到美国菲利普石油公司知识产权与许可证贸易部门的学习机会，使我学习到了美国大企业如何通过配套进行技术创新、知识产权保护与许可证贸易的管理机制、管理内容、管理要素和做法，并结合中国国情和中国石化发展需要，积极干中践行。她就任中国石化总公司总工程师后，更是与相关主管领导一道，积极推进中国石化知识产权工作纳入主营业务相关环节，使得中国石化知识产权工作在中国石化的发展与市场竞争中有位有为。中国石化的知识产权保护、许可证贸易与管理能够位居央企前列，与袁晴棠院士的领路是分不开的。

我退休已超十年，回首人生，能与袁晴棠院士成为同事，能得到她的诸多直接指导与帮助，是我人生的良缘和大幸，时常感叹此生幸遇袁晴棠院士良师指导，事业成长，终身受益。唯有学她做人做事，不负所教所望，方可报答恩师培育。

祝愿袁晴棠院士身体安康、幸福永远！

助手眼中的袁院士

刘　斌❶

第一次见到袁晴棠院士还是在2006年，初入职场的我在石科院参与了费-托合成技术的研发课题，有一次中国石化总部组织召开课题论证会，会议领导席上坐着一位身穿黑色西服的领导，她年纪和我祖母相仿，坐姿端庄，神采奕奕。她的讲话井井有条，言简意赅，不仅有高度概括性，而且能精准切入问题核心，对会场节奏和方向的掌控游刃有余。会后得知她就是中石化原总工程师袁晴棠院士，那是我第一次近距离感受到袁院士的专业权威和领导风范，印象深刻记忆犹新。

开始担任袁晴棠院士助手已经是2012年10月，当时我正借调在中国石化总部科技开发部工作，恰逢人事部在为院士招聘院士助手，我接到组织通知去院士办公室面试，袁总(公司同事们都习惯叫她“袁总”)一见到我就微笑着起身，亲切地与我握手，她从生活家常、特长爱好、工作经历开始与我畅谈，聊到这次面试的主题，整个过程在轻松愉快的气氛中完成，使我原本忐忑和紧张的情绪完全消除了。后来我的表现得到了袁总的认可，于是顺利来到院士助手的岗位，迈入了与袁院士共事的崭新职业生涯，这段经历也是我人生成长路上最珍贵的收获。

2012年到2019年在我担任院士助手期间，袁总的日常工作量几乎一直处于饱和状态，她作为课题负责人或专家顾问，主持和参与了20余项国家级战略咨询研究项目，其中有6项为中国工程院重大咨询研究项目，10余项为中国工程院重点咨询项目，部分重大项

❶刘斌，高级工程师。曾任袁晴棠院士助手，中国石油化工集团公司科技开发公司副经理，现任中国石化石油化工科学研究院综合管理部主任。

目形成的院士建议得到国家领导的关注和批示；她作为技术咨询组组长组织开展了武汉石化、长岭炼化、巴陵石化、川维化工、仪征化纤等多家炼化企业技术咨询工作，为炼化企业扭亏脱困、质量升级和安全生产提供了全面的、有针对性的解决方案和咨询建议，得到了集团公司党组和炼化企业的高度认可。此外，受中国化工学会邀请和委托，袁总还作为负责人参与完成了由全国科学技术名词审定委员会组织的《化工名词》(第二版)(基本有机原料部分)的审定工作，以及《大百科全书》(第三版)化工学科(基本有机化工分支)的编撰等工作。这些项目和工作的成果对我国制造业转型升级、石油石化行业绿色低碳发展，特别是对中国石化集团公司的高质量发展具有非常重要的参考价值和指导意义。

在工作中袁总兢兢业业、精益求精，对自己高标准严要求。中国工程院作为国家高级智库，其咨询项目站位高、战略性强，涉及不同产业的方方面面，研究报告也主要供国务院、国家部委及地方政府作为决策参考，对报告的质量要求不言而喻，袁总作为项目(课题)负责人，对项目团队组建、任务目标计划设定、工作具体落实都亲自安排部署，对经手的每一份报告材料，大到报告的整体架构小到一句话的表述和一个词语的用法，都是斟词酌句，精雕细刻地推敲优化、修改审核。在日常繁忙工作之余，袁总总会抽出一定的时间阅读产业发展报告和专业技术文献，利用零散和空闲的时间搜集整理资料，亲自撰写和发表学术论文。

工作中袁总虽严于律己，却宽以待人，对下属和同事谦逊随和、包容体贴。我刚当院士助手时，为了能让我尽快适应和胜任新的工作岗位，袁总布置任务时总会先耐心地告诉我工作缘由和背景，让我加深理解，然后再提醒我需要注意的重点要点，即使面对紧急任务时也会尽量留给我充分的时间消化和处理。对袁总交办的任务，我都会铭记要求、全神贯注地执行，但时常还会达不到袁总心中的要求和标准，甚至有时候还会出现比较大的失误，但她从不会直接批评我或者指责我，而是不动声色地替我将错误修正、缺陷补正，不让我有负担，事后再在合适的时候心平气和地教导和激励我。袁总对完成任务目标和工作质量的执着与表率，对身边团队成员的包容和鼓励，使得我们每一位成员都充满热情、尽职尽责。

在生活中袁总和蔼可亲、平易近人，一直秉持积极的人生态度，坚持良好的生活习惯，对身边的人真诚相待，关爱有加。袁总会把朋友和同事的困难和需要常挂在心上，尽可能地给予关心和帮助，她常常教育我：对待身边的朋友和同事要真诚守信，互相关爱，一定要团结才能干好事业。袁总很重视身体健康管理，努力让自己处于比较好的状态，以保证工作效率和质量。她常常叮嘱我：年轻人要热爱生活积极向上，特别要做好健康管理，有好的身体才能照护小家、奉献国家。袁总从很年轻的时候就饱受睡眠问题困扰，为了保证睡眠时间，每晚都需要借助药物助眠，至今已经依赖了五十多年了。八十岁的她有时因出差或者工作繁忙，为了不影响第二天工作质量，只能增加药量强迫自己晚上多睡会儿觉。2016—2017 年袁总经历了最艰难、最痛苦的时期，爱人的病重和离世让她精神和身体遭受沉重的打击，近八十岁高龄的她不得不拖着疲惫的身体每日奔波于公司和医院之间，坚守着对家人的陪伴，仍不忘对事业的担当。记得那时袁总正负责组织编写化工名词工作，有一次须去上海主持定稿审查会，为了兼顾工作和照看爱人，她乘坐最早的航班出发，会后当天乘很晚的航班返回。

袁晴棠院士作为一名优秀老党员，她始终对党忠诚，热爱国家；作为一名石油化工技术带头人，她一生致力于乙烯技术研究开发，呕心沥血，兢兢业业，为我国石油化工事业的发展作出了重要贡献。袁院士常常教导我：思想上要信念坚定，爱国爱党，坚决拥护中央和公司党组的决策部署；事业上要勤奋刻苦、全力以赴，尽自己最大努力去完成任务；工作方式上要多听取领导和同事的意见，与各方充分沟通协作和统一思想；生活里要待人真诚、与人为善，照顾好父母，担当起家庭责任。在我们年轻人眼中，袁总既是一位高屋建瓴、虚怀若谷的领导，又是一位和蔼可亲、平易近人的长辈，既是一名德高望重、诲人不倦的老师，又是一位推心置腹、赤诚相待的朋友。

我真的很庆幸能够遇见并在袁院士身边工作和学习，不仅学到了很多的专业知识、工作方法、生活态度，更学到应该如何做人做事。现在虽已经岗位调动，但每当遇到困难和问题时，总会想起袁总对我的叮嘱和教诲，就会充满前进的力量。

特别借此机会，诚挚地感谢袁院士一直以来给予我的指导和帮助，衷心地祝愿袁院士健康长寿，幸福快乐！

我心目中的袁晴棠院士

王　澈❶

袁晴棠院士是我国著名的石油化工专家，是中国乙烯技术的开拓者、引领者之一，也是中国石化工业发展的建设者、见证者。袁晴棠院士曾长期担任中国石化总公司、中国石化集团公司、中国石化股份公司总工程师，身边的同志大都习惯称呼她袁总。2019 年起至今，我担任袁晴棠院士的学术助手，协助她的日常工作，这是一种机缘，也是我职业生涯中的莫大荣幸。记得初次来到袁总办公室时，头一次面对面接触如此德高望重的学术大家，我心中十分忐忑。但一进门，袁总便亲切地招呼我坐下，询问我的工作和生活情况。她春风化雨、平易近人的态度，顿时消除了我紧张的情绪。协助袁总工作 5 年有余，她勤勉的工作作风，严谨的工作态度，高超的领导艺术，深刻地感召着我，感召着她身边的每一个人。

我眼中的袁晴棠院士，是一位具有战略眼光的石化领域泰斗。袁总心系石化产业的发展，年逾八旬，依旧承担和参与大量国家级、省部级战略咨询研究项目和课题，探索新时期石化产业转型升级的未来发展道路。开展课题研究过程中，袁总高屋建瓴、条理清晰、思路明确，能够准确把握研究的主题，有条不紊地推进研究工作。在她的领导下，课题大纲思路清晰，调查研究翔实充分，最终形成高质量的研究成果。袁总开展咨询研究工作亲力亲为，2019 年，为做好一项中国工程院咨询研究项目的调研工作，袁总亲自带领项目组成员深入国家部委、行业协会、研究机构、有关企业开展调研，足迹涉及北京、辽宁、山东、四川等省市，取得了第一手的鲜活资料，为研究报告编写提供了有力支撑。袁总一贯重视承担和

❶王澈，袁晴棠院士助手。

参与战略咨询研究工作，至今已承担或参与了数十项战略研究课题，为国家和公司的决策提供了重要的参考。

我眼中的袁晴棠院士，是一位富于创新精神的科学家。今天，中国石化科技开发领域的重要名片——“十条龙”科技攻关机制与制度，就是在中国石化总公司党组领导下，袁总和时任中国石化总公司副总经理的阎三忠同志一同创建的，30 年来历久弥新，依旧充满生机活力地引领着中国石化的科技进步工作。她长期致力于乙烯技术开发工作，三十多年来，不忘初心、矢志不渝，持续不断地组织乙烯技术攻关，使中国打破了国外乙烯技术垄断，并且拥有了具有世界领先水平的百万吨级乙烯成套技术。2020 年初，袁总带领中国石化乙烯技术开发团队申报国家科学技术进步奖。那段时间，袁总克服疫情影响，利用周末休息时间，加班加点和团队成员一道整理申报材料，准备答辩问题，还亲自上阵录制答辩材料的配音。录制那天，10 分钟长度的讲稿，袁总一气呵成，只用了两遍就完成了录制，语言流畅、吐字清晰。我和录音室的工作人员都惊叹于她旺盛的精力和清晰的思路，自愧弗如。2021 年，复杂原料百万吨级乙烯成套技术研发与工业应用项目获得 2020 年度国家科技进步一等奖，袁总是项目的第一完成人！袁总常说，坚持不懈地组织开展研究开发工作是乙烯技术开发不断取得进展的关键，只有不断提出新的任务、设置新的目标，才能使技术不断进步，保持领先的地位。如今，中国石化乙烯技术开发团队又提出了新的方向和目标，袁总创新的脚步从未停歇。

我眼中的袁晴棠院士，也是一位党员的楷模。她爱党爱国、无私奉献、严于律己，富有大局意识、家国情怀，为党和国家的辉煌成就而骄傲自豪，坚决拥护和落实党中央决策部署。她注重理论学习，坚持按时参加党支部的主题党课和组织生活，同支部的年轻同志一起交流研讨；她淡泊名利、两袖清风，严守国法党纪，常教育我身为一名共产党员，一定要讲原则、有底线。对待工作，袁总精力旺盛、充满热忱、严谨细致、一丝不苟。初来袁总身边工作时，我工作毛糙，作风不扎实，常抱着侥幸心理凭想当然办事。袁总指出我的这些问题，循循善诱地教导我，工作要砸实、办事要落实、推进工作要及时，她的话虽不严厉，但字字千钧，凝聚着她几十年的工作经验，直指我的缺点和不足，令我羞愧难当、铭记于心。

对待下属和晚辈，袁总又是一位可敬、可爱的师长，经常用她的人生智慧教导我们为人处世的办法，面对工作和生活中的困难，要勇于担当，设法解决。有一次，袁总讲起几十年前艰苦奋斗的工作经历，工作和生活的重担都压在肩上，她却云淡风轻地说："小王，那个时候我们并不觉得苦，我认为生活就是这个样子的。"我想，为党工作、为国奉献的精神已经融入她的血液中，成为一种自觉，成为一种光辉的人格。在袁总身边工作，你就会不由自主地向她学习，向她看齐，这就是榜样和楷模的力量。担任袁总助手之后，常有领导、同事关心袁总，问我："袁总还来上班吗？"我总是回答："上班，而且天天上，到的比我们年轻人还早！"现在，袁总每日依旧很早来到办公室，以饱满的精神状态工作一天，风雨无阻。八十多岁高龄的袁总还有这样的工作热情，我们这些年轻人更应该不负韶华、奉献社会，有什么理由去"躺平"、懈怠？

2021 年，袁总着手撰写她的个人自传，借着帮助袁总整理手稿的机会，我有幸成为这本自传的"第一读者"。自传中，袁总平实、严谨地叙述了她的童年、成长、生活和工作。然而，平静的字里行间，都是她波澜壮阔的奋斗人生。从袁总身上，我越发感觉到，院士这个最高学术称号于她而言，并不是躺在上面享受的功劳簿，而更像一座里程碑，上面镌刻着奋斗与汗水，成就和业绩，但却远不是她奋进的终点，她从未停下奋斗的步伐！

桃李不言，下自成蹊。有幸工作在袁总身边，我不仅学到了专业知识、工作方法，更可以学她如何为人、如何处世，她是我尊敬的领导和师长，更是我一生需要学习和追逐的榜样。祝福敬爱的袁晴棠院士身体健康、平安幸福！

附录一　袁晴棠大事年表

1938 年

5 月 12 日(农历四月十三)出生于河南省南召县李青店，父亲袁宝岱、母亲史润华。

1943 年

9 月就读于河南省南召县李青店小学。

1949 年

9 月就读于河南省南阳市第二完全小学。

1951 年

2 月就读于河南省南阳市女子中学。

1955 年

2 月就读于河南省开封市第一女子高中。

1956 年

9 月就读于天津大学化工系无机物工学专业。

1961 年

7 月天津大学化工系本科毕业。

1961 年

9 月天津大学化工系研究生学习至 1964 年 4 月因病肄业。

1964 年

5 月至 1971 年 8 月在化工部第一设计院工作。

1965 年

5 月与黄遂新结婚。

1966 年

4 月加入中国共产党。

1971 年

8 月至 1983 年 5 月，在燕山石化总厂(燕山石化公司)设计院工作，任工程师、工艺专业组长、工程项目负责人、工艺设计室副主任等职。

1973 年

1973 年至 1976 年，和燕山石化总厂设计院徐雷兴同志共同担任工程设计负责人参与我国第一套燕山石化 30 万吨/年乙烯工程建设。

1974 年

担任乙烯工艺计算攻关总负责人，主持开展乙烯工艺计算攻关工作。

1975 年

担任设计总负责人完成 30 万吨/年乙烯装置复用设计。

1977 年

1977 年至 1978 年，参与大庆石化、齐鲁石化、南京(2 套)30 万吨/年乙烯装置引进技术谈判。

1981 年

9 月至 1982 年 9 月，赴美国 Badger 工程公司在职学习。

1983 年

6 月至今，在中国石化总公司、中国石化集团有限公司工作。

1984 年

4 月至 1985 年 2 月，任中国石化总公司发展部技术二处副处长。

1985 年

2 月至 1990 年 9 月，任中国石化总公司发展部副主任，高级工程师。

1989 年

5 月 3 日至 24 日，参加中国石化总公司总经理陈锦华同志率领的代表团赴西欧考察。

1990 年

10 月至 1992 年 11 月，任中国石化总公司发展部主任。

1991 年

1 月，参与创建中国石化“十条龙”科技攻关机制和制度。

5 月 14 日至 24 日，参加时任中国石化总公司总经理盛华仁同志率领的代表团访问委内瑞拉和巴西。

1992 年

11 月至 1994 年 11 月，任中国石化科技开发公司经理。

1993 年

1993 年至 2017 年，任中国化工学会第 35、36、37、38、39 届理事会常务理事，2017 年至今任第 40 届理事会荣誉理事。

1994 年

被授予中国石化总公司有突出贡献专家称号。

10 月，被批准为享受政府特殊津贴的专家。

11 月，被任命为中国石化总公司总工程师，教授级高工。

1995 年

5 月，当选为中国工程院院士。

1995 年至 2008 年，任中国石油学会第 4 届、第 5 届、第 6 届理事会副理事长，2008 年、2011 年任中国石油学会第七届、第八届理事会常务理事。

8 月 28 日至 31 日，带领中国石化总公司代表团出席海峡两岸石油科技研讨会，访问中国台湾中油公司。

1996 年

5 月，当选中国科协第五届全国委员会委员。

1月至1997年4月，任中国石化总公司总工程师兼技术开发中心主任。

1996年，主持中国工程院《化工材料发展现状及迈入新世纪对策》战略咨询研究，随后出版《化工材料咨询报告》专著。

1998年

7月至2004年3月，任中国石化集团公司总工程师、科技委常务副主任。2000年2月至2004年3月，兼任中国石化股份公司总工程师。

1月至2002年3月，任第九届全国政协委员。

1999年

4月7日，任世界石油理事会中国国家委员会委员。

1999年至2002年，和王基铭总裁共同主编《石油化工技术进展》专著，并公开出版。

2002年

1月，带领科技委专家组赴燕山石化开展企业技术咨询。

8月，兼任中国石化集团公司科技委专家咨询委常务副主任。

2003年

1月至2007年3月，任第十届全国政协委员。

5月至2004年6月，参与国务院责成中国工程院承担的重大战略咨询项目“中国可持续发展油气资源战略研究”，任项目组副组长，并主持完成“中国石化工业可持续发展战略研究”子课题。

2003年5月26日、10月30日，2004年6月25日、8月24日，四次出席温家宝总理主持召开的国务院研究和听取“中国可持续发展油气资源战略研究”项目汇报会议。

8月至2004年3月，参与“国家中长期科学与技术发展规划(2006—2020年)的战略研究”。

1月，带领中国石化科技委专家组赴广州石化技术咨询。

2004年

3月至2006年6月，任中国石化集团公司科技委常务副主任兼科技委专家咨询委常务副主任。

1月至2006年12月，任第三届国家重点基础研究发展计划(973计划)专家顾问组成员。

8月，带领中国石化科技委专家组赴安庆石化技术咨询。

2005年

5月，参与中国工程院重大咨询项目“建设节约型社会战略研究”，主持完成“建设资源节约、环境友好的石油化学工业”课题研究。

9月至2006年，参与中国工程院重大咨询项目“装备制造业自主创新战略研究”，主持完成子课题“石油化工装备制造业自主创新战略研究”。

11月，带领中国石化科技委专家组赴扬子石化开展“扬子石化高硫原油加工”技术咨询。

2006年

2月，带领中国石化科技委专家组赴上海石化开展“高硫原油加工”技术咨询。

6月至2008年5月，任中国石化集团公司科技委专家咨询委副主任、中国石化集团公司科技委资深专家委员。

6月至2008年，参加中国工程院重点咨询项目“化工、冶金、材料领域中CO_2的排放、评估及其对策研究”，主持完成子课题“石化行业领域的CO_2排放、评估及其对策研究”。

2007年

2月至2008年4月，主持完成“中国石化精细化工发展战略研究”。

3月，带领中国石化科技委专家组赴茂名石化和海南炼化开展技术咨询。

2007年参与中国工程院咨询项目“创新型工程科技人才培养研究”。

2007年和李干生副总工程师共同主持完成了“中国石化可持续发展战略研究”。

2008年

5月至今，任中国石化集团公司科技委顾问。

10月至2010年10月，参与中国工程院重大咨询项目“中国制造业可持续发展战略研究”，主持完成“石化工业可持续发展战略研究”课题研究。

2008年4月，带领中国石化科技委专家组赴荆门石化开展技术咨询。

2009年

2009年至2010年，参与国家发改委委托中国工程院咨询项目“石油石化行业创新能力平台研究”。

2009年至2011年参与中国工程院立项的《工程演化论》研究，和王基铭院士等负责完成了案例篇第六章《化工工程和石化工程的演化过程和规律》撰写。

2009年，和王基铭院士组织专家在调研的基础上先后完成了“广东省石化中下游产业发展研究报告(2010—2015年)”及“浙江省宁波石化基地中下游产业发展研究报告(2010—2015年)”。

2009年至2011年，和王基铭院士主持完成了“石油化工工程建设项目管理机理研究”，并出版专著。

2010年

11月，带领专家组赴镇海炼化开展“镇海炼化100万吨/年乙烯工程生产运行情况调研咨询”。

参与中国工程院重大咨询项目“中国工程科技中长期发展战略研究”。

参与发改委委托中国工程院重点咨询项目“‘十二五’战略新兴

产业发展研究”。

和王基铭院士组织专家在调研的基础上完成了“湖南省石化中下游产业发展研究报告(2010—2015年)”。

2011年

1月，任中国国际工程咨询公司专家学术委员会顾问。

2011年至2013年，参与中国工程院重大咨询项目“中国煤炭清洁高效开发利用战略研究”。

2011年至2012年，参与中国工程院“国家工程科技思想库建设研究”项目子课题“咨询工作发展研究”。

2012年

2012年至2013年，和王基铭院士共同主持完成了中国工程院咨询项目“石化煤基替代原料产业发展战略研究”。

2012年至2013年，参与发改委委托中国工程院重大咨询项目“战略新兴产业培育与发展研究”，和王基铭院士共同负责完成了“石化工业战略新兴产业”分课题研究。

2013年

1月至2014年，参与中国工程院重大咨询项目“制造强国战略研究”，主持完成第九领域课题“石化强国战略研究”和“石化工业数字化、网络化、智能化制造技术路线图”研究。

2013年5月至2015年12月，参与中国工程院重大咨询项目“推动能源生产和消费革命战略研究”，和黄其励院士共同主持完成了第4课题“能源生产革命的若干问题研究”，并出版专著。

2013年参与中国工程院重大咨询项目“2013年中国战略新兴产业发展报告”研究。

2013年至2014年1月，参与中国工程院重大咨询项目“2014中国战略新兴产业发展报告”研究。

2013年至2014年，参与中国工程院咨询项目“矿产资源型企业国际化发展战略关键问题研究”。

2013年至2014年，参与中国工程院重点咨询项目“工业绿色发展工程科技战略及对策”研究。

2013年，和王基铭院士共同主持完成了“中国石化新型煤化工产业发展战略研究”。

2014年

2014年至2015年，参与中国工程院重大咨询项目“工业强基战略研究”，主持完成子课题“石化工业强基战略研究”。

2014年至2015年，参与工信部委托中国工程院重点咨询项目“工业行业空间布局与区域协调发展研究——重化工业与环境协调发展研究”，和曹湘洪院士共同主持完成了“石化工业空间布局与区域协调发展研究”。

2014年至2015年，参与国资委委托中国工程院重点咨询项目“加强中央企业技术创新体系建设战略研究”，和王礼恒院士共同主持完成了“中央企业技术创新体系典型案例分析”课题研究。

2015年

2015年主持完成中国工程院咨询项目“我国石化工业转型升级创新发展战略研究”。

2015年至2016年，参与中国工程院重大咨询项目“中国工程科技2035发展战略研究”，和曹湘洪院士共同主持完成了“石化工程科技2035发展战略研究”。

2016年

2016年至2017年，参与中国工程院重点咨询项目“我国炼油和现代煤化工产业可持续发展与区域协调发展重大问题战略研究”，主持完成子课题“我国炼油产业可持续发展与区域协调发展重大问题战略研究”。

2017年

2017年至2018年，和曹湘洪院士共同主持完成中国工程院“2035工程科技中长期发展战略研究”项目——“面向2035的石化工业低碳化战略研究”。

2017 年至 2018 年参与中国工程院重大咨询项目“工程科技颠覆性技术战略研究”，和曹湘洪院士共同主持完成“化工领域颠覆性技术战略研究”。

2018 年

1 月至 2019 年，牵头与殷瑞钰院士、曹湘洪院士共同主持中国工程院中长期战略研究与咨询项目“面向 2035 的流程制造业智能化目标、特征和路径战略研究”。

2018 年至 2019 年参与中国工程院重大咨询项目“工程科技支撑‘一带一路’建设战略研究”的子课题“‘一带一路’化工产业国际合作研究”。

2018 年至 2019 年，参与中国工程院立项的《工程知识论》研究，和王基铭院士等负责案例篇第六章“石化工程知识案例研究”的撰写。

2018 年至 2019 年，参与中国工程院咨询项目“安全、可靠、清洁环保型炼油与化工企业构建”研究。

2019 年

2019 年至 2020 年，参与中国工程院重点咨询项目“我国石化工业高质量发展战略研究”，主持子课题“我国石化工业结构调整战略研究”。

2019 年至 2020 年，参与“中国西部地区化石能源与水资源协同发展战略研究”。

2019 年 10 月，获中国化工学会颁发的会士证书。

2020 年

2020 年至 2021 年，参与中国工程院咨询项目“我国炼油和石化产品消费规律、产能发展规模及布局战略研究”“危化品安全治理体系与监管能力现代化战略研究”。

2020 年至 2021 年，参与中国工程院咨询项目“我国石化工业‘卡脖子’关键技术问题及战略对策研究”。

2020年至2021年，参与中国工程院立项的《工程哲学》(第四版)研究，和王基铭院士等负责案例篇第十章“工程哲学视角下的石化工程”的撰写。

2021年

参与中国工程科技发展战略海南研究院重大咨询项目“海南洋浦开发区石化产业中下游延伸与新材料发展战略研究”。

和王基铭院士、孙丽丽院士共同主持完成“海南炼化乙烯原料优化研究”。

参与中国工程院咨询项目“我国炼油与石化产业实现碳达峰与碳中和路径研究”。

参与中国工程院重点咨询项目“新时期石化行业工业软件高质量发展战略、目标和路径研究”，和王基铭等院士共同提出的院士建议得到了有关领导同志的批示。

2021年和曹湘洪院士共同主持完成“中国石化芳烃产业链升级战略研究”。

2021年至2022年，和曹湘洪院士共同主持完成“中国石化聚酯下游产品发展方向研究”。

2021年至2022年，和王基铭院士共同主持完成中国工程科技发展战略海南研究院的战略咨询项目“碳达峰碳中和背景下海南洋浦开发区石化产业绿色发展战略研究”。

2022年

负责完成中国工程院重大咨询项目“油气资源评价及绿色低碳油气田建设战略研究”的子项“油气田开发碳足迹分析及核查核算方法研究”。

2023年至2024年

参与中国工程院重大战略研究项目“我国能源安全战略研究”“我国化工石化产业绿色低碳转型发展战略研究”。

和孙丽丽、王基铭、曹湘洪院士共同主持“海南洋浦乙烯二期工程方案研究”。

参与在海南省科技厅立项的“洋浦经济开发区石化企业降碳减排协同增效发展战略研究”。

和中国石化首席专家聂红共同主持在中国科技发展战略海南研究院立项的“陆海统筹典型固体废弃物污染现状与资源化利用发展战略研究”项目的子课题“陆源可循环利用固废资源化产业发展技术研究”。

参与在中国工程科技发展战略海南研究院立项的战略咨询项目“海南省生物基材料发展战略研究”。

参与在湖南省科技厅立项的“岳阳乙烯下游延伸高质量发展战略研究”“岳阳石化产业与生物基化工耦合发展研究”“高分子材料循环回收利用(产业)发展研究”等课题研究。

附录二　袁晴棠学术代表作目录

1. 袁晴棠．用动力学数据设计合成氨三套管合成塔——借助电子计算机进行计算[J]．化工技术资料，1966(3)：37-47.

2. 区灿棋，袁晴棠．当代石油化工技术的进展[J]．石油学报：石油加工，1987(1)：1-7.

3. 袁晴棠．化学反应工程对石油化工技术发展的影响[J]．化学反应工程与工艺，1993(4)：341-344.

4. 袁晴棠．分离工程的技术进步[J]．石油化工，1994(1)：51-54.

5. 袁晴棠．石脑油原料的双向优化[J]．石油炼制与化工，1994(4)：6-8.

6. 袁晴棠．抓住机遇 迎接挑战 科技进步要上台阶迈大步[J]．中国石化，1994(3)：8-10.

7. 袁晴棠．中国石化工业的科技进步[C]//．海峡两岸石油科技研讨会论文集，1995：215-223.

8. 袁晴棠．试论我国乙烯工业的发展[J]．石油化工，1995(2)：128-132.

9. 袁晴棠．努力攀登科技高峰，为把石化工业建成支柱产业多做贡献[J]．石油化工动态，1996(3)：1-4.

10. 袁晴棠．面向21世纪推进石化科技进步[C]//．中国石油化工总公司．中国石油化工总公司科技委第九次会议论文集，1996：1-21.

11. 袁晴棠．化学工程与石化工业[J]．化工进展，1997(4)：12-15.

12. 袁晴棠．合成纤维的需求与发展/共同走向科学——百名院士科技系列报告集[M]．北京：新华出版社，1997：146-152.

13. Min Enze，Li Dadong，Yuan Qing Tang. The Petroleum Refining Industry in China [J]. Hydrocarbon Engineering，1997.

14. Yuan Qing Tang. The Present Status，Position and Development Targets of China's Petrochemical Industry [J]. Petroleum Processing And Petrochemicals，1997，28：1-6.

15. Yuan Qing Tang. China's Petrochemical Industry and Technology Progress [C] //中国石油学会，日本石油学会．中日第七次石油科技研讨会论文集，1997：1-7.

16. 袁晴棠．面向新世纪对总公司科技进步的思考[C]//. 中国石油化工总公司．中国石化总公司科技委论文选，1997，13-22.

17. Yuan Qing Tang. China Prepares for The 21st Century [J]. Hydrocarbon Processing，1998：51-53.

18. 袁晴棠．面向21世纪中国石油化工技术展望[J]．今日世界石油，Oil & Gas Technology. China，March/April 1998，3-4.

19. 袁晴棠．技术进步推动中国石化工业迈向21世纪[C]//. 中国石化集团公司，美国华人石油协会．国际华人石油与石化科技研讨会论文集，1998：1-4.

20. Yuan Qing Tang. China's Petrochemical Industry——Reorganization and Technology Development [C]//中国石油学会，日本石油学会．中日第八次石油科技研讨会论文集，1998：1-7.

21. 袁晴棠．关于发展精细化工产业的初步探讨[J]．精细石油化工，1999，(4)：卷首．

22. 袁晴棠，张德义，杨元一，等．化工材料咨询报告[M]．北京：中国石化出版社，1999.

23. 洪定一，徐僖，袁晴棠，等．塑料工业手册·聚烯烃[M]．北京：化学工业出版社，1999.

24. 袁晴棠．关于提高燕山石化乙烯装置竞争力的若干思考[C]//国家经贸委，中国工程院．燕山石化院士行学术报告论文集，1999，12-21.

25. 袁晴棠．关于石化集团公司发展精细化工产业的初步探讨[C]//中国石油化工集团公司．中国石化集团公司科技委论文集，1999，1-11.

26. Yuan Qing Tang. Challenges Confronting China's Petrochemical Industry in The New Century and Related Strategy [J]. China Petroleum Processing and Petrochemical Technology，2000(1)：1-8.

27. 袁晴棠．提高我国乙烯工业竞争力的若干思考[J]．石油化工，2000(4)：288-292.

28. 王立行，袁晴棠．石化企业信息技术的应用与对策[J]．中国工程科学，2000(5)：84-89.

29. 袁晴棠．我国石油化工技术进展与展望[J]．化工进展，2000(2)：5-9.

30. 袁晴棠．新世纪我国石化工业面临的挑战与对策[J]．石油炼制与化工，2000(2)：1-5.

31. 王立行，袁晴棠．应用先进控制技术，提高中国石化总公司生产过程控制水平[C]//第十五届世界石油大会论文集(下册)．中国石化出版社，2000，628-633.

32. 袁晴棠．新世纪中国石化技术展望[J]．石油化工，2001，30(增刊)：1-6.

33. 袁晴棠．聚丙烯技术进展[J]．中国工程科学．2001(9)：29-36.

34. 袁晴棠．新世纪中国石化科技发展的若干思考[J]．中国石化，2001(2)：10-15.

35. 袁晴棠．关于优化乙烯原料的若干思考[J]．当代石油石化，2001(10)：5-10.

36. 王基铭，袁晴棠，等．石油化工技术进展[M]．北京：中国石化出版社，2002.

37. 袁晴棠．石油化工技术发展趋势初探[J]．当代石油石化，2002(9)：1-7.

38. 袁晴棠．中国石油炼制工业的挑战与机遇[C]//中国石油学会，日本石油学会．第十届中日石油炼制技术研讨会论文集，2002，1-7.

39. Yuan Qing Tang. Trend of Development of Petrochemical Technology in China [J]. China Petroleum Processing and Petrochemical Technology，2002，(4)：9-19.

40. 王松汉，袁晴棠，王子宗，等．石油化工设计手册(1-4卷)[M]．北京：化学工业出版社，2002.

41. 袁晴棠．抓住机遇加速发展我国乙烯工业[J]．当代石油石化，2003(2)：5-9.

42. Yuan Qing Tang. Challenges and Strategies of Chinese Petroleum Refining Industry [J]．石油学报：石油加工，2003(1)：34-38.

43. 袁晴棠．新世纪乙烯工业发展趋势[J]．石油化工，2003，32(增刊)：11-17.

44. Yuan Qing Tang. The Progress on China's Petrochemical Technologies [J]. Engineering Sciences，Dec. 2003(2)：13-17.

45. 袁晴棠．发展中的中国石化技术[J]．中国工程科学，2003(12)：43-47.

46. 袁晴棠．聚烯烃技术发展趋势[J]．当代石油石化，2004(5)：3-7，12.

47. 袁晴棠．解决乙烯原料制约加快乙烯工业发展[J]．当代石油石化，2004(9)：1-5.

48. 袁晴棠．加快我国石化工业发展的战略举措[J]．港口经济，2005(2)：37-38.

49. 袁晴棠．加快结构调整合理利用资源实现我国石化工业的可持续发展[J]．当代石油石化，2005(3)：1-6.

50. 袁晴棠. 加快石化技术进步 支持中国石化工业的可持续发展[J]. 石油学报：石油加工，2005(3)：1-6.

51. 袁晴棠. 发展石化原料生产技术加快石化工业发展[J]. 石油化工，2005，34(增刊)：12-17.

52. 袁晴棠. 石油化工资源能源节约技术发展趋势[J]. 当代石油石化，2006(5)：1-6.

53. 袁晴棠. 依靠技术创新实现我国乙烯工业的有效发展[J]. 当代石油石化，2006(10)：1-6.

54. 袁晴棠. 节约型石油化工技术发展趋势及科技前沿/节约型制造科技前沿/工程前沿(第6卷)[M]. 北京：高等教育出版社，2007：159-171.

55. 袁晴棠，王玉台，等. 石油化工装备制造业自主创新战略研究分报告/装备制造业自主创新战略研究//中国工程院咨询研究项目/装备制造业自主创新战略研究项目组[M]. 北京：高等教育出版社，2007：125-153.

56. 袁晴棠. 抑制石油消费过快增长须行六法[J]. 中国石油石化，2007(7)：71.

57. 袁晴棠. 世界在变迁——我国石化工业面临的挑战与对策[J]. 当代石油石化，2008(11)：1-8.

58. 袁晴棠. 中国乙烯工业的发展概况与展望[J]. 石油化工，2008，37(增刊)：17-21.

59. 袁晴棠，刘佩成等. 重视CO_2减排 努力实现我国石化工业可持续发展[J]. 当代石油石化，2009(4)：1-8.

60. Yuan Qing Tang. Progress and Outlook on Technologies for Processing Inferior Crude Oil in China [J]. China Petroleum Processing and Petrochemical Technology，2008(1)：1-8.

61. 袁晴棠. 世界炼油工业发展概况与趋势[J]. 当代石油石化，2009(12)：1-8.

62. 袁晴棠. 世界石化工业发展趋势浅析[J]. 石油化工，

2010，39(增刊)：6-12.

63. 袁晴棠，李希宏，毛加祥，等．石化工业可持续发展战略研究报告/中国制造业可持续发展战略研究//中国工程院重大咨询项目[M]. 北京：机械工业出版社，2010：318-357.

64. 王基铭，袁晴棠，等．石油化工工程建设项目管理机理研究[M]. 北京：中国石化出版社，2011.

65. 袁晴棠．积极发展高附加值产品业务是我国石化企业提高市场竞争力的战略选择[J]. 当代石油石化，2011(8)：1-8.

66. 王基铭，袁晴棠，等．化工工程和石化工程的演化过程与规律(工程演化论案例篇第六章)/工程演化论(殷瑞钰等著)[M]. 北京：高等教育出版社，2011：287-310.

67. 袁晴棠．世界石化工业发展新动向[J]. 石油化工，2012，41(增刊)：9-15.

68. 殷瑞钰，王淀佐，陈克复，金涌，袁晴棠，等．与流程制造业有关的节能产业(2013 中国战略性新兴产业发展报告第六章)/2013 中国战略性新兴产业发展报告//中国工程科技发展战略研究院[M]. 北京：科学出版社，2013：71-84.

69. 袁晴棠．应对世界石化产业格局重大变化的对策思考[J]. 当代石油石化，2013(7)：1-6.

70. 殷瑞钰，袁晴棠，金涌，等．流程制造业节能减排的发展/2014 中国战略性新兴产业发展报告//中国工程科技发展战略研究院[M]. 北京：科学出版社，2014：46-58.

71. 袁晴棠．绿色低碳引领我国石化产业可持续发展[J]. 石油化工，2014(7)：741-747.

72. 殷瑞钰，王淀佐，王基铭，张寿荣，袁晴棠，等．流程制造业培育与发展研究报告[M]. 北京：科学出版社，2015.

73. 袁晴棠，李希宏，李德芳，等．石化工业强国战略研究报告摘要/制造强国战略研究·综合卷//中国工程院制造强国战略研究项目组[M]. 北京：中国工信出版集团，2015：485-498.

74. 袁晴棠，李德芳，王宏安，等．石化工业数字化、网络化、智能化制造技术路线图(制造强国战略研究·智能制造专题卷第三篇第九章)/制造强国战略研究·智能制造专题卷//中国工程院制造强国战略研究项目组[M]. 北京：中国工信出版集团，2015：323-355.

75. 袁晴棠，李希宏，等．石化工业强国战略研究[J]. 当代石油石化，2015(5)：1-7.

76. 袁晴棠，李希宏，李德芳，等．石化工业强国战略研究[制造强国战略研究·领域卷(二)第二篇]/制造强国战略研究·领域卷(二)//中国工程院制造强国战略研究项目组[M]. 北京：中国工信出版集团，2015：63-118.

77. 黄其励，袁晴棠，等．能源生产革命的若干问题研究[J]. 中国工程科学，2015(9)：105-110.

78. 袁晴棠，谢在库．中国石化科技创新体系建设进展与体会[J]. 石油科技论坛，2015(5)：14-16.

79. 王子宗，袁晴棠，王松汉，等．石油化工设计手册(1-4卷)(修订版)[M]. 北京：化学工业出版社，2015.

80. 袁晴棠，戴宝华，等．我国石化产业转型升级创新发展战略研究[J]. 当代石油石化，2016(5)：1-5.

81. 黄其励，袁晴棠，谢和平，等．能源生产革命的若干问题研究(推动能源生产和消费革命战略研究第五篇)/推动能源生产和消费革命战略研究·综合卷(谢克昌等著)//中国工程院重大咨询项目成果[M]. 北京：科学出版社，2017：167-221.

82. 黄其励，袁晴棠，等．能源生产革命的若干问题研究/中国工程院重大咨询项目成果/推动能源生产和消费革命战略研究系列丛书[M]. 北京：科学出版社，2017.

83. 曹湘洪，袁晴棠，刘佩成．中国石化工程科技 2035 发展战略研究[J]. 中国工程科学，2017(1)：57-63.

84. 袁晴棠．石化工程科技 2035 发展展望(摘要)[C]//中国石油化工信息学会，中国石油学会石油炼制分会．2017 年中国石油炼制科技大会论文集：北京：中国石化出版社，2017，5-9.

85. 袁晴棠．石化工业发展概况与展望[J]．当代石油石化，2019(7)：1-6.

86. 曹湘洪，袁晴棠，刘佩成，等．落实新发展理念推进石化工业低碳化发展[J]．当代石油石化，2019(8)：1-6.

87. 曹湘洪，袁晴棠，邹劲松．我国与“一带一路”沿线国家炼化产业合作研究[J]．中国工程科学，2019(4)：27-32.

88. 袁晴棠，殷瑞钰，曹湘洪，等．面向2035的流程制造业智能化目标、特征和路径战略研究[J]．中国工程科学，2020(3)：148-156.

89. 袁晴棠，殷瑞钰，曹湘洪，等．面向2035年的流程型制造业智能化发展技术路线图[中国工程科技2035发展战略研究——技术路线图卷(二)第5章]/中国工程科技2035发展战略研究——技术路线图卷(二)//工程科技战略咨询研究智能支撑系统项目组，中国工程科技2035发展战略研究项目组，中国工程科技未来20年发展战略研究数据支撑体系项目组[M]．北京：中国工信出版集团，电子工业出版社，2020，72-94.

90. 王基铭，袁晴棠，胡文瑞，等．石化工程知识案例研究(工程知识论案例篇第六章)/工程知识论(殷瑞钰，李伯聪，栾恩杰等著)[M]．北京：高等教育出版社，2020：441-477.

91. 王基铭，袁晴棠，胡文瑞，等．石化工程知识体系[M]．北京：中国石化出版社，2021.

92. 戴厚良，陈建峰，袁晴棠，等．石化工业高质量发展战略研究[J]．中国工程科学，2021(5)：122-129.

93. 袁晴棠．在双碳目标大背景下加快我国石化工业转型升级[J]．当代石油石化，2021(11)：1-7.

94. 王基铭，袁晴棠，孙丽丽，等．工程哲学视角下的石化工程(工程哲学·实践篇第十章)/工程哲学(第四版·殷瑞钰等著)[M]．北京：高等教育出版社，2022：592-620.

附录三　袁晴棠获奖情况

2002 年，袁晴棠任编委会主任的《石油化工设计手册》(1-4 卷)获石油与化学工业协会优秀图书奖一等奖。

2002 年，袁晴棠主持的《化工材料发展现状及迈入新世纪对策研究》获中国石化集团公司科技进步一等奖(排名第 1)。

2005 年，王基铭和袁晴棠共同主编的《石油化工技术进展》获中国石化集团公司科技进步一等奖(排名第 2)。

2008 年，袁晴棠和李干生共同主持完成的《中国石化可持续发展战略研究报告》获中国石化集团公司科技进步三等奖(排名第 1)。

2012 年，王基铭和袁晴棠共同主持完成的《石油化工工程建设项目管理机理研究》获中国石油和化学工业联合会出版物奖(图书奖)一等奖。

2013 年，王基铭和袁晴棠共同主持完成的《石油化工工程建设项目管理机理研究与评价》获中国石化集团公司科技进步二等奖(排名第 2)。

2014 年，王基铭和袁晴棠共同主持完成的《中国石化新型煤化工产业发展战略研究》获中国石化集团公司科技进步二等奖(排名第 2)。

2018 年 5 月，获第六届中国化学会—中国石油化工股份有限公司化学贡献奖。

2019 年 1 月，“绿色高效百万吨级乙烯成套技术开发及工业应用”获中国石化集团公司科技进步特等奖(排名第 1)。

2019 年 12 月，“绿色高效百万吨级乙烯成套技术开发及工业应用”获中国石油和化学工业联合会科技进步特等奖(排名第1)。

2021年9月,“复杂原料百万吨级乙烯成套技术研发及工业应用”获国家科技进步一等奖(排名第1)。

2022年11月,获何梁何利基金科学与技术进步奖。

2022年,王基铭、袁晴棠、胡文瑞、孙丽丽共同主编的《石化工程知识体系》获中国石油和化工自动化应用协会优秀科技著作奖一等奖。

2023年7月,获中华人民共和国教育部颁发的高等教育(研究生)国家级教学成果奖二等奖(排名第4)。

后　　记

本自传于2021年底开始动笔，在2022年“抗疫”(新冠肺炎疫情)期间，我利用“抗疫”不能上班的时间和上班后工作之余，撰写自传手稿。每撰写完一章，便交给我的助手王澈，由他对手稿进行整理，并把手稿输入电脑转换为电子版。在我们两人的共同努力下，2022年底完成了自传初稿。2023年初，中国石化综合管理部原总师办主任刘佩成同志阅读了初稿，提出了十分中肯的修改建议。此后，我对自传进行了补充和修改完善，完成了本自传的第二稿。之后在征得刘佩成、胡炳镛同志的修改建议后，我又进行了补充完善，完成了本自传的第三稿。中国工程院原秘书长葛能全同志仔细审阅了第三稿，提出了宝贵的指导意见，随后经修改，完成了本自传的撰写。

在本自传的撰写过程中，得到了有关老领导和同事们的关心与支持。衷心感谢老领导盛华仁同志、阎三忠同志、王基铭院士、曹湘洪院士对本自传部分章节的审阅和提出的指导意见。感谢中国工程院原秘书长葛能全同志对撰写本自传的指导。感谢刘佩成、胡炳镛同志对本自传提出的修改和完善建议。感谢王子宗、王国清、王振维、何细藕、李广华、张利军、彭晖等同志对乙烯攻关一章的阅核。感谢我的老同事乔映宾、张勇、王玉庆、刘佩成、马燕及我的助手刘斌、王澈在传外篇中贡献他们的笔墨。感谢王澈在为本自传形成电子版、选择照片及编辑布局等方面花费的精力和所做的大量工作。

袁晴棠

2024年9月于北京